2013

北京门头沟年鉴

北京市门头沟区地方志编纂委员会

中共党史出版社

图书在版编目（CIP）数据

北京门头沟年鉴．2013／北京市门头沟区地方志编纂委员会编．
－北京：中共党史出版社，2013.12
ISBN 978-7-5098-2407-8

Ⅰ．①北…　Ⅱ．①北…　Ⅲ．①门头沟区 -2013- 年鉴　Ⅳ．①Z521.3

中国版本图书馆 CIP 数据核字（2013）第 250368 号

书　　名：北京门头沟年鉴（2013）

编　　者：北京市门头沟区地方志编纂委员会
责任编辑：吕佳音
出版发行：中共党史出版社
社　　址：北京市海淀区芙蓉里南街 6 号院 1 号楼
邮　　编：100080
网　　址：www.dscbs.com
经　　销：新华书店
印　　刷：北京市金星剑印刷有限责任公司
开　　本：185mm×260mm　　1/16
字　　数：760 千字
印　　张：27.25 印张　　前插：36 页
印　　数：1—2000 册
版　　次：2013 年 12 月第 1 版
印　　次：2013 年 12 月第 1 次印刷
书　　号：ISBN 978-7-5098-2407-8
定　　价：118.00 元(精装)

编 辑 说 明

一、《北京门头沟年鉴》是一部综合性资料性工具书，在中共门头沟区委和区人民政府的领导下，由北京市门头沟区地方志编纂委员会主持编纂。

二、本年鉴以马克思列宁主义、毛泽东思想、邓小平理论和“三个代表”重要思想为指导，按照科学发展观和构建和谐社会的要求，认真贯彻中央、市委、市政府的各项方针政策，遵循实事求是的原则，科学、客观地反映实际情况。

三、本年鉴从2002年开始，逐年编纂出版。当年出版的年鉴全面记述上一年度门头沟区在各条战线、各个方面所发展的重要事件和新的情况，系统汇集年度内重要的文献。为领导决策提供可靠的参考信息，为各行各业提供有价值的资料，为各方面人士了解门头沟、研究门头沟提供最新信息。

四、本卷年鉴反映的是2012年1月1日至12月31日期间的情况，文内一般直书月、日，不再书写年份。

五、本年鉴采用文章和条目两种体裁，以条目体为主，文字内容分为概述、大事记……共21个一级栏目，分目下设条目。

六、本卷年鉴收有门头沟区党、政、军、各民主党派、团体、街道、乡镇、部分企业负责人名录，以及驻区部分单位负责人名录。所列均以2012年内任职为限，其中有任免情况的分别予以注明。

七、本年鉴的所选文章和条目，均由各部门、各单位确定专人撰写，经主管负责人审阅，并经区委、区政府有关部委办及领导审核。统计资料由统计局提供。照片由各单位提供。

八、本年鉴的编辑出版得到了区领导、撰稿单位以及各方面的大力支持和帮助，在此一并表示感谢。由于时间和水平所限，疏漏与不足或在所难免，恳请各界人士和广大读者批评指正，使《北京门头沟年鉴》越办越好。

中共门头沟区委书记韩子荣

门头沟区长王洪钟

区领导韩子荣、王洪钟春节慰问光荣院休养老人

区领导与师生共庆"六一"儿童节

中共北京市门头沟区第十一届委员会第三次全体(扩大)会议

北京市门头沟区第十五届人民代表大会第二次会议

召开门头沟区领导干部会议

召开门头沟区党建工作大会

召开门头沟区 2012 年农村工作旅游工作会

举办第三届京西人口与发展论坛

门头沟区妙峰山镇举办“旅游振兴发展与生态文明建设”高峰论坛

清水镇举办“村党支部书记论坛”

城子街道召开党组织换届选举阶段培训会

召开矿后街房屋征收工作动员会

永定镇举办用工单位现场招聘会

举办门头沟区2012年度档案工作暨档案业务培训班

北京市门头沟区第四届“档案馆日”系列之档案知识普及活动

开展采集地区方言，传承京西文化暨斋堂话讲座活动

区法院法官针对拆迁法律问题现场进行法律咨询服务

区司法局法律服务工作组在龙泉镇门头口村村委会解答群众法律咨询

开展以“守护公平正义”为主题的检察开放日活动

开展门头沟区第二十五个世界无烟日主题宣传活动

开展质量安全大家行活动

开展“治理非法小广告”的宣传活动

开展小微企业金融服务宣传活动

开展税收宣传进校园活动

开展药品安全宣传进工地活动

开展“家庭过期商品回收”进社区全面更换活动

开展反邪教警示教育巡回展活动

海军总医院到门头沟区开展巡诊活动

开展放心粮油进社区活动

门头沟供电公司共产党员服务队进乡村

门头沟液化气站开展应急演练

自来水公司施工人员抢修冲垮的管线

民警对过往车辆进行安检

进行人工影响天气作业

组织驻区部队参加山火救援

雨后防汛修复工程

农宅抗震节能改造

解放军战士在城子街道院内整装待发，投入到抢险第一线

区民政局为灾民送去折叠床、棉被等物资

韩红爱心团队到雁翅镇敬老院开展敬老捐助活动

梨园社区开展“快乐健步走健康伴我行”活动

在王平镇举行北京市突发性地质灾害应急演练

开展龙泉镇社区矫正人员集中教育活动

开展门头沟电视台高清摄像设备培训

开展门头沟区“军民团结一家亲”徒步京西主题游活动

潭柘寺镇开展2012年度春季植树活动

举行第四届北京旅游山会"开山门"仪式暨"全民健身日3510在行动"启动仪式

举办孝满京城——重阳文化节开幕式

举办第七届京西人口文化节暨“歌华杯”门头沟2012幸福家庭摄影大赛启动仪式

举办门头沟之源文化展开幕式

举办“门头沟礼物”旅游商品征集大赛

举办门头沟区 2012 年春节团拜会

举办"我爱我唱门头沟"——门头沟区原创歌曲歌咏比赛汇报演出暨颁奖仪式

举办奏响春天的旋律——门头沟区清明节大型民族音乐会

举办 2012 年门头沟区文学艺术届联合会春节团拜会

团区委开展“温情暖工地　中秋送祝福”活动

农业局举办九九重阳节浓浓敬老情联欢会

区直机关举办庆“七一”演唱会暨首届机关文化艺术节开幕式

建行门头沟支行举办“爱心助盲公益行”主题联谊会

潭柘寺镇举办喜迎十八大“乡村大舞台”文化汇演

举办蓝龙家园春节晚会

心手相连　重建家园　北京铭泰祥艺术团赴爨底下慰问演出

圈门社区民间太平鼓表演团进行演出

雁翅镇淤白村举办农历四月十五文化节

王平镇举办“赏桃花 识鬼谷”生态人类王平行活动

军庄锣鼓队演出

京煤杯第三届北京国际山地徒步大会

第二届环北京职业公路自行车赛(环京赛)门头沟段

春

夏

秋

冬

北京之巅
绿海家园

定都阁

永定楼

春归门城

滨河广场

城乡建设一角

门城夜景

竞争性选拔工作 …………………………………（69）
推荐提名十八大代表候选人 ……………………（69）
组织观看视频会 …………………………………（70）
规范领导干部管理工作 …………………………（70）
挂职干部工作 ……………………………………（70）
干部培训工作 ……………………………………（70）
拆迁工作 …………………………………………（70）
召开人才巡视工作会 ……………………………（71）
基层党组织分类定级工作 ………………………（71）
任中经济责任审计工作 …………………………（71）
建立党建大培训工作体系 ………………………（71）
考核工作 …………………………………………（71）
“一迎双争”主题活动 …………………………（71）
组织工作宣传季 …………………………………（71）
“80后”干部履职情况调研 ……………………（72）
选举市第十一次党代会代表 ……………………（72）
慰问区外挂职干部、援派干部家属 ……………（72）
“我身边的先锋”评选活动 ……………………（72）
组织工作满意度调查 ……………………………（72）
召开青年人才座谈会 ……………………………（72）
干部转正工作 ……………………………………（72）
选派党员干部进小区整治工作 …………………（72）
选派村党组织“第一书记”工作 ………………（72）
召开创先争优总结表彰大会 ……………………（72）
农村基层组织建设巡视工作 ……………………（72）
召开非领导职务管理研讨会 ……………………（72）
公务员管理信息系统建库工作 …………………（73）
征文活动 …………………………………………（73）
人事档案核查工作 ………………………………（73）
非领导职务工作 …………………………………（73）
公务员提前退休工作 ……………………………（73）
政工职评工作 ……………………………………（73）
召开工作部署会 …………………………………（73）
对防汛抢险工作进行专项考核 …………………（73）
召开党风廉政专题民主生活会 …………………（73）
基层民主评议活动 ………………………………（73）
确定提前退休人员 ………………………………（73）
制定引进人才方案 ………………………………（73）
推进干部任免信息公开 …………………………（74）
人才引进组织考察工作 …………………………（74）
推荐人大代表候选人 ……………………………（74）
十八大维稳工作 …………………………………（74）
成立办事处 ………………………………………（74）
村党组织换届选举工作 …………………………（74）
开展人才工作调研 ………………………………（74）
党员电教工作 ……………………………………（74）
军转安置工作 ……………………………………（74）
挂职锻炼工作 ……………………………………（74）
市委巡视组开展巡视工作 ………………………（74）
离任检查工作 ……………………………………（74）
召开党员干部培训工作专题会 …………………（74）
宣传工作
概况 ………………………………………………（75）
召开年度新闻媒体座谈会 ………………………（76）
举办第23届文化艺术节 ………………………（76）
“丹柯杯”优秀研究成果评选 …………………（76）
开展新闻战线“走转改”活动 …………………（76）
举办清明节大型民族音乐会 ……………………（76）
启动解放思想大讨论活动 ………………………（76）
“这里是北京”系列展 …………………………（76）
采空棚户区新闻宣传工作 ………………………（76）
策划录制棚改纪录片 ……………………………（76）
开展主题宣传活动 ………………………………（77）
开展“党在百姓心中”百姓宣讲活动 …………（77）
开展山地徒步大会宣传活动 ……………………（77）
爱国主义教育基地 ………………………………（77）
举办“中国山地诗歌朗诵节” …………………（77）
策划、承办重阳文化节开幕式 …………………（77）
开展“十八大”政治宣传布置工作 ……………（77）
完成党报党刊发行工作 …………………………（77）
报道为民服务信息平台情况 ……………………（77）
突发公共事件的新闻舆论调控 …………………（77）
完善新闻发言人制度 ……………………………（78）
举办北京市民周末大讲堂 ………………………（78）
理论宣讲工作 ……………………………………（78）
区委中心组学习 …………………………………（78）
二级中心组学习 …………………………………（78）
理论月刊 …………………………………………（78）
舆情信息工作 ……………………………………（78）
学习型党组织建设 ………………………………（78）
举办系列棚改宣传报道活动 ……………………（78）
区域发展主题新闻发布活动 ……………………（78）
区主要领导接受媒体专访工作 …………………（78）
统一战线工作
概况 ………………………………………………（79）
区领导慰问党外各界人士 ………………………（79）
召开党建工作会 …………………………………（79）
召开民主党派工作会 ……………………………（79）
国民党荣誉主席到区参观 ………………………（79）

目 录

概 述

概述 ……………………………………………… (1)

大事记

大事记 ……………………………………………… (4)

文 献

深入贯彻落实十八大精神加快建设
现代化生态新区 ………………… 韩子荣 (10)
政府工作报告 ………………………… 王洪钟 (18)
关于门头沟区2012年国民经济和社
会发展计划执行情况与2013年国
民经济和社会发展计划草案的报告
…………… 门头沟区发展和改革委员会 (25)
关于门头沟区2012年预算执行情况和
2013年预算（草案）的报告
………………………… 门头沟区财政局 (31)
北京市门头沟区人民代表大会常务委
员会工作报告 ………………………… 罗 斌 (36)
北京市门头沟区人民法院工作报告
……………………………………… 靳学军 (42)
北京市门头沟区人民检察院工作报告
……………………………………… 许晓闽 (46)
政协门头沟区第九届委员会常务委员
会工作报告 ………………………… 张 冰 (49)

专 文

关于解决门头沟区农村城市化过程中
若干问题的研究
……………………………………… 韩子荣 (53)
关于创新融资模式　促进地区发展的
思路及模式研究
……………………………………… 王洪钟 (59)

政党 团体

中国共产党北京市门头沟区委员会
概述 ……………………………………………… (63)
走访、慰问活动 ………………………………… (65)
举行“门头沟十大好人”颁奖盛典 ………… (65)
举办领导干部创新领导力研修班 …………… (65)
举办“正月十五京西民俗大会” …………… (65)
解决历史遗留问题 ……………………………… (65)
中央、市属单位调研、检查 ………………… (65)
市领导调研、检查工作 ……………………… (66)
成立果蜂产业协会 ……………………………… (66)
区委理论中心组学习 ………………………… (66)
工作交流、对口帮扶 ………………………… (67)
召开全体扩大会议 ……………………………… (67)
解放思想大讨论活动 ………………………… (67)
第四届北京旅游山会开幕 …………………… (67)
召开矛盾纠纷排查活动动员会 ……………… (67)
举行三大赛事专题活动 ……………………… (67)
启用生态旅游文化景观沙盘 ………………… (68)
部署全区基层民主评议活动 ………………… (68)
召开全区领导干部大会 ……………………… (68)
部署农村党组织换届工作 …………………… (68)
成立永定地区办事处、龙泉地区办事处 …… (68)
召开巡视工作动员会 ………………………… (68)
组织工作
概况 ……………………………………………… (68)
组织工作满意度民意调查结果 ……………… (68)
年终民主测评工作 ……………………………… (68)
“一报告两评议”工作 ……………………… (68)
局级领导年度考核工作 ……………………… (69)
领导干部报告个人有关事项工作 …………… (69)
春节前慰问工作 ………………………………… (69)
公务员统计工作 ………………………………… (69)
“创新领导力”研修班 ……………………… (69)
制定面向全市公开选拔意见 ………………… (69)

党外代表人士考察区重点工程 …………………（79）
引进捐赠巡诊车 ……………………………………（79）
学习市第十一次党代会精神 ……………………（80）
台湾慈济基金会捐赠物资 ………………………（80）
举行联合义诊 ………………………………………（80）
区领导出席穆斯林群众开斋节 …………………（80）
民建支部柳林监狱帮教十周年 …………………（80）
举办中秋座谈会 ……………………………………（80）
组织“三胞”亲属参观 ……………………………（80）
各民主党派送文化下乡 …………………………（80）
召开工作会 …………………………………………（80）
召开支持建设座谈会 ………………………………（80）
培训工作 ……………………………………………（80）
与民进北京市委进行座谈 ………………………（80）
中国民主同盟门头沟工委正式成立 ……………（80）
纪检监察工作
概况 …………………………………………………（80）
政务公开与政务服务工作 ………………………（81）
监督检查工作 ………………………………………（82）
党风廉政建设 ………………………………………（82）
纠风工作 ……………………………………………（82）
市纪委领导调研 ……………………………………（82）
区纪委领导调研 ……………………………………（83）
宣传教育工作 ………………………………………（83）
直派工作 ……………………………………………（83）
巡视工作 ……………………………………………（83）
纪检监察干部培训 …………………………………（83）
召开农村集体“三资”管理工作会 ……………（83）
媒体交流 ……………………………………………（84）
中央领导调研 ………………………………………（84）
信访、案件工作 ……………………………………（84）
党务公开工作 ………………………………………（84）
专项检查工作 ………………………………………（84）
区领导调研 …………………………………………（84）
市委领导调研 ………………………………………（84）
召开十八大精神专题研讨会 ……………………（84）
区县纪委领导调研 …………………………………（84）
政策研究工作
概况 …………………………………………………（84）
做好区委全会的文秘工作 ………………………（85）
完成区委重要文稿撰写 …………………………（85）
做好重要会议文秘工作 …………………………（85）
承担重要会议精神的学习贯彻 …………………（85）
做好调研课题的统筹协调工作 …………………（85）
推进市级、区级重点课题调研 …………………（86）
推进全区优秀调研成果转化 ……………………（86）
加强与市级调研系统交流合作 …………………（86）
增进与兄弟区县的交流合作 ……………………（86）
协助相关单位起草重要文件 ……………………（86）
参加全区各项活动 …………………………………（86）
老干部工作
概况 …………………………………………………（86）
组织参观学习 ………………………………………（87）
召开离退休干部工作会 …………………………（87）
党支部活动 …………………………………………（87）
党风廉政建设 ………………………………………（87）
召开座谈、通报会 …………………………………（87）
组织体检疗养 ………………………………………（87）
组织学习讨论 ………………………………………（87）
组织游艺、运动会系列比赛 ……………………（88）
调研、视察活动 ……………………………………（88）
开展“一迎双争”活动 ……………………………（88）
组织观看电视直播、电影 ………………………（88）
帮扶工作 ……………………………………………（88）
组织文艺演出、门球赛 …………………………（88）
举办老干部书画展 …………………………………（88）
组织老干部书画下乡 ………………………………（89）
发放“三件套” ……………………………………（89）
举行健步走活动 ……………………………………（89）
举办“北京精神”宣讲 ……………………………（89）
举办系列征文活动 …………………………………（89）
发放《十八大报告》《党章》读本 ……………（89）
召开专题报告会 ……………………………………（89）
信访工作
概况 …………………………………………………（89）
领导接访下访情况 …………………………………（89）
领导包案 ……………………………………………（89）
村居“连民心恳谈室”工作 ……………………（90）
矛盾纠纷排查工作 …………………………………（90）
信访事项督办协调工作 …………………………（90）
信访机制创新 ………………………………………（90）
信访事项复查复核工作 …………………………（90）
宣传工作 ……………………………………………（90）
开展创先争优活动 …………………………………（90）
召开信访工作会议 …………………………………（91）
信访主要活动 ………………………………………（91）
保密工作
概况 …………………………………………………（92）

召开保密系统安装动员会 ……………………（92）
开展网络清理保密检查工作 ……………………（92）
开展清理涉密文件工作 ……………………（92）
开展专项保密检查工作 ……………………（92）
推进保密安全检查工作 ……………………（92）
开展保密法普法宣传活动 ……………………（92）
对考务保密工作进行检查 ……………………（92）
加大保密政策法规宣传力度 ……………………（92）
党校工作
概况 ……………………（92）
周末大课堂 ……………………（93）
理论与实践刊物 ……………………（93）
慰问活动 ……………………（93）
培训工作 ……………………（93）
基层党校建设 ……………………（93）
理论宣讲 ……………………（93）
献爱心活动 ……………………（93）
理论科研 ……………………（93）
创先争优活动 ……………………（93）
“五进农村”增收帮扶工作 ……………………（93）
直属机关工委工作
概况 ……………………（93）
党建联谊会工作 ……………………（94）
机关文体活动 ……………………（94）
慰问送温暖 ……………………（94）
“五型机关”创建工作 ……………………（94）
宣传工作 ……………………（94）
“五进农村”帮扶工作 ……………………（94）
公益活动 ……………………（94）
开展首届机关文化艺术节活动 ……………………（94）
廉政教育活动 ……………………（94）
组织建设 ……………………（94）
开展解放思想大讨论活动 ……………………（95）
培训工作 ……………………（95）
工会工作 ……………………（95）
机关工委自身建设 ……………………（95）
社会工委
概况 ……………………（95）
召开社会建设工作座谈会 ……………………（96）
领导调研 ……………………（96）
组织参加心理健康讲座 ……………………（96）
召开指挥部第一次会议 ……………………（96）
考察购买社会组织服务工作 ……………………（96）
参观学习商务楼宇党建工作 ……………………（96）
召开全区社会建设工作会议 ……………………（96）
召开社区“两委”换届选举工作动员会 ……（96）
培训工作 ……………………（96）
召开社区党组织换届选举工作会 ……………………（97）
召开社区工作部署会 ……………………（97）
组织参加社区居委会选举工作培训班 ……………（97）
区领导视察社区党组织换届选举工作 ……………（97）
召开社区居委会换届选举工作动员会 ……………（97）
召开解放思想大讨论活动动员会 ……………………（97）
举行公益服务行动启动仪式 ……………………（97）
考察学习老旧小区准物业管理 ……………………（97）
召开社区服务管理创新座谈会 ……………………（97）
推进“五进农村”活动 ……………………（97）
召开服务设施配套协调会 ……………………（97）
召开“两新”组织党建工作推进会 ……………………（98）
召开纪检监察调研工作推进会 ……………………（98）
召开党务公开工作推进会 ……………………（98）
考察学习“四评”工作 ……………………（98）
开展互查互评工作 ……………………（98）
区政协委员视察新型社区建设 ……………………（98）
召开十八大安保工作部署会 ……………………（98）
召开“六型”社区创建工作会 ……………………（98）
召开“枢纽型”社会组织建设会 ……………………（98）
开展十八大安保主题实践活动 ……………………（98）
市领导调研 ……………………（98）
专家组实地考评 ……………………（98）
商务楼宇党群工作站揭牌 ……………………（99）
召开非公企业党建工作推进会 ……………………（99）
召开楼门文化现场会 ……………………（99）
验收组检查工作 ……………………（99）
民主党派与工商联
民盟门头沟区总支
概况 ……………………（99）
参政议政 ……………………（99）
工作总结与部署 ……………………（99）
理论学习 ……………………（100）
领导关怀与组织建设 ……………………（100）
社会公益和捐助 ……………………（100）
民建门头沟直属支部
概况 ……………………（100）
参政议政 ……………………（100）
学习宣传 ……………………（100）
社会服务 ……………………（100）
组织发展 ……………………（100）

民进门头沟区总支部委员会
概况 ……………………………………………（100）
慰问老人 …………………………………………（100）
开展调研活动 ……………………………………（100）
书画联谊庆教师节 ………………………………（101）
开展义务培训 ……………………………………（101）
在区政协会议上发言 ……………………………（101）
开展系列文化创作活动 …………………………（101）
九三学社门头沟支社
概况 ……………………………………………（101）
自身建设 …………………………………………（101）
参政议政 …………………………………………（101）
社会活动 …………………………………………（101）
农工门头沟总支委员会
概况 ……………………………………………（101）
举办迎新春团拜会活动 …………………………（101）
开展义诊活动 ……………………………………（101）
报送市政协研讨论文 ……………………………（102）
与东方书画支部开展书画活动 …………………（102）
参加“我为发展献一计”活动 …………………（102）
中国致公党北京市门头沟区支部委员会
概况 ……………………………………………（102）
举办书画展览 ……………………………………（102）
诗歌进社区 ………………………………………（102）
书画进学校 ………………………………………（102）
药品捐赠 …………………………………………（102）
建立志愿者服务站 ………………………………（102）
举办“永定河文化项目研讨会” ………………（102）
诗歌学会活动 ……………………………………（102）
参加视察活动 ……………………………………（103）
人民团体
门头沟区总工会
概况 ……………………………………………（103）
工会业务培训 ……………………………………（103）
女工工作 …………………………………………（103）
成立义务电影放映队 ……………………………（103）
工会工作调研 ……………………………………（104）
召开工会工作会 …………………………………（104）
举办招聘会 ………………………………………（104）
理财规划进社区活动 ……………………………（104）
职工文化建设 ……………………………………（104）
职工互助保障计划 ………………………………（104）
参与全区重大活动 ………………………………（104）
重点工程一线职工慰问 …………………………（104）
集体合同和工资集体协商工作 …………………（105）
7·21 灾情应对 …………………………………（105）
学习型组织建设 …………………………………（105）
财务、经审工作 …………………………………（105）
为民服务信息平台建设 …………………………（105）
12351 服务体系宣传 ……………………………（105）
送温暖工作 ………………………………………（105）
联系走访企业制度 ………………………………（106）
税务代收促建会工作 ……………………………（106）
共青团门头沟区委员会
概况 ……………………………………………（106）
青年文化项目 ……………………………………（106）
召开十三届三次全委（扩大）会 ………………（106）
志愿服务项目 ……………………………………（106）
权益维护项目 ……………………………………（107）
举办庆祝建团 90 周年合唱节 …………………（107）
“五四”主题沙龙 ………………………………（107）
团干部座谈会 ……………………………………（107）
召开十三届四次全委会 …………………………（107）
十三届五次全委（扩大）会 ……………………（107）
青联三届一次全会 ………………………………（108）
党建带团建工作 …………………………………（108）
区青联工作 ………………………………………（108）
青少年思想政治建设工作 ………………………（108）
共青团基层组织建设工作 ………………………（108）
创业就业项目 ……………………………………（108）
捐资助学 …………………………………………（108）
对外宣传工作 ……………………………………（109）
门头沟区妇女联合会
概况 ……………………………………………（109）
慰问活动 …………………………………………（109）
组织巾帼创业援助工作座谈会 …………………（109）
召开九届四次执委（扩大）会议 ………………（109）
巧娘作品网络销售 ………………………………（109）
举办“春风系列行动” …………………………（109）
举办“巾帼维权”活动 …………………………（109）
举办报告会 ………………………………………（109）
举办茶话会 ………………………………………（109）
举办“第二届巾帼文化节” ……………………（110）
举办“支持妇女创业，促进妇女发展”活动 ……………………………………………（110）
举办女干部趣味运动会 …………………………（110）
领导调研 …………………………………………（110）
组织“下基层、访妇情、办实事”活动 …（110）

培训工作 …………………………………（110）
参加公益志愿服务活动 ……………………（110）
参加第七届餐饮·食品博览会 ……………（110）
举办活动 …………………………………（110）
市妇联考察 ………………………………（110）
参加北京市职业技能大赛 …………………（110）
学习参观 …………………………………（110）
组织“巧娘”手工作品研讨会 ……………（110）
组织“中华戏曲健身操”演出 ……………（111）
召开妇联系统会议 …………………………（111）
组织救援工作 ……………………………（111）
参加捐款活动 ……………………………（111）
组织巾帼志愿服务 …………………………（111）
召开女大学生“村官”座谈会 ……………（111）
参加巾帼健身活动 …………………………（111）
第三届“京煤杯”徒步大会 ………………（111）
组织女政协委员考察 ………………………（111）
举办扶持款发放仪式 ………………………（111）
揭牌仪式 …………………………………（111）
增加编制 …………………………………（111）
第九届生活技能大赛获奖 …………………（111）
召开“姐妹驿站”工作交流会 ……………（111）
设立“姐妹驿站”服务台 …………………（111）
举办学习十八大精神工作会 ………………（111）
五进农村 …………………………………（111）
赴台参加会议 ……………………………（111）
举办“恒爱行动”公益活动 ………………（112）
参与法制宣传活动 …………………………（112）
举办巾帼志愿者在行动活动 ………………（112）
参加首都平安示范家庭授牌 ………………（112）
举办农家女致富擂台赛 ……………………（112）
评选“巾帼文明岗” ………………………（112）
推广家庭阳台经济 …………………………（112）
门头沟区科学技术协会
概况 ………………………………………（112）
召开科普工作会 ……………………………（112）
科普冬令营 ………………………………（112）
开展“科技套餐配送”工程 ………………（113）
举办青少年科技创新大赛 …………………（113）
科普作品征集 ……………………………（113）
举办“百万家庭数字生活技能大赛” ……（113）
举办科技周活动 ……………………………（113）
主题科普报告会 ……………………………（113）
科学幻想画创作展 …………………………（113）
创新实践工作室开放 ………………………（113）
项目课题研究取得突破 ……………………（113）
开展科普之夏活动 …………………………（113）
常设主题科普展厅 …………………………（114）
开展“科普日”活动 ………………………（114）
开展科技交流学术月活动 …………………（114）
获得佳绩 …………………………………（114）
创建科普示范社区工作 ……………………（114）
开展“科普惠农兴村计划”活动 …………（114）
开展科技实践活动 …………………………（114）
开展农村“一站、一栏、一员”工作 ……（114）
实施《社区科普益民计划》 ………………（114）
门头沟区残疾人联合会
概况 ………………………………………（114）
走访慰问 …………………………………（115）
参加市残疾人棋牌比赛 ……………………（115）
荣获全国扶贫开发先进个人 ………………（115）
市职业技能竞赛参赛 ………………………（115）
市残疾人群体项目展示交流 ………………（115）
举办残保法实施办法知识竞赛 ……………（115）
全国助残日庆祝活动 ………………………（115）
盲人按摩 …………………………………（115）
电脑教室捐赠 ……………………………（115）
首个法律工作服务站成立 …………………（115）
参与7.21灾害救助 …………………………（115）
残疾人就业保障金审核 ……………………（115）
参与市残疾人比赛 …………………………（115）
成立残疾人家庭康复学校 …………………（116）
残疾人助学 ………………………………（116）
无障碍改造 ………………………………（116）
街镇残联换届 ……………………………（116）
残疾人状况监测 ……………………………（116）
残疾人举重训练基地揭牌 …………………（116）
区残联第六次代表大会召开 ………………（116）
扶贫助残 …………………………………（116）
温馨家园与职康站建设 ……………………（116）
门头沟区工商业联合会
概况 ………………………………………（116）
光彩事业 …………………………………（116）
市、区领导调研 ……………………………（117）
宣传工作 …………………………………（117）
公益徒步行动 ……………………………（117）
非公企业参加旅游山会 ……………………（117）
组织企业家座谈 ……………………………（117）

召开主席会，执、常委会议 …………………（117）
庆祝工商联成立六十周年座谈会 …………（117）
六十周年系列活动 …………………………（117）
帮扶工作 ……………………………………（117）
宣传十八大精神 ……………………………（118）
非公经济党建工作站成立 …………………（118）
调研工作 ……………………………………（118）
评优推荐工作 ………………………………（118）
门头沟区文联
概况 …………………………………………（118）
文联事业发展 ………………………………（118）
解放思想大讨论 ……………………………（118）
区领导调研 …………………………………（118）
文艺精品工程 ………………………………（118）
人才培育工程 ………………………………（119）
举办书法作品展 ……………………………（120）
机关建设 ……………………………………（120）
《百花山文艺》期刊 ………………………（120）
门头沟区红十字会
概况 …………………………………………（120）
两节送温暖 …………………………………（120）
召开应急救护培训工作会 …………………（120）
召开六届三次理事会 ………………………（120）
贯彻市会九届四次理事会精神 ……………（120）
发行《红十字事业 60 年》…………………（120）
学习雷锋实践活动 …………………………（121）
举办博爱文化月启动仪式 …………………（121）
宣传防灾减灾 ………………………………（121）
发放博爱助学款 ……………………………（121）
开展应急疏散演练活动 ……………………（121）
发放少儿大病救助金 ………………………（121）
慰问建国前贫困老党员 ……………………（121）
学习贯彻市十一次党代会精神 ……………（121）
慰问受灾群众 ………………………………（121）
开展募捐活动 ………………………………（121）
区领导检查救灾物资存放情况 ……………（121）
区红会迁址 …………………………………（121）
应急救护工作 ………………………………（122）
重阳节慰问 …………………………………（122）
向田寺村水井工程捐款 ……………………（122）
捐献造血干细胞 ……………………………（122）
市会领导调研 ………………………………（122）
收看十八大直播节目 ………………………（122）
创建学习型机关 ……………………………（122）
开展红十字青少年活动 ……………………（122）
传播红会知识 ………………………………（122）
66 户困难家庭获救助 ……………………（122）

政权　政协

北京市门头沟区人民代表大会常务委员会
概述 …………………………………………（123）
区第十五届人大二次会议 …………………（123）
十五届人大常委会会议 ……………………（123）
市人大调研 …………………………………（125）
北京市门头沟区人民政府
概述 …………………………………………（126）
市领导调研 …………………………………（126）
召开座谈会 …………………………………（127）
送温暖活动 …………………………………（128）
召开新春联谊会 ……………………………（128）
召开环境整治动员大会 ……………………（128）
举行签字仪式 ………………………………（128）
开展交流活动 ………………………………（128）
召开工作汇报会 ……………………………（128）
综合改造工程正式启动 ……………………（128）
召开棚改工作动员会 ………………………（129）
召开迎汛动员大会 …………………………（129）
举行工程试点启动仪式 ……………………（129）
捷克总统夫人到区内参观 …………………（129）
召开区防汛工作视频会 ……………………（129）
举行捐赠仪式 ………………………………（129）
举行封顶仪式 ………………………………（129）
举行精英西山激励计划发布会 ……………（129）
举行珠江村镇银行开业庆典 ………………（129）
召开征兵工作动员大会 ……………………（129）
召开洽谈会 …………………………………（129）
举行项目启动仪式 …………………………（129）
举行体育场馆奠基仪式 ……………………（129）
举行水务工程建设大会 ……………………（129）
信息工作 ……………………………………（130）
督察工作 ……………………………………（130）
秘书工作 ……………………………………（130）
提案建议与便民电话工作 …………………（130）
应急管理工作 ………………………………（130）
外事工作 ……………………………………（130）
法制工作
概况 …………………………………………（130）

组织培训活动 ……………………………… (130)
行政处罚案卷评查 ……………………………… (130)
政府决策制度建设 ……………………………… (130)
行政应诉工作 ……………………………… (130)
贯彻落实行政强制法 ……………………………… (130)
落实领导会前学法制度 ……………………………… (131)
行政复议案件审理 ……………………………… (131)
文件审核 ……………………………… (131)
行政处罚情况统计 ……………………………… (131)
人力资源和社会保障
概况 ……………………………… (131)
“送温暖”资金发放到位 ……………………………… (131)
整顿人力资源市场秩序 ……………………………… (131)
召开工作会 ……………………………… (131)
召开社会保障和就业工作会 ……………………………… (131)
召开就业工作领导小组会 ……………………………… (131)
举办招聘会 ……………………………… (132)
召开医疗保险工作会 ……………………………… (132)
培训工作 ……………………………… (132)
开通短信招聘平台 ……………………………… (132)
举办“政策送工地”活动 ……………………………… (132)
召开座谈会 ……………………………… (132)
完成事业单位公开招聘考试 ……………………………… (133)
签署“手拉手促就业”协作协议 ……………………………… (133)
完成乡镇机构改革总结工作 ……………………………… (133)
举行职业技能大赛启动仪式 ……………………………… (133)
领导调研 ……………………………… (133)
召开集体协商推进会 ……………………………… (133)
高校毕业生就业服务月活动 ……………………………… (133)
宣讲《社会保险法》 ……………………………… (133)
开展联合执法检查 ……………………………… (133)
落实就业服务工作 ……………………………… (134)
开展“庭审三规范”观摩活动 ……………………………… (134)
联合开展政策宣传及现场招聘活动 ……………………………… (134)
完成星级社保所评估工作 ……………………………… (134)
召开职业技能大赛表彰会 ……………………………… (134)
就业工作 ……………………………… (134)
完善就业政策体系 ……………………………… (134)
开发就业岗位 ……………………………… (134)
公共就业服务工作 ……………………………… (134)
社保工作 ……………………………… (135)
提高社会保障 ……………………………… (135)
基金监管能力提升 ……………………………… (135)
人才工作 ……………………………… (135)
规范人才管理机制 ……………………………… (135)
职业技能培训 ……………………………… (135)
推进人事制度改革 ……………………………… (135)
公务员管理 ……………………………… (135)
机关事业单位改革工作 ……………………………… (135)
构建和谐劳动关系 ……………………………… (135)
制度建设 ……………………………… (136)
宣传服务工作 ……………………………… (136)
劳动监察 ……………………………… (136)
创新体制机制 ……………………………… (136)
提供机构编制保障 ……………………………… (136)
自采暖补贴资金发放工作 ……………………………… (136)
出台社会化用工暂行办法 ……………………………… (136)
完成《门头沟区促进就业政策汇编》 ……………………………… (136)
完善促进就业政策体系 ……………………………… (136)
推进绿色就业工作 ……………………………… (136)
建立联席会议制度 ……………………………… (137)
“手拉手促就业”工作全覆盖 ……………………………… (137)
区小企业劳动合同签订情况 ……………………………… (137)
机关事务管理
概况 ……………………………… (137)
基建工作 ……………………………… (137)
美化和绿化工作 ……………………………… (137)
维修与保障工作 ……………………………… (137)
机关食堂工作 ……………………………… (137)
安全保卫工作 ……………………………… (137)
群众性精神文明创建活动
概况 ……………………………… (138)
“门头沟十大好人”颁奖工作 ……………………………… (138)
“拒绝不文明，清除小广告活动” ……………………………… (138)
军警民共建工作座谈会 ……………………………… (138)
召开未成年人先进经验现场会 ……………………………… (138)
组织引导员主题拓展活动 ……………………………… (138)
召开创建活动交流会 ……………………………… (138)
慰问公共文明引导员活动 ……………………………… (138)
开展好人好事征集活动 ……………………………… (138)
军民共建活动 ……………………………… (138)
春风行动 ……………………………… (139)
公共文明引导员培训 ……………………………… (139)
开展文明引导进公园活动 ……………………………… (139)
“做文明有礼门头沟人”工作 ……………………………… (139)
档案史志工作
概况 ……………………………… (139)
帮扶工作 ……………………………… (140)

机关建设 …………………………………………（140）
领导调研 …………………………………………（140）
档案行政管理 ……………………………………（140）
服务全区发展 ……………………………………（141）
档案业务 …………………………………………（141）
档案宣教 …………………………………………（141）
口述史征集工作 …………………………………（141）
“特色党日”工作 …………………………………（141）
《门头沟年鉴》出版 ………………………………（141）

政协北京市门头沟区委员会

概述 ………………………………………………（142）
常务委员会会议 …………………………………（142）
提案委员会工作 …………………………………（143）
举办新春茶话会 …………………………………（143）
走访慰问各民主党派 ……………………………（143）
学习与文史委员会工作 …………………………（143）
经济科技委员会工作 ……………………………（143）
环境与人口资源委员会工作 ……………………（144）
举办新委员培训班 ………………………………（144）
社会法制与民族宗教委员会工作 ………………（144）
市政协领导到区内调研 …………………………（144）
举办“高效团队建设”专题培训 …………………（144）
召开信息宣传工作会 ……………………………（144）
张冰到党校授课 …………………………………（144）
开展专题议政会 …………………………………（144）
教文卫体委员会工作 ……………………………（144）
学习交流 …………………………………………（145）
举办常委暑期读书班 ……………………………（145）
召开新老委员联谊会 ……………………………（145）
举办各界人士中秋座谈会 ………………………（145）
主席班子视察 ……………………………………（145）
常委视察 …………………………………………（145）
举办“十八大”精神宣讲报告会 …………………（145）
与区政府举行座谈会 ……………………………（145）
走访委员 …………………………………………（145）

政法　军事

政法

政法工作

概况 ………………………………………………（146）
召开工作会议 ……………………………………（146）
反邪教工作 ………………………………………（147）
队伍建设工作 ……………………………………（147）
检查调研工作 ……………………………………（147）
维护稳定工作 ……………………………………（147）

社会治安综合治理工作

概况 ………………………………………………（148）
打击非法盗采专项整治工作 ……………………（148）
召开综治委全会 …………………………………（149）
召开相关会议 ……………………………………（149）
检查指导工作 ……………………………………（149）
群防群治工作 ……………………………………（149）
车辆乱停乱放专项整治行动 ……………………（150）
重点地区排查整治工作 …………………………（150）
综治宣传 …………………………………………（150）

公安工作

概况 ………………………………………………（150）
召开周边区域警务合作联席会 …………………（151）
开展各种主题宣传活动 …………………………（151）
开展安全大检查 …………………………………（151）
节前为老干部送温暖 ……………………………（152）
各级领导慰问民警 ………………………………（152）
举办春联赠送活动 ………………………………（152）
破获一起特大职务侵占案 ………………………（152）
完成各项警卫工作任务 …………………………（152）
举行新警入警宣誓仪式 …………………………（153）
完成春节安全保卫工作 …………………………（153）
召开反恐工作会并开展演练 ……………………（153）
完成大型活动治安监管工作 ……………………（153）
开展警营开放日活动 ……………………………（153）
破获一起特大诈骗案 ……………………………（154）
抓获一个聚众赌博团伙 …………………………（154）
召开养犬管理工作会 ……………………………（154）
区领导调研 ………………………………………（154）
成功打掉一盗窃团伙 ……………………………（154）
举行区医院警务室揭牌仪式 ……………………（154）
举行消防工作站揭牌仪式 ………………………（154）
打掉一销售假烟窝点 ……………………………（154）
完成年度高考安全保卫工作 ……………………（154）
开展学习宣传公安英模活动 ……………………（154）
打掉一盗窃团伙、破案 70 余起 …………………（154）
举行禁毒活动启动仪式 …………………………（155）
召开建党 91 周年评选表彰大会 …………………（155）
开展打击整治专项行动 …………………………（155）
破获一起市局督办电信诈骗案件 ………………（155）
开展讯期抢险工作 ………………………………（155）
成功破获两起涉毒案件 …………………………（156）

成功破获一起入室抢劫致人重伤案 ……… (156)
维护新学期校园治安秩序 ……… (156)
抓获两名非法持枪犯罪嫌疑人 ……… (156)
市委督查组督查安保工作 ……… (156)
组织社会防控力量勤务演练 ……… (156)
领导站好一班岗 ……… (156)
为离退休干部巡逻队送温暖 ……… (156)
召开安保外围防控庆功会 ……… (156)
完成冬季征兵政审工作 ……… (156)
举行政府赠送车辆仪式 ……… (156)
检察工作
概况 ……… (156)
服务区拆迁工作 ……… (157)
民行处制定《案件线索移送办法》 ……… (157)
再审检察建议启动再审程序 ……… (157)
二级规范化派驻检察室揭牌 ……… (157)
连续四年中标市院重点课题 ……… (157)
建立职务犯罪案件急救绿色通道 ……… (158)
接待信访群众 ……… (158)
市调研组调研党组织工作 ……… (158)
召开群众座谈会 ……… (158)
获全国检察书画摄影一等奖 ……… (158)
民行处成功提抗两起民事申诉案 ……… (158)
与区看守所联合演练 ……… (158)
确定为不起诉试点单位 ……… (158)
三听三聊讲解连群众工作法 ……… (158)
制定风险评估预警处置办法 ……… (158)
开展低收入农户帮扶工作 ……… (158)
新成立处室 ……… (158)
成功和解幼儿猝死案 ……… (159)
建立“另案处理”案件监督机制 ……… (159)
开展“一查二看三步走”活动 ……… (159)
创建义工惩教制度 ……… (159)
开展十八大学习活动 ……… (159)
处置涉拆集体访 ……… (159)
区人大政协到院调研 ……… (159)
检察开放日活动 ……… (159)
市检察机关通报会在院召开 ……… (159)
区长到现场办公 ……… (159)
控申民行联合制定工作办法 ……… (160)
办理虚报注同资金案 ……… (160)
加强与人大代表联络 ……… (160)
做好修改后两法适用准备工作 ……… (160)
审判工作
概况 ……… (160)
服务棚户区改造 ……… (161)
基层法制共建 ……… (161)
物业纠纷第三方评估机制 ……… (161)
开展集中清理专项活动 ……… (161)
规范法官与律师相互关系 ……… (161)
开展巡回审判 ……… (161)
推行裁判活动说理工作 ……… (161)
审理涉S1线刑事案件 ……… (161)
开展群众工作能力培养 ……… (161)
推行合适成年人参与制度 ……… (161)
推行诉前鉴定工作 ……… (161)
缓刑类社区矫正人员集中教育 ……… (161)
举办法院开放日 ……… (162)
开展案件评查工作 ……… (162)
服务基层司法职能型党小组 ……… (162)
执行涉区重点工程项目案件 ……… (162)
推进常态化竞争性选任工作 ……… (162)
推进人民陪审工作 ……… (162)
十八大安保维稳 ……… (162)
建立“一站式”诉讼服务大厅 ……… (162)
类型化纠纷诉调对接机制 ……… (162)
法官宣誓 ……… (162)
推行缓刑宣告前社会调查机制 ……… (162)
审理涉冯村资产清理案件 ……… (162)
司法行政工作
概况 ……… (162)
领导调研检查工作 ……… (163)
签署《工作机制意见》 ……… (163)
举办首发仪式 ……… (163)
举办司法行政开放日活动 ……… (163)
召开综治委特殊人群专项会 ……… (163)
召开综治委社会矛盾多元调解专项会 ……… (163)
举行“讲师团”启动仪式 ……… (163)
出台《律师庭审考核办法》 ……… (164)
开展模拟窗口服务专项活动 ……… (164)
举行规范律师出庭着装暨重温誓词仪式 … (164)
开展送法进军营活动 ……… (164)
为街道派驻专业社工 ……… (164)
签订合作协议 ……… (164)
建立社区矫正和安置帮教工作 ……… (164)
建立未成年社区矫正人员管理服务体系 … (164)
惠农公益法律服务中心工作站揭牌 ……… (164)
法律服务工作 ……… (164)

举办调委会授牌仪式 …………………… (165)
出台矫前社会调查工作规则 ……………… (165)
开展法制宣传周活动 …………………… (165)
区阳光中途之家新址揭牌 ……………… (165)
与区光荣院签订合作协议 ……………… (165)
召开矫正人员服务工作推进会 ………… (165)
开展“12·4”法制宣传日活动 ………… (165)
签订心理矫正合作协议 ………………… (165)
建立实习基地 …………………………… (166)
开展规范化调委会创建活动 …………… (166)
法制宣传工作 …………………………… (166)
人民调解工作 …………………………… (166)
社区矫正和安置帮教工作 ……………… (166)
队伍建设工作 …………………………… (167)

军事

人武部工作

概况 ……………………………………… (168)
参加十大好人颁奖 ……………………… (168)
慰问退休老干部 ………………………… (168)
迎新春团拜会 …………………………… (168)
参加图书馆开馆仪式 …………………… (168)
召开民兵工作大会 ……………………… (168)
参加全国双拥模范表彰大会 …………… (168)
开展学雷锋活动 ………………………… (168)
开展民兵整组培训会 …………………… (168)
组织义务植树活动 ……………………… (168)
开展祭扫革命烈士活动 ………………… (168)
组织扑救潭柘寺山火 …………………… (169)
组织开展知识拥军计算机培训班 ……… (169)
召开军（警）民共建工作座谈会 ……… (169)
开展送法进军营活动 …………………… (169)
卫戍区首长调研 ………………………… (169)
参加抢险救灾献爱心活动 ……………… (169)
区双拥总结表彰大会 …………………… (169)
组织“八一”走访慰问活动 …………… (169)
海军总医院医疗队到区内巡诊 ………… (169)
军（警）民共建30周年演讲比赛 ……… (169)
应急灭火分队比武演练 ………………… (169)
军民徒步京西主题游 …………………… (169)
开展征兵宣传 …………………………… (170)
十八大民兵执勤 ………………………… (170)
军区检查征兵工作 ……………………… (170)
总政保卫部检查工作 …………………… (170)
征兵体检工作 …………………………… (170)
区领导调研征兵工作 …………………… (170)
欢送新兵 ………………………………… (170)

民防工作

概况 ……………………………………… (170)
执法检查 ………………………………… (170)
安全检查工作 …………………………… (170)
廉政建设 ………………………………… (170)
领导调研 ………………………………… (170)
宣传教育培训工作检查 ………………… (171)
应急演练 ………………………………… (171)
应急抢险 ………………………………… (171)
召开地下空间综合整治工作会 ………… (171)
开展防空警报器安全检查 ……………… (171)
年度防汛工作会 ………………………… (171)
民防宣教指挥中心升级改造 …………… (171)
回填早期工程 …………………………… (171)
应对自然灾害 …………………………… (171)
人防指挥所升级改造 …………………… (171)
纪念人民防空创立62周年活动 ………… (171)
培训与演练 ……………………………… (171)
“十八大”安保工作 …………………… (171)
领导调研 ………………………………… (172)

农业与农村经济

农业工作

概况 ……………………………………… (173)
召开农村工作旅游工作会 ……………… (174)
市领导调研 ……………………………… (174)
召开旅游村庄建设推进协调会 ………… (174)
召开解放思想大讨论研讨会 …………… (174)
区领导调研 ……………………………… (174)
区委巡视组进驻区农委 ………………… (174)
农村实用人才创业成果展示活动 ……… (174)
韭园新型农村社区开工 ………………… (174)
出台规范养殖业工作意见 ……………… (174)
开展“双向联评”工作 ………………… (175)
观光休闲农业情况 ……………………… (175)
创建北京郊区生态村 …………………… (175)
“三起来”工程建设 …………………… (175)
开展合作社推荐评选 …………………… (175)
群众来信来访受理情况 ………………… (175)
碳汇造林 ………………………………… (175)
五进农村 ………………………………… (175)

一村一品 …………………………………（175）
农转非工作 ………………………………（175）
村镇获评 …………………………………（175）
林果业
概况 ………………………………………（176）
果蜂产业 …………………………………（176）
首绿办领导调研区园林绿化局 …………（176）
区绿化美化总结表彰会 …………………（176）
义务植树工作 ……………………………（176）
野生动物保护、法制宣传日活动 ………（176）
碳汇林项目 ………………………………（176）
森林火灾扑救应急演练 …………………（176）
平原造林工作 ……………………………（176）
退耕还林工作 ……………………………（176）
召开森林防火大会 ………………………（176）
林木有害生物防治 ………………………（176）
公益林管护 ………………………………（176）
京津风沙源治理工程 ……………………（177）
水资源开发利用
概况 ………………………………………（177）
荣获光荣称号 ……………………………（177）
领导调研 …………………………………（177）
提闸演习 …………………………………（178）
节水宣传 …………………………………（178）
召开安全迎汛工作会 ……………………（178）
防汛避险演习 ……………………………（178）
降雨情况 …………………………………（178）
应对特大暴雨自然灾害 …………………（178）
领导调研 …………………………………（178）
发布公报 …………………………………（178）
全国第一次水利普查 ……………………（178）
工程建设 …………………………………（178）
开展百日整治行动 ………………………（178）
农业发展服务
概况 ………………………………………（179）
暴雨农业抗灾救灾工作 …………………（179）
阳光浴室运行保障 ………………………（179）
养殖场污水粪便治理 ……………………（179）
建设有机肥生产厂 ………………………（179）
科学规范养殖业 …………………………（179）
推动农业景观建设 ………………………（179）
优化农业结构 ……………………………（179）
农业保障性工作 …………………………（179）
农产品质量安全工作 ……………………（180）
重大动植物疫情工作 ……………………（180）
争取市级资金 ……………………………（180）
“三品一标”农产品认证管理工作 ………（180）
农村经济经营管理
概况 ………………………………………（180）
镇级清产核资工作 ………………………（180）
四级网络光缆传输 ………………………（180）
集体资产信托经营管理试点 ……………（180）
农村产权制度改革 ………………………（180）
“三资”管理工作 …………………………（181）
农民专业合作社 …………………………（181）
完成村干部经济责任审计工作 …………（181）
农民负担监督管理执法检查 ……………（181）
农村经济统计分析 ………………………（181）
低收入农户监测 …………………………（181）
农村管理信息化 …………………………（181）
培训工作 …………………………………（181）
加大政策宣传力度 ………………………（181）

工　业

区属工业
概况 ………………………………………（182）
惠民工程 …………………………………（183）
搭建“移动办公平台” ……………………（183）
完成防私挖盗采监控平台建设 …………（183）
工业产值情况 ……………………………（183）
亿元规模企业 ……………………………（183）
镇村经济运行 ……………………………（183）
工业企业技术改造 ………………………（183）
工业节能减排 ……………………………（183）
集成政策优势　引导企业发展 …………（183）
中小企业融资服务 ………………………（184）
投资项目立项备案 ………………………（184）
镇村集体企业改制 ………………………（184）
扶持镇村企业发展 ………………………（184）
强化全区信息化管理 ……………………（184）
落实“智慧北京”相关工作 ………………（184）
实施年度信息化重点项目 ………………（184）
保障网络与信息安全 ……………………（184）
推进信息化基础设施提升工作 …………（184）
整合“61696156”为民服务信息平台 ……（185）
升级区电子监察平台 ……………………（185）
建设“政府云门户” ………………………（185）

推广共享交换平台应用 …………………… (185)
石龙开发区
概况 …………………………………………… (185)
领导调研 ……………………………………… (186)
重点工程进度 ………………………………… (186)
企业工商年检 ………………………………… (186)
消防工作站挂牌 ……………………………… (186)
重点企业迁入 ………………………………… (186)
募捐活动 ……………………………………… (186)
组织活动 ……………………………………… (186)
合作签约 ……………………………………… (186)
重点工作 ……………………………………… (186)
工作站揭牌 …………………………………… (186)
项目签约 ……………………………………… (186)
组织重点企业交流会 ………………………… (186)

商贸 旅游

商贸
概况 …………………………………………… (187)
商业流通
突发事件应急物资保障供应 ………………… (187)
增强生活必需品应急保障能力 ……………… (187)
开展专项安全治理行动 ……………………… (188)
加强全区酒类、食盐监督检查 ……………… (188)
完成再生资源回收站点建设 ………………… (188)
区首家再生资源分拣中心建成 ……………… (188)
推进便民利民工程 …………………………… (188)
推进无障碍设施改造 ………………………… (188)
开展新型农村社区商业试点 ………………… (188)
推进购物中心统一收银工作 ………………… (188)
完成开发就业岗位工作 ……………………… (188)
市、区两级商业项目申报工作 ……………… (188)
推进重点流通企业信息监测工作 …………… (188)
主题促销活动 ………………………………… (188)
开展“文明有礼门头沟人”活动 …………… (188)
家电下乡工作 ………………………………… (189)
单用途商业预付卡备案 ……………………… (189)
对外经贸
搭建外经贸企业服务平台 …………………… (189)
加强对外宣传 ………………………………… (189)
帮扶企业发展 ………………………………… (189)
京门良实
概况 …………………………………………… (189)
召开工作会议 ………………………………… (189)
安全检查 ……………………………………… (189)
领导调研 ……………………………………… (189)
明确仓储工作重点 …………………………… (189)
消防演习 ……………………………………… (190)
清仓查库 ……………………………………… (190)
退耕还林补助粮食供应工作 ………………… (190)
市储备玉米接卸工作 ………………………… (190)
防汛及“打非治违”工作 …………………… (190)
机动车检测站停业 …………………………… (190)
培训工作 ……………………………………… (190)
统计检查 ……………………………………… (190)
通过ISO9000复评审核 ……………………… (190)
良实米业一期工程竣工 ……………………… (190)
规范化验收 …………………………………… (190)
成立京粮盛隆贸易有限公司 ………………… (190)
仓储考核 ……………………………………… (190)
综合检查 ……………………………………… (190)
修订部室职责实现有效对接 ………………… (191)
财务管理 ……………………………………… (191)
商业网点
概况 …………………………………………… (191)
职业技能竞赛 ………………………………… (191)
房屋资产维修和修缮 ………………………… (191)
品味实惠绿色消费 …………………………… (191)
举办餐饮行业服务技能大赛 ………………… (191)
资产管理 ……………………………………… (191)
送货下乡便利山区百姓 ……………………… (191)
打造独特餐饮文化 …………………………… (191)
品京西风情 …………………………………… (191)
强化监督促安全 ……………………………… (192)
供销合作社
概况 …………………………………………… (192)
市供销总社与区政府举行座谈 ……………… (192)
安全检查 ……………………………………… (192)
召开新春座谈会 ……………………………… (192)
举办新春联谊 ………………………………… (192)
开展民主测评 ………………………………… (192)
领导调研 ……………………………………… (192)
区政府与市供销总社签署协议 ……………… (192)
签订经营业绩考核责任书 …………………… (192)
斋堂农贸市场开业 …………………………… (193)
召开工作年会 ………………………………… (193)
完成拆除房产 ………………………………… (193)

再生资源分拣中心投入运营 ……………… (193)
增华兴市场正式启动拆迁 ……………… (193)
召开工作年会 ……………… (193)
举办消防安全培训 ……………… (193)
检查冬季取暖用具安全 ……………… (193)
举行冬季消防演习 ……………… (193)
举行工作研讨会 ……………… (193)
社区再生资源收购站点验收 ……………… (193)
贸易大楼墙体外装修 ……………… (193)
民主测评 ……………… (193)
安全保卫 ……………… (193)
接收预备党员 ……………… (193)

旅游

概况 ……………… (194)
黄金周情况 ……………… (194)
旅游企业标准化创建工作 ……………… (194)
召开农村旅游工作会 ……………… (194)
培训工作 ……………… (195)
召开旅游推介会 ……………… (195)
旅游咨询服务工作 ……………… (195)
潭柘寺玉兰节 ……………… (195)
妙峰山春季民俗庙会 ……………… (195)
组织第四届北京市旅游山会 ……………… (195)
机构调整 ……………… (195)
参加北京国际旅游博览会 ……………… (195)
“7·21”旅游业受灾及修复工作 ……………… (195)
参加市十七届北方旅游交易会 ……………… (196)
第三届北京国际山地徒步大会 ……………… (196)
旅游商品大赛 ……………… (196)
第三届北京重阳文化节 ……………… (196)
参加北京国际旅游商品博览会 ……………… (196)
旅游宣传促销工作 ……………… (196)
旅游调研规划工作 ……………… (196)
旅游产业项目推进工作 ……………… (196)
旅游基础设施建设工作 ……………… (196)
旅游公共服务提升工作 ……………… (197)
旅游安全监管工作 ……………… (197)
旅游企业复核工作 ……………… (197)

综合经济管理

发展改革工作

概况 ……………… (198)
京津风沙源治理 ……………… (198)
固定资产投资 ……………… (198)
推进南部地区高压线迁改问题 ……………… (198)
节能减排工作 ……………… (198)
价格检查工作 ……………… (198)

工商行政管理

概况 ……………… (199)
完成元旦市场监管 ……………… (200)
青年研判小组集中活动 ……………… (200)
举行食品安全示范店授牌仪式 ……………… (200)
开展元宵节食品安全整治 ……………… (200)
取缔制售假冒伪劣洗涤灵黑窝点 ……………… (200)
召开工作会 ……………… (200)
举办听证会 ……………… (200)
保障“两会”期间市场秩序稳定 ……………… (200)
取缔黑网吧 ……………… (200)
开展学雷锋活动 ……………… (200)
举办小微企业信贷推介会 ……………… (200)
完成清明节祭扫市场监管 ……………… (200)
开展卫星地面接收设施检查 ……………… (200)
领导调研 ……………… (200)
联合取缔侯庄子非法摊群 ……………… (201)
加强劳动节、端午节市场监管 ……………… (201)
食品安全宣传进校园 ……………… (201)
校园周边食品安全整治 ……………… (201)
举办工商开放日活动 ……………… (201)
开展房地产经纪机构专项整治 ……………… (201)
检查稻香村经营血豆腐情况 ……………… (201)
开展“六一”光彩助学活动 ……………… (201)
开展“食品安全宣传周”活动 ……………… (201)
领导调研 ……………… (201)
组织召开上半年食品安全工作会 ……………… (202)
联合拆除非法户外广告牌 ……………… (202)
组织开展知识竞赛 ……………… (202)
开展安全生产大检查 ……………… (202)
做好徒步大赛安全保障 ……………… (202)
开展校园周边环境专项整治 ……………… (202)
确保国庆期间市场秩序稳定 ……………… (202)
召开提高监管效能理论研讨会 ……………… (202)
组织举行市局老干部京郊游活动 ……………… (202)
开展食品安全应急演练 ……………… (202)
成立消费纠纷人民调解委员会 ……………… (202)
做好民用炉具市场监管 ……………… (202)
监督企业食品自检室快检工作 ……………… (202)
强化户外广告监管 ……………… (203)

通过市局信息化建设工作考核 …………… (203)
举行贷款签约仪式 ………………………… (203)
开展干部封闭培训 ………………………… (203)
市督查组督查考核 ………………………… (203)
做好自行车赛保障工作 …………………… (203)
加强农资市场监管 ………………………… (203)
强化工商工作站建设 ……………………… (203)
推进工商参与社会化管理 ………………… (203)
建立经济信息交换共享机制 ……………… (203)
推动商标战略 ……………………………… (203)
加强消费维权体系建设 …………………… (204)
做好双拥工作 ……………………………… (204)
推进“五型”机关建设 …………………… (204)
助推地区产业优化升级 …………………… (204)
强化政风行风建设 ………………………… (204)
打击无照经营 ……………………………… (204)
开展“送法律送服务”活动 ……………… (204)
营造良好校园周边消费环境 ……………… (204)
做好 7.21 灾后重建、慰问工作 ………… (204)
促进小微企业发展 ………………………… (205)
为民办实事项目运行良好 ………………… (205)
做好商品质量抽检工作 …………………… (205)
服务采空棚户区房屋征收工作 …………… (205)
加强属地政府食品安全工作 ……………… (205)
加强十八大期间监管工作 ………………… (205)
强化电子商务监管 ………………………… (205)
统计工作
概况 ………………………………………… (206)
专项调查工作 ……………………………… (206)
统计文化建设 ……………………………… (207)
召开统计工作专题研讨会 ………………… (207)
统计月报、季报和年定报工作 …………… (207)
统计执法检查 ……………………………… (207)
领导调研 …………………………………… (207)
培训工作 …………………………………… (208)
召开统计工作会 …………………………… (208)
计算机网络安全检查 ……………………… (208)
党团活动 …………………………………… (208)
统计监测工作 ……………………………… (208)
第六次人口普查工作 ……………………… (209)
开展基层调研活动 ………………………… (209)
普法宣传工作 ……………………………… (209)
统计资料 …………………………………… (209)
统计从业资格 ……………………………… (209)
统计开放日 ………………………………… (209)
质量技术监督
概况 ………………………………………… (209)
节日安全检查 ……………………………… (210)
专项工作 …………………………………… (210)
市、区领导走访调研 ……………………… (211)
“5.20 世界计量日”宣传 ………………… (211)
“六一”特设宣传进校园 ………………… (211)
食品安全大家行活动 ……………………… (212)
安全生产月宣传进社区 …………………… (212)
食品安全宣传周活动 ……………………… (212)
党员宣誓暨党课活动 ……………………… (212)
学习第十一次党代会精神 ………………… (212)
实验室资质认定专项检查 ………………… (212)
“十八大”安全保障 ……………………… (212)
学习十八大精神 …………………………… (212)
法制宣传日 ………………………………… (212)
2012 年度工作总结会 ……………………… (212)
审计工作
概况 ………………………………………… (213)
慰问退休干部 ……………………………… (213)
区领导调研 ………………………………… (213)
召开社保资金专题会 ……………………… (213)
完成竞争上岗工作 ………………………… (213)
审计工作 …………………………………… (213)
预算执行情况 ……………………………… (213)
学习十八大精神，创新研究审计工作 …… (213)
跟踪审计保证征收 ………………………… (213)
完成预算执行审计 ………………………… (213)
药品监督管理
概况 ………………………………………… (214)
慰问活动 …………………………………… (214)
节日巡查 …………………………………… (214)
召开药品监督网总结会 …………………… (215)
召开联席会议 ……………………………… (215)
专项检查 …………………………………… (215)
领导视察 …………………………………… (216)
召开党员大会 ……………………………… (216)
签订安全保卫工作责任书 ………………… (216)
销毁假劣药品 ……………………………… (216)
召开宣传工作会 …………………………… (216)
药品安全示范街创建工作 ………………… (216)
药品安全纳入区政府绩效考核 …………… (216)
宣传活动 …………………………………… (216)

两会保障 ……（217）
开展“五型”机关创建活动 ……（217）
培训工作 ……（217）
召开药品医疗机械经营企业工作会 ……（217）
召开区药监工作会 ……（217）
召开百千万工程推进会 ……（217）
工作交流会 ……（217）
联合执法 ……（217）
药品安全宣传培训基地揭牌 ……（218）
铬超标胶囊剂药品召回工作 ……（218）
举办“挑战新闻发言人”活动 ……（218）
帮扶工作 ……（218）
过期药品回收 ……（218）
十八大保障工作 ……（218）
召开民主生活会 ……（218）
百千万工程现场初评 ……（218）
专项检查 ……（218）
抽验工作 ……（218）
举行十八大廉政艺术作品展览 ……（219）
获得档案测评市级优秀单位 ……（219）
通过 ISO9000 质量体系外审 ……（219）
药检所通过复评审 ……（219）
药检所完成全年检验任务 ……（219）
部署药品安全绩效考核 ……（219）

财税　金融　保险

财税

财政

概况 ……（220）
领导慰问 ……（220）
落实改善民生政策 ……（220）
春节联欢 ……（220）
出台规划、制度、办法 ……（220）
纠正违规公务用车 ……（221）
联合制定标准 ……（221）
多措施组织收入 ……（221）
政府采购工作 ……（221）
提高资金使用效率 ……（221）
完成惠民平价型煤供应 ……（221）
扩大无纸化考试 ……（221）
局内资产清查 ……（221）
启动规范公务卡报销程序 ……（222）
全民健身 ……（222）
支持体育事业 ……（222）
加大职教投入 ……（222）
党风廉政建设 ……（222）
政务公开，政务服务 ……（222）
清产核资工作 ……（222）
彩票公益金管理 ……（222）
专项资金检查 ……（222）
党风廉政建设 ……（222）
出让收入检查工作 ……（222）
举办财会人员运动会 ……（223）
强化预算收支管理 ……（223）
优化支出结构 ……（223）
支持学前教育发展 ……（223）
卫生财务基础工作 ……（223）
提高基建管理水平 ……（223）
支持促进就业工作 ……（223）
落实困难学生补助标准 ……（223）
启动部门预算编制工作 ……（223）
代理记账机构年检 ……（224）
加强财政收支管理措施 ……（224）
通过市级联合检查 ……（224）
五方面加大区旅游资金投入 ……（224）
福利彩票公益金项目申报 ……（224）
抗灾抢险资金 ……（224）
会计信息质量检查 ……（224）
举办财政知识大课堂讲座 ……（224）
投入资金推进医改 ……（224）
继续教育工作 ……（224）
培训工作 ……（225）
加强镇街财政收支预算管理 ……（225）
财政专户检查 ……（225）
支持节水目标责任书任务 ……（225）
会计专业技术资格初、中级考试 ……（225）
家电下乡补贴 ……（225）
支持京津风沙源建设 ……（225）
支持农村低保 ……（225）
法制宣传 ……（225）
支持森林防火工作 ……（225）
全区公园建设 ……（225）
沟域经济发展 ……（225）
冬季征兵工作 ……（226）
依法行政工作 ……（226）
完成粮食直补工作 ……（226）
足额发放养老金 ……（226）
教育事业费情况 ……（226）

专项补贴农机具购置 ……………………………(226)
投资评审情况 ……………………………………(226)
资产处置情况 ……………………………………(226)
国家税务
概况 ………………………………………………(226)
加强党风廉政建设工作 …………………………(226)
市、区两级领导调研 ……………………………(227)
干部队伍建设 ……………………………………(227)
召开税务工作会 …………………………………(227)
召开税务稽查工作会 ……………………………(227)
开展税收宣传活动 ………………………………(227)
完成税收调查工作 ………………………………(227)
“营改增”上线 …………………………………(227)
官方微博“门头沟12366” ……………………(227)
下属单位情况 ……………………………………(227)
地方税务
概况 ………………………………………………(228)
走访、慰问活动 …………………………………(229)
市、区领导检查指导工作 ………………………(229)
召开特邀社会监督员座谈会 ……………………(230)
党建工作 …………………………………………(230)
召开税务工作会 …………………………………(230)
加强政务公开 ……………………………………(230)
培训工作 …………………………………………(230)
工作调研 …………………………………………(230)
纳税评估工作 ……………………………………(231)
开办地税讲坛 ……………………………………(231)
学习“北京精神” ………………………………(231)
安全稳定工作 ……………………………………(231)
荣誉表彰 …………………………………………(231)
地税文化建设 ……………………………………(231)
团支部活动 ………………………………………(231)
纳税服务新举措 …………………………………(231)
打击发票违法犯罪活动 …………………………(231)
党风廉政建设工作 ………………………………(231)
优化政务流程 ……………………………………(232)
工作交流 …………………………………………(232)
建立信息交换共享机制 …………………………(232)
庆祝建党91周年暨“七一”表彰会 ……………(232)
启用新版发票 ……………………………………(232)
区长批示 …………………………………………(232)
召开税源综合管理服务研讨会 …………………(232)
“解放思想大讨论”交流会 ……………………(232)
学习十八大报告 …………………………………(232)
国际税收协会课题研究 …………………………(233)
“12·4”全国法制宣传日活动 …………………(233)
票证管理工作 ……………………………………(233)
下属单位情况 ……………………………………(233)
金融
工商银行
概况 ………………………………………………(234)
短途竞赛 …………………………………………(234)
金融服务 …………………………………………(234)
网点拆迁 …………………………………………(234)
军银联谊 …………………………………………(234)
营销活动 …………………………………………(234)
公开竞聘 …………………………………………(234)
建设银行
概况 ………………………………………………(234)
举办爱心助盲公益行联谊会 ……………………(235)
举办军队武警客户联谊会 ………………………(235)
举办外贸企业银行产品推介会 …………………(235)
加强基层党组织建设 ……………………………(235)
防范电信诈骗 ……………………………………(235)
践行社会责任 ……………………………………(235)
农村商业银行
概况 ………………………………………………(235)
春节慰问活动 ……………………………………(235)
开展规范经营活动 ………………………………(235)
召开分支机构改革启动会 ………………………(235)
开展主题登山比赛 ………………………………(235)
“村村通”工程启动仪式 ………………………(235)
捐款活动 …………………………………………(236)
召开行庆座谈会 …………………………………(236)
培训工作 …………………………………………(236)
组织召开演讲比赛 ………………………………(236)
工作调研 …………………………………………(236)
保险
财产保险
概况 ………………………………………………(236)
主要业绩 …………………………………………(236)
主要工作 …………………………………………(236)
人寿保险
概况 ………………………………………………(236)
领导慰问 …………………………………………(237)
领导调研 …………………………………………(237)
计生险业务工作 …………………………………(237)
参加“金钥匙创新大赛” ………………………(237)

召开经策会 ……………………………………（237）
领导现场指导工作 ……………………………（237）
收付费系统上线 ………………………………（237）
开办十一款新版激活卡 ………………………（237）
柜面功能整合 …………………………………（237）
参加“拍客演讲比赛” ………………………（237）

城乡建设

规划管理

概况 ……………………………………………（238）
市、区领导调研 ………………………………（238）
规划编制与研究 ………………………………（239）
规划管理 ………………………………………（239）
市政基础设施规划建设 ………………………（239）
规划监督和违法建设查处 ……………………（239）

建设管理

概况 ……………………………………………（240）
保障性住房建设与分配 ………………………（240）
汛期房屋安全管理 ……………………………（240）
城镇低收入家庭危房治理 ……………………（240）
物业企业及人员管理 …………………………（240）
招标投标工作 …………………………………（240）
房屋登记管理 …………………………………（240）
房屋安全普查 …………………………………（240）
保障性住房管理 ………………………………（240）
工程安全质量监管 ……………………………（240）
建筑节能改造 …………………………………（241）
信访维稳与信息公开 …………………………（241）

国土资源

概况 ……………………………………………（241）
联合整治检查 …………………………………（241）
公开销毁盗采车辆 ……………………………（242）
召开卫片专项会 ………………………………（242）
农村土地确权登记颁证 ………………………（242）
市领导调研 ……………………………………（242）
捐款捐物 ………………………………………（243）
国家土地例行督察 ……………………………（243）
市检查组检查 …………………………………（243）
廉政建设工作 …………………………………（243）
矿山地质环境治理 ……………………………（244）
地质灾害应急演练 ……………………………（244）
土地执法监管试点 ……………………………（244）
地质灾害防治 …………………………………（244）
区领导调研 ……………………………………（245）
土地管理共同责任机制 ………………………（245）
国家土地督察北京局领导调研 ………………（245）
国有土地挂牌出让 ……………………………（245）
全国土地日宣传 ………………………………（245）
召开党总支委员会选举大会 …………………（245）
国土部指导地灾防治 …………………………（245）
土地开发整理 …………………………………（245）

市政管委

概况 ……………………………………………（246）
安全生产、消防 ………………………………（246）
道路改造工程 …………………………………（246）
城市住宅供暖工作 ……………………………（247）
地下管线排查 …………………………………（247）
市区领导调研 …………………………………（247）
人大建议、政协提案工作 ……………………（247）
创建五型机关活动 ……………………………（247）
市政配套工程 …………………………………（247）
区垃圾无害化处理 ……………………………（247）
垃圾渣土管理 …………………………………（247）
城镇防汛工作 …………………………………（248）
精细化管理 ……………………………………（248）
燃气工作 ………………………………………（248）
垃圾分类 ………………………………………（248）
夜景照明工程 …………………………………（248）
生活垃圾 ………………………………………（248）
征地手续办理 …………………………………（248）
热计量改造 ……………………………………（248）
信访工作 ………………………………………（249）
下属单位 ………………………………………（249）

公共事业

供水
概况 ……………………………………………（249）
对外服务工作 …………………………………（249）
供水工作 ………………………………………（250）
主要指标完成情况 ……………………………（250）
管理精细化 ……………………………………（250）
水厂扩建工作 …………………………………（250）
党建和精神文明建设工作 ……………………（250）
供电
概况 ……………………………………………（250）
区领导慰问 ……………………………………（250）
共产党员服务队活动 …………………………（251）
抢修工作 ………………………………………（251）

安全生产局面保持平稳 ……………………（251）
全国文明单位创建工作 ……………………（251）
职工活动 ……………………………………（251）
开展反腐倡廉工作 …………………………（251）
向辖区重要用户赠送报告 …………………（251）
完成防汛工作 ………………………………（252）
中门寺变电站正式投运 ……………………（252）
宣传活动 ……………………………………（252）
完成各类考试期间的供电保障 ……………（252）
完成电价改革实施任务 ……………………（252）
公司应对 7.21 暴雨 ………………………（252）
做好新建保障房的供电工作 ………………（252）
获得“服务之星”称号 ……………………（253）
完成各赛事供电保障工作 …………………（253）
中秋节、国庆节保电 ………………………（253）
隐患排查工作 ………………………………（253）
与高压客户座谈 ……………………………（253）
完成智能表改造 ……………………………（253）
完成冬日保电工作 …………………………（253）
完成“十八大”保电任务 …………………（253）
电网规划建设工作 …………………………（253）
业务工作 ……………………………………（254）
为全国“两会”保电 ………………………（254）
下属单位情况 ………………………………（254）
环境保护
概况 …………………………………………（255）
区领导调研 …………………………………（255）
召开环保特约监督员工作会 ………………（255）
市领导视察 …………………………………（255）
创模工作 ……………………………………（256）
“五型机关”创建动员会 …………………（256）
联合检查 ……………………………………（256）
开展环境安全百日大检查活动 ……………（256）
宣传工作 ……………………………………（256）
环保局网站正式开通 ………………………（256）
培训工作 ……………………………………（257）
演练工作 ……………………………………（257）
启动汛期应急预案 …………………………（257）
献“爱心”捐款活动 ………………………（257）
建立联防联控机制 …………………………（257）
安全检查 ……………………………………（257）
环境卫生
概况 …………………………………………（258）
节日期间工作 ………………………………（258）
领导慰问 ……………………………………（258）
业务工作 ……………………………………（258）
其他工作 ……………………………………（259）
防汛工作 ……………………………………（259）
大型活动保障工作 …………………………（259）
献爱心活动 …………………………………（259）
扫雪铲冰工作 ………………………………（259）
廉政建设工作 ………………………………（260）
城市管理监察
概况 …………………………………………（260）
环境保障工作 ………………………………（261）
非法小广告集中整治行动 …………………（261）
维护城市景观 ………………………………（261）
春节节前集中整治 …………………………（261）
书法家进社区 ………………………………（261）
城管大拜年　温暖送万家 …………………（261）
法学专家指导行政执法 ……………………（261）
工地监管 ……………………………………（262）
潭柘寺景区广告牌匾整治 …………………（262）
集中整治工作 ………………………………（262）
拒绝“五毒” ………………………………（262）
全力保障旅游山会 …………………………（262）
打非治违 ……………………………………（262）
保障精品街区建设验收 ……………………（262）
运输车辆专项整治 …………………………（262）
水域宣传执法 ………………………………（262）
推进保障危改项目 …………………………（262）
举办社区宣讲 ………………………………（263）
社区城市文明加油站 ………………………（263）
优化城市环境 ………………………………（263）
环境卫生清洁日 ……………………………（263）
召开城市环境安保誓师会 …………………（263）
扫雪铲冰 ……………………………………（263）
整治非法废品回收市场 ……………………（263）

交通　邮电

交通
公路建设
概况 …………………………………………（264）
108 国道改建工程 …………………………（264）
担下路剪彩通车 ……………………………（265）
清千路改建工程 ……………………………（265）
应急抢险 ……………………………………（265）

慰问活动 …………………………………………（265）
领导干部述职评议 ………………………………（265）
职工活动 …………………………………………（265）
质量监管工作 ……………………………………（266）
路政执法工作 ……………………………………（266）
培训工作 …………………………………………（266）
养护工作 …………………………………………（266）
会务组织 …………………………………………（266）
安全监管工作 ……………………………………（266）
领导调研 …………………………………………（267）
城市道路工作 ……………………………………（267）
获奖情况 …………………………………………（267）
防汛工作 …………………………………………（268）
7.21 特大暴雨抢险保通 …………………………（268）
档案执法检查 ……………………………………（268）
桥梁中修工作 ……………………………………（268）
桥隧定特检工作 …………………………………（268）
国家干线路检测工作 ……………………………（268）
运输管理
概况 ………………………………………………（268）
协调公交企业增加公交车班次 …………………（269）
区领导调研 ………………………………………（269）
学习、弘扬、践行“北京精神” …………………（269）
宣传工作 …………………………………………（269）
公交线路调整 ……………………………………（269）
培训工作 …………………………………………（269）
公交车开通运营 …………………………………（269）
组织应急演练 ……………………………………（269）
组织开展情景演练 ………………………………（269）
开展安全知识竞赛 ………………………………（270）
召开交通改造协调推进会 ………………………（270）
市督查组检查指导工作 …………………………（270）
市领导调研 ………………………………………（270）
开展巡视监督工作 ………………………………（270）
学习党的十八大精神报告会 ……………………（270）
新建 3 个五级客运场站 …………………………（270）
“双超”治理工作 …………………………………（270）
防汛工作 …………………………………………（270）
整改工作 …………………………………………（270）
做好提案及信访案件办理工作 …………………（270）
受理小客车指标申请业务 ………………………（271）
执法责任制落实和依法行政工作 ………………（271）
安全检查工作 ……………………………………（271）
开展“五型”机关创建活动 ………………………（271）
建立行业退出机制 ………………………………（271）
加强党风廉政建设 ………………………………（271）
加强干部队伍建设 ………………………………（271）
交通战备工作 ……………………………………（272）
道路运输协会工作 ………………………………（272）

邮电

·邮政
概况 ………………………………………………（272）
生肖文化节 ………………………………………（272）
领导慰问 …………………………………………（272）
取得荣誉 …………………………………………（272）
人大代表候选人考察 ……………………………（272）
领导调研 …………………………………………（273）
拆迁还建 …………………………………………（273）
理财经理队伍建设 ………………………………（273）
安全工作 …………………………………………（273）
召开职代会 ………………………………………（273）
营销队伍建设 ……………………………………（273）
人工成本管控 ……………………………………（273）
教育培训 …………………………………………（273）
职业鉴定 …………………………………………（273）
开展“为民服务创先争优”系列活动 ……（273）
服务工作 …………………………………………（273）
劳动竞赛 …………………………………………（273）
职工之家建设 ……………………………………（273）
下属单位情况 ……………………………………（274）
·电信
概况 ………………………………………………（274）
召开社会监督员座谈会 …………………………（274）
“乒乓在沃”比赛 …………………………………（274）
召开年中座谈会 …………………………………（274）
完成山地徒步大赛通信工作 ……………………（274）
石龙手机卖场开业 ………………………………（275）
市场经营工作 ……………………………………（275）
客户服务工作 ……………………………………（275）
网络维护及建设工作 ……………………………（275）

科技　教育

科技

科技工作
概况 ………………………………………………（276）
实施各类科技项目 ………………………………（276）
高新技术企业统计工作 …………………………（277）

开展多项科普实践活动 ……………………（277）
工作交流 ……………………………………（277）
市、区领导调研科技工作 …………………（277）
组织召开科普联席会议 ……………………（278）
开展世界知识产权日宣传活动 ……………（278）
开展科普电影巡映活动 ……………………（278）
组织参观北京科技周主会场 ………………（278）
参与北京国际科技产业博览会 ……………（278）
完成科技奖励评审工作 ……………………（278）
定都阁公路生态修复 ………………………（278）
开展调研考察工作 …………………………（278）
完成科技奖励办法修订 ……………………（279）
完成项目验收工作 …………………………（279）
对获奖社区进行授牌表彰 …………………（279）
举办生态旅游文化景观沙盘启用仪式 ……（279）
北京市可持续发展实验区通过评审 ………（279）
战略性新兴产业科技成果转化基地 ………（279）
培训工作 ……………………………………（279）
召开共建产业孵化基地座谈会 ……………（280）
召开区科技创新暨科技奖励会 ……………（280）
完成创新型科普社区考评工作 ……………（280）
组织市专利试点单位申报工作 ……………（280）
首都科技条件平台门头沟工作站 …………（280）
开展白灵菇引种研究 ………………………（280）
市级科技专项正式立项 ……………………（280）
实施特色精品果树产业化开发 ……………（280）
开通区知识产权保护网 ……………………（280）
结对帮扶工作 ………………………………（280）
下属单位情况 ………………………………（280）
·地震工作
概况 …………………………………………（281）
防震减灾科普示范学校建设 ………………（281）
培训工作 ……………………………………（281）
地震安全社区建设 …………………………（281）
防震减灾宣传 ………………………………（281）
防震减灾科普基地建设 ……………………（281）
防震减灾科普展室建设 ……………………（281）
地震应急疏散演练 …………………………（281）
应急避难场所建设 …………………………（282）
重大工程地震烈度复核 ……………………（282）
防震减灾助理员队伍建设 …………………（282）
地震前兆监测台网建设 ……………………（282）
地震宏观观测体系建设 ……………………（282）
强震台建设 …………………………………（282）
严格执行会商制度 …………………………（282）
异常落实 ……………………………………（282）
十八大期间地震安保 ………………………（282）
区内震情 ……………………………………（282）
获奖情况 ……………………………………（282）
·气象工作
概况 …………………………………………（282）
新址观测场建设工作 ………………………（283）
举办招聘面试会 ……………………………（283）
与区应急实现视频交流连接 ………………（283）
领导调研 ……………………………………（283）
宣传工作 ……………………………………（283）
市局领导汛前检查 …………………………（283）
完成山洪项目设施建设 ……………………（283）
与区应急办商讨合作事宜 …………………（283）
召开汛期服务动员会 ………………………（283）
召开人工影响天气专题会 …………………（283）
安全检查工作 ………………………………（283）
气象服务保障工作 …………………………（283）
召开防汛应急部署会 ………………………（284）
参加市应急办培训 …………………………（284）
山洪灾害防御项目合同验收 ………………（284）
教师参观 ……………………………………（284）
气象信息员培训 ……………………………（284）
山洪灾害防御项目工程验收 ………………（284）
十八大知识竞赛 ……………………………（284）
避雷检测工作 ………………………………（284）
人工影响天气工作 …………………………（284）
年度气候评价 ………………………………（284）
教育
概况 …………………………………………（285）
召开研讨、座谈会 …………………………（285）
召开班主任研究会年会 ……………………（286）
完成2011年财政决算 ……………………（286）
出台实施意见 ………………………………（286）
开展公共卫生安全督查 ……………………（286）
开展优秀成果评比 …………………………（286）
完成督导评估工作 …………………………（286）
召开工作会 …………………………………（287）
开展市民心理健康调适 ……………………（287）
小学规范化建设验收工作结束 ……………（287）
基础教育研究员集体视导 …………………（287）
举办“青春船长　法治启航”活动 ………（287）
开展春季教育收费检查 ……………………（287）

举办教育系统干部研修班 ……………………（287）
召开主题教育实践活动启动会 ………………（288）
举办第十五届学生艺术节 ……………………（288）
教委领导调研基层学校 ………………………（288）
举办首届学生社团文化节 ……………………（288）
开设艺术中专班 ………………………………（288）
弘扬雷锋精神，师生志愿行动 ………………（288）
举办初中生健康知识竞赛 ……………………（288）
举行幼儿园专题开放活动 ……………………（288）
举办国家学生体质健康测试赛 ………………（288）
市教委处验收早教基地 ………………………（288）
召开建设学习型城市领导小组会 ……………（288）
市区领导视察、调研工作 ……………………（288）
区政府委托办园工作 …………………………（289）
组织现场体育考试 ……………………………（289）
完成学生课业负担状况调查 …………………（289）
获奖情况 ………………………………………（289）
区政协走访教育界委员 ………………………（289）
开展禁毒教育大课堂活动 ……………………（289）
构建区域六大类研究共同体 …………………（289）
开展专项督导检查 ……………………………（289）
开展矛盾纠纷排查百日行动 …………………（289）
培训工作 ………………………………………（289）
召开综合素质评价工作现场会 ………………（290）
完成义务教育阶段招生工作 …………………（290）
举办交流展示会 ………………………………（290）
制定绩效工资统筹方案 ………………………（290）
设立农村教师研修工作站 ……………………（291）
举行幼儿园专题开放活动 ……………………（291）
召开校外教育联席会 …………………………（291）
开展教师岗位竞聘试点工作 …………………（291）
开展校外教师基本功测试 ……………………（291）
召开秋季学生营养餐安全约见会 ……………（291）
区领导为教师做报告 …………………………（291）
对接送学生专用车辆进行“体检” …………（291）
开展学校公共卫生安全排查 …………………（291）
成立校外教育研究室 …………………………（291）
签署合作协议，打造优秀教育 ………………（291）
组织开展秋季教育收费检查 …………………（291）
开展学生英语对话比赛 ………………………（291）
开展中层干部异地挂职项目 …………………（292）
举办第30届学生科技节 ………………………（292）
成立吴正宪小学数学教师工作站 ……………（292）
开展校长离任经济责任审计 …………………（292）
成立名师工作室 ………………………………（292）
完成基础教育设施专项规划 …………………（292）
开展专项成果展示交流活动 …………………（292）
举行课程建设成果表彰会 ……………………（292）
完成校外教育督导评价工作 …………………（292）
与高校合作开展教授治校 ……………………（292）
教委主任做客人民网 …………………………（292）
举行实验项目启动仪式 ………………………（293）
“预防艾滋”主题演讲比赛 …………………（293）
校外活动基地 …………………………………（293）
对中等职业学校德育专项督导 ………………（293）
组建社区学院 …………………………………（293）
全国第三届中小学校长论坛 …………………（293）
学校更名 ………………………………………（293）
调整学校布局，加快基本建设 ………………（293）
引进优质教育资源 ……………………………（293）
处理来信来电来访 ……………………………（294）
完成民办学校年检和收费检查 ………………（294）
鼓励民办幼儿园发展 …………………………（294）
·北京市门头沟区中心幼儿园
概况 ……………………………………………（294）
开展课题研究 …………………………………（294）
环保时装秀表演 ………………………………（294）
落实校园文化建设工程 ………………………（294）
加强园本培训工作 ……………………………（294）
增加入园学位 …………………………………（294）
读书节活动 ……………………………………（294）
开展教师“双评优”评比活动 ………………（295）
·北京市门头沟区城子幼儿园
概况 ……………………………………………（295）
开展手拉手活动 ………………………………（295）
郊外亲子活动 …………………………………（295）
“手足口病”防控知识培训 …………………（295）
举办家长专题讲座 ……………………………（295）
举行好课展示活动 ……………………………（295）
开展知识竞赛活动 ……………………………（295）
举行“师幼故事表演”展示活动 ……………（295）
·北京市门头沟区大峪第二小学
概况 ……………………………………………（295）
举办专题讲座 …………………………………（296）
培训工作 ………………………………………（296）
举办研讨活动 …………………………………（296）
开展主题教育活动 ……………………………（296）
开展教学研讨活动 ……………………………（296）
获奖情况 ………………………………………（296）

北京第二实验小学永定分校
概况 ……………………………………… (296)
开设体质健康特需班 …………………… (296)
开展中美教育交流活动 ………………… (296)
首届“爱之源”杯教学大赛 …………… (296)
举行学校手拉手拜师会 ………………… (297)
视导工作 ………………………………… (297)
交流研讨活动 …………………………… (297)
举行第三届全国中小学校长论坛 ……… (297)
·北京市门头沟区大台中心小学
概况 ……………………………………… (297)
通过二级二类园验收 …………………… (297)
抗震加固平房翻新工程 ………………… (297)
市督学进行督导 ………………………… (297)
中心对完小进行督导检查 ……………… (297)
吴正宪工作站在学校开展活动 ………… (298)
参加“创新杯”大赛 …………………… (298)
·北京市大峪中学
概况 ……………………………………… (298)
举办市级课题开题报告会 ……………… (298)
北京市基教研视导 ……………………… (298)
举办首届学生社团文化节 ……………… (298)
与八十中举行合作签约仪式 …………… (298)
初中实验班新生报到 …………………… (298)
参加市奥运知识擂台赛 ………………… (298)
开展教育家成长工程系列活动 ………… (298)
全国中小学校长论坛 …………………… (299)
·首都师范大学附属中学永定分校
概况 ……………………………………… (299)
开展成人仪式 …………………………… (299)
首都特级教师京郊行活动 ……………… (299)
北京百姓宣讲团到分校宣讲 …………… (299)
“三化”管理提升高效课堂 …………… (299)
开设“永定河文化”校本课程 ………… (299)
·北京市大峪中学分校
概况 ……………………………………… (299)
召开教学年会 …………………………… (299)
视导工作 ………………………………… (300)
门头沟区诗歌学会成立 ………………… (300)
正式迁入新址 …………………………… (300)
强化校本教研 …………………………… (300)
教师岗位竞聘、转岗分流工作 ………… (300)
·北京市门头沟区特殊教育学校
概况 ……………………………………… (300)
开展主题活动 …………………………… (300)
开展“电与生活”主题教育 …………… (300)
硬笔书法走进校园 ……………………… (300)
校级家长教师协会成立 ………………… (300)
市级科研规划课题结题 ………………… (300)
开发学生潜能 …………………………… (301)

文化 卫生 体育

文化

·文化文物
概况 ……………………………………… (302)
第二十二届文化艺术节 ………………… (302)
正月十五京西民俗大会 ………………… (302)
第二届巾帼文化节日展览 ……………… (302)
图书期刊进山村 ………………………… (302)
根石艺术优秀作品展 …………………… (302)
戏曲演出周 ……………………………… (302)
门头沟区原创歌曲歌咏比赛 …………… (303)
中华农耕文化展 ………………………… (303)
第四届北京旅游山会 …………………… (303)
双拥工作 ………………………………… (303)
文化遗产日宣传活动 …………………… (303)
“北京精神”主题展览 ………………… (303)
文化设施建设 …………………………… (303)
农村公益电影放映员培训 ……………… (303)
微视频大赛 ……………………………… (303)
京西太平鼓民间艺术团获双金 ………… (303)
中国优秀军事题材影片巡回展 ………… (303)
文化资讯栏目 …………………………… (303)
山地徒步大会表演 ……………………… (303)
重阳文化节系列活动 …………………… (303)
第六届永定河文化节 …………………… (303)
“百花向阳”楹联书画展 ……………… (304)
交流演出活动 …………………………… (304)
“翰墨飘香门头沟”红联展 …………… (304)
特色文化项目验收展演 ………………… (304)
第七届文博会 …………………………… (304)
电影下乡活动 …………………………… (304)
文物修缮工作 …………………………… (304)
文化市场执法工作 ……………………… (304)
全程办事代理 …………………………… (304)
·广播电视
概况 ……………………………………… (304)

市广电局安全检查 ………………………………（304）
召开年度工作会 …………………………………（305）
接受7.21捐赠 ……………………………………（305）
北京电视台到门头沟“走转改” …………（305）
学习、宣传、贯彻十八大精神 …………（305）
召开十八大安全播出工作会 ……………（305）
获奖情况 ……………………………………………（305）
宣传工作 ……………………………………………（305）
卫生
概况 ……………………………………………………（306）
召开工作会议 ……………………………………（306）
新型农村合作医疗 ……………………………（306）
妇幼工作 ……………………………………………（306）
领导调研 ……………………………………………（306）
国家卫生区复审 ………………………………（307）
宣传活动 ……………………………………………（307）
召开工会工作会 ………………………………（307）
纪念“5·12”国际护士节 ………………（307）
举办急救技术应用技能竞赛 …………（307）
召开农村自备水源监督监测会 ……（307）
捐赠山区巡诊车 ………………………………（307）
“五进农村”帮扶村开展义诊 ………（307）
文艺汇演 ……………………………………………（307）
迎接市考核评估 ………………………………（307）
医保网络工作验收 ……………………………（307）
流感疫苗接种 ……………………………………（307）
公共卫生安全隐患排查 …………………（308）
培训工作 ……………………………………………（308）
市妇幼保健网络信息系统应用 ………（308）
十八大安保维稳工作 ………………………（308）
卫生人才 ……………………………………………（308）
党建工作 ……………………………………………（308）
“7.21”自然灾害卫生防疫 ……………（308）
婚前医学检查 ……………………………………（309）
“两非”专项整治 ……………………………（309）
启动免费孕产优生健康检查 …………（309）
·卫生监督
概况 ……………………………………………………（309）
上级部门督查 ……………………………………（309）
发放资格证书 ……………………………………（309）
卫生法律法规宣传 ……………………………（309）
内部管理 ……………………………………………（310）
联合检查 ……………………………………………（310）
约见管理相对人工作 ………………………（310）
大型活动保障工作 ……………………………（310）
业务技能培训 ……………………………………（311）
演讲比赛 ……………………………………………（311）
管理相对人培训 ………………………………（311）
国家卫生区复审工作 ………………………（311）
稽查工作 ……………………………………………（311）
专项监督检查工作 ……………………………（311）
完成游泳场馆百日整治工作 …………（311）
卫生许可 ……………………………………………（311）
“7·21”灾后卫生监督保障工作 ……（312）
十八大公共卫生安全保障 ………………（312）
卫生监督协管工作 ……………………………（312）
示范工程创建工作 ……………………………（312）
打击非法行医 ……………………………………（312）
量化分级管理 ……………………………………（312）
卫生监督抽检 ……………………………………（312）
现场快速检测 ……………………………………（312）
·疾控中心
概况 ……………………………………………………（313）
召开工作会 ………………………………………（313）
培训工作 ……………………………………………（313）
开展应急演练 ……………………………………（314）
开展宣传活动 ……………………………………（315）
开展中学生结核病知识调查 …………（315）
开通健康教育官方微博 …………………（316）
举办女职工手工作品展 …………………（316）
学生午餐用餐情况调查 …………………（316）
督导检查工作 ……………………………………（316）
学龄前流动儿童强化查漏补种 ………（316）
外来务工人员疫苗接种 …………………（316）
艾滋病监测 ………………………………………（316）
开展爱眼护眼知识竞赛 …………………（316）
组织参观学习 ……………………………………（316）
开展拓展训练　增强团队意识 ………（316）
缅怀先烈　坚定信念 ………………………（316）
开展蚂蚁密度监测 ……………………………（316）
开展专题讲座 ……………………………………（317）
“五送”活动进军营 …………………………（317）
开展健康素养监测调查 …………………（317）
开展学生伤害调查 ……………………………（317）
慰问艾滋病感染者 ……………………………（317）
徒步健身游 ………………………………………（317）
食品安全风险监测 ……………………………（317）
验收学校教室照明改造工程 …………（317）

开展中层干部读书活动 ……………………（317）
·门头沟区医院
概况 ………………………………………（317）
启用新病案首页 …………………………（318）
胸泌外科成立 ……………………………（318）
医院开放日 ………………………………（318）
组织观看《党的好儿女》 ………………（318）
强基层　进社区 …………………………（318）
举办“手拉手”活动 ……………………（318）
召开总结表彰大会 ………………………（318）
召开药事院感会 …………………………（318）
召开流感病原学监测部署会 ……………（318）
开展护生工程启动仪式 …………………（319）
开展督导工作 ……………………………（319）
选派援疆干部 ……………………………（319）
获评优秀 …………………………………（319）
市区领导调研 ……………………………（319）
强基层进社区启动仪式 …………………（320）
监事会管理考核 …………………………（320）
组织捐款活动 ……………………………（320）
正式启用综合楼 …………………………（320）
公益健康热线 ……………………………（320）
第一例显微神经外科手术 ………………（320）
开展党风廉政建设 ………………………（320）
对医技科室满意度调查 …………………（320）
获奖情况 …………………………………（320）
开展解放思想大讨论 ……………………（321）
建立“办案绿色通道” …………………（321）
签订责任书 ………………………………（321）
庆祝5·12国际护士节 …………………（321）
启动警务工作室 …………………………（321）
开展新业务 ………………………………（321）
举办义诊活动 ……………………………（321）
开展免费优生健康体检 …………………（321）
区医院集团启动 …………………………（321）
参加原创歌曲学唱活动 …………………（321）
举行巡诊车捐赠仪式 ……………………（321）
举办摄影比赛 ……………………………（321）
通过国家卫生区复审 ……………………（321）
召开中层干部会 …………………………（322）
召开二级综合医院评审工作会 …………（322）
召开孕前优生健康检查启动会 …………（322）
开展主题学术活动 ………………………（322）
召开研讨会 ………………………………（322）
召开十八大安全维稳部署会 ……………（322）
接受公安局信息系统安全检查 …………（322）
中国基层糖尿病教育拓展计划 …………（322）
召开学术会议 ……………………………（322）
第二届羽毛球比赛 ………………………（322）
艾滋病日宣传 ……………………………（323）
学习十八大精神 …………………………（323）
举办第二届学术论文节 …………………（323）
“优质护理服务”共建活动 ……………（323）
·龙泉医院
概况 ………………………………………（323）
职工福利 …………………………………（324）
开通数字健康报 …………………………（324）
开展“送温暖”及“慰问”活动 ………（324）
召开精防工作总结会 ……………………（324）
实行科主任例会制度 ……………………（324）
市局专家检查指导工作 …………………（324）
床位编制增加 ……………………………（324）
培训工作 …………………………………（324）
组织参观、学习、交流 …………………（325）
局领导检查指导工作 ……………………（325）
对口支援 …………………………………（325）
消防培训、演练、安全检查 ……………（325）
各项文体活动 ……………………………（325）
召开党建工作会 …………………………（325）
实施护士分层管理新模式 ………………（325）
各项业务考核、比赛 ……………………（325）
党团活动及志愿服务 ……………………（325）
解放思想大讨论活动 ……………………（325）
党风廉政建设 ……………………………（326）
庆祝5.12护士节系列活动 ………………（326）
区精保所督导检查 ………………………（326）
参与造血干细胞捐献、献血 ……………（326）
职能科室开放日 …………………………（326）
迎接十八大安全维稳工作 ………………（326）
召开竞争上岗考核会 ……………………（326）
突发事件应急演练 ………………………（326）
7.21特大暴雨洪涝灾害灾后工作 ………（326）
开展领导班子下科室调研活动 …………（326）
为民服务信息平台咨询服务 ……………（326）
组织召开职工代表大会 …………………（326）
开展现场调查工作 ………………………（326）
区领导对安全工作进行检查 ……………（326）
召开进修成果交流会 ……………………（326）

体育

概况 …………………………………………（327）
领导调研 ……………………………………（327）
举行群众体育基金捐赠仪式 ………………（327）
举办女干部趣味运动会 ……………………（327）
全民健身节启动 ……………………………（327）
举办广播操表演赛 …………………………（327）
举办健身展示赛 ……………………………（327）
培训工作 ……………………………………（327）
举办乒乓球比赛 ……………………………（328）
举办第十四届“篮协杯”比赛 ……………（328）
举办“京西杯”钓鱼比赛 …………………（328）
举办第四届“羽协杯”比赛 ………………（328）
参加国际空竹艺术节 ………………………（328）
参加首届“京交会” ………………………（328）
开展“国民体质监测日”活动 ……………（328）
为民服务工作转接单 ………………………（328）
开展全民健身日活动 ………………………（328）
举办首届业余围棋锦标赛 …………………（328）
北京国际山地徒步大会 ……………………（329）
参加全国第七届农民运动会 ………………（329）
第二届环京赛门头沟段比赛 ………………（329）
通过学习型机关考评验收 …………………（329）
举办第六届“足协杯”比赛 ………………（329）
举办三对三篮球赛 …………………………（329）
举办首届家庭健康趣味运动会 ……………（329）
举办健身项目精品展示赛 …………………（329）
举办冬季长跑比赛 …………………………（329）
体育设施 ……………………………………（330）
群众体育 ……………………………………（330）
体育执法 ……………………………………（330）
竞技体育 ……………………………………（330）
体育组织 ……………………………………（330）
体育场馆 ……………………………………（330）

社会　生活

民政工作

概况 …………………………………………（331）
社会救助保障金调标 ………………………（332）
市、区领导慰问 ……………………………（332）
农村民主日活动 ……………………………（332）
召开迎新春军政座谈会 ……………………（332）
召开民政工作会议 …………………………（332）
启动北京卷门头沟篇编纂工作 ……………（332）
荣获“全国双拥模范城”二连冠 …………（332）
召开党建工作会 ……………………………（332）
清明节扫墓服务接待工作 …………………（332）
购买社会组织服务项目工作 ………………（333）
召开第二届理事会 …………………………（333）
行政区划管理 ………………………………（333）
市民政局领导调研 …………………………（333）
孤残儿童服务管理 …………………………（333）
民政队伍建设 ………………………………（333）
区领导调研 …………………………………（333）
荣获“北京市双拥模范区”称号 …………（333）
捐款活动 ……………………………………（333）
7.21 自然灾害救助工作 ……………………（334）
因灾倒损农村住房翻建维修 ………………（334）
区光荣院建院 30 周年 ……………………（334）
社会救助 ……………………………………（334）
推行养老服务机构责任保险 ………………（334）
社会救助信息平台 …………………………（334）
救灾款物检查 ………………………………（334）
社救对象越冬 ………………………………（334）
流浪乞讨人员救助 …………………………（335）
96156“两节”服务活动 …………………（335）
灾害救助 ……………………………………（335）
社会救助 ……………………………………（335）
城乡社区建设 ………………………………（335）
社会组织培育 ………………………………（335）
民族宗教服务管理 …………………………（335）
双拥共建 ……………………………………（336）
优抚安置 ……………………………………（336）
殡葬惠民工程 ………………………………（336）
民政社会事务管理 …………………………（336）
队伍建设 ……………………………………（336）
下属单位情况 ………………………………（336）

民族宗教侨务

概况 …………………………………………（337）
节日走访慰问 ………………………………（337）
领导调研 ……………………………………（337）
教育培训 ……………………………………（338）
民族工作 ……………………………………（338）
依法行政工作 ………………………………（338）
宗教节日 ……………………………………（338）
宗教工作 ……………………………………（338）
民族宗教界参政议政 ………………………（339）

侨务工作 ……………………………………………（339）
和谐寺观教堂创建活动 ………………………………（339）
公益活动 ……………………………………………（339）
安全检查工作 ………………………………………（339）
专项工作 ……………………………………………（340）
人口与计划生育工作
概况 …………………………………………………（340）
市、区领导慰问 ……………………………………（340）
重要会议 ……………………………………………（340）
领导视察、调研工作 ………………………………（340）
机关创建活动 ………………………………………（341）
党建工作 ……………………………………………（341）
奖励扶助和特别扶助 ………………………………（341）
举办京西人口文化节 ………………………………（341）
流动人口计划生育管理 ……………………………（341）
机关学习 ……………………………………………（341）
检查与评估 …………………………………………（341）
生殖健康与优质服务 ………………………………（342）
爱国卫生
概况 …………………………………………………（342）
健康门头沟建设 ……………………………………（342）
环境卫生整治活动 …………………………………（342）
获第三届社区健康风采大赛奖 ……………………（342）
国家卫生区复审工作 ………………………………（342）
病媒生物防制工作 …………………………………（342）
卫生创建工作 ………………………………………（343）
老龄工作
概况 …………………………………………………（343）
为老年人办实事 ……………………………………（343）
召开老龄工作会议 …………………………………（343）
市区领导调研视察工作 ……………………………（343）
宣传活动 ……………………………………………（344）
组织老年人活动 ……………………………………（344）
老年人协会建设 ……………………………………（344）
培训学习与交流 ……………………………………（344）
落实惠老优待政策 …………………………………（344）
养老管理服务中心建设 ……………………………（345）

街　　道

大峪街道
概况 …………………………………………………（346）
两节慰问 ……………………………………………（346）
人口和计划生育工作 ………………………………（347）
社区党组织换届选举 ………………………………（347）
举办第五届邻里节 …………………………………（347）
社会救助宣传月 ……………………………………（347）
廉租房补贴入户调查 ………………………………（347）
开展廉政文化宣传教育 ……………………………（347）
参加全民健身比赛 …………………………………（347）
社区文化节活动 ……………………………………（347）
慰问受灾群众 ………………………………………（347）
创建药品安全示范街论坛 …………………………（347）
巡视工作 ……………………………………………（347）
残联工作 ……………………………………………（347）
未成年人教育 ………………………………………（347）
五星级社保所评估验收 ……………………………（347）
家庭无障碍设施改造 ………………………………（347）
十八大维稳工作 ……………………………………（348）
工会工作 ……………………………………………（348）
为老服务 ……………………………………………（348）
城子街道
概况 …………………………………………………（348）
召开老干部座谈会 …………………………………（348）
慰问活动 ……………………………………………（349）
培训工作 ……………………………………………（349）
召开年度工作会 ……………………………………（349）
两节文化活动 ………………………………………（349）
组织青少年假期活动 ………………………………（349）
红领巾劝导队成立 …………………………………（349）
就业援助月活动 ……………………………………（349）
组织理论学习 ………………………………………（349）
预防煤气中毒工作 …………………………………（349）
召开党建、廉政、综治工作会 ……………………（350）
庆三·八节系列活动 ………………………………（350）
街道工会信息采集工作 ……………………………（350）
学习门头沟十大好人活动 …………………………（350）
宣传活动 ……………………………………………（350）
市领导调研 …………………………………………（350）
药品安全工作 ………………………………………（350）
成立“阳光宝贝天地” ……………………………（350）
换届选举工作 ………………………………………（350）
领导调研 ……………………………………………（350）
开展践行北京精神系列活动 ………………………（351）
国际社工日活动 ……………………………………（351）
街道文体志愿协会成立 ……………………………（351）
专项整治工作 ………………………………………（351）
就业保障工作 ………………………………………（351）

弘扬五四精神 ……………………………… (351)
母亲节系列活动 …………………………… (351)
助残日文艺汇演 …………………………… (351)
房屋整体征收工作 ………………………… (351)
召开两委班子成员培训会 ………………… (351)
庆六一活动 ………………………………… (352)
打非治违专项行动检查 …………………… (352)
开展专题讲座 ……………………………… (352)
党员义务宣传队成立 ……………………… (352)
庆建党 91 周年活动 ……………………… (352)
防汛工作 …………………………………… (352)
大学生社工招录 …………………………… (352)
召开四评一创工作部署会 ………………… (352)
十八大系列活动 …………………………… (352)
党务公开工作检查 ………………………… (352)
消防安全知识讲座和演练 ………………… (353)
中小学生暑期活动 ………………………… (353)
召开基层民主评议部署会 ………………… (353)
计生工作活动 ……………………………… (353)
九龙路改造项目入户动员工作 …………… (353)
开展安全检查工作 ………………………… (353)
社会保障工作 ……………………………… (353)
重阳节系列活动 …………………………… (353)
除雪铲冰工作 ……………………………… (353)
开展学雷锋系列活动 ……………………… (353)
文化楼门创建工作 ………………………… (354)
非公党建工作 ……………………………… (354)
信息化示范街道 …………………………… (354)
文体协会建设 ……………………………… (354)
六型社区创建工作 ………………………… (354)
劳动就业工作 ……………………………… (354)
征兵工作 …………………………………… (354)
网上审批监察系统服务工作 ……………… (354)
宣传工作 …………………………………… (354)

东辛房街道

概况 ………………………………………… (354)
走访慰问活动 ……………………………… (355)
领导调研 …………………………………… (355)
文化体育活动 ……………………………… (355)
综治维稳工作 ……………………………… (355)
各社区召开居民代表会 …………………… (356)
药监工作 …………………………………… (356)
禽流感免疫工作 …………………………… (356)
春节节日安全 ……………………………… (356)
残疾人就业援助工作 ……………………… (356)
预防煤气中毒工作 ………………………… (356)
环境整治工作 ……………………………… (356)
社区志愿服务队建设 ……………………… (357)
党建工作 …………………………………… (357)
做好贫困家庭健康管理工作 ……………… (357)
社会保障工作 ……………………………… (357)
学习培训 …………………………………… (357)
完成东辛房政区大典 ……………………… (357)
违法建设整治工作 ………………………… (358)
开展向“十大好人”学习活动 …………… (358)
社区固定资产统计工作 …………………… (358)
老年人基本情况统计工作 ………………… (358)
精神文明建设 ……………………………… (358)
流动人口工作 ……………………………… (358)
护林防火工作 ……………………………… (358)
石门营新区建设 …………………………… (358)
政务事项公开 ……………………………… (358)
民兵组织整顿工作 ………………………… (359)
防汛工作 …………………………………… (359)
政策法规宣传 ……………………………… (359)
人口和计划生育工作 ……………………… (359)
垃圾分类工作 ……………………………… (359)
完成社区工作者招录上岗 ………………… (359)
招商引资工作 ……………………………… (359)
石门营新区文艺汇演 ……………………… (359)
法律知识讲座 ……………………………… (359)
非公企业党建工作 ………………………… (359)
社会建设重点项目 ………………………… (359)
7.21 防汛抗灾 ……………………………… (359)
地区房屋整体征收 ………………………… (360)

大台街道

概况 ………………………………………… (360)
召开普法工作会 …………………………… (360)
慰问活动 …………………………………… (360)
千军台、庄户幡会 ………………………… (360)
召开党风廉政建设工作会 ………………… (360)
党建工作 …………………………………… (360)
知识讲座 …………………………………… (360)
召开“春风行动”动员会 ………………… (361)
举办招聘会 ………………………………… (361)
召开窗口服务部门总结会 ………………… (361)
国际社工日便民服务活动 ………………… (361)
选举工作 …………………………………… (361)

信访宣传工作 …………………………（361）
开展巡视工作 …………………………（361）
为民办实事工程三方验收 ……………（361）
召开“七一”表彰大会 ………………（361）
外出考察学习 …………………………（362）
应对暴雨自然灾害 ……………………（362）
领导调研 ………………………………（362）
接受捐赠工作 …………………………（362）
海军总医院专家义诊 …………………（362）
完成基层民主评议活动 ………………（362）
开展联合整治行动 ……………………（362）
迎十八大系列活动 ……………………（362）
举行“怡然杯”象棋比赛 ……………（362）
预防煤气中毒工作 ……………………（363）
消防防火工作 …………………………（363）
安全生产工作 …………………………（363）
流动人口管理 …………………………（363）
交通安全 ………………………………（363）
烟花爆竹管理工作 ……………………（363）
铁路护路工作 …………………………（363）
动物防疫工作 …………………………（363）
食品安全工作 …………………………（363）
药品监管 ………………………………（363）
为民办实事工程 ………………………（364）
改善地区环境面貌 ……………………（364）
环境整治百日行动 ……………………（364）
社区网格化管理工作 …………………（364）
社会保障工作 …………………………（364）
住房保障工作 …………………………（364）
养老助残工作 …………………………（364）
育龄妇女孕检 …………………………（364）
落实计生免费技术服务 ………………（364）
社会矛盾纠纷调处 ……………………（364）
打击私挖盗采工作 ……………………（364）
下属单位情况 …………………………（346）

乡　镇

潭柘寺镇

概况 …………………………………（365）
民主日活动 ……………………………（365）
慰问活动 ………………………………（365）
领导调研 ………………………………（365）
定都峰景区建设 ………………………（366）
综治信访矛盾排查会 …………………（366）
培训工作 ………………………………（366）
开工奠基 ………………………………（366）
环境整治 ………………………………（366）
发展玉兰花种植产业 …………………（366）
植树活动 ………………………………（366）
理财咨询 ………………………………（367）
知识讲座 ………………………………（367）
授牌仪式 ………………………………（367）
技能大赛 ………………………………（367）
景区开放 ………………………………（367）
宣传活动 ………………………………（367）
揭牌仪式 ………………………………（367）
区镇人大代表接待座谈会 ……………（367）
项目洽谈 ………………………………（367）
拆迁工作动员会 ………………………（367）
受灾情况 ………………………………（367）
领导检查 ………………………………（368）
驻镇企业捐款献爱心 …………………（368）
潭柘寺驻军代表团座谈会 ……………（368）
演讲比赛 ………………………………（368）
台球比赛 ………………………………（368）
安全检查 ………………………………（368）
消防安全演习 …………………………（368）
组织知识竞赛 …………………………（368）
开展基层民主评议 ……………………（368）
举办计生系统运动会 …………………（368）
举办文化汇演 …………………………（368）
召开残联代表大会 ……………………（368）
重阳文化节 ……………………………（368）
工作检查 ………………………………（369）
十八大安保工作 ………………………（369）
项目开工 ………………………………（369）
召开基层民主评议工作会 ……………（369）
村党组织换届 …………………………（369）

永定镇

概况 …………………………………（369）
两节慰问活动 …………………………（369）
民主日工作 ……………………………（369）
安全检查 ………………………………（370）
社区活动 ………………………………（370）
维稳工作 ………………………………（370）
领导调研 ………………………………（370）
举办知识竞赛 …………………………（371）

春风行动 …………………………………… (371)
拆违工作 …………………………………… (371)
代表工作 …………………………………… (371)
环境整治 …………………………………… (371)
换届选举工作 ……………………………… (371)
防汛工作 …………………………………… (371)
培训工作 …………………………………… (372)
拆迁工作 …………………………………… (372)
土地确权 …………………………………… (372)
惠民工程 …………………………………… (372)
扶残助贫 …………………………………… (372)
老龄工作 …………………………………… (372)

龙泉镇

概况 ………………………………………… (373)
安全检查工作 ……………………………… (373)
社区党支部换届选举工作 ………………… (373)
护林防火工作 ……………………………… (373)
举行信鸽公棚启动仪式 …………………… (373)
为残疾人摄影 ……………………………… (373)
召开解放思想讨论动员会 ………………… (373)
社区活动 …………………………………… (373)
成立温馨家园 ……………………………… (373)
“八一”慰问活动 ………………………… (374)
崇化禅寺复建合作项目签约 ……………… (374)
“重阳节”活动 …………………………… (374)
召开龙泉地区办事处成立大会 …………… (374)
创建评审“药品安全示范镇” …………… (374)
企业发展 …………………………………… (374)
组织“学习贯彻十八大精神”讲座 ……… (374)
交通新干线 ………………………………… (374)
农村党组织换届选举 ……………………… (374)
维稳工作 …………………………………… (374)
重点工程 …………………………………… (374)
棚户区改造工程 …………………………… (374)
土地开发储备工作 ………………………… (374)
基础设施建设 ……………………………… (374)
环境建设 …………………………………… (374)
文化建设 …………………………………… (375)
生态环境建设 ……………………………… (375)

军庄镇

概况 ………………………………………… (375)
市、区领导检查 …………………………… (375)
镇领导慰问活动 …………………………… (375)
举办文化演出活动 ………………………… (376)
民主日活动 ………………………………… (376)
市、区领导调研 …………………………… (376)
宣传教育活动 ……………………………… (376)
加华酒业项目 ……………………………… (376)
环境整治活动 ……………………………… (376)
拆除违法建设 ……………………………… (377)
惠民体检 …………………………………… (377)
共建活动 …………………………………… (377)
残疾人工作 ………………………………… (377)
十八大系列活动 …………………………… (377)
区、镇人大换届选举 ……………………… (377)

妙峰山镇

概况 ………………………………………… (378)
领导视察调研工作 ………………………… (378)
举办重大活动 ……………………………… (379)
历史文化建设工作 ………………………… (379)
招商引资工作 ……………………………… (379)
民生工作 …………………………………… (379)
重点工程建设 ……………………………… (379)
党建工作 …………………………………… (379)
生态环境建设工作 ………………………… (379)
完成镇、村规划工作 ……………………… (380)
完成“7.21”灾后重建工作 ……………… (380)

王平镇

概况 ………………………………………… (380)
民主日活动 ………………………………… (380)
走访慰问工作 ……………………………… (380)
社区换届工作 ……………………………… (380)
开展学雷锋活动 …………………………… (381)
“阳光工程”走进王平镇 ………………… (381)
领导调研 …………………………………… (381)
开展全民行动高潮日活动 ………………… (381)
举办“赏桃花，识鬼谷”活动 …………… (381)
举办知识竞赛 ……………………………… (381)
组织各类培训 ……………………………… (381)
开展宣传活动 ……………………………… (381)
举办老年运动会 …………………………… (381)
部署防汛工作 ……………………………… (381)
开展“解放思想大讨论”活动 …………… (382)
开展旅游安全大检查 ……………………… (382)
检查指导工作 ……………………………… (382)
陕京三线工程韭园隧道贯通 ……………… (382)
启动社区用房规范化项目 ………………… (382)
开展环境百日治理专项行动 ……………… (382)

举办演讲比赛 ……………………………… (382)
组织学习“落子戏” ………………………… (382)
贯彻学习十八大系列活动 ………………… (382)
开展消防安全应急演练 …………………… (382)
召开维稳工作专题会 ……………………… (382)
庆祝老年节活动 …………………………… (382)
召开残联代表大会 ………………………… (382)
启动新型农村社区试点建设 ……………… (383)
做好自行车赛安全保障工作 ……………… (383)
纪念建镇十周年演出 ……………………… (383)
举办失业人员专场招聘会 ………………… (383)
部署森林防火工作 ………………………… (383)
扫雪铲冰工作 ……………………………… (383)
签署战略合作协议 ………………………… (383)
部署双向联评工作 ………………………… (383)
农村党支部换届工作 ……………………… (383)
开展预防煤气中毒大检查 ………………… (383)
举办“国际残疾人日”活动 ……………… (383)
召开人代会 ………………………………… (383)
征兵工作 …………………………………… (383)
村文化活动中心竣工 ……………………… (383)
做好暴雨灾后恢复工作 …………………… (384)
就业和社会保障工作 ……………………… (384)
动物防疫工作 ……………………………… (384)
工矿棚改安置房项目 ……………………… (384)
旅游文化休闲产业 ………………………… (384)
雁翅镇
概况 ………………………………………… (384)
领导慰问 …………………………………… (384)
领导调研 …………………………………… (384)
乡村文化活动 ……………………………… (385)
民主日活动日 ……………………………… (385)
市领导检查工作 …………………………… (385)
农村工作 …………………………………… (385)
党建工作 …………………………………… (385)
培训工作 …………………………………… (386)
知识讲座 …………………………………… (386)
区领导检查工作 …………………………… (386)
换届工作 …………………………………… (386)
人代会 ……………………………………… (386)
防火工作 …………………………………… (387)
宣传工作 …………………………………… (387)
沟域经济建设工作 ………………………… (387)
安全维稳工作 ……………………………… (387)
献爱心、帮扶工作 ………………………… (387)
机构改革 …………………………………… (387)
防汛工作 …………………………………… (387)
文艺汇演 …………………………………… (388)
人口计生工作 ……………………………… (388)
召开中小学校长联席会 …………………… (388)
斋堂镇
概况 ………………………………………… (388)
走访慰问活动 ……………………………… (388)
召开党建工作大会 ………………………… (388)
开展村级干部培训观摩会 ………………… (388)
举办旅游文化节 …………………………… (388)
培训工作 …………………………………… (389)
召开第八届人民代表大会 ………………… (389)
成立斋堂镇安全生产委员会 ……………… (389)
“五进农村”帮扶工作 …………………… (389)
农村基层党支部分类定级工作 …………… (389)
计划生育奖励扶助工作 …………………… (389)
孕前优生检查 ……………………………… (389)
环境卫生管理制度 ………………………… (389)
打击私挖盗采专项行动 …………………… (389)
农业保险工作 ……………………………… (389)
社区换届选举 ……………………………… (389)
领导调研 …………………………………… (389)
农宅抗震节能改造工程 …………………… (389)
环境工程 …………………………………… (389)
首都文明示范村验收 ……………………… (390)
召开工作会 ………………………………… (390)
“信访条例”集中宣传活动 ……………… (390)
组织工作满意度调查 ……………………… (390)
阳光浴室二期工程 ………………………… (390)
药品安全挂牌 ……………………………… (390)
出台“斋堂镇信访工作应急预案” ……… (390)
开展解放思想大讨论活动 ………………… (390)
开展“打非治违”专题行动 ……………… (390)
党校建设工作 ……………………………… (390)
“七一”活动 ……………………………… (390)
煤熏口排查行动 …………………………… (390)
献爱心捐款活动 …………………………… (390)
区督导组检查 ……………………………… (390)
“7.21”抗洪抢险工作 …………………… (390)
“7.21”维稳工作 ………………………… (390)
巡视工作 …………………………………… (391)
连民心恳谈室检查 ………………………… (391)

秋粥节 ……………………………………（391）
“第一书记”选派工作 ……………………（391）
基层党组织民主评议工作 …………………（391）
农村干部廉洁检查 …………………………（391）
诗歌朗诵活动 ………………………………（391）
重阳节座谈会 ………………………………（391）
安置房市政工程 ……………………………（391）
联合执法 ……………………………………（391）
第三届国际徒步大会 ………………………（391）
定向安置房交付使用 ………………………（391）
矿业环境治理工程 …………………………（391）
综合改造工程 ………………………………（391）
台湾慈济协会捐款 …………………………（391）
十八大维稳工作 ……………………………（391）
规范基层站所 ………………………………（391）
“双向联评”工作 …………………………（391）
非公企业党建工作 …………………………（392）
村党组织换届 ………………………………（392）
党风廉政建设惩防体系检查 ………………（392）
开展离任党支部书记座谈会 ………………（392）
开展新任党支部书记谈话 …………………（392）
流管工作 ……………………………………（392）
四级网络建设情况 …………………………（392）
参加区十大好人评选活动 …………………（392）
农民学历教育 ………………………………（392）
食品安全工作 ………………………………（392）
危房改造 ……………………………………（392）
疫苗接种工作 ………………………………（392）
灭鼠灭蟑工作 ………………………………（392）
小流域治理工程 ……………………………（392）
农业综合开发工程 …………………………（392）
八片治理工程 ………………………………（392）
防汛工程 ……………………………………（392）
雨洪利用工程 ………………………………（393）
水库移民工程 ………………………………（393）
节水灌溉工程 ………………………………（393）
国家级农业综合开发工程 …………………（393）
生态综合治理项目 …………………………（393）
生态休闲观光建设项目 ……………………（393）
防疫工作 ……………………………………（393）
退耕还林项目 ………………………………（393）

清水镇

概况 …………………………………………（393）
梆子戏参加特色文化活动评比 ……………（394）
市领导调研指导工作 ………………………（394）
区领导调研指导工作 ………………………（394）
宣传工作 ……………………………………（394）
镇人大代表开展活动 ………………………（394）
完成镇党支部换届选举工作 ………………（394）
农业生态环境改善 …………………………（394）
公共事业工作 ………………………………（394）
举办各类培训班 ……………………………（394）
惠民实事 ……………………………………（394）

人　物

组织机构负责人名单 ………………………（396）

统计　资料

自然概况 ……………………………………（399）
行政区划（2012年） ………………………（400）
国民经济主要指标（一） …………………（401）
国民经济主要指标（二） …………………（402）
国民经济主要指标（三） …………………（403）
地区生产总值 ………………………………（404）

概　述

概　述

门头沟区位于北京市西部，总面积1448.84平方公里。区政府驻地距市区（阜成门）25公里。辖9个镇、4个街道办事处。

年内，全区人民在区委区政府领导下，以科学发展观为统领，紧紧围绕区域功能定位，切实推动经济社会转型发展，创新发展。通过加快培育和发展旅游文化休闲产业，加大城市建设及环境建设力度，加快山区和小城镇发展步伐，加大民生改善和社会建设力度等有力措施，全区经济实现快速增长，生态环境显著改善，城市建设全面推进，城乡面貌发生巨大变化。

年末，常住人口29.8万人，比上年增加0.4万人。户籍人口总户数118837户，总人数248353人，其中非农业人口193355人，农业人口54998人。户籍人口中，全年出生人口2143人，死亡人口1741人，人口出生率8.64‰，死亡率7.02‰，自然增长率1.62‰，计划生育率98.79%，比上年提高0.58个百分点。

全区实现地区生产总值（GDP）116.4亿元，比上年增长12.3%。其中第一产业实现增加值1.9亿元，比上年增长6.5%；第二产业实现增加值59.3亿元，比上年增长10.9%；第三产业实现增加值55.2亿元，比上年增长14%。三次产业结构为1.67∶50.94∶47.39。

2012年国民经济和社会发展

农　业

2012年，门头沟区引导农业产业化项目向重点沟域集中，扩大设施农业规模，提高都市型现代农业发展效益，有力推进农业产业化发展。全年实现农林牧渔业总产值5.3亿元，比上年增长5.1%。其中，农业实现产值1.1亿元，比上年增长28.9%；畜牧业实现产值1.5亿元，比上年增长24.7%。

工　业

2012年，全区规模以上工业实现产值104.6亿元，比上年增长16.6%。实现销售产值101.4亿元，比上年增长20.5%，其中出口交货值实现24亿元。都市型工业、现代制造业和高新技术产业全年都保持了良好的发展态势，分别实现产值9.6亿元、34.8亿元和35.9亿元，分别比上年增长17%、57.2%和53.9%。

商　业

全区实现社会消费品零售额43.7亿元，比上年增长15.1%。其中，限额以上企业及个体实现零售额29.9亿元，增长15.4%；限额以下企业及个体实现零售额11亿元，增长13.5%；商品交易市场实现零售额2.7亿元，比上年增长17.4%。

旅游业

2012年，全区编制完成旅游文化休闲产业发展战略规划，加快推进旅游产业项目，形成旅游与农业、文化、体育、科技融合发展的格局。成功举办第三届北京国际山地徒步大会、第二届环北京公路自行车赛等重大活动，地区吸引力和影响力不断增强。全年实现旅游收入16.8亿元，比上年增长15%。其中住宿业实现营业收入3.1亿元，增长

15.6%；旅行社实现营业收入2.8亿元，增长25%。旅游商业实现营业收入4.8亿元，增长20.9%。

年末，全区实际经营的观光园为62个，民俗旅游农户1100户，全年共接待游客114.3万人次，实现经营收入1.3亿元。

固定资产投资　城乡建设

投资　全区项目建设地全社会固定资产投资累计完成190.7亿元，比上年增长34%。其中，区属重点工程78个，完成投资93亿元，比上年增长3.4%。完成建筑安装投资96.7亿元，比上年增长35.5%；完成社会投资90.2亿元，比上年增长226.1%。政策性住房完成投资83.5亿元，比上年增长30.5%，基础设施投资完成44.4亿元，其中城镇基础设施投资30.3亿元，农村基础设施投资14.1亿元。

建筑业　全区有资质的建筑业企业实现建筑业总产值69.6亿元，比上年增长18.3%；房屋建筑施工面积179.8万平方米，比上年增长22.5%，其中新开工面积59.4万平方米，比上年增长7.6%；房屋建筑竣工面积20.5万平方米，比上年下降28%。

生态环境　年内，全区坚持不懈地打造生态环境优势，滨水山城框架基本形成。完善“一湖十园五水联动”景观体系，新建和改建迎宾公园、铁路广场、望楼园等10个公园，建成定都阁和永定楼，形成定都峰上定都阁、永定河畔永定楼的文化亮点；滨河景观大道全线贯通，城子沟、黑河沟、冯村沟、西峰寺沟、中门寺沟治理工程基本完工，成为民生水务示范工程。2012年，全区森林覆盖率达到39.1%，林木绿化率达到60.01%，创建国家环保模范城区，空气质量二级及好于二级天数达到270天，完成率达74.8%，比上年提高0.3个百分点。

资源及能源消耗　年内，全区万元GDP能耗降至0.6006吨标准煤。全区能源消费总量702982吨标准煤，比上年增长4.93%

安全生产　2012年，全区共发生安全生产事故92起，伤48人，死亡13人，与上年相比，事故起数、伤、亡人数分别减少32起，26人、5人，下降25.8%、35.1%、27.8%。其中生产安全事故2起，死亡2人，起数增加1起，死亡人数与上一年持平；交通事故43起、伤48人、亡10人，同比起数、伤、亡人数分别减少17起、26人、3人；火灾事故46起，无人员伤亡，直接经济损失10.98万元，起数减少15起，死亡人数减少1人，直接经济损失减少2.2万元；铁路交通事故1起，死亡1人；同比起数、死亡人数分别减少1起、1人。

财政　金融

财政收支　全区实现公共财政预算收入19.1亿元，比上年增长13.1%，完成调整预算的108.1%。实现共享税收13.6亿元，比上年增长8%。其中实现增值税2.1亿元、营业税6.3亿元、企业所得税2.5亿元，分别比上年增长9.2%、12.2%、3.4%。实现固定税收3.6亿元，比上年增长20.9%。实现非税收入1.9亿元，比上年增长44.8%。

全区完成公共财政预算支出60.1亿元，比上年增长9.4%，完成调整预算的145.8%。其中，一般公共服务支出6亿元，比上年增长29.6%；社会保障和就业支出9.5亿元，比上年增长28.7%。教育支出7.8亿元，比上年增长7.4%；文化体育与传媒支出1.6亿元，比上年增长55.3%。

金融　截至年底，金融机构存款余额达到392.2亿元，比上年末增长11.7%，其中对公存款178.4亿元，储蓄存款213.8亿元，分别比上年末增长2.9%和20.4%。全区金融机构贷款余额92.2亿元，比上年末增长37.5%。其中中长期贷款81.5亿元，比上年末增长58.1%；对公贷款79.2亿元，比上年末增长41.8%。

房地产业　邮电　运输

房地产开发业　全区项目建设地房地产企业开发投资额73.4亿元，比上年增长49.8%；房屋施工面积305.9万平方米，比上年增长135.3%，其中住宅施工面积219.6万平方米，比上年增长178.2%；施工面积中新开工面积143.2万平方米，比上年增长43.4%。房屋竣工面积10.6万平方米，比上年增长3.5%，其中住宅竣工面积9.4万平方米，比上年增长310.9%。商品房销售面积48万平方米，比上年增长685.2%，其中，住宅销售面积43.1万平方米，比上年增长804%。

邮电业　截至年末，全区共有邮政局所15处，其中，局1处，支局6处，所8处。全年邮政业务总量6042万元，通信业务总量6751万元，出口函件199万件，包件23万件，汇票5万张，报纸累计数924万份，杂志39万份，特快专递46448件。

交通运输业　2012年，全区运输企业拥有货运车辆6448辆，客运车辆961辆。货运量1252万吨，货运周转量39501万公里；客运量14889.76万人次。

科技　教育　文化　卫生　体育

科学技术　全区共实施科技计划项目18项，年内新立11项；其中，区级科技计划项目2项，年内新立2项；市级科技计划项目15项，年内新立9项。通过科技计划的实施，共引进科技经费3932.34万元，培训各类技术人员和管理人员2000人次，引进技术人员1人。举办各种科技培训班20期，2000人次参加培训。实施“门头沟区特色农产品产业化关键技术集成与示范”等科研计划项目18项。

教育　年末，全区共有幼儿园17所，班数189个，全年入园（班）人数3510人，在园（班）幼儿5470人，离园（班）2817人，教职工539人；其中专任教师305人。小学学校33所，班数386个，毕业生2033人，招生数1946人，在校学生数11106人，教职工1506人，其中专任教师1203人；普通中学学校18所，其中，初级中学15所，高级中学3所，毕业生2421人，招生数2509人，在校学生数7330人，教职工1285人，其中专任教师893人。职业高中1所，毕业生548人，招生数137人，在校学生数1073人。

全区小学各科及格率达到96.6%，中考及格率达到91.69%，优秀率达到10.54%。全区高教自考专业40个，参加考试700科次，全年专科毕业6人，本科毕业18人，实考率50%。全年参加岗位培训、技术培训21459人次。

文化　全区共有文化俱乐部、村居文化室232个，全年组织演出2960场次，观众110万人次。公共图书馆共有藏书63.8万册，其中年内新购8.3万册，书架单层总长度561米，发放个人借书证2001个。公共图书馆建筑面积1200万平方米，总流通人次1.7万人次。截至年末，全区共有重点文物保护单位国家级4个，市级10个，区级71个。

卫生　2012年末，全区共有医疗卫生机构261个，其中医院13个。医疗卫生机构实有床位2705张，其中医院2281张。全区卫生技术人员3163人，其中，执业医师999人，职业助理医师110人，注册护士1350人。全区卫生医疗机构总诊疗量239.11万人次，出院人数27719人。

体育事业　全区有体育健身场地10个，其中体育馆1个，游泳场馆4个，训练房5个。全区有等级裁判398人，其中国家级3人，一级59人，二级336人。全年组织区级比赛40次，参赛人数2万人次；参加市级比赛7项，共获金牌9枚、银牌17枚、铜牌23枚，向上一级体校输送优秀运动员2人。

人民生活

劳动和社会保障　全区不断加强就业及社会保障工作，采取多项措施改善就业环境，全面消除“零就业”家庭。截至年末，城镇登记失业率为4.05%，比上年降低0.06个百分点；6241名城镇登记失业人员实现就业，年末实有城镇登记失业人员3685人。全区参加养老、失业、工伤和医疗保险缴费人数分别比上年增长3.8%、4%、8.2%和5.4%；参加新型农村合作医疗人数为51680人，参合率达到98.65%。城乡最低生活保障应保尽保，城镇、农村居民最低生活保障人数分别达到9978人、2551人，农村五保户人数为281人。

城乡人民收支　2012年，城镇居民人均可支配收入32369元，比上年增长11%。人均生活消费支出20442元，比上年增长10%，恩格尔系数为34.6%，农村居民人均纯收入15715元，比上年增长12%。人均生活消费支出9738元，比上年增长1.6%，恩格尔系数为36.6%。

大事记

大事记

1 月

3 日　韩子荣调研永定河一级支沟治理工作，实地查看了城子沟、黑河沟、中门寺沟及冯村沟河道治理情况，听取了门头沟区有关部门的工作汇报。

4 日　市政府慰问团到区光荣院、儿童福利院和大峪街道走访慰问困难残疾人家庭。

5 日　韩子荣、王洪钟等分别对建国前老党员、优抚对象、残疾人家庭及门头沟区“十大好人”等进行走访慰问。

6 日　召开区政协九届委员会常务委员会第 1 次会议。会上，通报了门头沟区政协领导成员工作分工情况，审议通过门头沟区政协第九届委员会常务委员会 2012 年工作要点（草案）、门头沟区政协第九届委员会工作制度（草案）及各专门工作委员会主任、副主任、委员名单（草案）。

同日　召开门头沟区农口工作研讨会。会上，就做好 2012 年门头沟区农村工作进行研讨。

11 日　大峪街道承泽苑小区、河滩东路被首都环境建设办、首都文明办等部门评为 2011 年北京市环境优美居住小区街巷胡同。

21 日　韩子荣、王洪钟等到区儿童福利园和光荣院，对孤残儿童和休养老人进行慰问，并送去慰问金和慰问品。

是月　2011 年门头沟区投资评审工作完成情况，共评审 6 大类 257 项，其中接受委托工程预（结）算、科技、道路工程拆迁、设备购置等项目评审 236 项，总报审金额 10.5 亿元，审减金额 1.1 亿元，审减率 10.8%；编制工程控制额度项目评审 8 项，审定金额 1634.6 万元；竣工财务决算评审 13 项，审定金额 4201.2 万元。

2 月

3 日　召开门头沟区创意特色文化，打造文艺精品研讨会。

6 日　举办正月十五京西民俗大会。

13 日　召开古村落发展规划研讨会。会上，围绕古村落发展规划等事宜与区有关部门及中坤集团负责人、大型活动专家等进行研讨，并听取有关情况的介绍。

21 日　北京市委、市政府“两会”安保督查组到区内检查指导工作。督查组组长、副市长刘敬民及督查组成员听取了门头沟区“两会”期间维稳工作的汇报，并实地察看了门头沟区为民服务信息平台运行情况。韩子荣、王洪钟汇报了门头沟区“两会”安保工作开展情况。

22 日　召开门头沟区果蜂产业发展暨果蜂产业协会成立大会。

23 日　门头沟区水利工程有限公司挂牌成立。该公司为区国资委首家外派监事会的区属企业，属于国有控股公司，由区钻井队等 4 家经营性事业单位和新远房地产公司等 2 家企业改制成立。

24 日　召开门头沟区 2012 年农村工作旅游工作会。

3 月

6 日　召开国家步道方案设计座谈会。

20 日　西城区到门头沟区调研“湖光山色门头沟”——高清交互数字电视政务信息发布系统建设情况。

21 日　中国国民党荣誉党主席吴伯雄到门头沟区参观。实地参观了戒台寺、潭柘寺景区。

22 日　《永定河》杂志正式创刊。《永定河》

杂志为季刊，主要栏目包括《耕耘新得》《学术争鸣》《交流园地》《博物收藏》等。

23 日　举行“山水相约　绿海畅游”旅游资源推介会。国家旅游局综合协调司司长、全国红色旅游工作协调小组办公室副主任，市旅游委委员，区领导韩子荣、王洪钟等参加会议。会上，王洪钟对门头沟区旅游资源进行了推介。

27 日　中央、市属新闻单位到门头沟区开展“走基层、转作风、改文风”活动。市委常委、宣传部长、副市长鲁炜，区领导韩子荣、王洪钟等，以及北京日报、北京电视台、新浪网等媒体参加活动，并察看了棚改安置房建设、棚户区拆迁地块以及“一湖多园、五水联动”建设等情况。

28 日　韩子荣到潭柘寺镇实地察看了定都峰景区、玉兰花育苗基地建设情况，听取了定都峰——广慧寺风景区整体规划设计、阳坡园项目推进等情况的汇报。

30 日　韩子荣、王洪钟等与首创集团就双方合作相关事宜进行了座谈。

同日　启动门头沟区第 12 届“京西植树生态游”暨“青春‘碳’索记”主题教育实践活动。

是月　雁翅镇太子墓村获“全国一村一品示范村镇”荣誉称号。

是月　门头沟区 2012 年农民住宅抗震节能项目启动。涉及妙峰山、王平、斋堂、雁翅、清水 5 个镇的 71 个村、1853 户，其中杨家峪、龙门口、法城、黄安坨、东落坡、西落坡、韭园、桥耳涧 8 个村为整体推进村。

4　月

5 日　门头沟区农村土地确权登记颁证试点工作外业调查结束，涉及军庄镇和潭柘寺镇。

9 日　北京市委农工委、市农委检查门头沟区城市绿化工作。查看了棚户区改造安置房、定都阁、“一湖多园、五水联动”城市水系景观和园林绿化体系建设等情况，并听取了有关工作的汇报。

11 日　召开拆迁村工作研讨会。

12 日　召开中共门头沟区第十一届委员会第二次全体会议。会议报告了门头沟区出席北京市第十一次党代会代表选举工作进展情况，审议通过了门头沟区党代表会议有关事项，宣布了门头沟区出席北京市第十一次党代会代表候选人预备人选圈选结果。

16 日　韩子荣到区体育局听取了区体育局关于中国乒协会员联赛门头沟赛区比赛、第二届环北京职业公路自行车赛、第三届北京国际山地徒步大会“三大赛事”筹备工作的汇报，并就成立户外休闲运动协会等事宜进行座谈。

17 日　北京市委书记刘淇、市长郭金龙到门头沟区调研。察看了解了滨河森林公园和滨水公园景观大道建设、城市水系景观和园林绿化体系建设、棚户区改造和旧城改造、旅游文化休闲产业发展以及定都峰景区规划建设、绿化美化等情况，听取了有关工作的汇报。

20 日　召开永定河百里绿色生态走廊建设项目及新华社影视基地项目座谈会。区领导韩子荣、王洪钟等与中国生态环境建设投资有限公司、北京金力控股集团有限公司、澳洲人体潜能开发研究院、新华社北京分社相关负责人进行座谈。

22 日　规划一路改造工程征地手续获市国土局批复。规划一路改造工程涉及征用永定镇冯村、曹各庄村、侯庄子村、坝房子村 4 个村的集体土地 51.97 亩，农转非 35 人。

23 日　“这里是北京”系列展门头沟专题展开展。展期 30 天，分别在首都博物馆和王府井大街（各 15 天）面向公众免费开放。专题展以“北京之巅、绿海家园”为主题，通过“绿色门头沟、文化门头沟、活力门头沟”三部分，全方位展现和推介门头沟区的自然资源、文化积淀、发展成就等内容。

25 日　区领导韩子荣、王洪钟等与中国诚通公司、北控集团公司、中国世界民族文化交流促进会相关负责人进行座谈。

26 日　举行庆五四“汇力门头沟　青年节日话成长”主题沙龙活动。青年代表围绕“大山小事”、“新路历程”、“品位门头沟”等 3 个话题进行交流研讨。

是月　启动门头沟区 2012 年门城主要地区架空线入地工程。主要包括 109 国道三家店至军庄段和南宫段、门支路三期、石门营公园、永定河文化广场、黑河沟、冯村沟沿线等重点地区，涉及通信、电力、信号灯等影响城市景观的架空线路，总投资约 3000 万元。

是月　经北京市考察组实地考察检验，潭柘寺镇桑峪村被认定为全市信息化示范村。

是月　启动门头沟区豚草防除工作，防除面积 4000 亩。

5　月

7 日　成立首家街道“枢纽型”社会组织。城子街道在向阳社区成立了街道文体志愿协会，协会现设常务理事、理事21人，现有团队会员67人、文体骨干2139人、志愿者107人。

10日　斋堂镇被国家住房城乡建设部、国家旅游局评为“全国特色景观名镇”。

11日至18日　举行“贺龙杯”中国业余篮球公开赛（CBO）暨门头沟区第十四届“篮协杯”篮球比赛，全区机关、企事业单位共19支代表队参赛。

15日　门城滨水公园景观大道工程完工，全长6.9公里，设计道路全宽12米。

17日　韩子荣、王洪钟等实地察看了门支路、108国道新线、滨水公园景观大道、采空棚户区改造石泉砖厂地块和石门营地块市政道路建设等情况。

18日　“2012年门头沟区北京科技周”开幕，活动以“携手建设创新型国家——科技与文化融合，科技与生活同行”为主题。

19日　举行第四届北京旅游山会“开山门”仪式暨“全民健身日·3510在行动”开幕式。国家体育总局宣传司司长张海峰，区领导韩子荣、王洪钟等出席仪式，并参加了“狂走京西”永定河绿色水岸徒步活动。张海峰、韩子荣为“门头沟户外休闲运动协会”颁牌、授旗。

30日　完成网上投票推荐全国创先争优优秀共产党员工作，党支部参与率达到100%，党员参与率超过90%。

是月　门头沟区社区就业岗位安置就业困难人员852人，完成全年指标的71%。

是月　门头沟区平原地区造林工程主要树种栽植任务完成，共完成造林面积990亩，栽植各类苗木7.7万株。

是月　门头沟区109国道春季绿化补植工程完工，累计绿化面积1.2万平方米。

是月　编制完成《门头沟区促进就业政策汇编》。

6　月

5日　农工民主党门头沟工委到妙峰山镇下苇甸村开展“中国环境与健康宣传周”送医下乡义诊咨询活动，共提供义诊服务450人次。

6日　“门头沟区医院集团”成立。将区医院、中医医院、斋堂医院及门城地区社区卫生中心（站）纳入统一运营管理（其中区医院为区医院集团总医院），实行理事会领导下的总院长负责制。

同日　石龙投资公司与北京银行完成5000万元贷款签约，用于新华电力总部基地项目建设。

9日　区领导与吉林省四平市领导座谈。双方就旅游文化休闲产业发展、新农村建设等工作进行会谈。

13日　韩子荣到清水镇实地察看了达摩沟域景观生态休闲公园、洪水峪海棠文化主题公园、八亩堰旅游集散中心及塔河、洪水口旅游村庄等规划建设情况，听取了清水镇招商引资、环境整治、基层党建等工作汇报。

26日　中铁资源集团有限公司完成企业登记变更手续，正式落户门头沟区，该企业注册资本金为30亿元，成为门头沟区注册资本金额最高的企业。

28日　清水涧再生资源分拣中心正式投入运营，年收购量和处理量将达4万余吨，为下岗职工和外来务工人员提供就业岗位200余个。

7　月

2日　呼伦贝尔市海拉尔区党政考察团到门头沟区参观考察。实地察看了棚改安置房建设、“一湖多园、五水联动”城市景观体系建设等情况。

14日至15日　妙峰山镇举办“旅游振兴发展与生态文明建设”高峰论坛。

16日至18日　区有关部门对重点旅游景区沿线环境卫生进行综合检查，对灵山、百花山、爨底下等重点旅游景区及109国道沿线厕所、广告牌匾等进行综合检查，针对发现的问题提出整改要求。

21日　召开门头沟区委十一届三次全会。

25日　召开门头沟区争创全国双拥模范城总结表彰大会。会上，作了争创全国双拥模范城工作报告，宣读表彰通报，为先进单位和模范个人代表颁奖。

26日　北京市委书记郭金龙到秋坡村、石门营安置房、永定河门城湖及排洪沟等地，察看了解了泥石流易发区险村搬迁、受灾群众安置、河道治理等情况，入户慰问了受灾群众，并听取相关工作的汇报。

同日　国家旅游局、国家文物局到门头沟调研潭、戒两寺文物保护与旅游发展情况。实地考察了两家景区文物保护现状及相关管理制度，听取了相关情况的介绍。

同日　在门头沟区举行北京市国家免费孕前优生健康检查项目全覆盖启动仪式。

是月　门头沟区阿芳嫂黄芩种植专业合作社在

北京市开展的全国农民专业合作社推荐评选活动中被评为全国农民专业合作社示范社。

8 月

6日　召开门头沟区农村集体资产信托化经营工作汇报会。

7日　举行斋堂镇第十二届京西灵水举人文化节暨古村落保护修缮工程奠基仪式。

同日　区农业局向受灾镇、村发放价值5万余元的救灾种子，用于灾后农业生产恢复。

8日至10日　区民政局、监察局、财政局成立监督指导组，采取听取汇报、实地查看、入户核实等方式，到各镇（街道）跟踪指导“7·21”特大自然灾害救灾款物的使用管理情况，包括款物的接收、发放、回收、管理等内容。

13日　西城区到门头沟区考察交流。实地考察了军庄镇灰峪村，听取了军庄镇用地规划、灰峪村土地利用现状等情况的介绍，并就加强两区合作事宜进行座谈。会上，通报了地区经济社会发展总体情况。

同日　韩子荣到区水务局听取了“7·21”特大自然灾害救灾善后、应急管理体系建设等情况的工作汇报，并与区有关部门进行了座谈。

同日　石龙管委与北京农投京西小额贷款股份有限公司签订战略合作框架协议，搭建银企合作平台。

15日　石门营新区、北岭、永兴3个社区卫生服务站正式开通医保系统。可以接纳医保患者并实行医保划卡实时结算。

同日　召开农村信托化管理试点村农转非专题会。

16日　致公党门头沟区支部主委代表北京硅谷置业投资管理有限公司与清水镇政府签订了《清水镇齐家庄旅游综合开发项目》框架协议书。该项目属于民主党派与山区镇结对帮扶的“同心”工程，总投资约23亿元人民币。

18日　召开门头沟区围棋协会和门头沟棋院成立大会。会后举行了为期两天的首届门头沟区业余围棋锦标赛。

20日　召开门头沟区公安分局与张家口市公安局区域警务合作联席会。会上，两地警方回顾了十八大安保工作取得的成绩，对下一步工作进行研讨，并签订《区域警务协作机制框架协议书》。

21日　召开古村落旅游度假专项规划专题研究会。会上，听取了中坤集团关于古村落旅游度假专项规划的汇报，并就相关事宜进行研讨。

同日　西城区国土分局就选址建设敬老院事宜到军庄镇灰峪村进行实地考察，听取了灰峪村土地利用现状、土地利用规划以及地质环境和矿山治理项目进展情况的介绍，并与区国土分局围绕废旧矿场土地资源开发利用等事宜进行了沟通交流。

26日　新城218地块开工，该项目位于龙泉镇（区检察院南侧），占地面积8.6万平方米，总建筑面积12万平方米，总投资14亿元。

是月　市司法局批复同意成立区律师协会组建工作委员会。全区共有3家律师事务所、执业律师58人。

是月　陕京三线输气管道工程韭园隧道贯通，全长859米。

是月　门头沟区新城MC09－004地块土地一级开发获立项批复，该项目位于龙泉镇河滩地区，总用地面积3.6公顷，规划用途为商服用地。

9 月

3日　在北京音乐厅举行“永定河·流金岁月”中国北京第六届永定河文化节交响音乐会。

8日　门头沟区第一份社区报——《石门营社区报》开办，内容包括“谈时讯、看身边、聊生活、听回声”4个主题。

8日至9日　举行京煤杯第三届国际山地徒步大会热身线路比赛。共5000余名徒步爱好者参加了20公里妙峰山古香道徒步线路和20公里永定河绿色水岸徒步线路比赛。

15日至16日　举办京煤杯第三届北京国际山地徒步大会。大会分为专业竞技组、健身休闲组和徒步之星组3个组别，共设7条徒步路线，包括100公里极限挑战路线、30公里原生态徒步路线、20公里千年古刹徒步路线、20公里水库风情徒步路线、10公里红色之旅徒步路线以及20公里妙峰山古香道徒步路线和20公里永定河绿色水岸徒步路线。

20日　门头沟区“私挖盗采监控平台”正式上线运行。该平台在永定镇、潭柘寺镇、大台街道办事处三地的重点部位部署了14个高清监控探头，可对途经的非法盗采人员、车辆进行全天候高清抓拍、预警报警，同时，该平台也用于防火、防盗、防汛、防灾等方面的监控。

22日　北京市代市长王安顺到门头沟区实地察看了滨河大道建设、永定镇秋坡村险村搬迁、棚户区改造安置房建设、门城湖建设、水系治理及公园建设等相关情况，并在会上听取了门头沟区经济社会发展情况的汇报。

28日　举行门头沟区农村集体资产信托化经营管理签约仪式。

是月　区人力社保局完成首批残疾人城乡居民养老保险补贴工作。

是月　门头沟区高标准基本农田建设项目通过市国土局专家组评审。该项目位于清水镇燕家台、李家庄和梁家铺等3个村，总投资305万元，规模面积1017亩。

10　月

12日　举办“印象门头沟”——门头沟区旅游商品征集大赛。大赛以“门头沟礼物”为主题，分作品征集和作品评审两个阶段，征集的作品主要划分为旅游纪念品、工艺美术品和都市工农业产品三大类。

18日　区总工会举行2012年金秋助学帮扶资金发放仪式，为92名困难职工家庭发放助学资金19.1万元。

同日　在京浪岛文化体育公园举行北京市残疾人风筝节，全市各区县的80余名残疾人参与了放飞风筝活动。

22日　“孝满京城”第三届北京重阳文化节在门头沟区开幕，市委常委、宣传部长、副市长鲁炜，区领导韩子荣、王洪钟等出席开幕式。在活动分会场定都峰景区开展山货大集、重阳民俗展示、非遗表演等活动。

22日至23日　定都峰景区免费对全体市民开放，接待1523名游客。

24日　开展造血干细胞血样采集工作，共有126人捐献血样成为中华骨髓库志愿者。区内共有志愿者413人。

同日　“文明门头沟”官方微博粉丝数达到11005人，在全市同类微博中粉丝数居于首位，共编发微博近600条，转发和评论达到2000余条。

30日　区直机关首届文化艺术节闭幕。艺术节于5月启动，历时近5个月，分歌咏、书法、摄影、征文等8大类12项，区直机关系统66个单位2000余人次参加。

同日　区人口计生委为全区615对夫妻（包括流动人口）提供了包括咨询指导、体格检查等19项免费孕前优生健康检查，超额完成全年工作任务。

是月　区质监局与民政局开展养老服务机构星级评定和复评工作，共涉及门头沟区4家申请星级养老服务机构的单位和2家星级养老服务机构星级资格已满三年的单位。经审查，石龙老年护养院、永定镇社会福利中心、雁翅镇社会福利中心通过了二星级养老服务机构评定，龙泉镇社会福利中心通过了一星级养老服务机构评定；北京清颐敬老院和王平镇社会福利中心通过了二星和一星养老服务机构复评。

是月　区老龄委联合区慈善协会，通过“真情温暖夕阳”慈善助老项目平台，为470名90岁以上高龄老人共发放了价值3.8万元的节日物资。

11　月

5日　门头沟区4个土地开发整理项目可研报告通过市级专家评审，项目涉及清水、斋堂、潭柘寺3个镇，总建设规模4400亩，可新增耕地1800亩，预计总投资1亿元。

14日　旅游综合管理应用系统正式上线，该系统可以向管理者提供景区影像、天气、交通客流等实时状况，并能进行智能数据分析，为景区管理、应急指挥、交通疏导、资源配置等提供科学决策依据。

15日　在石龙高科大厦广场举行门头沟区首家“五站合一”工作站揭牌仪式。该工作站涵盖党建、社会、工会、共青团和妇女工作站5个机构。

20日　石龙经济开发区产业孵化中心二期B区——中小企业技术支持与研发中心开建。该项目由石龙公司投资建设，总建筑面积1.9万平方米，总投资近1亿元。

26日　北控集团到门头沟区调研。实地查看了门头沟区生态旅游文化景观沙盘、斋堂镇拟上市A地块等情况，听取了斋堂镇规划及基础设施建设情况的介绍，并就加强政企合作事宜进行了座谈。

是月　北京市二帝山市级森林公园成为继西峰寺、马栏、双龙峡、南石洋、妙峰山等市级森林公园后，门头沟区第6个市级森林公园。该公园位于清水镇，东至灵山路东、南至庙沟岭、西至南洼岭、北至锅坑，经营面积408.7公顷，森林覆盖率92.8%。

是月　门头沟区2012年第一批享受城乡居民养老保险补贴拨付到位，涉及残疾人员4945人，补贴金额355.01万元。

是月　北京精雕科技有限公司荣获2012年国家火炬计划重点高新技术企业。

是月 区国土分局完成赵家台旧村改造项目地灾危险性评估，确定项目地质灾害危险性评估级别为一级。

12 月

4 日 门头沟区应急信息发布模块正式投入使用，该模块是为民服务信息系统的一个子系统，可实现向区应急办报送紧急信息、在网站发布应急信息、向市民发送应急短信等 3 大功能。全区已有 19 家单位加入该系统。

10 日 召开 2012 年度欢送新兵大会。

15 日 举行门头沟区首届健康家庭趣味运动会。共设 6 个组别、12 个项目，全区 70 个家庭、200 余人参加比赛。

15 日至 16 日 在门头沟区举办第三届全国中小学校长论坛。此届论坛以“让每个孩子都能成为有用之才——不拘一格育人才”为主题。来自全国的教育理论研究和教育实践方面的专家围绕论坛主题对全面发展和个性发展、英才培养、人才培养多样化、人才评价体系多样化等问题进行报告和演讲。

20 日 召开市委巡视组到门头沟区开展巡视工作动员会。会上，作了问卷调查填写说明。韩子荣、王洪钟分别代表区委、区政府领导班子述职，并进行了个人述职述廉。

26 日 田寺试验小流域被水利部水土保持监测中心确定为全国水土流失动态监测与公告项目试验小流域。

30 日 召开门头沟区委十一届四次全会。会议传达了市委十一届二次全会精神，审议通过了《深入贯彻落实十八大精神 加快建设现代化生态新区》的报告，讨论了《2013 年门头沟区建设国家生态文明示范区实施方案》《关于改进工作作风、密切联系群众的实施意见》《关于节假日期间加强领导干部廉洁自律和厉行节约工作的通知》。

是月 龙泉镇高家园地区土地储备项目 1 号、3 号地块取得市规委建设项目规划条件，该地块总用地规模 38 万平方米，总建设用地规模 29.4 万平方米。

是月 门头沟区 2012 年新评定特级绿地 5 块，分别位于晨曦公园、光荣园、立思辰公园、京门铁路遗址公园、长城公园，面积为 3.6 万平方米。全区共有特级绿地 28 块，面积约 124.74 万平方米。

文献

深入贯彻落实十八大精神 加快建设现代化生态新区

——2012年12月30日在中共北京市门头沟区委十一届四次全体（扩大）会议上的报告

中共门头沟区委书记 韩子荣

同志们：

这次全会的主要任务是：深入贯彻落实党的十八大和市、区第十一次党代会精神，认真总结2012年工作，安排部署明年的重点任务，动员全区各级党组织和广大党员凝心聚力、真抓实干，全力建设国家生态文明示范区，为加快推动现代化生态新区建设而努力奋斗。

下面，我受区委常委会委托，向全会报告工作。

一、2012年工作回顾

今年是新一届区委的开局之年，区委常委会紧紧围绕市、区第十一次党代会的工作部署，认真贯彻落实科学发展观，团结带领各级党组织和广大党员干部群众，以“创造发展新优势、稳中求进促发展”为主题，抢抓机遇、迎难而上，在新的起点上全面推进现代化生态新区建设，圆满完成了年初确定的各项任务目标，实现了全区工作的良好开局。

总结区委一年来的工作，主要有以下几个方面：

一是明确发展思路，转型发展成效日益显著。按照生态涵养发展区的功能定位，全面落实区第十一次党代会的战略部署，着力培育以旅游文化休闲产业为主导的高端产业体系，围绕“一带两线四点多组团”空间布局，努力创造生态支撑发展、文化引领发展、产业带动发展的新优势。充分发挥规划的导向作用，制定了《长安街沿线城市设计实施导则》、古村落规划、国家步道规划等一批重要规划，3个重点镇总体规划获得审批，为加快地区发展奠定了坚实基础。大力推动石龙开发区转型发展，立思辰等8个总部大厦开工建设，新华水利水电等一批大型企业实现入驻，总部经济发展初见成效。创新招商引资模式，引入中国水电等国有大型企业入区发展，全社会固定资产投资完成190亿元，同比增长33.5%，投资拉动效应进一步凸显。深入落实旅游文化休闲产业发展战略规划，大力推动文游合一、农游合一，定都峰、南石洋大峡谷等重点景区建设有序推进，阳坡元、杨家峪等16个旅游示范村建设正式启动，旅游组团框架初步形成。预计全区实现地区生产总值116亿元，同比增长12%；完成公共财政预算收入19亿元，同比增长12.6%；城镇居民人均可支配收入达32381元，同比增长11%，农民人均纯收入达15715元，同比增长12%。

二是注重城乡建设，地区发展优势更加突出。加大房屋征收力度，全年完成房屋征收150万平方米，开复工面积创历史新高，地区发展空间不断扩大。全力推进保障性住房建设，累计交付使用11736套棚改安置房，新增100万平方米安置房建设正式启动，永定地区村民安置楼、冯村“两限房”项目顺利实施，群众居住环境不断改善。大力加强基础设施建设，108国道改造一期工程基本完成，清千路、门支路三期等15项城乡道路建设重点工程全面完工，城子水厂改扩建工程实现开工，中门寺110千伏输变电工程完成建设，新城的综合承载能力进一步提升。积极推进公共服务设施建设，少年宫、扶残助残基地、老年福利中心等建设不断加快，公共服务布局得到优化。加快旧城改造步伐，完成物美半岛、北旅广场等重要地块拆迁，实施7个老旧小区综合改造和精品小区建设工程，城市社区面貌焕然一新。加大绿化美化工作力度，建成定都阁、永定楼等一批新的城市景观，“一湖十园、五水联动”水系景观体系基本形成，成功通过国家卫生区复审，城市环境更加宜居。加强小城镇建设，潭柘寺镇村民安置房、斋堂镇古村落旅游项目等加快实施，山区旅游配套设施进一步完善，全域景区化水平不断提高。积极开展国家环保模范城区创建，加快实施京津风沙源治理、小流域综合治理、碳汇造林等各项生态建设工程，生态环境质量进一步提升。

三是坚持民生优先，社会管理不断创新。大力开发就业岗位，5571名城镇登记失业人员实现再就业，农村劳动力转移就业1296人，城镇登记失业率控制在4.05%。不断加强社会保障，提高城乡最低生活保障标准，消除低收入村13个、低收入农户5465户。优化教育布局，全面深化教育改革，一批新学校建成并交付使用，积极引进北京八中、人大附小、金色摇篮等优质教育资源，教育发展水平不断提升。深化医疗体制改革，成立区域医疗集团，创造了公立医院改革新模式，医疗诊治能力进一步提高。加强棚改新建居住区规范化管理，探索老旧小区准物业管理模式，推进农村社区化管理，创建21个“六型社区”市级示范单位。实施网格化社会服务管理体系建设试点，以61696156为民服务信息平台为依托，创新了快速解决群众应急求助的服务机制。加强对十二类特殊人群的服务管理，创新了未成年社区矫正人员“四制一式”服务管理、拆迁群众“四个不断线”等一批工作机制，各类人群精细化服务水平不断提升。创新农村“三资”管理模式，率先在全市试点农村集体资产信托化经营管理，维护了农民的合法权益。着力提高为民服务水平，直接面向群众征求意见建议8000余条，一批群众关注的热点难点问题得到解决。

四是实现文化引领，地区文明程度显著提高。积极开展社会主义核心价值体系教育，深入推进“门头沟好人评比”、“绿色出行”、“文明新家”等群众性精神文明创建活动，市民文明素质不断提高，成功实现全国双拥模范城“二连冠”。完善公共文化设施网络，推进潭柘寺、军庄、斋堂文化体育中心建设，加强社区文化活动中心规范化运行，初步形成了覆盖城乡的三级文化服务网络。大力发展文化事业，开展丰富多彩的群众性文化活动，创作了《永定河组歌》等一批文艺精品。加强文物保护工作，制定《门头沟区民居修建手册》，文化遗产保护传承和开发利用进一步加强。积极推进文化、体育、旅游融合发展，成功举办第三届北京国际山地徒步大会、第二届环北京公路自行车赛等重大赛事，地区知名度不断提升。

五是加强民主政治建设，保持地区和谐稳定。坚持依法治区，积极支持人大及其常委会依法履行职能，支持人民政协履行政治协商、民主监督、参政议政职能，努力为工会、共青团、妇联、工商联等人民团体参与全区重点工作搭建平台、创造机会，营造了上下一条心、全区一盘棋的良好氛围。加强基层民主自治，全面推行社区“四评一创”、农村“双向联评”基层治理机制，完成了社区“两委”换届，基层民主自治能力不断提升。认真落实十八大安保维稳工作责任，充分发挥矛盾纠纷大调解工作体系作用，深入开展社会治安综合治理等“十大专项行动”，形成了维护稳定的新格局。坚持源头管控，认真落实重大决策社会稳定风险评估机制，在加快发展中维护好群众利益，“五七家属工”基本养老保障、冯村等一批历史遗留问题得到有效化解，筑牢了维护稳定的民心基础。坚持把重心放在基层一线，建立健全基层维稳网络体系，形成了全区动员、全民参与、全社会共保社会稳定的强大声势。切实加强安全监管，坚决打击非法盗采行为，生产、消防、食品、交通等安全工作全面强化。在全区上下的共同努力下，确保了全国“两会”、市第十一次党代会和十八大期间全区社会和谐稳定。

六是加强党建创新，为经济社会发展提供了强大保障。强化工作统筹，按照“顶层设计、系统规划、分步实施、整体推进”的原则，区委建立了党建、宣传思想文化、纪检审计监督等十大工作体系，区政府成立了十一个重点工程指挥部，实现了重点领域工作体系的全覆盖，确保了棚改两万户房屋整体征收、“7·21”特大自然灾害应对以及农村城市化进程中的资产处置、转居社保等各项急难险重任务的顺利完成。加强思想政治建设，深入开展创先争优教育实践活动，精心组织以“创造发展新优势，稳中求进促发展”为主题的解放思想大讨论活动，促进了党员干部思想解放和工作创新，进一步形成了抢抓机遇、科学发展的共识。高度重视能力建设，统筹中心组学习、教育培训、外出考察等形式，建立党建大培训工作格局，提升了各级领导班子和干部的创新力、执行力。进一步深化干部人事制度改革，全面加大竞争性选拔干部力度，扩大初始提名权范围，综合运用巡视、审计、年度考核、“一报告两评议”等评价结果考察干部，选拔了一批能力突出、作风扎实、成绩优异的领导干部，优化了各级班子结构和整体素质。一年来共调整领导班子15批（次），新提拔处级以上领导干部85人次。着力加强基层组织建设，在农村、社区、“两新”组织、机关等领域分类开展基层党建巡视、选派基层党组织第一书记、“五型机关”建设、“五进农村”等活动，提升了基层党组织推动发展、服务群众、凝聚人心、促进和谐的能力。不断加强党风廉政建设，认真落实党风廉政建设责任制，全力推进惩治和预防腐败工作，开展对反腐倡廉制度的宣传教育活动，加强监督检查大体系建设，积极探索重大项目廉政风险防控管理新模式，促进各级领导干部廉洁自律。加强区委常委会自身建设，认真贯彻民主集中制原则，进一步完善研究重要问题、重大事项的程序，提高了科学、民主、依法决策的水平。

在肯定成绩的同时，我们也必须清醒地看到，全区工作仍然面临不少困难和挑战：一是门头沟区经济总量小、结构不合理、税源不稳定的情况尚未从根本上得到改变，扩大总量、引进增量、提升存量的任务仍很艰巨，加快主导产业培育、实现经济社会转型发展还需要付出长期的艰苦努力；二是在转型发展中民生问题仍然十分突出，部分群众的就业、生活还存在较大困难，群众生活水平需要进一步提高，公共服务体系尚不完善，需要进一步加快社会建设，实现经济社会协调发展；三是随着经济的快速发展，社会利益关系深刻调整，由此带来的心态失衡、利益纠纷、矛盾激化等问题不断增加，对维护地区和谐稳定造成了很大压力；四是面对跨越式发展的新形势、新任务、新要求，党员干部的素质和能力有待加强，党组织的执政能力亟待提高；五是基层基础工作还比较薄弱，基层组织的活力需要进一步激发，工作的创新力、服务发展的能力需要进一步增强。我们必须高度重视这些问题，不断增强责任感和紧迫感，在今后的工作中着力加以解决。

二、落实十八大精神，明确2013年工作思路

党的十八大围绕全面建成小康社会的总体目标，突出强调了生态文明建设在中国特色社会主义“五位一体”总体布局中的重要地位，提出要把生态文明建设融入经济建设、政治建设、文化建设、社会建设各方面和全过程，努力建设美丽中国，这对全区的发展具有现实和深远的指导意义。门头沟区是北京市确定的生态涵养发展区，加强生态文明建设是落实区域功能定位的基本要求，也是我们实现跨越式发展的根本保障。这就要求我们必须坚持把生态立区作为长期的发展战略，全力打造国家生态文明示范区，在更高水平上推进现代化生态新区建设，努力在生态文明建设方面走在全市前列。

建设国家生态文明示范区，实现更高水平的发展，首先要立足区内实际，把握地区发展的阶段性特征。当前，门头沟区已经进入了转型发展的关键时期，地区发展面临着许多新情况、新问题。一是近年来门头沟区不断加大征地拆迁力度，不断拓展发展空间，为加快发展奠定了坚实基础。随着大批土地收储项目集中上市，全区将从“大拆迁”转入“大建设、大发展”的新阶段。能否抓住机遇，加快推动高端产业项目落地，不断增强地区发展后劲，提高科学发展水平，对门头沟区工作提出了更高要求。二是随着全区农村城市化、城乡一体化进程加快，优化城乡建设和产业发展布局，完善城镇综合功能，打造高品质的现代化滨水山城和全域景区化的百里画廊，努力建设美丽门头沟，是摆在我们面前的一项重要任务。三是随着采空棚户区改造等各项安置房明年集中交付使用，房屋征收户将规模入住，进一步加强城市管理、完善公共服务、强化社区建设、培育社会文明，是全区社会建设面临的严峻挑战。

面对门头沟区阶段性发展要求，我们必须进一步解放思想、创新举措，以生态文明的理念引领各项工作，切实抓好“三个优化”，努力实现全区经济社会转型发展、创新发展、跨越式发展。一是要进一步优化发展环境，坚定不移地落实生态立区战略，全力建设国家生态文明示范区，以生态文明建设引领经济、政治、文化、社会建设各项工作发展，努力创造良好的生态环境、政务环境、法治环境、人文环境，集聚区内外各种资源要素推动经济社会跨越式发展。二是要进一步优化空间布局，围绕打造现代化滨水山城和全域景区化的百里画廊，进一步提升城镇功能，着力优化城乡居住功能布局、产业发展布局、公共服务配套布局、景观环境布局，切实增强履行“四个服务”职责的承载力，使城乡建设向着生态宜居、产业集聚、配套齐全、功能完备的方向发展，努力建设美丽门头沟。三是要进一步优化民生品质，坚持发展为了人民，切实把保障和改善民生放在更加突出的位置，多谋民生之利，多解民生之忧，大力实施民生保障“十大工程”，全面加强社会建设，创新社会管理，努力让人民群众过上更加美好的幸福生活。

明年工作的指导思想是：高举中国特色社会主义伟大旗帜，以邓小平理论、“三个代表”重要思想和科学发展观为指导，认真落实党的十八大和市、区第十一次党代会精神，全面加强经济、政治、文化、社会建设以及生态文明建设，落实“三个优化”，多办利民实事，全力建设国家生态文明示范区，为加快推进现代化生态新区建设而努力奋斗！

三、2013 年的主要工作任务

明年全区经济和社会发展的主要目标是：紧紧围绕建设国家生态文明示范区，进一步优化发展环境、空间布局和民生品质，加快转变经济发展方式，推动城乡一体化发展，着力保障和改善民生，大力繁荣公共文化，积极培育社会文明，切实维护地区和谐稳定，努力实现地区生产总值增长 10%，公共财政预算收入增长 6%，全社会固定资产投资增长 15%，城乡居民收入增长 10%，城镇登记失业率控制在 5% 以内，完成市政府下达的大气污染治理任务和节能减排指标。

（一）加快转变发展方式，推动经济转型发展

围绕落实区域功能定位，按照高端高效集约发展的方向，加快转变经济发展方式和产业结构优化升级，进一步优化经济发展环境，提升地区发展水平。

坚持规划引领发展。按照“板块式规划、组团式发展”的原则，进一步完善城区发展规划。大力实施石龙扩区战略，加强石龙开发区长安街以南地区水、电、气、热等产业基础设施建设，推动石龙开发区与长安街西延长线产业连片发展，充分融入中关村国家自主创新示范区格局，积极对接首钢高端产业综合服务区建设，进一步拓展城区产业发展空间。加快制定棚户区腾退土地板块开发规划，积极推进永定滨水商务区、门城生态商务区、龙泉休闲商务区和三家店旅游文化休闲区等新城四个高端产业集聚区的规划和建设工作，不断提升经济发展水平。启动浅山区生态产业板块建设，制定浅山区发展规划，着力引进高新技术产业、生态友好型工业、金融类现代服务业，积极培育健康养老、体育健身等生活性服务业，支持小微企业发展，构建绿色总部基地，形成新的经济增长点。推动深山区绿色发展板块建设，在着力提升生态涵养功能的基础上，积极培育生态旅游、文化体验等生态产业。加快建设旅游文化改革示范区，不断激发经济发展活力。

提高招商引资水平。按照绿色、低碳、环保的要求，进一步加大招商引资力度，推动旅游文化休闲产业、现代服务业和高新技术产业加速发展。加快石龙开发区转型步伐，加大总部经济引资力度，推动存量企业转型升级。积极吸引社会资本向四个高端产业集聚区和重点镇聚焦，提升“一镇一企”合作水平，以大企业、大项目带动农村经济发展。大力推进以沟域景区为核心的组团式沟域经济发展，引入社会资本打造一批精品旅游村庄和高端沟域景区，加强山区旅游服务设施建设，提升现有景区组织管理水平，努力形成具有较强竞争力的优势品牌。

大力发展农村经济。围绕土地流转起来、资产经营起来、农民组织起来，深入推动体制机制创新，促进农民增收致富。全面推进农村集体经济产权制度改革，深化集体林权制度改革，培育具有市场竞争力的农村专业合作组织，提高农民组织化程度。鼓励山区农民通过土地承包权和林权流转，以地权、林权入股的方式吸引社会资金进入，为旅游文化休闲产业发展创造条件。强化农村“三资”监管，在拆迁转居村推进农村集体资产信托化经营管理，使农民实现长远收益。大力发展特色农业，推动农业产业化龙头企业改造升级，提高农产品附加值。

加强政务环境建设。环境就是生产力，要牢固树立“人人都是发展环境”的理念，不断增强服务意识，进一步加快服务型政府建设，努力营造法治、公平、高效的发展环境。加大经济体制改革力度，创新投融资平台，做好营业税改征增值税试点改革工作，大力推进国企改制重组，实现国有资产保值增值。深化行政审批制度改革，进一步清理审批程序，简化审批手续，健全“一站式”服务和并联审批绿色通道机制，不断优化投资环境。加强政府部门服务效能考核，设立社会监督投诉举报热线，健全质询、问责等制度，督促职能部门深入转变作风。推进权力运行公开化、规范化，完善政务公开、司法公开和各领域办事公开制度，努力让权力在阳光下运行。

（二）提高城乡建设水平，加快城乡一体化发展

按照统筹城乡发展的要求，进一步加强基础设施和公共服务配套设施建设，切实完善城镇功能，不断优化城乡建设布局。

完善基础设施建设。着力提升城市综合承载能力，加快实施灰峪110千伏变电站、焦家坡垃圾综合处理厂、第二再生水厂等110项重点工程。加强市政交通设施建设，实施滨河路南延等城市道路工程，加快石龙公交中心站建设，保障阜石路快速公交顺利运行，开通低碳环保的社区交通专线，方便群众绿色、低碳出行。加强旅游文化休闲产业配套设施建设，推进国家步道一期、南石洋大峡谷景区等项目建设，提升商业综合设施建设水平，不断完善产业发展功能。加快社区配套设施建设，完善教育、卫生等公共服务设施及路灯、停车位等小市政设施，抓好新建小区底商和配套设施的运营管理，打造便捷舒适的新型社区。围绕城乡一体化的要求，加大农村基础设施建设投入力度，完成“7·21”水毁设施修复工程，做好山区险村险户搬迁工作，结合精品旅游村建设加强村居抗震节能改造，健全基础设施和公共服务设施长效管护机制，进一步改善农民生产生活条件。

高标准建设和管理城市。进一步优化城市规划，高起点做好棚改腾退区域、龙泉务、三家店等重点板块的控规设计，控制好人口数量、建筑规模和产业方向，打造功能完备、布局合理、宜业宜居的现代化新城。大力实施安居工程，实现采空棚户区改造230万平方米安置房全面竣工，加快推进新增100万平方米安置房建设，确保到2014年完成全部棚改安置房建设任务。加强债务风险管理，合理确定融资规模，高效调度各类资金，确保全区资金运转平衡。优化景观环境布局，高标准设计建筑风格和公共空间，严格落实长安街沿线城市设计实施导则，建成一批标志性建筑，使城市更具吸引力。建设绿色环保城市，推动屋顶墙体、道路护栏、立交桥等立体绿化，打造一批园林社区、景观街巷、绿色阳台。加强水环境综合治理，完善安全迎汛体系，强化供水保障体系建设，增强雨洪调蓄能力，努力营造城市亲水空间，打造独具特色的滨水山城。强化城市环境整治，不断提高管理的精细化水平，努力营造整洁靓丽的城市环境。

加快农村城镇化进程。大力推进重点镇建设，不断增强小城镇产业发展、公共服务、吸纳就业、人口集聚功能。加快斋堂中心区土地上市步伐，推进旅游集散中心和古村落建设；实施军庄葡萄酒文化产业基地建设，推动高端养老产业项目落地；加速潭柘寺镇基础设施和农民安置房建设，打造阳坡元、赵家台精品旅游村；推进王平工矿棚户区改造和韭园新型农村社区安置房建设，做好古道等文物保护与开发工作。稳步推进永定、龙泉地区城市化，认真解决整建制转居、超转人员社保资金等难题，加快推进北旅广场、物美半岛、高家园等旧城改造项目，努力从根本上改变城乡结合部面貌。扎实推进新农村建设，按照“生产发展、生活宽裕、乡风文明、村容整洁、管理民主”的要求，不断加快农村经济社会协调发展。

（三）加大改善民生力度，提升社会建设水平

从维护最广大人民群众根本利益出发，加快健全基本公共服务体系，加强社会管理创新，提高为民服务水平，不断优化民生品质。

落实十大民生工程。在做好保障性住房建设、基础设施建设、水环境治理、绿化美化等四项工作的同时，进一步加强就业增收、转居社保、低保救助、便民服务、教育、卫生等六项工作，全面推进民生保障“十大工程”。深入挖掘就业岗位，不断提升就业服务水平，培育村级产业项目，加大低收入农户增收帮扶力度，推动城乡居民收入稳步增长。确保社会保障制度落实，推动新项目实施与农民转居社保同步完成，在财力允许范围内最大限度解决征地转居历史遗留问题，努力将转居农民纳入社会保障。开展低保救助工作，统筹城乡社会救助制度，确保实现“应保尽保”，加快推动社会福利制度向适度普惠型转变。积极推进便民服务工程，全面落实41项为民办实事项目任务，加强社区便民服务设施建设，着力解决停车难、买菜难、买早点难等群众实际生活困难。深化教育体制改革，加快中小学校布局调整，推进大峪一小、龙泉中学等6所学校建设，进一步提升学前教育供给能力，继续加大优质教育资源引进力度，努力办好人民满意的教育。深化医疗卫生体制改革，加强基层医疗能力建设，加快完善重特大疾病保障和救助机制。研究山区教育、卫生扶持政策，不断提升山区教育、卫生服务水平。

健全社会管理体制。深入推进社会管理创新，努力构建党委领导、政府负责、社会协同、公众参与、法治保障的社会管理体制。充分发挥党组织的领导核心作用，重点在完善社区（村）治理结构和为民服务方面发挥作用，切实提升党组织领导民主管理、服务人民群众的能力。强化政府职能部门在社会管理中的作用，完善"职责明确、权责一致、条专块统、条块结合"的城市管理体制，探索建立社会工作部门牵头、各职能部门与社区对接、实现工作落实到位的管理模式，增强街道监督职能部门履行职责、指导和服务社区建设的能力。大力培育社会组织，通过加大政府购买服务力度，鼓励各类社会组织和机构承接公共服务项目，让群众享受到更多更好的服务。健全公众参与社会管理机制，建立议事协商会议、民主听证等公开议事制度，充分发挥群众参与社会管理的基础作用。加强社会管理创新制度建设，畅通和规范群众诉求表达、利益协调、权益保障渠道，提高社会管理的制度化、规范化水平。

提升社会服务水平。全面落实网格化社会服务管理体系，围绕人、地、事、物、组织加强网格建设，不断拓展61696156为民服务信息平台功能，着力提高应急求助服务水平，切实增强发现问题、解决问题的能力。深化对失业人员、残疾人、低保对象等十二类特殊人群的服务管理，建立不同人群基础信息数据库，实行项目化分类服务管理，努力为各类特殊人群提供个性化特色服务，不断提高社会服务管理的精细化水平。强化政府部门为民办实事工作，形成为民办实事长效机制，确保取得实效。

（四）推动文化繁荣发展，提升地区文明程度

结合地区实际，深入加强社会主义核心价值体系建设，进一步提高公共文化服务水平，不断做强文化产业，努力优化人文环境。

加强核心价值理念教育。坚持学习宣传贯彻党的十八大精神，围绕"落实'三个优化'，多办利民实事，全力建设国家生态文明示范区"的工作主题，统一思想、凝聚力量，激发广大党员干部干事创业的工作热情。广泛开展爱党、爱国、爱家乡教育，引导全区人民将过上更好生活的新期待转化为建设美好家园的自觉行动，形成加快发展的共同思想基础和强大精神动力。加强职业道德建设，深入开展人民满意基层站所、服务窗口示范点等创建活动，进一步提升窗口行业服务水平。以培育新市民为重点，积极开展文明新家、文明新生活主题教育活动，引导群众养成文明习惯、提升文明程度。广泛开展志愿服务，努力创建学习型社会，积极培育自尊自信、理性平和、积极向上的社会心态。大力弘扬扶危济困的社会风尚，建立由民政部门牵头、资源整合、城乡统一的联合救助机制，营造友爱和谐的良好氛围。

不断完善公共文化服务体系。加大政府投入和社会资本引进力度，推进区级公共文化设施建设，提高镇街文化中心、基层文化室规范化建设水平，不断满足广大群众日益增长的多样化、多层次精神文化需求。大力开展群众性文化活动，不断培育公共文化特色品牌，进一步办好永定河文化节等文化活动，打造一批体现地区特色的精品力作，努力为群众提供更好更多的文化产品。

大力发展文化产业。加强对古道、古村落、古民居等文化遗产的修缮、保护与利用，完成牛角岭关城及悬空古道修复。促进文化与旅游产业的深度融合，坚持项目带动战略，聚集高端文化要素，优化资源配置，加快推进斋堂古村落文化创意集聚区等重点项目发展，充分发挥文化对小城镇产业发展的引领作用。

（五）积极推进依法治区，实现社会和谐稳定

坚持党的领导、人民当家作主、依法治国有机统一，进一步改进党的领导方式和执政方式，不断提高执政能力和水平，为地区发展营造良好的法治环境。

切实加强民主政治建设。支持人大及其常委会充分发挥国家权力机关作用，强化人大镇街组织建设，加大对职能部门工作的监督力度，努力发现和培育人民满意的行业和基层先进典型。健全协商民主制度，探索建立区委区政府重大决策咨询论证、党派议政会等工作机制，在决策前和决策过程中与人大机关、政协组织、党派团体及党外代表人士广泛开展协商。完善联系群众制度，建立人大代表、政协委员进社区、进农村机制，定期深入基层听取群众呼声，转达群众诉求。大力支持工会、共青团、妇联等人民团体参与社会管理和公共服务，维护群众合法权益。加强基层民主政治建设，完成第九届村委会换届选举，深入推进村民自治、居民自治和企业民主管理，不断完善群众利益诉求表达机制、服务群众机制、矛盾化解机制、社会动员机制，努力提高群众自我管理、自我服务、自我教育、自我监督的能力。提高双拥共建水平，巩固军政军民团结。

提高依法治区水平。研究制定依法治区目标纲要，细化、量化各项工作标准，不断提高工作的透明化水平，大力推进依法行政。坚持依照法律法规管理各项事务，严格按照法定权限和程序行使权力、履行职责，注重运用法治思维和法治方式深化改革、推动发展、化解矛盾、维护稳定，努力把各项工作纳入法治化轨道。深入开展法制宣传教育，弘扬法治精神和理念，增强全社会知法、懂法、守法、用法意识，引导群众依法表达自身诉求，以法律手段维护合法权益。

确保社会和谐稳定。完善政法维稳工作体系和矛盾纠纷“大调解”体系，建立健全人民调解、行政调解、司法调解联动的工作机制，有效化解各类矛盾纠纷。严格落实重大决策社会稳定风险评估机制，从源头上预防和减少矛盾纠纷。强化维稳基础工作，深化“连民心恳谈室”工作和信访信息员队伍建设，将各类矛盾控制在基层、化解在初始状态。深入推进“平安门头沟”建设，强化信息化手段，构筑全方位、立体化的社会治安防控体系。完善和创新流动人口服务管理模式，研究促进流动人口融入城镇、特殊人群融入社会的体制创新。加强安全生产管理基础和安全保障能力建设，有效防范、坚决遏制重特大事故和公共安全事件发生。

（六）坚持生态立区战略，全力建设国家生态文明示范区

深入贯彻落实党的十八大精神，自觉把生态文明建设贯穿于经济建设、政治建设、文化建设、社会建设各方面和全过程，不断优化生态环境，努力建设美丽门头沟。

树立生态文明理念。坚持尊重自然、顺应自然、保护自然，将生态文明的要求落实到各项工作中。大力发展绿色经济，加大科技研发投入，着力提高旅游文化休闲产业在经济总量中的比重，努力降低单位产值能耗和水耗，在绿色发展中提高城乡居民收入。推动城乡建设可持续发展，探索高效集约的用地模式，推广建筑节能环保技术，努力提高人均公共绿地和道路面积，使城乡生活更加宜居。加大环境保护力度，开展绿色工地创建活动，做好大气环境整治工作，提升生活垃圾、工业固体废物和污水处理率，进一步改善环境质量。着力改善民生，加大公共教育、卫生、文化等投入力度，全面提高各类基本公共服务水平，积极维护社会公平正义，不断促进社会和谐，努力提高群众的幸福指数。

加大生态建设力度。继续实施京津风沙源治理、官厅山峡生态治理和山区小流域治理工程，加快构建山区生态森林防护体系，力争到2015年基本达到国家环保模范城区考核标准，同步推进国家生态区创建工作。积极探索碳汇林业发展模式，研究建立碳汇交易服务体系，努力提高碳汇林项目的生态效益和社会效益。以废旧矿山生态修复治理为重点，进一步提升生态修复水平，加快建设国家生态修复科技综合示范基地，打造国家级可持续发展实验区。

加大生态文明绩效考核。健全完善生态文明建设指标体系，围绕经济支撑、社会进步、资源承载、环境保护、生活质量等指标，明确国家生态文明示范区建设的阶段性目标和工作任务，不断提升全区生态文明建设水平。加强工作督促检查，建立生态文明建设目标责任制，将相关指标完成情况纳入工作考核评价体系，确保生态文明建设取得实效。强化生态文明宣传教育，倡导绿色出行、低碳生活，开展绿色小区、绿色农村、绿色企业等评比活动，营造全民参与生态文明建设的良好氛围。

四、全面加强党的建设，进一步提高党建科学化水平

党的十八大对全面推进党的建设提出了许多新任务、新要求。要紧紧围绕加强党的执政能力建设、先进性和纯洁性建设这一主线，坚持解放思想、改革创新，坚持党要管党、从严治党，进一步加强思想建设、组织建设、作风建设、反腐倡廉建设和制度建设，全面提高党的建设科学化水平，努力为全区各项事业发展提供坚强保障。

加强思想政治建设。强化理论武装，深入开展十八大精神和党章的宣传教育，进一步坚定党员干部的理想信念。完善党建大培训工作体系，加强全区党员干部的思想理论和实践能力培训，提升党员干部科学决策的能力、统筹协调的能力、快速执行的能力、化解难题的能力和为民服务的能力。继续深入开展解放思想大讨论活动，以“落实‘三个优化’，多办利民实事，全力建设国家生态文明示范区”为主题，不断推进思想解放、工作创新，增强广大党员干部攻坚克难、赶超跨越的信心和能力。

加强领导班子和干部人才队伍建设。深化干部人事制度改革，完善初始提名、民主推荐、公开选拔、竞争上岗等选人用人制度，真正把德才兼备、业绩突出、群众公认的优秀人才选拔到领导岗位上来。健全完善干部考核评价体系，进一步加强干部管理工作。加大青年后备干部培养，形成支撑可持续发展的干部梯次结构。坚持党管人才原则，制定关于进一步加强党管人才工作的实施意见，不断加强工作体系、政策机制、人才队伍、载体平台、发展环境建设，构建左右衔接、上下贯通的党管人才工作格局，加快建设“京西人才生态圈”。

推进党建工作创新。深入研究各系统党建工作的规律、特点、重点，推动党建工作项目化管理，提升基层党组织建设的整体性、系统性。创新党组织设置方式，以新建小区、“两新”组织为重点，全面推进各领域党的基层组织建设，实现党组织和党的工作全覆盖。改进群众工作方法，把团结群众、服务群众、引领群众作为基层党组织建设的重要职责，继续推进“双向联评”、“四评一创”工作，努力形成党群同心、共谋发展的生动局面。加强基层组织带头人队伍建设，拓宽基层党组织书记选任渠道，探索职业化管理模式，进一步提高工作待遇，不断增强基层党组织引领发展、维护和谐的能力。加强和改进党员队伍的教育、管理和服务，严格党内组织生活，认真落实“三会一课”制度，引导党员正确行使权利、认真履行义务。

大力加强作风建设。认真落实中央、市委关于改进工作作风、密切联系群众的要求，制定我区改进作风的实施意见，确保落实到位。坚持发扬民主，畅通民意诉求表达渠道，建立党员领导干部“基层日”制度，深入基层广泛听取群众意见，多干让群众满意的好事实事，确保群众利益不受损害。坚持求真务实，减轻基层事务性活动负担，进一步精简会议、文件、简报，腾出更多时间到困难和矛盾集中、群众意见多的地方开展调查研究，着力解决人民群众反映强烈的突出问题。坚持艰苦奋斗，厉行勤俭节约，严格执行车辆配备、外出考察、调研接待、新闻报道等有关规定，着力整治庸懒散奢等不良风气，以优良党风凝聚党心民心。

加强党风廉政建设。认真贯彻执行党风廉政建设责任制，着力推进行政监察、干部教育管理、惩治和预防腐败等六大监督体系建设。深化廉政风险防控管理，建立惩防腐败体系联席会制度，实现惩防体系全方位参与、全过程监督、全领域覆盖重大项目实施和重点工程建设，更加科学有效地防治腐败。强化权力运行监督，加强“三重一大”决策制度执行和权力运行规则建设，加大巡视和直派监督力度，进一步做好党务公开、政务公开、村务公开等公开工作，促进权力运行公开透明。加强基层纪检监察力量建设，探索实行镇纪委书记垂直管理制度。用改革创新手段进一步解决农村基层和国有企业党风廉政建设中的问题，规范基层党员干部办事行为。严肃查处各类违纪违法案件，建立信访案件定期分析和快速办理机制，坚决纠正损害群众利益的突出问题，促进干部清正、政府清廉、政治清明。

不断完善各项制度。进一步加强工作规则和程序建设，努力将区委、人大、政府、政协四套班子的运行管理纳入制度化、规范化轨道。加强民主决策制度建设，完善议事规则和决策程序，建立决策问责和纠错制度，健全党委决策咨询制度，试行基层党员、人大代表、政协委员旁听区委常委会议、基层党委会议制度，努力提高科学、民主、依法决策水平。健全党委中心组学习制度，围绕地区发展的重点、难点问题定期开展专题学习，加强学习研讨、坚持学以致用，不断推进学习型党组织建设。创新调查研究制度，完善重要决策调研论证制度，健全领导干部联系点制度，加大人大政协议案、建议、提案办理和调研成果转化力度，努力解决地区发展中的重点、难点问题。完善党务公开制度，健全党内情况通报和党委新闻发言人制度，通过多种形式及时公布党内信息。拓宽党员意见表达渠道，完善党员定期评议基层党组织领导班子、列席区委全会等制度，营造党内民主讨论、民主监督氛围。各级党员领导干部要进一步加强自身建设，严明党的纪律，自觉遵守党章，自觉按照党的组织原则和党内政治生活准则办事，自觉维护党的集中统一。

同志们，当前门头沟区已经进入了一个新的发展阶段，新形势、新任务对各项工作提出了新的要求。让我们团结起来，全面贯彻落实党的十八大精神，以更加振奋的精神、更加严谨的态度、更加务实的作风，锐意进取，扎实工作，全力建设国家生态文明示范区，为加快推动经济社会转型发展、创新发展、跨越式发展而努力奋斗！

政府工作报告

——2013年1月9日在北京市门头沟区第十五届人民代表大会第三次会议上

门头沟区区长　王洪钟

各位代表：

现在，我代表门头沟区人民政府，向大会报告工作，请予审议，并请各位政协委员提出意见。

一、2012年工作回顾

2012年，是门头沟区发展进程中不平凡的一年。这一年，是我们克服经济形势严峻复杂的不利影响，在逆势中推动经济快速增长的一年；是城市建设和棚户区改造全面推进，生态环境不断改善，城乡面貌发生巨大变化，群众幸福指数显著提升的一年；是全区上下齐心协力、顽强拼搏，全面夺取"7·21"抢险救灾工作重大胜利的一年；是我们在大拆迁大建设背景下，全面加大安保维稳和矛盾排查调处工作力度，确保地区安全稳定，圆满完成党的十八大服务保障任务的一年。在市委、市政府和区委的正确领导下，区政府以科学发展观为统领，紧紧围绕区域功能定位，聚精会神搞建设，一心一意谋发展，圆满完成区人大十五届一次会议确定的各项任务，"十二五"规划顺利推进，实现了本届政府的良好开局。

——保增长任务全面完成。预计全区实现地区生产总值116亿元，同比增长12%；公共财政预算收入19.07亿元，同比增长13.1%；全社会固定资产投资190亿元，同比增长33.5%，总量和增速居生态涵养发展区首位；社会消费品零售额43.7亿元，同比增长15%。

——人民生活质量稳步提高。预计城镇居民人均可支配收入32381元，同比增长11%；农民人均纯收入15715元，同比增长12%。城镇登记失业率为4.05%，控制在市政府下达的任务指标之内。保障性安置房开工14397套、完工11830套，在全市率先完成老旧小区综合整治。医改工作得到卫生部和国务院医改办的高度肯定。为群众办的40件实事全部完成。

——生态环境持续改善。圆满完成节能减排和大气污染治理任务，万元GDP能耗同比下降4%，降幅位居全市前列，超额完成减排任务，空气中三项主要污染物年均浓度下降3%。完成平原造林、垃圾分类等31项环境建设重点任务，全区森林覆盖率达到39%，林木绿化率达到60.9%，城市人均公共绿地面积突破30平方米，成为北京市可持续发展实验区。

——成功应对"7·21"特大自然灾害。在"7·21"特大自然灾害中，门头沟区经历了建国以来最大暴雨，最大降雨量达313毫米，全区上下凝聚力量，昼夜奋战，确保了无1人死亡，得到社会各界的充分肯定。门头沟区能够成功应对此次自然灾害，得益于通过坚持不懈开展生态建设、实施棚户区改造、高标准建设城市、加大水系治理力度等各项工作，使城乡抗灾减灾能力大幅提升。

（一）产业转型迈出坚实步伐，新的经济增长点加快培育

旅游文化休闲产业不断壮大。编制完成旅游文化休闲产业发展战略规划，92项旅游产业项目加快推进，形成旅游与农业、文化、体育、科技融合发展的格局。19个旅游港湾投入运营，完成旅游交通标识建设工程。实施潭柘寺、戒台寺、妙峰山景区修缮工程，定都峰景区对外开放，妙峰奇石、南石洋大峡谷等项目加快推进，阳坡元、杨家峪、上苇甸等旅游村建设全面展开，形成了一批企业和项目聚集的区域旅游综合体。克服"7·21"特大自然灾害影响，及时完成景区修复，实现旅游收入16.8亿元，同比增长15%。

石龙开发区实现转型发展。东方博特、立思辰等8个总部大厦开工建设，完成产业孵化中心一期工程，成为北京市战略性新兴产业科技成果转化基地。新华水利水电、中铁资源、中铁东方国际等大型企业实现入驻，华夏巨龙等3家公司上市工作顺利推进，精雕科技等10大重点企业产值大幅增长，开发区财政贡献占全区财政收入的60%以上。完成开发区道路基础设施改造工程，石龙广场正式落成，开发区整体面貌全面改观。

招商引资工作取得重大突破。参加京港洽谈会等招商活动，通过以商招商、与原有企业密切合作、整合国有资源等新模式，引进重大项目120个，中建股份、中国水电、中信信托、市供销总社等40家央企和大型国企进军门头沟，骏洋大厦等27个项目开工建设，落地资金472亿元，各类建筑开复工面积达到692万平方米。长安街西延线3个地块、北旅广场、物美半岛、城子大街等23个项目规划获批。完成土地一级开发投资56.64亿元，原劳动局等3个地块成功上市。完成潭柘寺镇、高家园、永定何各庄及秋坡村等7000户150万平方米房屋征收，全区已累计完成房屋征收2.9万户430万平方米，极大地拓展了发展空间。

（二）城乡建设持续推进，地区面貌日新月异

滨水山城框架基本形成。完善“一湖十园五水联动”景观体系，新建和改建迎宾公园、京门铁路广场、望楼园、幸福公园等10个公园，城区公园达到41个，建成定都阁和永定楼，形成定都峰上定都阁、永定河畔永定楼的文化亮点；滨河景观大道全线贯通，城子沟、黑河沟、冯村沟、西峰寺沟、中门寺沟治理工程基本完工，成为民生水务示范工程。实施31项城市夜景照明工程，完成架空线入地14公里，与石景山区麻峪联合开展环境整治，取缔侯庄子非法市场。解决新城北部和物美大卖场周边交通拥堵问题，新增垃圾分类管理小区6个，通过国家卫生区复审。国家环保模范城区创建工作全面推进，工业废气、废水排放稳定达标率等指标为全市第一，加强以PM2.5为重点的大气污染治理，空气质量位居西南五区首位。

山区发展条件不断改善。京津风沙源一期工程基本完工，累计完成生态治理工程110万亩、小流域治理325平方公里，国家生态镇达到6个，市级生态村达到134个。开展碳汇造林试点。出台措施规范养殖业发展。全面开展灾后重建工程，启动水利工程建设大会战并在全市作典型发言，完成90公里水毁公路修复，实施山区3个村整体搬迁。通过重大项目带动山区发展，潭柘寺镇农民安置房全面开工，斋堂镇加快推进14个旅游项目建设，军庄镇整体规划获批，王平镇生态养老园和韭园新型农村社区试点正式开工。

基础设施建设不断加强。108国道改造一期工程基本完工，陕京三线境内31公里实现通气，阜石路快速公交正式运行。完成东辛房东街、桥西街等13条城市道路建设，担礼大桥和担下路正式通车，开工建设鲁坨路。完成门城主要大街道路及污水管线改造工程。城子水厂改扩建工程开工建设，建成三家店地区2个污水处理站，完成石泉6座换热站建设。完成中门寺110千伏输变电工程及3条高压线迁改，地区发展承载力大幅提升。

（三）坚持保障和改善民生，社会建设水平不断提高

棚户区改造全面推进。全力克服拆迁难、融资难等问题，基本完成石门营、石泉等5个地块230万平方米安置房建设，累计交付145个楼座11736套安置房，实现入住6423户。启动新棚改100万平方米安置房建设，完成5个地块规划选址工作，城子村委会、小园地块开工建设。为将棚改进行到底，利用1个月时间完成棚户区18841户房屋整体征收，签约率达到99.55%。推进棚改融资创新，采取“企业建设、政府回购”模式由中翔集团建设城子村委会地块安置房，与兴业银行、首创集团、市保障房投资中心等合作融资120亿元，李克强同志就新华社内参刊发消息《门头沟区创新融资方式推进棚户区改造》作出重要批示，对我区棚改工作给予高度肯定。

就业和社会保障工作不断加强。落实各级就业政策，5571名城镇登记失业人员实现就业，农村劳动力转移就业1296人。妥善解决了5230名“五七家属工”基本养老保障历史遗留问题。提高城乡最低生活保障标准，完成区老年福利中心一期工程，获得北京市民政工作先进区称号。低收入帮扶工作成效明显，消除低收入村13个、低收入农户5465户，获得北京市促进低收入增收工作一等奖。完善山区能源补贴机制，送气下乡范围扩大到王平镇、妙峰山镇和大台街道。住房保障力度不断加大，铅丝厂、城子西街等1030套公租房开工建设，完成冯村两限房摇号配售。永定安置房70万平方米实现封顶，东辛称、白庄子450户村民完成回迁。完成4个老旧小区综合改造和3个精品小区建设，改造面积达到62万平方米。

公共服务水平不断提升。少年宫等5项社会建设工程实现封顶。全面调整中小学布局，完成16所学校校舍翻建工程，棚改安置区域3所幼儿园和

2所小学基本竣工，大峪中学分校新址正式启用。深化教育改革，推进管理机制创新，引进京师实验小学，以政府委托办园形式引进金色摇篮、珠海大地2家优质学前教育机构。医改工作成效明显，区医院急诊综合楼投入使用，与凤凰集团合作组建区医院集团，医疗服务水平大幅提升。设立基金鼓励文化团体开展创作。完成全国第三次文物普查，出台《门头沟区民居修建手册》。成功举办第三届北京国际山地徒步大会、第二届环北京职业公路自行车赛等重大活动，地区吸引力和影响力不断增强。

社会服务管理不断创新。创新12类特殊人群服务管理，创建“六型社区”市级示范单位21个，建立政府购买社会组织服务机制。以为民服务信息平台为重点的社会服务机制初步形成，平台全年受理群众求助事项4万余件，满意率达到99%。完成第八届社区换届选举，成立龙泉、永定地区办事处。实现基本金融服务村村通。创新复退军人安置办法，圆满完成征兵任务，荣获全国双拥模范区称号。开展“做文明有礼门头沟人”全民行动，市民文明素质不断提高。提升完善人口文化公园。加强法律服务和法律援助，“阳光中途之家”投入使用。积极支持工会、共青团、妇联等群团组织开展工作，妇女儿童、民族宗教、老龄等各项事业全面进步。

社会保持安全稳定。党的十八大安保维稳十大专项行动成效显著，圆满实现“大事不出、小事也不出”的目标。在全市首创矛盾纠纷大调解工作机制，坚持领导干部包案机制，积极解决冯村、北四村、灰峪村等历史遗留问题。落实安全生产责任制，全面加强生产、食品、交通、消防等方面安全管理，开展打非治违专项行动，连续4年获得北京市安全生产先进区称号，连续13年获得北京市护林防火先进区称号。完善应急指挥体系，新增设地质灾害应急等2个指挥部，建成消防指挥中心。严厉打击各种违法犯罪行为，群众安全感显著增强，社会治安整体防控水平明显提高。

（四）坚持依法行政和改革创新，政府自身建设水平不断提高

改革创新不断深入。深化财政体制改革，部门预算、国库集中收付、财政评审等工作不断加强。完成25家国企改革任务，国有及国有控股企业资产总额同比增长40%。在创新8种融资模式基础上，成立小额贷款公司、珠江村镇银行、农业担保公司，完善京西鑫融投融资平台，门头沟区融资创新做法在全市推广交流。在全市率先完成镇级产权制度改革，农村集体经济组织产权制度改革完成98%，完成28家镇村企业改制，开展全国首个农村集体资产信托化经营管理试点工作。

依法行政全面推进。认真执行区人大及其常委会决议，自觉接受监督。支持区政协履行政治协商、民主监督和参政议政职能。主动向区人大和政协征求意见，全年办理人大代表建议74件、政协提案156件，办复率达到100%。完善重大行政决策程序，全年召开政府常务会20次、专题会390次，开展会前学法14次。政务公开工作深入推进。坚决查处违法违规用地行为，代表北京市通过国土部土地例行督察验收。成立行政复议委员会，“六五”普法顺利推进。

勤政廉政建设不断加强。与各大企业座谈150次，争取30余个市级部门到区内调研，与海淀、丰台、石景山等区合作推进环境整治及维稳工作，与京煤集团合作推动棚户区改造，广大干部在项目落地、房屋征收、抢险救灾等重大任务中经受考验，行政效能不断提高。深入开展基层民主评议活动，解决了一批群众反映强烈的难点热点问题。落实党风廉政建设责任制，深入推进廉政风险防控管理。深入开展纠风专项治理，重点解决教育收费、征地拆迁等10个方面损害群众利益的突出问题。加大执法监察、效能监察、廉政监察力度，完善行政问责机制，政府工作作风进一步改进。

各位代表，过去一年，门头沟区经济社会发展取得重大成就，成绩的取得是市委、市政府和区委正确领导的结果，是全区广大干部群众解放思想、勇于创新、埋头苦干、攻坚克难的结果，是驻区各单位和社会各界积极参与、大力支持的结果，更离不开人大代表的监督和政协委员的支持。在此，我谨代表区政府向奋战在全区各条战线上的广大干部群众，向给予政府工作大力支持的人大代表和政协委员，向驻区部队官兵和中央、市属单位致以崇高的敬意！向所有参与、关心和支持门头沟区建设的同志们、朋友们表示衷心的感谢！

在肯定成绩的同时，我们也清醒地看到，全区经济社会发展中还存在一些突出问题：一是地区转型发展压力较大，虽然经济保持了一定增速，但是总量不足、质量不高、税源不稳固的问题依然存在，招商引资项目落地速度不快，培育新的替代产业、提升经济总量还需要一个长期的奋斗过程。二是棚户区改造任务十分艰巨，融资难、拆迁难、平衡资金难等问题非常突出，必须坚定将棚改进行到底的信心和决心，千方百计、不折不扣地完成任务，实现对市政府和全区人民的承诺。三是在大规模的城市建设中，社会建设管理相对滞后，必须进一步创新社会管理服务，强化城市精细化管理，让群众生活更加便捷舒适。四是政府工作作风需要进一步改进，服务环境还需要进一步优化，解放思想和开拓创新的力度需要加大，个别干部等靠要思想和畏难情绪严重，进取精神不强，行政效能亟待提高。上述问题，我们将高度重视，采取有效措施尽快加以解决。

二、2013 年工作任务

2013 年是全面贯彻党的十八大精神的开局之年，是实施“十二五”规划的关键之年。综合当前形势，我们面临着重大发展机遇：一是党的十八大提出到2020 年实现国内生产总值和城乡居民收入“两个倍增”目标，并将生态文明建设纳入“五位一体”的总体布局，这不仅为我们加快发展提供了新动力，还充分说明门头沟区坚持以生态引领发展的做法完全符合党的十八大精神，为我们继续立足生态建设、加快转型发展提供了新机遇。二是北京市提出了建设中国特色世界城市的奋斗目标，随着促进西部地区转型发展政策的加快落实，门头沟区依托独特优势在推进世界城市建设上将大有可为。三是全区发展内在动力十分强劲，近年来地区经济高速增长、棚户区改造全面推进、一批土地收储和招商项目陆续落地，使区域发展能量不断聚集，广大干部群众发展热情空前高涨，门头沟区已具备实现新一轮快速发展的条件。但同时也面临产业转型难、土地上市难、项目落地难、资金平衡难、房屋征收难等一系列问题。总体上看，机遇大于挑战，只要我们全面贯彻落实党的十八大精神，坚持既定的发展思路和工作措施不动摇，进一步解放思想、开拓创新、凝聚力量、攻坚克难，就一定能够开创全区经济社会跨越式发展的新局面。

2013 年政府工作的总体要求是：全面贯彻党的十八大精神，以科学发展观为指导，落实中央和北京市经济工作会议精神，围绕区委关于“三个优化”的要求，进一步优化发展环境，加快培育旅游文化休闲产业，提高招商引资质量，着力提升地区经济总量；进一步优化空间布局，加快城市建设和棚户区改造步伐，加大生态建设力度，推动山区和重点镇开发，着力推进城乡一体化；进一步优化民生品质，加强社会建设，着力构建和谐社会，全力建设国家生态文明示范区，在新的起点上全面推进现代化生态新区建设。

2013 年全区经济社会发展主要预期目标是：地区生产总值增长 10%；公共财政预算收入增长6%；全社会固定资产投资增长 15%；社会消费品零售额增长 14.4%；城乡居民收入增长 10%；城镇登记失业率控制在5%以内；完成市政府下达的大气污染治理和节能减排任务。

（一）加快培育新型产业体系，不断提升区域经济总量

加快培育旅游文化休闲产业。推进以旅游产业带动区域协调发展配套改革试点，落实旅游文化休闲产业发展战略规划，编制旅游产业项目用地、古村落开发利用等专项规划。开工建设京西旅游集散中心，建设 108、109 国道旅游交通服务站，完善一批景区公厕及旅游标识。抓好永定楼运营管理，使其成为展示全区旅游文化形象的窗口。打造潭柘寺、斋堂、妙峰山、九龙山、定都峰等十大旅游风景区，提升定都峰等景区配套服务设施，推出南石洋大峡谷、杨家峪、阳坡元等一批新景区景点，推进潭戒景区创 5A 景区工作，修建东胡林人博物馆，与华林中心合作建设九龙山风景区。吸引社会资本打造旅游示范村，推进岢罗坨、石佛、秋坡 3 个村整体开发，使企业成为旅游投资经营主体，农民成为旅游开发受益主体。加强古村落、古道保护开发，完成牛角岭关城及悬空古道修复，实施国家步道一期工程。推进旅游与文化、农业、体育、科技融合发展，办好第四届北京国际山地徒步大会、旅游山会等大型活动。

提升石龙开发区发展质量。加大总部经济引进力度，实施产业孵化中心二期工程，加快建设立思辰等 8 个总部大厦，协调航天四院和市供销总社开工建设城市综合体。与市金融局合作启动上市公司产业园建设，引入一批上市公司新项目。实施智慧石龙项目，完成开发区绿化美化亮化和基础设施配套工程。实施石龙开发区扩区战略，推进五期征地工作，使开发区充分融入中关村一区十六园。全面启动浅山区开发，制定浅山区发展高端工业的空间布局、产业定位、管理模式和扶持政策，承接开发区和新城部分产业，推动精雕科技、富根电表等重点企业生产制造基地向浅山区转移，拓展发展空间，发展实体经济，稳定地区税源。

加大招商引资和项目落地力度。采取产业链招商、环境招商等模式，引进一批高端、高效产业项目。将招商重点向浅山区转移，举办浅山区招商推介会，推广妙峰山陇上工业园模式，利用废弃矿山腾退用地建设一批工业园区，积极引进占地少、无污染、附加值高的高端工业。建立区政府、职能部门、属地镇街、投资企业共促项目落地的工作格局，加快推进规划、房屋征收、土地上市等重点环节，全力帮助企业解决落地难题，确保北旅广场、物美半岛等20个重点项目开工建设。主动加强对中建、物美、世茂、京投、北控、中铁、中信、市供销总社等重点企业的服务，密切与京煤、首钢、金隅等大型企业的联系。加大对十大工业企业的扶持，鼓励民营资本参与投资建设，全面支持小微企业发展，为各类企业发展壮大创造空间。

（二）打好棚户区改造攻坚战，确保实现对群众的承诺

加快推进棚改安置房建设。将棚户区改造作为1号工程全力推进，力争实现2014年棚户区居民全部上楼。全力推进棚改安置房建设，完成石门营、石泉砖厂、黑山、中门寺、小园地块安置房建设任务，实现全年交付104栋安置房的目标。加快推进新棚改100万平方米安置房建设，做好房屋征收、资金保障等工作，确保5个地块安置房全部开工。支持配合京煤集团推动工矿棚户区改造。

全面做好安置入住工作。加快棚改安置区域市政配套设施建设，配置齐全教育、医疗、商业、车站等服务设施，完成新建小区道路、路灯、停车位等小市政建设，打造便捷舒适的新型社区。完善安置房分配审核机制，有序推进5000套安置房选房入住。完善安置社区服务管理体系，建立入住人口基础信息数据库，引导群众有序入住、规范入住、文明入住。

有效解决资金平衡难题。经测算棚户区整体改造资金将突破400亿元，必须在全区范围推动土地开发实现资金平衡。加快7平方公里腾退区域开发，制定控制性规划方案，重点推进非物质文化遗产博览园等地块开发，促进土地优化利用和资金回笼。统筹新城范围土地资源，确保城子大街等6个地块入市交易，利用土地收益平衡棚改资金。加快整合迁改新城南部地区18条高压线，尽快释放6210亩土地资源，为S1线和长安街西延线地块上市创造条件。加强与国开行、中信集团、兴业银行等机构合作，鼓励社会资本参与棚改工程。优化棚改资金使用计划，控制总体成本，加强资金管理，做到举债有度、用债有效、偿贷有道。

（三）加快新城开发建设步伐，提高地区发展承载能力

加强基础设施建设。2013年计划安排重点工程110项，其中完工36项，年度投资128亿元。完成泰安路、华园路等6条道路工程，加快推进九龙路、黑江路等4条道路工程，启动滨河路南延、黑山大街北延等6条道路工程。建设石龙公交中心站。加快推进城子水厂改扩建工程，开工建设门城水厂，启动污泥处理厂、第二再生水厂工程。开工建设城子集中供热厂、焦家坡垃圾综合处理厂。建设灰峪110千伏变电站。加快推进宽带升级、光纤入户改造等信息化基础设施建设。支持配合S1线、长安街西延等工程，争取109国道高速路立项，确保市级重点工程顺利推进。

加速城市开发改造步伐。2013年计划实施各类建设项目498项，开复工面积700万平方米。加快实施高家园改造、城子大街改造、京西俱乐部改造等项目，重点启动龙泉雾、三家店、琉璃渠地区房屋征收与改造，尽快改善旧城面貌。落实长安街沿线城市设计实施导则，推进永定地区城市综合开发及长安街12个标志性建筑、S1线两个主要站点、永定河跨河大桥建设，打造新城建设典范区域。加快推进房屋征收工作，完成棚户区改造等项目涉及的220万平方米房屋征收任务，为加速城市开发改造奠定基础。

建设生态门头沟。建立生态文明建设指标体系，落实34项指标、62项配套工程，积极创建国家生态文明示范区。实施京津风沙源治理二期工程，推进碳汇造林项目，完成平原造林任务。提升“一湖十园五水联动”景观品质，实施永定河龙泉湾治理工程，推进中门寺沟中段、冯村沟下游、西峰寺沟下游、石门营沟水环境综合治理，加强各大公园管理与维护，打造环境建设精品。继续与石景山区麻峪合作推进环境建设，实施滨水景观大道二期工程。做好群众身边的绿化美化，打造一批园林社区、景观街巷。加快创建国家环保模范城区，设立基层环保站，完成25项创建任务，重点提升空气质量、水环境质量和环保建设能力。抓好工业、交通、建筑等领域节能减排。探索生态建设投资和激励机制，研究建立碳汇交易服务体系，吸引央企等社会力量参与生态建设。加强生态文明宣传教育，倡导绿色消费，共同建设天蓝、地绿、水净的美丽家园。

推进城市精细化管理。强化政府职能部门在城市管理中的作用，探索建立职能部门与社区直接对接的管理模式。全面推进网格化社会服务管理体系建设，做强做大做实为民服务信息平台，打造以平台为核心的管理服务品牌。开展环境治理大会战，强化老旧小区、背街小巷等薄弱地区的环境整治，全面推行垃圾分类管理，加强户外广告、牌匾标识专项治理，加强夜景照明运行维护，完成水闸桥电力架空线入地工程，营造优美整洁的市容环境。强化新城交通疏导，加强重点大街及居住区停车规划与管理，优化城市公交线网，推进社区公交专线建设，提升路网通行能力。强化城市管理综合执法，与为民服务信息平台对接完善市政信息指挥平台，建设防火指挥平台、防汛指挥平台，提升城市精细化管理水平。

（四）加大统筹发展力度，推进城乡一体化发展

提高农村经济发展水平。坚持农游深度融合，以都市型现代农业、旅游文化休闲产业和高端工业为重点，推动农村经济发展。扩大山区招商引资规模，吸引更多有实力的大型企业投资山区，加快推进达摩沟海棠文化旅游区、田庄国际化沟域等一批沟域项目。抓好特色农业发展，提升优化樱桃、京白梨、薄皮核桃、黄芩等精品农产品。支持农业产业化龙头企业改造升级，提高农产品附加值。把深化农村改革作为农村经济发展的根本动力，推动集体土地流动起来、资产经营起来和农民组织起来。强化农村“三资”监管，推进10个村集体资产信托化经营管理，完成30家镇村集体企业改制，提升改造农民专业合作社。开展集体建设土地流转及置换试点，采取集体资产、土地承包经营权、山场林地经营权入股方式，培育现代农村股份合作经济。

加快农村城镇化进程。发挥重点镇在城乡一体化进程中的引领作用，尽快完善镇村规划体系，推进山区路网、水电气热、污水处理等基础设施建设，将潭柘寺、军庄地区基础设施纳入新城体系。加快潭柘寺镇整体开发，启动主干路网和配套基础设施建设，加快农民安置房建设，推动中心区土地上市。加快推进军庄葡萄酒文化产业基地项目，开工建设农民安置房，解决北四村安置问题。加快斋堂文化创意产业聚集区和旅游集散中心建设，支持中坤、北控集团参与开发。推进王平中瑞生态谷建设，加快建设生态养老园及韭园新型农村社区安置房。推动妙峰山组团生态产业项目落地，发挥在生态产业和浅山区高端工业发展中的引领作用。

大力改善农村发展条件。以国道两侧为重点，大力推进绿化美化及景观体系建设。开展农田水利工程建设大会战，完成8类防洪除险和水毁设施修复工程，提高山区防洪减灾能力。完成110公里36条农村水毁公路修复工程，建成鲁坨路，推进军温路建设。加快推进山区搬迁工程，解决14个村2595户的除险问题。完善农村基础设施长效管理机制，提升太阳能路灯、太阳能浴室等公共设施运行质量。建立违法违规用地查处长效机制，落实最严格的耕地保护制度。做好低收入农户增收帮扶工作，完成新型农村带头人培训1000人次、新型农民培养2万人次。

（五）着力改善民生和创新服务管理，提高社会建设水平

提升公共服务水平。完成少年宫等6项社会建设工程。以办好人民满意的教育为目标，继续调整中小学校布局，实施大峪一小迁建、小园小学建设工程，推进北京八中门头沟校区建设，引入人大附小京西分校。建立以提高教学质量为核心的教师激励机制，开展学校后勤管理社会化改革试点。成立区职成教育服务集团。完善医疗卫生服务体系，支持凤凰集团深化医改工作，将2家镇级卫生院纳入区医院集团，创建医改综合试验区。实施龙泉医院迁建工程，在新建社区配置卫生服务站，鼓励社会资本举办医疗机构。创建卫生应急示范区、慢性病综合防治示范区，推进“健康门头沟”建设。创建国家级可持续发展实验区，提升科技创新能力，引导科技成果向生态修复、旅游产业、农业精品化等领域转化。对教育、科技、卫生、文化等领域专业人才在住房、子女入学等方面予以支持，让人才引得来、留得住、用得好。

推进文化大发展大繁荣。加强社会主义核心价值体系建设，弘扬“北京精神”，开展引领社会文明新风尚、打造市民文明新生活主题系列活动。完善公共文化服务体系，建设斋堂、军庄文化体育活动中心，规划实施一批便民文体活动场所，建成6个体育生活化社区，在30个公园设立文化驿站，为35个社区文化室、文化广场配备设备，确保三级文化服务网络发挥作用。创新文艺作品生产机制和扶持政策，举办第七届永定河文化节等活动，大力扶持文化团体和文艺骨干，打造文化精品工程。加强对古村落、古民居、文物的保护挖掘，完成沿河城、灵水天仙圣母庙等7项文物修缮工程。出台文化创意产业相关扶持和奖励办法，加强项目储备与包装，积极与市级文化创新发展平台对接，增强文化创意产业发展活力。

做好就业和社会保障工作。投资8200万元，办好直接关系群众生活方面的41件重要实事。落实市、区两级就业政策，完善促进城乡劳动力绿色就业办法，安置就业困难人员1200名。完善社保“五险合一”工作。加快龙泉、永定地区农民征地转居步伐，通过加快发展逐步解决征地转居历史遗留问题。深化“大民政”体系建设，推动殡葬制度改革，为全区户籍人口购买自然灾害公共责任保险。完成区老年福利中心建设，与中信等大企业合作推动高端养老服务产业发展。拓展社会福利保障范围，加快慈善事业发展。加大住房保障力度，加快推进铅丝厂、城子西街、黑山、龙泉镇公租房和永定两限房建设，切实改善中低收入居民居住条件。加大山区能源问题解决力度，保障山区群众生活能源需求。

推进社会服务管理创新。加快建立政府负责、社会协同、公众参与的社会管理体制。创新社区综合治理机制，深化“六型社区”创建，加强12类特殊人群的服务管理，推动社区基本公共服务全覆盖。完善政府购买社会组织服务机制，健全公众参与社会管理机制。加强村务公开和民主管理，完成第九届村委会换届选举。完成社区用房规范化建设任务，实施2个老旧小区综合改造。规范“阳光中途之家”运行，加强人民调解、社区矫正和法律援助工作。加大统筹解决人口问题力度，稳定低生育水平。巩固全国双拥模范城“二连冠”成果，加强国防后备力量建设。扎实推进区域合作和对口支援工作，认真落实党的民族、宗教、侨务方针政策，支持工会、共青团、妇联等群团组织开展工作。

切实维护社会安全稳定。完善重大决策社会稳定风险评估机制，加强人民内部矛盾排查调处，化解信访积案。完善互联网维稳工作机制，正确引导网络舆论。落实安全生产责任制，全面加强生产、食品、药品、交通、消防等方面安全管理，保持对私挖盗采行为的高压态势，坚决遏制重大安全事故发生。提升应急处理能力，扩大救灾物资储备，加强地质灾害监控，完善防灾减灾体系。加强社会治安综合治理，建立安保维稳长效机制，充分发挥专群结合、群防群治优势，严厉打击违法犯罪活动，推进“平安门头沟”建设。

（六）着力转变政府工作作风，实现政府管理创新

着力推进依法行政。严格按照法定权限和程序行使权力，认真落实区人大及其常委会的决议决定，加强与区政协的工作沟通和协商，建立与区人大、政协经常性对接机制，每半年召开一次征求意见会，及时办理人大代表建议和政协提案。认真听取各民主党派、工商联、无党派人士及各人民团体的意见，广泛接受人民群众和新闻舆论监督。支持法院、检察院、公安分局开展执法工作，加强基层司法能力建设。坚持依法治区，模范遵守和执行各项法律法规，加强和改进行政执法，把各项工作纳入法制化轨道。推进政务公开和信息公开工作，落实行政问责制，提高政府公信力。深入推进“六五”普法工作，增强全社会知法、懂法、守法、用法意识。

推进重点领域的改革。深化部门预算和绩效改革，加强对镇街财政监管和政府投资项目管理。深化“营改增”试点改革，制定过渡性财政扶持政策。做好全国第三次经济普查工作。创新融资模式，发挥京西鑫融投融资平台作用，发行企业债，鼓励社会资本参与基础设施等重点领域建设。推进事业单位分类改革，优化事业单位岗位结构。完成10家国有企业改革工作，妥善解决历史遗留问题。

全面改进工作作风。认真学习贯彻党的十八大精神，以十八大精神指导全区各项工作。坚决落实市委、市政府和区委的决策部署，坚持把创新作为推动政府工作的主要手段，全力破解制约发展的瓶颈。贯彻党中央改进工作作风的八项规定，发扬艰苦奋斗精神，坚持勤俭办一切事业。制定全面改进政府工作作风、优化发展环境的实施意见，提高行政效能。牢固树立为民服务思想，切实提高群众工作水平。建立重激励、硬约束、严考核的绩效考核机制，强化督察督办和行政问责，力戒空谈浮躁，治理“庸懒散奢”。

加强政府廉政建设。严格执行党风廉政建设责任制和领导干部廉洁从政准则，贯彻“三重一大”决策制度，健全完善教育、制度、监督并重的惩治和预防腐败体系。贯彻落实全国审计工作会议精神，加强审计监督。深化廉政风险防控体系建设，强化对建筑工程、政府采购、资金管理等重点领域的监督检查和源头防控，严肃查处各类违法违规案件，做到干部清正、政府清廉。

各位代表，当前，门头沟区进入了快速发展时期，面临着千载难逢的发展机遇，让我们深入贯彻落实党的十八大精神，在市委、市政府和区委的正确领导下，在区人大的监督和区政协的大力支持下，凝聚全区人民的智慧和力量，抢抓机遇，埋头苦干，锐意进取，开拓创新，全面推进现代化生态新区建设，为完成全年各项目标任务、胜利实现“十二五”规划宏伟蓝图而努力奋斗！

关于门头沟区2012年国民经济和社会发展计划执行情况与2013年国民经济和社会发展计划草案的报告

——2013年1月9日在门头沟区第十五届人民代表大会第三次会议上

门头沟区发展和改革委员会

各位代表：

受区人民政府委托，现将门头沟区2012年国民经济和社会发展计划执行情况与2013年国民经济和社会发展计划草案的报告提请区第十五届人大第三次会议审议，并请各位政协委员提出意见。

一、2012年国民经济和社会发展计划执行情况

在市委、市政府和区委的正确领导下，全区上下坚持践行科学发展观，坚决贯彻落实区第十五届人大第一次会议各项决议精神，积极应对经济下行压力和“7·21”特大自然灾害带来的不利影响，全力推动稳增长、调结构、促转型、惠民生工作，经济发展质量与效益逐步提升，社会民生事业蓬勃发展，城乡环境面貌日益改善，年度主要目标和重点任务圆满完成，全区经济社会发展迈入一个新的跨越阶段。

（一）坚持加强综合调度，经济水平进一步提高

经济发展质量和效益同步提升。在全市经济增速放缓的形势下，全区认真贯彻执行各项政策措施，多措并举，全面加强经济综合调控和调度，深入挖掘经济增长点，增强经济内生增长动力。预计地区生产总值实现116亿元，同比增长12%。预计公共财政预算收入完成19.07亿元，同比增长13.1%。预计城镇居民人均可支配收入实现32381元，同比增长11%；农民人均纯收入实现15715元，同比增长12%。节能降耗成效显著，预计万元地区生产总值能耗和万元地区生产总值水耗均下降4%。

经济发展动力日趋强劲。内需拉动增长成效明显，预计固定资产投资完成190亿元，同比增长33.5%，投资增速和投资总量位于生态涵养区首位；投资结构持续优化，重点工程带动明显，社会投资比重不断加大，农村投资增势强劲；预计社会消费品零售额完成43.7亿元，同比增长15%。外需对增长的作用增强，预计外贸进出口总额达4.41亿美元，同比增长40%。招商引资效果显著，与奇瑞重工、首创集团等16家大型企业签署了合作框架协议，引进合作项目累计120余个，实际落地资金累计472亿元，长安街西延线3个地块、北旅广场、物美半岛等23个项目规划获批，华润集团综合地产开发、汇江大厦等27个项目开工建设，招商项目落地为区域发展增添崭新活力。

（二）坚持转变发展方式，产业结构进一步优化

旅游文化休闲产业蓬勃发展。积极推进国家旅游综合改革试验区创建工作，助推旅游与农业、文化、体育、科技等产业融合发展；强化旅游基础设施建设，潭柘寺、戒台寺、妙峰山三景区修缮工程加快推进，精品旅游村建设项目开发顺利；定都峰景区对外开放，阳坡元休闲旅游服务基地、妙峰山香会等文化创意产业项目稳步推进，斋堂古村落古道文化旅游产业集聚区建设不断提速；通过举办第三届国际山地徒步大会、环京自行车赛等重大活动，成功推介核心旅游资源。预计旅游综合收入实现16.8亿元，同比增长15%。

现代服务业优势不断增强。预计服务业增加值实现54.7亿元，同比增长13%，其中金融、房地产、批发零售等服务业发展较快。金融发展环境不断优化，新兴金融业态发展提速，门头沟珠江村镇银行、农投京西小贷公司、金成锦华融资担保公司、农担分公司正式成立并营业。整合优化商业资源，不断完善设施配套，有效促进商业服务发展。

工业内部结构升级加快。在全国工业经济增幅下滑的不利形势下，预计全区规模以上工业总产值完成97亿元，同比增长11%。其中现代制造业和高新技术产业分别完成产值32.7亿元和33.9亿元，同比分别增长38%和37%，建筑建材业比重加大，引领经济增长作用明显。以精雕科技为代表的高新技术企业产值增速超越传统工业增速，工业内部结构调整步伐加快。

石龙总部经济效应显现。石龙开发区投资环境不断改善，注册资本30亿元的中铁资源集团正式入驻，全年引进亿元以上企业达16家。石龙广场工程顺利竣工，东方博特、骏洋国际大厦等8个总部大厦全部开工，总部经济和高端要素承载功能进一步增强。预计开发区技工贸总收入242.2亿元，同比增长21.8%。

都市型现代农业为特征的沟域经济呈现发展活力。积极引入优质资源加快示范沟域建设步伐，玫瑰谷建设与世茂集团合作取得积极进展，中瑞生态谷完成概念规划，达摩沟域海棠文化旅游区、南石洋大峡谷森林公园等项目顺利推进。着力推进农业结构调整，促进区域农业科技成果转化，建立樱桃和京白梨技术示范基地，加大对黄芩、食用菌等产业扶持力度，大力发展果蜂产业，特色农林业初具规模。预计农林牧渔业总产值5.2亿元，同比增长4%。

（三）坚持推进城乡建设，生态品质进一步提升

现代化生态新城建设加快完善。加快构建完善的路网交通框架体系，门支路三期等13条城市道路基本完工，积极推进长安街西延线、S1线等重大项目。三家店污水处理站正式运行，城子水厂改扩建项目进展顺利。高压线迁改工程已与北京电力公司签署施工协议，陕京三线境内31公里实现通气，北京首钢生物质能源项目具备点火条件，城子集中供热厂工程前期加快推进。房屋征收与土地收储力度进一步加大，完成棚户区、冯村、何各庄等地区房屋整体征收工作，为重大项目建设奠定坚实基础。

城乡一体化建设继续推进。重点镇建设步伐提速，潭柘寺镇整体开发项目正在加快办理土地一级开发手续，斋堂镇土地一级开发项目A地块上市挂牌，军庄镇国际葡萄酒产业园项目已完成设计国际招标工作，王平镇韭园新型农村社区试点完成控制性详细规划。山区基础设施承载力逐步提高，108国道改建工程一期基本完工，担礼大桥和担下路正式通车；优化升级农村供水设施和能源结构，国家水土保持工程和水土流失治理工程顺利实施。积极推进险村险户搬迁和新型农村社区建设，加快实施农民住宅抗震节能改造，农村生产生活条件不断改善。

城乡环境面貌日新月异。“一湖多园五水联动”的景观体系日臻完善。滨河景观大道一期全线通车，历史文化长廊正式落成，定都峰景区投入运营，永定楼公园基本完工，新城滨河森林公园正在抓紧施工，城市人均公共绿地面积突破30平方米。积极推进黑河沟等五条沟河道治理，城市水环境不断改善。实施京津风沙源治理工程，完成平原造林1590亩，大力推进地质环境综合治理等生态修复工程，全区森林覆盖率达到39%，林木绿化率达到60.9%。实施龙泉镇4个社区及棚改新入住小区垃圾分类试点。全面推进节能减排工作，淘汰老旧机动车4503辆，关停北京昊泰煤矸石砖厂和鑫海通石灰厂；设立PM2.5监测站，加大大气污染治理力度，全年二氧化氮、二氧化硫、可吸入颗粒物浓度均下降3%。全年完成大气污染防治、环境监管等31项重点工作任务，城乡环境综合整治取得明显成效，现代化生态新区品牌进一步彰显。

城市运行管理水平不断提升。通过安置房建设、山区搬迁、中小河道治理等多种措施，取得了应对“7·21”特大自然灾害的重大胜利。加强城乡基础设施长效管护机制建设，做好市政道路日常养护，加大太阳能路灯和浴室等公共设施的维护力度，实施送气下乡工程，保障设施安全运行和群众的生活需求。深化打非治违专项行动和重点行业领域专项整治，全区安全生产形势保持平稳态势。

（四）坚持实施惠民工程，社会民生进一步改善

住房保障体系加快推进。棚改定向安置房预计交付100栋住宅楼，累计达到145栋，可提供安置房约11736套；新增100万平方米棚改安置房获准正式启动。斋堂镇1号地定向安置房正式入住。铅丝厂、黑山、城子西街2号地公租房开工建设。完成冯村两限房摇号配售工作，永定镇住宅项目配建限价房、S1线11地块限价房建设进展顺利。

社会保障体系不断完善。加大城乡就业培训和公益性岗位开发，5571名城镇登记失业人员实现再就业，农村劳动力转移就业1296人，城镇登记失业率控制在4.05%。五项保险参保人数完成年度目标，城乡居民养老保险参保率达到97%以上。创新社会救助机制，建立城乡低保和五保供养标准动态调整机制，保障低保群众和五保对象基本生活。

公共服务供给全面加强。少年宫、妇幼保健院全面开工。优化教育布局，完成教育三年行动计划编制，新增幼儿园入园名额108个，军庄小学、大峪中学新疆班工程加快建设，完成16所学校校舍翻建工程。区医院急诊综合楼投入使用，区域性医疗中心功能布局逐渐完善。建设王平养老园和东辛房敬老院，新增养老床位441张；区老年福利中心建设加快推进。实施28个社区用房规范化建设项目，完成4个老旧小区综合改造和3个精品小区建设。成功举办国际山地徒步大会、永定河文化节等大型活动，开展全民体育健身活动，加强文化文物遗产的传承和保护，地区品牌影响力不断扩大。推进流动人口计生阵地建设，实施人口文化园升级改造项目。成立永定、龙泉地区办事处，加强农村社区管理。加强司法调解工作，严厉打击各类犯罪，保持社会全面和谐稳定。

（五）坚持不断深化改革，发展活力进一步释放

深化农村集体经济产权制度改革，建立全市首个农村集体资产信托经营管理试点。推进医药卫生体制改革，成立“门头沟区医院集团”。完成事业单位清理规范，加快推进重点领域事业单位分类改革。积极稳妥推进干部人事制度改革。分类推进国有企业改革，完成25家企业改制工作。深化投融资体制改革，创新融资模式，鑫融公司重组改制工作顺利启动。加快做好营业税改增值税的落实工作，积极开展居民消费价格监测体系的建立与维护，及时反映价格运行趋势。2012年经济和社会发展计划执行情况总体良好，成绩来之不易。这是区委、区政府审时度势、正确领导的结果，也是全区上下攻坚克难、扎实工作的结果，是区人大充分监督支持的结果，也是区政协参政议政的结果。在肯定成绩的同时，我们也清醒地认识到，门头沟区还存在一些制约发展的瓶颈和难题：一是经济结构转型和主导产业体系培育有待进一步加强；二是部分实体经济和中小企业经营压力有待进一步缓解；三是公共服务供给方式和社会管理有待进一步改善；四是人口资源环境和城乡功能布局有待进一步优化。面对困难和压力，我们将高度重视，切实采取措施，在优化发展过程中尽快加以解决。

二、2013年国民经济和社会发展计划安排

2013年是全面贯彻落实党的十八大精神的开局之年，是实施“十二五”规划承上启下的关键一年，是紧抓首都西部转型机遇、全面建设现代化生态新区的重要之年，科学安排好2013年国民经济和社会发展计划，保持全区经济社会良好发展势头至关重要。

（一）全区经济社会发展面临的环境和条件

2013年我区保持经济平稳较快发展具有诸多有利因素。从外部环境来看，一是党的十八大提出的国内生产总值和居民收入倍增的新目标、五位一体的总体布局、城镇化健康发展的导向，以及深化改革的新动员令，为当前经济社会战略部署和全面发展指明方向；二是北京市把稳增长摆在更加重要的位置，涉及投资、消费、融资以及支持实体经济等方面的稳增长政策措施相继出台，对2013年的经济增长将形成有力支撑；三是西部地区转型发展战略的实施以及永定河绿色生态发展带行动计划的制定，全力推进生态环境、重点区域、现代产业、基础设施、民生保障等提升工程，为门头沟区带来发展契机。从内部发展来看，门头沟区近年来经济社会发展迅速，后发优势明显，2013年全社会固定资产投资计划达到219亿元，巨额投资为经济增长积蓄动力，发展势头将有望延续。

但是，全球经济增长低迷态势短期内难以改善，土地、资金、能源等支撑要素偏紧，门头沟区宏观经济发展将受到一定影响。因此，对2013年全区经济社会发展总体形势要保持清醒认识，迎难而上，积极开拓门头沟区发展新局面。

（二）发展计划安排的总体思路

2013年工作安排的总体思路：深入贯彻落实党的十八大精神，全面认真落实市委、市政府和区委工作部署，以科学发展观为指导，以提高经济发展质量和效益为中心，坚持转型发展、创新发展和跨越发展相促进，坚持稳增长与调结构、惠民生相统一，坚持经济发展与城市功能相协调，坚持发展方式与地区人口资源环境相适应，着力改善发展环境，着力优化空间布局，着力培育新的产业增长点，着力加快生态文明建设，着力抓好民生改善，确保全区经济社会平稳健康发展。

2013年工作安排的主要原则：一是强化稳定投资和项目带动，促进经济平稳较快发展；二是强化结构调整和产业培育，促进发展方式加快转变；三是强化城乡统筹和区域协调，促进新城山区协同发展；四是强化环境保护和资源节约，促进绿色生态文明进步；五是强化以人为本和改善民生，促进和谐社会积极构建。

（三）2013年经济社会发展主要目标

——地区生产总值增长10%；

——公共财政预算收入增长6%；

——固定资产投资增长15%；

——社会消费品零售额增长14.4%；

——城镇居民人均可支配收入和农民人均纯收入增长10%；

——城镇登记失业率控制在5%以内；

——户籍人口自然增长率控制在4.5‰以内；

——单位地区生产总值能耗下降2.5%；

——大气主要污染物浓度下降完成市下达指标；

——居民消费价格指数好于全市平均水平。

三、实现2013年国民经济和社会发展计划的主要措施

紧紧围绕建设现代化生态新区目标，重点从以下六个方面切实开展工作：

（一）着力培育产业聚集优势，切实加快转型发展

全面推进产业转型加速升级，进一步优化经济结构，形成以旅游文化休闲产业为主导，以高新技术产业、健康养老产业、文化创意产业、现代服务业和都市型现代农业等为多点支撑的产业发展格局，实现经济持续发展。

以做强为核心，大力发展旅游文化休闲产业。落实旅游文化休闲产业发展战略规划，适应旅游需求新变化，打造集产业聚集、资源整合、辐射带动等功能于一体的区域旅游综合体，2013年力争实现旅游综合收入增长12%。完善旅游基础设施建设，实施国家步道一期工程，加快精品旅游村建设，整合“吃住行游购娱”等要素，建设精品连锁乡村酒店试点，扩大旅游综合服务；深入挖掘历史文化资源，实施文化创新驱动战略，促进文化创意产业与旅游业融合发展，积极争取市文化创新发展资金，支持斋堂镇和潭柘寺镇文化旅游产业基地等项目建设，着力打造驻场演出；围绕国际山地徒步大会、旅游山会、国际旅游文化节等重大活动，推介精品旅游资源；强化旅游产业项目的专项招商引资工作，以大企业、大项目带动区域旅游全面发展壮大。

以做实为导向，推动工业结构优化升级。加快石龙开发区转型步伐，将置换出的资源优先发展总部经济，重点吸引高端优质大型企业落户园区，加快建设总部大厦，充分利用中关村科技园区政策，促进总部特色化聚集。积极争取市级重大科技成果转化资金，大力引进一批低能耗、无污染、高产能的高端制造企业和信息化企业，发展浅山区新一代信息技术、生物医药、节能环保等高新技术产业，建设陇上工业园区和再生资源利用示范园区，拓展工业发展空间，做大做实实体经济。

以做大为目标，加快发展现代服务业。培育区域特色品牌，加快推进金春百货、果品公司等改造项目，扶植优势企业和农副产品争创品牌；释放潜在消费需求，落实家具以旧换新等促销政策，科学规划商业网点布局，不断完善棚改社区和新建社区便民设施建设，带动便民消费；整合分散商业资源，以大型社区中心为主导，辐射周边小型社区，把小白楼、丽景长安等区域打造成为特色高端消费商圈；探索商业发展新模式，加快引进现代物流业和电子商务。大力发展中信养老园等健康养老产业。加快聚集小贷公司和担保公司等新型金融机构，积极促进金融业发展。

以做优为要求，提升都市型现代农业为特征的沟域经济发展水平。创新农业生产经营体制机制，着力培养新型经营主体，引导一般农户提高集约化、专业化水平，扶持联户经营、专业大户、家庭农场，打造黄芩、食用菌等示范基地，提高农业、农产品的附加值。整合山水旅游资源，实施京白梨产业基地、王平镇樱桃风情创意文化园等项目，打造农游融合特色产业。大力推动重点沟域建设，按照山区全域景区化目标，充分吸引社会资本，加快玫瑰谷、中瑞生态谷等项目建设，推动达摩沟域海棠文化旅游区、雁翅镇田庄国际化沟域、王平镇创意风情园、妙峰奇石、龙泉镇麦子峪和永定镇北岭沟生态旅游项目建设，打造特色精品旅游沟域发展带。

（二）着力发挥投资引领作用，切实增强发展动力

坚持把投入创新作为推动发展的强大动力，着力推进重点项目建设，加强资源要素整合，创新融资手段，不断提升发展后劲。

统筹安排固定资产投资。充分发挥投资对经济和社会发展的拉动作用，继续保持投资规模、增速稳步提升。一是积极扩大社会投资，优化投资结构，2013年全社会固定资产投资计划安排219亿元，同比增长15%；二是要发挥重大项目带动作用，安排重点工程110项，年度投资128亿元，重

点保障基础设施、生态环境、民生改善、产业发展等领域投资；三是将社会投资作为扩大投资的重要抓手，积极引导社会资本参与各项领域工程建设；四是要加强精细化管理，把握好工程投资时序，健全项目管理调度机制，做好项目稽查，确保各项工程顺利推进；五是协调推进新城南部高压线迁改，对高压输电网络进行科学规划，整合架空走廊，释放土地资源，加大土地储备力度，推动土地入市，为永定地区土地一级开发、雅枫国际酒店和中航国际总部基地等重点项目的顺利实施提供保障。

深化招商引资工作。创新招商引资方式，围绕浅山区高端工业招商。主动加强与中建、京投、北控等企业合作，缩短相关手续的办理时限，营造一流投资环境；加快构建招商引资网络信息平台，努力引进一批科技含量高、发展潜力大、带动能力强的优质企业和优质项目。

创新融资发展模式。构建多层次、多元化、互为补充的融资体系，破解区内资金瓶颈难题。重组改制鑫融公司，搭建新型投融资平台，注入区域内可经营性的优良资产，增加融资平台的经营性现金流，政府投资实行拨改投试点，增加平台的资本金，放大财政资金的引导作用，在政府控股的前提下，尝试将多种社会资金入股融资平台，拓展融资渠道。打造上市公司产业园，鼓励和支持区内企业上市融资，更好地利用资本市场加快发展。推动组合金融发展，综合运用信贷、证券、保险、担保等开展融资，助推实体经济发展。

（三）着力加大城乡统筹力度，切实推动协调发展

围绕建设现代化滨水山城的目标，完善城乡功能配套，统筹新城、重点镇和新农村建设，构建城乡协调发展新格局。

提升城市重点区域建设水平。高标准规划建设新城区，优化永定滨水商务区、门城生态商务区、龙泉休闲商务区、三家店旅游文化休闲区四个高端功能区布局，重点实施城子大街国有资产升级改造、物美半岛、北旅广场等开发项目，加快启动小白楼、高家园、河滩小商品市场等项目建设，借助长安街西延线、S1 线和首钢搬迁机遇，引进 12 个标志性建筑，建设现代化城市景观。

加快城市基础设施建设。协调推进市级重点工程建设，全力支持 S1 线、长安街西延线门头沟段、陕京三线等项目建设。加大城市交通基础设施规划研究力度，构建外部衔接、内部循环的城乡路网和公共交通体系。实施石龙公交中心站工程，推进阜石路快速公交顺利运行，加快滨河路南延一期、黑山大街北延、泰安路、华园路等市政道路工程建设。提升资源能源供给保障水平，抓好城子水厂改扩建、门城水厂一期工程，推动城子集中供热工程建设；做好天然气入户工作，实施灰峪 110KV 输变电工程，不断提升城市基础设施承载能力。

积极稳妥推进城镇化建设。围绕实现城镇化的目标，探索研究人口聚集、土地流转、产业布局、基础设施等方面的实现路径，在永定、龙泉地区有序推进农业转移人口市民化。充分利用小城镇专项建设基金，深化“一镇一企”发展模式，全面推进镇域开发，逐步构建梯次合理、层次分明、相互支撑的城镇发展空间格局。推进山区路网、水网、热网等基础设施建设。打通山区联络线，完成鲁坨路建设，加快 109 国道、双大路二期、三军路、军温路等关键道路前期手续办理。重点支持潭柘寺镇集中供热、供水、路网工程建设；支持斋堂镇集中供热、文体中心工程建设；支持军庄镇变电站、文体中心和安置房项目建设；支持王平镇韭园新型农村社区和棚改安置房工程建设；支持大台地区供水和垃圾处理等基础设施工程建设。全面开展山区搬迁和农民安置房建设工作，整合险村搬迁、农民住宅抗震节能改造等专项资金，进行村庄基础设施整体改造。加强对太阳能路灯、浴室和公共厕所等公共设施的运行管理，不断提高城镇化质量。

（四）着力推进生态文明建设，切实提升环境质量

将生态文明建设摆在更加重要的位置，全面推进城乡环境提升工程，不断改善城乡环境面貌，优化生态环境质量，全力打造“美丽门头沟”。

持续提高绿色发展水平。坚持生态立区，不断提升生态休闲功能。进一步完善“一湖多园五水联动”景观体系，完成新城滨河森林公园建设，加快实施滨水景观大道二期和门城滨水公园工程，营造我区独特的绿色文化氛围。全面开展绿化造林和林木抚育，实施平原造林、京津风沙源治理、地质环境治理和矿业环境治理等生态治理工程。持续改善水环境品质，加快实施今冬明春水利工程、永定河龙泉湾治理工程、中小河道治理及小流域修复工程。提高垃圾资源利用水平，在新入住小区全面推行垃圾分类管理，开工建设鲁家山固废资源化利用示范基地。建立生态文明建设指标体系，推动环境质量持续改善，完成 25 项生态环境创建工程，加快创建国家生态文明示范区和国家环保模范城区。

严格落实节能减排工作。依据生态涵养区的功能定位，坚持可持续发展战略，统筹兼顾经济社会发展与节能减排的关系，加快形成“内涵促降、系统促降”的绿色发展新格局。积极推进产业结构调整，完成既有建筑节能改造和节能在线监测平台建设，依靠技术进步，鼓励推广使用节能型设备和产品，加快淘汰高耗能的生产设备和工艺；加快组建区节能监察工作执法队伍，制定切实可行的节能降耗管理制度及节能降耗指标奖惩考核制度，促进节约型社会建设；制定2013年度总量减排工作计划，确保完成污染物总量减排任务；拆除供热范围内散煤锅炉，完成城子地区燃气锅炉房和龙泉镇3家煤矸石砖厂生产线的关闭工作；加强重点污染源和机动车尾气排放监管，以控制PM2.5为重点，加大环境监察监测力度；研究建立循环经济和碳汇交易等生态服务体系，将生态优势转化为发展优势。

（五）着力加强和谐社会建设，切实增强民生品质

把保障和改善民生作为一切工作的出发点和落脚点，坚持以人为本，创新社会管理，健康有序推进和谐社会的构建。

全面加快保障性住房建设。在确保质量、安全的前提下，全面加快施工进度，加快推进黑山、中门寺、小园三个安置房地块的建设，实现石门营、石泉两个地块住宅楼交付使用，力争实现230万平方米安置房全面竣工；加快建设中小学、幼儿园、派出所等社会事业项目，建设配套齐全的棚改安置房小区；积极推进新建100万平方米棚改安置房建设。推进铅丝厂等公共租赁住房项目建设进度，做好永定镇住宅项目配建两限房配售工作，构建多层次的住房保障和供应体系。

稳步提升社会保障水平。贯彻实施《门头沟区促进城乡劳动力绿色就业办法》，推动城乡充分就业；加强职业培训，发挥创业带动就业功能。开展农民培训，做好低收入农户帮扶工作，促进农民就业增收。深入推进社保体系建设，扎实做好各类群体参保工作，力争实现“人群全覆盖”。健全社会救助政策体系和社会化养老服务体系，加快区老年福利中心工程建设，推进适度普惠社会福利制度建设。

提高公共服务供给水平。优先发展教育，实施三年教育行动计划，开工建设小园小学、大峪一小迁建工程，促进优质教育资源均等化。不断提高公共医疗卫生保障水平，加快建设妇幼保健院、计划生育健康技术服务中心，重点推进龙泉医院、门矿医院和阜外心血管病研究中心前期工作。继续举办第四届徒步大会、山地骑行等体育赛事，建设6个体育生活化社区，推广全民健身工程。着力建设惠及广大群众的基础性公共文化设施和特色文化活动场地，保护文化文物遗产，策划一批文化创意精品项目，不断提升地区文化品牌影响力。

加强和创新社会管理。推进网格化社会服务管理体系建设，不断提升为民服务信息平台服务能力。探索建立重大项目人口影响评估机制。加大政府购买社会组织服务力度。进一步完善政策体系，推进十二类特殊人群的服务管理。加强“六型”社区创建，开展社区基本公共服务全覆盖和“一刻钟社区服务圈”建设工作。继续实施老旧小区综合改造工程，第三批社区用房规范化建设工程，基层法庭、派出所、消防站等社会项目建设工程，全面提升社会管理的基础条件。

（六）着力深入推进改革攻坚，切实破解发展瓶颈

加快推进全区重点改革和创新工作，为全区经济社会发展拓展空间和积蓄能量。积极申请创立医改综合试验区，深化医疗体制改革。进一步推广农村集体资产信托化经营管理试点，激发农村发展活力，增加农民收入。深化国企改革，完成10家企业改革任务。积极推进财政体制改革，做好营业税改征增值税试点改革。加强领导干部队伍建设，转变政府职能，优化政务环境，开展廉政风险防控系统建设试点工作。不断完善价格监测预警长效机制，提高区域消费价格监测反应能力。

各位代表，2013年是推动现代化生态新区建设迈向更高水平的战略机遇期，我们要在区委的领导下，在区人大和区政协的监督支持下，全面贯彻党的十八大精神，以科学发展观为指导，抢抓机遇，开拓创新，振奋精神，攻坚克难，为开创跨越式发展新局面而努力奋斗！

关于门头沟区2012年预算执行情况和2013年预算（草案）的报告

——2013年1月9日在门头沟区第十五届人民代表大会第三次会议上

门头沟区财政局

各位代表：

受区人民政府委托，现将门头沟区2012年预算执行情况和2013年预算草案的报告提请区第十五届人大第三次会议审议，并请区政协各位委员提出意见。

一、2012年预算执行情况

2012年，在市委、市政府和区委的正确领导下，全区各部门认真贯彻落实区委做出的重大决策和工作部署，严格执行区十五届人大一次会议批准的预算及相关决议，紧紧围绕科学发展的主题和加快转变发展方式的主线，依法组织财政收入，优化财政支出结构，全力保障我区经济社会领域重点支出，财政收支执行情况良好，顺利完成了全年预算任务。

（一）收入预算执行情况

2012年全区公共财政预算收入完成19.07亿元，同比增长13.1%，完成年度预算的108%，实现超收1.42亿元。其中，税收收入完成17.2亿元，同比增长10.5%；非税收入完成1.87亿元，同比增长44.8%。在区域经济快速发展的有力推动下，门头沟区积极应对经济环境下行压力加大、结构性减税以及地区产业结构转型等因素的影响，大力加强地区财源建设，公共财政收入实现了持续稳定增长。

全区区级政府性基金收入预计完成1.92亿元，主要收入为国有土地出让收入1.48亿元。因受国家宏观调控政策和“7.21”重大自然灾害影响，区内部分土地上市进度延缓，政府性基金收入出现阶段性减收。

（二）支出预算执行情况

1. 公共财政预算执行情况

全区公共财政预算支出预计完成55.25亿元，与上一年基本持平，其中区级财力支出预计完成44.76亿元，增长3.6%，完成年度预算的113.9%。区级财力主要支出完成情况如下。

一般公共服务支出4.89亿元，增长7.7%，完成预算的127%，其中，人口与计划生育法定支出989万元，增长3.24%；

公共安全支出3.32亿元，增长14.2%，完成预算的177.7%；

教育支出6.64亿元，增长3.5%，完成预算的132%，其中，教育法定支出4.55亿元，增长3.22%；

科学技术支出2，198万元，增长1.5%，完成预算的129.6%，其中，科学技术法定支出1，310万元，增长3.23%；

文化体育与传媒支出6，245万元，增长15.9%，完成预算的112.9%，其中，文化法定支出3，220万元，增长3.21%；

社会保障和就业支出6.71亿元，增长5%，完成预算的108.8%；

医疗卫生支出2.1亿元，增长0.2%，完成预算的100.9%，其中，卫生法定支出2.05亿元，增长1.1%；

节能环保支出2.7亿元，增长10.8%，完成预算的218%；

城乡社区事务支出8.98亿元，增长26.8%，完成预算的129.1%；

农林水事务支出5.75亿元，增长4.4%，完成预算的110%，其中，农业法定支出4.06亿元，增长3.22%。

2. 政府性基金支出执行情况

全区政府性基金支出8.04亿元，其中区级政府性基金支出1.92亿元。由于基金收入预期回落，财政部门及时控制和调整了有关项目支出额度，按照基金“以收定支”的原则，基金支出安排相应减少，保证了政府性基金收支的总体平衡。

（三）全区预算收支平衡情况

2012年，全区公共财政预算收入完成19.07亿元，加市对区县体制返还、定额补助及转移支付补助收入等24.87亿元，市追加专项收入12.15亿元，上年结转本年使用收入4.67亿元，收入总计60.76亿元。全区公共财政支出预计完成55.25亿元。公共财政收支相抵，专项政策性结转下年使用5.51亿元。公共财政预算收支平衡。

区级政府性基金收入1.92亿元，加上年结余4亿元，市级专项收入4.7亿元，收入总计10.62亿元。政府性基金支出8.04亿元。基金收支相抵，专项政策性结转下年使用2.58亿元。政府性基金收支平衡。

（四）上年结余、市专项补助及预算超收使用情况

上年结余4.67亿元，其中，市追加专项结余0.85亿元，区级专项结余3.82亿元，预计全部支出。市追加专项结余0.85亿元，主要用于教育和文化发展、沟域经济发展规划、节能减排奖励、国家水土保持重点建设工程等项目；区级专项结余3.82亿元，主要用于文物抢险修缮、村庄社区化管理建设、农民运动会、农村基础设施建设及产业发展、工资调整规范等项目。

市专项补助收入预计12.15亿元，按照市专项补助规定用途安排支出，主要用于棚户区改造以及安居配套工程、老旧小区综合整治、“7.21”特大自然灾害旅游设施恢复重建、京津风沙源治理、农业综合开发土地治理等方面。

根据目前市对区县财政体制，2012年区级财力比年初预算预计超收4.64亿元，其中，体制超收3.29亿元，收入超收1.35亿元。根据《预算法》、《北京市门头沟区预算监督办法》的要求，主要用于保障农业、教育、文化、卫生等法定支出依法增长，支持城乡基础设施建设、环境综合整治等方面。超收支出安排情况将专门向人大常委会报告。

需要说明的是，上述数字是根据预算预计执行情况进行的初步汇总，在财政决算编制工作完成后，还会有所调整，届时再向区人大常委会报告。

二、2012年预算执行效果

按照区第十五届人大第一次会议有关决议的要求，财政部门坚持依法理财、科学理财、民主理财，不断强化财政管理规范，提高财政资金使用效益，支持推动区域经济社会发展，各项工作取得了新的进展。

（一）财政持续增收格局进一步稳固

产业增长格局初步显现。2012年，全区公共财政收入完成19.07亿元，同比增长13.1%，收入规模达到历史最高水平。以城市开发建设为核心的房地产业、建筑业增势良好；以商业流通体系为核心的批发零售业、租赁和商务服务业发展迅速；以优势传统产业为核心的采矿业、制造业运行平稳；以旅游文化休闲为核心的住宿餐饮业、居民服务业潜力较大。区财政收入增长的内生动力不断增强。

项目成长潜能逐步发挥。近年来，门头沟区招商引资工作取得了重大突破，中铁资源、新华水利水电等大型企业陆续入驻，梧桐苑、丽景长安、润西山等一批在地项目运营良好。落地企业和项目的税收潜能逐步显现。2012年石龙经济开发区预计完成区级财政收入10.2亿元，同比增长17.2%，占区级财政收入（不含非税）的60%，在全区经济增长中发挥了主体作用。

财政增收机制不断健全。今年以来，在克服内外环境不利影响，努力实现财政增收的工作中，全区各部门立足本职、通力合作，形成了积极有效的组收合力。石龙开发区和投资促进局进一步扩大招商质量和规模，培育新的增长点；税务部门加强对重点行业和重点企业的监控，确保应收尽收；各镇街切实提高了发展的主动性和积极性，采取有效措施涵养税源；财政部门加强非税收入管理，对财政收入增长起到重要拉动作用。

（二）财政作用经济发展方式多元化支持经济结构转型升级。提升全区投资环境水平，安排资金7，767万元用于石龙开发区环境改造，石龙广场正式落成，开发区整体面貌全面改观。培育旅游文化休闲产业，整合旅游与农业、文化、体育、科技发展资金。安排旅游专项资金2，000万元，用于全区旅游品牌宣传，旅游基础设施建设，旅游从业人员培训以及重点旅游项目规划、设计包装工作。安排资金3，756万元，用于文物修缮及安装技防设备，充分挖掘文物的文化附加值，促进文化和旅游的深度融合，使文物资源尽快转化为旅游资源和经济资源。安排资金2，000万元用于山区村落人居环境生态基础设施示范、特色农产品技术集成与示范等科技发展专项，积极推进科技旅游，促进科技成果向旅游产业等领域转化。

抓好产业扶持政策落实。积极发挥财政资金引导作用，支持企业发展壮大。落实企业发展扶持专项资金 1，895 万元，支持符合政策项目 67 个。落实商业流通发展专项资金 103 万元，主要支持郊区连锁网络建设和再生资源回收站点建设两个项目。落实中小企业贷款财政担保 1，550 万元，为符合政策要求的小微企业做好融资担保服务，着力解决小微企业“融资难、融资贵”的发展瓶颈问题。加强对企业的服务，特别是税收贡献突出和有意在我区落户发展的重点企业，通过解决企业的实际问题建立互信合作关系，帮助企业做大做强。

推进税制改革政策实施。全面落实北京市“营改增”试点改革工作部署，加强财税部门间工作协调，开展试点范围内行业企业税负增减变化的分析，评估改革初期税收结构性调整对区域经济发展带来的变革效应。积极开展过渡时期面向试点企业的政策咨询解答服务，规范财政扶持资金审核拨付工作，强化资金监管机制，充分发挥改革试点的积极示范作用。

（三）财政保障和改善民生力度加大

加快保障性安居工程建设。2012 年棚户区改造全面提速，财政部门多方式多渠道筹集调度资金，全力保障采空棚户区 2 万户居民整体征收；开展老旧小区综合治理工程，安排资金 1.9 亿元，对总面积约 62 万平米的 4 个老旧小区、3 个精品小区进行综合整治提升，对 26 个小区、18 万平米住宅楼实施节能及抗震加固改造。

维护城市运行和环境建设。加大环境整治投入力度，安排资金 1.72 亿元，推进园林绿化以及生态修复等工程建设；安排资金 1.35 亿元，重点支持门城地区主要大街及重点地区路面修复、景观大道建设以及安置房地块市政配套设施建设；安排资金 6，646 万元，用于城子沟、西峰寺沟等五条沟水环境综合治理，促进城市景观体系建设。

推进社会民生保障和改善。安排教育资金 1.2 亿元，积极推进中小学布局调整、办学条件改善及 16 所学校平房翻建工程；安排资金 7，055 万元，用于棚户区配套幼儿园新建、公办园办学条件改善及民办园经费补助，大力发展学前教育。

安排文化、体育资金 2，045 万元，主要用于举办第六届永定河文化节、第三届北京国际山地徒步大会、第二届环北京公路自行车赛等文化体育活动，全力打造文化精品品牌和国际性体育赛事活动，不断增强地区吸引力和影响力。

安排医疗卫生资金 1.47 亿元，主要用于深化医疗卫生体制改革，支持推进公立医院改革试点工作；购置更新大型医疗设备；落实困难群体医疗救助，新农合参合人员经费补助等项目，有效提升医疗医保服务水平。

安排救灾应急资金 4，609 万元，主要用于救灾物资购置，水毁道路、护坡、市政园林等基础设施修复工程，全力保障“7.21”抢险救灾和灾后重建工作。

安排社会保障和就业资金 2.19 亿元，用于支持“六型”社区创建工作，推行政府购买社会组织服务；推进十二类特殊人群全覆盖服务管理；积极落实保障和改善民生的各项政策；落实就业帮扶政策，采取多项措施改善就业环境；建成人口文化公园等项目，不断提高社会服务管理水平。

推进农业产业现代化进程。加大农村基础设施建设投入，安排资金 5，861 万元，支持雨洪利用、节水灌溉工程、防汛等项目，缓解区域水资源短缺现状，解决山区汛期安全问题；安排资金 6，783 万元，支持开展对 9 个镇 21 个村的小流域综合治理建设，进一步改善生态环境；安排资金 2，660 万元，重点用于樱桃、苹果等新品种种植，支持农业园区建设、农产品加工基地建设，加大沟域经济建设投入，促进全区农业生产可持续发展。

（四）财政科学化精细化管理有序推进

完善部门预算和国库集中收付制度。细化公共财政预算编制，进一步完善项目库建设，严格控制“三公经费”等一般性支出，有效降低行政运行成本。在做好区本级预算的基础上，指导镇街预算编制，并向村级预算管理延伸。继续深化国库集中收付改革，完善预算执行动态监控系统，切实加强财政资金安全管理；积极做好行政单位公务卡管理模式转换，并加强监督检查；落实非税收入收缴方式改革，规范非税收入管理运行。加快部门预决算信息公开步伐，将 2011 年公开的 12 家单位增加至 29 家。

强化财政投资评审和支出绩效评价。加强财政投资评审工作，规范政府投资建设项目的管理。2012 年，区财政投资评审中心预计完成委托项目 193 项 247 个分项，总报审金额 5.89 亿元，审定 5.14 亿元，审减 7，500 万元，审减率 12.73%，有效节约了财政资金。做好项目支出绩效评价工作，组织了对 12 个部门 15 个项目的绩效评价，评价资金总量 15.46 亿元。前移预算绩效管理关口，规范绩效目标填报，要求预算单位设立并提交 2013 年项目支出预算绩效目标；选取 6 个项目，探索开展 2013 年部门预算事前绩效评估，提高项目预算编制的透明性和公开性，以及财政资金分配的科学性和公正性。

加快政府采购信息化建设和国有资产管理改革。推进政府采购信息化建设，建立了采购计划、执行、监督等各个环节的电子化管理，有效推进了政府采购改革进程。2012 年，门头沟区预计完成采购预算 3.72 亿元，实际采购金额 3.62 亿元，同比增长 22.7%，节约资金 1，000 万元。推进行政事业单位国有资产管理改革，完善实物库管理制度，充分发挥存量资产使用效益，节约财政资金；做好处置资产进场交易工作，保障资产处置公开、公平、公正；推进资产管理与预算管理相结合，完善资产动态管理系统，为部门预算提供准确数据；开展了行政事业单位国有资产清查工作，对批准核销的不良债权、实物资产损失等加强管理。

2012 年，门头沟区财政收入实现了高基数上的稳增长，总体运行态势良好；财政支出结构不断优化，全区重点事项得到有力保障；财政改革不断推进，财政工作取得新的进展。但同时仍有一些问题需要引起关注：一是财政支撑发展方式需进一步优化，在经济发展方式转变过程中，财政资金的保障范围需要进一步合理划分，财政扶持政策需要进一步梳理和整合，财政投入方式需要进一步创新；二是财政统筹机制需进一步完善，支出结构固化、投入相对分散等问题仍然存在，需进一步加强政策统筹和资金统筹，发挥大额专项资金的作用，提高财政资金产出效益；三是发展规划与预算安排需进一步衔接，目前预算编制主要着眼于当年财政收支安排，年度预算与经济周期联系紧密度不够，应考虑经济社会发展的连续性，探索逐步建立中长期财政综合预算。对于这些问题，我们需进一步深化财政改革，认真加以研究解决。

三、2013 年预算草案

根据《北京市财政局关于做好 2013 年区县预算编制工作的通知》（京财预【2012】2453 号）的要求，我区按照“统筹优化、突出重点”的原则积极稳妥地安排收支预算，构建“发展型”财政支撑体系，努力提高公共财政科学化、精细化管理水平，使财政资金运行与地区经济社会发展相适应，努力为区域经济社会转型发展、创新发展和跨越式发展提供坚实有力的财力保障。

（一）收入预算安排情况

近年来，门头沟区紧抓加快首都西部发展的机遇，区域综合竞争能力和城市综合服务功能有效提升，经济增长内生动力不断增强，产业转型发展的积极要素持续释放，主要表现在：区域主导产业不断深化拓展；重点企业发展态势良好；棚户区改造等重点工程投资带动相关产业发展作用明显；社会建设整体水平提升促进综合服务业发展；石龙开发区在发展总部经济中加快转型。这些因素有力支撑区财政收入实现持续稳定增长。

与此同时，2013 年经济增长阶段转换的特征更加明显，经济运行仍处于寻求新平衡的过程中，不确定、不稳定性依然存在。营业税改征增值税等结构性减税政策的减收影响将在 2013 年集中显现。受北京市土地政策调整影响，土地收益区级分成缩减，增加了建设资金平衡难度。综合上述分析，全区 2013 年收入预算安排如下。

2013 年门头沟区公共财政收入预算安排 20.1 亿元，增长 6%。其中：税收收入 17.8 亿元，增长 5.58%；非税收入 2.3 亿元，增长 9.52%。

政府性基金收入预算安排 13.36 亿元，其中土地出让收入安排 13 亿元，占基金收入的 97.3%。

（二）支出预算安排情况

2013 年是门头沟区加快实施“十二五”规划的关键之年，经济社会发展进入新的阶段，对财政保障提出了更高要求。

在支出预算安排上，一是保证教科文卫计生农业等法定科目实现依法增长，推进基本公共服务均等化发展；二是支持棚户区改造等重点工程项目顺利实施，推进城市及生态环境建设；三是统筹经济结构调整资金的使用，推动旅游文化休闲产业、石龙开发区总部经济、浅山区高端工业共同发展的产业布局实施；四是加大社会建设和为民办实事项目资金投入，提升全区社会建设水平；五是保障党政机关全面履行职责，提升公共管理和公共服务能力。

1. 公共财政预算安排情况

2013 年，全区公共财政预算支出安排 47.91 亿元，其中，区级财力预算安排 45.79 亿元，比上年预算增长 16.5%。区级财力主要支出安排情况如下。

一般公共服务支出 4.7 亿元，增长 21.9%，其中，人口与计划生育法定支出 1，058 万元，增长 6.5%；

公共安全支出 2.05 亿元，增长 9.8%；

教育支出 5.42 亿元，增长 7.7%，其中，教育法定支出 4.76 亿元，增长 6.4%；

科学技术支出 1，746 万元，增长 3%，其中，科学技术法定支出 1，429 万元，增长 6.5%；

文化体育与传媒支出6，084万元，增长10%，其中，文化法定支出3，139万元，增长6.6%；

社会保障和就业支出7.13亿元，增长15.6%；

医疗卫生支出2.29亿元，增长9.3%，其中，卫生法定支出2.22亿元，增长8.8%；

节能环保支出9，292万元，增长37.3%；

城乡社区事务支出7.42亿元，增长6.7%；

农林水事务支出5.89亿元，增长12.5%，其中，农业法定支出4.1亿元，增长6.5%。

2. 政府性基金安排情况

全区政府性基金支出安排13.44亿元，其中，区本级支出13.36亿元。

（三）收支预算平衡情况

2013年全区地方公共财政预算收入安排20.1亿元，加市体制补助25.69亿元，市专项提前告知2.12亿元，收入总计47.91亿元。公共财政预算支出安排47.91亿元。公共财政预算安排收支平衡。

2013年区级政府性基金收入13.36亿元，市专项提前告知0.08亿元，全区政府性基金收入总计13.44亿元。全区政府性基金支出安排13.44亿元。政府性基金预算安排收支平衡。

四、2013年预算执行重点工作

2013年是门头沟区转型发展的关键一年，财政部门将深入贯彻落实区委区政府各项重大决策部署，牢牢把握经济工作和财政工作的主动性，以“创新驱动发展，统筹支撑保障”为工作主题，积极发挥财政职能作用，努力做到“三个提升”，确保全年预算任务顺利完成。

——提升财力增长的可持续性。围绕全区产业结构调整和经济发展方式转变，研究经济社会发展与财政收入的内在关系，准确分析区内财政收入的结构及主要支撑点，在涵养稳固实体税源的基础上，积极培育新的增长点，实现区域财力的可持续增长。

——提升统筹机制的创新性。围绕棚户区改造等重点工程未来几年的资金需求，充分发挥财政资金的引导、乘数效应和市场机制的资源配置作用，加强财政投入政策的梳理和整合，加快构建多层次、多渠道的资金统筹体系，保证财政资金总体平衡。

——提升资金使用的绩效性。围绕经济形势发展变化、宏观调控政策走势、经济社会发展需求等动态性因素，分析把握财政资金投入的方向、重点、力度和节奏，使支出投向更加突出调控导向、民生优先、效益至上。加强绩效评价与预算编制、执行和监督的衔接，从绩效管理的角度进行政策制定和资金分配。

（一）强化区域税源精细化管理

强化地区财力增长的可持续性，通过对区域税源结构的精确分析，明确门头沟区财政收入的支撑结构体系，准确把握财政支持经济发展的着力点和作用方式。

建立财政收入预控机制。准确了解和把握国内外经济发展动态、产业行业调控政策、市场价格变动走势以及营业税改征增值税等税收改革政策对区内税源的影响。财税各部门密切联系，加强对重点产业、重点行业、重点企业的跟踪管理，建立税收监控台账。及时了解新增企业和项目的开工时间、进度、投资额以及税款缴纳情况，努力使新的经济增长点转化为地方财力增长点。

完善镇街财政管理体制。根据经济社会发展形势变化，从制度框架、体制要素、运行机制等方面对镇街财政管理体制进行完善，建立科学、规范、稳定的财力分配格局。完善激励型财政机制，调动镇街发展经济、壮大财力的积极性，在维持总体框架不变的前提下，充分考虑镇街的实际情况和区级财政的承受能力，对政策设计进行适当调整，通过调整权重、调低“门槛”、调增基数等，进一步增强机制的激励效应和财力保障作用。

（二）研究新形势下财政资金运行模式

运用顶层设计的理念，研究建立财政部门如何充分发挥职能作用，确保财政收支特别是采空棚户区改造资金平衡的管理模式，积极探索、把握财政资金配置、调度和运行的规律。

强化投融资预算管理。近年来，随着区内各项建设全面铺开，政府投融资规模不断扩大，有效弥补了公共财力的缺口，但在具体操作上尚存在进一步规划和规范的空间。做好财政投融资预算，需密切关注棚户区改造等重点工程未来几年的资金需求，多层次、多渠道统筹资金，保证财政资金总体平衡。同时，加强地方政府性债务管理制度建设，促进地方政府融资平台规范发展，防范和化解财政风险。

强化财政资金统筹使用。在预算编制过程中，注重资金整合，设立旅游文化休闲产业发展专项资金、城市运行维护专项资金、农业产业发展专项资金、社会民生发展专项资金，实现由分散决策向集中决策、分散投入向集中投入的转变。进一步界定公共财政的支出范围，充分发挥市场机制的资源配置作用，发挥财政资金的引导和乘数效应，采取政府购买服务、社会资本参与、与金融机构合作等多种模式参与地区发展建设。

（三）提升财政各项改革协整效能

按照“重点突破、系统配套、相互支撑、整体推进”的原则，加强财政各项改革的衔接，建立全面、综合、协整的管理体系。

强化投资评审与各项改革的衔接。通过事前评审提高部门预算编制工作的科学性，建立“先评审后编制”的机制，使专项支出预算、基建项目预算编制更加客观、真实、可控。通过专业性技术评审提高国库支付的有效性，建立“先评审后拨款”的机制，使投资管理趋于稳定、准确，并提高投资效益。通过多层次投资评审提高政府采购的可靠性，建立“先评审后招标”的机制，通过评审合理确定工程预算，作为政府采购的最高限价。

强化绩效评价与各项改革的衔接。扩大全过程预算绩效管理试点范围，强化部门和单位在绩效管理中的主体责任。推进项目支出事前评估试点工作，加强制度建设，提高规范化水平，积极吸引社会力量参与项目支出预算分配决策，增强预算编制的公开性、科学性。完善绩效评价指标体系和评价方式方法，强化项目执行过程中的绩效管理。研究制定评价结果应用管理办法，加大绩效评价结果问责力度，加强绩效评价与预算编制、执行和监督的衔接。

（四）创新财政内部科学管控机制

运用现代化技术整合信息资源，通过技术上的升级，构建财政综合信息管理系统。

推动财税库银横向联网。积极与税务机关、国库、商业银行沟通协商，利用信息网络技术，通过电子网络系统办理税收收入征缴入库等业务，力争实现税款征缴信息共享的缴库模式。一方面简化纳税缴库程序，方便纳税人缴税，同时加快税款入库，提高财政资金运行效率；另一方面实现信息共享，可以通过联网系统实时查询税收收入入库情况及财政收支信息，为财政收入精细化统计和分析提供依据。

构建财政综合信息系统。通过改造升级现有硬件和配置新的硬件设备，建立起高效、智能、可扩容的硬件体系。创新数据管理方式，加快推进标准一致、格式统一、互通互融的数据中心建设，建立可实现数据分析、决策支持的数据库。注重数据使用和效益产出，重点加强财政收入分析、财政支出绩效评价、财政政策评估、财政工作宏观分析，并提出财政调控经济社会发展的政策建议。推进数据信息透明和公开，认真落实政务信息公开有关条例制度，坚持积极与稳妥相结合的原则，逐步推进财政预决算数据公开工作。

2013 年是门头沟区全面贯彻落实十八大精神、实现跨越式发展的关键一年，全区财政工作将坚决执行区委各项决策部署，自觉接受区人大的法律监督和工作监督，认真汲取区政协的监督意见和建议，坚定信心、团结奋斗，把各项财政工作做实做深做细，为门头沟区经济社会又好又快发展做出新的更大的贡献！

北京市门头沟区人民代表大会常务委员会工作报告

——2013 年 1 月 10 日在北京市门头沟区第十五届人民代表大会第三次会议上

门头沟区人大常委会主任　罗　斌

各位代表：

我受北京市门头沟区第十五届人民代表大会常务委员会委托，向大会报告工作，请予审议。

2012 年工作回顾

2012 年，是全区深入贯彻科学发展观，奋力推进转型发展、创新发展和跨越式发展并取得显著成效的一年。区人大常委会在中共门头沟区委的坚强领导下，以邓小平理论、“三个代表”重要思想和科学发展观为指导，坚持党的领导、人民当家作主和依法治国的有机统一，按照区第十一次党代会的总体工作部署，紧紧围绕全区科学发展大局，依法履行各项职能，认真执行本届区人大一次会议决议，与时俱进，开拓创新，为推进全区民主政治建设、把现代化生态新区建设提高到新水平做出了积极的贡献，实现了本届人大工作的良好开局。

一年来，常委会依法行使监督权、任免权和决定权，共举行了9次会议，听取和审议了“一府两院”18个报告，其中专项工作报告6个，计划与预算报告9个，落实常委会审议意见报告3个。就召开区人民代表大会会议，批准财政预决算、预算调整、《门头沟旅游文化休闲产业发展战略规划》、《门头沟区长安街沿线城市设计实施导则》等重大事项，依法作出8项决议、决定。依法任免国家工作人员158人次，其中：区人大常委会工作机构负责人23人次，区政府组成部门主要负责人37人次，区法院工作人员40人次，区检察院工作人员16人次，区法院人民陪审员42人次。通过这些扎实有效的工作，全面完成了区十五届人大一次会议确定的各项任务。

一、突出重点，完善方式，努力增强监督工作实效

常委会认真贯彻实施《监督法》，以加强对国家权力运行的监督为重点，围绕推进全区科学发展与社会和谐，综合运用多种监督方式，加大监督力度，提升监督实效，推动了区委重要决策部署的贯彻落实，保证、支持和促进了“一府两院”依法行政和公正司法。

以推进产业转型为重点，加强经济工作监督。加快推进产业转型，进一步优化发展环境，促进城乡一体化发展，把门头沟区建设成为首都国际高端山地旅游文化度假区，是落实区域功能定位的战略性任务。常委会对此高度关注，积极推动新型产业培育和改善发展环境。一是根据区政府提请，区十五届人大二次会议听取和讨论了《门头沟旅游文化休闲产业发展战略规划》和《门头沟区长安街沿线城市设计实施导则》（以下分别简称为《战略规划》和《实施导则》），征求代表的意见和建议。在此基础上，常委会经过审议，分别作出了批准《战略规划》和《实施导则》的决定。指出制定《战略规划》和《实施导则》，是进一步优化产业布局和发展环境、加快转变经济发展方式、实现可持续发展的迫切要求；《战略规划》和《实施导则》所确立的战略定位、发展目标、空间布局、工作重点和基本原则，符合门头沟区实际，是推动全区转型发展的重要依据；要以《战略规划》和《实施导则》为龙头，精心进行整体规划和系统设计，采取有力的实施措施，迅速掀起新一轮发展热潮；要切实维护《战略规划》和《实施导则》的严肃性和权威性，努力提升区域发展的科学化水平。二是围绕农村产业结构调整和转变经济发展方式，常委会听取了区政府关于农村主导产业培育和发展情况的报告。认为通过调整旅游工作领导机制，制定专项发展规划，大力推动综合改革，稳步推进沟域经济发展，全区农村产业转型明显加快，品牌创建意识明显增强，旅游收入大幅增加。针对薄弱环节，提出了进一步凝聚思想共识，坚持规划引领；围绕发展旅游文化休闲产业，打造沟域经济；拓展农业发展内涵，推动农业、旅游业联动发展；加强基础设施建设，以城镇化带动经济发展等方面的意见和建议。三是组成专题调研组，对全区培育和发展旅游文化休闲产业情况和发挥宗教文化在经济社会发展中的作用开展了深入的调查研究，常委会审议了调研报告，分别提出了改进工作的意见和建议。

以推进绩效管理为重点，加强财政预算监督。按照《监督法》和《预算法》的规定，结合本区实际，常委会听取和审议了区政府关于计划、预算方面的9个报告和常委会调研组的1个专题调研报告，作出了4项决议。一是听取和审议了2011年财政决算报告和审计工作报告，作出了批准财政决算的决议，充分肯定了财政收入实现历史性突破、财政支出保证重点需求、预算外资金全部纳入预算管理、积极推进财政支出绩效评价等方面取得的成绩和进步，要求进一步加强财源建设，确保财政收入稳定增长；合理调配资金，确保重点工程建设顺利进行；强化绩效意识，积极推进预算绩效管理；科学编制项目计划，有效控制资金结余规模；加强审计监督，确保重点资金的稳定运行。二是听取和审议了区政府《关于调整2012年政府性基金预算的报告》，做出了批准该项调整的决议。三是听取了上半年执行年度国民经济与社会发展计划和财政预算情况的报告，既肯定全区经济规模持续扩大，招商引资成效显著，产业转型步伐加快，城乡环境日益改善，社会事业稳步推进，保持了健康平稳发展的态势，又指出经济形势复杂多变，财政收支压力显现，招商工作需要加强，项目融资存在困难；建议进一步强化机遇意识，增强经济发展后劲；破解融资瓶颈，保持投资高速增长；加大协调力度，确保重点工程顺利推进；提升管理水平，切实保障改善民生；增强绩效意识，提升资金使用效益。四是听取和审议了区政府《关于将区采空棚户区改造建设中心25亿元委托贷款还款资金纳入区财政预算的报告》和《关于将门头沟区采空棚户区改造项目首创财富融资资金纳入区财政预算的报告》，分别作出了批准将两项资金纳入财政预算的决议。认为区政府克服困难，千方百计筹集资金，保障了定向安置房建设的需要，但受国家宏观调控政策的影响，也面临融资困难的问题；指出棚改工程深受人民群众关注，事关全区发展大局，要本着尽力而为、量力而行、适度超前的原则，合理调度资金，既要保证工程进度，又要保证按期还贷付息；要进一步拓宽融资渠道，建立高效的资金运行和监管机制，不断提高资金使用效益；区政府每年要将棚改进展和资金运行情况向常委会作出专题报告。五是主任会议初步审查了区政府关于2013年国民经济与社会发展计划和财政预算编制情况的报告，为代表大会审查和批准计划、预算（草案）奠定了坚实基础。六是组成专题调研组，对推进财政预算绩效管理情况开展调查研究，探讨加强预算监督的途径和措施，提出了改进预算工作的意见和建议。

以保障改善民生为重点，加强城市建设监督。采空棚户区改造是全区最大的民生工程，常委会始终给予特别关注，持续进行跟踪监督。年中，常委会组成人员视察了石泉砖厂、中门寺、黑山和石门营棚改安置房地块及附属设施的建设情况，听取了区政府关于棚改工程进展情况的汇报，提出了各部门要树立“一盘棋”思想，加强协作，密切配合，加快节奏，提高效率，保质保量完成项目建设，让人民群众早日住上放心房的意见和建议。年末，跟踪检查了区政府落实2011年常委会关于棚改审议意见的情况，听取了区政府关于棚改资金运行情况的报告。加强城市管理，搞好综合整治，是提升城市形象、改善人居环境的一项重要工作。常委会组织调研组，对全区生活垃圾处理情况进行了专题调研，听取了区政府关于贯彻实施《北京市生活垃圾管理条例》情况的报告。认为区政府高度重视以“减量化、资源化、无害化”为目标的垃圾分类工作，加强统筹协调，实施部门联动，完善基础设施，健全管理制度，加大宣传力度，使全民的垃圾分类减量意识明显增强，城乡环境有了较大改善。针对存在问题，提出了加强城乡统筹部署，全面贯彻实施《北京市生活垃圾管理条例》；加强分类运输，杜绝混装混运；加强基础设施建设，尽快引入社会化管理等方面的意见和建议。主任会议成员视察了老旧社区的综合整治情况，组织代表视察了城市水系景观和市政市容建设，工作机构视察了农村供水设施优化升级的进展情况。跟踪检查了2011年常委会关于人口和计划生育工作、解决农村能源问题代表议案办理工作两项审议意见的落实情况。特别是解决农村能源问题的代表议案，通过连续四年跟踪督办，使农村能源工程扎实推进，运营管理工作不断加强，取得了突破性成果。

以预防职务犯罪为重点，加强司法工作监督。预防职务犯罪是加强党风廉政建设和反腐败斗争的重要内容。针对门头沟区在征地拆迁中暴露出的职务犯罪问题，常委会听取和审议了区检察院关于五年来侦查和预防职务犯罪情况的报告。认为区检察院围绕中心、服务大局，坚持以执法办案为中心，惩防并举、注重预防，建立长效工作机制，不断加大执法力度，集中查办了一批社会关注、影响较大的职务犯罪案件。尤其是通过强化对棚户区改造等重点工程的法律监督，提升了重点工程建设领域的风险防范能力，得到了社会各界的广泛认可。同时指出，当前全区所面临的反腐败形势比较严峻，检察机关要继续加大侦办和预防工作的力度，进一步突出工程建设领域的风险防控，严肃查处各类违法案件；进一步加强预防、举报和宣传工作，营造风清气正的法制环境；进一步强化执法队伍建设，提升对工程建设领域违法犯罪的侦查能力。围绕规范司法行为、强化对诉讼活动的法律监督、加强审判管理、确保司法公正等问题，常委会组织部分市、区代表与市、区两级法院、检察院进行了座谈交流；常委会工作机构听取了区法院关于开展清理党政机关执行积案专项活动的工作汇报，视察了基层法庭软硬件建设、收结案和指导人民调解工作的情况。受市人大委托，就制定和修订《北京市河湖保护管理条例》、《北京市湿地保护条例》等法律法规开展了立法调研。为了推动社区“两委”换届选举的顺利进行，常委会成立了社区“两委”换届选举工作监督小组，积极开展检查指导活动。

二、强化服务，严密组织，充分发挥代表主体作用

人大代表是国家权力机关的主体，担负着代表人民行使国家权力的神圣使命。常委会认真贯彻实施《代表法》，提高代表工作认识，完善代表工作格局，坚持代表工作制度，加强服务保障工作，积极组织和支持代表依法行使职权，较好地发挥了代表的主体作用。

努力做好代表履职的服务保障工作。以支持、规范和保证代表依法履行职务为出发点，进一步健全了区、镇、街密切协同的代表工作格局，坚持行之有效的代表工作制度，努力为代表依法履职提供周到细致的服务。积极组织全体代表学习党的十八大精神，请韩子荣书记在区十五届人大二次会议上及时为代表传达十八大盛况和重要精神，并由各代表团开展多种形式的学习贯彻活动。为了使新任代表尽快进入角色，提高连任代表的履职水平，举办了有 170 人参加的代表培训班。通过请全国人大机关的同志作专题辅导报告，联系本区人大工作实际进行座谈讨论，进一步增强代表的责任感和使命感，提高了依法履行代表职务的基本能力。坚持为代表订阅相关刊物，向代表印发相关文件资料，定期通报全区经济社会发展情况，丰富闭会期间的代表活动，努力拓展代表知情知政的广度和深度。定期召开代表联络工作会议，学习相关知识，交流工作经验，安排代表活动，有效地提高了服务保障水平和代表活动的成效。注重发挥农村人大代表小组的作用，密切代表与农民的联系，听取农民的呼声，反映农民意愿，维护农民合法权益。按照市人大的部署和安排，积极做好市人大代表依法履职的服务保障工作，邀请市人大代表参加区人大的相关活动。筹备召开了区十五届人大二次会议，选举产生了 20 名出席市十四届人民代表大会的代表。

认真组织闭会期间的代表活动。在总结以往经验的基础上，组织代表深入开展了联系群众、接待选民活动。参加接待活动的 93 名区人大代表，运用多种方式，通过多种途径，共听取了 3260 名选民的意见和建议。其中，发放调查问卷 792 份，个别走访、网上征询 1770 人次，集中接待 698 人次。共征集选民意见 420 条，其内容涉及产业转型、城市建设、“三农”工作、公共服务、民生改善等各个方面。经过归纳整理，提出闭会期间的代表建议 39 件，按照代表建议办理程序转交相关部门予以办理。以代表团为单位，组织 133 名代表开展年中集中活动，通报全区上半年执行年度国民经济与社会发展计划和财政预算的情况，并将代表提出的 58 条意见和建议向常委会会议作了专题报告。在人代会召开前夕组织代表到 61696156 为民服务信息平台解答群众问题，收集对门头沟区经济社会发展建设和民生问题的意见建议。组织城镇地区 90 名区人大代表，视察了门城湖公园、门头沟历史文化长廊、葡山公园、永定河景观大道、石门营安置房等城市景观体系建设和棚户区改造项目，代表们对城市面貌发生的巨大变化表示满意，并就加强城市精细化管理等方面提出了意见和建议。积极组织小型多样的代表活动，23 名代表旁听了法院庭审，78 名代表参与干部推荐测评、工作评议和社会监督等活动。各工作委员会开展议题调研，均积极邀请有关方面的代表参加。一年来，代表共有约 590 人次参加了闭会期间的各项活动。

切实加大对代表建议的督办力度。区十五届人大一次会议期间，代表共提出建议、批评和意见 91 件。在各方面的共同努力下，均已如期办结并答复代表，解决了一批关系科学发展和改善民生的热点难点问题，代表的满意率为 100%。其中：非常满意的 7 件，占 7.7%；满意的 78 件，占 85.7%；基本满意的 6 件，占 6.6%。为了提高办理的质量和实效，常委会加大了综合协调与重点督办的力度。一是纳入重要的议事日程，常委会先后听取了代表建议交办情况的报告和办理结果的报告。二是健全督办工作机制，进一步完善了常委会主任副主任重点督办、工作机构分类督办、代表联络室统筹督办的工作格局。常委会主任、副主任重点督办了 6 件代表建议。三是加强与承办单位的沟通协调，共同研究落实代表建议的办法和方案，促进人民群众最关心、最直接、最现实的利益问题的解决。四是结合代表接待选民、开展视察、年中和会前活动，组织代表对建议办理情况进行跟踪检查，直接听取代表的意见。各承办单位以对人民高度负责的精神，认真研究，落实责任，克服困难，积极办理，做了大量富有成效的工作。承办任务重、办理质量高的单位有：区政府办、区市政市容委、区水务局、区社会办、区城管大队、区住建委、京煤集团、区国土分局等单位和部门。

三、加强学习，改进作风，努力提高履行职责水平

区人大常委会是区人大的常设机构，肩负着宪法和法律赋予的重要职责。常委会适应新形势、新任务对人大工作的新要求，坚持正确的政治方向，继续完善工作机制，不断改进工作方式，发扬求真务实作风，努力提高自身及其机关的整体素质和履职能力。

把思想政治建设摆在突出位置。党的十八大召开后，常委会及其机关认真学习十八大文件，全面领会十八大精神，进一步提高了坚持党的领导、人民当家作主和依法治国有机统一的自觉性，增强了做好人大工作的责任感和使命感。以“充分发挥常委会职能作用，努力提高人大工作水平”为主题，举办了常委会组成人员和机关干部参加的培训班，为新一届常委会及其机关开好局、起好步奠定了基础。坚持常委会及其机关的季度理论讲座制度，各工作机构结合工作实际开展业务培训，学习人大工作理论和相关的专业知识。注重发挥人大工作的特点和优势，紧紧围绕中心、服务大局开展工作，推动全区经济社会的加快发展。坚持重大事项向区委请示报告制度，依法把党的主张和意图转化为国家意志和人民意愿，保证了区委决策部署在人大的贯彻落实。

发扬求真务实的工作作风。常委会始终把调查研究作为履行职责的必经程序和基础性工作。加大了常委会组成人员特别是主任会议成员的调研力度，采取区、镇代表联动的方式拓展调研的广度和深度，为常委会实施科学决策和民主决策奠定了坚实基础。全年共撰写调查报告26篇，其中议题调研报告17篇，专题调研报告4篇，考察报告5篇。注重发扬密切联系群众的作风，主任会议成员积极参加代表接待选民活动，分工督办代表建议，亲自批示和督办重要信访件。全年共受理信访172件次，其中来信114件次、来访30批次72人、来电28件次，做到件件有着落，事事有回音。加强了与外埠和本市各区县人大的工作交流，全年共接待全国人大、外省市人大、本市各区县人大考察、调研、座谈、交流活动70余批次，学习、借鉴了上级和兄弟单位的人大工作经验。

注重提高机关的服务保障水平。常委会认真贯彻落实区委关于积极创建“五型”机关的要求，全面加强机关的思想、业务、制度、组织和作风建设，推动工作的制度化、程序化和规范化，不断增强为常委会和人大代表服务的保障功能。各工作机构紧紧围绕常委会审议议题，密切与相关部门的沟通与协调，深入基层开展调查研究，做了大量富有成效的工作，提出了许多具有针对性和可操作性的建议，较好地发挥了参谋助手作用。注重加强和改进信息工作，扩大社会主义民主法制和人民代表大会制度的宣传，不断提高人大工作的透明度，自觉接受人民群众的监督。

切实加强对镇街人大工作指导。常委会坚持镇、街人大工作例会制度，通报常委会年度工作要点，汇报交流工作情况，学习人大工作知识，研讨基层人大工作方式方法，为开创基层人大工作新局面创造条件。加强了与镇人大的经常性联系，指导镇人大依法举行人民代表大会会议，协调解决工作中遇到的问题。讨论通过了《门头沟区人大常委会街道工作委员会工作通则》，为人大街工委履行职责、开展工作提供了制度保证。在区人大开展接待选民、视察检查活动中，镇人大和人大街工委密切配合、认真组织、周到服务，发挥了重要的服务保障作用。

各位代表，届首之年，常委会顺利完成了本届人大一次会议确定的各项任务，各方面工作实现了良好开局。这是在区委的坚强领导下，全体常委会组成人员和人大代表依法履职、辛勤工作的结果，是“一府两院”和各镇人大密切配合、共同努力的结果，也是社会各方面和广大人民群众关心支持的结果。在此，我代表区人大常委会，向各位代表和全区人民，向“一府两院”和镇街人大，向所有关心支持人大工作的同志们、朋友们，表示崇高的敬意和衷心的感谢！

面对新形势、新任务，我们也清醒地认识到，常委会的工作与宪法法律赋予的职责、区委的要求和人民的期待还有不少差距。主要是：对人大制度和人大工作特点的认识还需要不断深化，坚持和完善人民代表大会制度的责任感和使命感还有待进一步增强；对如何完善监督工作方式，加大监督工作力度，增强监督工作实效，保证国家权力依法正确行使，还需要进行深入的探索；对拓宽代表知情知政渠道，密切代表与选民的联系，充分发挥代表的主体作用，还需要进一步加大力度。对这些差距与不足，我们将认真进行研究，采取有力措施，切实加以改进。

2013年工作任务

2013年，区人大常委会要在中共门头沟区委的领导下，深入学习贯彻党的十八大精神，以邓小平理论、“三个代表”重要思想和科学发展观为指导，坚持党的领导、人民当家作主和依法治国的有机统一，按照区委十一届四次全会提出的“落实‘三个优化’，多办利民实事，全力建设国家生态文明示范区”的工作主题，紧紧围绕全区中心工作，切实履行宪法和法律赋予的职责，认真执行区十五届人大三次会议决议，开拓创新，扎实工作，努力提高工作质量和实效，为把现代化生态新区建设不断推向新水平做出新的贡献。

一、深入贯彻十八大精神，进一步统一思想和

行动

党的十八大是在中国进入全面建成小康社会决定性阶段召开的一次十分重要的会议。认真学习、深刻领会、全面贯彻大会精神，是当前和今后一个时期首要的政治任务。要在认真研读大会文件、全面把握精神实质的基础上，紧密结合人大工作实际，深刻领会关于坚持走中国特色社会主义政治发展道路的新论述，进一步增强坚持和完善人民代表大会制度的自觉性和坚定性，充分发挥人大工作特点和优势，发展更加广泛、更加充分、更加健全的人民民主；深刻领会对人大制度建设和人大工作提出的新要求，逐步健全国家权力机关的组织制度，改进和完善工作方式，依法行使监督、决定、任免等职权，进一步增强人大工作的活力和实效。全体常委会组成人员和人大代表，要始终牢记坚持和完善人民代表大会制度、推进民主法制建设的光荣使命，始终牢记全区人民的信任和重托，奋力开拓门头沟区人大工作的新局面。

二、改进和完善监督方式，进一步增强监督实效

深入贯彻实施《监督法》，进一步健全监督工作机制，拓展监督工作途径，改进监督工作方式，不断增强监督工作的针对性和实效性。着力抓住国家权力运行这个核心，紧紧围绕区委决策部署、政府着力推进和群众普遍关注的重大事项，加强法律监督和工作监督，促进“一府两院”依法行政和公正司法。

探索开展大额专项资金专题询问。强化预算绩效管理，以大额专项资金使用的绩效为切入点，组织开展大额专项资金专题询问工作，实现对大额专项资金的追踪问效，帮助和督促政府完善财政资金的管理制度，保障财政资金使用的合法、安全、有效，促进大额专项资金的决策使用与全区整体发展规划、政府职能定位协调一致。

听取和审议8个专项工作报告。围绕实施国民经济与社会发展“十二五”规划，听取和审议区政府关于实施“十二五”规划情况的中期评估报告。围绕推进生态文明建设，听取和审议区政府关于贯彻实施《北京市河湖保护管理条例》情况的报告。围绕全区重点工作和民生工程，听取区政府关于采空棚户区建设进展情况的报告。围绕推进农村改革和发展，听取和审议区政府关于农民专业合作组织发展情况的报告，听取区政府关于农产品质量安全和动植物防疫体系建设情况的报告。围绕加强文化建设，听取和审议区政府关于档案管理工作情况的报告。围绕加强社会建设，听取区政府关于医疗卫生体制改革情况的报告。听取区人民法院关于法官队伍建设工作情况的报告。

听取和审议4个计划与预决算报告。按照《监督法》和《预算法》的规定，常委会将听取和审议区政府关于2012年财政决算报告和审计工作报告，审查和批准2012年财政决算；听取区政府关于2013年上半年执行年度国民经济与社会发展计划情况的报告和执行年度财政预算情况的报告。进一步拓展对资金使用绩效的监督，积极探索对政府全口径预算决算的审查和监督。

深入开展5项工作的专题调研。围绕推进科学发展和保障改善民生的重要问题，组织专题调研组，对固定资产投入拉动经济发展、河湖保护管理工作、农民专业合作社发展、档案管理工作和法院队伍建设情况开展调研。

跟踪检查3项决议、审议意见的落实情况。2012年常委会通过了关于批准《门头沟旅游文化休闲产业发展战略规划》和《门头沟区长安街沿线城市设计实施导则》的决定，对区检察院关于预防职务犯罪情况的报告印发了审议意见。常委会将对上述3项决定、审议意见的落实情况进行跟踪检查，并审议落实审议意见情况的报告。

常委会组成人员对4项工作进行专题视察。即：河湖保护管理工作、农民专业合作社建设、学前教育和社区矫正工作。同时采取集中与分散相结合的方式，组织代表对全区旅游发展和采空棚户区改造等重点工作开展多种形式的视察检查活动。

三、加强和改进代表工作，进一步发挥代表主体作用

以保障代表依法行使职权、密切代表与人民群众联系为重点，加强和改进代表工作。进一步完善代表工作格局，健全代表工作机制，不断提高为代表依法履职服务的保障水平。充分发挥代表的桥梁纽带作用和模范带头作用，积极开展代表联系群众、接待选民和向选民述职活动，引导代表走进社区，走进镇、村，密切联系选民和群众，倾听群众呼声，贯彻区委战略部署，做好理顺情绪、化解矛盾、维护稳定、统一思想的工作，引导广大人民群众聚精会神搞建设、一心一意谋发展。增强闭会期间代表活动的监督实效，组织代表参加人大对重点工作议题的调研、执法检查和视察检查，邀请代表列席常委会会议和“一府两院”相关会议，了解区委的重大决策和区政府的重点工作完成情况，增强监督实效。进一步完善培训机制，强化代表基础培训和专题培训，促进培训工作常态化，努力提高代表履职能力。继续深化代表建议办理机制，加强人大与代表、代表与选民的沟通，使代表建议办理工作常态化，同时推进督办工作的制度化建设，完善重点督办、分类督办、统筹督办相结合的督办模式，切实提高办理工作的质量和实效。加强对各镇人大和人大街工委的指导，共同打造代表依法履职、密切联系群众的平台。指导镇街人大强化组织建设，加大对职能部门的工作监督，努力发现和培育人民满意的行业和基层先进典型，开展代表联系群众、相关评议和信息公开工作。

四、切实加强自身建设，进一步提高履职水平

始终把思想政治建设摆在首位，进一步提高用科学发展观统领人大工作的自觉性和坚定性，始终保持坚定正确的政治方向。坚持常委会及其机关专题讲座制度，深入学习人大工作理论和相关专业知识，不断提高自身素质和履职能力。自觉接受和主动争取区委的领导，努力把党的主张和意图通过法定程序转化为国家意志和全区人民的共同行动。继续完善工作机制，创新工作方式，改进工作作风，努力提高工作质量和实效。以创建“五型”机关为抓手，全面加强干部队伍建设，进一步完善工作制度，努力提高服务保障水平。加强和改进宣传报道工作，扩大民主法制宣传，增强人大工作透明度，接受代表和人民群众的监督。

各位代表，在党的十八大精神的指引下，我国已进入全面建成小康社会的决定性阶段。门头沟区按照生态涵养发展区的功能定位，科学规划城市建设，加快产业结构调整，努力实现跨越式发展，为我们展现了美好的前景。区人大及其常委会作为地方国家权力机关，担负着推进全区民主政治建设和科学发展、社会和谐的重要使命。我们要牢记党的重托和人民的期望，认真履行宪法和法律赋予的职能，努力提高履职水平和工作实效。让我们在中共门头沟区委的坚强领导下，紧密团结在以习近平为总书记的党中央周围，以更加奋发有为的精神状态，更加求真务实的工作作风，更加扎实有效的工作措施，为把门头沟区建设成为现代化生态新区做出新的更大的贡献！

北京市门头沟区人民法院工作报告

——2013年1月10日在北京市门头沟区第十五届人民代表大会第三次会议上

北京市门头沟区人民法院院长　靳学军

各位代表：

我代表门头沟区人民法院向大会报告工作，请予审议。

2012年工作情况

2012年，在区委领导、区人大及其常委会监督、区政府和社会各界支持以及上级法院指导下，区法院贯彻落实科学发展观，忠实履行宪法和法律赋予的职责，立足服务大局，坚持司法为民，充分发挥审判职能作用，为门头沟区经济社会发展提供坚强有力的司法保障。

一、发挥审判职能作用，营造和谐社会氛围

2012年，区法院受理各类案件5514件，同比增长8.97%；审结5410件，同比增长8.98%；解决争议标的额5.98亿元。

依法审理刑事案件，维护社会稳定。审结刑事案件201件，判处罪犯269人。审结抢劫、盗窃、故意伤害、醉酒驾车等影响群众生命财产安全的案件110件，判处罪犯148人。结合地区治安特点，依法严惩非法买卖爆炸物、非法盗采矿产资源的犯罪行为，判处罪犯7人；严厉打击涉及房屋征收、轨道交通建设的诈骗、贪污、受贿等犯罪活动，判处罪犯 13 人。

高效审理民商事案件，平复社会矛盾。审结民商事案件 3653 件。组织专门审判力量，稳妥处理与西六环拆迁安置、棚户区改造、冯村资产清理等相关的合同案件 1089 件，解决争议标的额 2.52 亿元。妥善处理与民生相关的案件，审结婚姻家庭纠纷 828 件、物业供暖纠纷 277 件、劳动争议案件 378 件、交通事故赔偿案件 229 件。针对人身损害赔偿案件鉴定周期长、矛盾调解难的情况，探索在立案审查阶段启动鉴定程序，通过边审查、边调解、边鉴定，缩短审理期限。针对涉公房、小产权房等不动产案件数量多、诉争利益大、矛盾复杂的情况，制定房屋不动产案件审判工作规范，统一审查标准和裁判尺度。

审慎处理行政纠纷，促进依法行政。审结行政案件 39 件，审查行政机关申请强制执行案件 7 件。针对审理中发现的行政执法薄弱环节，以制发司法审查年度报告、向区政府常务会作专题通报、为行政执法人员授课培训等形式，引导规范行政行为。

加大执行工作力度，多途径解决“执行难”。执结案件 1517 件。扎实开展清理党政机关执行积案专项活动。在区委、区政府支持下，14 件积案全部执结。丰富工作方法，完善与公安、房管、工商、银行等部门的联动机制，查询被执行人的车辆、房产、股权、存款等信息；开展集中执行和夜间执行，对恶意隐匿财产、逃避法律义务的被执行人，依法采取拘留、限制高消费、媒体曝光等措施，最大限度实现申请执行人的合法权益。在一起被执行人恶意逃避履行的案件中，通过冻结被执行人的煤炭铁路运输资质，为京煤集团下属企业挽回损失 134 万余元。稳妥执行涉重点工程项目的案件。在执行涉北旅广场国有资源整合改造项目的房屋腾退案件中，面对被执行人拿出刀具、扬言采取极端方式的情况，执行法官不惧危险，及时稳控被执行人情绪，制止过激行为，劝服 8 名被执行人在 3 小时内全部自动搬离。

二、关注区域司法需求，服务现代化生态新区建设

贯彻区第十一次党代会的工作部署，制定《关于为门头沟区现代化生态新区建设提供法律服务和司法保障的工作意见》，服务大局，能动履职。

创新开展诉前矛盾化解。针对房屋征收过程中部分群众因家庭内部纠纷不能达成补偿协议，进而影响整体征收工作进度的问题，主动前移矛盾化解防线。借助区电视台、《京西时报》、院外橱窗等宣传平台，围绕群众普遍关心的析产继承、房屋买卖等问题释法说理，帮助群众正确理解法律政策。选派业务精湛、群众工作能力强的精干力量，组建“法律服务巡回审判组”，前往潭柘寺、东辛房、城子、大峪等十余个征收工作现场，为群众提供法律咨询，为征收工作组、中介公司的人员讲解调处纠纷的法律知识。在采空棚户区房屋整体征收工作中，安排干警 510 人次参与现场法律服务，配合接待群众 4313 人次，将大量纠纷化解在诉前。区法院主动服务大局的做法被最高人民法院信息专刊和《人民法院报》头版头条刊载。

加强司法调解与人民调解、行政调解的联动。在区委政法委支持下，与区维稳办联合发布《关于建立十类纠纷诉调对接工作机制的实施意见》，构建婚姻家庭、劳动争议等类型化纠纷的联动调解平台，推动形成纠纷排查调处的整体合力。针对涉房屋征收、违章建筑拆除等行政案件，健全与行政机关的立案协调机制，促进行政机关自主化解矛盾。通过调动发挥各方力量，全年促成当事人调解、撤诉的案件比例达 62.36%，同比提升 4.65 个百分点。

优化审判机构设置和审判资源配置。主动适应区域产业布局调整，优化审判格局，努力将矛盾化解在基层、化解在初始阶段。结合沟域经济发展需要，加强在妙峰山等 6 个地区的巡回审判力度，安排法官包片，深入村镇街道、田间地头，组织现场开庭、就地调解 69 次。为促进家庭、邻里、村落和谐，加强与镇司法所、村治保主任的沟通配合，在深山区的黄塔、沿河城、田庄沟域开展“和谐无讼村落”创建活动。为服务重点小城镇，新设潭柘寺镇巡回审判点。针对门头沟区交通事故涉及外地当事人和车辆较多的情况，在区交通支队设立交通事故巡回法庭，全年接待咨询、调解百余人次。

三、提升司法为民水平，回应群众司法期待

以让当事人打一个公正、明白、便捷、受尊重的官司为工作目标，不断提升司法为民水平，回应和满足人民群众对公平正义的期待。

健全司法便民机制。建成“一站式”诉讼服务大厅，提供立案引导、材料收转、诉讼收费、法律咨询、诉前调解等服务，全年接待群众 25500 人次。对接区 61696156 为民服务平台，完善“12368”司法信息公益服务系统，使群众通过拨打电话就能了解案件审理进程。为经济确有困难的 78 名当事人依法缓、减、免交诉讼费13.08万元。针对群众不了解诉讼程序、不理解裁判结果的问题，推行“全程、全景、全员”说理式司法，通过发放指导手册、解释法律规定、提示诉讼风险、展示先例判决、公开裁判思路和理由等方式，引导群众依法维护合法权益、自觉履行法定义务。2012年，一审判决后当事人服判息诉的案件比例稳步上升，干警收到锦旗和表扬信的数量同比增加21.57%，群众对司法活动的满意度进一步提高。

推进社会管理创新。坚持未成年人审判“教育、感化、挽救”方针，继续做好未成年人轻罪犯罪记录限定性消灭工作，为9名未成年犯罪人消灭犯罪记录，帮助他们重新回归社会。在区未委会等相关单位配合下，率先在北京市建立合适成年人参与未成年人刑事审判工作制度。在一起抢劫案件中，针对未成年被告人的父母均无法到庭参加诉讼的情况，委托两位经验丰富的教师以准家长身份参与庭审和判后回访，配合进行心理疏导和抚慰，取得良好帮教效果。《人民日报》、北京电视台等20多家媒体对此进行报道。区法院未成年人审判工作获得最高人民法院和区委领导的批示肯定。在依法做好各项审判工作的同时，针对发现的物业服务、行政执法、企业管理等方面的问题，发送司法建议30份，得到被建议单位高度重视和积极回应。

深入开展法制宣传。推进“法律六进”活动，组织法官走进农村、企业、学校，为村镇干部、公司职工、学校师生、人民调解员等讲授法制课。与滨河西区、三家店东南街社区等七个基层单位建立法制共建关系，主动听取群众诉求；围绕群众关心的法律问题，组织法官进社区提供法律咨询、举办模拟法庭，邀请群众进法院旁听案件审理。开展“商事审判与中小企业面对面”、“未成年人普法宣传教育月”等主题法制活动。选取法律热点问题、典型案例故事、特色工作机制、优秀法官事迹，联合新闻媒体开办法制专栏、录制专题节目。全年组织普法活动93次，录制电视、电台法制节目550次，在中央和省市级媒体发表宣传稿件1043篇。

四、加强队伍建设，不断提高队伍综合素质

积极适应审判工作的新要求和队伍结构的新变化，坚持“抓党建、带队建、促审判”，打造忠诚、为民、公正、廉洁的法官队伍。

深入学习、宣传、贯彻党的十八大精神。结合门头沟区解放思想大讨论活动，科学制定学习计划，分阶段、分层次深入开展对十八大精神和新党章的学习教育活动。通过认真研读、深刻领会十八大精神内涵，加强理论教育，凝聚思想共识，引导干警保持忠诚的政治本色、树立正确的司法理念，准确把握我区发展的阶段性特征，做到用十八大精神指导实践、推动工作。

发挥典型示范引领作用。加强对调解率等15项重点审判指标的考核，逐月通报数据排名，引导干警创先争优、提升审判质效。建立“巡回审判”、“护航发展”等17个司法职能型党小组，开展“传承争创精神、学习身边榜样”等主题教育活动。安辉同志被授予“北京青年五四奖章”，张岭、韩晓飞同志被评为北京市法院“双优法官”，未成年人案件审判庭和行政庭联合党支部被评为北京市“创先争优先进基层党组织”，另有52名同志、24个集体获得区级以上表彰或奖励。

加大人才培养力度。制定《审判（执行）人才培养五年规划》，科学规划人才培养。开展“爱门法、爱家乡”系列活动，举办区情讲座，组织干警走访区内重点企业和历史文化名村，提高干警把握区情民意的能力。围绕新修订的刑事诉讼法和民事诉讼法，开展专题培训、邀请专家讲课、组织法官讲坛68次，提高干警的司法能力。

五、自觉接受监督，提高司法公信力

强化接受监督的意识，努力改进工作，推进司法公开，让司法权在阳光下运行。

主动接受人大监督。配合区人大常委会开展人民法庭专项视察，举办人大监督联络活动20次，邀请代表观摩庭审、监督执行、评查案件124人次。认真研究代表提出的加强诉前调解、加大普法力度等意见建议，不断改进工作。

依法接受检察监督。加强与区检察院的信息联络、工作沟通，主动邀请检察机关列席审委会、监督庭审。

广泛接受社会监督。选聘66名人民陪审员，成立人民陪审员管理办公室，邀请陪审员参与诉前调解、现场勘察以及庭审、执行、信访等工作。普通程序案件陪审员参审比例达99.8%，全市排名第一。与区司法局签订《关于建立规范法官与律师相互关系工作机制的意见》，在区人大和区政协支持下，聘请20名特邀监督员，主动听取对法院工作的意见建议。落实司法公开，定期召开新闻发布会，全年举办法院开放日4次，开展庭审网络直播108次。

各位代表，2012年，在区委领导、区人大及其常委会监督、区政府和社会各界支持下，区法院各项工作取得新进展，制约审判工作发展的办公办案条件问题也在得到改善。在此，我代表区法院，向关心、支持法院工作的人大代表、政协委员和社会各界表示衷心感谢。

审视一年工作，还存在以下问题和困难。第一，法院平衡利益、服判息诉的难度不断加大。随着转型发展进程加快，家庭成员之间、个人与集体之间因利益分配引发的矛盾增多，冲突激烈。法院在审理与房屋征收相关的房屋买卖、析产继承纠纷，与农村土地开发相关的涉农纠纷等案件过程中，统筹各方利益、平复矛盾的压力很大。第二，新修订的刑事诉讼法和民事诉讼法对法院工作提出更高要求。刑事诉讼法确立非法证据排除、强制证人出庭等规则，法院证据裁判的标准更加严格。民事诉讼法新设一审终审的小额诉讼等多项制度，法官需要在工作理念、工作方法上作出相应调整。第三，队伍保障问题应引起关注。2012 年法官人均结案数大幅增加，部分法官结案超过 320 件，意味着平均每个工作日必须审结 1.3 个案件。巨大的工作压力以及激励措施的相对不足，影响队伍稳定。

2013 年工作思路

党的十八大报告从推进公正司法、深化司法改革、完善司法公开、加强司法公信、强化司法基本保障等方面对法院工作提出新的要求。这些内容是法治建设的重点，也是法院工作的重点。2013 年，区法院将全面贯彻落实党的十八大和市、区第十一次党代会精神，围绕“三个优化”和建设国家生态文明示范区、加快推进现代化生态新区建设的工作目标，优化审判格局，规范司法行为，改进司法作风，提高司法能力，全面推进各项工作。

一、进一步优化审判格局，发挥职能作用，服务发展大局

围绕门头沟区发展规划，加快潭柘寺法庭以及各旅游景区、沟域经济发展带巡回审判点的建设，继续做好涉及重点建设项目的各项审判、执行工作。依法严惩破坏生态环境资源的犯罪，妥善处理与经济转型、民生保护等相关的民商事案件，推进行政首长出庭应诉制度，健全反规避执行和涉诉信访化解长效机制；完善类型化纠纷联动调解工作体系，健全特邀调解和行政案件协调解决机制，强化对人民调解的指导，规范调解协议司法确认程序；继续开展“法律六进”，通过以案说法、法官讲法，增强群众尊法、守法、用法意识，推动形成办事依法、遇事找法、解决问题用法、化解矛盾靠法的良好法治环境。

二、进一步规范司法行为，加强审判管理，维护社会公平正义

强化审判管理和内部监督，规范立案、庭审、合议、宣判、执行以及立卷归档等各环节工作，全面开展庭审和裁判文书“两评查”活动，切实做到依法律、依程序、依证据办案，保证有法必依、执法必严、违法必究。围绕新修订的刑事诉讼法和民事诉讼法，健全相关工作制度，深化说理式司法，用群众听得懂的语言阐述裁判理由，努力让群众在每一个司法案件中都能感受到公平正义。加强与人大代表的定期沟通，邀请代表监督庭审、执行和信访化解；依法接受检察机关的诉讼监督，保障陪审员与法官平等行使审判权，努力形成沟通顺畅、监督有效的工作格局，提高司法公信力。

三、进一步提高司法能力，加强队伍建设，培养高素质的法官队伍

深入学习贯彻党的十八大精神，着重领会和落实关于法治建设的要求。开展司法廉洁教育活动和以“为民、务实、清廉”为主要内容的群众路线教育实践活动，继续推进司法职能型党小组建设。加强专业化培养，通过疑难案件审理、司法技能比武、学术论文研讨等方式，着力提高法官查证事实、依法裁判、平衡利益、释法说理、控制风险、调查研究的能力，力争通过五年建设，形成结构合理、综合能力强、可持续发展的人才梯队。

各位代表，2013 年，区法院将在区委领导、区人大及其常委会监督、上级法院指导下，依法履行审判职能，全力维护公平正义，公正司法，求真务实，为加快推动门头沟区经济社会转型发展、创新发展、跨越式发展作出更大贡献。

北京市门头沟区人民检察院工作报告

——2013年1月6日在北京市门头沟区第十五届人民代表大会第三次会议上

门头沟区人民检察院检察长　许晓闽

各位代表：

现在，我代表门头沟区人民检察院向大会报告工作，请予审议。

2012年的工作

2012年，门头沟区检察院在区委、市检察院的领导下，在区人大及其常委会的监督下，在区政府、区政协及社会各界的支持下，深入学习贯彻党的十八大精神和市十一次党代会精神，紧紧围绕全区中心工作，充分履行法律监督职责，努力服务门头沟区经济社会科学发展。

一、自觉把检察工作融入全区中心工作

自觉适应全区转型发展、创新发展、跨越式发展的新形势，立足检察职能，找准工作切入点和着力点，发挥了打击、预防、监督、教育、保护的职能作用。

——正确执行法律和政策，服务保障经济又好又快发展。履行好审查逮捕、审查起诉职责，依法打击侵犯知识产权、非法经营、制假售假等破坏市场经济秩序的各类犯罪。把握法律政策界限，严格区分一般违法和刑事犯罪，保障实体经济健康发展。在审查起诉31人涉嫌虚报注册资本系列案中，对实际投资高于注册资本、经营良好、依法缴税、所办企业员工较多的5名犯罪嫌疑人，以情节显著轻微、危害不大、不认为是犯罪，决定不起诉；对虽有虚假注册事实，但及时申报纳税、没有不良记录的24名犯罪嫌疑人，以犯罪情节轻微、依法不需要判处刑罚，决定不起诉；对有其他犯罪前科、注册企业后没有实际经营的2名犯罪嫌疑人，依法提起公诉，但提出“从轻处理、单处罚金”的量刑建议，取得较好效果。改进办案方式方法，避免执法办案对企业正常生产经营产生消极影响。

——坚持打击预防并重，服务保障重点建设项目。高度重视采空棚户区改造等重点项目，严肃立案查办一起涉及房屋征收的国家机关工作人员渎职案；支持、监督公安机关查办发生在房屋征收中的诈骗案6件9人，追诉3人。注重预防和减少犯罪，派出资深检察官20余人深入房屋征收第一线，开展预防宣传、参与化解矛盾；制作并在区电视台播出《直面房屋征收，共享幸福生活》专题宣传片。通过与各方面的共同努力，遏制了涉及重点工程特别是房屋征收领域的犯罪高发态势。

——把化解矛盾贯穿执法办案，做好十八大安保维稳工作。高度重视检察环节保障诉讼参与人合法权益工作，既严格执行法律，又注重理顺情绪、化解矛盾，没有出现涉检越级访、非正常访。创新方法，总结形成“三听三聊讲解连”群众工作法，依法妥善办理房屋征收工作人员涉嫌犯罪案、无证幼儿园幼儿猝死案等敏感案件，都取得了较好的办案效果。认真完成“百日行动”、十八大安保检察环节的各项任务。

——积极延伸检察职能，服务社会管理创新。针对执法办案中发现的社会管理方面存在的薄弱环节，依法提出完善制度、堵塞漏洞的检察建议。结合检察职能，依法参与重点人群的服务管理。完善行政执法与刑事司法衔接工作机制，加强对行政执法活动的监督。如，针对虚报注册资本系列案反映的问题，向国税、工商等部门发出了检察建议，推动完善我区招商引资工作。

二、正确履职，公正执法

立足执法办案，注重工作创新，全面、正确履行各项检察职能，实现办案数量、质量、效率、效果和安全的有机统一。

——依法打击刑事犯罪，保障社会和谐稳定。

履行批捕、起诉职责，共批准逮捕各类刑事犯罪嫌疑人184人，提起公诉281人。根据刑事政策，对轻微刑事案件适度从宽，共不批准逮捕59人，不起诉35人。成立未成年人案件检察处，针对涉案未成年人集中履行“捕、诉、监（诉讼监督）、防（预防）”职能，做好附条件不起诉试点工作，率先试行犯罪未成年人义工惩教制度，取得了初步成效。完善精细化办案机制，落实办案责任制，继续保持没有捕后、诉后无罪判决案件的记录。

——严肃查办、积极预防职务犯罪，促进反腐倡廉建设。坚持侦防一体化、反贪局反渎局联合办案机制，共立案侦查贪污贿赂、渎职侵权犯罪案件5件5人，其中百万元以上大案2件2人，处级以上要案1件1人。查办的原京煤集团地质勘探队工作人员刘国斌、周和生贪污、挪用公款案，年内作出一审判决，两名被告人分别被判处死刑缓期二年执行和无期徒刑的主刑。结合执法办案开展预防工作，为国家交通运输部、中铁三局四公司、妙峰山镇等单位作预防职务犯罪讲座，向党政机关发送《预防职务犯罪专刊》，继续向社会提供工程建设等领域行贿犯罪档案查询服务。参加全区重点案件联合调查，发挥了职能作用。

——强化对诉讼活动的法律监督，维护司法公正。按照区人大常委会的要求，继续坚持“寓监督于支持配合之中”，对公安的侦查、法院的审判活动既依法监督又支持配合。共监督立案15件24人，监督撤案6件13人，追捕21人，追诉12人，发出纠正违法通知书7份。加强派驻看守所检察室建设，加大监督力度；采取“一查二看三步走”的方法，加强社区矫正检察。加强民事审判法律监督，共受理民事申诉案件44件，建议（提请）抗诉3件，法院接受检察院再审建议启动再审并改判1件；对法院裁判正确的案件，主动做好申诉人的息诉工作。

三、全面加强检察队伍建设

按照“政治过硬、管理科学、素质一流”的目标，严格教育、严格管理、严格监督，努力建设高素质检察队伍。

——加强思想政治建设。坚持把思想政治建设放在首位，认真学习贯彻党的十八大精神。深入开展创先争优活动、政法干警核心价值观教育实践活动、解放思想大讨论等教育活动，引导干警牢固树立正确的执法理念，坚持以党建带队建，提高了干警的思想政治素质。

——加强班子和队伍建设。严格落实“三重一大”制度，坚持“财务公开”、“人事公开”、“考核公开”，自觉接受监督。通过竞争性选拔，配强了班子。进一步办好队伍的学习培训，坚持开展读书活动，干警素质进一步提高。

——做好贯彻执行修改后的刑事诉讼法、民事诉讼法准备。采取以讲促学、以考促学的办法，先后邀请5名全国知名专家、4名实务能手来院授课，举办了8期内部交流论坛，组织了20次考试。全院干警作好了实施新法的准备。

四、强化监督制约，促进公正廉洁执法

在坚持党对检察机关领导的同时，自觉接受人大及其常委会的监督，接受政协民主监督和社会各界监督，加强自身监督制约机制建设。

——自觉接受人大及其常委会监督。牢固树立宪法意识和人大意识，通过报告工作、邀请代表视察指导、报送工作信息，为人大代表监督检察工作提供便利。2011年，向区人大常委会专题报告了近五年来职务犯罪侦查和预防工作，并按审议意见，认真整改提高。

——认真接受社会监督和政协民主监督。深化检务公开，通过“请进来、走出去”的方式，有效组织检察开放日等活动，增加了透明度。首次向政协委员征求意见。依法接受人民法院、公安机关的工作制约，依法为律师参与诉讼提供方便。

——加强内部监督制约。认真执行职务犯罪案件审查逮捕上提一级的规定，自觉落实讯问职务犯罪嫌疑人全程同步录音录像制度，严格落实人民监督员制度。完善干警执法档案制度，强化检务督察，加强廉政教育，落实党风廉政建设责任制。连续14年保持首都精神文明单位标兵称号，没有发生干警违法违纪问题。

各位代表，一年来门头沟区检察院各项工作总体看有所进步，这是区委、市检察院正确领导的结果，是人大监督和政府、政协以及社会各界关心支持的结果。对此，我代表本院和全体干警表示由衷的敬意！

门头沟区检察院工作还存在一些不足，一是干警整体工作能力与全区经济社会发展需要之间尚有差距，还应随着形势和任务的变化，更好把握检察工作围绕中心服务大局的着力点；二是执法办案工作能力与修改后的刑事诉讼法、民事诉讼法的要求之间还有差距，特别是职务犯罪侦查工作需要进一步更新执法理念、转变工作模式；三是对检察工作的理性思考和规律性总结还要进一步加强，创新务实的能力还要进一步提高。

2013年工作的总体考虑

2013年门头沟区检察院的总体思路是：深入学习贯彻党的十八大精神，进一步转变作风，紧紧围绕门头沟区现代化生态新区建设中心工作，更好服务大局，严格执行修改后的刑事诉讼法、民事诉讼法，实现检察工作科学发展。

一、深刻领会贯彻十八大精神，坚持正确的政治方向

把学习贯彻党的十八大精神作为今后首要的政治任务，教育、组织干警自觉把思想和行动统一到十八大精神上来，坚定不移地做中国特色社会主义事业的建设者和捍卫者。坚持用科学发展观指导检察工作，更好地服务经济社会科学发展，推进自身科学发展。

二、严格执法，正确充分发挥检察职能作用

认真履行审查逮捕、审查起诉、职务犯罪侦查和预防、诉讼监督等各项职责，营造良好的法律监督环境。着重抓好以下几方面工作：

一是更加注重服务经济平稳较快发展。注重对重点建设项目的服务保障，充分正确履行好审查逮捕、审查起诉、职务犯罪侦查和预防等具体职能。整合各项检察职能，设立驻石龙经济开发区、重点镇街的流动检察联络室，直接服务保障实体经济和重点建设项目。开展“区情直通车”活动，邀请有关部门负责人介绍区情，把服务大局的要求转化为干警的自觉行动。

二是更加注重服务保障生态文明建设。按照区委部署，围绕创建国家生态文明建设示范区的目标和“优化发展环境、优化空间布局、优化民生品质”的要求，发挥检察机关在生态文明建设中的服务保障作用。

三是更加注重服务保障社会建设。依法打击侵犯人民群众人身安全和财产安全的各类犯罪，严肃查办危害民生民利渎职侵权犯罪案件，将执法办案与化解矛盾、推动社会管理创新结合起来。坚持并完善执法办案风险评估机制，延伸矛盾化解触角，把矛盾化解在首办环节。完善犯罪未成年人义工惩教制度，维护重点人群合法权益。加强和改进检察建议制发工作，提高参与社会管理创新的有效性。密切联系群众，依法妥善解决群众合法合理诉求，引导群众依法理性反映诉求、维护权益。

四是在推进依法治国进程中发挥积极作用。坚定法律监督的宪法定位，忠实履行检察职责，维护国家法制统一、尊严和权威。坚持理性、平和、文明、规范执法，把严格执法的要求落实到执法办案的具体环节。履行好具体的诉讼监督职责，促进公正司法和严格执法。结合执法办案，做好职务犯罪预防和法制宣传教育，促进全民守法，推动形成运用法治思维和方式行使权力、弘扬法治精神的社会氛围。

三、严格执行修改后的刑事诉讼法、民事诉讼法，自觉接受监督制约，提高司法公信力

严格、规范执行法律，教育、引导全体干警牢固树立正确执法理念，强化人权意识、程序意识、证据意识、时效意识和监督意识，牢固树立、自觉践行“六观”、“六个有机统一”。

更加自觉接受人大监督，接受政协民主监督和社会监督。主动回应人民群众对检察工作的新期待和新要求，确保检察权在阳光下运行。改进执法办案方式，坚持释法说理，提高检察公信力。

进一步强化政治素质建设，强化职业道德和专业能力。以“为民、务实、清廉”为主题开展群众路线教育。深化“名家讲堂”、全员读书等活动的成效，引导干警提高能力和素质。

进一步强化管理，建立更为科学的考核引导机制，在法律范围内创新工作方式方法，切实提高公正执法的水平。

各位代表，面对新的形势和任务，门头沟区检察院将在区委和市检察院的正确领导下，在本届人大及其常委会的监督下，切实贯彻此次大会的各项决议，振奋精神，创新工作，全面正确履行各项检察职责，努力为我区实现跨越式发展作出新贡献！

政协门头沟区第九届委员会常务委员会工作报告

——2013年1月8日在政协门头沟区第九届委员会第二次会议上

门头沟区政协主席　张　冰

各位委员：

我受政协常务委员会委托，向大会报告工作，请予审议，并请列席的同志提出意见。

一、2012年工作回顾

2012年，是全区人民深入贯彻落实科学发展观，攻坚克难、团结奋进的一年，是全区经济社会发展成效十分显著的一年。九届政协开局之年，在中共门头沟区委的正确领导、市政协的关怀指导和区政府及社会各界的大力支持以及全体政协委员的共同努力下，区政协高举爱国主义社会主义两面旗帜，牢牢把握团结民主两大主题，自觉把更加关注经济发展方式转变和旅游文化休闲产业的培育发展，更加关注城乡一体化发展和城市建设、环境建设，更加关注民生改善和社会和谐稳定，更加关注民主政治建设和政协工作创新，这“四个更加关注”作为工作主线，开拓履职思路，创新工作方法，认真履行政治协商、民主监督、参政议政职能，出色完成了全年各项工作任务。一年来，共召开常委会、议政会、协商会10次，组织开展视察考察、座谈调研、情况通报、交流走访等各类履职活动90余次，提出提案170件，出席委员达1500余人次。各界委员以高度的政治责任感和履职热情，面对经济社会发展中的重大问题，把握重点，聚焦难点，建言于决策之前，助力于执行之中，为促进全区科学发展做出了积极的贡献。

（一）围绕经济发展方式转变和旅游文化休闲产业的培育发展建言

加快转变经济发展方式，是推动地区科学发展的必然要求和根本途径。常委会更加关注经济发展方式转变和旅游文化休闲产业的培育发展，动员各界委员，广泛深入地开展了系列调查研究和协商建言活动。

区委、区政府提出要“进一步完善中小企业和非公经济发展政策体系”。区政协以此为题，组织召开了常委会和专题议政会。专委会先期组织委员到石龙经济开发区进行座谈调研，对开发区的基础设施建设、投资软环境建设、工业区发展方向等问题进行了深入研讨。议政会上，政协常委、来自不同界别的委员，从理念、路径、措施等多层面，就优化产业布局、发展战略性新兴产业、加快民营经济与中小企业发展、发展文化创意产业等方面提出了许多中肯的意见和建议。

培育旅游文化休闲主导产业是区委、区政府的一项重要工作。专委会以此作为履职的重点，就我区古道、古村落规划建设和旅游组团专项规划与区旅游委开展了对口协商；联系专家学者对河北省涿鹿县矾山镇三祖（黄帝、炎帝、蚩尤）文化进行考察，提出了整合地缘文化，开展区域文化合作的意见和建议；联合党派界别开展调研，撰写了《关于发挥文化资源特色优势促进我区旅游发展》《关于北岭地区旅游文化资源的调查》等数篇调研报告；为进一步丰富京西旅游文化资源的内涵，编辑完成了《日下传闻录门头沟卷》《京西古道》丛书、《京西古县－千年宛平》等一批文史书籍。

（二）围绕促进城乡一体化发展和城市建设、环境建设献策

助力落实区域功能定位，促进城乡统筹发展。在常委暑期读书班期间，常委考察团对安徽、浙江两省部分地域进行了生态涵养与发展方面的考察，在形成的生态建设考察报告中，提出了把统筹城乡旅游资源作为城乡统筹的重点，把打造旅游集散地与魅力城市建设融为一体，应对旅游资源进行整体设计，组团开发，多元建设，加快培育适应市场的景区经营主体，加快培育驻区旅行社和职业导游队伍建设，全面促进旅游与文化、旅游与三农融合发展等一系列涉及当前、顾及长远的意见建议，为区委、区政府决策提供了智力支持。

助推城市建设、环境建设、新农村建设。常委会专题听取全区2012年全社会固定资产投资完成情况及重点工程进展情况；常委会组成人员参加了全区半年经济分析会；各界委员听取了全区路网建设和棚户区改造情况通报，列席了区十五届人大二次会议，听取了《门头沟区长安街沿线城市设计实施导则》《门头沟区旅游文化休闲产业发展战略规划》。这些具有全局性的情况通报，为委员围绕全区工作中心履职尽责，打下了重要的知情基础。常委会和专委会还分别视察了全区水系和水环境治理，门城路网改造，新建居民小区管理，城市景观体系建设，新农村建设以及村镇特色果品基地的情况。在深入实际掌握一手资料的基础上，各界委员提出的意见和建议更具针对性。其中，在调研基础上，提出的改进农村基础设施管理运行的措施与办法，为建立农村基础设施正常运行的保障机制提供了重要参考意见。

实现基本公共服务均等化是统筹城乡协调发展题中之义。区政协针对就业、医保、社保等问题，协助市政协完成了城乡基本公共服务均等化情况的调研。提出的努力缩小城乡居民收入差距，推行城乡居民医保政策、管理、服务、核算、监管五统一，健全新型城乡居民医疗保险制度；稳步提高社会保障待遇标准，建立健全城乡一体化的社会保障体系等意见建议，为促进全市劳动力就业和社会保障一体化建设步伐发挥了积极作用。通过走访和慰问民族宗教界委员和宗教代表人士的方式，协助市政协开展了宗教场所合理分布情况的调研，为市、区领导掌握情况、制定决策提供了重要依据。

（三）围绕改善民生和维护社会和谐稳定出力

常委会坚持把履职的着力点放在促发展、促和谐、保民生、保稳定上，力求参政参到点子上、议政议在关键处，提出的建议具有针对性、前瞻性和可操作性。

区政协在保障食品安全等重大民生问题上，积极发挥民主监督职能作用。委员们对《食品安全法》的落实情况进行视察时，提出了应抓好重点地区、重点环节、重要场所、重要时节的食品安全监管；进一步完善食品安全应急管理机制，提高应急处置能力和食品安全管理水平，确保全区人民群众的身体健康和生命安全的建议。教育是民族振兴和社会进步的基石。委员们在视察中对进一步加快教育改革，均衡教育资源，提高教育培养能力，办人民满意的教育提出了希望和建议。医疗卫生改革关乎人民群众切身利益。委员对区医疗卫生改革情况进行了视察，针对目前山区120急救站点分布不甚合理、有急重症病人时不能及时抵达处置的情况，以及乡村医生后继无人、超龄服役、缺少社会保障等问题，提出的《关于加强山区院前急救体系建设的建议》被市政府《昨日市情》采用，《关于进一步加强乡村医生队伍建设和管理的建议》被市政协《诤友》采用，市委副书记、代市长、市政协主席王安顺作了专门批示。

为喜迎中共十八大胜利召开，积极营造和谐稳定的政治环境。中共十八大召开前，常委会专题视察了城市运行基本保障情况；政协领导班子专题视察了61696156为民服务信息平台运行情况，代表全区各界人士慰问了一线公安干警，听取了区公安分局十八大安保工作情况；区政协支持各民主党派、工商联、人民团体开展“促发展、保稳定、作表率，向中共十八大献礼”倡议活动，各界人士积极行动响应，为确保中共十八大胜利召开发挥了积极作用。当前，广大委员又掀起了学习宣传践行十八大精神的热潮。

一年来，广大政协委员发挥各自优势，在扶贫济困、助学帮教、捐款捐物等方面，聚焦关注弱势群体；在送科技、文化、卫生下乡，引资引项，助推发展等方面，广泛参与社会主义新农村建设；在配合区委、区政府实施惠民拆迁工程和举办国际赛事等方面，营造环境，全力支持。在大灾面前有大爱。当北京遭遇“7.21”特大暴雨后，政协委员积极响应区委号召和政协倡议，迅速投入到抢险救灾及灾后恢复重建工作中，通过各种形式向受灾群众伸援手、献爱心、送温暖，委员捐款捐物达300多万元，捐款在万元以上的委员就有21位，政协委员的爱心行动赢得了社会各界的一致好评。所有这些，都充分彰显了政协委员崇高的责任感和使命感。

（四）围绕推进民主政治建设和政协工作创新下功夫

常委会重视发挥在扩大公民有序政治参与方面的独特优势，着力探索和创新政协工作的方式与方法，努力做好各项基础性经常性工作。

始终把学习中央、市区委的重要会议精神、重大决策部署作为履行职能开展工作的引领。通过举办常委暑期读书班、新委员培训班、政协提案工作培训班、委员学习报告会、撰写学习心得等多种形式，学习中共十八大精神，全国“两会”精神，《中共中央关于加强新形势下党外代表人士队伍建设的意见》及市、区委实施意见，市、区委第十一次党代会精神以及市政协重要会议和有关文件精神等内容；在为委员订阅《人民政协报》、市政协《学习》报刊的基础上，又给全体委员配置了“政协委员书架”系列丛书，为委员拓宽视野、增长才干、知情明政创造有利条件。主动争取市政协的指导，积极开展兄弟政协间的交流，认真听取政协离退休老领导的意见建议，对提高政协工作水平起到了促进作用。

高度重视发挥各民主党派、人民团体在政协中的重要作用。坚持政协领导联系党外重点人士制度，定期走访各民主党派，认真听取他们对门头沟区经济、社会发展和政协工作的意见建议。不断拓宽民主政治渠道，创新工作方法，为党派团体参政议政提供了有效平台。进一步丰富界别活动形式，支持各界别开展主题突出、特色鲜明的专题活动，政协组织的界别优势进一步发挥。在认真组织全区各界人士迎新春联谊会和中秋座谈会的基础上，三八节举办了“凝聚女性力量　尽展委员风采”茶话会，八一建军节和教师节走访慰问了军人委员和教师委员，组织三胞亲属代表参观了全区重点工程建设情况，通过集体看望、重点走访，举办联谊会等形式多样的广泛联谊，增进了委员对人民政协的感情，使委员切身感受到了政协大家庭团结、民主的温馨。加强和改进提案、调研、信息、宣传等工作。开展提案工作调研，组织学习交流，开通网上征集系统，完善提案分析、审查、立案、交办机制；突出重点提案协商办理，探索提案集中办复和提办互动模式，进一步提高了提案工作的科学化水平，全年提案办复率达100%，委员满意、基本满意、同意率达100%。“两会”召开前，联手区人大依托61696156为民服务信息平台，开通了代表委员热线，广泛听取民生，让代表和委员带着社情民意上两会。着力在调研“选题、开题、实施、结题”四个环节上下功夫，对选题依据、调研内容、调研方式、进度安排、人员组成及成果转化等内容进行规范化设计，调研报告服务决策的作用得到有效发挥。研究制定了《区政协关于加强和改进宣传工作的意见》，积极推进人民政协理论进入党校干部培训课堂，创办了《门头沟政协》综合性刊物，集结出版了委员履职风采专辑，加快政协网站信息更新，建立政协网络发言人团队，着力打造政协宣传工作品牌，积极为全区发展营造良好环境。

扎实推进政协自身建设。制定完善了常委会工作规则、开展界别活动的意见等17项政协工作制度和21项政协机关办公制度，进一步推进履行职能和机关工作的制度化、规范化、程序化；积极开展人民政协理论与实践研究，有6篇研究成果被市政协理论研究文集收录。聘请了89名文史撰稿员、28名政协工作联络员、35名社情民意信息员，推荐了28名行业特约监督员，这四支队伍在更加广泛的领域，发挥着不可替代的重要作用。为发挥离任委员作用，成立了门头沟区新老政协委员联谊会，进一步延伸了政协工作的平台。认真开展“创造发展新优势，稳中求进促发展”解放思想大讨论活动，参加政协常委会举办的“高效团队建设”培训班和区委各类干部培训班，积极创建“五型机关”，形成了“异中求同讲团结促发展，同中求异讲民主谋创新”政协机关文化氛围，切实践行“爱国、创新、包容、厚德”的北京精神。选派年轻干部到棚改中心挂职锻炼，在增强机关干部综合素质上迈出了坚实步伐。

2012年区政协工作成绩的取得，是中共门头沟区委正确领导、市政协有力指导、区政府及社会各界大力支持的结果，是政协各参加单位、各界委员携手奋进、扎实工作的结果。在此，我代表区政协常委会向为政协事业发展付出智慧心血、做出无私奉献的各界委员，向所有关心、支持政协工作的各级领导、各界人士，表示崇高的敬意和衷心的感谢！

一年的工作实践，使我们深深体会到，围绕中心、服务大局，不仅是人民政协工作的根本方向、重要原则，也是人民政协工作的基本内容、重要方法。年初，常委会结合区情实际和政协工作特点明确提出了“四个更加关注”的工作主线，使各界委员找准了履行职能、凝心聚智、促进发展的着力点、落脚点，才有全年政协工作的好成绩。坚持促进党派合作、突出界别特色、发挥委员主体作用、加强专门委员会和机关建设，形成“五位一体”的总体工作格局，是人民政协始终加强自身建设的特有内涵和持久发挥优势作用的宝贵经验。开局之年，常委会自觉遵循人民政协自身建设和发展的规律，从思想、组织、作风、制度等多个层面入手，强化“五位一体”自身建设，才有政协这个大家庭充满生机与活力的生动局面。实践告诉我们，只有坚持解放思想、开拓创新，积极探索政协履行职能的新领域、新方式，大力推进理论实践创新、制度机制创新，才能为委员施展聪明才智、如实反映民声、发表真知灼见提供有效平台，才能切实激发委员履职的积极性，提高政协工作的水平。

回顾一年的工作，我们也清醒地认识到，与新形势新任务的要求和人民政协肩负的责任相比，政协工作还存在一些差距和不足。政协工作的科学化水平需进一步提高；政协工作的深度和广度有待进一步加强；政协委员的主体作用有待进一步充分发挥；政协机关的服务方式需要进一步改善。对这些问题，我们将认真进行研究，努力加以改进。

二、2013 年主要工作任务

2013 年，是深入学习贯彻落实中共十八大精神，加快推进全区经济社会转型发展、创新发展、跨越式发展的重要一年。门头沟区将从“大拆迁”转入“大建设、大发展”的新阶段，进入到转型发展的特殊关键时期，全面加强经济、政治、文化、社会建设以及生态文明建设，建设美丽门头沟是摆在我们面前十分重要的任务。在新的一年里，区政协要在中共门头沟区委的领导下，深入学习贯彻落实中共十八大精神，坚持以邓小平理论、“三个代表”重要思想和科学发展观为指导，紧紧围绕区委提出的落实“三个优化”，多办利民实事，全力建设国家生态文明示范区的工作主题，团结各界、发挥优势，富有成效地履行政治协商、民主监督、参政议政职能，为加快推进现代化生态新区建设贡献力量。

（一）深入学习宣传贯彻十八大精神，努力增强履行职能的责任感和使命感

学习贯彻十八大精神，是当前和今后一个时期的首要政治任务。区政协要按照中央的部署，市、区委的要求，运用多种形式，组织和推动区政协各参加单位和各界委员认真学习、深刻领会和把握十八大精神，不断增强高举中国特色社会主义伟大旗帜的坚定性和贯彻落实十八大各项任务的自觉性，使各界人士迅速把思想和行动统一到十八大精神上来，把力量和智慧凝聚到区委十一届四次全会提出的目标和任务上来；要把深入学习领会十八大关于人民政协的重要论述，同健全社会主义协商民主制度，推进社会主义民主政治建设重大实践课题的研究结合起来，充分发挥人民政协作为协商民主重要渠道的作用，不断完善各种协商形式，积极推进协商民主活动的开展；要认真研究协商什么、与谁协商、怎样协商、协商成果如何运用等具体环节和问题，不断提高协商民主的制度化水平，不断开创政协工作新局面。

（二）坚持围绕中心服务大局，助推全区经济社会科学发展

促进科学发展是人民政协履行职能的第一要务。区政协要紧紧围绕区委、区政府现阶段的主要工作任务，支持配合国家生态文明示范区创建工作，在优化发展环境、优化空间布局，优化民生品质等方面，主动选择优化产业升级、加快招商引资融资、促进经济发展方式转变，繁荣地区文化、培育旅游文化休闲主导产业，完善城市功能、统筹城乡建设用地、拓展发展空间，创新社会管理与服务，促进城乡经济社会一体化发展等重大课题，开展调查研究，为助推全区创新发展、包容发展、和谐发展、绿色发展贡献力量和智慧；要在关乎人民群众现实利益的就业增收、转居社保、低保救助、便民服务、教育、卫生等重大民生问题上，充分发挥政协人才荟萃、智力密集、联系广泛的优势，积极推进专题协商、对口协商、界别协商、提案办理协商，引导各党派团体、各族各界人士，树立大局观念，理性地表达诉求，负责任地提出建议；要组织和动员广大委员积极投身经济建设、政治建设、文化建设、社会建设和生态文明建设，全力支持各界委员开展各种形式的社会服务活动、社会公益事业，为建设现代化生态新区献智出力。

（三）牢牢把握团结民主主题，努力为社会主义和谐社会建设服务

团结民主是政协工作永恒的主题。区政协要按照十八大的要求，把发扬民主、增进团结、协调关系、化解矛盾作为履行职能的重要着力点，把实现好、维护好、发展好最广大人民的根本利益作为政协工作的出发点和落脚点，深入了解、及时反映群众的意见、愿望和要求；要坚持民主协商、求同存异的原则，广开言路、集思广益，充分运用社情民意、日常提案等形式，使各族各界人士的意见和主张得到充分表达，把协商民主这一民主形式建设好、发挥好，为人民当家作主提供更加广阔的平台；要以贯彻落实区委关于加强新形势下党外代表人士队伍建设实施意见和工作会议精神为契机，研究制定加强委员履职服务和管理的办法，支持各民主党派、工商联、无党派人士加强自身建设，深入开展“凝心聚力”工程，不断发展和壮大最广泛的爱国统一战线；要按照市、区委切实改进工作作风的要求，认真研究制定政协委员“进社区、进农村”办法，积极开展“政协委员基层日”活动，进一步规范行业特约监督员工作，以民主监督促作风转变、促效能提高，协助区委、区政府做好协调关系、汇聚力量、化解矛盾、理顺情绪的工作，维护社会公平，关心弱势群体，营造和衷共济、团结和谐的社会氛围。

（四）切实加强自身建设，努力开创政协工作新局面

区政协要全面贯彻十八大关于加强人民政协工作的新精神，《中共中央关于加强人民政协工作的意见》和市委、区委实施意见的要求，进一步增强做好政协工作的责任感和使命感。常委会组成人员要增强政治意识、大局意识、责任意识和表率意识，提高集体领导能力。要在政协工作制度化、规范化、程序化建设上丰富内容、完善形式、规范程序，协同推进“五位一体”政协自身建设，为履行职能、发挥作用奠定坚实的基础。要继续深化党派合作，建立政协组织与党派团体有效协调联系机制，为党派团体搭建充分发挥作用的平台；要进一步突出界别特色，积极开展界别协商，更加充分地反映社会诉求；要重点发挥委员主体作用，创建形式多样的委员活动载体，切实加强委员的服务管理，建立委员联系群众制度，健全委员履职激励约束机制，提高委员履职的积极性、主动性和创造性；要充分发挥专委会的基础作用，建立完善专委会与党政部门联系制度，深入开展对口协商，进一步提高建言献策的针对性和时效性；要把开展“异中求同讲团结促发展，同中求异讲民主谋创新”主题文化实践活动，同创建“五型机关”和践行“北京精神”有机结合起来，不断提高政协机关服务发展、服务社会、服务委员的能力和水平。各位委员，中共十八大描绘了全面建成小康社会的宏伟蓝图，为人民政协事业指明了前进的方向，开辟了广阔的前景。让我们高举中国特色社会主义伟大旗帜，紧密团结在以习近平同志为总书记的中共中央周围，在中共门头沟区委的领导下，万众一心、开拓奋进，为全面加快建设现代化生态新区、谱写人民美好生活新篇章努力奋斗！

专　文

关于解决门头沟区农村城市化过程中若干问题的研究

中共门头沟区委书记　韩子荣

党的十八大提出，解决好农业农村农民问题是全党工作重中之重，城乡发展一体化是解决“三农”问题的根本途径。在全国率先形成城乡一体化发展新格局是北京建设中国特色世界城市建设的一项重要任务。门头沟区作为距离市中心最近的生态涵养发展区，紧紧抓住这一战略机遇，统筹城乡经济社会发展，全面提升城乡建设管理水平，城市化建设取得了明显成效。但在城市化推进进程中，还存在着农民利益保障、农村集体资产经营管理等亟待解决的问题，如何解决好这些问题，直接关系到城市化建设的成效，已成为摆在我们面前的一项现实而紧迫的任务。

一、门头沟区农村城市化发展现状

门头沟区辖区面积1448.84平方公里，新城规划区面积87平方公里，山地面积占98.5%，是全市唯一的纯山区。全区辖9个镇、6个街道办事处，178个行政村，其中为稳步推进龙泉、永定地区城市化进程，在该地区新成立了街道办事处。近年来，门头沟区认真落实率先形成城乡一体化发展新格局的战略部署，把加快城市化进程作为推动地区经济社会实现发展的强大引擎，大力推进调整产业结构，提升城市建设水平，创新城乡社会管理，城市化发展主要有以下特点：

（一）人口城市化特征明显。第六次全国人口普查数据显示，门头沟全区常住人口29万，其中城镇人口总数24.8万，乡村人口总数4.2万，2010年底，全区的人口城市化率就已达到85.6%。从人口密度看，常住人口高度聚集在新城区。2010年门头沟区平均人口密度为200.5人/平方公里，其中新城密度为1891人/平方公里，浅山区人口密度为136.9/平方公里，深山区人口密度为25.8人/平方公里，新城区的人口密度是全区人口密度9倍。从产业发展情况看，截止2011年底，全区实现地区生产总值（GDP）102.7亿元，三次产业比重分别为1.78、51.87和46.35，非农产业比重达到98. 22%。从经济活动人口（经济活动人口是指年龄在16周岁及以上，有劳动能力，参加或要求参加经济活动的人口）情况看，全区共有经济活动人口12.9万人，其中：城镇地区10.95万人，占85%，农村地区1.95万人，仅占15%。从就业人口分布情况看，全区就业人口11.7万人，占经济活动人口的90.7%，全区从事第三产业的就业人口8.2万人，占70.1%，远高于第二产业（3.1万人，占26.5%）和第一产业（0.4万人，占3.4%。）。从地域分布看，全区经济活动人口的74.8%集中于门城新城，仅有17.3%和7.9%分别集中于浅山区和深山区，劳动力城镇化水平较高。随着城市化进程的不断加快，城镇化生活方式已经成为全区人民的主要生活方式。从总体上讲，门头沟区的城市化起步早、发展快、水平较高，发展速度和水平在全市10个远郊县中在处于领先地位。可以说，当前，门头沟区已经进入城市化快速发展的阶段。

（二）城市化建设快速推进。一是城市拆迁力度空前加大。以建设特色鲜明的现代化生态新区为目标，以全面推进棚户区改造和S1线轻轨建设为重点，门头沟历史上规模最大的旧城旧村改造拆迁工作取得突破性进展。近两年来，累计完成房屋征收2.9万户417万平方米，将推动近10万人上楼，在彻底改善群众居住条件的同时，增强土地资源收储力度，拓展了城市发展空间。二是城乡基础设施建设大步跨越。按照建设旅游城市的要求，一批水、电、气、热、垃圾处理等基础设施投入使用，城市承载能力和运行保障能力大幅提升。大力加强交通路网建设，阜石路二期、西六环门头沟段顺利开通，108国道改线、S1线等重点工程全面开工，一批城市道路和山区道路建设全面完成，道路通达性明显提高，进一步缩短了与市中心的距离。三是城乡环境更加宜居。坚持生态环境立区发展战略，累计投入26.2亿元，实施京津风沙源治理、废弃矿山修复、永定河生态修复等生态建设工程，成功创建国家生态示范区。投入30亿元建设“一湖多园、五水联动”的城市水系景观和园林绿化体系，定都阁、永定楼成为门头沟区新的标志性文化景观，滨水山城形象初步显现。目前，地区森林覆盖率达到37.3%，林木绿化率达到58.8%；城市绿化覆盖率达到40.86%，绿地率达到35.23%，城市人均公共绿地面积达到30平方米，超过全市平均水平。

（三）农村面貌发生深刻变化。一是农村基础设施进一步完善。编制完成斋堂镇、潭柘寺镇镇域规划及136个村庄规划，累计投资15.7亿元，夯实农村发展基础，实现了五项基础设施和“三起来”工程全覆盖。重点解决了山区群众的饮用水、生活能源困难等问题。二是重点镇建设步伐加快。完善重点镇中心区路网、污水处理、集中供暖等基础设施，综合承载能力得到提高，重点镇成为城镇化进程的重要推动力。三是沟域景区建设全面推进。按照全域景区化的要求，积极探索以沟域景区为核心的组团式沟域经济发展新模式，大力吸引社会资本，深度整合沟域内旅游资源，建成了爨柏沟、苇甸沟等一批特色鲜明的示范沟域，成为旅游文化休闲产业发展的新亮点。四是农村生态质量明显提升，妙峰山等6个镇被授予国家级环境优美乡镇称号，孟悟等12个村被评为市级生态村，灵水等4个村被评为首都绿色村庄。

（四）产业结构不断优化。在持续加强生态涵养功能的同时，不断强化首都西部综合服务中心功能作用，加快推进经济转型，坚决退出高耗能、高污染、高排放的资源型产业，围绕“一带两线四点多组团”空间布局，科学规划了永定滨水商务区、门城生态商务区等四个高端产业集聚区。着力推进石龙经济开发区转型升级，探索了总部经济发展新路，高端高效集约发展效果显著。积极培育旅游文化休闲主导产业，成立旅游发展委员会，制定旅游文化休闲产业发展战略规划，重组北京旅游，成为北京市旅游产业带动区域协调发展配套改革试点区。

（五）公共服务体系不断向均等化迈进。照统筹城乡发展的要求，大力发展社会事业，积极引导公共服务向农村覆盖，使发展成果惠及更多百姓。在教育方面，结合城乡拆迁、建设进程，进一步调整优化城乡中小学校布局，全面引进北京八中、人大附小等城区优质教育资源，实现了教育的跨越式发展。在卫生方面，率先实行公立医院改革，建立现代医院管理制度，医疗服务水平明显提升。不断完善农村公共卫生体系，村级医疗卫生室达到150个，新型农村合作医疗参合率达到98.6%；在就业方面，努力开发就业岗位，全面消除“零就业”家庭，城镇登记失业率控制在5%以内。多措并举促进农村劳动力就业，累计培训农村劳动力10万余人次，实现转移就业5764人，城镇吸纳就业能力持续增强。在社会保障方面，社会保险待遇大幅提高，社会保障和救助体系逐步完善，实现了社会救助无盲点、全覆盖。全区所有低收入农户和低收入村实现全面脱贫。

（六）管理体制不断创新。农村重点领域改革稳步推进。规范农村土地承包经营权流转。大力推进农村集体经济产权制度改革，全区193个乡村集体经济组织已有179个完成改制。集体林权制度改革全部完成，每年向农民发放生态补偿金3800万元。加强农村资金、资产、资源管理，在全市试点农村集体资产信托化管理经营管理。积极创新社会管理机制，建立了61696156为民服务信息平台，整合了公共服务、生活服务、志愿服务等各类资源，为群众提供全天候、全方位、全程跟踪式服务。同时，将涉拆群众、失业群众、残疾人等十二类人群作为社会服务管理的特殊重点人群，建立“门头沟区全员人口信息公共服务平台”，提高了服务的针对性和实效性。积极探索新型农村社区管理新模式，启动王平韭园村试点工作，传统的村级管理正在逐步向社区管理过渡。

二、门头沟区农村城市化发展面临的主要问题

（一）城市化进程中农民利益保障问题。城市化是一项涉及工农关系、城乡关系的利益大调整。门头沟区在推进城市化进程中，虽然始终坚持把农民利益放在首位，在征地拆迁等工作中都让利于民，使农民上了楼，获得了补偿，进入了城乡社会保障体系，但上楼后农民就业问题、社会保障的衔接问题、受政策限制无法全征全转等一系列历史遗留问题还需要统筹考虑。一是就业增收问题。目前，全区农村现有劳动力1.95万人，其中1.76万人实现了就业。就业人员中，多数从事简单劳动，或者依靠房屋出租为生，就业领域狭窄，就业收入水平普遍较低，存在隐性失业现象。其余的0.19万人属于待转移的农村富余劳动力，这部分人员，学历较低，就业观念、就业技能、就业渠道难以适应城市化发展要求，自谋职业率较低，经常出现高不成低不就的情况。同时，随着城市化建设的推进，农民原有的房屋大规模拆迁，农民的“瓦片经济”收入将逐步消失，农民也将失去这项很重要的收入来源。二是社会保障问题。近年来，北京市出台了一系列“农转居”问题和农村社会保障问题的政策文件，解决了农民社保的一些困难，但与城市保障相比，保障水平总体相对较低，即使有的村享受村集体提供的一些保障，但受经济发展等因素影响，缺少稳定性和持续性。三是社会保障衔接难度较大。依据现行政策，将农民纳入城镇社会保障体系，通常与征地相挂钩，即所谓“征多少地、转多少人”的“土地换社保”。按照城市总体规划，门头沟区农村大多数集体土地属于山场，规划建设用地较少，在征地政策不完善、征地指标有限、征地成本较高的情况下，部分农民无法通过征地转居进入城镇社会保障体系，为此，门头沟区积极探索了全征全转的工作方式，并想方设法筹集了大量资金解决历史遗留问题，但是，按照国家征地政策，在不征地的情况下，整建制转居资金需求量大，并所需费用只能由市、区财政和村集体承担。亟需创新政策思路，加快解决转居问题，尽快将其纳入城镇社会保障体系。

（二）加快山区农村城市化问题。虽然门头沟区城市化率已达到85%以上，但新城地区城市化建设步伐较快，而山区城市化相对滞后。主要表现在，重点镇缺乏科学规划，人口集聚水平有待提升，辐射带动能力不足；产业发展层级低，农村集体经济薄弱，沟域经济缺乏特色；基础设施和公共服务近年来虽然有了很大改善，但承载能力有待于进一步提高，特别是重点镇、中心村、旅游村建设水平亟待提高；社会发展相对滞后，在城市化社会服务与管理方面，在公共服务设施建设方面，制度尚未完善，水平尚未均等，农村有资源、缺要素，农业有基础、缺投入，农民有组织、缺服务的局面有待根本改变；产业发展环境欠佳，特别是受规划和土地等方面政策限制，影响了高端、优质社会资本的引进，土地和资金政策已成为制约山区发展的瓶颈。

（三）城市化进程中农村集体资产经营管理的问题。随着城市化进程的加快，农村集体资产的数量与构成发生了较大变化，特别是近年来为配合城市建设而展开的较大规模征地拆迁，相关补偿款项数额巨大，农村集体帐面资产、资金急剧增加，以永定镇为例，不仅农民得到了大笔的拆迁补偿款，村集体得到了人均40平米的经营型物业，仅未分的拆迁补偿存款就超过7个亿。如何适应新的形势需要，建立科学的管理运作方式，在加强对农村集体资产监管的同时，引导村集体利用好资金，解决好农民的社会保障和公益事业，发展壮大集体经济，带动农村集体资产保值增值，使“一次性收入”成为“持续性收入”，成为当前需要认真解决的重要问题。

（四）城市化进程中的社会管理与服务问题。随着门头沟区农村城市化的不断深入、集体经济产权制度改革的完成和农转居后身份的改变，撤村转居后，面临许多新的社会管理和服务问题。转居后农民思想意识的转变、生活方式的适应都需要一个社会过渡时期，部分农民法制意识淡薄，追求利益最大化，增加了农村社会管理难度。如何管理好石门营、小园等安置性住房新型社区、做好城镇社区的建制、创新新建社区的管理服务，使转居农民顺利融入新的城市生活，都对基层的社会管理与服务创新提出了新的迫切要求。

三、解决门头沟区农村城市化过程中若干问题的对策思路

（一）切实保护农民利益

一要创造更多非农就业机会。把促进就业作为政府各部门最重要的工作职责，明确目标、加强考核，创造更多非农就业机会。大力开发旅游餐饮、导游、景区维护等旅游就业岗位，把旅游业做为解决山区农民就业的主渠道。建立完善城乡统一的就业制度，把门头沟区农民进城务工纳入十二类人群救助体系。鼓励农民进城创业，对进城镇和新村居住的农民，可依据宅基地及房屋置换城镇住房，有条件的地方还可以匹配一定面积商业用房。加强对农民工的培训，整合各种职业教育培训资源，抓好订单培训、定点培训和特定专业培训，提高农民工就业能力、职业转换能力。积极创造公益性就业岗位，努力扩大就业容量。建设山区特色北京旅游产品生产、加工、物流和销售基地、特色产业园区、交易市场、特色商业街区、特色景观旅游区，积极培育新型农村社区主导产业，促进农民就近就业。

二要确保农民利益获取得的优先性。完善拆迁安置保障政策，采取拆迁、转居、参保“三位一体”工作模式，确保新增被征地农民实现应保尽保，妥善解决“农转居”人员纳入社会保障的历史遗留问题。在重点工程建设和招商引资项目落地中，所有涉及征地的项目，必须附带农民安置房建设，优先促进农民上楼，同时解决征地和房屋征收后的产业发展、就业社保、集体资产处置等问题，真正使农民成为有资产、有住房、有社保、有工作的新市民，努力做到不留后遗症。深入研究农村城市化完成后农民资产的处置机制，扩大农村集体资产经营管理信托化范围，帮助农民妥善处置个人资产，促进农民收入持续稳定增长。

三要探索多渠道解决农转居问题。参照北京市政府出台的《关于城乡接合部地区50个重点村整建制农转居有关工作的意见》，制定我区的征地转居的实施意见，对征地转居的条件、方式及资金筹措方式做出明确规定。主要思路是：转居农民所需补缴社保等资金，主要由征地、项目投资承担，征地补偿等“收入”必须先支付村民社保和就业补偿。对于“超转人员”，社会保险按年度筹集，可采取一次性缴费，分期付款的方式，也可采取年度汇缴、按月发放的方式。对未全征全转人员，区政府可考虑从土地收益中提取一定比例的资金，由区财政出资共同组建征地人员社保基金，进入银行贷款，按不低于同类转居人员的标准按月安放补助，由将来区、镇、村集体收益逐年还款。

（二）加快山区城市化步伐

一要统筹城乡发展规划。认真落实区第十一次党代会精神和“加快城市化吸纳一批、农村城镇化聚集一批、新型农村社区建设提升一批”的战略要求，根据不同地区、乡村发展的客观实际，在区域发展顶层设计的框架下，尊重农村城市化发展规律，采取因地制宜、分类指导的办法，宜城则城，宜村则村，制定出适合各个地区发展特点与发展要求的规划，出台符合一村一策、一地一策原则的政策措施，加快构建新城——小城镇——新型农村社区为结点的现代城镇体系。通过加快城市化进程转移一批。纳入城市规划的门城核心地区，要加快实行城市化改造，坚持高起点、高标准、高品位规划设计门头沟新城，以创建国家生态区为载体，用一流旅游城市的标准打造现代化滨水山城，融入首都城市整体发展。以棚户区改造和土地储备重点项目实施为契机，大力推进龙泉、永定、军庄地区城市化进程，加快四个高端产业集聚区建设，全面完成新城范围内旧村改造任务，不断提升城市综合承载力和经济发展的拉动力。用城市化带动功能区建设，用功能区建设支撑城市化进程。要通过加大重点小城镇建设力度聚集一批。小城镇和重点镇要加快通过深化改革，推动农村资源和生产要素向城镇化地区集聚，最终形成人口的集聚。要充分发挥重点镇建设在城乡一体化进程中的引领作用，深化小城镇规划编制工作，完善镇域总体规划、土地利用总体规划、镇区控制性详细规划、产业园区详细规划和市政基础设施规划，构建“五规合一”的规划体系，以重点镇开发带动山区发展。要通过建设新型农村社区提升一批。山区要加快新型农村社区建设，使农民在社区享受城市的基础设施，享受和城市居民一样的社会保障和公共服务，从事适合当地发展的产业，实现田园式就地城市化。

二要全面加强重点镇建设。潭柘寺镇要围绕建设文化度假小镇，加强与京投银泰集团合作，积极开发佛学文化体验、国学修身等旅游项目。斋堂镇要围绕打造古村落文化体验小镇，加快启动旅游集散中心和都市青年文化休闲广场项目建设，同时在周边高标准打造京西爨柏户外休闲养生度假组团、灵岳寺禅宗文化度假组团、杨家峪商务会议艺术中心组团和珍珠湖水上休闲度假组团。军庄镇要围绕打造文化创意休闲宜居小镇，推进国际葡萄酒文化产业基地项目建设。王平镇要围绕打造商务会议健康养生小镇，尽快开工建设中瑞煤矿生态恢复休闲养老度假园。妙峰山镇要围绕打造生态沟域经济示范区，充分利用好镇域内各种旅游文化资源，加强与世茂集团合作，推进生态人居、生态研发等生态产业体系发展，着力打造商务休闲旅游区。雁翅镇要借助地处永定河上游的有利位置，加快南石洋大峡谷等沟域开发，发展滨水主题的休闲度假项目，培育一批具有地区特色的高端品牌，打造独具特色的水岸休闲小镇。清水镇要依托灵山、百花山等山地资源，积极发展自助旅游、山地运动、生态休闲等高端业态，建设国际山地运动度假小镇。

三要积极探索农村城市化发展的新途径。要推动旅游村庄建设。古村落，古道与重要景区附近村落，是发展旅游产业的重要基础。要把城镇化与景区化建设相结合，加快完善旅游村庄发展规划体系，整体推动旅游村庄建设。要加强政策集成、资金聚焦，各项涉农政策和生态修复、流域治理、观光园区建设等工程都要向旅游村庄聚集，做好旅游村庄周边医疗、商业等配套设施建设，建设农民幸福生活的美好家园，实现农村就地城镇化。要创新旅游村庄管理，探索建立全区统一的旅游经营公司，对所有古村落及民旅游村的旅游接待实施标准化的管理。以108、109国道沿线村庄为重点，大力发展古道人家、水岸人家、采摘篱园、休闲农庄、乡村酒店等新型旅游业态，改善农村面貌。要推动旧村改造。对不拆建村要按照城镇化的最低标准，制定全区统一的旧村改造计划，以2公里服务半径为标准，在一些大村建设商业、文化、医疗设施相对完备的农村公益设施服务中心，打造半小时服务圈。计划用5年时间全面完成旧村农民住房条件和村内基础设施改造，实现不进城也能享受现代生活。要积极开展山区农民集中搬迁试点工作。要制定新型农村社区建设规划，按照城市社区标准，统一规划建设新村道路、路灯、绿化、垃圾收集处理等基础设施，社区规划要注重与与城镇总体规划相结合，与城镇基础设施规划相衔接。要抓住大企业集团参与各镇发展的机遇，实施村企共建社区，各镇至少要建1个集中、宽敞、舒适、方便的“农民新村”（条件具备的可多建），新村建设地址应主要集中在镇中心区、交通便捷和具备发展潜力的地区。对深石山区、地质灾害威胁区、煤矿塌陷区、矿区等不宜居住的村庄，结合搬迁扶贫、通过农地重新整理、村镇重新建设、要素重新组合，实施“撤村并居、迁村并点、生态移民，统规统建”，直接进入重点小城镇或建设的新型农村社区。

四要加快沟域景区建设。要按照山区全域景区化目标，高起点做好重点沟域的规划，积极探索以沟域景区为核心的组团式沟域经济发展新模式，形成旅游文化休闲产业发展的新亮点。沟域建设的重点要由前两年的实践总结、理论探讨和规划编制，转向抓好规划沟域的建设落实。在项目实施上，要坚持以环境整治、改善沟域整体形象为重点，打造“山会招手、水会唱歌、树会说话”的生态优美新山区。在资金来源上，坚持部门联动、政策集成、资金聚集、搭建投资平台的做法，多渠道筹集发展资金。在工作指导上，坚持“生态优先，规划先行，突出特色，农民主体”的沟域经济发展建设方针，引导会展产业、创意产业、生命健康产业及总部研发机构向沟域聚集，走高端高效发展之路。山区各镇要以沟域为基础，强化与大企业集团的合作，实施“一镇多企，一企一沟，一沟多村”联动发展的新模式，鼓励本地农民以土地作为资本参与整个项目的开发，加快推动沟域项目落地，实现资源用起来、沟域美起来、农民富裕起来。

五要多措并举创新解决制约山区发展的瓶颈问题。一是精准化招商。重点强化与中央、市属大企业的合作，将大型企业作为一级开发的实施主体，利用大型企业的信誉和资金优势，缓解征地房屋征收资金压力。二是开展经营城市。通过出让冠名权、广告经营权、拍卖引进等方式，积极吸纳社会资本参与城镇环境建设。三是实施土地新政。申请作为国家低丘缓坡开发试点，适度开发山地补充耕地。四是进行金融创新。金融机构的战略合作，成立小额贷款公司和村镇银行，用于农业产业和城镇建设。申请设立文化休闲产业发展基金和门头沟社会生态发展基金，用于失业人员安置，农村居中点迁并。五是建立帮扶机制。广泛开展“部门进村”，“百企联村”、“村企共建”等形动，引导社会资本投入农村。

（三）切实加强城市化进程中农村集体资产经营管理

一要深化农村集体经济产权制度改革。要按照“资产变股权、农民变股东”的基本方向，积极稳妥推进集体产权制度改革，培育适应市场经济要求、充满生机和活力的新型经济组织。要进一步深化农村产权制度改革，实现由农村集体经济组织到城市社区集体经济组织的转变，为农村城市化和农民带着资产进城提供长远的体制和机制保障。要大力发展农民专业合作组织。要继续加大扶持力度，支持鼓励发展大合作社，以及合作社之间的联合，努力创建一批管理规范、发展良好、带动能力较强的示范社。要加强对合作社带头人和管理人员的培训，注意发现、引导能成为合作社带头人的农村经纪人，牵头创办农民专业合作社，并支持他们做大作强。

二要提高镇统筹发展集体经济的能力。对已完成拆迁村，要按照被征土地的一定标准，统一预留产业用地，由镇集体通过建立资产管理平台，实行统一经营、统一运作，实现被征地农民享受分红。被征地项目要向村集体返还部分底商及物业经营权，对底商与物业的经营，可考虑在遵循村民意愿的前提下，实行集体拥有所有权，投资方统一经营的方式，提高规模化经营的效益。加快镇办集体企业改制步伐，重点理清产权关系，为盘活集体资产，招商引资奠定基础。

三要加强拆迁村村集体与个人资产管理。针对拆迁村集体和个人形成的富余资产，为提高资金效益，为拆迁村民提供稳定的收益，可考虑以下模式：一是留地安置征占地补偿模式。采用“土地一级开发收益置换商业设施”的开发运作方式，在预留土地上建设商业设施，拆迁村以入股形式参与建设。由镇统筹组建资产管理公司，对集体和个人资产实施统一经营。二是集体积累购置商业设施模式。按照市场运作机制，鼓励被拆迁村用集体土地补偿款购买商业设施，不断提高扩大资产及经营管理的能力。三是土地出让获取租赁收益模式。拆迁村土地被国家征占后，鼓励按照“村企合作”模式，通过与用地企业共同建设商业中心等形式，获得土地租金收益。四是探索信托化经营。通过一系列规范的法律合同使农民、村集体与信托公司之间建立起基础性的信托法律关系，利用专业信托机构在资本经营与风险控制方面的优势确保集体资产稳定、安全增值，实现资产管理和处置风险的有效控制。

（四）推动农村社会管理创新

一要积极推进农村社区建设。参照城市社区模式建设，有计划、有步骤地建设一批规划科学、设施齐全、服务配套的农村社区服务中心，逐步把传统村落改造成为让农民也能过上现代文明生活的农村社区，构建城乡统一的公共服务体系和均等化公共服务制度。选择经济基础较好的村庄，开展农村社区建设试点，建立社区服务站，整合现有村委会软硬件资源，扩大面对辖区居民的服务范围，解决社会管理盲点问题。要建立规范的新建小区交接工作机制。对成片开发的居住区，组织相关部门提前研究社区规划，完善社区服务功能。对商品住宅的开发建设，做到关口前移，在土地征为国有、规划审批和项目验收阶段，街道、社会工委、教育、园林等部门应提前介入，督促开发商解决社区办公房、教育用地实施、生态绿化等问题，为居民提供优质社区服务。

二要推进城乡基本公共服务均等化。要加快教育布局调整，全面加大引进名校名园等优质资源的力度，以扩规模、上水平为目标，到2015年，力争全区中小学校将达到35所，其中3所高中要全部达到市级示范校标准，努力实现让人民群众在家门口享受优质教育的目标。要进一步健全完善城乡均等的医疗卫生保障体制，建立山区农民看病绿色通道，落实农村低保人员、超转人员大病优惠制度，解决进城农民看病难、看病贵问题。加强镇卫生院、村卫生室及社区卫生服务站的建设，参合率稳定在98%以上，提高农村居民的医疗卫生水平。要全面做好农民就业增收帮扶工作，大力开展新型农民培养工程，促进农村劳动力转移就业。要打好低收入帮扶攻坚战，建立健全区、镇、村三级联动，政府主导、分级负责、社会力量共同参与致富的工作格局。制定具体措施，通过产业发展和转移就业、加强基础设施建设、提高公共服务水平和社会保障水平等措施，努力实现低收入农户人均收入增速高于农村居民人均增速。加大社会保障力度，加大社会保障力度，提高农民低保、农村五保供养标准，推进有稳定职业的农民工养老保险与职工养老保险衔接。进一步落实“九养”政策，全面推进居家养老服务，积极应对人口老龄化问题。提升基层文化服务中心及文化室配套设施。引导农民建立社区意识，试点建设“一刻钟农村社区服务圈”，努力提高农民生活的幸福指数。

三要加强新型农村社区组织管理。加强城市地区镇行政区划的研究，探索撤镇建街道办事处、撤村建社区的有效渠道，减少行政管理层级，推进城乡管理体制一体化。加强拆迁村合并建设成的新型农村社区管理，确保原村集体组织正常运转、社区物业和社区服务管理运行通畅。推进社区化管理，建立以社区党组织为领导核心、村民自治为基础、合作经济组织为利益纽带的新型社区治理结构。对于多个村庄合并建成的社区，可以采取先组建社区党组织，再合并村组织的办法，逐步建设新的社区基层组织；对村集体和村民原有的土地、房产、服务设施等资产，可以采取股份制改造的形式组建股份合作社或股份公司，实现股权与经营权分开、社区与企业分离。要完善社会化服务，对于绿化、保洁、保安等可以通过市场化操作的项目，鼓励企业参与进来，花钱买服务，小区的物业可通过招标，交专业的物业公司管理。提高社区农民文明素质，改变旧习惯，把社区精神文明建设作为常态化的工作来抓，广泛开展各种教育培训、文明创群众性文化活动，促进农民形成社区意识，提高理财技能。

关于创新融资模式　促进地区发展的思路及模式研究

门头沟区区长　王洪钟

门头沟区位于首都西部，是北京市唯一的纯山区，受历史原因和客观条件的制约，地区经济总量、城市建设水平、基础设施条件相对落后。近年来，门头沟区克服等、靠、要的思想，发扬艰苦奋斗精神，紧抓机遇，科学发展、敢于发展，千方百计拓展融资渠道，启动资金基本落实，重点项目进展顺利，探索了一条不发达地区解决资金瓶颈、实现加快发展的新路，初步走出了发展困境。但是首都建设中国特色世界城市的宏伟目标为门头沟的发展提出了新的更高要求，培育以旅游文化休闲产业为主导的高端产业体系任务艰巨，重大项目建设资金不足问题已有显现，创新融资模式促进地区跨越式发展应作为重要问题认真进行研究。

一、门头沟区拓展融资模式的积极探索和主要成效

2010年，门头沟区财政收入不足北京市总量的0.5%，依靠传统方式所得到的财政资金远远不能满足加快发展、改变面貌的需要。特别是金融危机以来，国际经济环境日益严峻复杂，各项紧缩宏观调控政策相继出台，就门头沟而言，财政增收压力大、建设发展资金不足、企业融资难等问题更显突出，严重制约了地区经济社会发展。在这种情况下，门头沟区不等不靠，积极调整地区发展方向，明确了大力发展旅游文化休闲产业、打造首都西部综合服务区的工作思路，充分抓住地区日益凸显的政策优势、区位优势、环境优势，集聚各方面的资源，创新工作机制。通过全方位招商引资、多渠道解决保障性住房融资难题、整合开发和集约使用土地资源、积极经营城市无形资源、注重与金融机构的战略合作、采取BT、TOT模式、鼓励和支持企业上市、努力争取市级专项资金支持等多种方式，积极拓展筹融资渠道，有效解决了发展建设资金不足的问题。大规模的资金引入，为门头沟区城市建设和基础设施建设提供有力的支撑，圆满完成了棚改2万户房屋整体征收，带动了重点镇的发展，解决了一系列历史遗留问题，在使地区面貌发生巨大

改观的同时，也为门头沟的经济发展培育了新的增长点。成功引进重大项目120个，中建股份、中国水电、中信信托、市供销总社等40家央企和大型国企进军门头沟，骏洋大厦等27个项目开工建设，落地资金472亿元，各类建筑开复工面积达到692万平方米。长安街西延线3个地块、北旅广场、物美半岛、城子大街等23个项目规划获批。完成土地一级开发投资56.64亿元。2011年全区财政一般预算收入同比增长58%，固定资产投资同比增长60%，地区生产总值、财政一般预算收入、固定资产投资、城乡居民收入等五项指标增速均位居全市第一。2012年提前两个月完成全年财政收入任务、提前三个月完成固定资产投资任务，预计实现财政一般预算收入19.07亿元，同比增长13.1%；全社会固定资产投资完成190亿元，同比增长33.5%，多项经济指标的增幅均居于北京市各区县首位，再全市经济下行压力加大的形势下，经济能够保持高位运行，在保增长上走在了全市前列。

二、门头沟区融资模式的现状和问题分析

门头沟区紧抓机遇，通过大胆创新吸引了各方资源，初步走出了发展困境。但是当前宏观经济形势存在诸多不确定和不稳定性，国内经济下行压仍然较大，就门头沟而言融资难度加大大、重大工程建设资金不足、投资项目落地不快的问题依然在一定程度存在。因此，需要认真研究现有融资工作面临的问题，为进一步创新融资模式、拓阔融资渠道、促进地区发展奠定基础。

（一）宏观政策影响较大

为保证国民经济健康稳定可持续发展，去年以来，国家密集出台系列宏观调控政策，加大了拓宽融资渠道的难度。主要体现在：一是加大了房地产业的调控力度。实施了提高房贷门槛、取消购房税收优惠、扩大房产改革试点范围、加强对房地产企业的金融监管、加大安置房建设等一系列调控政策，增加了依靠土地融资的难度，对财政收入影响较大。二是加大了地方融资平台的清查力度。将规范地方融资平台、防范财政风险作为落实宏观政策的重点工作，严格控制依靠政府信用的贷款、发债行为，收紧了地方融资的渠道。三是信贷政策呈紧缩趋势。宏观货币政策的调整提高了市场经济主体从商业银行筹资的成本和难度，影响了政府招商引资的效果。

（二）项目收益回报期较长

门头沟区是山区、矿区、老区，受历史原因和客观条件的制约，土地价值相对较低。但是大发展、大建设时期，对新城的开发建设和旧城、山区的提升改造，很大程度上要依靠土地升值来获取回报，需要一定时期的积累，造成投入和收益之间产生一段时滞，影响了先期投入的收益。另一方面，由于门头沟城市建设历史欠账较多，当前重点工程项目中以市政、学校、医院、保障房等公益性建设居多，难以依靠项目本身产生收益，前期投入大，回报期较长。

（三）融资平台实力有待增强

为了增强区政府的投融资能力，引进优质社会资本投入，缓解政府投资项目融资难问题，更好地推动重大项目建设，门头沟对北京京西鑫融投资管理有限公司进行业务改造并重组，初步搭建了京西鑫融投资平台。但目前平台尚处起步阶段，资产规模小，资本运作模式单一，监督管理工作还需完善，盈利能力和整合资源能力尚不能充分满足门头沟大规模城市建设的融资需求。

（四）融资渠道还需拓宽

一是作为融资基础的土地资源有限。土地是地方政府进行融资的重要基础。门头沟区属于纯山区，平原面积狭小，建筑用地紧张，330万平方米的保障房建设任务更是占用了大量优质土地资源，加剧了用地紧张和依靠土地进行融资、引进项目的难度。二是融资主体相对单一。从现有融资情况看，虽然引用了大量社会资本，但是主要依靠财政拨款支持和政府信用为担保的贷款，方式相对传统，市场化程度有待提高。三是新型融资模式需要开发。在充分利用BT、TOT等项目融资模式的基础上，需要继续加大力度引导社会投资主体参与地区发展和建设，需要进一步加大低成本、高额度、灵活多样的企业债券、收费权信托、资产证券化等融资方式的开发力度。

（五）农村金融水平有待提高

近年来，门头沟区加大与金融企业的合作，积极引入村镇银行，农村金融建设水平取得了重大进展，初步形成以银行业金融机构为主，包括保险、担保机构在内的多层次农村金融机构体系，但是农村金融中仍然存在着薄弱环节，制约着农村基础设施建设和农村产业的发展。主要体现在：一是农村金融服务网点有限。因信息不对称而带来的高风险和高额成本等问题，商业银行本着趋利原则减少、合并了在山区等偏远地区的金融网点，影响了农村居民的金融服务水平，更是造成了从农村吸收的资金投向了非农渠道。二是金融服务功能单一。现有金融服务中仍以传统的存贷款业务为主，涉及农村基础设施建设、农业产业化项目、旅游文化休闲产业发展的业务少，缺乏产品创新，支农职能没有充分发挥。三是金融环境需要改善。农村信用体系建设还不完善，农业保险、信贷抵押担保等业务的发展还不能充分满足需求。

三、门头沟区继续创新融资模式、促进地区发展的思路

根据当前的宏观经济形势和门头沟现有的资源条件、发展形势，保障经济发展、城市建设、产业转型的资金需求任务依然艰巨，必须不断创新融资理念，遵循市场经济规律，积极创新融资渠道，采取有效措施调动各方面资源、集合各方面力量帮助政府运营城市、建设城市。

（一）完善和利用好政府新型融资平台

一是充实融资平台实力。全面准确掌握区内国有资产状况，充分整合国有资产，将政府可以合理支配的资金、资产、资源注入融资平台，扩充可抵押、可经营、有收益的有效资产，提高平台资产资产质量和运营能力，将京西鑫融投资平台打造成为一个综合性的、具有一定资产规模和持续盈利能力的投融资主体。二是提高平台融资能力。以北京京西鑫融投资管理有限公司为主体，拓展融资渠道，尝试运用发行企业债券、创办产业投资基金、国有资产证券化、扶持平台参股公司上市等多种方式，通过资本运作提高融资平台的可持续融资能力，为引进的文化创意项目、高新技术项目提供资金支持。三是发挥融资平台引导作用。充分发挥地方政府投融资的政策性效应和引导效应，界定政府投资范围，确保资金服务重大项目、重大领域，优化投资取向，保持政府融资功能的良性循环和可持续发展。四是提高融资平台的监督管理水平。加强财务和信用管理，建立完善绩效评价、年度审计、过失追责等制度，防范政府债务风险，规范融资行为，确保资金安全。五是培育新型融资运营主体。在鼓励支持北京旅游上市公司重组的基础上，搭建旅游融资平台，通过设立区级旅游投资公司，激活和优化各种旅游生产要素，促使旅游资源向旅游资本转变，通过重组、发行债券等资本手段，开展生态旅游、休闲度假旅游、红色旅游等旅游资源的综合整体开发和运营，并逐步建成以资本为纽带的旅游文化休闲产业投资平台、融资平台和信用平台，吸引和撬动社会各方投资。

（二）加强与金融机构的合作

一是增强对金融机构的吸引力度。在金融体制改革背景下，积极转变服务意识，通过采取费用减免、绩效奖励、风险补偿补贴等更加有力的行政措施来配置金融资源，弥补区县对金融资源直接控制减弱造成的负面影响，吸引更多的金融资源参与支持地区发展。二是积极与金融机构开展全方位金融合作。积极推介基础设施、文化创意产业等重大项目，注重各银行支持方向和财务指标要求，继续巩固好与金融机构的战略合作，积极争取国开行等金融机构的贷款支持。创新融资合作方式，充分挖掘、整合政府自身的优质资源，将财政资金存放、代收代支等“高收益、低风险”的竞争性强的项目和“低收益、高风险”的项目统筹安排，保证金融资源的持续性。三是提高政府金融服务水平。将主动服务作为引导金融资本参与地区发展的重要抓手，通过提供产业政策信息、加强信用体系建设等措施，降低金融机构的信息搜寻成本和追偿成本。继续完善与广州商业银行等银行、担保机构的合作机制，努力为产业发展筹措更多资金。

（三）积极争取重大政策资金支持

一是认真进行项目谋划。紧紧抓住国家和北京市保增长、战略结构调整、推进生态文明建设等重要机遇，认真研究各类产业政策，积极做好基础工作，储备、申报一批国家、北京市重点鼓励、扶持项目，争取更多基础设施建设、生态环境保护项目列入国家、北京市项目规划，努力争取国债资金、贷款贴息等资金支持。二是充分利用各项专项专项基金。结合推动首都西部转型发展的任务和发展旅游文化休闲产业的中心工作，加强与市发展改革委、旅游委、文资委、财政局、水务局、住建委等市级有关职能部门的协调，充分利用好小城镇发展基金、旅游产业发展促进基金、文化创意产业发展基金等专项基金，用足旅游产业带动区域协调发展配套改革试点区政策，为门头沟区发展争取更多的资金保障。充分利用生态涵养发展区的区域功能定位，开展生物资源保护、水环境保护、森林资源保护等工程建设，积极吸引关注，争取市级基金组织乃至国际环境组织机构的支持。三是加强政企合作。加强宣传，定期发布有关产业政策和投融资信息，使企业能够了解政策导向和可申报资金项目要求。加强与企业的沟通，主动了解企业需求，积极配合、支持企业争取相关职能部门的政策资金，做好外部配套服务，创造良好的招商引资环境。

（四）继续拓宽融资渠道

一是积极引导社会投资者参与城市发展建设。在成功运用 PPP 模式与凤凰集团合作进行公立医院改革的基础上，继续拓展政府项目与民间资本合作的方式。通过采用特许经营、股份化改造、租赁、管理合同等形式，推进市政公用事业的市场化运营、维护，继续在教育、医疗等领域吸引民间投资。三是广泛采用新型融资模式。以更高的眼界，加强与大企业、大财团的合作，明确项目条件、盈利模式和投资回报率，确保引进更多战略投资者。总结运用BT、TOT等融资方式的成功经验，对新建的经营性基础设施项目和社会事业项目，采用"建设－运营－移交（BOT）"的形式，引入其他社会资本投资建设；对已建成的经营性、准经营性城市基础设施和社会事业项目的经营权，通过"转让－运营－移交"（TOT）的形式进行转让、出让，整合、盘活存量资产；充分利用基础设施项目收益权质押进行融资，授权投资者以基础设施项目收益权作为质押，取得金融机构的贷款；积极探索采用信托基金及资产证券化等国际通行的融资方式，扩大资金来源。三是深度拓展融资领域。结合门头沟区在城市建设中的成功融资模式，积极探索更广泛领域、层次的融资实践。如在旅游文化休闲产业培育中，通过交易政府掌握拥有的景区规划权、管理权、冠名权，培育营销文化品牌等进行无形资产融资；在保障房建设中，通过推进房地产证券化、发展房地产投资信托（REITs）、引入公私合营（PPP）模式进行融资；在重点小城镇建设中，依托政府信用，打破传统行政划分界限，增强全局意识和协作观念，通过整合优质资源进行融资；在社区服务业发展中，对公益性较强、营利性较弱的服务项目，采用民办公助的方式，交由享受政府补贴的社区组织、社会团体代为管理，对于商业性较强的服务项目，通过建立社区服务发展基金募集资金。

（五）加快农村金融发展

一是加快村镇银行建设。加快农村地区支付服务基础设施建设，通过减免房租、营运维护费用、增加补贴等方式，积极推进银行加快农村分支机构的设立和业务开展，改善山区区民获得基本金融服务的水平。二是加强政策担保。加强农村金融担保体系建设，扩大有效担保物范围，发展为农服务担保机构，努力扩大政策性担保，创新金融产品，为增加农村有效信贷投放提供有力支持。大力发展农业政策性保险，不断扩大保险覆盖面，为农业产业化项目及民俗旅游的发展提供保障。三是加强农村信用建设。增强主动帮助金融机构化解风险的服务意识，努力维护农村金融生态环境。加快农村信用体系建设，以创建信用户、信用村、信用镇为载体，通过建立金融综合服务平台，实现农户信用状况的动态展示和有效贷款需求的筛选，建立为金融业的健康快速发展创造良好环境。

政党　团体

中国共产党北京市门头沟区委员会

概　述

2012年是新一届区委的开局之年，区委常委会围绕市、区第十一次党代会的工作部署，贯彻落实科学发展观，团结带领各级党组织和广大党员干部群众，以“创造发展新优势、稳中求进促发展”为主题，抢抓机遇、迎难而上，在新的起点上全面推进现代化生态新区建设，完成了年初确定的各项任务目标。

（一）明确发展思路，转型发展成效日益显著

按照生态涵养发展区的功能定位，全面落实区第十一次党代会的战略部署，着力培育以旅游文化休闲产业为主导的高端产业体系，围绕“一带两线四点多组团”空间布局，努力创造生态支撑发展、文化引领发展、产业带动发展的新优势。充分发挥规划的导向作用，制定了《长安街沿线城市设计实施导则》、古村落规划、国家步道规划等一批重要规划，3个重点镇总体规划获得审批。推动石龙开发区转型发展，立思辰等8个总部大厦开工建设，新华水利水电等一批大型企业实现入驻，总部经济发展初见成效。创新招商引资模式，引入中国水电等国有大型企业入区发展。深入落实旅游文化休闲产业发展战略规划，大力推动文游合一、农游合一，定都峰、南石洋大峡谷等重点景区建设有序推进，阳坡元、杨家峪等16个旅游示范村建设正式启动，旅游组团框架初步形成。年内，全区实现地区生产总值116.4亿元，同比增长12.3%；公共财政预算收入19.07亿元，同比增长13.1%；全社会固定资产投资190.7亿元，同比增长34%；城镇居民人均可支配收入达32369元，同比增长11%；农民人均纯收入达15715元，同比增长12%。

（二）注重城乡建设，地区发展优势更加突出

加大房屋征收力度，年内完成房屋征收150万平方米，开复工面积创历史新高。全力推进保障性住房建设，累计交付使用11736套棚改安置房，新增100万平方米安置房建设正式启动，永定地区村民安置楼、冯村“两限房”项目顺利实施，群众居住环境不断改善。大力加强基础设施建设，108国道改造一期工程基本完成，清千路、门支路三期等15项城乡道路建设重点工程全面完工，城子水厂改扩建工程实现开工，中门寺110千伏输变电工程完成建设。推进公共服务设施建设，少年宫、扶残助残基地、老年福利中心等建设加快，公共服务布局得到优化。加快旧城改造步伐，完成物美半岛、北旅广场等重要地块拆迁，实施7个老旧小区综合改造和精品小区建设工程。加大绿化美化工作力度，建成定都阁、永定楼等一批新的城市景观，“一湖十园、五水联动”城市水系景观体系基本形成，通过国家卫生区复审，城市环境更加宜居。加强小城镇建设，潭柘寺镇村民安置房、斋堂镇古村落旅游项目等加快实施，山区旅游配套设施进一步完善，全域景区化水平不断提高。积极开展国家环保模范城区创建，加快实施京津风沙源治理、小流域综合治理、碳汇造林等各项生态建设工程，生态环境质量进一步提升。

（三）坚持民生优先，社会管理不断创新

开发就业岗位，5571名城镇登记失业人员实现再就业，农村劳动力转移就业1296人，城镇登记失业率控制在4.05%。不断加强社会保障，提高城乡最低生活保障标准，消除低收入村13个、低收入农户5465户。优化教育布局，全面深化教育改革，一批新学校建成并交付使用，引进北京八中、人大附小、金色摇篮等优质教育资源，教育发展水平不断提升。深化医疗体制改革，成立区域医疗集团，创造了公立医院改革新模式，医疗诊治能力进一步提高。加强棚改新建居住区规范化管理，探索老旧小区准物业管理模式，推进农村社区化管理，创建21个“六型社区”市级示范单位。实施网格化社会服务管理体系建设试点，以61696156为民服务信息平台为依托，创新了快速解决群众应急求助的服务机制。加强对十二类特殊人群的服务管理，创新了未成年社区矫正人员“四制一式”服务管理、拆迁群众“四个不断线”等一批工作机制，各类人群精细化服务水平不断提升。创新农村“三资”管理模式，率先在全市试点农村集体资产信托化经营管理，维护了农民的合法权益。着力提高为民服务水平，直接面向群众征求意见建议8000余条，一批群众关注的热点、难点问题得到解决。

（四）实现文化引领，地区文明程度显著提高

开展社会主义核心价值体系教育，深入推进“门头沟好人评比”、“绿色出行”、“文明新家”等群众性精神文明创建活动，市民文明素质不断提高，成功实现全国双拥模范城“二连冠”。完善公共文化设施网络，推进潭柘寺、军庄、斋堂文化体育中心建设，加强社区文化活动中心规范化运行，初步形成了覆盖城乡的三级文化服务网络。大力发展文化事业，开展丰富多彩的群众性文化活动，创作了《永定河组歌》等一批文艺精品。加强文物保护工作，制定《门头沟区民居修建手册》，文化遗产保护传承和开发利用进一步加强。积极推进文化、体育、旅游融合发展，成功举办第三届北京国际山地徒步大会、第二届环北京公路自行车赛等重大赛事，地区知名度不断提升。

（五）加强民主政治建设，保持地区和谐稳定

坚持依法治区，支持人大及其常委会依法履行职能，支持人民政协履行政治协商、民主监督、参政议政职能，努力为工会、共青团、妇联、工商联等人民团体参与全区重点工作搭建平台、创造机会。加强基层民主自治，全面推行社区“四评一创”、农村“双向联评”基层治理机制，完成了社区“两委”换届。落实十八大安保维稳工作责任，发挥矛盾纠纷大调解工作体系作用，开展社会治安综合治理等“十大专项行动”，形成了维护稳定的新格局。坚持源头管控，落实重大决策社会稳定风险评估机制，在加快发展中维护好群众利益，“五七家属工”基本养老保障、冯村等一批历史遗留问题得到有效化解，筑牢了维护稳定的民心基础。坚持把重心放在基层一线，建立健全基层维稳网络体系，形成了全区动员、全民参与、全社会共保社会稳定的强大声势。切实加强安全监管，坚决打击非法盗采行为，生产、消防、食品、交通等安全工作全面强化。在全区上下的共同努力下，确保了全国“两会”、市第十一次党代会和十八大期间全区社会和谐稳定。

（六）加强党建创新，为经济社会发展提供了强大保障

强化工作统筹，按照“顶层设计、系统规划、分步实施、整体推进”的原则，区委建立了党建、宣传思想文化、纪检审计监督等十大工作体系，区政府成立了十一个重点工程指挥部，实现了重点领域工作体系的全覆盖，确保了棚改两万户房屋整体征收、“7·21”特大自然灾害应对以及农村城市化进程中的资产处置、转居社保等各项急难险重任务的顺利完成。加强思想政治建设，开展创先争优教育实践活动，精心组织以“创造发展新优势，稳中求进促发展”为主题的解放思想大讨论活动，促进了党员干部思想解放和工作创新，进一步形成了抢抓机遇、科学发展的共识。高度重视能力建设，统筹中心组学习、教育培训、外出考察等形式，建立党建大培训工作格局，提升了各级领导班子和干部的创新力、执行力。进一步深化干部人事制度改革，全面加大竞争性选拔干部力度，扩大初始提名权范围，综合运用巡视、审计、年度考核、“一报告两评议”等评价结果考察干部，选拔了一批能力突出、作风扎实、成绩优异的领导干部，优化了各级班子结构和整体素质。年内，共调整领导班子15批（次），新提拔处级以上领导干部85人次。加强基层组织建设，在农村、社区、“两新”组织、机关等领域分类开展基层党建巡视、选派基层党组织第一书记、“五型机关”建设、“五进农村”等活动，提升了基层党组织推动发展、服务群众、凝聚人心、促进和谐的能力。不断加强党风廉政建设，落实党风廉政建设责任制，全力推进惩治和预防腐败工作，开展对反腐倡廉制度的宣传教育活动，加强监督检查大体

系建设，探索重大项目廉政风险防控管理新模式，促进各级领导干部廉洁自律。加强区委常委会自身建设，贯彻民主集中制原则，进一步完善研究重要问题、重大事项的程序，提高了科学、民主、依法决策的水平。

单位名称：中国共产党北京市门头沟区委员会
地　　址：北京市门头沟区新桥大街36号
电　　话：69842176
邮　　编：102300

（闫晓华）

【走访、慰问活动】　1月5日，区四大部门领导分别带队，对建国前老党员、优抚对象、残疾人家庭及“十大好人”等进行了走访慰问，6日，市妇联“营造温暖之家　共享美好生活”2012年“两节”期间走访慰问活动在区内启动，北京妇女儿童发展基金会理事长、市委副秘书长、市妇联主席，区领导韩子荣、王洪钟等出席仪式。王洪钟代表区政府向基金会捐赠资金。仪式结束后，市、区领导到区中心幼儿园以及贫困家庭代表家中进行了慰问。7月30日，区四大部门领导分别带队走访慰问了卫生干部培训中心、工兵训练大队、卫星站、油研所等部队官兵。

（杨紫欣）

【举行“门头沟十大好人”颁奖盛典】　1月6日，举行2011年度“门头沟十大好人”颁奖盛典，首都文明办主任，区四大部门领导出席典礼并为“门头沟十大好人”颁奖。2012年起，门头沟区将每年安排专项资金，用于奖励好人好事，帮扶生活有困难的好人，以及对因行善而导致意外损失的好人提供救助。

（杨紫欣）

【举办领导干部创新领导力研修班】　1月28至30日，举行区领导干部创新领导力研修班，区四大部门领导，部分区委部门、区政府职能局及群团组织主要负责人参加培训。培训班上，中国领导艺术研究院院长围绕概论领导与领导力、领导者学习能力、提升洞察思维能力、提升表达沟通能力、提升识人用人能力等方面进行了授课；美国AECOM国际设计公司工作人员对《门头沟区旅游文化休闲产业发展战略规划》进行了介绍。2月16日至17日，举行第二期领导干部创新领导力研修班，区领导、部分镇（街道）及区委、区政府工作部门主要负责人参加培训。中国领导艺术研究院院长围绕领导干部提升和创新领导力进行了授课。

（杨紫欣）

【举办“正月十五京西民俗大会”】　2月6日，举办“正月十五京西民俗大会”，此次活动以“践行北京精神，体验京西民俗”为主题，包括民间民俗技艺集中展示、猜灯谜及青年乐队互动交流、民国老照片和门城新变化图片展、传统儿童游戏互动活动、门头沟原创歌曲传唱、身着古装服饰拜年等内容。

（杨紫欣）

【解决历史遗留问题】　2月9日，召开军庄镇北四村历史遗留问题解决研讨会。17日，召开永定镇冯村历史遗留问题解决研讨会。12月7日，召开永定镇难点问题及历史遗留问题专题研究会。区领导听取了历史遗留问题情况的汇报，并就解决措施与有关部门进行了研讨。韩子荣出席会议并提出要求。

（杨紫欣）

【中央、市属单位调研、检查】　2月21日，市委市政府“两会”安保督查组到区内检查指导工作，督查组听取了区“两会”期间维稳工作的汇报，并实地察看了区为民服务信息平台运行情况。区领导韩子荣、王洪钟等参加会议。区领导汇报了区“两会”安保工作开展情况。3月10日，世茂集团到区内调研，世茂集团董事局主席、区领导韩子荣等实地察看了潭柘寺景区建设等情况，围绕妙峰山沟域项目规划等事宜进行了座谈。3月27日，中央、市属新闻单位到区内开展“走基层、转作风、改文风”活动，市委常委、宣传部长、副市长鲁炜一行，区领导韩子荣、王洪钟等，以及北京日报、北京电视台、新浪网等媒体参加活动，并察看了棚改安置房建设、棚户区拆迁地块以及“一湖多园、五水联动”建设等情况。4月9日，市委农工委、市农委检查区城市绿化工作，市委农工委书记一行，区领导韩子荣、王洪钟等查看了棚户区改造安置房、定都阁、“一湖多园、五水联动”城市景观体系建设等情况，并听取了有关工作的汇报。区领导介绍了区经济社会发展、新农村建设等情况。7月27日，解放军总政治部到区内调研，区领导韩子荣等与解放军总政治部领导进行了座谈。8月24日，中央创先争优活动领导小组到区内调研，实地察看了“一湖多园、五水联动”城市景观体系建设、棚改安置房建设、险村搬迁、创先争优活动开展等情况，对“7·21”特大自然灾害中的先进人物进行了慰问，并听取了相关工作的汇报。9月3日，中央信访工作北京督导组到区内调研，实地察看了“一湖多园、五水联动”城市景观体系建设、棚改安置房建设、精雕科技公司发展等情况，并听取了相关工作汇报。区领导韩子荣汇报了区信访维稳等工作。12月22日，市党风廉政建设责任制专项检查组到区内检查，实地察看了永定楼、区生态旅游文化景观沙盘，听取了相关工作的汇报，观看了区反腐倡廉建设专题片，并围绕区党风廉政建设责任制落实情况进行了座谈。市委常委、常务副市长李士祥等市领导及区四大部门领导参加活动。

（杨紫欣）

【市领导调研、检查工作】 3月7日，市政协领导沈宝昌到区内调研，实地察看了采空棚户区改造安置房、“一湖多园、五水联动”城市景观体系建设情况，听取了有关工作的汇报。4月17日，市委书记刘淇、市长郭金龙到区内调研，察看了解了滨河森林公园和滨水公园景观大道建设、城市水系景观和园林绿化体系建设、棚户区改造和旧城改造、旅游文化休闲产业发展以及定都峰景区规划建设、绿化美化等情况，听取了有关工作的汇报。5月8日，市委常委、教育工委书记赵凤桐到区内调研，听取了区相关工作的汇报，实地察看了八中分校选址以及石泉小学、石泉第一幼儿园、“一湖多园、五水联动”景观体系等建设情况。7月23日，市政府副秘书长安钢到区内调研，与区领导韩子荣、王洪钟等进行了座谈，听取了区应对21日至22日暴雨情况的汇报，并就相关事宜进行研讨。24日，市委常委、统战部部长牛有成到区内调研，到秋坡村、冯村沟等地查看了“7·21”强降雨区内受灾及抢险救灾工作情况，听取了相关工作的汇报。韩子荣、王洪钟汇报了区内雨情应对工作、体会及下一步工作安排等情况。同日，市委常委、秘书长李士祥，副市长夏占义到区内调研，韩子荣、王洪钟汇报了区雨情应对工作、体会及下一步工作安排等情况。26日，市委书记郭金龙到区内检查指导“7·21”特大自然灾害救灾善后工作及防汛工作落实情况，到秋坡村、石门营安置房、永定河门城湖及排洪沟等地，察看了解了泥石流易发区险村搬迁、受灾群众安置、河道治理等情况，入户慰问了受灾群众，并听取了相关工作的汇报。市领导赵凤桐、夏占义，市有关部门负责人，区领导韩子荣、王洪钟等陪同调研。郭金龙对区险村搬迁、永定河治理、群众安置上楼等雨情应对工作以及加快转型发展工作给予了肯定，并提出了具体要求。8月11日，市委副书记、市委政法委书记吉林到区内调研，查看了区“一湖多园、五水联动”景观体系建设及棚户区改造、招商引资、灾后重建等情况，听取了有关工作的汇报。会上，韩子荣、王洪钟汇报了上半年全区总体工作情况。8月23日，市委副秘书长、市委党建工作领导小组办公室主任张建明到区内调研，实地察看了“一湖多园、五水联动”景观体系、棚改安置房建设以及“7·21”特大自然灾害受灾、险村搬迁、旧村改造等情况，听取了相关工作的汇报。9月22日，代市长王安顺到区内调研，实地察看了滨河大道建设、永定镇秋坡村险村搬迁、棚户区改造安置房建设、门城湖建设、水系治理及公园建设等相关情况，并在会上听取了区经济社会发展情况的汇报。10月16日，市委常委陈刚到区内调研，实地查看了棚户区改造安置房建设、社区服务管理创新、“一湖多园，五水联动”城市景观体系建设、为民服务信息平台运行等情况，听取了相关工作的汇报。24日，国家卫生部党组书记、副部长张茅到区内调研医疗改革工作，实地察看了“一湖多园、五水联动”城市景观体系建设、妙峰山镇卫生院基础设施建设、区医院医疗卫生体制改革及医疗条件等情况，并听取了相关工作汇报。11月1日，市委副秘书长赵玉金到区内调研，实地察看了王平镇西王平村、核桃基地建设等情况，听取了区基层组织建设、土地流转等工作的汇报。

（杨紫欣）

【成立果蜂产业协会】 2月22日，召开果蜂产业发展暨果蜂产业协会成立大会，区领导韩子荣、市果树产业协会会长，区果蜂产业协会会长等同志出席了会议。

（杨紫欣）

【区委理论中心组学习】 3月23日，市投资促进局局长围绕“中国经济的中长期机遇与挑战”、“投资促进工作的模式、经验与方法”等方面作了题为《经济发展与区域投资促进》的辅导报告。4月12日，邀请北京国际城市发展研究院院长围绕如何认识当前国内外及经济、社会形势等方面作了题为《当前的形势与政府责任》的辅导报告。7月5日，邀请市委研究室副主任围绕学习贯彻北京市第十一次党代会精神作了辅导报告。8月17日至18日，邀请军事科学院世界军事研究部原副部长、市旅游委主任、北京国际城市发展研究院院长，围绕中国周边安全环境、北京城市定位与首都旅游产业发展、十八大的新思维与首都工作的战略转型等主题作了辅导报告，并结合境内外学习考察情况进行了交流。10 月 25 日，邀请华高莱斯国际地产顾问有限公司董事总经理以《城市综合体与旅游综合体》为题，对旅游行为分析、异境营造、开发模式等内容进行了讲解，并对区旅游产业发展的特点进行了分析。11 月 19 日，举办学习宣传贯彻十八大精神专题报告会，邀请中央编译局秘书长以《全面把握、深入实践中国特色最新理论成果》为题作了辅导报告。12 月 19 日，区委理论中心组成员观看了《市十四届人大代表培训班通报今年以来全市经济社会发展情况和明年工作初步考虑》的录像。

（杨紫欣）

【工作交流、对口帮扶】 4 月 26 日，区领导赴怀柔区参观考察，与怀柔区四大部门领导进行了座谈，听取了怀柔区旅游文化产业发展情况的介绍，并实地察看了国家中影数字制作基地、怀柔区长城国际文化村及渤海镇北沟村、慕田峪村新民居建设等情况。5 月 25 日，区领导赴通州永乐店镇参观考察，与通州区领导进行了座谈，听取了通州区党建、“四评”机制等工作的介绍，实地考察了永乐店镇“四评”机制运行情况。8 月 2 日，呼伦贝尔市海拉尔区党政考察团到区内参观考察，呼伦贝尔市委常委、海拉尔区委书记等实地察看了棚改安置房建设、“一湖多园、五水联动”城市景观体系建设等情况。

（杨紫欣）

【召开全体扩大会议】 4 月 12 日，召开区委第十一届二次全会，会上报告了区出席北京市第十一次党代会代表选举工作进展情况，审议通过了区党代表会议有关事项，宣布了区出席北京市第十一次党代会代表候选人预备人选圈选结果。20 日，召开中国共产党北京市门头沟区代表会议召开，会上选举产生了区出席北京市第十一次党代会的代表。7 月 21 日，召开区委十一届三次全会。会上，区领导作《关于进一步加强基层组织建设若干文件的说明》。韩子荣在讲话中肯定了上半年全区工作的成绩，对当前面临的形势和挑战进行了分析，并就要深入贯彻落实市第十一次党代会精神，全面完成下半年工作任务提出要求。王洪钟作《关于全区经济社会发展工作的报告》，总结上半年全区经济社会发展情况，分析工作体会及存在的问题，并就突出重点，全力抓好下半年各项工作进行了部署。12 月 30 日，召开区委十一届四次全会。会上传达了市委十一届二次全会精神，审议通过了区委书记韩子荣代表区委常委会所作的题为《深入贯彻落实十八大精神 加快建设现代化生态新区》的报告，讨论了《2013 年门头沟区建设国家生态文明示范区实施方案》、《关于改进工作作风、密切联系群众的实施意见》、《关于节假日期间加强领导干部廉洁自律和厉行节约工作的通知》。

（杨紫欣）

【解放思想大讨论活动】 4 月 5 日，召开“创造发展新优势，稳中求进促发展”解放思想大讨论部署会，会上传达了区委关于深入开展“创造发展新优势，稳中求进促发展”解放思想大讨论活动的通知，宣布了活动领导小组和办公室名单。韩子荣提出了具体要求。10 曰 29 日，召开“创造发展新优势，稳中求进促发展”解放思想大讨论活动现场交流会，韩子荣等区领导参加。听取了关于大讨论活动阶段总结、学习开展情况、活动亮点特色及下一步工作打算等内容的工作汇报。会上，石军同志做解放思想大讨论活动领导小组办公室阶段总结。韩子荣就做好下一步工作进行了部署。

（杨紫欣）

【第四届北京旅游山会开幕】 5 月 19 日，国家体育总局宣传司司长张海峰，市旅游委副主任，区领导韩子荣、王洪钟等出席仪式，共同开启第四届北京旅游山会“大门”，并参加了“狂走京西”永定河绿色水岸徒步活动。张海峰、韩子荣为“门头沟户外休闲运动协会”颁牌、授旗。王洪钟致欢迎辞。

（杨紫欣）

【召开矛盾纠纷排查活动动员会】 5 月 28 日，召开迎接十八大矛盾纠纷大排查大调解百日行动动员大会。会上，区领导矛盾纠纷排查化解百日行动工作，对构建“大调解”工作体系实施意见、社会稳定风险评估细则进行了说明。韩子荣与单位代表签订了安全稳定责任书，并就做好当前维稳工作提出要求。

（杨紫欣）

【举行三大赛事专题活动】 6 月 22 日至 24 日，举办 2012 年中国乒乓球协会会员联赛（北京门头沟站），市人大中乒协、市乒协领导，以及区领导韩子荣、王洪钟等同志出席活动。来自全国各地的 510 名乒乓球爱好者参加了 17 个组别的比赛。9 月 15 日至 16 日，举办京煤杯第三届北京国际山地徒步大会，国际徒步联盟、荷兰皇家徒步协会等国际徒步组织官员，市、区有关部门，相关企业负责人出席活动。市人大副主任梁伟宣布大会开幕，市体育局局长李颖川及赞助企业代表、国际徒步联盟代表分别致辞，王洪钟主持开幕式。与会领导及贵宾为比赛鸣枪，并与参赛人员一同体验徒步。10月10日至11日，举办第二届环北京职业公路自行车赛门头沟赛段比赛，大赛组委会主席刘敬民，市体育局副局长、区四大部门领导韩子荣、王洪钟等同志出席相关赛段终点和起点仪式，为第二赛段获奖选手颁奖，为第三赛段鸣枪发令，并参加了荣誉骑行。

（杨紫欣）

【启用生态旅游文化景观沙盘】 8月27日，举行区生态旅游文化景观沙盘启用仪式，区领导韩子荣参加活动。区有关部门对生态旅游文化景观沙盘制作过程、展示功能等情况进行了介绍。

（杨紫欣）

【部署全区基层民主评议活动】 8月31日，召开全区基层民主评议活动动员会，区领导韩子荣等参加会议。会上，通报了区委关于开展基层民主评议活动的通知精神，并对基层民主评议具体工作方案进行了安排部署。

（杨紫欣）

【召开全区领导干部大会】 9月28日，召开全区领导干部大会，区四大部门领导参加会议。会上，通报了全区信访维稳工作形势，传达了中央重要文件精神，通报了第二届环京自行车赛门头沟段赛事筹备工作情况。韩子荣、王洪钟分别就做好十八大安保维稳等工作进行了部署。11月17日，召开全区领导干部大会，区四大部门领导，离退休局级老领导，全区各单位主要负责人参加会议。会上，韩子荣、王洪钟分别传达了党的十八大、市委常委扩大会精神。

（杨紫欣）

【部署农村党组织换届工作】 11月28日，召开农村党组织换届工作专题会，区领导韩子荣等参加会议，听取了各镇关于农村党组织换届筹备及进展情况的汇报，并就换届选举中涉及的相关问题与有关部门进行了研讨。韩子荣提出了具体要求。

（杨紫欣）

【成立永定地区办事处、龙泉地区办事处】 12月5日，召开永定地区办事处、龙泉地区办事处成立大会，区四大部门领导参加会议，并为永定、龙泉地区工委、地区办事处揭牌。会上，宣读民党政领导任命通知，介绍了办事处成立的背景，宣读了关于调整行政区划的批复。韩子荣提出要求。

（杨紫欣）

【召开巡视工作动员会】 12月20日，市委巡视组赴区开展巡视工作动员会，市委巡视组领导及区四大部门领导参加会议。韩子荣、王洪钟分别代表区委、区政府领导班子述职，并进行了个人述职述廉。市领导传达了市委关于巡视工作的有关要求，介绍了巡视工作的主要任务、重点巡视对象以及巡视组的主要工作方式和时间安排。韩子荣作动员报告。

（杨紫欣）

组织工作

【概况】 年内，在区委领导下，坚持以邓小平理论、“三个代表”重要思想和科学发展观为指导，围绕“党建引领发展、党建服务发展、党建保障发展”的核心要求，深化干部人事制度改革，开展创先争优活动，夯实人才工作基础，不断加强领导班子、干部人才队伍、基层党组织和党员队伍建设，提升组织工作科学化水平，为全区转型发展、创新发展和跨越式发展提供组织保障。

单位名称：中国共产党北京市门头沟区委员会组织部
地　　址：北京市门头沟区新桥大街36号
电　　话：69842546
邮　　编：102300

（丁志鹏）

【组织工作满意度民意调查结果】 1月5日，市委组织部反馈了2011年全国组织工作满意度民意调查门头沟区结果。门头沟区“选人用人公信度”得分82.56分，比2010年提高14.23分，排位上升8个位次；“组织工作满意度”得分83.82分，比2010年提高10.41分，排位上升6个位次。

（宁海龙）

【年终民主测评工作】 1月10日至30日，对全区70个处级领导班子、123名正处职领导干部、392名副处职领导干部、136名处级非领导职务干部和297名年轻后备干部进行了民主测评。

（赵新宇）

【“一报告两评议”工作】 1月10日至30日，对全区56个工委、党委（党组）开展了干部选拔任用“一报告两评议”工作，对各单位干部选拔任用工作及262名新选拔任用科级干部进行了民主评议。2月10日，市委组织部反馈了区2011年干部选拔任用“一报告两评议”结果，区“干部选拔任用的总体评价”在市各区县中排名第4位，较2010年上升4个位次。2月25日至3月15日，完成2009年至2011年全国组织工作满意度民意调查门头沟区结果、区委干部选拔任用“一报告两评议”测评结果及70家区属处级领导班子、56个工委、党委（党组）干部选拔任用“一报告两评议”测评结果的分析工作。

（宁海龙）

【局级领导年度考核工作】 1月15日至31日，制定了《关于开展2011年局级领导班子和领导干部年度考核工作的实施方案》，完成了局级领导班子及领导干部的述职述廉工作。2月4日，召开“民主测评大会”，开展对区四大部门领导班子、领导干部和法检两长的民主测评工作。

（赵新宇）

【领导干部报告个人有关事项工作】 1月17日至2月10日，配合市委组织部完成43名市管干部个人有关事项报告工作；完成680名区管干部个人有关事项报告工作。

（宁海龙）

【春节前慰问工作】 1月18日，开展春节前老干部、援藏干部、赴蒙、赴疆挂职干部以及在区挂职的区外干部的慰问工作。

（赵新宇）

【公务员统计工作】 1月20日，完成了2011年度公务员统计汇总、校核、上报工作。截至2011年12月底，全区共有公务员2103人。其中，处级干部515人（不含企业6人），平均年龄45.8岁；女干部112人，占21.7%；少数民族干部6人，占1.2%；党外干部10人，占1.9%。最高学历：大学及以上学历的470人，占91.3%；全日制学历：大学及以上学历的107人，占20.8%。

（赵新宇）

【“创新领导力”研修班】 1月28日至30日，举办第一期领导干部“创新领导力”研修班。中国领导艺术研究院院长就领导干部提升领导力和创新领导力进行了专题培训，区四套班子领导成员、部分区委部门、区政府职能局及群团组织主要负责人共58人参加了培训。2月16日至17日，举办第二期领导干部“创新领导力”研修班。中国领导艺术研究院院长就领导干部提升领导力和创新领导力进行了专题培训，区领导韩子荣等出席开班仪式，部分镇街党政主要负责人、区委、区政府工作部门及相关单位主要负责人共71人参加了培训。

（罗 樱）

【制定面向全市公开选拔意见】 2月2日，制定《关于北京市门头沟区2012年面向全市公开选拔副处级领导干部的实施意见》（门组发［2012］2号）、《北京市门头沟区2012年面向全区公开选拔副处级领导干部的实施意见》两个文件，分别面向全市和全区公开选拔干部，开展发布公告、网络报名（现场报名）、资格初审、考试测评、组织考察等工作。

（赵新宇）

【竞争性选拔工作】 2月6日，制定《2012年竞争上岗选拔区教委工会主席等三名副处职领导干部的工作方案》，拿出区教委工会主席、政府教育督导室副主任、卫生局副局长共三个副处级领导职位进行竞争上岗，开展发布公告、现场报名、资格初审、笔试、面试、民主测评、组织考察等工作。2月12日，组织286人参加竞争性选拔处级领导干部笔试。18日，在北京商务会馆，组织开展2012年竞争性选拔正处职领导干部面试工作。区领导韩子荣、市双高人才发展中心主任等领导到面试现场进行巡视。5个正处级职位的45名资格复审合格人员参加了面试。25日，在北京商务会馆，组织开展“面向全市、全区公开选拔和竞争上岗”副处级领导干部面试工作。9个副处级职位，共有52名笔试入围人员参加面试。区领导韩子荣到面试现场进行了巡视。3月10日，按照公开选拔、竞争上岗选拔工作方案要求，成立8个考察组，到各单位开展民主推荐、民主测评、个别谈话等组织考察工作，根据人岗匹配度，提出拟任9个副处级领导职位的人选。9月17日，开展门头沟区面向全区公开选拔、竞争上岗笔试工作。205人参加了笔试。此次公开选拔、竞争上岗选拔处级领导干部共有25个处级职位，正处3个，副处22个。共计报名人员227人，资格初审合格人员共218人。23日，开展面向全区公开选拔、竞争上岗、竞争性人才引进面试工作。92人参加了面试。这次公开选拔、竞争上岗、竞争性人才引进共涉及28个处级职位，其中正处职位3个，副处职位25个。

（赵新宇）

【推荐提名十八大代表候选人】

2月7日，向区委委员发放圈选选票，圈选确定了韩子荣、王自殿为我区出席党的十八大代表候选人推荐人选。

（左岩彬）

【组织观看视频会】 2月23日，区委书记、区政协主席及区委组织部机关全体工作人员，在区应急办参加中央纪委、中央组织部“严肃换届纪律、深入整治用人上不正之风”工作推进视频会议。

（宁海龙）

【规范领导干部管理工作】 2月27日，制定《关于进一步加强和规范管理政法部门领导班子和领导干部的意见》（门组字［2012］13号），就进一步加强和规范管理政法部门领导班子和领导干部工作，提出明确意见。

（赵新宇）

【挂职干部工作】 3月1日，经区委十一届7次常委会研究同意，接收内蒙古察右后旗2名干部，分别到区发改委和城子街道办事处挂职一年。经常委会同意后，制定干部挂职工作方案，印制挂职干部管理手册，组织挂职干部进行实地参观考察，召开挂职干部和挂职单位见面会，对挂职工作进一步明确要求。6月28日，召开内蒙古察右后旗挂职干部工作总结会，会上对挂职干部工作进行了总结，并对加强两地交流合作达成初步共识。9月10日，接收市委组织部安排的2名“三个一百”干部到区内挂职锻炼。制定挂职工作方案和《挂职工作手册》，安排挂职导师。

（赵新宇）

【干部培训工作】 3月5日至4月11日，举办2012年春季处级干部进修班、新任处级干部培训班、中青年干部培训班，通过政治理论、经济专题、领导科学等模块，着重加强干部党性修养，提升干部能力素质，全区80名处级干部和中青年干部参加。3月26日至4月15日，举办区第四期高级公共管理人才美国培训班，12名高级公共管理人才赴美进行为期21天的境外培训，主要涉及城市规划、公共行政管理和社区建设等培训内容；4月20日，北京大学哲学系博导、邓小平理论研究中心副主任，到区内进行“北京精神”宣讲，全区处级干部、处级后备干部200余人参加。5月4日，召开总结交流会，12名学员汇报培训心得体会和工作打算，并将培训心得刊登在《探索》杂志2012年第2期。11日，中国社科院城市规划与环境研究院规划室主任就“城镇化进程中面临的问题及对策”做专题讲座，全区处级干部、处级后备干部200余人参加。14日至17日，举办组织工作研修班，全区组织系统86名干部参加培训。20日至27日，举办区处级改任领导干部培训班，54名改任的处级非领导职务干部在延安、西安等地进行革命传统、理想信念教育和历史文化古迹参观考察。6月1日，中央财经大学文化创意研究院执行院长、教授，北京大学文化产业研究院研究员、文化部中国进口游戏内容审查委员会委员就“旅游文化创意产业发展”做专题讲座，全区处级干部、处级后备干部200余人参加培训。29日，国际金融专家，中国国际金融学会副会长，中国金融学会常务理事、中国人民银行研究生部和中央财经大学博士生导师，就“资本市场与现代实用金融知识”做专题讲座，全区处级干部、处级后备干部200余人参加培训。8月3日，国家行政学院应急管理培训部副教授就“突发公共事件应急处理”做专题讲座，全区处级干部、处级后备干部200余人参加培训。24日，国家行政学院社会和文化教研部教授就“政府形象与公共关系”做专题讲座，全区处级干部、处级后备干部200余人参加培训。9月3日至28日，举办了2012年秋季处级干部进修班、中青年干部培训班，全区79名处级干部和中青年干部参加了培训。9月14日，北京行政学院教授、清华大学兼职教授，中国行政管理学会副秘书长，北京政治学行政学会常务理事就“科学发展与领导力提升”做专题讲座，全区处级干部、处级后备干部200余人参加培训。10月12日，中科院心理研究所心理信息服务中心主任，就“人文修养与健康心态”做专题讲座，全区处级干部、处级后备干部200余人参加培训。26日，北京市委党校、北京行政学院公共管理教研部主任就“国际形势分析”做专题讲座，全区处级干部、处级后备干部200余人参加培训。11月26日至12月9日，举办区社会管理创新与生态城市建设新加坡专题培训班；16名学员赴新加坡进行为期14天的境外培训，主要针对新加坡政治经济基本情况、社会管理创新、生态型城市建设等内容。

（罗　樱）

【拆迁工作】 3月14日，召开拆迁工作组组长座谈会和拆迁工作安排部署会，听取各工作组组长对工作进展和人员情况的汇报，及时掌握各组组员情况；传达区委关于拆迁工作抽调人员的下一步工作安排，对用人单位、派出单位、抽调干部分别提出明确要求。5月21日，结合区房屋征收事务工作实际，制定《关于采空棚户区房屋整体征收工作抽调人员的管理办法》，加强对采空棚户区整体征收工作抽调人员的管理。6月15日，召开"北京市门头沟区采空棚户区房屋整体征收工作党员干部动员会议"，会上通报了采空棚户区房屋整体征收工作情况，区领导对涉迁党员、干部及所在单位主要领导提出要求并进行动员。抽调20名干部参与全区房屋征收拆迁工作，明确工作纪律和要求。7月12日，分别召开3次房屋整体征收工作抽调干部工作组组长座谈会，组织各组做好工作总结，了解各组工作情况和组员工作表现，做好房屋整体征收工作抽调干部的总结鉴定，完成采空棚户区房屋整体征收工作续留37人的抽调工作。

（赵新宇）

【召开人才巡视工作会】 3月23日，召开区人才巡视工作会，下发《门头沟区面向社会公开招考公务员实施方案》（门办发〔2012〕12号）、《门头沟公开招聘事业单位工作人员实施方案》（门办发〔2012〕13号）和《门头沟区科级干部竞争上岗实行公共科目统一考试的管理办法（试行）》（门办发〔2012〕14号）等相关文件，规范全区公开招考公务员和公开招聘事业单位工作人员工作，完善全区科级干部晋升体系。

（罗　樱）

【基层党组织分类定级工作】 3月26日，下发《关于在全区基层党组织中开展分类定级工作的实施方案》。3月至4月，对全区各领域983个基层党组织，通过党员群众测评、支部自评和党工委评定等方式开展分类定级工作。各级党组织对分类定级结果进行分析，制定整改方案和进度台账，抓薄弱工作改进。截至年底，基本实现了基层党组织晋位升级工作目标。

（左岩彬）

【任中经济责任审计工作】 3月29日，根据《2012年区委巡视工作计划》，确定由区审计局对区国资委、农业局、教委、商务委、交通局5家单位主要领导干部进行任中经济责任审计。

（宁海龙）

【建立党建大培训工作体系】 3月30日，下发《中共北京市门头沟区委关于建立健全党建大培训工作体系提高党员干部教育培训科学化水平的实施意见》（门发〔2012〕11号）及《门头沟区党员干部教育培训工作管理暂行办法》、《门头沟区党员干部教育培训项目申报备案办法》和《门头沟区党员干部教育培训学时登记管理办法》三个配套制度，整合各方资源，加大统筹协调力度，提高区党员干部教育培训工作的科学化水平。

（罗　樱）

【考核工作】 4月2日，制定《2011年度门头沟区处级领导干部年度考核工作方案》，汇总民主测评结果，核定优秀指标名额和参加考核人员范围。5月3日，制定《关于2011年度党政机关处级党政正职考核奖励的建议》、《关于2011年度事业单位处级正职考核等次的建议》。经区委常委会审议通过后，对区党政机关、事业单位处级正职进行年度考核，并确定优秀指标比例和数量。综合年终民主测评、绩效考核、日常工作表现等情况，提出各考核等次建议人选。8月中旬，将棚户区改造工作纳入考核范围，在棚户区改造工作中加强对全区处级领导班子和领导干部考核的工作，建立上级评、同级评、下级评相统一的立体测评体系，细化考核工作指标，提高考核工作针对性。8月22日，召开公开选拔、晋升非领导职务和救灾重建考察考核工作部署会，会上分别对2012年面向全市公开选拔"80后"处级领导干部、"晋升非领导职务考察"和"救灾重建考核"工作进行了具体部署。

（赵新宇）

【"一迎双争"主题活动】 4月至12月，开展"门头沟区组织系统解放思想大讨论暨'一迎双争'主题活动"，活动分三个阶段：第一阶段为学习研讨阶段，包含"新解放、新形象、新跨越"解放思想大讨论、重温经典读好书活动、"什么是组工干部的党性"大讨论、党性锻炼活动等内容；第二阶段为联系基层阶段，包含组工干部下基层活动、深入开展调查研究等内容；第三阶段为改进提高阶段，包含开展组工干部大培训、谈心谈话、"我为组织工作献一策"活动和分析整改等内容。

（丁志鹏）

【组织工作宣传季】 4月中旬至6月中旬，开展"2012年组织工作宣传季"活动。通过门头沟电视台、《京西时报》、区委《门头沟信息》、区委组织部《门头沟组工动态》、《探索》会刊、门头沟党建园地网站等载体，在全区范围内集中宣传各项组织工作。制作《服务全区科学发展　谱写组织工作新篇章》宣传片，刊发《老实人不吃亏　做人要做老实人》等“门祖平”文章，在《京西时报》刊发“庆祝建党91周年全区党建工作巡礼”系列专题报道10余篇。

（丁志鹏）

【“80后”干部履职情况调研】4月13日，开展“80后”干部履职情况调研，发放调查问卷，撰写《关于2011年2月以来新提拔到岗的副处级领导干部和镇街“80后”干部履职情况的调研报告》。

（赵新宇）

【选举市第十一次党代会代表】4月20日，召开了中国共产党北京市门头沟区代表会议，选举产生出参加市第十一次党代会代表14名。

（左岩彬）

【慰问区外挂职干部、援派干部家属】 4月25日，开展节前慰问工作。分别慰问区外挂职干部、援派干部家属，解决援藏干部子女入学问题，解除援派干部后顾之忧。

（赵新宇）

【“我身边的先锋”评选活动】4月至6月，按照“公平、公正、公开”的总体要求，经过部署提名、基层推荐、征求意见、公示等环节，评选创先争优先进基层党组织53个，创先争优优秀共产党员103人。区内推荐的3个基层党组织和2名共产党员分别被评为北京市创先争优先进基层党组织和北京市优秀共产党员。

（左岩彬）

【组织工作满意度调查】 5月2日，召开区组织工作满意度调查动员部署会，通报《2011年度全国组织工作满意度民意调查门头沟区结果》和《区委干部选拔任用“一报告两评议”结果》，部署下阶段工作。5月10日至17日，委托区统计局开展2012年度门头沟区组织工作满意度民意调查，了解全区干部群众对区委组织工作及各单位组织工作的满意度。调查共涉及镇、街、区级国家机关、事业单位及区属企业等92家单位，3213名干部群众参与。6月8日，召开全区组织工作满意度摸底调查结果讲评分析会，通报干部群众对区委组织工作满意度的评价和区属92家单位2012年满意度调查结果。

（宁海龙）

【召开青年人才座谈会】 5月4日，按照区委要求，由区委组织部、团区委、人力社保局等相关单位举办了“汇力门头沟·青年节日话成长”青年人才座谈会，全区部分“80后”副处级年轻干部、大学生村官代表共22人参加座谈。

（罗　樱）

【干部转正工作】 6月13日，召开试用到期转正考察工作部署会，制定2012年上半年试用到期干部考察工作方案，成立4个考察组，对截至2012年6月试用期满的16名处级干部进行考察，提请区委常委会审议通过后，办理相关任职手续。12月下旬，对截至2012年12月试用期满的70名处级干部进行考察，提请区委常委会审议通过后办理相关任职手续。

（赵新宇）

【选派党员干部进小区整治工作】6月10日，制定《北京市门头沟区选派党员干部深入老旧小区综合整治工程项目现场工作方案》。6月15日，召开“北京市门头沟区选派党员干部深入老旧小区综合整治工程项目现场工作动员大会”，抽调25名干部参加“门头沟区选派党员干部到老旧小区综合整治工程”项目。

（赵新宇）

【选派村党组织“第一书记”工作】 6月26日，在全区各委办局、镇街机关、企事业单位的正科级（企业中层以上干部）党员后备干部中，经过自愿报名、组织推荐、组织遴选、面试等程序，选拔了9名干部，分别选派到9个镇的9个村担任村党组织“第一书记”。

（毛付高）

【召开创先争优总结表彰大会】7月4日，组织召开了“门头沟区创先争优总结表彰大会暨基层组织建设年工作部署会”，会上总结了创先争优工作，命名表彰了创先争优先进基层党组织53个和优秀共产党员103名。

（安俊杰）

【农村基层组织建设巡视工作】7月12日，区委成立了三个农村基层组织建设巡视组，从8月至11月底，对潭柘寺镇南辛房村等9个镇的43个村开展巡视工作。各巡视组在入村巡视过程中共开展谈话606人次，入户发放调查问卷678份，形成巡视报告55篇，提出建议90余条。

（毛付高）

【召开非领导职务管理研讨会】7月18日，组织各镇、街及相关委办局28名主要领导参加“进一步完善党政机关非领导职务管理的意见”研讨，就处、科级非领导职务晋升的资格、条件等进行座谈。

（赵新宇）

【公务员管理信息系统建库工作】　7月19日，开展门头沟区公务员管理信息系统建库工作。通过信息采集、检查验收、数据迁移及数据库完善四个阶段完成了处级领导干部信息系统建库工作。

（赵新宇）

【征文活动】　7月20日，在全区范围内开展“科学发展、人才优先”为主题的征文活动，各系统、各单位系统梳理上报十七大以来人才工作的典型做法、先进经验，征集稿件37篇，通过《探索》杂志人才工作专栏进行选登。

（丁志鹏）

【人事档案核查工作】　7月21日，组织区委口单位对科级及以下干部人事档案材料进行集中核查、补充。开展处级干部人事档案整理工作，制定整理计划，决定从8月至12月，对全区处级干部人事档案进行查漏补缺。

（赵新宇）

【非领导职务工作】　8月2日，结合区实际，制定实施《关于进一步完善党政机关晋升非领导职务的意见》（门组发［2012］9号），明确晋升处、科级非领导职务的人员范围，各类非领导职务一般采取竞争性的方式产生拟任人选。7日，召开“非领导职务管理工作领导小组会议”，会上研究了全区公务员非领导职务管理工作中存在的几类特殊情况和共性问题，并明确了每类问题的答复意见和操作细则。

（赵新宇）

【公务员提前退休工作】　8月2日，根据《中共北京市委组织部、北京市人事局关于转发<中共中央组织部、人事部关于印发《公务员职务任免与职务升降规定（试行）》的通知>的通知》（京组通［2008］29号）等规定，制定《关于进一步完善公务员提前退休工作的意见》，正式启动区公务员提前退休工作。

（赵新宇）

【政工职评工作】　8月3日，开展2012年政工师评审工作。对11名申报政工师专业职务人员进行评审，对2名申报高级政工师专业职务人员进行推荐。最终9人取得政工师职称，1人取得高级政工师职称。

（罗　樱）

【召开工作部署会】　8月6日，组织召开“全区规范党政机关非领导职务管理等工作部署会”。会上传达了科级领导干部改任有关政策，部署晋升非领导职务工作。会后，开展相关政策答疑工作，共接受各类咨询400余人次。

（赵新宇）

【对防汛抢险工作进行专项考核】　8月14日，制定《关于在抢险救灾和灾后恢复重建工作中加强对全区领导班子和领导干部考核的通知》（门组字［2012］56号），将领导班子和领导干部在抢险救灾和灾后恢复重建工作中的思想、作风、能力和实绩列为考核的重要内容。

（赵新宇）

【召开党风廉政专题民主生活会】　8月15日至9月20日，配合区纪委指导区属处级单位召开“加强廉洁自律，提高制度执行力”度党风廉政专题民主生活会。

（宁海龙）

【基层民主评议活动】　8月20日和10月18日，下发《关于在全区开展基层民主评议活动的通知》和《关于在全区拆迁村中开展基层民主评议活动的实施方案》。8月31日至9月15日，开展评议村居“两委”班子活动，面向未拆迁村居232个共73547户，涉及村居“两委”干部1240名。10月22日至11月3日，在26个拆迁村中通过电话、入户等方式开展了评议活动。活动共征集8295条意见建议，涉及班子建设、经济发展、社会民生等九大类。各镇党委、街道工委针对九类问题，建立整改工作方案、明确整改时限、提出具体措施，在年底之前解决了一批群众关注的难点热点问题，将年内无法解决的问题全部纳入了明年为民办实事折子工程。

（左岩彬）

【确定提前退休人员】　8月22日至31日，成立48个考察组，采取民主推荐、民主测评、个别谈话、查阅档案等形式，对申请晋升处级非领导职务并提前退休的202人（包括2012年1－7月未享受晋升调研员政策但已经退休的4名副处级干部）进行组织考察。其中，拟晋升调研员的78人，拟晋升副调研员的124人。

（赵新宇）

【制定引进人才方案】　9月7日，制定《关于北京市门头沟区2012年面向全区公开选拔处级领导干部的工作方案》、《关于北京市门头沟区2012年竞争上岗选拔处级领导干部的工作方案》、《关于北京市门头沟区2012年竞争性引进副处级领导干部的工作方案》3个方案。

（赵新宇）

【推进干部任免信息公开】 10月，根据《党政领导干部选拔任用工作条例》和有关规定，制定实施《门头沟区干部任免信息公开办法》，对干部任免信息公开对象、公开内容、公开形式、公开范围、公开时限、公开程序等内容作出明确规定，通过《京西时报》等媒体对干部任免动态进行公开，保障了干部群众对干部选拔任用工作的知情权和监督权。

（丁志鹏）

【人才引进组织考察工作】 10月8日，召开面向全区公开选拔、竞争性人才引进考察工作部署会，成立24个考察组，对考察组成员进行业务培训。分别到相关单位开展民主推荐、测评和个别谈话，并对考生成绩、测评情况进行适时公布。

（赵新宇）

【推荐人大代表候选人】 10月25日，按照《北京市十四届人大代表候选人建议人选考察工作方案》的要求，经区委十一届23次常委会研究，共提出15名市代表候选人。

（赵新宇）

【十八大维稳工作】 10月27日，抽调14名处级干部参加十八大维稳工作。

（赵新宇）

【成立办事处】 11月6日，根据市民政局《关于调整门头沟区龙泉镇、永定镇行政区划的批复》（京民划函【2012】313号）文件精神，制定《关于龙泉镇、永定镇成立地区工委的通知》（门组干［2012］171号），区龙泉镇、永定镇调整为“镇＋地区办事处”，建立城乡统筹管理体制。龙泉镇设立龙泉地区办事处，永定镇设立永定地区办事处。根据行政区划调整，11月6日，经北京市门头沟区第十一届委员会常委会第24次会议研究决定，成立中共北京市门头沟区委员会龙泉地区工作委员会和中共北京市门头沟区委员会永定地区工作委员会。

（赵新宇）

【村党组织换届选举工作】 11月6日，区委下发《关于做好村党组织换届选举工作的意见》，12月12日至24日，全区174个村党组织完成换届选举，共产生新一届村党组织委员617人，其中党组织书记174人，副书记16人。

（毛付高）

【开展人才工作调研】 11月中旬，在全区范围内通过发放调查问卷、实地走访、专题座谈等方式开展人才工作调研，共发放问卷1600余份，覆盖68家单位，走访8家重点单位，组织座谈会11次，包括党政人才、高层次人才、年轻处级干部、大学生村官和非公企业人才。

（罗　樱）

【党员电教工作】 11月23日，召开区优秀党员电化教育播放点表彰暨党员干部现代远程教育课件制作人员和终端站点管理员示范培训班，会上授予18个党支部“2102年门头沟区优秀党员电化教育播放点”，培训人员100人次。

（袁　雪）

【军转安置工作】 11月29日，经区委十一届25次常委会研究决定，区共接收9名军队专业干部，分别安置到区属各单位。

（赵新宇）

【挂职锻炼工作】 12月10日，制定实施《关于进一步加强在区委巡视组挂职锻炼干部管理工作的实施细则（试行）》（门组发［2012］11号），进一步规范由区委组织部选派到区委巡视组挂职锻炼干部的管理工作，明确区委巡视组挂职干部的管理在区委领导下由区委组织部牵头负责，由区委巡视工作办公室、巡视组做好日常管理。

（赵新宇）

【市委巡视组开展巡视工作】 12月18日，市委第四巡视组进驻我区，开展巡视工作。包括：按照巡视组要求组织人员进行个别谈话、筹备市委巡视组对区“选人用人情况检查”的相关材料、整理提供处级干部档案、做好实地调研准备等。

（赵新宇）

【离任检查工作】 12月26日至31日，制定履行干部选拔任用工作职责离任检查的工作方案，完成2012年离任的18名工委、党委（党组）书记离任检查工作。

（宁海龙）

【召开党员干部培训工作专题会】 12月26日，召开2013年全区党员干部培训工作专题研究会，会上听取区委组织部2013年全区各单位培训工作安排情况汇报，区领导韩子荣、丁勇等出席会议，并提出要求。

（罗　樱）

宣传工作

【概况】　年内，贯彻中央、市、区重要决策部署，围绕区第十一次党代会提出的战略任务，围绕“创造发展新优势，稳中求进促发展，全力推进现代化生态新区建设”的工作主题，开展核心价值理念培育、区域科学发展成就宣传、旅游文化深度融合、群众文化建设和公民道德素质提升等工作，为推进全区经济社会转型发展、创新发展、跨越式发展提供了精神动力、思想保障和舆论支持。

一、强化核心价值理念，不断筑牢推进跨越式发展的共同思想基础

一是开展解放思想大讨论活动。从抓好动员部署、明确工作目标、做好督查推进、坚持抓好结合、搞好氛围营造五方面推进。二是推进各级理论学习中心组工作，组织区委中心组专题学习14次，对二级中心组加强督查指导。三是推进学习型党组织建设。北大区委理论讲师团队伍，开展宣讲100余场。四是开展党的十八大精神的学习宣传。开展各级领导班子和基层群众宣讲活动，持续掀起学习宣传十八大精神的高潮。

二、开展群众性主题教育活动，不断凝聚全区干部群众推进跨越式发展的精神动力

弘扬“爱国、创新、包容、厚德”的“北京精神”，开展“北京精神在京西”主题宣传实践活动；继续选树“门头沟好人”，开展“远学雷锋精神、近学身边好人”等“五个一”活动。以传统节日为契机，开展“我们的节日”传统节庆文化活动。开展“唱家乡、说家乡、赞家乡”群众性教育活动，举办了“我爱我唱门头沟”原创歌曲歌咏活动，开展200余场“党在百姓心中”双十佳百姓宣讲评比和宣讲活动。

三、开展区域科学发展成就宣传，不断树立现代化生态新区建设新形象

对内宣传把握导向，凝心聚力，营造氛围，对外宣传注重加强策划。全年，围绕棚户区改造、为民办实事工程、产业结构调整、生态环境改善、社会管理创新、党的建设、旅游休闲主导产业培育等，开展新闻内宣和新闻外宣报道，宣传区发展思路和理念，宣传为民办实事的新进展新成果，全面树立区域科学发展新形象。分别在40余家主流媒体上刊发新闻稿件3000余篇次，宣传专版100余个，举办各类新闻发布活动30余次。加强区政务网建设管理工作，建立网络发言制度，加强区政务微博建设，构建网络舆情监控机制，举办线上线下活动。

四、实现宣传、旅游和文化深度融合，构建宣传文化旅游工作体系

制定完善《北京市门头沟区旅游文化休闲产业实施方案》，编制完成《国家步道系统规划》、《古村落保护与利用规划》、《古村落古民居保护修缮守则》。组织开展旅游山会开山门、第三届北京国际山地徒步大会、第二届环京自行车赛门头沟段赛事、北京市重阳文化节开幕式、第六届中国北京永定河文化节、“这里是北京”门头沟专题展览等多项重大宣传旅游文化体育活动。加大对区内文化创意产业相关企业的服务、管理，争取市有关部门项目、资金支持。

五、推进文化惠民工作，不断提升群众生活幸福指数

一是完善基层公共文化服务。继续完善区、镇街、村居三级文化设施建设、设备配备，开展图书下乡、电影下乡、业余文化团队培训、公园文化驿站建设等工作。二是开展群众性文化活动。分别举办了第23届文化艺术节、“五月的鲜花”群众歌咏等活动，完成星火演出、周末场演出、公园文化活动演出千余场。三是不断推出文化文艺精品。推出多个精品主题创作展览，出版《百花山的故事》、《京西烽火》等反映京西民俗的图书，包装《琉璃之光》等非物质文化遗产精品演出项目。四是推进门头沟历史文化长廊等标志性文化景点建设和文物修缮、保护工作。五是做好文化市场和文化执法工作。

六、提升公民道德素质和社会文明程度，营造区域良好人文环境

一是拓展公共文明引导领域，公交站台文明引导增加至31个，新增公园广场文明游园引导7个；二是精心策划“文明新生活”素质教育，开展“城市文明公开课”系列活动；三是开展“拒绝不文明”全民行动，引导市民参与共建，美化家园；四是继续推动“绿色出行文明交通”、“垃圾减量垃圾分类”主题实践活动；五是开展网络文明传播，组织125人的网络文明志愿者队伍，开通“文明门头沟”微博，开展“文明大家拍”摄影作品有奖征集活动；六是开展石门营五区“六星文明新家”创建等社区、行业群众性精神文明创建；七是推进未成年人思想道德建设，开展“学、颂、做”教育实践活动，开展未成年人思想道德教育案例征集活动。

七、强化宣传思想文化队伍建设，不断提升引领发展的能力

开展宣传文化系统解放思想

大讨论活动。建立三项制度，统筹加强宣传思想文化队伍建设：一是宣传文化工作联席会议制度，二是新闻通气会制度，三是宣传干部“晨讲”制度。开展全区宣传干部培训工作。开展新闻发言人、舆情信息员、网络评论员、通讯员、文明引导员、文化志愿者培训，不同规模的学习培训总计200余次。在系统内开展“走基层、转作风、改文风”活动，与“创先争优”活动有机结合开展“三项学习教育”活动。

单位名称：中国共产党北京市门头沟区委员会宣传部
地　　址：北京市门头沟区新桥大街36号
电　　话：69842184
邮　　编：102300

（杨晓旭）

【召开年度新闻媒体座谈会】 1月，举办中央、市属媒体编辑记者年度联谊座谈会，近30家50余名新闻媒体编辑、记者出席。会上，区委领导向与会媒体介绍了门头沟区落实功能定位，打造生态涵养发展区和首都西部综合服务区的各项工作情况。

（高学雷）

【举办第23届文化艺术节】 1月至2月，区委宣传部、文明办、文委等单位联合举办第23届文化艺术节。艺术节期间，分别举办了开幕式暨“乡村大舞台”擂台赛、特色文化项目汇演、2013年门头沟区春节团拜会、迎新春盛装巡游公园文化活动、大台地区“正月十五幡会民俗节”等活动。参与人数达10万余人次。

（李争三）

【“丹柯杯”优秀研究成果评选】 3月，做好市第二十三届“丹柯杯”优秀研究成果推荐工作，共推荐优秀成果13篇参加全市的总评。

（单　玥）

【开展新闻战线“走转改”活动】 年内，配合人民日报、北京电视台等媒体在区内开展新闻战线“走转改”活动。3月，市委常委、宣传部长、副市长鲁炜与中央、市级媒体领导、记者到区棚改安置房现场召开“走转改”现场会，并确定区为首都媒体“走转改”基地。全年与各级媒体开展“走转改”活动10余次，接待记者400余人次，到采空棚户区改造、城市景观建设、山区生态建设等一线采访，并刊播数十篇重点新闻报道。

（高学雷）

【举办清明节大型民族音乐会】 4月4日，举办第二届“和风细雨国乐飘香”——门头沟区清明节大型民族音乐会。音乐会以“奏响春的旋律”为主题，以群众文化上水平为原则，以打造文化品牌、创作文化精品为主旨，每首乐曲都是建国国家专业乐团演奏过的、群众熟悉的名曲。

（李争三）

【启动解放思想大讨论活动】 4月，全区启动以“创造发展新优势，稳中求进促发展”为主题的解放思想大讨论活动。活动持续全年，共编制大讨论专题《工作信息》106期，利用“一台、一报、两网”对活动全面报道，发布要闻110条、动态105条、视频新闻80条，《京西时报》“理论月刊”专题7期，“京西门头沟”微博发布100条、评论400余条。

（单　玥）

【“这里是北京”系列展】 4月23日，为期30天的“这里是北京”系列展门头沟专题展在首都博物馆开展。展览以“北京之巅、绿海家园”为主题，用中英文对照的形式，通过“绿色门头沟、文化门头沟、活力门头沟”三部分内容，116块移动展板，135张图片，宣传门头沟区的自然资源。

（李争三）

【采空棚户区新闻宣传工作】 6月，区委宣传部及区属新闻单位做好采空棚户区2万户房屋整体征收新闻宣传工作。牵头成立采空棚户区房屋整体征收宣传协调组，制定《门头沟采空棚户区2万户居民房屋整体征收工作宣传提纲》、《门头沟采空棚户区2万户整体征收工作宣传方案》以及采空棚户区2万户整体征收宣传口号。征收工作期间，区电视台、《京西时报》、区网管办，对此项工作进行了报道。特别是在签约奖励期最后阶段，电视台对征收工作进行全天报道，《京西时报》改周报为日报，连续发刊6期。外宣方面，在征收工作期间，在《北京日报》头版导读、四版头条报道了《门头沟2万户棚户居民将签约上楼》；《京华时报》刊登了《门头沟所有棚户居民将彻底告别低矮平房》等新闻。

（高学雷）

【策划录制棚改纪录片】 6月，邀请北京电视台总编辑到区内棚改征收工程现场，与主要领导共同座谈，并策划录制棚改纪录片。在2万户整体征收期间，区委宣传部与《身边》栏目组工作人员分赴2万户整体征收、秋坡村险村搬迁、石门营安置房新区、石泉砖厂及黑山安置房地块等区重大工程项目现场，到正在签约的棚户区居民及秋坡村百姓、已搬入安置房中的棚改居民、正在经历搬迁的永定镇村民等群众当中，录制素材近2000分钟。完成了《签约倒计时》、《险村撤离》、《走进新生活》三期，总时长90分钟的专题纪录片。

（高学雷）

【开展主题宣传活动】 上半年，开展“北京精神在京西”主题宣传实践活动。主要开展了“北京精神”政治宣传环境布置工作、“北京精神在京西”大宣讲、“北京精神在京西”主题特色活动评选、“我爱我唱门头沟”——门头沟区原创歌曲歌咏比赛等活动。

（李争三）

【开展“党在百姓心中”百姓宣讲活动】 上半年，以“党在百姓心中”为主题，以“科学发展、辉煌成就”、学习践行“北京精神”为主线，开展“双十佳”百姓宣讲评比活动，全区有8支宣讲团及个人宣讲员共计110余人参加全区百姓宣讲比赛。下半年，结合“市第十一次党代会精神”、“迎接党的十八大”为主题，在全区范围内开展百姓宣讲活动，共开展宣讲100余场，承办市百姓宣讲团宣讲活动4场，并两次在北京新闻进行报道。

（单 玥）

【开展山地徒步大会宣传活动】 7月至10月，围绕第三届北京国际山地徒步大会的筹办和举办，提前筹划，突出亮点，实现策划专业化；创新形式、加强联动，实现报道立体化；立足发展，塑造特色，实现传播品牌化。通过北京电视台进行4小时电视直播。中央电视台《新闻联播》、新华社、人民日报、北京日报等进行了全面宣传。

（高学雷）

【爱国主义教育基地】 7月，区平西情报交通联络站、永定河文化博物馆被市爱国主义教育基地领导小组评为北京市爱国主义教育基地。

（李争三）

【举办“中国山地诗歌朗诵节”】 9月25日，在斋堂镇举办了首届“中国山地诗歌”朗诵节。朗诵节由中央人民广播电台、中国诗歌学会、北京大学中国诗歌研究院、“夏青杯”朗诵大赛组委会联合主办、中坤诗歌发展基金承办。国内知名朗诵家齐聚古村落，赞美京西、歌颂生活。

（李争三）

【策划、承办重阳文化节开幕式】 10月，组织策划“孝满京城”第三届北京重阳文化节开幕式新闻宣传活动，市委常委、市委宣传部部长、副市长鲁炜参加开幕式，近20家媒体对活动进行了报道，北京电视台对开幕式进行了录播。22日，“孝满京城”第三届北京重阳文化节在区影剧院开幕。市领导鲁炜，区领导韩子荣，等出席。同时开展了“重阳登高定都峰”系列活动。

（李争三）

【开展“十八大”政治宣传布置工作】 10月、11月，组织开展迎接党的十八大胜利召开政治宣传环境布置工作。在重点地区设置了景观花坛、摆放鲜花，在门城主要地区插挂国旗、彩旗、标语横幅，在各社区、各村更换了板报内容，粘贴了宣传画。11月，为贯彻落实十八大精神，宣传部策划组织首都十八大媒体报道团到区内开展集中采访，先后对产业转型、城市建设、棚改工成、生态发展进行了报道。陆续在新华网、北京日报、北京电视台等媒体刊播了《生态文明建设是门头沟立区之本》、《在门头沟感受生态新城》、《门头沟三座煤矸石山变身休闲公园》等报道。中央及市属媒体共刊发70余篇重点报道。北京新闻先后以《门头沟区整合优势资源加快转型发展》、《门头沟区大力推动产业转型 文化休闲产业迅猛发展》为题，对区“产业转型”发展取得的成就做报道。

（高学雷）

【完成党报党刊发行工作】 11月，区委宣传部召开2013年度重点党报党刊发行工作动员会，全区各镇党委、工委及区委直属机关单位负责人参加会议。会上对发行工作的资金保障和组织落实进行了要求和部署。截至年底，完成全年度重点党报党刊发行工作任务。

（高学雷）

【报道为民服务信息平台情况】 年内，区委宣传部协调市级媒体对平台开通运行以来的情况进行系列报道。《北京日报》、北京电视台对平台运行进行了报道，《门头沟新闻》《京西时报》除新闻重点报道外，还通过合办专题栏目、刊登区为民服务信息平台热线电话及网址的报花，进行宣传。

（高学雷）

【突发公共事件的新闻舆论调控】 年内，协调区内有关部门，依托突发公共事件应急预案、三级新闻发言人队伍和突发公共事件新闻发布应急工作机制，在上级主管部门的帮助下，完成了依法拆除违法建设、医疗纠纷等多起突发公共事件的舆论调控工作。

（高学雷）

【完善新闻发言人制度】 年内，在《关于近期做好境外媒体记者采访服务工作的有关安排》《关于在全区各部委办局、各镇、街设立新闻发言人，规范新闻发布工作的意见》等文件精神指导下，全区各单位规范了新闻发布工作，区政府所属的各委办局、各镇街均完善了新闻发言人队伍；区委系统、群众团体、大型区属企业参照设立新闻发言人。

（高学雷）

【举办北京市民周末大讲堂】 年内，以“传承文明，构建和谐，科学发展”为主题，以弘扬“北京精神”，推动地区跨越式发展为主线，以讲授社科知识、传播人文精神、弘扬文明新风为主旨，在全区范围内开展北京周末社区大讲堂活动，全年共举办讲座168场，听众5万余人次。

（李争三）

【理论宣讲工作】 年初吸收区发改委、旅游委、住建委、规划分局、拆迁办等单位相关领导加入讲师团，年内，区委讲师团围绕北京精神、市第十一党代会精神以及十八大精神等内容，结合各职能部门的优势进行理论辅导和政策解读，使全区基层干部群众了解区情和新政，共开展辅导讲座100余场。

（单　玥）

【区委中心组学习】 年内，先后邀请专家学者进行辅导讲座12次。分别围绕《学习宣传贯彻市第十一次党代会精神》、《目前国际局势》、《中国特色世界城市与首都旅游产业发展、《“十八大”的新思维与首都工作的战略转型》、《城市综合体与旅游综合体》等主题进行辅导。

（单　玥）

【二级中心组学习】 年内，编制《门头沟区理论中心组学习参考》200本、辅导光盘200张，提供给全区二级理论中心组学习。并向全区基层单位发放《北京精神50问》、《北京精神百家谈》《论文化建设》《领导干部半日读》《理论热点面对面——辨证看务实办》等书籍共计2万余册。

（单　玥）

【理论月刊】 年内，发挥《京西时报》“理论月刊”的阵地作用，出刊7期，分别刊登了区领导韩子荣、王洪钟的调研报告及区委党校等单位的调研文章。

（单　玥）

【舆情信息工作】 年内，区委宣传部作为北京市舆情信息工作的直报点，全年针对社会热点难点和舆论焦点，围绕国内国际热点难点问题，重点关注区党员干部群众的思想动态，撰写有关迎接十八大、棚户区改造等舆情信息10余篇，撰写季度舆情分析报告4篇。

（单　玥）

【学习型党组织建设】 年内，制定《门头沟区建设学习型党组织工作协调小组2012年工作要点》，举办宣传思想文化系统学习宣传贯彻市第十一次党代会精神宣讲报告会、宣传干部学习贯彻市第十一次党代会精神培训班，邀请专家进行授课，下发《论文化建设》《北京精神通论》等书籍2万余册，发放《市党代会主要内容》等宣传折页1万余份，与前线杂志社合作组织了“经济专家与区长面对面”活动，探讨区经济发展中的八种融资方式。

（单　玥）

【举办系列棚改宣传报道活动】 1月至12月，配合棚改建设重要节点和阶段性成果，召开系列新闻发布会、媒体记者集中采访，邀请新华社、北京日报、北京电视台、北京人民广播电台、京郊日报等20余家传统媒体记者，10余家网络媒体记者采访，陆续刊播了《走出棚户区下一站是幸福》、《门头沟棚户区居民开始入住新家》等新闻报道累计400余篇次，此外，区内媒体通过加强动态报道，开设专栏，制作专版、电视专题片，播放公益广告等多种形式，强化棚改建设对内宣传力度。区电视台、京西时报联动开设栏目，区电视台制播区长专题访谈节目，京西时报全文进行刊载。

（高学雷）

【区域发展主题新闻发布活动】 年内，策划开展20余次促进区域发展主题新闻发布活动。联合相关单位策划举办碳汇林启动、开山门、旅游直通车等新闻发布会，共邀请中央市属主流媒体300余家次，记者400余人次，刊播了《旅游直通车看尽门头沟》《碳汇林项目在门头沟启动》《门头沟三千万基金引人才》等新闻报道500余篇。

（高学雷）

【区主要领导接受媒体专访工作】 年内，区领导韩子荣，王洪钟分别接受新华社、北京日报、北京电视台、北京人民广播电台等媒体记者关于全区创新社会管理、采空棚户区改造、城市景观建设、保障和改善民生等情况的专题采访。

（高学雷）

统一战线工作

【概况】 年内，在区委的领导下，贯彻落实党的十八大和市、区党代会精神，按照年初统战工作要点，把握“大团结、大联合”主题，围绕中心、服务大局，依靠全区统一战线各单位和广大成员，不断提高工作水平，推动统战工作不断取得新进展，为实现全区经济社会转型发展、创新发展、跨越式发展做出了贡献。

抓好教育培训，巩固统一战线共同思想基础。举办各类培训班12期，培训600余人次，主要包括党外人士学习十八大精神培训班、市第十一次党代会精神学习班、民主党派领导班子成员培训班等。

抓好参政议政，推进社会主义民主政治建设。全年召开或协助区委召开党派协商会、座谈会6次，引导统一战线各单位和广大成员提交政协提案86件，指导各民主党派完成调研报告10篇，开展“我为发展献一计”活动，共收集建议近50条。

抓好“同心”品牌工程，服务地区经济社会发展。在市委统战部支持下召开了八个民主党派市委支持门头沟区发展建设座谈会，达成支持区发展合作意向，并在旅游文化休闲产业、教育事业方面建立了实质性工作对接。指导区各民主党派与山区镇开展“结对子”活动，促成致公支部与清水镇结成帮扶对子，拟引进企业投资23亿元，在齐家庄村进行旧村改造、旅游开发。引导广大统一战线成员发挥优势，为地区引智引资，引进项目3个，拟投资255亿元；引进企业2个，注册资金6000万元；引导统一战线成员参与公益活动，特别是在“7.21”暴雨后，全区统一战线成员捐款捐物达340万元。

抓好党外代表人士队伍建设，促进统战工作可持续发展。深入开展党外代表人士大走访活动，完成专项调研报告。起草制定了《中共门头沟区委关于加强新形势下党外代表人士队伍建设的实施意见》及四个附属文件，经区委常委会审议通过下发全区，并召开了门头沟区加强党外代表人士队伍建设工作大会。

抓好民主党派工作，完善多党合作事业。指导各民主党派加强自身建设，完成了民盟成立工委工作。引导各民主党派加强社会服务工作，不断突出特色、扩大影响，配合拆迁工作，妥善解决了各党派办公场地问题，改善了办公条件。

抓好民族宗教管理，维护社会和谐稳定。贯彻落实党的民族宗教政策，帮助潭、戒两寺完成升座仪式。指导宗教团体加强领导班子建设，加大对宗教活动场所的管理力度，依法坚决打击境外宗教渗透和非法宗教活动，确保了全区宗教稳定可控的局面。

单位名称：中国共产党北京市门头沟区统一战线工作部
地　　址：北京市门头沟区新桥大街36号
电　　话：69842327
邮　　编：102300

（张东红）

【区领导慰问党外各界人士】 1月20日，区领导走访慰问了区民主党派、民族宗教、台属等党外各界代表人士，送去了党和政府的关怀。5月29日，区领导到潭柘寺、戒台寺走访了佛教界代表人士。6月15日，区领导到区医院走访了卫生界党外代表人士，并与区卫生局、区医院就加强党外代表人士队伍建设工作进行座谈。

（张东红）

【召开党建工作会】 2月8日，区委召开2012年全区党建工作会，区统战部部长作统战工作报告，总结2012年统战工作，部署2013年工作任务。

（张东红）

【召开民主党派工作会】 3月1日，召开民主党派工作会，就做好全年各项工作进行部署和交流。

（张东红）

【国民党荣誉主席到区参观】 3月21日，国民党荣誉主席到潭柘寺、戒台寺参访。

（张东红）

【党外代表人士考察区重点工程】 5月4日，区委召开区党外代表人士考察区重点工程座谈会，全区党外各界代表人士近70人参加。区领导韩子荣通报了全区经济社会发展情况，会后党外代表人士实地考察了绿海森林公园、滨河大道、石门营新建中小学现场、采空棚户区改造石门营安置房地块等重点工程。

（张东红）

【引进捐赠巡诊车】 6月25日，农工党员、慈善家李文忠先生为区内捐赠8辆医疗巡诊车价值200万元，区领导王洪钟出席捐赠签字仪式。

（张东红）

【学习市第十一次党代会精神】 7月11日，部组织民主党派学习市第十一次党代会精神，各民主党派班子成员30余人参加了学习。

（张东红）

【台湾慈济基金会捐赠物资】 8月14日，台湾慈济基金会向区内“7.21”暴雨受灾群众捐赠物资仪式在区影剧院广场及大台街道办事处举行，共捐赠毛毯、矿泉水等生活物资价值125万元。

（张东红）

【举行联合义诊】 8月18日，区委统战部与农工工委在妙峰山镇桃园村举行联合义诊，邀请区内外医疗专家为村民提供了近百人次的检查和咨询服务。

（张东红）

【区领导出席穆斯林群众开斋节】 8月19日，区领导到城子清真寺出席穆斯林开斋节庆祝仪式，向全区穆斯林群众致以节日问候。

（张东红）

【民建支部柳林监狱帮教十周年】 8月29日，民建门头沟区支部与柳林监狱帮教活动十周年纪念大会在北京市监狱管理局清河分局举行，市政协副主席、民建中央副主席、民建北京市委主委等领导出席了大会。

（张东红）

【举办中秋座谈会】 9月26日，区委举办全区各界人士中秋座谈会，区领导韩子荣、张冰、付兆庚、丁勇及各民主党派、无党派、非公经济、各族各界代表进行了座谈。

（张东红）

【组织“三胞”亲属参观】 10月18日，区政协、区台办组织“三胞”亲属20余人参观全区城市建设的新景观、新成就。

（张东红）

【各民主党派送文化下乡】 10月18日，组织各民主党派为清水镇上清水村文化中心赠送书画作品8幅，并进行了现场书法表演。

（张东红）

【召开工作会】 11月2日，区委召开加强党外代表人士队伍建设工作会，区相关领导参加会议。区委统战部做了《关于加强新形势下党外代表人士队伍建设的实施意见》的说明，韩子荣就加强党外代表人士队伍建设提出要求。

（张东红）

【召开支持建设座谈会】 11月23日，召开北京市各民主党派支持区建设座谈会，就发挥党派优势，支持门头沟区发展建设进行深入交流，并达成合作意向。

（张东红）

【培训工作】 11月27日，举办党外人士学习十八大精神培训班，全区党外各界人士40余人参加培训。

（张东红）

【与民进北京市委进行座谈】 12月19日，区领导与民进北京市委就支持区教育事业发展进行对接并达成一致意见。

（张东红）

【中国民主同盟门头沟工委正式成立】 12月29日，中国民主同盟门头沟工委正式成立，民盟中央副主席、市政协副主席、民盟市委主委，民盟市委副主委及部分区领导张冰、丁勇等出席仪式。

（张东红）

纪检监察工作

【概况】 年内，全区各级纪检监察组织在市纪委和区委、区政府的领导下，坚持以科学发展观为统领，履行党章赋予的职责，围绕中心、服务大局，以推进具有门头沟特色的惩治和预防腐败体系建设为重点，以实施纪检监察五项工程为抓手，求真务实、创新实践，党风廉政建设和反腐败工作取得了新成效。

有效促进党风廉政建设责任制的贯彻落实。协助区委研究提出《2012年党风廉政建设和反腐败工作主要任务分工》，加强对责任制实施的监督考核。年初，区纪委常委到基层，督促各单位召开会议研究部署党风廉政建设和反腐败工作；年中，对20个牵头单位的任务分工落实情况进行抽查；年底，由区领导带队对30%的单位进行重点检查，强化了各级领导干部的责任意识，促使党风廉政建设责任制进一步得到落实。

有效强化行政监察的职能与作用。构建三级行政监察与相关政府职能部门的“大监督”格局，围绕经济转型发展、科学发展，开展节能减排、环境保护、土地管理、保障性住房、水务发展改革等立项监察13项；围绕十八大维稳、老旧小区改造等开展专项检查；围绕房屋征收工作，开展跟进监督。对全区土地卫片86宗违法用地和新增违法用地拆除工作实施全程督查。开展对“7.21”防汛救灾工作的监督检查，确保救灾物资安全落实到位。采取多种措施推进工程建设领域监管制度的监督执行。制定实施《门头沟区损害发展环境行政问责办法(试行)》、《机关作风和行政效能建设工作手册》、《行政效能建设考核细则（试行)》等，促进行政效能水平的提升。10人受到行政问责。

有效加强对党员干部的教育监督与管理。组织开展“加强廉政制度教育，提升制度执行力”的主题教育活动，融入党课教育、专题培训、知识测试、观影活动中。开展房屋征收相关规定、流程、纪律教育和培训5场次；制作工程建设领域预防职务犯罪展板132块，在18个签约大厅巡展；组织村、居干部旁听房屋征收诈骗案件庭审。开展农村干部廉洁履职“41个不准”和农村“三资”管理制度的宣传与解读，发放折页扇面等宣传品1.1万余份。推进廉政文化建设，征集作品729件，编发《清风墨润》1000册。改进对领导干部的监督管理，在全区处级领导班子和村级“两委”班子中召开廉洁自律专题民主生活会。重新启动党内巡视监督工作，分5批对15个单位领导班子重点开展了领导干部廉洁自律等巡视监督，谈话500余人次，整改问题50余个。加强领导干部经济责任审计，健全区级经济责任审计监督联系，制定实施相关审计工作办法，对15个单位主要领导进行了经济责任审计并对重点问题开展跟进调查。

有效推进重点领域的廉政风险防控管理。结合区实际，制定《关于加强廉政风险防控管理的实施意见》和《深化廉政风险防控管理工作任务分解（2012年－2013年)》，着力推进领导干部决策风险防控等6个体系建设。围绕2万户房屋整体征收工作，跟进开展风险防控管理，梳理《房屋征收、补偿及监督工作流程图》等20余个，制定《党员干部征收补偿安置信息公示制度》、《征收补偿资金审计办法》等防控制度20余个；围绕园林绿化、市政市容、新农村建设和重大体育赛事活动等，编印风险防控手册，并及时运用到经济活动和行政管理中；围绕深化农村“三资”监管，完善责任追究办法等5项制度，实施村务监督2018次，受理并解决群众意见建议765件；围绕规范行政权力运行，梳理行政职权目录2922项，编制权力运行流程图3000余个，编发《政务服务指南》2000册。推进电子监察系统升级改造工程，网上监察系统共受理审批和服务事项2.3万余件，发布督查预警600余次。深化党务公开工作，制定实行《关于在全区各级党组织中实行党务公开的意见》，确定区党代会、全委会、常委会等职权目录111项，绘制权力运行流程图58个。建立健全《党务公开检查考核标准》，开展专项检查，促进党内监督进一步规范化。

有效纠正和治理损害群众利益的不正之风。开展纠风专项治理工作，重点解决教育收费、医药购销、征地拆迁、环境保护等方面损害群众利益的突出问题。做好春季和秋季教育收费监督检查工作，抽查覆盖率达到50%。改进政风行风网络热线和行政投诉平台的建设，加大直查与化解力度，受理投诉33件并全部办结。继续开展民主评议政风行风活动，对131个政府部门、窗口单位等服务状况与作风建设情况进行3期暗访测评，各单位纠建并举，行政行为得到进一步规范。

有效维护信访举报工作秩序，保持惩治腐败力度不减。坚持“严肃纪律、惩治腐败、优化环境、维护稳定、促进发展”的原则，加强信访举报工作，制定实行《信访工作责任制》、《关于党员、干部进行信访活动的纪律规定》等，提高信访举报初核质量，规范信访举报秩序，到重点敏感地实现零上访。年内受理信访举报共计449件次，坚持实行信访举报和案件线索集体排查制度，排查重要信访举报172件，直查51件。发挥区纪委对案件查办工作的领导与组织协调作用，查处一批拆迁诈骗、贪污受贿、作风腐化等案件，并挽回巨额经济损失。全年共立案查处各类违纪案件24件，处分党员、干部25人。

推动纪检监察干部队伍建设。制定落实《关于加强镇纪检组织建设的实施办法》，进一步规范镇、街纪检监察组织的设置。建立基层纪检组织重大问题集体研究决策和定期向区纪委报告工作制度。加强纪检监察工作理论、岗位技能、专项法规和经济管理等方面的培训，优化纪检监察干部知识结构。不断推进“四型”机关创建活动，促进纪检监察干部作风进一步转变。

单位名称：中共门头沟区纪律检查委员会
地　　址：北京市门头沟区新桥大街36号
电　　话：69843066
邮　　编：102300

（吕冠华）

【政务公开与政务服务工作】 1月，召开加强政务公开和政务服务工作会。会上就全区开展依托电子政务平台加强政务公开和政务服务工作进行动员部署。区领导提出要求。5月，召开加强机关作风和行政效能工作会议。会上，传达了北京市深化行政审批制度改革电视电话会议精神，区委常委、区纪委书记赵潮英同志解读《关于加强机关作风和行政效能建设的若干规定（试行）》和《门头沟区损害发展环境行政问责办法（试行）》，部署加强机关作风和行政效能建设工作任务。区领导提出要求。5月，研究制定《门头沟区镇街行政服务中心考核办法（试行）》和《门头沟区政府职能部门全程办事代理服务机构考核办法（试行）》。一是基础建设。明确职能发挥、队伍建设、硬件建设、基层延伸等标准要求。二是运行情况。主要考核岗位责任制、首问负责制、限时办结制、政务公开制度、规范办公制度、重点回访制度、档案管理制度、勤政廉政制度的建立和落实情况。三是社会评议。综合考核申办人满意度和民主评议活动的测评结果。考核指标及结果纳入全区党政机关年度绩效考核体系，适时以适当方式通报考核结果。12月，编发《门头沟区政务服务指南》。收录43个委办局、13个镇街单位政务服务事项共3161项，包括办理主体、受理条件、法定期限、费用情况和办理程序等11类内容。向村、社区和各单位服务窗口印发2000册。

（吕冠华）

【监督检查工作】 1月，开展烟花爆竹安全管理工作督查。对全区建筑工地、供热、燃气等重点领域安全防范工作开展督查，听取区住建委、区市政市容委相关工作汇报，查阅相关资料并提出要求。2月，对龙泉镇高家园地区土地储备项目房屋征收工作进行督查。实地察看了房屋征收工作情况，并提出工作要求。5月，启动采空棚户区房屋整体征收监督检查工作，并提出相关工作要求。7月，加强防汛救灾监督检查工作。一是针对灾情制定监督检查工作预案，向全区制发《关于对防汛救灾工作落实情况进行再次监督检查的通知》，迅速开展工作。二是组成3个检查组，到基层，对各单位贯彻落实上级决策部署情况、本级预案及制度规定落实情况、党员干部在岗履职情况、隐患排查整改情况、防汛物资储备使用情况和救灾物资发放使用情况等开展监督检查。三是对在防汛救灾工作中无视工作纪律，不积极履职、组织指挥不力、处置失当、瞒报漏报重大灾情和临阵脱逃的，坚决依纪依法惩处，追究主要领导和相关当事人的党纪政纪责任。

（吕冠华）

【党风廉政建设】 2月，召开党风廉政建设工作会。会议由区领导王洪钟主持。市监察局副局长出席会议并讲话。区领导韩子荣提出要求。是月，经委领导出席军庄镇党风廉政建设工作会，并对基层党风廉政建设工作提出要求。5月，贯彻落实市党风廉政建设和反腐败任务分工方案。召开区委常委会，结合各部门职责，制定《门头沟区党风廉政建设和反腐败工作主要任务分工》，共计22项、68个具体任务，涵盖反腐倡廉宣传教育、制度、监督、改革、纠风、惩处、农村、社区和国有企业党风廉政建设等方面，分别由12名区级领导牵头，涉及34个单位。9月，举行农村党风廉政建设专题讲座。由中央纪委驻社科院纪检组组长以“维护人民群众利益：城镇化背景下农村反腐倡廉建设的核心问题”为主题，围绕城镇化快速发展及其遭遇的矛盾、城镇化背景下农村遭遇的突出腐败问题、城镇化进程中对农村腐败的有效治理实践等三个方面进行讲解。区领导等及全区各镇党政“一把手”、区相关部门领导和全区各村党支部书记、村委会主任共400余人参加学习。

（吕冠华）

【纠风工作】 2月，召开第七届区政府特约监察员聘任工作会。会上，区纪委领导为15名区政府特约监察员颁发了聘书。向新一届政府特约监察员介绍了全区党风廉政建设总体情况，并针对反腐倡廉形势和纪检监察工作任务提出要求。3月，召开解决损害群众利益突出问题组织协调工作机制联席会。会上对做好解决损害群众利益突出问题工作提出要求。5月，全面启动2012年民主评议基层站所工作。召开评议工作会，全面部署相关工作。2012年民主评议工作范围涵盖全区各单位全程办及对外办公部门，内容包括信息公开、依法办事、服务态度、工作效率、清正廉洁等五个方面。评议方式包括明查与暗访、电话咨询与现场查看、问卷调查与会议座谈、下发整改通知与复查改进措施落实情况相结合等。7月，召开政风行风暗访情况反馈会。通报了2012年第一期对全区34个行政机关、9个市属垂直单位，13个镇街的全程办和社保所以及14家医院开展的明查暗访情况，分析存在的问题，并安排部署下一步工作。区监察局提出要求。

（吕冠华）

【市纪委领导调研】 2月，市纪委副书记等领导到区内调研。听取了案件检查工作情况汇报并实地察看办案场所建设情况，对门头沟区近年来办案工作给予肯定，并提出要求。6月，市监察局副局长到区内调研。听取区监察局关于行政投诉、效能监察工作情况的汇报，对区的工作给予肯定，并提出要求。6月，市纪委常委到区内调研。分别到大峪街道房屋整体征收签约大厅和石门营地块安置房小区进行实地考察，听取了相关工作汇报。并指出，门头沟区纪委在开展棚改廉政风险防控和“四型机关”建设过程中，围绕中心、服务大局，思路清晰，做到了从实际问题出发，注重廉政制度建设与执行，取得了实效，创造了经验，希望在下一步工作中，进一步加强纪检监察宣传教育工作与廉政风险防控管理工作的融合，不断创造新经验。9月，市纪委常委、市监察局副局长到区内调研规范基层执法工作情况。听取了区关于规范基层执法工作情况汇报以及区发改委等4个单位的发言，并围绕规范基层执法工作进行讨论。

（吕冠华）

【区纪委领导调研】 2月，纪委领导到龙泉镇高家园地区土地储备项目房屋征收现场调研。听取了龙泉镇关于高家园地区土地储备项目房屋征收工作的汇报，对拆迁指挥部、拆迁签约大厅、专业公司工作现场等进行了实地查看，并针对下一阶段拆迁工作提出具体要求。3月，到联系单位大峪街道调研指导工作。听取了大峪街道办事处2012年工作思路、街道社区维稳工作情况和社区“两委”换届安排，并提出相关工作要求。4月，到区财政局调研。听取了工作汇报，并就以后党风廉政建设和反腐败工作提出要求。6月，到房屋征收签约现场检查指导工作。实地检查了各签约大厅宣传、公示、签约等工作情况，并对房屋征收监督检查工作提出要求。是月，检查房屋整体征收工作情况。实地走访了“三办一镇”房屋征收各分指挥部及部分签约大厅，了解了房屋征收总体进展情况。

（吕冠华）

【宣传教育工作】 3月，区委领导为处级干部进修班讲廉政党课。以“构建具有门头沟特色的惩防腐败体系”为题，围绕加强惩治和预防腐败体系建设的重要意义、推进惩防体系建设以及门头沟区惩防体系建设实践三个方面内容进行授课。处级干部进修班及中青年干部培训班共120余名学员参加学习。7月，廉政文化作品征集活动结束。投稿者中年龄最大的90岁，最小的14岁，征集包括文学、书法、公益广告、摄影、影视、绘画等6类500余件作品。9月，举行廉政风险防控管理专题讲座。由市纪委相关领导围绕廉政风险防控管理工作的背景、北京市廉政风险防控管理的做法以及对廉政风险防控管理的体会和认识等三个方面，为处级干部进修班、中青年干部培训班和全区镇（街）纪委书记、监察科长及部分委办局纪委书记进行专题培训。

（吕冠华）

【直派工作】 3月，召开直派工作汇报会。各直派组简要回顾了2011年工作并汇报2012年工作计划。赵潮英对各组工作思路和计划给予了肯定，同时对直派工作提出要求。是月，区纪委直派四组对采空棚户区滑石道南坡地块房屋征收项目相关人员进行廉政教育培训。以“依法规范征收行为，加强廉政风险防控”为题，围绕四个方面开展培训。

（吕冠华）

【巡视工作】 3月，区委召开巡视工作领导小组第一次会议。区领导韩子荣出席会议。会上宣布区委巡视组人员任免决定和2012年巡视工作计划，传达了《中共门头沟区委巡视工作实施办法》。韩子荣对巡视工作提出要求。是月，召开人才巡视工作会。区领导韩子荣出席会议并对人才和巡视工作提出要求。

（吕冠华）

【纪检监察干部培训】 3月，举办行政监察法规制度培训班。培训为期3天，内容包括制度法规和行政监察工作理论业务知识。由区发改委、财政局等单位对政府投资、资金监管、审计监督和档案管理等工程建设领域监管制度进行解读；由区纪委相关领导讲解立项行政监督检查和政风行风民主评议工作；由市纪委、市住建委领导就新颁布的《北京市行政问责办法》和政府投资工程建设领域中行政监察工作作了专题讲座。全区50余家单位的120余名纪检监察干部参加培训。

（吕冠华）

【召开农村集体“三资”管理工作会】 5月，召开加强农村“三资”管理工作会。传达《关于进一步加强农村集体“三资”管理工作的意见》和《关于违反农村集体“三资”管理相关规定责任追究办法（试行）》等文件，斋堂镇和永定镇做了表态发言。赵潮英对全区农村“三资”管理工作情况进行总结，并提出要求。区农村集体“三资”管理工作领导小组成员单位、各镇党委书记、纪委书记、主管“三资”工作副镇长、部分村党组织书记参加会议。

（吕冠华）

【媒体交流】 7月，经委领导做客首都之窗《政风行风热线》直播间。介绍了门头沟区棚户区改造工作情况和风险防控相关制度、区纪委监察局在棚户区改造中运用廉政风险防控取得的成果以及下一步重点工作，并就群众关心的如何堵塞征地拆迁、房屋面积测量、评估、安置等环节的风险与网民进行了交流。

（吕冠华）

【中央领导调研】 7月，中央政府驻澳门联络办领导到区内考察廉政风险防控管理工作情况。听取了区廉政风险防控管理工作概况以及干部选拔任用、资金监管等方面廉政风险防控管理工作情况介绍，并到东辛房采空棚户区改造和石门营地块安置房现场进行实地考察。10月，监察部执法监察室领导到区内调研棚户区改造工作。由监察部执法监察室主任宋福龙带队，实地察看了棚户区改造石门营安置房地块建设情况，听取了当前区棚改工作进展、存在问题及下一步工作安排。调研组对区棚改工作给予肯定，并提出要求。

（吕冠华）

【信访、案件工作】 8月，召开信访举报问题集体排查会。会上提出要求：一是进一步严格信访办案责任制，把信访初核案件办成“铁案”，确保办信质量。二是进一步落实信访公开制度，利用村（居）党员大会或民主公开日等平台，适时公开相关信访情况。三是进一步落实案件“挂账”倒排制度，督导案件查办进度，加强对基层纪委办案工作的指导。四是加强对信访举报案件线索的甄别，深入分析当前我区信访举报工作面临的主要矛盾，突出解决民生问题，做好矛盾排查化解工作，认真查处矛盾背后的腐败问题。9月，召开十八大期间维护安全稳定专题信访矛盾排查会。排查各镇街和系统的矛盾隐患，对疑难复杂案件进行会诊研讨。并提出要求。

（吕冠华）

【党务公开工作】 8月，开展党务公开工作专项检查。共检查了妙峰山镇等10个处级单位。一是加强领导，制定《2012年门头沟区党务公开工作督导检查实施方案》和《门头沟区党务公开工作考核评分标准》，召开会议进行部署。二是健全组织，抽调区委组织部、区纪委、区财政局等单位的相关领导和党务干部组成检查组，整合优势资源，提高检查队伍的专业性。三是多种形式开展检查，采取听取被检查单位主要领导汇报、查看档案资料、个别询问、实地走访下属单位等形式全面了解工作落实情况。

（吕冠华）

【专项检查工作】 11月，召开专题会议，对区党风廉政建设责任制专项检查提出要求。一要学习市责任制办公室《关于2012年对全市区县局级单位贯彻落实党风廉政建设责任市推进惩防体系任务完成情况进行专项检查的通知》，吃透精神，明确任务。二要结合市专项检查工作要求，全面开展自查，全区自查率要达到100%。三要进行抽查，由区级领导带队，重点检查单位党风廉政建设责任制落实等情况，抽查率要达到30%以上。四要做好迎检准备工作为契机，全力推进我区反腐倡廉建设各项任务进一步落实。

（吕冠华）

【区领导调研】 12月，区领导王洪钟到局内调研。听取了局主要领导工作汇报，并提出要求。

（吕冠华）

【市委领导调研】 12月，市委常委、常务副市长带队到区内检查党风廉政建设责任制贯彻落实情况。听取了区主要领导工作汇报，对全区工作给予了肯定，并提出要求。

（吕冠华）

【召开十八大精神专题研讨会】 12月，召开学习贯彻十八大精神研讨会。会上听取了机关各室、直派纪检组的工作汇报，对全区纪检监察工作取得的成绩给予肯定，并重点结合学习贯彻党的“十八大”精神，对2013年工作提出要求。

（吕冠华）

【区县纪委领导调研】 年内，通州区纪委领导到区内交流信访工作。由通州区委常委、区纪委书记带队，实地参观了区纪检监察信访接待场所，并听取了区纪检监察信访工作开展情况介绍。

（吕冠华）

政策研究工作

【概况】 年内，区委研究室坚持以科学发展观为统领，围绕年初制定的工作目标和任务安排，全面贯彻市、区第十一次党代会精神，落实区委、区政府各阶段重大部署和各项工作要求，高质量完成重要文稿起草，统筹开展全区调查研究工作，重视与调研系统单位的交流合作，加强机关组织建设，全年各项工作取得新突破。

围绕落实区域功能定位、推进产业结构调整、培育主导产业、深化重点领域改革、创新社会服务和管理机制、保障和改善民生等重大问题，科学设置调研课题，完成《关于解决我区农村城市化进程中若干问题研究》、《关于创新党建工作体系为全区发展提供坚强保障的思考》等6个区级重点调研课题任务。抓好全区调查研究工作的组织协调和突出推进调研成果的转化运用。选取全区优秀调研成果编发《2011年优秀调研成果汇编》。推荐区内3篇优秀调研报告参加市委研究室2010-2011年度全市优秀调查研究成果评选。其中《门头沟区旅游文化休闲产业发展问题研究》获优秀调查研究成果优秀奖。申报我区新农村建设优秀调研课题15篇，参加2010-2011年市农委研究室新农村建设优秀调研课题评选。其中，《门头沟区旅游文化休闲产业发展问题研究》、《关于推进门头沟区农村城镇化的调研报告》获一等奖；《关于加强门头沟区农村公益服务设施管护长效机制建设的调查与思考》、《关于推进重点镇建设问题研究》获三等奖。创新决策服务模式，创办《决策内参快报》，内容紧贴区委中心工作，重要文稿30余篇，约16余万字。承担区人代会简报任务。

单位名称：中国共产党北京市门头沟区委研究室
地　　址：北京市门头沟区新桥大街36号
电　　话：69842694
邮　　编：102300

（王　龙）

【做好区委全会的文秘工作】　年内，研究室与区委办公室秘书科配合，成立写作班子，明确职责分工，负责起草区委十一届三次全会和四次全会报告及领导讲话。初稿形成后，又组织报告起草团队参加全区范围的经济建设、宣传文化文明、社会建设、党的建设、政法系统等多个领域的座谈会、征求意见会，把握区委工作思路，最终形成了全会报告。

（王　龙）

【完成区委重要文稿撰写】　年内，起草区领导讲话及各类汇报材料等重要文稿30余篇，合计约16万字。起草了韩子荣书记等区主要领导的《在全区维护安全稳定工作会议上的讲话》、《在全区党建工作大会上的讲话》、《在创建国家环保模范城区暨控制大气污染和环境整治动员大会上的讲话》、《在繁荣区域文化共建社会文明大会上的讲话》、《在2012年第一季度经济形势分析会上的讲话》、《在“2012品牌中国女性高峰论坛”闭幕式上的演讲》、《在全区党代表会议上的讲话》、《在全市组织工作满意度调查结果分析会上的发言》、《在区委十一届三次全会上的讲话》、《在全区教育工作会暨庆祝2012年教师节表彰大会上的讲话》、《在区第十五届人大二次会议闭幕式上的讲话》、《在市委巡视组赴门头沟区开展巡视工作动员会上的讲话》、《在门头沟区学习贯彻市党代会精神实现现代化生态新区跨越式发展大会上的讲话》、《在＜北京组工通讯＞的约稿＜以保持党的纯洁性推动地区跨越式发展＞》等重要讲话材料。同时，还完成了《门头沟区促进绿色发展、生态就业的基本情况》、《门头沟区农村集体建设用地使用管理情况》、《上海市松江区统筹城乡发展的启示和借鉴意义》、《关于调整门头沟区险村险户改造搬迁工作实施方案的情况报告》、《关于解决大台地区发展系列问题的建议》、《解放思想大讨论活动汇报材料：＜破解发展难题　为全区跨越式发展做好决策服务＞》、《关于促进门头沟区旅游文化休闲产业加快发展的实施意见》、《门头沟区旅游发展委员会关于扶持旅游商品发展的实施意见》等重要文稿。

（王　龙）

【做好重要会议文秘工作】　年内，起草韩子荣同志在区十五届人大二次会议闭幕式上的讲话材料。起草区领导在区十五届人大二次会议上所作的《关于＜门头沟区旅游文化休闲产业发展战略规划＞编制情况的报告》。按照区人代会秘书处要求，根据工作需要，成立简报组，从全区各单位抽调专事文字工作的骨干力量，并对简报组人员开展专题培训，负责大会信息简报和专刊的编印及人员联络，做好大会服务。共编印大会简报18期。

（王　龙）

【承担重要会议精神的学习】　年内，按照区委要求，承担着重要会议精神的学习宣传工作。应区委宣传部、区委党校等单位邀请，为全区各级干部解读市、区第十一次党代会精神。应团区委、区妇联邀请，先后为全区青年团员和妇女战线工作者作《门头沟区旅游文化休闲产业发展战略规划》专题讲座。选派干部参加全区理论讲师团，先后在教委、水务局、老干部局等单位开展落实党的十八大精神理论宣讲。

（王　龙）

【做好调研课题的统筹协调工作】
年内，统筹开展全区2012年重点调研课题选题和调研计划的制定及协调实施。完成2011年市重点关注课题《门头沟区旅游文化休闲产业发展问题研究》和《关于创新解决门头沟区突出社会管理问题的思考》结项工作，以及2012年市重点关注课题《关于解决我区农村城市化过程中若干问题的研究》和《关于依托资源禀赋创造文化引领科学发展新优势的思考》立项工作。指导全区各单位制定重点课题调研28个、关注课题调研54个。在区委研究室的统筹协调下，82个调研课题基本完成结项。

（王　龙）

【推进市级、区级重点课题调研】按年初计划，承担着2个市重点关注课题和4个区重点调研课题任务。根据课题要求，对课题进行合理分工，制定了各个课题的实施方案及进度表。基础调研开始后，设计《门头沟区行政村现状》调查问卷，下发全区9镇177个行政村，内容涉及行政村基本情况、人口和就业情况、基础设施和公共服务设施情况、产业发展情况、土地和房屋建设情况、产权制度改革情况等。根据课题需要，通过实地勘察、召开座谈会、报送基础材料等形式对相关委办局、9个镇展开基础资料调查。为保证课题成果体现全局视野，紧跟国内先进经验做法，课题组成员赴上海松江等地区考察学习，完成《关于赴上海市松江区调研农村城市化问题的报告》。截至年底，《关于解决我区农村城市化进程中若干问题研究》、《关于创新党建工作体系为全区发展提供坚强保障的思考》、《关于依托资源禀赋创造文化引领科学发展新优势的思考》、《关于创新融资模式促进地区发展的思路及模式研究》、《关于深化全区改革为加快发展提供强大动力的调研》、《旅游专业村建设管理问题研究》等6个重点课题调研已全部完成。

（王　龙）

【推进全区优秀调研成果转化】年内，编辑《门头沟区加快发展旅游文化休闲产业促进经济社会跨越式发展研究专辑》，在2013年《北京调研》杂志以专刊形式刊发。编辑2011年全区优秀调研报告74篇，形成《2011年优秀调研成果汇编》，下发全区各单位，为各项工作提供经验总结和发展思路的参考。

（王　龙）

【加强与市级调研系统交流合作】年内，协助首都经济圈生态安全调研课题组开展调研，举办专题座谈会，到实地考察，完成《关于促进门头沟区在首都经济圈发展战略中加快发展的政策建议》。协助北京市社会科学院市情调查研究中心开展市情调研，举办北京市突发事件和包容性发展对策研究座谈会，到军庄镇等地进行实地勘察。协助市委研究室开展2012年度社情民意调研，通过发放问卷、组织座谈会，为市委掌握门头沟区民情提供第一手材料。协助市政府研究室就起草政府工作报告开展区情调研。

（王　龙）

【增进与兄弟区县的交流合作】年内，接洽密云县委研究室调研区内乡村旅游、生态建设、城乡建设情况，赴定都阁、永定楼等重点项目实地考察，举办座谈会，相互交流学习调查研究先进经验。应延庆县委研究室函洽，提供“十二五”规划、经济社会发展情况、生态文明建设情况等材料。

（王　龙）

【协助相关单位起草重要文件】年内，协助区委办公室开展全区社情民意调查统计工作，收集各界群众意见3000余条，并进行分类整理。为协助区旅游委等单位总结考察经验，探讨适合区旅游文化休闲产业发展、城市规划建设、小城镇建设的有益思路，起草《关于促进门头沟区旅游文化休闲产业加快发展的实施意见》、《门头沟区旅游发展委员会关于扶持旅游商品发展的实施意见》等材料。7.21自然灾害发生后，按照区委、区政府要求，研究室协助区农委组织起草了《关于调整门头沟区险村险户改造搬迁工作实施方案的情况报告》、《门头沟区险村险户改造搬迁工作指导意见》。

（王　龙）

【参加全区各项活动】　年内，组织机关干部参加环京自行车赛观赛活动、歌舞达人秀、新春游艺活动等。2位同志在歌舞达人秀中获得第二名和最佳人气奖，并应邀参加了区直机关文化艺术节闭幕式演出。根据区委统一部署，抽调1名干部参加全区拆迁拆违工作组，抽调1名同志参加全区科级干部竞争上岗的面试工作。按照区直机关工会要求，积极组织机关干部开展“送温暖、献爱心”、“博爱在京城”等捐款活动。

（王　龙）

老干部工作

【概况】　年内，离退休干部工作在区委、区政府的领导下，在区委组织部的直接指导下，按照全国老干部工作“双先”表彰大会、全国老干部局长会议、北京市第二十五次老干部工作座谈会和门头沟区第十一届党代会精神的要求，以迎接党的十八大为主线，以“让党放心，让老干部满意”为标准，打造“做离退休干部贴心人”服务品牌，进一步加强离退休干部思想政治建设、深化离退休干部创先争优活动，总结离退休干部制度建立30年的老干部工作经验，以不断改进离退休干部服务管理工作为重点，将“两项待遇”落到实处。做到活动开展适时化、看望慰问随时化、体检疗养制度化，组织了情况通报、参观考察、专题培训、理论研讨、征文献策、主题教育、健康体检、文艺演出、体育竞赛等活动，全区离退休干部工作迈上了新台阶。

单位名称： 中国共产党北京市门头沟区委员会老干部局

地　　址： 北京市门头沟区剧场东街12号

电　　话： 69837762

邮　　编： 102300

（李传斌）

【组织参观学习】 1月4日至20日，为全区离休干部和处级退休干部发放了春节慰问品，局领导带队分组慰问了局职离退休干部、家住山区和住院的离休干部。6日，组织局职离退休干部考察了区医院赠送了锦旗。局职离退休干部对区医院日益改善的整体环境给予了肯定，并对医院改进服务体系提出了建议。3月7日，召开离休和局职退休女干部座谈会，庆祝“三八”国际妇女节，观看了门头沟区“十大好人”颁奖典礼录像。4月29日，组织部分局职离退休干部赴福建省龙岩市上杭县古田镇古田会址参观学习。5月22日至23日，组织离休干部及局职退休干部50余人参观了定都阁。8月28日至9月14日，组织处级退休干部分三批到房山区韩村河旅游景区参观学习，并参观了堂上村没有共产党就没有新中国纪念馆，考察了房山区窦店长安汽车北京生产基地。9月25日，在“中秋、国庆”两节，为全区副处级以上离退休干部发放了慰问品，并组织慰问了住院的离退休干部。10月17日，组织局机关退休干部赴昌平参观学习，感受改革开放以来农业生态种植新成果。12月17日，召开“利用社区资源做好离退休干部服务工作会”，组织大峪街道、城子街道社区“四就近”活动站的社区书记、工作人员到顺义区怡馨社区参观学习。

（李传斌）

【召开离退休干部工作会】 1月10日，召开全区第二十五次离退休干部工作会。

（李传斌）

【党支部活动】 2月21日，召开支部党员大会，传达了韩子荣在全区党建工作会上的讲话精神，学习了《门头沟区2012年组织工作要点》、《门头沟区2012年宣传思想文化工作要点》和《门头沟区2012年统战工作要点》，并要求局机关工作人员贯彻落实。3月1日，召开支部党员大会，传达学习《中共北京市门头沟区委关于做好门头沟区出席北京市第十一次党代会代表选举工作的通知》精神，推荐门头沟区出席北京市第十一次党代会代表提名人选。并传达学习了区委宣传部、区文明办《关于进一步深入宣传2011年度“门头沟十大好人”先进事迹的通知》，观看了2011年度“门头沟十大好人”颁奖典礼实况录像。7月23日，召开全体工作人员会议，专题学习了中共门头沟区委十一届三次全体（扩大）会议精神。8月7日，举办专题学习班，组织局机关工作人员认真学习韩子荣在区委十一届三次全体（扩大）会议上的讲话。

（李传斌）

【党风廉政建设】 2月21日，召开局机关工作人员大会，系统学习了《胡锦涛总书记在十七届中央纪委七次全会上的重要讲话》，举行了2012年度党风廉政建设责任书签订仪式，局长与各分管领导签订了党风廉政建设责任书。5月7日，组织召开局机关大会，专题学习了王洪钟《在全区加强机关作风和行政效能建设工作会议上的讲话精神》。

（李传斌）

【召开座谈、通报会】 3月16日，邀请区市政管委领导为全区离退休干部介绍了市政基础设施建设、道路建设、一湖多园五水联动景观体系、夜景照明等城市建设情况。5月18日，召开二季度离退休干部通报会，组织观看了军事科学院罗援所作的国际形势报告会实况录像。9月18日，组织处级退休干部观看了《时事形势报告》录像。9月21日，邀请王洪钟向全区离退休干部通报了全区社会经济发展情况。

（李传斌）

【组织体检疗养】 3月19日至20日，组织局职离退休干部到小汤山医院进行健康体检，并建立健康档案。4月9日至30日，组织离退休干部体检，参加体检的离退休干部达900余人。

（李传斌）

【组织学习讨论】 3月29日，

举办离退休干部学习班，传达学习了市、区重要文件精神，观看了2011年度“门头沟十大好人”先进事迹。4月23日，举办局职离退休干部“解放思想大讨论”研讨会，传达了中共门头沟区委《关于深入开展“创造发展新优势，稳中求进促发展”解放思想大讨论活动的通知》，并将区委组织部、区委老干部局《关于在离退休干部中深入开展“创造发展新优势，稳中求进促发展”解放思想大讨论活动的通知》（征求意见稿）提交与会人员讨论。5月18日，召开离退休干部解放思想大讨论活动推进会。6月4日，组织部分离休及局职退休干部，到斋堂中坤山庄，进行了为期5天的主题教育研讨活动。29日，组织离退休干部收看了刘淇《在中国共产党北京市第十一次代表大会上的报告》。7月6日，组织局职离退休干部专题学习中共北京市第十一次党代会精神，13日，组织老干部文体协会负责人学习了市委研究室副主任关于北京市第十一次党代会报告精神的解读。25日，举办离退休干部党支部书记学习班，专题学习中共门头沟区委十一届三次全体（扩大）会议精神。8月10日，举办学习宣传贯彻市、区第十一届党代会精神讲座，邀请区水务局领导为离退休干部讲授《落实区委十一次党代会精神，为门头沟区跨越式发展提供水务支撑和保障》。9月18日，组织处级退休干部专题学习了中国共产党北京市门头沟区十一届三次全体（扩大）会议精神。27日，组织处级退休干部专题学习中国共产党北京市第十一次党代会精神，观看了刘淇同志在北京市第十一次党代会上做报告实况录像。11月8日，全区各离退休干部单位采取多种形式组织离退休干部收听收看党的十八大实况转播。23日、26日，组织局职离退休干部及全体机关人员集中观看了中央编译局教授的《全面把握深入实践中国特色社会主义最新理论成果》报告录像。12月10日，组织老干部文体协会会长、秘书长学习贯彻十八大精神。18日，组织全区离退休干部党支部书记观看了《关于学习贯彻党的十八大精神报告会》实况录像。19日，组织全区离退休干部党支部书记观看了中央党史研究室主任《党的十八大精神辅导报告》实况录像。

（李传斌）

【组织游艺、运动会系列比赛】 5月8日，举办了2012年离休干部和局职退休干部春季游艺会。16日至25日，举办第三届老干部“健康杯”系列比赛，356名老干部参赛。9月16日和20日，局机关工作人员参加了北京市老干部局在斋堂镇及北京工业大学奥林匹克体育馆举办的北京市第四届老干部工作者运动会，在全市第九套广播操比赛中，获得了三等奖。10月13日至17日，老干部乒乓球队参加了门头沟区第十六届“乒协杯”乒乓球比赛，男团代表队和女子个人分别获得了精神文明奖。16日，举行门头沟区第二十三届离休、局职干部运动会，共有100余名老干部报名参加。

（李传斌）

【调研、视察活动】 5月10日，王洪钟到区委老干部局调研，并实地查看了装修改造后的老干部活动中心。7月10日，市老干部局领导到区内调研市管退休干部工作，分别与门头沟区部分市管局职退休干部、老干部工作人员进行了座谈。20日，市老干部局一行五人到区内对企业退休人员党员服务管理工作情况进行了调研。20日，丁勇到区委老干部局进行了实地调研，并慰问了正在活动中心活动的离退休干部。

（李传斌）

【开展“一迎双争”活动】 6月15日，召开局机关解放思想大讨论暨“一迎双争”主题活动推进会，对第一阶段解放思想大讨论暨“一迎双争”主题活动情况进行了总结，安排部署了下一阶段主题活动任务。

（李传斌）

【组织观看电视直播、电影】 6月29日，组织部分离退休干部观看了神舟九号飞船返回电视直播。7月3日，组织300余名老干部和机关全体党员观看了影片《忠诚与背叛》。

（李传斌）

【帮扶工作】 7月5日，局领导到双涧子村慰问了贫困党员。

（李传斌）

【组织文艺演出、门球赛】 9月22日，区老干部音乐协会合唱队参加了北京市农工委举办的市农工委系统老干部喜迎党的十八大文艺汇演。26日，区第二十五届秋季“金秋杯”老年门球比赛在新改建的老干部局门球场举行，老干部门球队派出三支代表队参加了比赛。10月23日，九九重阳节前夕，在教委礼堂隆重举办了“喜迎十八大，欢度重阳节”文艺汇演。

（李传斌）

【举办老干部书画展】 9月25日，区委组织部、宣传部主办，区委老干部局、区文化委员会、区老年书画研究会、区楹联协会、区博物馆承办，在区博物馆举办了区老干部“百花向阳”楹联书画展，共展出作品153幅，其中8幅作品参加了市老年书画研究会举办的展览。

（李传斌）

【组织老干部书画下乡】 10月17日，组织老年书画研究会8名老干部赴斋堂社区送书画下乡，并展示了20幅以迎接十八大为主题的书画作品，为社区现场创作了10幅作品，与社区书画爱好者进行了笔会交流。

（李传斌）

【发放“三件套”】 10月22日，向全区离休干部发放了“三件套”，即：血压计、拐杖、放大镜。

（李传斌）

【举行健步走活动】 10月30日，处级退休干部“喜迎十八大，我爱门头沟”健步走活动在门城湖公园举行，全区227名退休干部参加了活动。

（李传斌）

【举办“北京精神”宣讲】 11月3日，雁翅镇弘扬“北京精神”和教委“用心奉献”优秀教师组成的迎接党的十八大“党在百姓心中”百姓宣讲团走进老干部系统，全区300余名离退休干部参加了宣讲报告活动。

（李传斌）

【举办系列征文活动】 年内，举办了纪念干部离退休制度建立30周年和“解放思想大讨论”征文活动，截至11月26日，共收到稿件32篇，最后评出一等奖1名，二等奖2名，三等奖4名。

（李传斌）

【发放《十八大报告》《党章》读本】 11月28日，向全区离退休干部发放了胡锦涛同志在中国共产党第十八次全国代表大会上的报告《坚定不移沿着中国特色社会主义道路前进为全面建成小康社会而奋斗》、《中国共产党章程》总计976套，并为局职离退休干部发放十八大学习辅导读本34本。

（李传斌）

【召开专题报告会】 12月5日，邀请北京市委党校、北京行政学院教授在区委党校就“加快转变经济发展方式、形成创新驱动发展格局”主题向离退休干部做了解读。

（李传斌）

信访工作

【概况】 年内，全区信访工作在区委、区政府的领导和全区各单位的支持下，坚持以“三个代表”重要思想和科学发展观为指导，贯彻落实市委市政府和区委区政府关于信访工作的一系列决策部署，围绕以为党的十八大胜利召开和全区跨越式发展营造良好社会环境为目标，进一步畅通信访渠道，创新工作机制和方法，化解矛盾纠纷。年内，区信访办受理群众来信来访2717批（件）7767人次，同比批次上升5%、人次下降42%。其中，接待来访1649批5250人次，同比批次上升4%、人次下降52%（其中集体访203批3397人次，同比批次下降45%、人次下降73%）；发生到市集体访23批283人次，同比批次下降47%、人次下降78%，在地区跨越式发展、推进现代化生态新区建设的大背景下，实现了群众信访人数、集体访、越级集体访“三下降”，实现了市委市政府提出的“不发生重大群体性事件、不发生极端恶性案件、不发生大规模集体越级上访、敏感时期不发生非正常集体访”“四个不发生”和“小事不出村社、一般事不出镇、大事不出区”“三个不出”及“大事不出、小事也不出”的工作目标。

单位名称：中国共产党门头沟区委门头沟区人民政府信访办公室
地　　址：北京市门头沟区新桥大街12号
电　　话：69842720
邮　　编：102300

（赵桂憨）

【领导接访下访情况】 年内，在完善“定期接待、重点约访、带案下访、领导包案和联合接访”五位一体领导接访制度的基础上，将各级领导干部接访下访工作纳入年度目标管理考核范围。区领导阅批来信千余件，并全部由区委区政府督查室督办落实；区委区政府领导先后接待和协调处理信访问题近百件、下访接待群众207批1246人次；各镇街及部门领导干部接待群众999批3982人次、下访接待682批2079人次。

（赵桂憨）

【领导包案】 年内，按照区联席会工作部署及要求，区信访办严格落实区、镇（街）两级领导包案制度，做到层层包案，一包到底。在包案工作中，各级包案领导采取召开协调会、下访调研、现场办公等形式开展重点矛盾化解工作。截至年底，全区动态排查重点矛盾、重点人，全部按“1+X”的工作模式，落实了区、镇两级领导包案、责任单位及稳控措施。84件区级重点矛盾化解41件，其余重点矛盾均得到有效稳控，化控率100%；250个信访重点人化解67人，其余重点人均得到有效稳控，化控率100%。

（赵桂憨）

【村居“连民心恳谈室”工作】 年内，全区“连民心恳谈室”共接待群众来访3898批（件）6361人次，化解各类矛盾纠纷3203件，控制越级访403批，大量社会矛盾在初始阶段得到及时化解。

（赵桂憨）

【矛盾纠纷排查工作】 年内，区信访办从服务跨越式发展和全区工作大局出发，进一步强化矛盾纠纷排查机制。自2月开始在全区范围内开展了横向到边、纵向到底的拉网式大排查，在全市率先启动十八大安保维稳百日会战周排查、日排查活动，坚持每日分析梳理各单位排查信息，每日更新重点矛盾、重点人工作台帐；每日与维稳、公安及主责部门、属地单位建立无缝对接，每日形成《信访维稳工作日报》，分析研判全区信访情况；每周召开会商会，确保矛盾纠纷排查化解工作有组织、有目标、有措施、有实效。组织全区开展矛盾排查累计131次。同时，针对区内及跨区人户分离信访问题，逐一与属地单位落实了交接、列管工作。对经排查上帐的矛盾问题，落实区委区政府提出的“新矛盾不增，老问题减少”的工作目标，对能解决的当场解决；对涉及多个部门的矛盾，按照“大调解”工作体系制定解决方案，明确牵头部门，限期解决；对复杂的信访问题，及时提交区委政法委每周组织的重点矛盾调度会专题研究。

（赵桂憨）

【信访事项督办协调工作】 年内，加强信访事项督办协调工作。一是建立矛盾控制化解工作周例会制度，分别于每周、每半月召集各镇街及相关部门定期召开全区重点矛盾控制化解工作例会，及时了解矛盾纠纷控制化解工作进展情况。二是建立周报、日报制度，结合矛盾纠纷动态排查，对照工作台帐，报送工作进展，促进矛盾化解。三是加强督办工作，采取电话督办、下访督办、发函督办、协调会督办等多种形式，对挂帐的案件进行全面督办。四是强化协调，及时组织相关职能部门召开信访问题协调会，研究解决问题，年内，共召开信访问题协调会80余次，协调解决信访矛盾60余个。

（赵桂憨）

【信访机制创新】 年内，建立以化解为先的社会矛盾“大调解”体系。针对当前全区拆迁建设周期内各类社会矛盾凸显的特点，在化解矛盾上下功夫，在全市首创以一套组织、四级网络、一本台账、六项机制为主要内容的“大调解”工作体系。“一套组织”是指充分整合司法调解、行政调解和人民调解资源，成立了区构建社会矛盾“大调解”工作体系领导小组，镇街、村居也建立了相应组织。“四级网络”是指由区社会矛盾调处中心、镇街综治维稳工作中心、村居连民心恳谈室和基层调解员队伍组成的矛盾化解网络。“一本台账”是指将全区较为突出的社会矛盾纠纷划分为15类31项，逐一明确区领导、职能部门、镇街责任人员和化解时限。“六项机制”是指矛盾纠纷排查、调处、分析研判、衔接联动、汇报通报、善后处理及督导检查等机制，初步形成了“大事小事有人管、层层分工层层管”的工作格局。

（赵桂憨）

【信访事项复查复核工作】 年内，信访办共受理信访复查17件，办结17件；接待有关信访复查方面的咨询100余人次，未出现违反复查复核制度有关规定而引发的投诉事件或复查复核意见被撤消、变更及责令重新处理的现象。

（赵桂憨）

【宣传工作】 年内，多次组织全区各级信访部门通过悬挂横幅、展示宣传图板、散发宣传资料、出动宣传车等形式，开展信访宣传活动，5月，开展了以“包容、有序、和谐”为主题的宣传周活动，通过向群众发放各类宣传资料，摆放宣传展板，制作宣传板报，悬挂、张贴宣传横幅和现场接受群众咨询等形式，进行信访宣传活动，积极引导群众依法、有序上访，自觉规范信访秩序。

（赵桂憨）

【开展创先争优活动】 年内，以创“塑一流精神风貌，建一流信访队伍，创一流工作业绩，做一流服务保障”为目标，在全区信访系统开展创先争优活动。推行共产党员公开承诺制度，每个党员围绕任务完成、作风转变、能力提高等做出承诺，实现公开承诺与志愿服务、设岗定责、亮牌示范、树立标杆相结合。设置“共产党员先锋岗”，实行挂牌上岗，亮明身份，接受群众监督，塑造了良好窗口形象。

（赵桂憨）

【召开信访工作会议】　1月18日，召开春节期间安全稳定工作会。区领导韩子荣、王洪钟等出席会议，听取了相关单位和部门关于春节期间安全稳定工作准备情况的汇报。韩子荣、王洪钟就春节期间安全稳定工作分别提出要求。2月8日，区内召开全区工作大会，贯彻落实中央、市委相关会议精神，总结部署全区政法、信访及维稳工作，为推动经济社会跨越式发展提供坚强保障。会上，区领导对2012年全区政法、信访和维稳工作任务进行了安排和部署。韩子荣与全区各单位签订了《2012年社会管理综合治理责任书》。王洪钟提出要求。27日，区联席会议召开全国“两会”信访维稳工作部署会，各镇街及区委政法委、维稳办、信访办、征收办等相关部门主要领导和区维稳督导组成员参加会议。会上，区信访领导传达了近期中央及市委市政府关于全国“两会”信访工作部署会议主要精神，并对门头沟区关于全国“两会”信访维稳工作进行安排部署；与会各单位汇报了近期信访维稳工作进展情况。4月17日，区内召开2012年拆迁滞留户及信访工作专题调度会。区委书记韩子荣、区长王洪钟等区领导出席会议。会议由王洪钟主持。会上听取了区信访办关于全区信访工作情况汇报及各镇（街）工作情况汇报。韩子荣提出要求。6月14日，召开区重点矛盾化解工作专题会。区住建委、永定镇、大峪街道相关单位领导参加会议。会上，区信访办首先通报了全区重点矛盾化解工作有关情况；各与会单位分别汇报了单位重点矛盾排查化解情况；会上研究了重点矛盾化解工作措施，并将当前影响全区稳定的17件重点矛盾逐一落实了责任单位及化解时限。8月7日，召开区涉拆重点矛盾工作专题会议。区委政法委、维稳办、信访办等相关领导参加会议。会上首先听取了区信访办关于全区涉拆重点矛盾纠纷的基本情况的介绍；各相关单位对涉拆重点矛盾的化解稳控方案逐一进行了分析汇报。最后，区领导对化解涉拆重点矛盾提出了具体工作要求。10月8日，举行“决战30天保十八大安全”动员暂师大会。区四大部门领导参加会议。会上，区领导作暂师动员部署。韩子荣讲话并提出具体工作要求。

（赵桂憨）

【信访主要活动】　1月9日，区领导到区社会矛盾调处中心慰问信访干部，并送上新春祝福。2月13日，区领导王洪钟等到区信访办慰问信访干部，送上新春祝福。王洪钟肯定了信访工作在服务全区跨越式发展中做出的努力和奉献，并对信访干部表示感谢。15日，区信访办召开区2012年信访工作培训会，各镇（街）、相关委办局共34家单位的信访负责人参加了培训。市信访办复查复核处副处长围绕信访事项复查复核受理、流程、答复以及工作中容易出现的问题等方面结合大量实例对信访复查复核工作进行了培训；区信访办就办信工作及复查复核工作进行了业务讲解并通报了2012年以来全区信访基本情况及2012年人民内部矛盾专项排查情况，结合门头沟区2012年信访工作要点，对全区各单位扎实做好2012年信访排查调处工作提出工作要求。21日，市委市政府“两会”安保督查组到区内检查指导工作。督查组组长、副市长刘敬民及督查组成员听取了区关于全国“两会”期间维稳工作汇报，并实地察看了区为民服务信息平台运行情况。区领导韩子荣、王洪钟等参加会议并向市领导汇报了区“两会”安保工作开展情况。刘敬民提出要求。23日，市信访办领导一行6人到区内调研信访工作。调研中，区信访办领导汇报了区办信工作情况。随后，市信访办办信处一行到龙泉镇、永定镇、潭柘寺镇和石泉砖厂地块、石门营地块等安置房建设现场进行了实地调研，并了解了区拆迁安置工作的相关情况。最后，市信访办办信处处长对区办信工作给予了肯定，并鼓励信访工作人员按照2012年办信工作思路，抓好工作落实，确保地区稳定，促进地区发展。7月5日，区领导韩子荣到区信访办调研信访工作。信访办领导就全区信访工作情况及重点矛盾纠纷排查化解情况进行了汇报。在听取汇报后，韩子荣对信访工作给予肯定。并就下一步工作，提出新要求。24日，市信访办领导一行4人到区内开展信访督导工作。市信访督导组首先到潭柘寺镇进行检查并听取了信访工作情况汇报。9月3日，由国家人力资源和社会保障部党组副书记、副部长，国家信访局正局级信访督察专员，人力资源和社会保障部办公厅副主任等组成的中央信访工作督导组到区内，开展信访维稳检查督导工作。会上，区领导汇报了区信访维稳工作情况；韩子荣就区总体工作情况，从四个方面进行了汇报。10月24日，组织全区各镇街召开“连民心恳谈室工作观摩交流会”。此次观摩会分片在大峪街道龙泉花园社区和龙泉镇东南街社区同时进行。会上，首先由社区居委会干部介绍了“连民心恳谈室”的机制建设及相关工作经验。其次，信访办对连民心恳谈室工作提出工作要求。

（赵桂憨）

保密工作

【概况】 年内，在区委保密委的领导下，在北京市国家保密局的指导下，贯彻党和国家关于保密工作的方针政策、法律法规，重点完成了几项工作。一是强化安全保密防护措施，着力增强保密技术支撑能力。下发《关于切实加强涉密计算机管理的通知》，严格执行计算机及信息网络安全保密管理的有关规定。加大技术投入，切实提高涉密信息安全保密防护能力，解决全区涉密计算机违规外联和移动存储介质交叉使用问题，完成涉密计算机保密技术防护专用系统的安装及违规外联监控平台建设试点工作。二是以查促防，持续做好保密检查工作。将有的全面检查和专项检查相结合，把日常检查和关键节点的检查相结合。针对互联网涉密信息、文件资料保密管理、涉密载体清理、保密工作责任制落实情况等方面进行了保密管理检查工作。三是加大保密普法宣传力度，增强保密教育培训实效。推动全区保密法制宣传教育工作的开展，增强全区广大干部群众的保密法制意识，以领导干部、涉密人员、重点部门为主体，到基层单位进行保密专业技能宣讲。四是抓好国家教育考试的保密监督工作。配合区教育考试指导中心等有关部门，参与区2012年度各种国家教育考试的保密管理工作，制定保密工作预案，加强对试卷保密工作的监督检查。五是加强重点行业领域的保密管理。审核申请企业的相关手续，实地勘察申请企业的保密环境，做好军工企业保密资质认证审核工作。

单位名称：北京市门头沟区国家保密局
地　　址：北京市门头沟区新桥大街36号
电　　话：69842465
邮　　编：102300

（荆　旭）

【召开保密系统安装动员会】 5月8日，召开区涉密计算机保密技术防护专用系统安装工作动员会。

（荆　旭）

【开展涉密系统安装及调试工作】 6月，为区部分单位的涉密计算机安装了保密技术防护专用系统，并对涉密计算机使用人员进行了保密知识宣讲。对2011年度已安装防护系统的涉密计算机进行了系统升级。

（荆　旭）

【开展网络清理保密检查工作】 7月，制定并下发了《关于加强网络失泄密防范工作的通知》，在全区组织开展了保密检查工作。

（荆　旭）

【开展清理涉密文件工作】 8月，联合区商务委、区再生资源回收公司对区旧货市场、再生资源回收市场及网站开展了清理取缔涉密文件资料交易检查工作。

（荆　旭）

【开展专项保密检查工作】 9月，联合区委机要局在全区组织开展了专项保密检查工作，重点检查了密码电报、涉密文件资料和计算机网络的保密管理工作。

（荆　旭）

【推进保密安全检查工作】 10月，区国家保密局在以往检查的基础上，针对内部局域网络、涉密文件资料等方面，对区部分党政机关的重点部门和部位进行了深入检查。

（荆　旭）

【开展保密法普法宣传活动】 12月，在普法宣传活动日活动中，到社区，发放保密宣传资料，开展保密法的宣传活动。

（荆　旭）

【对考务保密工作进行检查】 年内，在高考、中考、成人高考和高自考等考务活动中，对区招办保密室和考场进行巡视检查，实地检查了保密室、考场的硬件设施安全保密情况和保密制度执行情况。

（荆　旭）

【加大保密政策法规宣传力度】 年内，为区电信局、区教委等部门进行了保密政策法规及专业技能现场授课，加强基层保密工作人员的保密防范意识及技能。

（荆　旭）

党校工作

【概况】 年内，中共门头沟区委党校（北京行政学院门头沟分院）在区委、区政府的领导下，在市委党校的指导和区有关部门的支持和关心下，以邓小平理论和“三个代表”重要思想为指导，贯彻落实科学发展观，以服务全区社会经济发展，提高党政干部和公务员队伍整体素质为目标；以党员干部培训和规范学历教育为重点；以提高学校干部队伍和教师队伍素质为基本要求；推进教育教学改革和科研工作，切实加强党的建设、精神文明建设和民主法制建设。

单位名称：中国共产党北京市门头沟区委党校

地　　址：北京市门头沟区新桥大街54号

电　　话：69842635

邮　　编：102300

（阙华锋）

【周末大课堂】　年内，完成了10期周末大课堂组织协调工作。全年参训领导干部约2000余人次。

（阙华锋）

【理论与实践刊物】　截至年底，共发行23期，内容包括：理论园地、热点关注、观点荟萃、领导科学、基层视角、他山之石、益智园、培训工作等八个栏目。《理论与实践》刊物在各级领导和社会各单位的高度重视与支持下，全年共出版4期，发行1000余册。

（阙华锋）

【慰问活动】　2月，校领导代表党校全体人员走访了党校离退休人员，并送去礼品。春节期间，校领导班子带领教职员工走访慰问了珠窝村低收入户和生活困难党员，并送去慰问品。

（阙华锋）

【培训工作】　年内，分别与区委组织部、区人力社保局联合举办了10期周末大课堂、2期处级干部进修班、1期新任处级干部培训班、2期中青年干部培训班、2期公务员初任培训班、1期科级任职培训班，共6类18期干部培训班，培训学员近2400人次，各班次培训累计1224课时。培训工作的突出特点是培训时间跨度长、培训规模大、管理力度强、教学方式众多。注重结合培训内容为学员配备自学参考书籍；大规模聘请了中央级、国家级专家、教授授课；实行合班上课，运用了“参观北京市反腐倡廉警示教育基地”这种体验式教学和“法院听庭”的情景教学模式；采取“走出去”，实施异地教学培训，并要求班级进行异地教学成果汇报；走出课堂，强化区情教育，开展了生态建设和非公经济考察；

（阙华锋）

【基层党校建设】　年内，全区二级党校培训学员总人次达到3.5万人次（其中党员1.4万人次），培训总期数达到800余期，总学时达到8000余学时。三级基层党校培训学员达到近10万人次（其中党员2.6万人次）。

（阙华锋）

【理论宣讲】　年内，党校讲师团成员围绕党的“十八大”精神、市第十一次党代会、区第十一次党代会精神为主题，联合宣传部共同组织协调讲师团教师及时下基层宣讲，全年共下基层宣讲10余场，听课干部群众约2000余人次。宣讲工作重点突出，全面推进，连续不断，卓有成效，得到了基层各单位的普遍认可。

（阙华锋）

【献爱心活动】　年内，全体教职员工参加“博爱在京城”等捐助活动，共捐款3050元。

（阙华锋）

【理论科研】　年内，科研工作在校委会的领导下，在学术委员会的具体指导下不断取得进展，进一步制定和完善了科研体制机制，增加了科研投入，加强了科室间以及校内外的协调合作，加大了科研成果应用和转化的力度。共完成33篇科研文章，涵盖调研类、科研类、讲稿类、解放思想大讨论类、党的十八大征文类、培训工作及其他等七大类。

（阙华锋）

【创先争优活动】　年内，按照区委有关“创先争优”活动文件和会议精神要求，根据区创先争优活动领导小组活动办公室的有关部署，区委党校结合自身工作实际，继续开展创先争优活动。在活动中，以加强基层党组织建设为主线，以培训教学工作为重点，结合党校工作实际，以提高教育教学和科研管理水平。

（阙华锋）

【“五进农村”增收帮扶工作】
年内，负责清水镇简昌村低收入农户增收帮扶工作。

（阙华锋）

直属机关工委工作

【概况】　年内，以科学发展观为指导，落实区委的决策部署，结合全区大发展大建设的新形势、区第十一次党代会提出的新要求和区直机关系统各单位在经济社会快速发展中承担的新任务，提高服务水平，创新服务载体，全面加强机关党的建设，机关党组织的创造力、凝聚力和战斗力不断增强，为推动全区经济社会转型发展、创新发展、跨越式发展提供坚强的政治思想和组织保证。

单位名称：中共北京市门头沟区委直属机关工作委员会

地　　址：北京市门头沟区新桥

大街36号
电　　话：69843115
邮　　编：102300

（李　红）

【党建联谊会工作】　1月，制定《关于开展区直机关党建联谊会工作的实施意见》，成立工作机构，明确工作职责，将区直机关系统66个单位分为6组，以组为单位开展各类联谊活动。在“五型机关”创建和“五进农村”帮扶考评等工作中，发挥了重要作用。

（李　红）

【机关文体活动】　1月，组织机关32个单位1500人次参加新春游艺活动，内容有：踢毽、跑8字跳扑克、三先、一副牌升级、两副牌升级（拖拉机）、拔河等项目，历时10天。3月8日，机关工会与区组织部、区妇联、区体育局联合举办“践行北京精神、传递女性力量”女干部趣味运动会，邀请区级领导和机关干部女200人参加。17日，组织20余人参加区广播操表演赛，在40个代表队中获得三等奖；11月24日，参加门头沟区第六届足协杯室内五人制足球比赛获得第一名。

（李　红）

【慰问送温暖】　1月，春节期间走访慰问困难党员及职工41人，慰问党支部15个，发放慰问金和慰问物品折合3.3万元。

（李　红）

【“五型机关”创建工作】　2月13日，召开《区直机关2012年机关党建暨“五型机关”创建工作会》，会上宣读了《区直机关开展“五型机关”创建工作实施方案》，所属单位150余人参加；3月29日，召开“五型机关”创建活动现场会；12月4日、5日、10日，召开“五型机关”考核、“五进农村”评估工作会，所属66个单位全部参加了汇报、考评等工作。

（李　红）

【宣传工作】　3月19日，举办区直机关系统“我向十大好人学什么”演讲比赛，现场66名宣传干部参加，28名选手参赛；29日，“我向十大好人学什么”演讲比赛优胜选手2名参加了全区演讲比赛决赛并双双夺冠；4月26日，举办“北京精神”宣讲报告会，邀请中国人民大学的教授从不同的视角解读阐释“爱国、创新、包容、厚德”的“北京精神”，有300余名宣传委员参加了报告会；9月5日，举办“学习宣传贯彻市十一次党代会精神”宣讲报告会，130余人参加；10月，印制3000余份《机关文明礼仪规范手册》全部发放到机关干部手中，进一步规范机关工作行为。

（李　红）

【“五进农村”帮扶工作】　4月6日，召开“五进农村”帮扶工作动员部署会、座谈会及启动仪式；会上与清水镇、斋堂镇、雁翅镇、妙峰山镇主管领导进行了座谈；69个帮扶单位、4个帮扶镇主要领导及69个帮扶村的党支部书记、村长参加了启动仪式；届时，“五进农村”结对帮扶工作正式开始；后因工作调整，现帮扶单位73个、帮扶村69个、帮扶镇8个。

（李　红）

【公益活动】　3月至4月，组织全系统党员干部两批130人在永定河大堤进行植树造林活动。

（李　红）

【开展首届机关文化艺术节活动】　5月4日，召开首届机关文化艺术节筹备会，策划了诗歌、散文征集、朗诵、摄影、绘画、书法、舞蹈、声乐比赛等十余个活动项目；8日，召开加强机关文化建设工作会，确定了举办首届机关文化艺术节实施方案，机关文化艺术节于5月至9月举行系列活动。所属单位全部参加；6月19日，举办庆“七一”演唱会暨首届机关文化艺术节开幕式，66个单位600余人参加了11个节目的观看；7月至8月，举办艺术节摄影、绘画、书法比赛，征集书画、摄影作品1000余幅，其中近200件优秀作品制作展板向公众展示。9月28日，举办“歌舞达人秀”活动，有22个节目参加了歌舞表演，200余人参加了观看；10月26日，召开首届机关文化艺术节闭幕式，选出了舞蹈、独奏、书法等10个节目，在闭幕式上进行了表演，800余人参加了观看。

（李　红）

【廉政教育活动】　6月5日，组织在廉政风险点工作中较为突出的40余名党员干部赴反腐倡廉教育基地参观。

（李　红）

【组织建设】　年内，根据《中国共产党党和国家机关基层组织工作条例》，批复调整基层党组织委员会、总支、支部换届、改选文件28件；新发展党员33名，转正预备党员36名；接转组织关系300件；对204个党支部进行了分类定级，其中190个支部被评定为“好”，14个支部被评定为“较好”。

（李　红）

【开展解放思想大讨论活动】 年内，落实区委《深入开展“创造发展新优势，稳中求进促发展”解放思想大讨论活动的通知》精神，与“五型”活动、“五进农村”活动和首届机关文化艺术节相结合，通过座谈会、现场会、抓典型等多种方式开展；9月21日，召开解放思想大讨论活动推进会，13个单位代表发言。

（李　红）

【培训工作】 年内，为180名入党积极分子进行入党前党务知识培训；邀请中央党校教授、中央电视台特约评论员对十八大报告的起草背景、关键词汇、重要意义和“用均衡眼光看待不均衡的中国——十八大精神解读及复杂舆情分析”专题讲座，全系统700余人参加了培训；邀请市百姓宣讲团进行面对面宣讲，每场听众都达100余人；还特邀市直机关工委领导就学习贯彻《中国共产党党和国家机关基层组织工作条例》和北京市实施《条例》办法开展专题讲座，100名党务干部参加了培训。

（李　红）

【工会工作】 年内，为工会会员办理工会互助保障理赔15人3万余元；“三八”节期间组织女工200余人进行10项常规体检；与区总工会联合举办女性健康讲座，100余人参加。参加红十字会“博爱在京城”募捐活动，累计捐款14.1万元；参加慈善协会“共产党献爱心”和7·21特大暴雨救灾捐款活动中，3000名党员干部、群众参加捐款共计24万余元。

（李　红）

【机关工委自身建设】 年内，强化制度管理，提高工作效率。先后制定和修改《督察督办工作制度》《加强机关管理有关规定》《公章使用管理规定》《收发文登记制度》《物品出入库管理制度》《规范党员发展程序工作意见》《党费以奖代补管理办法》《工会会员福利待遇管理办法》等机关内部及外部管理制度，使各项工作管理更加科学有序。

（李　红）

社会工委

【概况】 年内，全区上下贯彻落实区委、区政府和市委社会工委的工作部署，不断完善社会建设体制机制，强化社会服务管理创新，推动社会领域党建工作，全区社会建设取得了新的成效。

主要任务：完善社会建设工作体制机制。成立区社会建设工作指挥部，制定下发了《门头沟区社会建设工作联席会议制度》；确定77项社会服务管理重点任务，纳入区政府目标管理任务书，并编印任务分解表；制定社会建设工作考核办法，考核结果纳入区政府绩效考核体系；制定社会建设项目、资金管理办法，规范项目、资金的运行。强化区为民服务信息平台建设，形成快速解决群众应急求助事项的服务机制。启动网格化社会服务管理体系建设，推进大峪街道网格化社会服务管理试点工作，完成30个社区基础网格划分，建立网格管理员队伍，开发区网格化社会服务管理信息系统。健全十二类人群服务管理政策保障体系，完善服务机制，改善服务管理基础条件，提升精细化管理水平。十二类人群服务管理模式被评为“中国幸福城市社会管理创新调查活动”24个最佳案例之一。建立政府购买社会组织服务机制，设立550万元专项资金，购买社会组织服务项目62个。争取市级购买服务资金168万元，投资12万元为每个街道购买法律顾问专业社工岗位。全面推行“四评一创”（评议政府职能部门，评议街道工委、办事处班子，评议社区“两委”班子，评议社区党员，开展“五好家庭”争创活动）社区治理机制，征集社会建设意见8295条。

建立社会矛盾纠纷“大调解”体系，实现社区民警在社区“两委”班子任职全覆盖，开展“讲文明　促和谐　迎盛会”市民劝导队员参与十八大安保主题实践活动。抓好新建居住区基层组织建设，组建筹备组提前入驻；制定新建居住区配套设施建设管理实施意见，明确配套设施建设标准；建立入住工作联席会，协调落实服务设施和便民服务项目；建立社区筹备组、物业公司、职能部门、社会组织四方联动机制，确保居民规范入住；注重新居民培育，实施棚改安置小区文明示范创建工作，开展“文明新生活”素质教育，培育社区社会组织，引导居民自我服务、自我管理。推动农村社区化管理，成立永定、龙泉两个地区办事处，制定《关于村民拆迁安置社区管理体制的指导意见》，统筹城乡社区建设。实施市级“六型”社区示范单位、社区规范化建设示范点创建工作，社区用房规范化建设年度任务基本完成，首批25个社区服务站规范化标识系统安装完毕。新创建6个市级“一刻钟社区服务圈”示范点，开发完成社区信息化系统二期项目。完成4个老旧小区综合改造和3个精品社区建设，试点推进2个老旧小区准物业管理，成立了绿岛社区业主委员会。完成社区“两委”换届，社区工作者待遇调整全面落实。开展楼门文化创建、“五好家庭”评选等活动。配备更新一批社区文化体育设施，举办近千场社区文化活动和百场社区大讲堂活动。举办心理调适教育活动27场，通过购买服务发动社会组织针对不同群体进行心理疏导和健康教育，培育良好社会心态。制定《关于加强和改进“两新”组织党的建设工作的实施意见》，开展非公有制企业党建推进月活动，在石龙经济开发区成立了首家“五站合一”党群工作站。开展街道系统解放思想大讨论活动，制定《关于在社区党组织中实行党员分类管理的实施意见》。

单位名称：中共北京市门头沟区委社会工作委员会
北京市门头沟区社会建设工作办公室
地　　址：北京市门头沟区新桥大街36号
电　　话：69844023
邮　　编：102300

（宋　瑜）

【召开社会建设工作座谈会】 1月10日，区社会建设工作座谈会召开。会上对上年度社会建设工作进行总结，对年内工作进行全面部署。区领导韩子荣、王洪钟等出席，区有关部门、各街道、“枢纽型”社会组织主要领导参加会议。区领导韩子荣、王洪钟分别对社会建设工作提出具体要求。

（宋　瑜）

【领导调研】 2月2日，区领导到区委社会工委、区社会办就加强和创新社会管理全面推进社会建设进行调研。听取了区委社会工委、区社会办关于为民服务信息平台建设、政府购买社会组织服务、十二类人群服务管理、第八届社区“两委”换届前期准备等重点工作情况的汇报，对社会建设工作的开展提出具体要求。6月26日，市委社会工委委员到区内调研社会建设工作。视察了区61696156为民服务信息平台，听取了社会建设情况工作汇报，并围绕网格化社会服务管理、新建居住区服务管理、人才培养等方面进行了座谈。11月15日，市委社会工委领导到石门营新区五区调研新建社区党建工作，听取了新建居住区社区党建工作情况汇报，并提出工作要求。

（宋　瑜）

【组织参加心理健康讲座】 2月9日，北京社会心理工作联合会在区内举办心理健康讲座，区委社会工委、区社会办组织各街镇共154名在职社区工作者参加。讲座内容包括：有效沟通的原则、压力管理、情绪管理以及愤怒情绪处理的技巧等，并结合社区工作实际，讲解有效处理社区问题的方法、家庭焦点问题解决方法以及快速自我疗法等知识。

（宋　瑜）

【召开指挥部第一次会议】 2月14日，区社会建设工作指挥部第一次会议召开，围绕推进全区社会建设各项任务进行了部署和研究。

（宋　瑜）

【考察购买社会组织服务工作】 2月14日，区委社会工委、区民政局组成考察组，赴市委社会工委、西城区委社会工委学习考察政府购买社会组织服务工作。考察学习了政府购买社会组织服务工作的总体要求、基本原则、具体流程和注意事项，并学习了政府购买服务中申报资格、项目征集、资金落实等方面的难点问题。

（宋　瑜）

【参观学习商务楼宇党建工作】 2月15日，区委组织部、区委统战部、区委社会工委、区综治办、区委石龙工委等有关部门领导到朝阳区叶青大厦就综合性商务楼宇党建工作进行参观学习。参观了叶青大厦党员活动中心，与朝阳区相关部门领导进行了座谈，了解了叶青大厦综合性商务楼宇党建工作模式。

（宋　瑜）

【召开全区社会建设工作会议】 2月21日，全区社会建设工作会议召开，总结和部署了全区社会建设各项工作。区商务委、区住建委等4家单位作了大会发言。区领导提出具体工作要求。

（宋　瑜）

【召开社区“两委”换届选举工作动员会】 2月29日，区社区“两委”换届选举工作领导小组召开门头沟区2012年社区“两委”换届选举工作动员会。领导小组成员单位、各街镇相关负责人参加会议。会上对社区党组织换届选举工作进行了部署。

（宋　瑜）

【培训工作】 3月5日，区委社会工委、区社会办组织开展社区信息化系统培训，培训主要内容为系统的基础操作。相关街镇科室负责人及所有社区网络维护员等近150人参加了培训。4月5日，区委社会工委举办社区党组织成员培训班。培训主要围绕如何提升领导能力，做好社区党建工作展开。各街道工委组织部长、有关镇党建科科长，全区所有社区党组织班子成员参加了培训。9月20日，区社会办举办“六型”社区创建工作培训会，培训主要围绕新形势下社区建设的重要意义、“六型”社区创建工作的主要任务特点、各相关部门的职责任务以及如何抓好“六型”社区创建工作等内容展开。相关单位主管领导、科室负责人及相关创建社区工作人员参加培训。

（宋　瑜）

【召开社区党组织换届选举工作会】 3月9日，区社区“两委”换届选举领导小组召开了社区党组织换届选举工作会。对前一阶段换届选举工作情况进行了总结，相关单位就下一阶段工作的开展进行了介绍与交流。各街镇社会工作党委书记、区社区“两委”换届选举领导小组办公室主要成员参加了会议。

（宋　瑜）

【召开社区工作部署会】 3月13日，区社会办组织召开社区工作部署会，主要围绕市级“六型”社区示范单位创建、楼门文化创建等社区建设重点工作进行了部署。区民政局及各街镇相关负责人参加会议。

（宋　瑜）

【组织参加社区居委会选举工作培训班】 3月13日，市民政局举办第八届社区居委会选举工作培训班，区社会办组织有关街镇主管领导和科长30余人参加。主要针对换届选举的基本知识、政策法规、操作流程等进行了培训。

（宋　瑜）

【区领导视察社区党组织换届选举工作】 3月17日，区领导到永定镇永兴社区视察社区党组织换届选举工作。听取了永定镇关于社区党组织换届选举工作的总体情况汇报，询问了换届选举工作中各项任务目标完成情况，现场察看了社区党员选举投票情况。

（宋　瑜）

【召开社区居委会换届选举工作动员会】 4月5日，召开社区党组织换届选举工作总结大会暨社区居委会换届选举工作动员会，市、区有关领导及各街镇相关科室负责人等参加了会议。会上总结了社区党组织换届选举工作总体情况，部署了社区居委会换届选举各阶段工作。

（宋　瑜）

【召开解放思想大讨论活动动员会】 4月17日，召开街道系统“深入开展‘创造发展新优势、稳中求进促发展’解放思想大讨论活动”动员会，会上宣读了街道系统解放思想大讨论活动实施方案，并就各项具体工作进行了部署动员。

（宋　瑜）

【举行公益服务行动启动仪式】 4月19日，在永定河文化广场举行2012年政府购买社会组织服务项目发布会暨社会组织公益服务行动启动仪式。市、区有关领导，区各相关单位负责人及居民代表近200人参加仪式。仪式上介绍了门头沟区政府购买社会组织服务基本情况，展示了首批30个区级政府购买社会组织服务项目和20个申报市级购买项目，13个社会组织现场开展了社会公益服务活动。

（宋　瑜）

【考察学习老旧小区准物业管理】 4月26日，区社会办组织大峪街道、城子街道相关负责人到朝阳区团结湖街道考察学习老旧小区准物业管理工作。听取了团结湖街道关于老旧小区准物业管理体系、工作制度、资金来源及管理、准物业服务的提供等方面的工作介绍，实地考察了一二条北小区的准物业管理工作，并对准物业管理工作中的热点、难点问题进行了交流。

（宋　瑜）

【召开社区服务管理创新座谈会】 5月8日，区委社会工委、区社会办召开社区服务管理创新座谈会。大峪街道、东辛房街道、城子街道主要领导，北京行政学院教授、北京市社区建设专家组副组长等社区建设专家学者参加座谈。实地察看了石门营新区建设情况，听取了石门营新区六区建设筹备情况，各街道就社区管理理念等问题进行了交流，专家对如何推进社区管理创新提出了具体建议和意见。

（宋　瑜）

【推进“五进农村”活动】 5月10日，区委社会工委、区民政局、区老龄办联合组织河南台、大村、艾峪三个帮扶村的“两委”班子成员和民俗户代表到怀柔区雁栖湖生态发展示范区参观学习。参观了御食园食品股份有限公司、下官地村全市首家民俗户和劳模山庄，听取了村民脱贫致富的先进经验，就提升农产品附加值、民俗接待与服务等问题进行了座谈交流。

（宋　瑜）

【召开服务设施配套协调会】 5月21日，召开石门营新区入住基本服务设施配套协调会。会上就加强石门营新区服务管理工作进行了研讨和协调安排，部署了石门营新区建设过渡阶段基本服务设施配套和社区管理相关任务分工。

（宋　瑜）

【召开“两新”组织党建工作推进会】 7月11日，区委社会工委召开加强“两新”组织党建工作推进会，各街镇党工委主要领导和主管领导参加了会议。会上下发了“两新”组织党建工作实施意见，对“两新”组织党建工作进行全面部署，明确了年内“两新”组织党建工作的主要目标。

（宋　瑜）

【召开纪检监察调研工作推进会】 8月7日，区委社会工委组织召开街道系统纪检监察调研工作推进会。各街道汇报了开展纪检监察工作总体情况，并围绕社区党风廉政建设、廉政风险防控管理、房屋征收拆迁监督等调研课题进行研讨和交流。区委社会工委就街道系统开展纪检监察调研工作进行了总结，并强调下一步工作目标。

（宋　瑜）

【召开党务公开工作推进会】 8月7日，区委社会工委召开街道系统党务公开工作推进会。区委社会工委传达了区纪委召开的党务公开推进会会议精神，全面总结了街道系统党务公开工作总体情况，各街道汇报了前期党务公开工作开展情况。

（宋　瑜）

【考察学习“四评”工作】 8月15日，区委社会工委组织各街道工委副书记、组织部长及部分社区党组织书记到通州区永乐店镇学习考察“四评”工作。实地参观了永乐店镇“四评”工作机制纪实展览，听取了镇党委负责人关于“四评”工作情况的介绍，观看了宣传片，与通州区委社会工委、永乐店镇党委负责人进行了交流。

（宋　瑜）

【开展互查互评工作】 8月20日至23日，区社会办、区民政局组织相关街镇组成检查组，对市级“六型”社区示范单位建设、市级“一刻钟社区服务圈”示范点建设、市民劝导队建设、楼门文化创建等重点工作进行互查互评。

（宋　瑜）

【区政协委员视察新型社区建设】 8月24日，区政协委员视察全区新型社区建设工作。实地考察了石门营新区五区社区建设情况，分别听取了石门营新区建设情况的汇报及全区新型社区建设情况的汇报，并围绕社会建设的重要性、新型社区建设的创新与发展等方面进行了座谈。

（宋　瑜）

【召开十八大安保工作部署会】 8月28日，召开十八大安保社会组织服务管理专项行动工作部署会。部署了十八大安保社会组织服务管理专项行动相关工作，明确了工作目标、工作任务、责任分工、时间进度和工作要求。相关责任单位、区级“枢纽型”社会组织以及街道、镇主管领导参加会议。

（宋　瑜）

【召开“六型”社区创建工作会】 9月6日，召开“六型”社区创建工作推进会。会上听取了区市政市容委等六个工作组主责单位关于“六型”社区创建进展情况的工作汇报和区社会办关于对创建“六型”社区示范单位的自查情况报告，全面总结了前一阶段创建工作，分析了第三方评估机构对21个创建单位的评估报告，针对每个社区存在的问题进行了梳理，制定了整改措施。区“六型”社区创建工作领导小组成员单位、各街镇主管领导参加会议。

（宋　瑜）

【召开“枢纽型”社会组织建设会】 9月18日，区社会办与区民政局联合组织召开了街镇“枢纽型”社会组织建设推进会。部署了在街镇成立“枢纽型”社会组织相关工作，城子街道做了典型发言，各街镇就如何推进“枢纽型”社会组织建设进行了交流。各街镇主管社会组织的副职领导参加了会议。

（宋　瑜）

【开展十八大安保主题实践活动】 9月26日，组织开展“讲文明　促和谐　迎盛会”主题实践活动，部署了党的十八大市民劝导队安保维稳工作，并举行了授旗仪式。相关单位、各街镇、各派出所及部分社区参加了活动。

（宋　瑜）

【市领导调研】 10月16日，市委常委陈刚到区内调研。实地查看了棚户区改造安置房建设、社区服务管理创新、“一湖多园，五水联动”城市景观体系建设、为民服务信息平台运行等情况，听取了社会建设等相关工作的汇报。

（宋　瑜）

【专家组实地考评】 10月24

日，“中国幸福城市社会管理创新调查活动”组委会专家组到区内实地考评十二类人群服务管理工作。听取了十二类人群服务管理情况的汇报，查看了相关档案，实地考评了区为民服务信息平台、石龙护养院、阳光中途之家、潭柘寺镇赵家台村残疾人温馨家园等特殊人群服务管理设施，并听取了相关工作汇报。专家组对区社会服务管理工作的开展提出建议。

（宋 瑜）

【商务楼宇党群工作站揭牌】 11月15日，区内首家商务楼宇党群工作站揭牌仪式在石龙经济开发区举行。市、区及区级“枢纽型”社会组织负责人等相关领导出席了揭牌仪式。

（宋 瑜）

【召开非公企业党建工作推进会】 11月22日，区委组织部、区委社会工委联合召开非公企业党建工作推进会。会议对各责任单位下一步的党建工作进行了部署，确定分类组建方式，明确了督察督办工作管理制度。各镇街党工委、区工商联、商务委、国资委、石龙工委、工商分局等相关单位负责人参加会议。

（宋 瑜）

【召开楼门文化现场会】 11月27日，组织召开楼门文化现场会。实地查看了蓝龙家园社区、德露苑社区楼门文化建设情况，听取了全区楼门文化创建工作总结，大峪街道和两个社区做了典型发言。区文明办、区民政局、相关街镇主管领导和科室负责人参加了会议。

（宋 瑜）

【验收组检查工作】 12月24日，市社会服务管理创新检查验收组到区内检查社会服务管理创新工作。检查组听取了区社会服务管理创新工作情况汇报，并分组到社区、商务楼宇党群工作站、非公企业、社会组织进行实地检查验收。

（宋 瑜）

民主党派与工商联

民盟门头沟区总支

【概况】 年内，民盟门头沟总支委员会升格为民盟门头沟区工作委员会，完成总支委员会和各支部的换届工作。工委继续下辖教育支部、卫生支部、科技支部、综合（老年）支部。至年底，在册盟员76人，还有2至3名积极分子在培养考察中。民盟总支（工委）围绕全区的核心工作，以科学发展观为指导，以中国共产党十八大精神为引领，在民盟北京市委、门头沟区委和统战部的直接领导下，学习党的十八大报告和北京市第十一次党代会报告精神；学习区年初两会文件。加强组织建设，参加政治、经济、文化和环境建设。履行党派职能，建言献策；积极参加社会公益活动，为全区的稳定和经济跨越式发展做出贡献。

单位名称： 中国民主同盟北京市门头沟区总支（工作）委员会

地　　址： 中国共产党北京市门头沟区统一战线工作部

电　　话： 69842327

邮　　编： 102300

（张金明）

【参政议政】 1月初，民盟总支几位政协委员出席门头沟政协九届一次会议，参与建言献策。10月至11月，总支委员会带领各支部学习北京市第十一次党代会精神，组织盟员积极参与“我为门头沟建设献一策”活动，上报建议多项。

（张金明）

【工作总结与部署】 1月14日，民盟总支全体同仁召开新年茶话会。总支委员集体给盟员拜年。主委对上一年的工作进行回顾总结，对下一年的工作进行初步规划。还传达了区两会精神（政协九届一次会议、人大十五届二次会议），京煤集团的建设及发展情况。2、9月13日，总支委员会，在党派活动中心集会，协商下半年活动以及筹划成立民盟工委事宜，以总支委员会班底为中心成立民盟门头沟工委筹委会。12月26日，双峪党派办公室民盟总支召开第二次工委筹备会议。

（张金明）

【理论学习】 8月下旬，副主委代表民盟总支参加统战部组织的党派学习活动，学习刘琪在北京市第十一次党代会上的讲话。11月27日，组成人员参加区委统战部“学习中共十八大精神的工作安排部署”会议。

（张金明）

【领导关怀与组织建设】 8月中旬，区委统战部领导、民盟市委副主委到区内指导民盟工作。民盟总支成员汇报了总支工作。并就年内成立民盟门头沟区工委等工作进行协商。12月29日，举行民盟门头沟区工作委员会成立大会，民盟中央、盟市委领导，市委统战部领导、各区盟工委、及区内各党派代表参加。盟中央、盟市委及中共市区领导讲话。兄弟党派工委代表致贺词。民盟门头沟工委主委孙善民致答谢词。

（张金明）

【社会公益和捐助】 11月15日、市盟委、区统战等市区领导带领四中网校、民盟门头沟总支成员送书下乡，到斋堂中心小学赠科技、人文、社会、生活等各类图书2000册。

（张金明）

民建门头沟直属支部

【概况】 年内，民建门头沟直属支部履行参政党职能，做好组织发展工作；围绕“柳林模式”，将社会服务工作推上新台阶；打造支部简报《山水谣》，加大宣传工作力度；为门头沟新农村文化建设做出贡献。

单位名称：中国民主建国会门头沟直属支部
地　　址：北京市门头沟区滨河大厦632民建
电　　话：69822562－8010
邮　　编：102300

（李　涛　谭　静）

【参政议政】 1月，政协九届一次会议上，民建支部代表作了题为《关于发展山区高端旅游地产的建议》，为此区旅游委召开了提案答复座谈会。组织会员进行社会调研，总结上交5个重点调研报告、10余份参政议政提案。

（李　涛　谭　静）

【学习宣传】 年内，出版了第二期、三期《山水谣》专刊。组织会员学习党的《十八大》文件，领会会议精神，并组织会员汇报学习心得体会。组织大小活动10次，会员出勤率为85%。为统战部开展的《我为发展献一计》活动投稿23篇，占投稿率的57%。并有稿件在区委信息上刊发。

（李　涛　谭　静）

【社会服务】 8月29日，携手市委文化委员会在市监狱管理局清河分局礼堂，举行“凝心聚力　共建文明”民建门头沟直属支部与柳林监狱帮教活动十周年纪念活动。全国政协常委、民建中央副主席、北京市政协副主席、民建北京市委主委；中共北京市委统战部领导；区政协主席张冰、北京市监狱管理局清河分局领导分别到会讲话。对“柳林模式”予以肯定。年内，为社会帮教工作捐献财物60余万元。

（李　涛　谭　静）

【组织发展】 全年发展新会员9名。并举办了新会员培训班和颁发证书仪式。

（李　涛　谭　静）

民进门头沟区总支部委员会

【概况】 中国民主促进会北京市门头沟区总支部委员会现有会员61人，分设中等职业学校支部、进修学校支部、新桥路中学支部3个支部。其中北京市政协委员1人，区人大代表1人，区政协委员7人。在民进市委的领导下，在区委统战部的关怀支持下，坚持围绕区委区政府的中心工作，发挥民主党派的作用，积极建言献策，服务社会。

单位名称：中国民主促进会北京市门头沟区总支部委员会
地　　址：中国共产党北京市门头沟区统一战线工作部
电　　话：69842327
邮　　编：102300

（郑华军）

【慰问老人】 1月17日，民进总支20余会员，到王平镇社会福利中心看望老人，与老人们共度新春佳节。总支会员北京蜂珍科技开发有限公司总经理、代表其企业为老人送去大米、白面、毛毯等计万余元的慰问品。民进会员陪同老人们共同欣赏了由民进会员和“京上草原民族艺术团”演出的节目。

（郑华军）

【开展调研活动】 7月20日至8月10日，总支组织委员和有关人员到“北京万象造型艺术公司”进行调研活动。大家参观了艺术园区内的文化创意沙盘“本源文化生态园”。听取了公司负责人关于永定河三大文化历史渊源以及同文化旅游相互关系的讲解，并与二位老师进行了座谈。考察过后，总支进一步完善了相关调研，并执笔撰写了调研报告《关于门头沟城市发展建设进一步彰显文化内涵的建议－永定河流域“三大源头”文化资源的利用》。

（郑华军）

【书画联谊庆教师节】 9月8日，总支的书画家与西城区残联美术家协会的书画家们一起，与门头沟中等职业学校的师生们欢度教师节。民进会员还现场作画，以表达对老师的问候。

（郑华军）

【开展义务培训】 10月至11月，中等职业学校支部会员利用休息日的时间到大峪南路二社区文化中心进行义务美术培训活动。辅导居民绘制200余幅反映家乡大好河山的绘画作品，并在区博物馆进行展出。

（郑华军）

【在区政协会议上发言】 年内，由总支集体撰写的《关于创新农村管理方式，实施物业化管理的建议》作为门头沟区第九届一次政协发言材料。《建议》对创新农村管理方式，实施物业化管理的必要性进行了分析；指出区农村在发展和管理中存在的一些主要问题；提出了有针对性的建议及农村物业管理模式的基本框架和实施策略。

（郑华军）

【开展系列文化创作活动】 年内，总支贯彻中央关于文化大繁荣大发展精神，开展系列文化创作活动。总支会员为清水镇清水村文化中心落成捐赠《国色天香》、《大吉图》两幅作品。会员为区政府创作了山水画《门城胜景图》。龙泉宾馆创作了14幅反映区繁荣发展的作品。总支会员主创的《永定晨曦》六米长门头沟永定河山水画被北京市人民政府天安门管理委员会收藏。

（郑华军）

九三学社门头沟支社

【概况】 九三学社门头沟支社共有成员22人，比上年新增1人，年内政协委员5人。1人担任门头沟区质量技术监督局特邀行风监督员，1人担任区政法委行风监督员。

单位名称：九三学社北京市委门头沟支社

地　　址：中国共产党北京市门头沟区统一战线工作部

电　　话：69842327

邮　　编：102300

（李跃华）

【自身建设】 年内，共召开3次全体会议，总结并部署工作；学习十八大报告并进行讨论。多次参加区政协举办的讲座。8月30日，九三学社北京市委副主委，到支社调研指导工作。

（李跃华）

【参政议政】 年内，支社领导参加区委的政治协商会。政协委员参加区政协视察区重点工程，区政协组织关于我区路网建设及棚户区改造情况通报会的讲座。参加区政协河北固安、大城考察活动。参加门头沟政协刊物和信息工作座谈会。参加区统战部开展的“我为发展献一计”活动，共提交建议10件。全年向统战部和区政协共提交建议33件。完成2篇调研报告，内容涉及区体育休闲产业和观光休闲农业。

（李跃华）

【社会活动】 3月，支社到三家店卫生服务站开展“迎三八健康知识讲座”活动，副主委为社区的居民做了“呼吸系统疾病的预防和治疗相关知识”讲座，并进行了义诊。9月，与九三学社北京市委共同组织医疗专家到清水镇张家庄村开展爱心义诊咨询活动，为百余名村民进行健康体检，并就常见病、慢性病的保健知识进行宣讲。

（李跃华）

农工门头沟总支委员会

【概况】 年内，在农工市委和区委统战部的领导下，围绕区委、区政府中心工作，组织农工党员参加社会调研、反映社情民意、开展社会服务，切实履行职能，为全区经济社会发展开展工作。在区政协全会上共提交提案9件，关于加快推动山区全域景区化的建议被评为优秀提案。年内培养新党员7名。

单位名称：中国农工民主党北京市门头沟区工作委员会

地　　址：北京市门头沟区新桥大街36号

电　　话：69842327

邮　　编：102300

（张　娅）

【举办迎新春团拜会活动】 1月17日，邀请区委统战部领导及兄弟党派与40余名农工新老党员举行新春联欢会。 （张　娅）

【开展义诊活动】 6月5日，带

领医疗专家一行16人到下苇甸村，开展第五届“中国环境与健康宣传周”送医下乡义诊咨询活动。此次义诊活动涉及心内、普外、中医、骨科、神经外科、心电图、B超等项目，共诊疗450人次，向村民发放健康宣传手册110本。8月18日，与区委统战部联合举行以“进农村、送健康”为主题的义诊咨询活动，分别邀请了北京中医医院、展览路医院内外科、儿科、妇科、老年病科等8位专家，到妙峰山镇桃园村开展义诊咨询活动。活动中，为村民提供了近百人次的检查和咨询服务，开出中医处方51张。

（张　娅）

【报送市政协研讨论文】 9月5日，市政协开展政协理论论文征集活动，农工党门头沟区工委报送的《浅析民主党派如何更好地在人民政协中发挥作用》一文被市政协研讨论文集收录。

（张　娅）

【与东方书画支部开展书画活动】 11月14日，与北京东方书画支部，联合组织书画专家一行19人到妙峰山镇下苇甸村，开展第二十四届“国际科学与和平周”书画笔绘活动，此次笔绘活动持续近2个小时，完成书画作品20余幅。活动结束后，区工委组织艺术家们参观了门头沟永定河观景台、永定楼和历史文化墙。

（张　娅）

【参加“我为发展献一计”活动】 12月5日，农工党员参与区委统战部开展的“我为发展献一计活动”，提交建议7份。

（张　娅）

中国致公党北京市门头沟区支部委员会

【概况】 年内，中国致公党北京市门头沟区支部委员会加强自身建设，开展树立和践行社会主义核心价值体系活动，增强组织活力；开展调查研究，发挥参政议政职能，建言献策，扶贫助困，以志愿者服务站为载体开展各种社会服务工作，为促进社会和谐稳定发挥作用。

单位名称：中国致公党北京市门头沟区支部委员会

地　　址：中国共产党北京市门头沟区统一战线工作部

电　　话：69842327

邮　　编：102300

（柴华林）

【举办书画展览】 年内，支部与中国致公党北京市委员会在民族文化宫举办庆祝中国共产党成立90周年暨纪念辛亥革命100周年书画作品展览活动。

（柴华林）

【诗歌进社区】 年内，支部与倚山嘉园社区居委会共同举办“五月诗情献给党”诗歌笔会活动。

（柴华林）

【书画进学校】 年内，支部与东辛房小学共同举办“笔歌墨舞送中华”书画笔会活动。

（柴华林）

【药品捐赠】 年内，支部与北京市归国华侨联合会举行了“情系京西，奉献爱心”药品捐助仪式，市归国华侨联合会向区红十字会捐赠了价值十余万元的药品。

（柴华林）

【建立志愿者服务站】 年内，支部与中国致公党中央妇女委员会在东辛房小学建立了志愿者服务站，并举行了揭牌仪式。还与中国致公党北京市委文化工作委员会、北京致公书画院在区文联建立了志愿者服务站，并举行了揭牌仪式。

（柴华林）

【举办“永定河文化项目研讨会”】 3月24日，致公党门头沟支部、北京龙泉今子书画院共同举办“永定河文化项目研讨会”。研讨会探讨了《永定河长卷》创作视角与内涵、点与面、虚与实等创作问题，确定了永定河历史文化变迁研究报告及资料汇编两个研究课题。同时参观了位于王平镇韭园“马致远纪念馆”。支部党员柴华林、尹向前参加了活动。8月8日，支部与区文联举行了永定河文化研讨会，区文联党组及支部主委参加了研讨会。此次活动是支部与区文联建立志愿者服务站后开展的一次文化交流活动，会上，介绍了永定河长卷创作情况，永定河探源工程研究情况，泥塑艺术创作情况。区文联，北京龙泉今子书画院、北京枫林文学社相关人员及支部部分党员参加了活动。

（柴华林）

【诗歌学会活动】 3月29日，由区文联、教委、致公党门头沟区支部共同主办，北京龙泉今子书画院、大峪中学分校、门头沟诗歌学会协办的区诗歌学会成立暨大峪中学分校诗歌特色学校两周年诗歌朗诵活动举行，致公党北京市委领导及相关区领导参加了活动。

（柴华林）

【参加视察活动】　5月4日，支部12名主委参加门头沟区党外代表座谈会及区重点工程视察活动。区领导韩子荣等参加了座谈会，韩子荣在座谈会上通报了区经济与社会发展情况。会后视察了绿海森林公园、滨河大道、石门营新建小学、采空棚户区改造石门营安置房地块、永定河观景台。

（柴华林）

人　民　团　体

门头沟区总工会

【概况】　年内，在区委、区政府和市总工会的领导支持下，全区各级工会组织深入贯彻落实科学发展观，推动“两个普遍”和“1+6”文件精神的贯彻落实，开展“面对面、心贴心、实打实服务职工在基层”活动，不断提升参与社会管理和公共服务能力，及时做好7.21灾后服务和慰问，贯彻落实十八大精神，完成年初确定的各项任务目标，重点工作取得了突破性进展，在新的起点上，学习型、创新型、服务型工会建设进入更高层面，在全区经济和社会建设大局中作出贡献。一是通过加大京卡服务卡推广使用力度，开展“送温暖”活动，实施职工互助保障计划，举办大型招聘会等工作，加强工会服务体系建设，竭力为职工做好事、办实事、解难事；二是通过开展工资集体协商，加大劳动争议调解力度，实施厂务公开民主管理，加强劳动保护等工作，突出维护职能，实现劳动关系双方互利互赢；三是通过联合举办“京西地区职工2012年庆五一‘快乐劳动者’”大型文艺晚会，开展送文化下基层活动，共同举办“职工杯”乒乓球比赛活动，不断推动地区文化繁荣；四是通过党工共建、税务代收工会经费促建会等工作，扩大工会组织覆盖面；五是通过打造61696156为民服务信息平台，参与全区重大活动，加强和创新社会管理，提升工会参与能力；六是通过健全完善联系走访企业制度，加强工会干部队伍建设，强化工会基础性等工作，加强工会自身建设、提高工会工作整体水平。年内，全区共有直属基层工会98家，基层组织1033个，涵盖单位1551个，职工51660人，会员50086人，专兼职工会干部3230余人。

单位名称：北京市门头沟区总工会
地　　址：北京市门头沟区新桥大街34号
电　　话：69843871
邮　　编：102300

（任正新）

【工会业务培训】　2月16日、17日，举办为期2天的工会业务培训班，各部室负责人分别讲解了职工互助保障、工会组建、工资集体协商、信息调研、女职工工作等工会工作基本知识。机关全体人员，各街道、镇总工会、石龙开发区工会主席，工会助理员共70余人参加培训。

（何婧媛）

【女工工作】　2月23日，工会领导为区荣获“全国五一巾帼标兵岗、标兵”授牌、颁发证书，区总工会、教委、卫生局的领导一同参加。29日，第四届女职工委员召开第五次（扩大）会议，讨论审议了2012年女职工工作和“三八”节活动安排。会上通报了《关于门头沟区总工会第四届女职工委员会委员替补决定》。区总工会四届女职工委员会委员和部分镇、街道总工会女工主任，职能单位女工会主席、女工干部共计20余人参加会议。3月2日，邀请“首都女职工流动课堂”专家到区内讲授健康知识。近300名女职工干部及部分女职工听取了“四季养生、抗衰防病、肝气不舒对女性心身健康影响”的专题讲座。

（何婧媛）

【成立义务电影放映队】　2月29日，新组建的“送文化下基层”义务电影放映队，为基层职工进行首场电影慰问活动。电影放映队人员全部由区总工会机关干部和社会工作者组成，首场活动到区国资委系统，为女职工举办庆“三八妇女节”首场放映，区总工会领导及国资委系统各企业100余名女职工观看了首场电影《花木兰》。

（何婧媛）

【工会工作调研】 3月12日，区领导到区总工会调研，听取了区总工会2011年工作情况和2012年主要工作安排，视察了为民服务中心、职工服务中心和劳动争议调解中心。8月7日，全国总工会保障工作部部长到区内就“进一步完善工会帮扶机制”进行调研。9月21日，市总工会副主席一行人，到区内调研职工队伍状况。11月7日，区领导调研全区开展厂务公开基本情况、主要措施、取得的成效和下一步工作思路，了解全区推进工资集体协商签订集体合同工作的整体情况。

（何婧媛）

【召开工会工作会】 3月15日，召开八届六次委员（扩大）会议，总结2011年工会工作，部署2012年重点工作。会上，作了题为《坚定信念、凝聚力量、突出特色、团结动员广大职工为加快推进现代化生态新区建设向更高水平迈进作出更大贡献》的工作报告，区总工会八届全委委员、经审委员，四届女工委员，直属基层工会主席，专职工会社会工作者，特约大型企业代表等200余人参加会议。7月23日，召开区总工会党组（扩大）会议，传达区委十一届三次全委（扩大）会议精神，推进工资集体协商工作，实施首都职工素质建设工程，党组成员、各部室及直属事业单位负责人参加会议。8月15日，召开八届八次常委（扩大）会议，总结2012年上半年工会工作，部署下半年重点工作。区委组织部领导出席会议并讲话，区总工会八届常委，各街道、镇总工会和石龙开发区工会主席30余人参加会议。10月18日，召开全区工会组织“十八大”安保维稳工作会议，落实十八大安保维稳工作。区总工会机关全体人员、直属基层工会主席，专职工会社会工作者等300余人参加会议。

（何婧媛）

【举办招聘会】 3月24日，“春风行动”区大型招聘会在区新桥路中学体育馆举行。此次招聘会由市总工会、区总工会、区人力资源和社会保障局共同举办，市总工会领导、区领导出席招聘会开幕式。此次招聘会共组织招聘单位91家，提供3400余个岗位，参加应聘人员3000余人，达成意向892个。

（何婧媛）

【理财规划进社区活动】 4月8日，市工会系统理财规划进乡镇、进社区、服务职工群众活动启动仪式在区总工会机关举行，此次活动由区总工会、市金融工会联合主办，市银行业协会、北京证券业协会、北京保险行业协会和潭柘寺镇总工会协办，工商银行北京市分行工会、农业银行北京市分行工会等10家金融机构工会等承办。市总工会副主席、市金融工会主席及区内职工群众近300人参加了启动仪式。

（何婧媛）

【职工文化建设】 4月26日，区总工会与京煤集团工会、中铁三局四公司工会共同举办京西地区职工2012年庆五一“快乐劳动者”大型文艺晚会，市总工会领导王北平，区领导韩子荣、京煤集团有限责任公司党委书记、董事长，中铁三局四公司总经理等领导出席活动。3月17日，区总工会、区委直属机关工委、区体育局联合主办的“2012年门头沟区广播操表演赛”在区体育馆举行，共有40支代表队的近千余名职工参加。7月26日，电影放映队到中国人民解放军总后勤部油料研究所，开展“庆八一 送电影”慰问活动。10月23日，金辉职工艺术团到桥东街社区，为社区内的老年人进行重阳节慰问演出活动，社区内300余人到现场观看。12月16日，由区总工会、京煤集团有限责任公司工会联合组织的区首届“职工杯”乒乓球比赛在区体育馆举行，共有46支代表队、318名运动员参加为期2天的比赛。

（何婧媛）

【职工互助保障计划】 5月，在健全住院、重大疾病、意外伤害“三位一体”的互助保障机制基础上，新推出《在职职工医疗互助保障计划》。年内，新增会员2277人，新增保费130.2万元，赔付金额83.6万元，涉及会员3476人，累计有效参保会员17855人。

（何婧媛）

【参与全区重大活动】 5月，完成民“狂走京西”——永定河绿色水岸徒步活动500人次的组织工作；9月，完成了“第三届北京国际山地徒步大会“224名志愿者的组织、培训和1.8万余名运动员集结、运送工作；10月，完成民第二届国际环京自行车赛门头沟路段，42个集中观赛点1.1万人次观众、200人的荣誉骑行组织工作；11月，完成了孝满京城“第三届北京重阳文化节”开幕式1300人次的观众和200人合唱团的组织、集结、运送等工作。

（何婧媛）

【重点工程一线职工慰问】 6月20日，区领导到滑石道房屋征收大厅和京煤集团拆迁咨询处慰问采空棚户区房屋整体征收一线工作人员。8月28日，区工会领导到迎宾公园、永定楼建设工地慰问310名工程建设者，为一线建设者送去了价值4万余元的猪肉、米、面、食用油、毛巾、水杯等物品。

（何婧媛）

【集体合同和工资集体协商工作】 7月5日，联合区人保局等各街道、镇及石龙经济开发区工会干部、专职社会工作者进行集体合同和工资集体协商工作培训，培训集体和同和工资集体协商工作开展方法和工作流程。6日，召集百人以上已建工会规模企业，参加推进集体合同和工资集体协商工作会，下发人保局、总工会、企联、工商联联合制定的《门头沟区关于2012年推进工资集体协商签订集体合同工作的意见》。17日，妙峰山镇总工会召开工资集体协商推动会，细化企业工资集体协商的操作程序，本地注册企业法人、工会主席等50余人出席会议。妙峰山镇有27家企业与职工方签订了工资集体协商协议，涉及393名职工从中获益。

（何婧媛）

【7·21灾情应对】 7月22日，组织机关干部通过镇、街、石龙开发区和国资委工会组织，了解所属地区、系统部分企业和职工群众受灾情况以及受灾职工群众生活困难情况，统计257户居住平房职工受损，涉及家庭人口798人，无人员伤亡。25日，市总工会副主席一行走访慰问在抢险救灾中救出30余名群众的京西善和医药有限公司职工。并送去2万元的慰问金。27日，区领导到东辛房、城子街道办事处，龙泉镇和环卫中心慰问抗灾抢险一线人员，将首批价值8万元的1000个“爱心护理包”送到一线。8月5日和14日，顺义区总工会主席，东城区总工会主席分别到门头沟区，向遭受7·21特大自然灾害的区内职工表示慰问，并送去10万元慰问金。7.21灾后，区总工会共筹集慰问款67.5万元，发放特制“爱心护理包”3000个，雨衣、雨鞋100套，慰问一线工作人员及受灾职工群众3200人。

（何婧媛）

【学习型组织建设】 7月20日，工会领导以讲党课形式，传达市十一次党代会精神，区总工会机关全体人员和专职社会工作者共80余人参加党课。10月21日，邀请市总工会干部学院教授作学习十八大精神辅导报告。区总工会机关、全区直属基层工会主席、工会干部、规模以上企业工会干部和专职工会社会工作者300余人参加了报告会。

（何婧媛）

【财务、经审工作】 7月，对区总工会所属基层工会2012年上半年工会经费收支情况进行审计。11月，对直属基层工会经费收支审计情况进行抽查。12月27日，召开2012年度的财务预决算会议。总结了全区工会财务和工会经费审计工作，工会财务、经审知识培训，布置了关于2012年度经费决算和2013年度经费预算工作。全区基层直属工会主席、财务人员和经审人员200余人参加会议。

（何婧媛）

【为民服务信息平台建设】 8月10日，市总工会12351热线、区为民服务信息平台61696156热线与特约服务商集中签约仪式在区总工会举行。此次集中签约，是京卡o互助服务卡与门头沟区为民服务信息平台合作，市总工会三级服务体系办公室与21家特约服务商签署合作协议书并授牌，涵盖旅游景区、酒店宾馆、特色农产品和生活服务。区总工会机关全体人员、基层工会主席、专职工会社会工作者、为民服务信息平台区域综合服务信息系统成员单位、特约服务商，共200余人参加此次签约仪式。年内，平台共签约59家加盟企业、21家特约服务商户，录入52个职能部门的3386条服务信息，提供13大类、74项服务。区内59条政府热线实现61696156“一号通”对外服务热线，开通了健康、法律两条常态化的特色公益服务专线，打造区域综合服务信息系统。建立重点矛盾会商研判和挂账管理追踪处理制度，搭建了与8家市属垂直企业的网络沟通渠道。平台官方网站访问量83万余次，中央、市、区媒体宣传报道90余次，区领导对平台信息批示29次。共受理市民求助事项5.3万余件，接单率100%，办结率91%，办结事项的群众满意率99%。

（何婧媛）

【12351服务体系宣传】 8月22日，在永定镇举行12351服务体系全区工会服务体系工作宣传活动，于22日至31日集中到门城地区7个街道、镇宣传“京卡·互助服务卡”及“职工互助保险”。

（何婧媛）

【送温暖工作】 10月18日，举行“区总工会2012年金秋助学帮扶资金发放仪式”，为92名特困职工家庭发放助学资金19.1万元，助学普通困难职工70人，14万元。据统计，在“两节”送温暖、“金秋助学”、临时困难救助、全区房屋征收的关键时期、重点工程建设的收尾时期共计慰问、资助各行业困难职工及子女2300余人，资金110余万元。

（何婧媛）

【联系走访企业制度】 11月15日开始，开展“面对面、心贴心、实打实服务职工在基层”活动，到基层工会，宣传工会的服务项目、优惠政策和区总工会创建服务型工会的各项措施，完善联系走访企业制度，至年底，共走访企业26家。

（何婧媛）

【税务代收促建会工作】 年内，四个征期，平均申报率96.4%，缴款率99.9%，入库率99.9%，各项指标在全市排名在前。年内，新增工会组织391家，新增会员4750余人。

（何婧媛）

共青团门头沟区委员会

【概况】 年内，在区委区政府和团市委的领导下，全区共青团工作坚持以邓小平理论、“三个代表”重要思想、科学发展观为指导，落实中央及市区重要会议精神，以庆祝建团90周年为主线，以助力全区经济社会跨越式发展为主题，以实现团的基层组织和各项工作全面活跃为目标，团结带领广大团员青年求真务实、开拓创新，为在新的起点上全面推进现代化生态新区建设做出了贡献。通过引领青年干部成长成才，组织建团90周年庆祝活动、强化青年干部理论学习，坚持“思想领团”，引领青年理想信念更加坚定；通过助力全区发展建设、服务青年创业就业、开展青春绿色行动，坚持“贡献立团”，服务党政中心工作奋发有为；通过维护青少年合法权益、开展青少年法制宣传活动、推进青年爱心工程，坚持“服务兴团”，促进青年成长成才务求实效；通过开展志愿服务活动、强化青年文化季活动品牌、发挥青联凝心聚力作用，坚持“特色活团”，狠抓品牌工作项目取得突破；通过加强机制建设、强化阵地建设、推进重点工程，坚持“基础强团”，推进团的自身建设创新发展。年内，全区各级团组织和团员青年共荣获北京市“五月”红旗团支部等市级集体奖励6项，“北京青年四五奖章”等市级个人奖励6项。

单位名称：中国共产主义青年团北京市门头沟区委员会
地　　址：北京市门头沟区新桥大街36号
电　　话：69842938
邮　　编：102300

（赵　健　史　岩）

【青年文化项目】 年内，围绕现代化生态新区建设，推进青年文化行动。2月6日，举办“青年文化季系列活动之——欢歌盛世闹元宵　和谐京西唱发展”猜灯谜及青年乐队活动。3月30日，举办第12届“京西植树生态游”暨“青春‘碳’索记”主题教育实践活动启动仪式。5月8日，团区委联合区图书馆开展“温情暖工地”系列活动，在小园工地建立“创建者之家”图书室，并开展了送文体器材、送义务理发、送电影进工地活动。10日，在潭柘寺镇定都峰举办“我看家乡变化畅游节——揽定都胜景　享京西巨变”活动。19日，团区委举办“对话徐霞客”走进门头沟——户外社团开放日活动。8月18日，举办“我看家乡变化畅游节——访古村古貌　品古风古韵”活动。31日，团区委、区民政局与66446部队联合举办“青春献祖国军民乐缤纷”联欢会。9月下旬，启动门头沟区“超级杯”镇街青年足球联赛。10月11日，在区体育馆举办区五湖四海·青年汇羽毛球挑战赛。22日，组织北京大学山鹰社、北京市绿手套、龙旗户外、翱翔户外、门头沟论坛户外运动爱好者及团队干部、青少年代表开展“重阳登定都　文化汇青年”重阳登山活动。10月26日，在双龙峡景区开展“我看家乡变化畅游节之——枫映团旗红　丹心报党恩”活动。

（赵　健　史　岩）

【召开十三届三次全委（扩大）会】 3月1日，召开共青团门头沟区委员会十三届三次全委（扩大）会。会上观看了工作短片《青春华彩　汇力京西》，总结回顾了2011年的各项工作，并对2012年工作进行部署。全区各直属团组织负责人、2011年度北京共青团“达标创优”竞赛活动先进集体和个人等共计70余人参加了会议。

（赵　健　史　岩）

【志愿服务项目】 年内，依托志愿者协会，探索志愿服务长效机制建设，推进志愿服务工作。开展“两节送温暖”活动，慰问残疾青少年、贫困青少年等群体代表，为他们送去节日的祝福与温暖；开展“弘扬雷锋精神　争做青年先锋”主题实践活动，成立学雷锋青年志愿者服务总队，带领全区团员青年做文明有礼的门头沟人。3月3日，开展首个“学雷锋志愿活动日”活动，全区各直属团组织分别开展学雷锋活动。31日，举办区学雷锋青年志愿者服务总队暨“拒绝不文明　清除小广告”青年行动日启动仪式。5月3日，邀请中央美术学院青年志愿者在区实验二小永定分校开展“微笑京西　蓝天行动”——中央美术学院青年志愿者门头沟行活动。25日，邀请中央美术学院青年志愿者在门头沟区实验二小永定分校开展“微笑京西　蓝天行动”——中央美术学院艺术使者与小朋友共画门头沟活动。6月18日，团区委联合区体育局举办中国联通杯2012年中国乒乓球协会会员联赛北京门头沟站志愿者培训会。21日至24日，团区委组织志愿者承担中国联通杯2012年中国乒乓球协会会员联赛第九站北京门头沟站比赛志愿服务工作。9月6日，在区实验二小永定分校冯村小学开展“微笑京西　蓝天行动”——北京科技大学志愿者与冯村小学小朋友素质拓展活动。8日、9日两天，团区委组织50余名志愿者参与京煤杯第三届国际徒步大会的妙峰山赛段与门城湖赛段志愿服务工作。10月14日至20日，团区委联合区红十字会举办两期骨干志愿者应急救护知识培训班。

（赵　健　史　岩）

【权益维护项目】　年内，发挥区未委会办公室和预防青少年违法犯罪工作协调委员会办公室职能。3月27日，召开合适成年人参与未成年人刑事诉讼制度工作会议，通过《关于合适成年人参与刑事诉讼的规定》，联合签订了《关于保障合适成年人参与未成年人刑事诉讼制度实施的工作协议》，选聘门头沟区首批合适成年人并对其进行培训。4月1日，召开社会闲散和不良行为青少年服务管理工作专项推进会，初步达成了建立沟通协作机制等工作意见。5月30日，召开区预防青少年违法犯罪和未成年人保护工作会，总结了2011年以来的各项工作并对2012年重点工作任务进行了部署，团市委领导及相关区领导参加会议。8月22日至25日举办区“成长与责任”青少年夏令营活动，帮助重点青少年学会承担责任、感恩社会、健康成长。同时，成立门头沟区“12355”青少年星光自护教育基地，打造青少年自护教育新平台，实现自护教育课程化、常态化。10月12日，联合区社工委、民政局、教委、市青少年法律与心理咨询服务中心举办了安全教育师资培训班暨“敬畏生命、学会生存”——校园安全自护小卫士培训活动，组建青少年自护教育师资队伍，开展校园安全自护小卫士培训活动，促进青少年保护工作科学化、系统化。相关单位的领导及全区40余所中小学共50余名团队干部参加了活动。11月13日，十六区（县）预防青少年违法犯罪工作组，未成年人保护委员会办公室工作例会在门头沟区法院召开，并学习交流门头沟区在预防青少年违法犯罪和未成年人保护方面的优秀做法和成功经验。

（赵　健　史　岩）

【举办庆祝建团90周年合唱节】　4月16日，举办“追忆　传承　奋进”——庆祝建团90周年合唱节活动。来自全区23个直属团组织的600余名团员青年参与了活动。

（赵　健　史　岩）

【“五四”主题沙龙】　4月28日，举办庆五四“汇力门头沟·青年节日话成长”主题沙龙活动，青年代表们围绕“大山小事”、“新路历程”、“品位门头沟”三个话题，通过访谈的形式，分享了自己的成长经历和工作收获，交流了各自对于门头沟未来的发展、定位的思考。青年处级干部、基层团干部、大学生村官以及青年社区工作者等不同方面的50余位青年代表齐聚一堂，共庆节日、共话成长。韩子荣等相关领导与青年人一起庆祝节日。

（赵　健　史　岩）

【团干部座谈会】　5月21日，举办“寄语青春汇力发展”共青团干部座谈会，搭建团干部互相学习交流平台，区领导王洪钟等出席了活动。

（赵　健　史　岩）

【召开十三届四次全委会】　5月24日，召开十三届四次全委会，会上通过了《共青团门头沟区十三届四次全委会关于十三届委员会委员、候补委员卸职递补确认案（草案）》及《门头沟区出席共青团北京市第十三次代表大会代表候选人预备人选名单（草案）》，确定了8名出席共青团北京市第十三次代表大会代表候选人预备人选。共青团门头沟区第十三届委员会委员、候补委员共计26人参加了会议。

（赵　健　史　岩）

【十三届五次全委（扩大）会】　9月26日，召开十三届五次全委（扩大）会，表彰2011年度门头沟共青团“达标创优”竞赛活动先进集体、优秀个人，并下发《门头沟共青团服务“三个发展”行动计划》，部署未来三年内全区共青团工作的目标和任务。北京团内信息［2012］第17期全文刊发了《门头沟共青团服务“三个发展”行动计划》。

（赵　健　史　岩）

【青联三届一次全会】　11月30日，区青年联合会第三届委员会第一次全体会议举办，总结了五年来门头沟青联取得的成绩和经验，选举产生三届青联委员会常务委员会，科学规划了未来五年门头沟青联的工作目标。团市委领导及区领导韩子荣、王洪钟等出席大会。

（赵　健　史　岩）

【党建带团建工作】　年内，推进党建带团建工作。韩子荣等区领导专门听取关于党建带团建1+3文件起草工作的专题汇报，并对文件内容提出具体要求。文件形成后，区委常委会专门设置议题讨论文件发文相关事宜，最终以区委名义下发主文件，区委组织部、人保局、团区委等相关单位联合下发其他文件。党建带团建1+3文件明确了全区今后一段时期党建带团建工作方向、工作目标和工作重点。通过“五带”即带思想建设、带组织建设、带队伍建设、带青年人才开发、带创先争优，“三机制”即完善责任机制、健全保障机制、强化考核机制，对区党建带团建工作进行部署。结合区工作实际，创新提出鼓励镇街党政班子中年轻成员兼任团委书记，可同时配备正科级常务副书记1名，明确团组织负责人应享受同级职能部门主要负责人待遇。

（赵　健　史　岩）

【区青联工作】　年内，区青联坚持“团结”和“发展”两大主题，不断发挥青联凝心聚力作用。11月30日，区青年联合会举办“青春力量”区青联委员发展论坛，通过主题演讲和互动访谈等形式，交流服务区域建设的经验心得，为全区发展建言献策，王洪钟等区领导参加了活动。通过短信慰问等方式，在节假日和委员生日向各位委员送去祝福，以人文关怀凝聚各位委员。

（赵　健　史　岩）

【青少年思想政治建设工作】　年内，不断加强青少年思想政治教育，坚持“思想领团”，引领青年理想信念更加坚定。加强青少年理想信念教育，启动“亮身份　树形象　争创共青团员示范岗”主题活动，创建共青团岗438个，鼓励广大团员青年立足本职，有所作为。加强青少年形势政策教育，举办庆五四“汇力门头沟　青年节日话成长”主题沙龙，鼓励团员青年在门头沟区跨越式发展的舞台上有所作为。加强青少年思想道德建设，举办“追忆·传承·奋进”庆祝建团90周年系列活动。

（赵　健　史　岩）

【共青团基层组织建设工作】　年内，探索新形势下团建工作。加强机制建设，下发《关于加强新形势下全区党建带团建工作的意见》及相关文件，为直属团（工）委争取正科级职数8个，探索团组织建设、团干部队伍建设和青年人才开发长效机制。加强镇街团组织班子建设，打造“80后处级镇街团（工）委书记+科级常务副书记+编制外副书记+多名团（工）委委员”的镇街共青团班子格局。试行直属团组织“创五好　争先进”综合考核评价工作，打造“五好”团组织。强化阵地建设，开展青春议事厅活动，为镇街团组织搭建交流平台，共议团建对策，全面提升基层团建水平。指导城子街道五湖四海社区青年汇创建示范青年汇，招聘专职青年社工，指导开展羽毛球挑战赛、拔河比赛、交友联谊等活动，为社区居民和外来务工人员提供服务。推进重点工程，制定《门头沟共青团服务“三个发展”行动计划（2012－2015）》，围绕全区发展中心，进一步明确以后三年全区共青团工作主题和重点打造项目。

（赵　健　史　岩）

【创业就业项目】　年内，服务青年创业实践。以青年旅游文化创就业技能大赛为平台，依托丰富的民俗旅游文化资源，发动各镇街团组织动员大学生村官、待就业青年参与剪纸、蝴蝶画等民俗产品制作工艺以及旅游景点讲解培训，在青年中培育民俗文化传承者和传播者。开展“两培训一实习”青年创业就业培训工作，全年共举办各类培训班32期，培训青年1036人次。推进“贷动青春”青年创业小额贷款工作，全年向31名创业青年发放小额贷款505万元。

（赵　健　史　岩）

【捐资助学】　年内，举办“心手相连　善爱相传”门头沟共青团2012年“爱心基金”发放仪式，为受捐助学生送去温暖和关怀。通过“两节送温暖”、“六一”送温暖等活动，进一步强化对外来务工子女等特殊青少年群体的帮扶力度，严格落实“希望之星（1+1）奖学金”等各类资助项目，全年共为257名贫困学生发放奖助学金172260元，为100名贫困学生发放图书卡价值3

万元。

（赵 健 史 岩）

【对外宣传工作】 年内，加强与《中国青年报》、《北京日报》、《北京青年报》、《北京少年报》、《京西时报》以及区电视台等新闻媒体的联系与合作，加强对全区共青团工作宣传报道。推进宣传阵地建设，继续完善门头沟区志愿者协会网站、门头沟共青团网站；全年向团市委上报信息200余条，采用率在全市名列前茅。上报社会闲散和不良行为青少年服务管理工作动态，其中，“成长与责任”夏令营、合适成年人参与未成年人刑事诉讼制度等门头沟区社会闲散和不良行为青少年服务管理工作的7篇活动信息和工作经验在《首都预防青少年违法犯罪与未成年人保护工作简报》上刊登。

（赵 健 史 岩）

门头沟区妇女联合会

【概况】 年内，在区委、区政府的领导下，在市妇联的指导下，结合全区发展新形势，发挥“枢纽型”组织作用，突出妇女“发展”与“维权”两条主线，按照“党政所急，妇女所需，妇联所能”的工作定位，坚持服务大局、服务妇女的宗旨，开展了文化建设发展工程、社会建设助推工程、女性创业带动工程、妇女儿童维权工程、和谐家庭创建工程和自身建设素质工程“六大工程”，推进了全区妇女儿童事业的健康发展。

单位名称：北京市门头沟区妇女联合会
地　　址：北京市门头沟区新桥大街36号
电　　话：69842568
邮　　编：102300

（陈 琼）

【慰问活动】 1月6日，市妇联“营造温暖之家 共享美好生活”2012年元旦、春节期间走访慰问活动启动仪式在区内举行，市妇联党组书记、主席主持，区领导韩子荣，王洪钟，北京市妇联副主席、北京妇女儿童发展基金会副理事长，华夏银行工会副主席等领导出席。仪式后，市、区领导入户走访看望了区老妇救会主任、单亲困难母亲、两癌患者及区中心幼儿园的小朋友们，为她们送去了慰问品和慰问金。王洪钟代表全区向北京妇女儿童发展基金会捐款50万元。1月9日至18日，区妇联以“营造温暖之家 共享美好生活”为主题，到清水、斋堂、雁翅、王平镇及东辛房街道等单位重点对老妇救会主任、单亲特困女性、贫困“三八”红旗奖章获得者、纯老年人、边缘贫困特因女性及“两癌”贫困妇女家庭进行了慰问，发放各级慰问资金和慰问品折合人民币52万元。7月31日，组织巾帼志愿服务队到区光荣院，对老军人和军烈属们进行慰问。7月31日，市妇联到区内慰问“7.21”暴雨受灾妇女儿童，并送去慰问金10万元，以及50套厨具、100件雨衣、100床毛巾被等救灾物资。10月9日，与区政协一起走访了区政协第九届妇女界政协委员。区政协领导向妇女界代表送去了问候。

（陈 琼）

【组织巾帼创业援助工作座谈会】 1月11日，组织巾帼创业援助工作座谈会，为11名创业中的贫困女性颁发创业援助款。

（陈 琼）

【召开九届四次执委（扩大）会议】 1月17日，召开第九届四次执委（扩大）会议，区妇联、主席作了题为《凝聚妇女，创新发展，推动我区妇女工作再创新水平》的工作报告。区领导对做好全年工作提出具体要求。会上替补了区妇联九届执委。

（陈 琼）

【巧娘作品网络销售】 1月19日，创建了“巧娘作品网络销售”平台，将“巧娘工作室”手工作品在淘宝网进行销售。

（陈 琼）

【举办“春风系列行动”】 2月10日，联合区人保局、区工会上街开展“春风行动”专项活动宣传。工作人员就《妇女权益保障法》、技能培训等内容进行了现场解答。

（陈 琼）

【举办“巾帼维权”活动】 2月29日，联合司法局举办“巾帼维权”主题宣传月活动启动仪式，并通过市妇联邀请法律专家进行《中华人民共和国妇女权益保障法》专题知识讲座。

（陈 琼）

【举办报告会】 3月1日，举办全区妇女代表“创造发展新优势、稳中求进促发展”报告会，邀请区研究室干部讲解“十二五”旅游发展规划，近200名妇女代表和妇联干部参加活动。

（陈 琼）

【举办茶话会】 3月2日，联合区政协在龙泉宾馆举办“凝聚女

性力量　尽展委员风采”女委员庆祝“三八”国际妇女节茶话会。

（陈　琼）

【举办“第二届巾帼文化节”】 3月6日至8日，在区博物馆举办为期3天的“第二届巾帼文化节”暨女性文化旅游休闲产品展示活动，展览期间市妇联副主席、区领导韩子荣等到现场参观并慰问巧娘。

（陈　琼）

【举办“支持妇女创业，促进妇女发展”活动】 3月7日，区农村妇女“双学双比”领导小组在北京花露蝴蝶园举办工作会暨“支持妇女创业，促进妇女发展”主题活动。

（陈　琼）

【举办女干部趣味运动会】 3月8日，联合区委组织部、体育局、直机关工会在区体育馆举办“践行北京精神　传递女性力量”——庆“三八”女干部趣味运动会。

（陈　琼）

【领导调研】 3月21日，市妇联副主席一行到区内对妇女维权工作进行调研。5月4日，市妇儿工委调研组对门头沟申报妇女儿童规划示范区县情况进行实地调研考察，区妇联主席进行了工作汇报。

（陈　琼）

【组织“下基层、访妇情、办实事”活动】 4月14日，组织妇联干部到9镇4街开展“下基层、访妇情、办实事”活动。

（陈　琼）

【培训工作】 4月18日，区妇儿工委办公室、区统计局联合召开统计工作监测培训会，35个成员单位参加。4月24日至28日，组织各镇街道妇联参与“巾帼健身操培训班”。6月6日，举办家庭菜园扶植技术培训班，大峪街道滨河西区和龙泉镇倚山家园社区60余名居民参加了培训。8月29日，结合区内举办的“第九届百万家庭数字生活技能大赛”活动，联合区科协、经信委举办妇联干部及机关宣传干部摄影培训班，近40人参加了培训。9月27日，在区总工会电教室举办两期基层妇联干部妇女之家信息系统培训班。龙泉镇和东辛房办事处的60余名基层妇联干部参加培训。11月29日，在区科技馆举办“恒爱行动”毛衣编织培训班，聘请区编织能手、“巧娘”为爱心妈妈们讲解毛衣的编织方法和技巧。近100名爱心妈妈参加了培训班。12月13日，举办了妇联干部学习贯彻十八大精神培训班，全区200余名妇联干部参加了学习。12月13日至14日，组织全区妇联干部培训班，共200余人参加。

（陈　琼）

【参加公益志愿服务活动】 4月19日，参加区政府购买社会组织服务项目发布会暨社会公益志愿服务活动启动仪式。区妇联申报的“姐妹驿站”服务项目获批。

（陈　琼）

【参加第七届餐饮·食品博览会】 4月20日，区“妇”字号基地三家企业参加第七届中国（北京）餐饮·食品博览会，共展出百余个品种。区妇联主席带领妇联干部30余人参观了此次博览会。

（陈　琼）

【举办活动】 4月23日，联合区教委举办家庭教育主题周活动。5月15日，组织部分家庭开展了“5·15国际家庭日，文明新生活，科学健身走”主题体验活动，近30户家庭参加了此次活动。5月31日，在葡山公园举办“温暖四季”——巾帼志愿服务在行动大型公益活动启动仪式，市妇联、主席，区领导韩子荣等参加了活动。8月17日，在492部队举办了“送科技进军营”暨军民联欢活动。区妇联领导、部队官兵以及区妇联组织的巾帼志愿者百余人参加了活动。

（陈　琼）

【市妇联考察】 5月10日，市妇联一行160人到区内“妇”字号示范基地——“北京花露蝴蝶养殖专业合作社”和“灵之秀茶文化有限公司”参观考察。

（陈　琼）

【参加北京市职业技能大赛】 6月7日，妇联系统文宣阁、蝴蝶园、中慧苑三家巧娘工作室和“妇”字号基地灵之秀茶文化有限公司的技能人才及20名代表参加北京市第三届职业技能大赛门头沟赛区职业技能大赛启动仪式。

（陈　琼）

【学习参观】 6月18日，区妇联干部一行9人到大兴区妇联学习参观。

（陈　琼）

【组织“巧娘”手工作品研讨会】 7月10日，组织辖区部分“巧娘”在“北京花露蝴蝶养殖专业合作社”召开手工作品研讨会，北京巧娘研发基地——“北京工业设计促进中心”的两位专家以及准备参加大赛的15名“巧娘”参加了座谈会。

（陈　琼）

【组织“中华戏曲健身操”演出】 7月17日，在区龙泉雾村组织了“中华戏曲健身操”——妇女之家特色活动汇报演出。

（陈　琼）

【召开妇联系统会议】 7月18日，召开妇联系统会议，深入学习贯彻北京市十一次党代会精神，区妇联领导以及13个镇、街道妇联主席，9个直属委办局妇委会主任及妇联机关全体干部共30余人参加会议。

（陈　琼）

【组织救援工作】 7月22日，“7·21特大自然灾害”发生后，区妇联按全区统一部署，抽调一名科长到灾情重点地区东辛房街道北涧沟社区开展群众工作。并组织巾帼志愿小分队到北涧沟社区开展救援工作。

（陈　琼）

【参加捐款活动】 7月24日，全体干部职工参与区委、区政府组织的捐款活动，同时号召全区社区各界妇女向遭受水灾的地区捐款。截至27日，共收到爱心捐款66442元。

（陈　琼）

【组织巾帼志愿服务】 7月24日，多次组织巾帼志愿者服务队到受灾比较严重的北涧沟地区、西辛房中学灾民安置点以及石门营新区五区居委会开展志愿服务。

（陈　琼）

【召开女大学生“村官”座谈会】 7月25日，召开女大学生“村官”座谈会，全区5个镇的12名女大学生“村官”代表参加了座谈。

（陈　琼）

【参加巾帼健身活动】 8月11日，在市妇女联合会、北京妇女儿童发展基金会主办，宝健（中国）日用品有限公司承办的“巾帼志愿行动之健康计划——巾帼健身风采展示”活动预赛中，区妇联巾帼健身团队的“快乐拍打”以第二名的成绩晋级决赛。11月27日，派队代表北京市参加由全国妇联、国家体育总局共同主办的全国妇女民族健身操推广交流比赛，获得优秀奖。

（陈　琼）

【第三届“京煤杯”徒步大会】 9月15日，组织家庭及外籍学生参加“京煤杯”第三届北京国际山地徒步大会志愿服务，市妇联、主席出席了大会开幕式。

（陈　琼）

【组织女政协委员考察】 9月19日，组织女政协委员到丰台区“妇”字号基地参观考察。区政协及妇联领导参加考察。

（陈　琼）

【举办扶持款发放仪式】 9月20日，举办2012年北京市“双学双比”示范基地“巾帼示范村”项目扶持款发放仪式。区“双学双比”竞赛活动协调小组成员单位相关领导参加了发放仪式。

（陈　琼）

【揭牌仪式】 10月10日，举行反家庭暴力救助中心和流浪未成年人保护中心揭牌仪式。

（陈　琼）

【增加编制】 10月15日，区编办（门编委字【2012】55号）同意关于申请区妇女儿童工作委员会办公室申请编制的请示，为区妇女儿童活动中心增加编制2名。

（陈　琼）

【第九届生活技能大赛获奖】 11月1日，区妇联组织的家庭队在第九届北京百万家庭数字生活技能大赛决赛中获得第三名，并获北京市优秀组织工作一等奖。

（陈　琼）

【召开“姐妹驿站”工作交流会】 11月6日，召开2012年“姐妹驿站”工作交流会。区妇联领导对“姐妹驿站”宣传品的设计和发放进行了说明。

（陈　琼）

【设立“姐妹驿站”服务台】 11月15日，区社会工委在石龙经济开发区举办“五站合一”揭牌仪式，区妇联在石龙经济开发区建立了首家商务楼宇“妇女之家”和“姐妹驿站”服务台。

（陈　琼）

【举办学习十八大精神工作会】 11月20日，举办学习贯彻党的“十八大”会议精神工作会，机关全体干部参加学习，区妇联领导对“十八大”报告做了解读。

（陈　琼）

【五进农村】 11月22日，成立以区妇联主席为组长的“五进农村”帮扶领导小组，到帮扶村和低收入户家中，开展了发展思路进农村、项目资金进农村、文化科技进农村、爱心温暖进农村、组织共建进农村的“五进农村”活动。

（陈　琼）

【赴台参加会议】 11月27日，

区妇联领导参加“女力崛起 京台姐妹携手拼经济”第十五届京台科技论坛女性论坛，并做《促进巾帼创业就业 服务地区经济发展》的发言。

（陈 琼）

【举办“恒爱行动”公益活动】 11月29日，举办以“一线阳光 一份光明”为主题的“恒爱行动”公益活动启动式，各镇街妇联主席及60余名爱心妈妈参加了启动式。12月5日，在大峪街道新桥西区社区举办了“美丽门头沟 亮丽风景线——百名爱心妈妈恒爱行动”活动。市妇联领导及区领导到活动现场观看爱心妈妈编织毛衣。12月12日，联合区机关工委举办“恒爱行动——门头沟区直机关干部献爱心”活动，相关单位的20余名机关干部参加此次活动。

（陈 琼）

【参与法制宣传活动】 11月30日，参与全区“12.4”全国法制宣传日宣传活动，发放《婚姻法》、《妇女权益保障法》、《北京市实施〈妇女权益保障法〉办法》、《姐妹驿站》等宣传材料500余份，解答50余次过往群众的现场咨询。

（陈 琼）

【举办巾帼志愿者在行动活动】 12月5日，举办“美丽门头沟 亮丽风景线——巾帼志愿者在行动”活动，市妇联领导在会上讲话。12月5日，在大峪街道南路二社区举办了“送法律 送健康 送服务 送技术——巾帼志愿者在行动”活动。同日，区妇联在龙泉镇敬老院举办了“浓浓敬老情 切切暖人心——巾帼志愿者走进敬老院”活动。

（陈 琼）

【参加首都平安示范家庭授牌】 12月18日，区妇联领导到东辛房街道西辛房社区和大峪街道龙泉花园社区，为区内被评选为首都平安示范家庭的代表家庭授牌。

（陈 琼）

【举办农家女致富擂台赛】 12月27日，在京西晨光饭店举办“第十一届农家女致富擂台赛”，市、区妇联领导以及区相关单位领导出席擂台赛。

（陈 琼）

【评选“巾帼文明岗”】 12月31日，区“巾帼文明岗”创建领导小组评选出区工商分局军庄工商所、区民服务信息平台接线部、区法院未成年人案件审判等在内的24个单位（岗组）为区“巾帼文明岗”。

（陈 琼）

【推广家庭阳台经济】 年内，在村居楼宇中推广家庭阳台经济，邀请市科委推荐的“北京京棚环球科技股份有限公司”园艺事业部专家为潭柘寺镇的100名姐妹现场授课讲解阳台菜园种养植方法。

（陈 琼）

门头沟区科学技术协会

【概况】 年内，在区委、区政府的领导下，在市科协的业务指导下，坚持科学发展观，以实施《北京市全民科学素质行动计划刚要》为核心，以普及科学知识为切入点，按照年初制订的工作计划，达到了预期的目标，完成了各项工作任务。全年开展种植、养殖实用技术培训8次，培训农村科技人员300余人，赠送科普书籍300册、光盘80套，荣获“科普惠农兴村计划”农村科普示范基地2个、农民专业合作组织2个、农村科普致富带头人1人、获得69万元奖补资金；在第32届北京青少年科技创新大赛活动中，荣获35个奖项，其中优秀项目一等奖1项，二等奖4项，三等奖4项；优秀科技实践活动一、二、三等奖各1项；科技教育方案类二等奖1项；优秀科技辅导员1名；科幻画一等奖2项、二等奖3项、三等奖16项；荣获第十二届机器人竞赛二等奖2项，三等奖3项，区科协荣获“特别贡献奖”；在2010－2012年“科技馆活动进校园”评比活动中，区科技馆以优异成绩荣膺一类；全年出版发行《京西科普》刊物6期12000册；编制发放《科普快讯》24期。

单位名称：北京市门头沟区科学技术协会
地　　址：北京市门头沟区新桥大街40号
电　　话：69843535
邮　　编：102300

（李春先）

【召开科普工作会】 1月，区科技馆召开2012年科普工作会。围绕科普中心，进一步完善科普设施，健全科普功能，拓展科普领域，搭建科普平台，创新科普载体，履行科普职能，发挥示范作用，为全民科学素质提高和实现经济社会跨越式发展提供智力支持。

（李兆琳）

【科普冬令营】 1月，区科技馆在中国科技馆组织开展了一年一度的科普一日冬令营，新桥路中学宏志班师生及科普志愿者50余人参加了活动。

（李兆琳）

【开展“科技套餐配送”工程】　1月至4月，根据市科协文件精神结合第十三届“科普之春”活动，开展“科技套餐配送”工程，聘请老科技工作者协会专家13人，共开展实用技术培训8次，培训内容涉及蜜蜂的饲养技术、樱桃树的修剪与施肥及管理技术、杏树的修剪和施肥及管理技术、核桃树的修剪技术、蘑菇种植技术等多个方面，共培训农村科技人员300余人。

（王　榕）

【举办青少年科技创新大赛】　3月至10月，组织开展区级青少年科技创新大赛，选送78项优秀作品参加“北京第32届青少年科技创新大赛”，获得各类奖项35项，其中优秀项目一等奖1项，二等奖4项，三等奖4项；优秀科技实践活动一、二、三等奖各1项；科技教育方案类二等奖1项；优秀科技辅导员1名；科幻画一等奖2项、二等奖3项、三等奖16项；门头沟区科协荣获“特别贡献奖”。科技实践活动雁翅中学“保护母亲河，我们在行动”荣获第27届中国青少年科技创新大赛科技实践活动终评展示项目二等奖。

（王　榕）

【科普作品征集】　4月至5月，区科技馆组织开展第一届“我眼中的科技门头沟”科普作品征集活动，区内多个社区和部分学校的100余名志愿者和爱好者参与了活动。

（李兆琳）

【举办“百万家庭数字生活技能大赛”】　4月至9月，根据北京市文件精神，联合区经信委、区妇联、区文联等22家单位组成了区大赛组委会，以“我的数字智能生活”为主题，开展了区“百万家庭数字生活技能大赛”。一是开展了网上科普知识答题。全区各委办局、街道、镇、企事业单位及中小学校都参与，共收到网上知识答题7369份。二是开展数码摄影比赛。举办摄影培训，征集摄影作品380幅。三是组织全民信息化能力培训，对社区居民、青少年进行了信息能力的培训。四是开展“活动海报进社区”，开展数码大赛宣传。五是开展“十佳数字生活魅力社区”评选。六是组织家庭队参赛并进行培训测试。家庭队取得北京市第三名的好成绩。门头沟区荣获“第九届北京百万家庭数字生活技能大赛”区县组织工作一等奖。

（李　涛）

【举办科技周活动】　5月18日，根据北京市《关于举办2012年北京科技周活动的通知》精神，区科协以“携手建设创新型国家——科技与文化融合，科技与生活同行”为主题，举办了门头沟区“北京科技周”活动。一是举办区“北京科技周”开幕式暨蓝龙家园科普视窗揭牌仪式。仪式上，区领导致开幕词并为科普视窗揭牌；对在第32届北京市青少年科技创新大赛活动中获奖学生、辅导老师给予了表彰；开幕式上，科普展览、科普宣传咨询、科普互动展品体验、智能数字终端新品展示和社区居民节能环保制作等活动同时举行。二是开展了“科技扮靓生态新区——门头沟新变化回顾展”主题巡展活动；三是组织科普工作者参观北京科技周主会场。四是举办科普报告进军营、进社区活动。五是组织慰问科技、科普工作者电影专场，800余名科技、科普工作者观看了美国科幻影片《复仇者联盟》。本届科技周全区组织区级活动25项，基层活动51项，共76项。

（李　涛）

【主题科普报告会】　5月，区承办区2012年“北京科技周”重点活动——“远离火灾珍视生命”主题科普报告会，在京煤集团北京科技高级技术学校举行，该校200余师生参加。

（李兆琳）

【科学幻想画创作展】　5月，举办“节约能源资源、保护生态环境”科学幻想画优秀作品创作展，让青少年用艺术的形式畅想未来的世界。

（李兆琳）

【创新实践工作室开放】　6月，区科技馆规划建设的创新实践工作室建成开放。

（李兆琳）

【项目课题研究取得突破】　7月，区科技馆研究开发的“科技馆活动进校园”科普资源包——趣味光学，被北京青少年科技活动中心汇编成册。同时与西城区一道成为“科技馆活动进校园”北京项目单位课题研究示范推广区。

（李兆琳）

【开展科普之夏活动】　7月至8月，根据北京市科协安排，围绕“食品安全和公众健康”的主题，开展了“科普之夏”活动。在大峪街道向阳东里社区举办了“科普之夏”启动仪式，仪式后，工商局为社区居民现场进行了食品安全检测。“科普之夏”活动主要面向社区居民，各街道、社区分别邀请专家开展食品安全讲座，共组织了相关讲座21场。

（李 涛）

【常设主题科普展厅】 8月，区科技馆常设主题科普展厅建成开放，该展厅首展的主题是：普及科学知识，传播科学思想。

（李兆琳）

【开展“科普日”活动】 9月15日，按照中国科协、市科协开展2012年全国科普日活动的统一部署，区内开展了“科普日”活动。一是组织参观“北京科学嘉年华”主场活动。二是组织开展“全国科普日”主题宣传活动。科协系统学（协）会、街道科协及驻区部队人员近60人参加，通过悬挂横幅、树立协会旗帜、设立展台开展咨询活动、分发各类科普宣传材料。此次宣传活动共发放《科普知识进家庭系列丛书》、《北京人健康引导》、《生活垃圾分类》、《中国儿童安全指南》等各类宣传资料50余种8500余份，印有“全国科普日”标识环保袋1000个，展出宣传展板20余块，参与群众2000余人。三是组织全区科技工作者登山比赛暨门城湖徒步赛。科协所属学（协）会、镇街科协23支代表队69人参加了活动。

（李 涛）

【开展科技交流学术月活动】 10月，开展了以“北京精神与科学文化”及“如何用科学方法推动区经济社会转型发展、创新发展、跨越式发展”为主题的2012年科技交流学术月活动。共收到《建议》63篇，参与范围有所扩大，一些部委办局也积极参与到活动中来。评出一等奖2篇，二等奖4篇，三等奖8篇；纪念奖20篇。

（李 涛）

【获得佳绩】 11月，区科技馆在2010－2012年“科技馆活动进校园”试点推广工作全国项目管理评估中取得优异成绩，荣膺一类。

（李兆琳）

【创建科普示范社区工作】 年内，开展了科普示范社区的创建工作。市、区科协领导多次到社区开展调研，并指导科普示范社区争创工作。在多方共同努力下，新桥西区社区被评为2012年全国科普示范社区，同时评为北京市科普示范社区。中国科协和市科协给予扶持资金85万元，将以“低碳艺术”为主题对社区进行精心打造。

（李 涛）

【开展“科普惠农兴村计划”活动】 年内，根据北京市科学技术协会的要求组织“科普惠农兴村计划”申报和实施工作。获得北京市科普惠农计划先进集体和个人共包括2个农民专业合作组织、2个农村科普示范基地、1个农村科普致富带头人、2个专业技术指导员。

（王 榕）

【开展科技实践活动】 年内，根据市科协的通知精神，区科协和区教委联合举办“大手拉小手——科学家进校园”科普报告会活动。“中国科学院老科学家科普演讲团”的五位科普专家，分别为区育园小学、新桥路中学、潭柘寺中学等10所中小学近3000名师生做了有关动物、医疗、航空、地震等方面的科普报告。

（王 榕）

【开展农村“一站、一栏、一员”工作】 年内，科协投资建设的全区各镇、村、科普示范基地共35座科普画廊每季度展出一期科普展板，全年共展出农业生产、文明生活等内容的科普知识展板4期共计1400平方米，受益农民1万余人。

（王 榕）

【实施《社区科普益民计划》】 年内，根据市科协、市财政局关于实施社区科普益民计划的文件精神，区科协进行了部署实施。年度荣获北京市“社区科普益民计划”优秀科普示范社区4个，优秀基层科普场馆1个，户外科普园地1个，优秀科普宣传员8名，获得奖补资金59万。

（李 涛）

门头沟区残疾人联合会

【概况】 年内，坚持以邓小平理论，三个代表重要思想和科学发展观为指导，在区委、区政府领导和市残联的指导下，认真贯彻落实《北京市实施＜中华人民共和国残疾人保障法＞办法》，完成各项工作任务，并举行了门头沟区残联第六届代表大会，选举产生了新一届的区残联主席团成员、执行理事会。截至年底，全区持证残疾人24892人。

单位名称： 北京市门头沟区残疾人联合会
地　　址： 北京市门头沟区新桥大街58号
电　　话： 69859231
邮　　编： 102300

（蒋立葛）

【走访慰问】 1月5日，区四大部门领导分别走访慰问困难残疾人，区残联系统两节走访慰问送温暖活动正式启动，两节期间区残联共走访慰问5965名残疾人，慰问款物共计270余万元。

（蒋立葛）

【参加市残疾人棋牌比赛】 3月25日至29日，派出17名选手参加市第26届残疾人棋牌比赛。获得远郊区组象棋比赛团体总分第一名；肢体残疾人刘金庆和郑万泉取得桥牌比赛第一名。

（蒋立葛）

【荣获全国扶贫开发先进个人】 3月，中国残联和国务院扶贫办联合发文中对2001－2010年农村残疾人扶贫开发工作先进集体和先进个人进行了表扬。区清水镇肢体残疾人崔朴臣荣获先进个人。

（蒋立葛）

【市职业技能竞赛参赛】 4月17日，召开参加市残疾人职业技能竞赛工作动员会，标志着竞赛工作全面启动，截至9月，竞赛全部结束，区残联共组织101名残疾人参加竞赛，7名选手进入决赛，其中，两名选手取得全市第三名。

（蒋立葛）

【市残疾人群体项目展示交流】 5月11日，在北京市基层残疾人群众体育成果展暨优秀残疾人群体项目展示交流大会上，区残疾人表演的轮椅太平鼓，荣获表演优秀奖和组织优秀奖。

（蒋立葛）

【举办残保法实施办法知识竞赛】 5月18日，举办《北京市实施<中华人民共和国残疾人保障法>办法》为主要内容的知识竞赛，参与人数达万余人。6月4日，举行了开奖仪式，此次活动设有一等奖3名、二等奖6名、三等奖9名、纪念奖100名，所有奖项全部由开奖嘉宾现场抽取。

（蒋立葛）

【全国助残日庆祝活动】 在5月18日前后，全国助残日期间，举办了首届残疾人摄影比赛、与北京市科协联合举办“信息科普进山区暨门头沟区助残日活动”、盲人保健按摩师职业技能比赛等活动。各街镇残联以残疾人温馨家园为平台，组织开展了文艺演出、趣味运动会、棋牌比赛、知识讲座、参观游览等活动，各类活动综合参与人次过万人。

（蒋立葛）

【盲人按摩】 5月22日至24日，举办盲人保健按摩行业“两个规范”推广培训，30余名盲人保健按摩师参加培训。区内有盲人保健按摩师41名，其中27名视力残疾人参加了市残联阳光工程盲人保健按摩职业技能全程免费培训班并取得证书。

（蒋立葛）

【电脑教室捐赠】 6月20日，区残联接受中国残疾人福利基金会向北京市残疾人福利基金会转赠的15万元人民币，分别在大台街道、潭柘寺镇、区残疾人职业康复劳动中心定向创建3个残疾人电脑培训教室。

（蒋立葛）

【首个法律工作服务站成立】 7月13日，区内首家残疾人法律服务工作站在龙泉镇温馨家园建立。工作站由区、镇残联实行统一管理，面向残疾人开展法制宣传教育活动，为残疾人提供法律咨询、司法调解、法律援助等服务。有2名司法助理员和3名律师和7名志愿者参与服务站工作。

（蒋立葛）

【参与7.21灾害救助】 7月21日，发生特大暴雨灾害之后，区残联对全区残疾人服务设施进行了灾情统计和实地查看，并接受市残联10万元救助金和企业捐赠面粉用于受灾残疾人救助，同时机关干部也捐款救济受灾群众。

（蒋立葛）

【残疾人就业保障金审核】 7月至9月，按比例安排残疾人就业情况审核征期内，共审核用人单位9813家，征缴残疾人就业保障金3029万元，发放用人单位安排残疾人就业岗位补贴和超比例安排残疾人奖励金604万元，按比例安排残疾人就业1037人。

（蒋立葛）

【参与市残疾人比赛】 9月1日至2日，在市残疾人田径、游泳、乒乓球比赛中，区内共派出了16名选手参加比赛。其中，乒乓球选手赵晓静获得了TT10级女子单打第一名、高万富获得了男子单打TT9级第二名，并和队友夺得了男子双打第三名；铅球选手池宝河和黄穆宇包揽了铅球F13男子视力组的第一名和第二名、赵建斌和连维波包揽了铅球F58男子肢体组的第一名和第二名；游泳选手朱雪琦获得S3女子50米自由泳第一名、陈玉和获得S9男子100米第一名和50米第二名、李宝树获得S9男子100米第二名。共5个第一名、4个第二名。

（蒋立葛）

【成立残疾人家庭康复学校】 9月5日，区残疾人家庭康复培训学校揭牌，年内投入9.3万元，开展5期培训活动，有200余人次参加。

（蒋立蔼）

【残疾人助学】 9月，区残联启动残疾人助学工作，为152人残疾学生和困难残疾人子女发放助学金465350元。

（蒋立蔼）

【无障碍改造】 10月17日，市残联、市建委联合在门头沟老旧小区无障碍改造现场举办无障碍推动日活动，11月29日，接受市无障碍工作督查小组检查验收，区残联共投入317.2万元，对4个老旧小区无障碍改造全部完成，还为957户残疾人家庭进行了无障碍设施改造。

（蒋立蔼）

【街镇残联换届】 9月11日，召开街镇残联换届工作部署会，区基层残联换届工作正式启动，截至10月底，区4个街道、9个镇的残联全部完成换届。

（蒋立蔼）

【残疾人状况监测】 截至11月8日，完成2012年残疾人状况监测入户调查阶段工作，实现4个样本小区除确切原因已经变更人员外的被监测对象100%见面率和0失访率。

（蒋立蔼）

【残疾人举重训练基地揭牌】 11月16日，在区残疾人活动中心，市残联领导及区领导共同为“北京市残疾人体育训练基地（举重训练基地）”揭牌，北京市第一家建在区县的残疾人体育训练基地正式落成。

（蒋立蔼）

【区残联第六次代表大会召开】 12月27日，区残疾人第六次代表大会召开，市残联理事长吴文彦，区领导韩子荣，王洪钟，罗斌，张冰等领导出席。大会共有正式代表121名，其中残疾人及残疾人亲友83名，占代表总数的68.6%，各群团组织、残工委成员单位的领导和曾经在区残联工作过的老同志列席大会。

（蒋立蔼）

【扶贫助残】 截至年底，区残联投入资金36.4万元扶持33名残疾人从事自主创业和个体经营；争取市残联261.1万元资金，分别在清水镇、雁翅镇、王坪镇、永定镇新建5个扶贫助残基地，安置农村残疾人309人；在王平镇吕家坡村和妙峰山镇陈家庄村各建立一个残疾人职业康复劳动项目。

（蒋立蔼）

【温馨家园与职康站建设】 截至年底日，投入4.01万元为全区在28个职康站每天参加活动400余名智力和稳定期精神残疾人办理了意外伤害保险。落实市残联政策，为全区15个温馨家园每年提供10万元活动经费。

（蒋立蔼）

门头沟区工商业联合会

【概况】 年内，区工商联以邓小平理论和“三个代表”重要思想为指导，深入学习实践科学发展观，围绕区委、区政府中心工作，以贯彻实施中央、市、区加强和改进工商联工作为动力，围绕中心定位，服务大局尽职，践行“服务立会”的宗旨，履行各项工作职能，完成了全年工作任务。协助区委召开庆祝工商联成立六十周年座谈会；动员会员中的政协委员建言献策，履行参政议政职能，九届一次政协会议工商界委员共提交政协提案30余件；加大对非公企业和非公经济代表人士的宣传力度，优化非公经济健康发展和非公经济人士健康成长的舆论环境，倡导企业文化建设；发挥优势，以商招商，协调市工商联、城区工商联与区非公企业开展招商项目推介工作；引导会员，履行企业的社会责任，参与各种扶持活动，全年共筹集捐助款190余万元；发挥内引外联作用，共组织参与区内外活动30余场；发展新会员12家，会员总数达到624家。区工商联荣获市工商联“经济服务”“教育培训”先进奖。

单位名称：北京市门头沟区工商业联合会
地　　址：北京市门头沟区新桥大街36号
电　　话：69842495　69846601
邮　　编：102300

（杨连芝）

【光彩事业】 1月2日，向会员企业发出倡议，号召会员企业开展春节慰问活动，要求广大非公经济人士用爱心回报社会，5月18日，组织北京精雕科技有限公司到清水小学、斋堂小学开展捐资助学活动，区领导及区工商联等领导参加活动。7月24日，“7·21”特大自然灾害发生后，区工商联向企业发出倡议，号召驻区非公企业，行动起来，向受灾群众奉献爱心，据统计共收到区非公企业的救灾款项、赈灾物资共计148余万元，年内组织了"博爱在京城"、"我有我的家"关注残疾儿童资金赞助等光彩捐助活动。

（杨连芝）

【市、区领导调研】　3月7日，区领导到区工商联调研，对具体工作提出建议，6月8日，市工商联领导调研。8月16日，全国工商联常务副主席、市委统战部副部长到区斋堂供水厂调研，实地考察调研由会员企业北京鼎创源膜技术开发有限公司承建的采用膜分离技术进行改造的斋堂联村供水厂。9月5日，市工商联领导到区工商联调研，关于科技型中小企业创新环境及优化对策实地考察北京精雕科技有限公司、绿纯（北京）生物科技发展中心等7家中小型科技企业，并提出合理化的意见建议。

（杨连芝）

【宣传工作】　3月30日，制定并向企业下发了《关于进一步加强非公经济宣传工作的意见》及《关于建立门头沟区非公经济宣传队伍的决定》，同日召开区非公经济宣传工作会暨门头沟非公经济宣传队伍成立大会。市工商联领导及区领导出席会议并讲话。同日，在维科宾馆举办"非公企业风采展示"活动。年内利用工商联网站、《京西工商界》，区广电中心、《京西时报》等媒体宣传报道区非公企业发展历程。

（杨连芝）

【公益徒步行动】　4月6日，与王平镇、科协等单位共同举办"赏桃花、识鬼谷"生态人类行活动正式启动，会员企业北京龙泉今子有限公司参与此项活动并与生态人类联合会、永定河文化发展协会等7家单位发出生态人类行动倡议书。

（杨连芝）

【非公企业参加旅游山会】　5月19日，组织部分农业、旅游业非公企业，参加第四届北京旅游山会"开山门"仪式暨"全民健身日o3510在行动"启动仪式。为期两天的"开山门"活动，共有11家会员企业参加，参展品种有：美术用品、蜂产品、麦秸画、蝴蝶花、京西山茶、清水豆腐、核桃、杂粮、野菜、果蔬等。

（杨连芝）

【组织企业家座谈】　6月19日，与北京市房地产业协会及部分区属非公企业家关于大力发展旅游文化休闲产业进行座谈交流。12月6日，区委组织部与具有代表性的非公企业就2012年人才工作进行座谈。非公企业根据现状，将企业目前用工状况、人才引进、培养、使用、待遇等方面的工作与组织部领导沟通。年内分别与市工商联、丰台、昌平、东城区工商联及珍贝公司有关人士联谊座谈。

（杨连芝）

【召开主席会，执、常委会议】7月4日，召开九届三次常委会，会上讨论了上半年工作总结及下半年重点工作，通报了区工商联成立60周年系列活动的进展情况。11月22日，召开九届四次常委会议，会上学习传达了党的十八大会议精神，审议了工商联2012年工作总结、2013年工作思路，讨论增补九届工商联执常委建议名单。

（杨连芝）

【庆祝工商联成立六十周年座谈会】　7月6日，纪念区工商业联合会成立60周年座谈会在区总工会举行，市委统战部、市工商联领导及区领导王洪钟等出席座谈会。区各民主党派、人民团体的代表，原工商联业者及会员企业代表120余人参加会议。副区长张满仓主持会议。

（杨连芝）

【六十周年系列活动】　7月6日，编印了《庆祝北京市门头沟区工商联成立60周年专刊》区领导韩子荣为书作序。年内开展了"走进非公企业看发展"、"非公企业风采展示"、《回眸60年》（大事记）、编印《发展中的非公企业》宣传册、创办《京西工商界》等系列活动。

（杨连芝）

【帮扶工作】　10月24日，协调区红十字会、北京龙泉今子农业科技有限公司、北京中宸房地产开发有限公司向清水镇田寺村捐款10万元，为该村解决饮水困难。10月30日，与东城区工商联举办"城乡同携手，科学谋发展"活动，部分非公企业参与此项活动，并到南港村进行调研，捐助扶贫资金3万元。年内针对李家庄帮扶村的实际情况，发挥职能作用，发挥非公企业大讲堂的作用为李家庄村养蜂业提供技术指导，在原有"公司＋农户＋合作社"的产业发展机制基础上，继续创新帮扶工作的新思路，引导村民依托地区资源拓宽低收入户增收致富途径。

（杨连芝）

【宣传十八大精神】　11月22日，制定了《关于门头沟区非公企业学习宣传贯彻落实十八大精神的意见》。12月21日，邀请北京市学习宣传贯彻十八大精神百姓宣讲团七分团走进区非公企业为企业家宣讲党的十八大精神。

（杨连芝）

【非公经济党建工作站成立】 12月21日，制定《关于加强非公企业党建工作的意见》，同日协助属地妙峰山镇成立了非公经济党建工作站，工商联领导为非公企业党支部授牌，成立“非公企业党建工作站”由专人负责非公企业党建工作综合协调，制定相关配套文件，建立联席会议制度，协调解决推进过程中出现的突出问题，宣传表彰先进典型，确保非公企业党建工作有成效。

（杨连芝）

【调研工作】 年内，上报的《发挥非公龙头企业作用，促进特色农业发展》的调研报告获市工商联调研工作二等奖，完成了《关于我区非公企业用工情况的调查》，为区非公企业用工情况提供参考。组织6家企业完成区小微企业调研，组织10家企业完成企业发展情况调查。

（杨连芝）

【评优推荐工作】 年内，推荐14人为市工商联代表；推荐精雕科技有限公司为北京市“十佳标兵”会员企业；推荐北京鸿博房地产开发有限公司等6家企业为“北京市就业与社会保障先进民营企业”；推荐北京益农缘生态养殖专业合作社等5家单位为“参与首都社会主义新农村建设先进民营企业”。

（杨连芝）

门头沟区文联

【概况】 年内，在区委、区政府的领导下，在市文联的支持和指导下，区文联履行组织、联络、协调和服务职能，围绕中心工作，团结带领全区文艺工作者，坚持“二为”方向，“双百”方针和“三贴近”原则，以提高门头沟文化软实力为重点，发挥文联资源优势，围绕“发挥优势，突出特色，以文艺形式推动全区经济社会跨越式发展”主题，以庆祝喜迎党的十八次代表大会为专题创先争优，开展了系列特色文化活动，为区经济社会建设和文艺事业的发展做出了贡献。

单位名称：北京市门头沟区文学艺术界联合会
地　　址：北京市门头沟区剧场东街12号
电　　话：69824090
邮　　编：102300

（叶金玉）

【文联事业发展】 年内，新增“影视家协会”、“诗歌学会”和“艺术家协会”3个，从13个协（学）会增至16个。会员人数从年初的1300余人，发展至1500余人。民间艺术家协会和作家协会召开理事会，完成主席人选变更。根据协（学）会工作需要，完成民间艺术家协会班子、楹联学会、舞蹈家协会、美术家协会、作家协会、摄影家协会班子调整。硬笔书法学会更名为硬笔书法家协会。北京京西古道文化发展协会设立京西古道会馆、大台分会2个分支机构。1月12日，在北京维科宾馆举行2012年门头沟区文学艺术界联合会第三届第四次理事会暨春节团拜会。区文学艺术界联合会第三届理事会理事90余人参会。3月2日，区影视家协会成立。29日，区举办诗歌学会成立暨大峪中学分校诗歌特色学校两周年诗歌活动。仪式之后，举办了《春天与诗的约会》诗歌诵诗会。12月14日，成立门头沟区艺术家协会。

（叶金玉）

【解放思想大讨论】 年内，落实韩子荣书记调研讲话精神，开展“搭建文学艺术优质服务平台”组工项目，领导下基层调研30余次。组织了区艺术资源调查，撰写6000余字的《门头沟区文学艺术人才资源现状调查报告》。此外，还与区人大联合开展文艺资源调研工作。2月3日，召开了区“创意特色文化，打造文艺精品”研讨会，就如何建设特色文化，打造文艺精品，促进文学艺术大繁荣大发展问题进行了研讨。7月，组织协（学）会开展防汛抢险救灾专题文艺创作，通过短信平台对“开展7·21防汛抢险救灾专题文艺创作”工作进行部署，动员全区15个协（学）会深入挖掘先进人物和事迹，开展文艺创作，收集诗歌25首、散文2篇、报告文学2篇、小说1篇。10月22日，组织书法家和摄影家参加“孝满京城”北京第三届重阳文化节活动，书法家在定都阁里书写近百幅“寿”字送给登到定都峰顶的老人游客和需要转赠给长辈的年轻游客。年内，与区纪委联合建立廉政文化创作队伍，开展廉政征文和文艺作品征集评选工作，共收到作品729件，由区纪委出版《清风墨澜》。

（叶金玉）

【区领导调研】 2月22日，区领导韩子荣到区文联调研。区文委、区旅游委相关负责人参加调研。

（叶金玉）

【文艺精品工程】 年内，各协

（学）会搞创作，打造本土特有文艺精品，开展了系列文化活动。2月，北京永定河文化研究会与门头沟区文联、区诗歌学会联合举办“永定河杯”诗歌有奖大赛。3月至10月，整理有关资料，编辑出版永定河文化丛书系列：《百花山的故事》、《京西烽火》、《定都峰的故事》。3月1日，研究会同区政协学习与文史委员会前往河北省涿鹿县矾山镇进行考察。考察队此行对矾山镇远古时期的黄帝城、黄帝泉、轩辕湖等遗存及三祖堂、中华合符坛等景观进行实地考察，并与当地相关政府部门就三祖文化和门头沟区与周边区域的文化合作发展事宜进行探讨。此次考察还就如何整合矾山镇三祖文化资源，共同开发永定河文化、民俗文化、古道文化和红色抗战文化等与矾山镇进行了研讨，达成了加强区域文化合作的共识。22日，区文化委员会、龙泉镇、北京永定河文化研究会主办的“门头沟之源”文化展在圈门过街楼开展。展览共分为三大部分，五个展区。第一展区主要是通过介绍圈门古文物建筑历史，对门头沟起源进行解读；第二展区展示京西千年煤业发展史；第三展区则是展现以京西煤窑窑神为主的煤业文化。最后两个展区是门头沟本土的艺术家创作的展现门头沟风光的国画作品及摄影作品。4至5月，举办“永定河文化杯——北京市根石艺术优秀作品展”。此次展览是与门头沟区文化委员会、北京市根艺研究会、区博物馆共同举办。参展作品约200件，所有作品均为根石艺术家和爱好者，利用废弃的树木之根和山石创作的佳作。4月，出版《永定河文化访谈录》。6月8日，研究会参加了在西藏大厦举行的由北京联合大学北京学研究基地、北京联合大学学报编辑部、北京联合大学人文地理学学术创新团队共同主办的北京文化与北京学研究——第十四次北京学学术研讨会。其中，副会长被大会邀请做发言。并提交论文《尽责守土　锐意传承——2012年千军台庄户幡会考察报告》。7月至10月，为“微艺术·大视野——门头沟的故事”微视频大赛参赛选手提供历史资料和拍摄素材。10月6日，举办“深情眷恋的永定河文化——刘天柱书法艺术研讨会”。13日至15日，组织专家组对泥河湾古人类遗址群进行为期3天的考察。考察期间，在当地兄弟单位和泥河湾古人类研究专家的引领下，考察和参观了泥河湾古人类博物馆、小长梁、马圈沟、侯家窑等古生物化石遗址群以及永定河上游重要支流桑干河的现状。11月20日，参加由北京学研究所、北京联合大学等联合举办的“历史文化街区保护与创新”研讨会。年内，参加由北京联合大学北京学研究基地与中国地方学研究联席会联合举办的地方学与地方文化——理论建设与人才培养学术国际研讨会，提交学术论文8篇，组织考察永定河上游——地处河北省阳原县的泥河湾，研究永定河文化。出版《永定河》季刊4期，《古村落》杂志4期。4月，中国作协会员，区作协主席、区诗歌学会会长马淑琴，出席中国诗歌学会第三届全国代表大会，当选中国诗歌学会理事。5月，出席首都文艺界纪念毛泽东同志《在延安文艺座谈会上的讲话》发表70周年座谈会并做大会发言。在7o21北京暴雨之后，连夜创作抗洪救灾诗歌《考验与洗礼》被《北京日报》等多家媒体转载。6月21日，诗歌学会协办由《中国作家》杂志社、文化部恭王府管理中心、中央人民广播电台对台广播中心、中国诗歌学会、中华诗词学会、郭沫若纪念馆共同举办的第三届“端午诗会”。9月，诗歌学会为“中国诗歌朗诵季·京西门头沟·中国山地诗歌节”创作诗歌《缭绕在母亲河畔的音符》、《潭柘寺的紫玉兰》、《山·海·月》等。10月26日，民间文艺家协会联络站揭牌暨“启石轩”奇石艺术馆开馆。4月10日，书法家协会“弘扬北京精神、营造地铁文化”全国书画名家精品展。“弘扬传统、清书咏德”为主题的康阿青书法作品展。3月16•日至26日，举行美术家协会“我爱家乡门头沟”董鸿飚书画展，展出画作100多幅。年内，舞蹈家协会《生活的变奏》荣获北京市第五届《北京我的家》家庭才艺大比拼二等奖，参加北京市乡村大舞台春晚总决赛颁奖晚会获三等奖。

（叶金玉）

【人才培育工程】　年内，加强文艺人才队伍建设。4月25日，中国楹联门头沟创作基地授牌仪式在潭柘寺镇赵家台村举行。中国楹联学会领导、中韩书画联谊会会长等43名嘉宾应邀出席仪式。文联所属15个协（学）会的主席、秘书长20余人参加活动。年内，硬笔书法家协会（原硬笔书法学会）与区东辛房小学共同申办“中国书画等级考试——硬笔书法教学试验基地和会员学校”，中国硬笔书法协会2012年7月批准成立。中国硬笔书法协会常务副秘书长到区指导硬笔书法工作。3月16日，民俗协会、书法家协会、美术家协会共同参与的妙峰山镇与北京大学历史系合作共建项目田野调查基地活动在妙峰山镇正式落户。年内，开展了北京文艺走转改“讲座”、文学创作讲座、诗歌培训，书法进学校、社区讲座，观摩在军博举行的“军旅书画家沈一丹作品展”，与致公党门头沟支部联合举行永定河文化研讨会。

（叶金玉）

【举办书法作品展】 10月12日，举办“红联喜迎十八大，翰墨飘香门头沟”书法作品展，共撰写了280余幅主题“红联”，展出180余幅作品。11月24日，在房山区影剧院举行“庆祝党的十八大，绽放北京精神”2012北京市区县（局）、产（行）业文联优秀文艺作品展演颁奖晚会。区文联选送的原创舞蹈《军庄锣鼓》、《夕阳的幻想》荣获三等奖，合唱《精神北京》荣获优秀奖。区文联荣获组织奖。年内，出版《如诗如画门头沟摄影画册》、《翰墨飘香——门头沟区旅游景点楹联书法集》。

（叶金玉）

【机关建设】 年内，推进“一流文联”创建工作，开展了“解放思想大讨论”和“五型”机关创作工作，切实加强文联机关建设。作为枢纽型社会组织，将社会建设工作纳入文联全面工作，以推进协（学）会工作为抓手，以推动文联事业发展推动社会建设工作。

（叶金玉）

【《百花山文艺》期刊】 年内，共出版期刊6期和《京西民俗》、《古道》专刊，共8期。

（叶金玉）

门头沟区红十字会

【概况】 年内，在市红十字会的指导和区委、区政府的领导下，区红会根据《中华人民共和国红十字会法》和《国务院关于促进红十字事业发展的意见》，围绕应急救援、应急救护、人道救助和无偿献血、捐献造血干细胞等核心业务，立足区转型发展、跨越式发展的机遇期，发挥红十字的优势和特色，依法履行职责，完成了救灾、救助、救护和志愿服务等各项任务。在开展“博爱在京城”和“7.21”特大暴雨灾害募捐工作中，共募集善款145.9万元；与兄弟区县合作开展救助项目和向上级争取救助资金达65万元；全年通过开展捐资助学、大病患儿救助、农村帮扶等项目，实现企业定向捐款79万元。区红会荣获北京市人力资源和社会保障局与北京市红十字会颁发的“捐赠组织工作优秀奖”。年内通过开展助老、助困、助残和关爱特殊人群等活动，投入救助款物总计达313.5万元。全年举办卫生救护培训班48期，3000人获得初级急救员证书，普及培训完成8000人次。有126人完成捐献造血干细胞的入库资料任务。完成办理信访8件。年内，通过了学习型机关评审验收和税前扣除资格的审定工作。社区急救员应急救护技能比赛连续两年荣获市红会优秀奖。

单位名称： 北京市门头沟区红十字会
地　　址： 北京市门头沟区城子东街甲40号
电　　话： 69843746　69844406
邮　　编： 102300

（马文银）

【两节送温暖】 元旦前夕，“两节”送温暖活动仪式在王平镇敬老院举行，至春节前夕，区红会和各基层红会对因病致贫和遭受自然灾害的困难家庭给予慰问救助，先后向1500户困难群众发放76.08万余元的慰问款物，其中现金42万元，米面油总计达31.25吨。

（马文银）

【召开应急救护培训工作会】 2月23日，召开2012年应急救护培训工作会。区委组织部等13家单位领导参加会议。会上总结了2011年培训情况，区人力资源和社会保障局、交通局交流了培训经验，应急办领导要求各单位将救护培训纳入年度工作中，全面完成急救培训任务。（马文银）

【召开六届三次理事会】 3月9日，召开六届三次理事会。会上审议通过了2011年度工作报告、募捐款收支情况报告和更换、增补理事、常务理事等各项决议，对上年募捐先进单位进行了表彰，并对2012年“博爱在京城”募捐工作进行部署。至3月底，全区共募集善款99.4万元。（马文银）

【贯彻市会九届四次理事会精神】 3月22日，区红会召开专题会议，集中学习了市红会九届四次理事会和副市长丁向阳的讲话精神，王连勇结合实际，提出要增强大局意识和主体意识，理清思路，抢抓机遇，积极完成学习到实践的转化，提升工作能力，进一步壮大红十字事业的发展力量。

（马文银）

【发行《红十字事业60年》】 3月下旬，由中国人口出版社出版《门头沟区红十字事业60年》一书正式下发全区各基层红会单位。此书弥补了区红会事业60年来有史无书的空白，是全市各区县中率先出版发行的一部红会史书，市红会常务副会长韩陆、区委书

记韩子荣、区长王洪钟等为此书题词。　（马文银）

【学习雷锋实践活动】　3月31日是北京市学雷锋志愿服务日。区红会组织10名志愿者参加了区青年志愿者服务总队成立暨“做文明有礼门头沟人——拒绝不文明、清除小广告”启动仪式。仪式后，志愿者参加重点街道的清除小广告活动。各基层红会组织也在辖区内开展清理小广告、清除树挂及捡拾白色垃圾活动。

（马文银）

【举办博爱文化月启动仪式】　5月8日，红十字博爱文化月活动启动仪式在滨河世纪广场举行。全区各基层红会的工作者、志愿者、青少年、和应急救援队等200余人参加了仪式。市红会秘书长及区红会会长为志愿服务队、青山应急救援队授旗并讲话。启动仪式现场开办了义诊咨询、应急救援、包扎演练、急救演示、宣传材料发放等多个展示区，供志愿者和过往行人学习和咨询。

（马文银）

【宣传防灾减灾】　5月12日是中国第四个防灾减灾日。主题是“弘扬防灾减灾文化，提高防灾减灾意识”。为此，区红会参加了区应急办在永定河文化广场举办的宣传活动。通过展板、现场咨询、发放宣传材料等形式向群众介绍预防、避难的基本技能和自救互救的应急知识。　（马文银）

【发放博爱助学款】　5月18日，与区教委、工商联、北京精雕科技有限公司联合在清水小学、斋堂小学举行博爱助学款发放仪式。同日，100名特优特困学生及优秀教师受到资助。根据区红会、区教委和北京精雕科技有限公司签订的定向救助协议，捐资18.35万元，用于资助上述两所小学的部分师生和购置大峪一小、二小等4所小学“博爱书屋”的书籍和有关设备。　（马文银）

【开展应急疏散演练活动】　5月21日，与区应急办、教委、地震局、消防支队联合在西辛房中学开展应急疏散演练活动。全区中小学主管副校长、消防官兵和西辛房500名师生参加了演练。市红会999急救中心赠送了急救手册，为学校配备了急救箱和999急救电话，开通了校园“一键式”急救通道。　（马文银）

【发放少儿大病救助金】　5月29日，在京西晨光饭店举行2012年少儿大病救助金发放仪式。同日，18名大病患儿领取了18万元救助款。其中北京精雕科技有限公司、北京神州灵山叶腊石有限公司、北京东正工程项目管理有限公司、北京亨美利嘉园林绿化工程有限公司和北京山农生态农业有限公司5家爱心企业为大病患儿捐助了13万元善款。　（马文银）

【慰问建国前贫困老党员】　6月27日，组织有关人员到清水镇看望建国前入党的贫困老党员，为他们送去了羊绒毛毯等以表示慰问。　（马文银）

【学习贯彻市十一次党代会精神】　7月6日，召开红会系统学习贯彻北京市第十一次党代会精神、促进红十字事业跨越式发展会议。

（马文银）

【慰问受灾群众】　7月21日，东辛房、龙泉镇、军庄、大台、潭柘寺等地区遭受暴雨袭击，房屋倒塌，财产损失严重，2000余名受灾群众需要安置。区红会领导及时查看灾情，并召开执委会，决定拨付专款20万元用于购买棉被、毛巾被、雨靴等救灾物资。同时积极向市红会报告灾情。7月23日，市红会副会长刘娜、办公室主任王正华、宣传部长王万里一行到东辛房街道北涧沟村临时安置点慰问，为受灾群众送去了毛毯、衣服、手电筒、方便面、矿泉水等共50箱应急救助物资。截止7月底，市红会拨付应急救助物资价值70.5万元。其中米面100吨、食用油10吨、油帐篷50顶、棉被100床、家庭急救箱52个等。区红会拨付20万元应急救助资金，自购棉被、毛巾被、雨具等物资慰问受灾群众。

（马文银）

【开展募捐活动】　根据市红会《在北京市红十字系统启动7.21特大自然灾害募捐救助行动》的紧急通知精神，7月25日，区红会向全区发出募捐倡议，全区各界爱心人士踊跃捐款，截止7月底，区红会共募集善款46.5万元，用于受灾群众抗灾救灾、重建家园。　（马文银）

【区领导检查救灾物资存放情况】　7月30日，副区长洪家志到首都师范大学附属中学永定分校检查救灾物资存放情况，要求做好防盗、防潮、防鼠工作，并制定好分配方案，全力做好灾后救助和维护稳定的工作。　（马文银）

【区红会迁址】　8月15日，区红会由大峪南路6号迁址到城子东街甲40号办公楼，并对办公室、会议室、储藏室等进行装修，9月中旬开始对外办公。

（马文银）

【应急救护工作】 8月20日，区红会组织基层红会骨干50余人进城参观第二届全国红十字应急救护大赛。10月18日至19日选派了30名基层红十字会员参加市红会组织的“应急救护专业技能培训班”，学习心肺复苏、创伤急救基本技术和灾害救援等有关知识。年内，在清水镇、区交通局、西辛房中学等单位举办培训班60期，3000名学员取得了初级急救员资格证书。全区红会系统多次举办健康知识普及讲座，累计完成8000人次的培训任务。

（马文银）

【重阳节慰问】 10月19日，西城区红十字会捐款5万元，在斋堂镇举办“携手京西　情暖重阳——红十字博爱助老活动”仪式，并慰问了部分贫困老党员。10月23日是重阳节，陈国才带队和区红会、区老龄委有关人员一起慰问我区11位百岁老人，区红会为此拨救助款1.1万元。（马文银）

【向田寺村水井工程捐款】 10月24日，区政府在清水镇田寺村举办“饮用水工程捐款仪式”。区红会与北京龙泉今子农业科技有限公司、北京中宸房地产开发有限公司共捐款10万元（其中区红会捐款3万元），用于村民饮用水工程。

（马文银）

【捐献造血干细胞】 10月25日，全区280名志愿者参加了造血干细胞捐献工作，完成捐献入库资料126人份。近年来已经累计完成入库资料415人份，为需要进行移植治疗的白血病患者提供检索服务。（马文银）

【市会领导调研】 10月30日，市红会秘书长刘燕君一行到区红会调研，王连勇对贯彻落实《国务院关于促进红十字事业发展意见》的有关情况进行了汇报，对今后如何促进红十字事业的发展提出了意见和建议，刘燕君对区红会工作给予了充分的肯定。

（马文银）

【收看十八大直播节目】 11月8日，区红会机关全体人员在会议室收看了中共十八大胜利召开的电视节目。听取了胡锦涛在开幕式上的报告，倍受鼓舞。

（马文银）

【创建学习型机关】 11月15日，区学习型机关检查组来区红会机关检查验收。王连勇通过多媒体做了全面汇报。检查组通过听汇报、看材料和座谈等形式，对区红会机关弘扬红十字精神，传播红十字文化，不断推进学习型机关建设取得的成果给予了充分的肯定。（马文银）

【开展红十字青少年活动】 年内，中小学共开展12期救护培训和10期普及培训，748名师生接受了急救培训。23名卫生教师成为区红会救护培训师资。5名红十字青少年荣获市红会“百优”会员称号。（马文银）

【传播红会知识】 年内，在各镇、街、学校举办国际红十字运动基本知识培训班17期，向1000余人传播红会知识，提高了群众对国际红十字运动的知晓率。

（马文银）

【66户困难家庭获救助】 年内，拨付救助款24.84万元，对白血病、恶性肿瘤等大病致贫和遭遇车祸、火灾、煤气罐爆炸等突发事件的66户家庭及时进行了救助。（马文银）

政权 政协

北京市门头沟区人民代表大会常务委员会

【概述】 北京市门头沟区人民代表大会常务委会（简称区人大），机构设有内务司法工作委员会、财政经济工作委员会、城乡建设环保工作委员会、教科文卫工作委员会、农村工作委员会、代表联络工作室（市代表联络工作处）、研究室、办公室，办公室机构内设有信访接待处和文秘信息科。截至年底，第十五届常务委员会共有代表166名，常委会委员27名。

年内，区人大常委会在中共门头沟区委的领导下，以邓小平理论、“三个代表”重要思想和科学发展观为指导，坚持党的领导、人民当家作主和依法治国的有机统一，按照区第十一次党代会的总体工作部署，围绕全区科学发展大局，依法履行各项职能，执行本届区人大一次会议决议，与时俱进，开拓创新，为推进全区民主政治建设、把现代化生态新区建设提高到新水平做出了贡献。年内常委会依法行使监督权、任免权和决定权，共举行了9次会议，听取和审议了“一府两院”18个报告，其中专项工作报告6个，计划与预算报告9个，落实常委会审议意见报告3个。就召开区人民代表大会会议，批准财政预决算、预算调整、《门头沟旅游文化休闲产业发展战略规划》、《门头沟区长安街沿线城市设计实施导则》等重大事项，依法作出8项决议、决定。依法任免国家工作人员158人次，其中：区人大常委会工作机构负责人23人次，区政府组成部门主要负责人37人次，区法院工作人员40人次，区检察院工作人员16人次，区法院人民陪审员42人次。通过这些扎实有效的工作，全面完成了区十五届人大一次会议确定的各项任务。

单位名称：北京市门头沟区人大常委会
地　　址：北京市门头沟区新桥大街36号
电　　话：69842136
邮　　编：102300

（安文娴）

【区第十五届人大二次会议】 11月19日至21日，门头沟区第十五届人民代表大会第二次会议召开。会上，区委书记传达中国共产党第十八次全国代表大会精神，听取了区政府作的《门头沟区长安街沿线城市设计实施导则》编制情况的报告和《门头沟旅游文化休闲产业发展战略规划》编制情况的报告两个报告。会议选举产生北京市第十四届人民代表大会代表20名。

（安文娴）

【十五届人大常委会会议】 2月21日，门头沟区第十五届人大常委会第一次会议召开。常委会组成人员23人出席会议。会上进行了四项议程：一、讨论通过了区人大常委会2012年工作要点。二、代表联络室主任传达了北京市第十三届人大五次会议精神。三、讨论通过了区人大常委会代表资格审查委员会、各工作委员会、各街道工作委员会组成人员名单。四、进行了人事任免事项。3月19日，门头沟区第十五届人大常委会第二次会议召开。常委会组成人员23人出席会议。会上进行了三项议程：一、会议听取和审议了区领导所作的《门头沟区人民政府关于将区采空棚户区改造建设中心25亿元委托贷款还款资金纳入区财政预算的报告》、区棚改中心副主任关于该报告的进一步说明和区人大常委会财经委主任关于该项报告的初审意见。二、听取了代表联络室所作的《关于区十五届人大一次会议代表“建议、批评和意见”交办情况的报告》。三、进行了人事任免事项。4月11日，门头沟区第十五届人大常委会第三次会议召开。常委会组成人员18人出席会议。会上进行了两项议程：一、进行了人事任免。二、通过了《门头沟区人大常委会街道工作委员会工作通则》。7月13日，门头沟区第十五届人大常委会第四次会议召开常委会组成人员19人出席会议。会上进行了两项议程：一、听取和审议了《关于门头沟区2011年财政决算的报告》、《关于门头沟区2011年度本级预算执行和其他财政收支情况的审计工作报告》，听取了区人大常委会财经工作委员会对上述报告的初审意见。二、进行了人事任免事项。8月8日，门头沟区第十五届人大常委会第五次会议召开。常委会组成人员25人出席会议。会上进行了两项议程：一、听取了区政府关于2012年上半年国民经济和社会发展计划执行情况的报告，区政府关于2012年上半年财政预算执行情况的报告，听取了区人大财经委关于上半年工作的调研报告和区人大代表在分组讨论中对半年工作提出的意见和建议。二、听取和审议了《门头沟区人民政府关于将门头沟区采空棚户区改造项目首创财富融资资金纳入区财政预算的报告》，表决通过了《关于批准门头沟区人民政府采空棚户区改造项目首创财富融资资金纳入财政预算的决议》。10月19日，门头沟区第十五届人人常委会第六次会议召开。常委会组成人员22人出席会议。会上进行了三项议程：一、听取了《门头沟区人民政府关于农村主导产业培育情况的报告》，听取了区人大农村工作委员会关于该项工作的调研意见。二、听取和审议了《门头沟区人民检察院五年来职务犯罪侦查和预防工作报告》，听取了区人大内务司法委员会关于该报告的初审意见。三、进行了人事任免事项。11月9日，门头沟区第十五届人大常委会第七次会议召开。常委会组成人员22人出席会议。会上进行了六项议程：一、听取了区政府所作的《关于<北京市生活垃圾管理条例>实施情况的报告》和区人大城建环保工作委员会关于该项报告的调研意见。二、听取和审议了区政府《关于办理区十五届人大一次会议代表建议、批评和意见工作情况的报告》和区人大《关于区十五届人大一次会议代表“建议、批评和意见”办理情况的报告》。三、研究了关于召开门头沟区第十五届人民代表大会第二次会议的有关事项。四、书面审查了区政府《关于落实区十四届人大常委会对人口与计划生育工作情况报告审议意见的报告》、《关于解决农村地区能源问题议案办理审议意见落实情况的报告》、《关于门头沟区采空棚户区改造建设整改措施落实情况的报告》，听取了区人大常委会教科文卫工作委员会委、农村工作委员会和城建环保工作委员会对政府上述整改工作情况的调研意见。五、书面讨论了《门头沟区宗教文化资源的保护与利用》、《关于加强绩效监督、推进预算绩效管理工作的实践与思考》、《关于我区生活垃圾处理情况的调研》和《关于加快旅游文化休闲主导产业的培育与发展的调研》等四项区人大常委会2012年度调研课题的调研报告。六、进行了人事任免事项。12月17日，门头沟区第十五届人大常委会第八次会议召开。常委会组成人员共22人出席会议。会上进行了三项议程：一、在区十五届人大二次会议听取区领导《关于<门头沟区长安街沿线城市设计实施导则>（以下简称为《实施导则》）编制情况的报告》和规划分局对该《实施导则》内容进行介绍，全体人大代表进行讨论提出意见、建议的基础上，对该《实施导则》进行了审议，听取了区人大城建环保工作委员会关于该《实施导则》的初审意见。二、区十五届人大二次会议听取区领导作的《关于<门头沟区旅游文化休闲产业发展战略规划>（以下简称委为《战略规划》）编制情况的报告》和AECOM公司对该《战略规划》内容进行介绍，全体人大代表进行讨论提出意见、建议的基础上，对该《战略规划》进行了审议，听取了区人大教科文卫工作委员会主任关于该《战略规划》的初审意见。三、研究了关于召开门头沟区第十五届人民代表大会第三次会议的有关事项。12月25日，门头沟区第十五届人大常委会第九次会议召开。委会组成人员共24人出席会议。会上进行了五项议程：一、听取和审议了《门头沟区2012年政府性基金预算调整的报告》，听取了区人大财政经济工作委员会关于该项报告的初审意见。同意批准该调整方案，表决通过了《北京市门头沟区人大常委会关于批准<门头沟区人民政府2012年政府性基金预算调整报告>的决议》。二、听取了棚改中心所作的《关于棚户区改造资金使用情况的报告》和区人大财经工作委员会关于该项报告的调研意见。三、讨论通过了《门头沟区人大常委会工作报告（征求意见稿)》，决定将该报告作进一步修改后，提交门头沟区第十五届人民代表大会第三次会议代表会前活动讨论。四、研究了关于召开门头沟区第十五届人民代表大会第三次会议的有关事项。五、进行了人事任免。

（安文娴）

【市人大调研】 4月24日，市人大民族宗教侨务委员会就2012年市人大常委会重点调研课题“门头沟区宗教文化保护与利用”到区内进行调研。内司委主任介绍了全区宗教文化概况，从调研目的、调研对象、调研重点、时间和方式、组织实施、成果转化等几个方面汇报了调研计划。与会领导围绕调研课题的启动时间、具体步骤、可能遇到的困难与问题等进行了研讨，提出了意见和建议。6月21日，市人大民宗侨委员会与区人大联合召开了《门头沟区宗教文化保护与利用》调研课题启动会议。区人大内司委主任、课题组副组长在会上宣读了《门头沟区宗教文化保护与利用调研课题实施方案》。与会领导、高校学者、课题组各成员单位领导围绕调研意义、调研目标、调研重点、组织实施、成果转化等重要问题进行了讨论。25日，市人大民宗侨委《门头沟区宗教文化保护与利用》调研课题启动会后，区人大召开专题研讨会，研究调研实施计划。会议以区域划片的方式对区宗教文化遗址进行了梳理，对调研路线和时间安排提出了方案，与会领导和学者还围绕区宗教文化分布、宗教文物现状、宗教文化遗存价值、调研重点内容等进行了讨论。7月20日，市人大民族宗教侨务委员会、市宗教局、北京联合大学等领导与专家组成的调研组对区潭柘寺、戒台寺宗教文化资源保护与利用情况进行了考察与调研。领导和专家们参观了戒台寺、潭柘寺的保护利用情况。参观结束后，调研组听取了景区负责人对潭戒两寺管理利用的工作汇报。31日至8月1日，《门头沟区宗教文化的保护与利用》课题组对斋堂、清水等地区宗教文化遗存保护与利用现状进行了调研。调研中，课题组听取了本区学者和宗教人士对本地宗教起源、历史人物、典故传说等的介绍，考察了古碑刻、古壁画等文物，对灵岳寺、天仙庙、灵泉禅寺、后桑峪天主教堂、双林寺、龙王庙、通仙观、天兴观、悬空寺等宗教文化遗存的保护与利用现状，与当地镇村干部进行了研讨交流。课题组还视察了灵水村和沿河城村两个古村落，对因自然风化和近期持续降雨给灵水村古民居、沿河城村古城墙等部分历史遗存造成的破坏希望引起有关部门的重视。8月29日，《门头沟区宗教文化的保护与利用》课题组对雁翅、妙峰山等地区宗教文化遗存保护与利用现状进行了调研。课题组实地调研了雁翅地区的娘娘庙、龙王庙、白瀑寺，妙峰山地区的娘娘庙、仰山栖隐寺等宗教文化遗存保护与利用现状，听取区内学者对宗教起源、历史人物、典故传说的介绍。课题组召开了座谈会，对前一阶段的调研考察成果进行系统梳理，对如何撰写高质量的调研报告进行了初步探讨。10月12日，《门头沟区宗教文化的保护与利用》课题组对龙泉镇地区宗教文化遗存保护与利用现状进行了调研。课题组实地调研了龙泉镇地区龙王庙、关帝庙铁锚寺、白衣观音庵、崇化寺、窑神庙、基督教堂等宗教文化遗存保护与利用现状，听取了区内学者对宗教起源、历史人物、典故传说的介绍。课题组召开了座谈会，对新修订的调研提纲交换意见。经过讨论，课题组初步确定将《门头沟区宗教文化保护与利用》报告分为区宗教文化资源综述、历史渊源流脉、特色剖析等六个部分。通过与其它区县宗教文化保护与利用的对比，分析区宗教文化特色和品牌定位，探索科学保护、有序开发、依法管理的途径和方法，服务全区经济社会的跨越式大发展。12月26日，区宗教文化资源保护与利用课题组在区人大五层会议室举行结题仪式。在市、区两级人大常委会的领导下，在区人大常委会的主持下，“门头沟区宗教文化资源保护与利用”课题组用6个月的时间对全区具有典型意义的36处主要宗教文化遗存进行了实地调研，内容涵盖了宗教起源、历史人物、典故传说、文物遗存等各个方面。在调研的基础上，多次召开由市区领导、专家学者、民俗学者、宗教界人士和相关职能部门参加的座谈会，经过研究，六易其稿，形成了《门头沟区宗教文化资源保护与利用》课题调研报告。

（安文娴）

北京市门头沟区人民政府

【概述】　年内，在市委、市政府的领导下，以科学发展观为统领，围绕区域功能定位，搞建设，谋发展，完成区人大十五届一次会议确定的各项任务，“十二五”规划顺利推进，实现了本届政府的良好开局。

——保增长任务全面完成。预计全区实现地区生产总值116亿元，同比增长12%；公共财政预算收入19.07亿元，同比增长13.1%；全社会固定资产投资190亿元，同比增长33.5%，总量和增速居生态涵养发展区首位；社会消费品零售额43.7亿元，同比增长15%。

——人民生活质量稳步提高。预计城镇居民人均可支配收入32381元，同比增长11%；农民人均纯收入15715元，同比增长12%。城镇登记失业率为4.05%，控制在市政府下达的任务指标之内。保障性安置房开工14397套、完工11830套，在全市率先完成老旧小区综合整治。医改工作得到卫生部和国务院医改办的高度肯定。为群众办的40件实事全部完成。

——生态环境持续改善。圆满完成节能减排和大气污染治理任务，万元GDP能耗同比下降4%，降幅位居全市前列，超额完成减排任务，空气中三项主要污染物年均浓度下降3%。完成平原造林、垃圾分类等31项环境建设重点任务，全区森林覆盖率达到39%，林木绿化率达到60.9%，城市人均公共绿地面积突破30平方米，成为北京市可持续发展实验区。

单位名称：北京市门头沟区人民政府
地　　址：北京市门头沟区新桥大街36号
电　　话：69844858
邮　　编：102300

（刘　畅）

【市领导调研】　1月6日，副市长洪峰到区内调研环境监测工作。区领导韩子荣、王洪钟等陪同调研，实地查看了区环境监测子站内监测设备的运行情况，并听取了区环境建设、空气治理等方面工作的汇报。2月9日，市市政市容委主任陈永带队到区内调研。区领导韩子荣、王洪钟等陪同调研。实地查看了棚户区改造石门营安置房现场、长安街西延长线端头冯村桥、月季园小区、永定河观景台等地，并听取了相关单位的情况汇报。14日，市保障性住房建设及棚户区改造工作现场会在区内召开。副市长陈刚、市有关委办局领导和各区县相关领导及区领导韩子荣等参加，实地检查了石门营安置房现场的分配等有关工作并入户进行座谈。在随后召开的工作会议上，市住建委汇报了市保障性住房建设工作进展情况，门头沟区、丰台区、通州区政府分别汇报了区住房保障和棚户区改造工作进展情况。18日，国务院保障性住房分配及质量管理督查组到区检查采空棚户区改造建设情况。区领导韩子荣、王洪钟等参加检查。先后到棚户区改造石门营安置房A5地块和小白楼、黑山、中门寺、石泉地块拆迁建设现场，实地查看了区采空棚户区改造建设及保障性住房分配、质量管理等工作。检查组肯定了区在棚户区改造、招商引资、加快城市化建设等方面取得的成绩。29日，市发改委领导到区内调研。实地考察了定都阁、永定楼建设现场等地。区领导王洪钟等陪同调研。3月7日，全国人大教科文卫委员会领导到区内考察。实地查看了和平文化村项目地块、戒台寺旅游景区和永定河观景台。区领导王洪钟陪同调研。29日，市综合改造工作督导组到区内调研。区领导王洪钟等相关部门的领导参加会议，听取了区住建委关于区房屋建筑抗震节能综合改造工作进展的汇报。4月1日，市委常委、政法委副书记，市公安局、局长傅政华到区内植树。傅政华肯定了区城市建设和生态建设成果，并与300余名民警及各界群众一起在永定河东堤龙泉湾军庄段义务植树。区领导韩子荣、王洪钟等陪同。11日，区土地例行督察动员大会召开。国家土地督察北京局督察专员蔡可军，市国土局党组书记张国玉，督察组全体成员，市政府办公厅、市发改、国土、规划等部门相关领导，区领导韩子荣、王洪钟等及区各相关委办局、镇村负责人参加会议。会上宣读了土地例行督察通知书；区领导汇报了区土地利用管理情况及配合土地例行督察准备工作情况。蔡可军通报了国家土地督察的主要职责，分析了国土资源管理和土地督察工作面临的形势，并对此次例行督察的总体安排、方式方法、主要内容等提出了具体要求。13日，市发改委主任张工到区内调研。区领导韩子荣、王洪钟一起实地查看了滨河大道、108国道新线、定都阁、棚户区安置房以及“一湖十园五水联动”城市景观等工程。听取了区发改委关于区重点工作的汇报。5月17日举行区土地例行督察对接会。国家土地督察北京局党组成员、专员蔡可军，市国土局总规划师丁晓与区领导王洪钟等出席会议。17日，市审计局领导到区内调研。市审计局局长李颖津与区领导王洪钟等听取了区审计工作情况。18日，驻京中外知名企业投资门头沟行专题推介会举行。市投资促进局局长周卫民、和区领导韩子荣、王洪钟等出席推介会。6月7日，市电力公司领导到区内调研。市电力公司总经理朱长林与区领导韩子荣、王洪钟等听取了区发改委关于区电力迁改有关工作的汇报，并就11个具体问题进行了研究讨论。8日，市质监局领导到区内调研。市质监局局长赵长山与区领导王洪钟等实地视察了永定河文化墙、观景台，听取门城湖建设、水系治理及公园建设相关情况，并调研妙峰山镇樱桃沟国家级农业标准化示范区。14日，市民政局领导到区内调研。市民政局党委书记李万钧等到王平镇吕家坡村调研老年协会建设和九养政策落实情况并实地考察了石龙护养院、光荣院。与区领导韩子荣、王洪钟等听取了区民政局和石龙护养院的工作汇报。21日，市文化局局长肖培到区内调研文化工作。区领导韩子荣、王洪钟等参加调研。实地查看了定都阁、永定河文化广场、永定河文化墙及永定河观景台，听取了区文化发展情况的汇报。24日，中央加快转变经济发展方式检查组到区内检查工作。中纪委驻国土资源部纪检组组长王寿祥，北京市监察局副局长王红、北京市国土资源局总规划师丁晓与区领导韩子荣、王洪钟等参加座谈会。27日，市文资办领导到区内调研。市文资办书记张慧光、主任周茂非，区领导韩子荣、王洪钟等参加调研，并一同参加了区历史文化长廊落成揭幕仪式，实地查看了永定河观景台、福鼎公园和京门铁路遗址公园，听取了区文化创意产业发展情况的汇报。7月23日，市领导到区内调研。副市长丁向阳、程红，民政部救灾司司长张卫星及市相关部门领导与区领导韩子荣、王洪钟等参加会议。会议由韩子荣主持，王洪钟汇报了区受灾及抢险救灾有关工作的汇报。28日，市发展改革委副主任蒋力歌到区内检查防汛工作。区领导王洪钟等参加。8月15日，担下路道路工程通车仪式举行。市交通委主任刘小明、市交通委路政局局长孙中阁、区领导韩子荣等出席通车仪式。9月17日，国务院医改办副主任刘振秋到区内调研。市医改办主任韩晓芳，区领导王洪钟陪同调研。实地查看了区医院建设情况，听取了区公立医院改革情况和深化区域医院合作情况的汇报。18日，市政府副秘书长朱炎到区内调研。区领导韩子荣、王洪钟等参加调研。22日，代市长王安顺到区内调研。区领导韩子荣、王洪钟等陪同调研。市领导一行实地察看了滨河大道建设情况、永定镇秋坡村险村搬迁情况、棚户区改造安置房建设情况、门城湖建设、水系治理及公园建设相关情况。随后在区政府会议楼召开了座谈会。12月21日，市委巡视组听取区政府工作汇报会。区领导王洪钟等出席会议。26日，市政府绩效管理检查组到区内检查。市政府检查组组长、市政府绩效办主任续栋带领17个市级相关职能部门对区2012年度政府绩效管理工作进行集中检查，区领导参加了见面会和检查情况反馈会。

（刘　畅）

【召开座谈会】 1月4日，与北京市基础投资有限公司及京投银泰公司座谈。区领导王洪钟等，北京市基础设施投资有限公司领导及京投银泰公司领导出席座谈会，听取了潭柘寺镇关于整体开发项目进展情况的汇报，双方就下一步潭柘寺镇整体开发工作进行了座谈。9日，我区1月与首钢总公司举行座谈，区领导韩子荣、王洪钟等出席座谈。2月6日，与中建一局举行座谈。区领导王洪钟、罗斌等，中建一局董事长、党委书记罗世威参加座谈。17日，与秀水公司进行座谈。区领导韩子荣、王洪钟参加座谈，听取了秀水公司关于首都航空商务园项目的汇报，双方就开发的相关事宜进行了探讨。3月14日，与京煤集团举行座谈会。区领导及京煤集团总经理参加座谈。双方就工矿棚户区改造、安置房项目建设、休闲养老项目立项等问题进行了沟通交流。4月19日，与石景山区政府共同召开座谈会。石景山区领导和区领导王洪钟等以及两区相关部门负责人参加会议。在实地查看了两区交界地区现状后，双方就取缔侯庄子早市和永定河大堤涉及的石景山土地等手续办理工作进行了研究，共同决定成立联合工作指挥部，加快推动该地区的综合整治和开发建设工作。12月21日，与区人大进行座谈。区领导王洪钟、罗斌等及区人大各委室主要领导参加座谈，听取了区政府关于2012年全区经济社会发展情况及2013年工作思路的汇报，并对区政府2013年工作提出了意见和建议。

（刘 畅）

【送温暖活动】 1月5日，区领导韩子荣、王洪钟、罗斌、张冰带队，分11组对全区57户优抚对象、社救对象、农村老党员、残疾人家庭等9类重点人员进行了走访慰问。区领导了解群众的生活情况，并送去了慰问金和慰问品。

（刘 畅）

【召开新春联谊会】 1月19日，召开“和谐发展 共铸辉煌”区企业家新春联谊会。区四大部门领导韩子荣、王洪钟、罗斌、张冰等参加联谊会，并向纳税大户兑现奖励。纳税大户代表及区外企业代表作典型发言。中建股份、鸿博集团、京投银泰、北京住总、精雕科技、君峰塑钢等企业代表参加演出。

（刘 畅）

【召开环境整治动员大会】 2月20日，召开区创建国家环保模范城区暨控制大气污染环境整治动员大会。区领导韩子荣、王洪钟、罗斌、张冰等区四大部门领导参加会议，王洪钟主持会议，会上，作了2011年工作总结及2012年动员报告，环保局等5个单位就做好相关工作做了表态发言。

（刘 畅）

【举行签字仪式】 2月22日，区政府与北京市供销合作总社举行战略合作框架协议签字仪式。区领导王洪钟等参加签字仪式。区国资委汇报了双方合作的基本情况，双方签署了《战略合作框架协议》和《增华兴农副产品市场升级改造项目合作意向》，并互赠了纪念品。按照协议，双方将就商业地产开发、小额贷款、供销社系统整体改造、蜂产品生产销售等9个项目开展合作，协议金额突破25亿元。29日，区政府与国泰集团举行签约仪式。区领导王洪钟、罗斌等及国泰集团领导参加座谈并实地参观了中间建筑文化创意产业园区。双方签署了《门头沟区政府与国泰集团战略合作框架协议》。3月24日，举行北京和平文化村项目签约仪式。全国政协副主席李金华、全国人大教科文卫委员会副主任李志坚及30余位共和国将军出席仪式，区领导韩子荣、王洪钟等代表区政府与润千秋投资集团就北京和平文化村项目进行签约。4月16日，门头沟区政府与中交地产有限公司举行战略合作框架协议签约仪式。区领导王洪钟等参加仪式。双方签订了门头沟区政府与中交地产有限公司战略合作框架协议。7月20日，区政府与北京正和永中医药科技有限公司举行战略合作框架协议签约仪式。区领导王洪钟、北京正和永中医药科技有限公司董事长等出席签约仪式。双方领导签署《合作框架协议》。8月14日，国家开发银行北京市分行与中坤集团举行签约仪式。区领导王洪钟等、北京市委统战部副部长吴杰，中坤集团董事长黄怒波，国家开发银行北京市分行行长徐明等出席签约仪式。徐明和黄怒波代表双方签署《开发性金融合作协议》。12月5日，与中信信托举行座谈会暨签约仪式。区领导王洪钟、罗斌等与中信信托有限责任公司董事长、北京中天宇阳投资顾问有限公司总经理参加座谈。王洪钟代表区政府与中信信托签订合作框架协议。12月10日，与世茂集团举行签约仪式。区领导韩子荣、王洪钟等及世茂集团董事局主席许荣茂参加签约仪式，王洪钟与许荣茂签订合作框架协议。13日，与北京骏洋房地产开发有限公司举行座谈会暨签约仪式举行。区领导王洪钟等与北京骏洋房地产开发有限公司董事长出席签约仪式。北京骏洋房地产开发有限公司、妙峰山镇、上苇甸村三方签订战略合作框架协议。12月27日，与中国农业银行北京市分行举行签约仪式。区领导韩子荣、王洪钟等、中国农业银行北京市分行党委书记、行长易映森先生参加签约仪式，王洪钟与中国农业银行北京市分行副行长签署战略合作协议。

（刘 畅）

【开展交流活动】 3月1日，与石景山区政府开展工作交流活动。石景山区领导和区领导王洪钟等及两区相关部门负责人实地查看了区棚户区改造、门城湖建设、公园建设等情况，座谈会上，双方就推进房屋征收工作进行了交流座谈。21日，与房山区开展交流活动。房山区领导及区内领导王洪钟等参加交流活动。

（刘 畅）

【召开工作汇报会】 3月2日，召开重点工作指挥部工作汇报会。区领导王洪钟等参加会议，会上听取了11个重点工作指挥部关于全区重点工作进展情况的汇报。

（刘 畅）

【综合改造工程正式启动】 3月31日，区老旧小区综合改造工程正式启动。市政府副秘书长张玉平、市住建委副主任张农科，区领导韩子荣、王洪钟等出席启动仪式。韩子荣宣布区老旧小区综合改造工程正式启动。

（刘 畅）

【召开棚改工作动员会】　5月28日，召开采空棚户区房屋整体征收工作动员大会。区领导韩子荣、王洪钟、罗斌、张冰等参加会议，韩子荣主持会议。会上区房屋征收事务中心部署《采空棚户区房屋整体征收工作方案》，整体征收主要参与单位进行了表态发言，大会部署6月1日至30日，对采空棚户区范围内2万户居民的房屋进行整体征收。

（刘　畅）

【召开迎汛动员大会】　5月28日，召开安全迎汛动员大会。区领导王洪钟等出席会议。会上传达市安全迎汛动员会精神；做2012年安全迎汛工作报告；市政市容委、棚改中心、妙峰山镇、斋堂镇领导做表态发言；王洪钟分别与市政市容委、教委、妙峰山镇负责人签订安全迎汛责任书。

（刘　畅）

【举行工程试点启动仪式】　6月18日，举行金融服务村村通工程试点启动仪式。市金融局局长王红、市农委副主任李海平，区领导王洪钟等参加启动仪式并为淤白村农村基本金融服务点揭牌。

（刘　畅）

【捷克总统夫人到区内参观】　7月14日，捷克总统夫人丽薇雅·克劳斯娃女士到潭柘寺参观。夫人实地参观了大雄宝殿、毗卢阁等景观，捷克驻华大使利博尔·塞奇卡先生和区相关领导陪同参观。

（刘　畅）

【召开区防汛工作视频会】　7月22日，召开区防汛工作视频会。区领导韩子荣、王洪钟等参加会议。会上听取了各镇街及相关单位关于21日强降雨应对及善后工作的汇报。24日，区领导韩子荣、王洪钟等在主会场参加会议，全区13个镇街负责人在分会场汇报了防汛相关工作。

（刘　畅）

【举行捐赠仪式】　8月1日，石龙工业区入区企业"7.21"暴雨救灾捐赠仪式举行。区领导王洪钟等参加仪式，石龙管委汇报了区汛情及入区企业捐款情况。航天四院、中铁资源、新华水电、内蒙古一机、华夏聚龙、光环新网、顺峰饮食7家企业向区内捐款142万元。8月16日，区部分重点企业举行"7.21"暴雨救灾款捐赠仪式。区领导王洪钟等、精雕科技、三聚环保、立思辰科技、奥克斯特、东西分析、中航汇通、中建京西建设等企业代表参加仪式并现场捐款150万元。

（刘　畅）

【举行封顶仪式】　8月22日，区少年宫迁建工程封顶仪式举行。区领导王洪钟等与中建京西公司党委书记、总经理出席。11月18日，举行区人保大厦工程结构封顶仪式。区领导王洪钟等与中国建筑股份有限公司副总裁、中建京西公司党委书记、总经理出席封顶仪式。

（刘　畅）

【举行精英西山激励计划发布会】　9月21日，精英西山激励计划媒体发布会在区内举行。区领导王洪钟与华润置地北京大区总经理参加发布会并为精英人才激励计划揭幕、为京西人才基地授牌。

（刘　畅）

【举行珠江村镇银行开业庆典】　9月26日，举行北京门头沟珠江村镇银行开业庆典。区领导王洪钟等相关领导出席庆典仪式。北京门头沟珠江村镇银行董事长先生致欢迎辞。

（刘　畅）

【召开征兵工作动员大会】　10月23日，召开区2012年度冬季征兵工作动员会。区领导王洪钟等出席动员大会。会上，宣读2012年冬季征兵命令。总结2011年冬季征兵工作，部署2012年冬季征兵任务。表彰2011年冬季征兵工作先进单位和先进个人。

（刘　畅）

【召开洽谈会】　10月25日，召开与北京农学院合作洽谈会。区领导韩子荣、王洪钟，北京农学院党委书记、校长等出席会议。韩子荣主持会议。王洪钟介绍了门头沟区经济社会发展情况，双方代表签署了《门头沟区与北京农学院战略合作协议》。

（刘　畅）

【举行项目启动仪式】　10月26日，举行立思辰科技文化大厦项目启动仪式。区领导王洪钟与立思辰董事长出席启动仪式。

（刘　畅）

【举行体育场馆奠基仪式】　11月2日，举行体育场馆工程开工奠基仪式。区领导王洪钟等与中建三局建设工程公司总经理李全立、中建三局北京公司总经理汤才坤出席奠基仪式。王洪钟宣布工程开工。

（刘　畅）

【举行水务工程建设大会】　11月9日，举行区今冬明春水务工程建设大会战誓师大会。副市长夏占义与区领导王洪钟等市、区相关领导出席誓师大会。区水务局、永定镇、上苇甸村及建设单位代表作表态发言。

（刘　畅）

【信息工作】　年内，信息上报情况，被《昨日市情》采用150条，获市领导批示5条。《昨日区情》出刊268期，区领导批示100余条，办结率100%。

（刘　畅）

【督察工作】　年内，共督察重点工程、重点工作事项775项，其中市政府折子工程18项、区政府目标管理任务书410项、目标管理任务书以外的重要事项167件，处理群众来信180件。高效办理领导批示328件，办复率达到100%。

（刘　畅）

【秘书工作】　年内，组织召开政府常务会20次，各类专题会议300余次；共制发公文840余件，办理批示件收文2900余件、批示件转文7500余件次，处理传阅件450余件，处理各类信件1800余件。认真组织文字材料撰写工作，完成政府工作报告、领导讲话等各类材料近300篇。编制完成《2013年目标管理任务书》、《2013年为民办实事项目任务书》。

（刘　畅）

【提案建议与便民电话工作】　年内，收到市代表建议6件、委员提案3件；区代表建议74件、委员提案156件，全部办理完毕，办复率100%。

（刘　畅）

【应急管理工作】　年内，完成党的十八大、北京市党代会期间安全服务保障和各项应急准备工作。强化应急联动响应，超前预报、统筹组织，成功应对“7.21”特大自然灾害。完成第三届北京国际山地徒步大会等大型赛事应急保障工作。全年共开展各级各类宣教培训活动91次，发放宣传品10余万份，开展培训1.3万人次。

（刘　畅）

【外事工作】　年内，全区严格因公出访管理审批，实现因公出访41团92人次，其中党政干部68人次。贯彻“依靠发展、服务展、促进发展”的方针，配合做好服务首都“大外事”工作，做好斯里兰卡农村事务部部长阿萨达·森尼维拉特先生等重要外宾的外事接待工作，完成了2012“构建21世纪金融体系——中美研讨会”、第三届北京国际山地徒步大会和2012环京自行车赛（门头沟赛段）等国际会议活动的外事接待服务工作。

（刘　畅）

法制工作

【概况】　年内，法制办在区委、区政府的领导下，深入贯彻《国务院关于加强法治政府建设的意见》和《北京市人民政府关于加强法治政府建设的实施意见》，贯彻落实行政强制法，完善政府决策程序和制度，组织各类法制学习培训，开展行政处罚执法案卷评查，依法受理行政复议案件，加强行政应诉工作，加强行政规范性文件审核工作，推进法治政府建设。

单位名称：北京市门头沟区人民政府法制办公室
地　　址：北京市门头沟区新桥大街36号
电　　话：69843642
邮　　编：102300

（徐　静）

【组织培训活动】　3月1日，组织国税、地税等部门旁听区工商分局举行的行政处罚案件听证会，以现场观摩形式学习处罚听证程序。9月6日，组织全区依法行政培训班，共56个部门158名负责法制工作的领导及工作人员参加培训。全年到基层开展法制培训和讲座20余人次。

（徐　静）

【行政处罚案卷评查】　10月，组织全区行政处罚执法案卷评查，抽查了17个行政执法部门的17本案卷，评查结果优秀16卷，合格1卷。

（徐　静）

【政府决策制度建设】　10月31日，《门头沟区人民政府重大行政决策程序规定》（修订稿）和《关于健全区政府重大行政决策和行政规范性文件合法性审查工作机制的通知》，经政府常务会讨论通过，印发全区，完善了政府重大行政决策程序及行政规范性文件合法性审查程序。

（徐　静）

【行政应诉工作】　11月5日，印发《关于进一步推进行政机关负责人出庭应诉工作的通知》，明确了行政机关负责人出庭应诉的行政案件范围及相关要求。11月8日，组织召开应诉工作会，要求涉诉单位切实依法履行行政职责，全面做好行政应诉工作。

（徐　静）

【贯彻落实行政强制法】　年内，组织《中华人民共和国行政强制法》施行情况问卷调查，撰写了《调查问卷分析报告》。清理行政强制法实施主体，确认区属行政强制主体共30个（含9个镇），实施行政强制涉及的法律法规规章共91件，行政强制事项110项。开展行政强制法落实情况专项检查。到基层开展行政强制法培训活动10余人次。

（徐　静）

【落实领导会前学法制度】 年内，制定《门头沟区政府2012年度学法计划》，区政府常务会上学习了《中华人民共和国公证法》、《北京市微博客发展管理若干规定》等14部法律法规。

（徐　静）

【行政复议案件审理】 年内，收到行政复议案件申请24件，同比增长84%。受理19件，审结16件，其中终止3件，维持7件，责令限期履行6件。接待群众有关行政复议方面的咨询60余人次。

（徐　静）

【文件审核】 年内，审核政府部门的规范性文件、涉法文书以及强制措施，出具审核意见共66件。其中，合同27件，通告、公告18件，规范性文件及其他重大行政措施21件。

（徐　静）

【行政处罚情况统计】 年内，全区具有行政处罚权的部门共计作出行政处罚决定12.74万起，罚没金额2945万元，同比下降7.77%。

（徐　静）

人力资源和社会保障

【概况】 人力社保局内设机构按照人力资源开发、管理和社会保障的新职能进行整体设计，强化内设机构综合性功能，实行大科管理体制，对两局原有科室职能重新剥离整合，设17个内设机构，行政编制57名，下设14个事业单位（含6个参公事业单位）。区编办设2个内设机构，行政编制7名，下设1个事业单位。全局共计240人（含事业单位），在编235人。共有13项职责。主要涉及：贯彻落实相关法律、法规、规章和政策；建立统一规范的人力资源市场；负责全区促进就业工作；统筹建立覆盖城乡的社会保障体系；负责机关事业单位人员工资福利；事业单位人事制度改革，专业技术人员管理和继续教育；公务员管理；构建和谐稳定的劳动关系；引智和军转安置等工作。

单位名称：北京市门头沟区人力资源和社会保障局

地　　址：北京市门头沟区滨河路18号

电　　话：69842701

邮　　编：102300

（张　董）

【"送温暖"资金发放到位】 两节期间，根据市人力社保局相关政策精神，给予生活困难的城镇失业人员每人300元的一次性适当补助，此次活动共为1934名困难的失业人员发放补助58.02万元，全部发放到位。

（张　董）

【整顿人力资源市场秩序】 2月8日至3月20日，在全区范围内开展清理整顿人力资源市场秩序专项行动。成立了以区人力社保局、公安分局、工商分局、城管大队执法人员为成员的专项行动检查小组。23日，执法人员分两组对双峪、城子、增产路等地区的用人单位进行突击检查，共出动执法检查人员12人，检查用人单位8家，对2家超出核准业务范围经营的用人单位进行整顿，城管执法人员当场清理非法招工广告牌2份。

（张　董）

【召开工作会】 2月9日，召开全区人力资源和社会保障工作会议。区领导王洪钟等、全区50家委办局主要领导、人力社保干部，各镇、街道主要行政领导、社保所所长以及区人力社保局各科室负责人共150人参加。会上，播放了《2011年度区人力资源和社会保障工作专题片》，部署了2012年人力社保工作。王洪钟与相关单位领导签订了2012年人力社保工作目标责任书。

（张　董）

【召开社会保障和就业工作会】 2月13日，召开区社会保障和就业工作研讨会。全区各镇、街社保所主管领导和工作人员参加。会上，解读了2012年度就业和社会保障重点工作任务，局领导班子成员与各社保所工作人员进行共同研讨。

（张　董）

【召开就业工作领导小组会】 3月24日，组织召开就业工作领导小组会，会上通报了区内就业工作的整体情况，部署了2012年就业工作。宣读了区岗位开发实施方案。

（张　董）

【举办招聘会】 3月24日，与区总工会联合举办“春风行动”大型招聘会。此次招聘会共计参展单位100家，到场求职者约800人，共提供了约7000个岗位供求职者选择。4月14日，局职介中心结合区内就业需求，举办毕业生专场招聘会。共有15家单位参加，提供岗位290类，478个。招聘会上与企业达成就业意向的人员197人。27日，与城子办事处联合举办推荐失业人员就业现场招聘会。此次招聘会有全市各区县40余家用工单位，提供了180个工种，500余个应聘岗位，应聘的失业人员达300余人，最终64名人达成就业意向，会场上发放宣传材料800余份。5月12日，区人力社保局职介中心举办“2012年民营企业招聘周”专场招聘会，共有参展单位9家，包括物业管理、机械制造和纺织工艺等不同领域的用工单位，为求职人员提供了空缺岗位188个。7月5日，举办了顺义区、门头沟区就业协作——北京现代汽车专场招聘活动。北京现代汽车公司的工作人员为区求职者介绍了公司的基本情况及员工的薪酬待遇，解答了相关问题，对求职者进行现场面试。共有30名求职者报名，15人初步与用人单位达成就业意向。此次专场招聘活动是自门头沟区与顺义区自签订《人力资源合作框架协议》后的第一次合作。11月24日，举办2012年全国人力资源市场高校毕业生就业服务周活动现场招聘会。11家用工单位提供岗位200余个，初步达成就业意向13人，其中高校毕业生5人。发放各类宣传资料200余份，提供政策咨询服务24人次。

（张　董）

【召开医疗保险工作会】 3月31日，召开医疗保险工作会，总结了区2011年度医保工作，部署了2012年度工作重点，通报了区3家医院违规处理结果。区领导代表区政府与辖区内38家定点医疗机构签订了责任书，会上还为京煤集团总医院等8家医院颁发了北京市工伤医疗机构标牌。

（张　董）

【培训工作】 3月，组织3期公务员应急救护知识与技能培训。内容涉及徒手心肺复苏技能、创伤救护基本技能、常见急症现场处理、突发事件和意外情况现场的应对策略及方法等知识。采用理论知识讲授与救护技能实际操作相结合的形式集中授课，考核通过后颁发《初级急救员证书》。全区行政机关和参照公务员法管理单位的科级及以下公务员共310人参加了培训。4月17日，组织的全区2012年第一期国家公务员初任培训班开班。区19家单位的48名新任职国家公务员参加培训。26日，与区双拥办联合在93770部队举行区“科技拥军”技能培训开班仪式，组织驻区部队140余名现役士兵开展“汽车修理”和“中式烹调”职业技能培训。4月至5月，依据市政府做出的建立山区生态林补偿机制的重大决策，“养山就业、规范补偿、以工代补、建管结合”方针，区人力社保局职业技术学校与妙峰山镇社保联合开办“绿化工”培训。5月21日，召开行风培训会，启动2012“能力建设年”活动。10月31日，新一期“全区科级公务员任职培训班”举行开班仪式，培训为期四周，全区30个单位共计65人参加培训。11月15日，与区委组织部共同举办“门头沟区2012年度公务员职业道德培训”，全区57家单位，220名公务员参训。

（张　董）

【开通短信招聘平台】 3月，正式开通岗位信息短信发布平台，将最新的招工信息发送至每位符合条件的求职者以及社保所工作人员、基层站所工作人员手机中。

（张　董）

【举办“政策送工地”活动】 4月12日，局劳动监察大队、劳动争议仲裁委员会、劳动关系科工作人员在石门营棚户区建筑工地开展“春意暖人心，政策送工地”现场咨询活动。活动共为农民工送去劳动合同政策法规宣传材料1500余份，现场接待政策咨询150人次。

（张　董）

【召开座谈会】 4月19日，召开区大学生“村官”工作座谈会，各镇主管大学生“村官”工作主管领导及相关工作人员参加会议。区村官办部署了全区2012年大学生“村官”工作。一是布置新制订的《门头沟区大学生村官考勤管理办法》和《门头沟区大学生村官目标承诺书》；二是部署合同期满大学生“村官”进入乡镇专项事业编和续聘工作；三是对即将开始的2012届大学生“村官”选聘时间、注意事项进行了说明。各镇对大学生“村官”管理、使用情况及存在的问题进行了交流。26日，召开社区公益性就业组织安置政策和促进就业政策执行情况座谈会，会上，汇报了2011年区就业整体工作，区农委、旅游局、王平镇、斋堂镇、区河湖景观管护中心、区园林绿化服务中心和区内8家社会保障事务所工作人员就社区公益性就业组织安置政策和促进就业工作开展了讨论。

（张　董）

【完成事业单位公开招聘考试】4月21日，完成2012年第一次事业单位公开招聘综合能力考试工作。此次招聘共有36个主管部门、81家事业单位，拟公开招聘187名工作人员。年内，区2012年第一次事业单位公开招聘工作，经过发布公告、网上报名、资格审查、笔试面试、体检考察、录用公示等环节，已完成。此次招聘共有36个主管部门、81家事业单位、140个岗位，计划招聘187名事业单位工作人员。9月24日至28日，区2012年第二次事业单位公开招聘经过资格审查、笔试工作结束。此次公开招聘，所聘岗位全部为专业技术岗。共有6家事业单位、16个工作岗位，拟公开招聘29名工作人员。招聘工作坚持公开、平等、竞争、择优的原则与德才兼备标准，按照规定条件和程序进行。招聘公告、岗位条件经7天网上公告、4天网上报名。100余名报考人员中64人通过资格审查，参加了笔试、面试。

（张　董）

【签署“手拉手促就业”协作协议】　5月17日，海淀区、门头沟区开展“手拉手促就业”工作座谈会暨签约仪式。会上，两局就“手拉手”协议内容进行洽谈，签署了“手拉手”合作协议，同时确定城子街道与八里庄街道、龙泉镇与甘家口街道等八对“手拉手”协作社保所。

（张　董）

【完成乡镇机构改革总结工作】
5月，区编办完成乡镇机构改革总结验收的各项任务，并将《北京市门头沟区乡镇机构改革工作总结》上报市编办。月初，按照区县编办工作例会精神以及《关于开展乡镇机构改革总结验收工作的通知》（京编办发〔2012〕9号）的要求，下发《关于开展乡镇机构改革工作总结验收工作的通知》，将此项工作分为三个阶段：各镇自评——实地调研——撰写工作验收材料。区编办分别抽取城市化进程较快、浅山区、深山区等不同类型的乡镇进行实地调研，通过发放调查问卷、召开座谈会、实地走访等方式了解相关情况，形成乡镇机构改革总结验收材料并上报市编办。

（张　董）

【举行职业技能大赛启动仪式】
6月7日，市第三届职业技能大赛门头沟赛区启动仪式在永定河文化广场举行。市局领导，区领导王洪钟等出席启动仪式。此次活动由区人力社保局牵头、全区19个部门联合主办。以“打造创新型、专业型、现代型技能人才队伍；建设生态化、高端化、特色化综合服务新区”为目标。

（张　董）

【领导调研】　6月8日，市局局长张欣庆带队到区内调研，区领导韩子荣，王洪钟陪同调研。调研组实地察看了棚户区改造石门营安置房、长安街延长线端头冯村桥、永定河观景台，并听取相关工作情况汇报。11月29日，区领导王洪钟到局内调研。局领导对区2012年就业促进、社会保障、人才队伍建设、人事制度改革、劳动关系、公共服务、机构编制等工作的开展情况及2013年工作思路进行了汇报。区政府办、区委组织部、区财政局等20家单位参加调研座谈。

（张　董）

【召开集体协商推进会】　7月5日，召开集体合同和工资集体协商推进会。区总工会、人保局、工商联主要领导出席了会议。大会为基层工会组织工作人员举办了劳动合同法及实施条例的培训，通过培训帮助基层工会组织工作人员熟悉劳动合同法的相关内容，提高代表职工与企业协商签订集体合同和工资集体协商的能力，维护和代表职工的利益。

（张　董）

【高校毕业生就业服务月活动】
9月1日，开展为期1个月的“2012年高校毕业生就业服务月”落幕。此次活动主题为“实名登记　服务到人　多措并举促进高校毕业生就业”，服务对象重点是2012届及往届有就业意愿的离校未就业高校毕业生、各类基层就业项目服务期满高校毕业生。

（张　董）

【宣讲《社会保险法》】　9月13日，局社保中心为石龙工业区50家驻区企业开展《社会保险法》专题讲座。播放了《社会保险法》宣传动漫，社保稽核部门结合案件实例对社会保险法深入讲解，社保收缴部门讲解开通网上申报操作办法，并一一解答了参会企业关于《社会保险法》提出的问题。

（张　董）

【开展联合执法检查】　9月19日，局劳动监察大队、信访办、住建委及城子派出所等部门对城子地区建筑工地进行综合检查。联合检查组检查了城子地区天台山商业楼和铝丝厂公共租赁住房两个工地，涉及农民工310人，并针对劳务单位实名制管理、劳动合同签订、现场考勤记录、工资发放等情况进行了检查。针对9月下旬河北等地农民工要回家秋收的情况，要求劳务单位将工资款提前准备好，做到工人撤场时工资可以按时发放。

（张　董）

【落实就业服务工作】　年内，区人力社保局职介中心、人才中心联合制定了《门头沟区关于做好离校未就业高校毕业生实名登记和就业服务工作实施方案》，9月27日，组织相关单位部署区离校未就业高校毕业生实名登记和就业服务工作。方案以建立离校未就业高校毕业生实名登记工作制度、开展相关就业服务工作、加大工作组织落实力度为核心，坚持做到底数清、信息清、动向明。此项工作由区人才中心、职介中心主要负责，区人保局相关部门协助，各街道、镇社保所配合。

（张　董）

【开展"庭审三规范"观摩活动】　10月18日，区劳动人事争议仲裁委组织开展了"庭审三规范"观摩活动。市局相关领导及西城区、石景山区、大兴区人力资源和社会保障局的仲裁科科长及仲裁员到区进行观摩。

（张　董）

【联合开展政策宣传及现场招聘活动】　10月26日，与龙泉镇联合在三家店大队开展政策宣传及现场招聘活动。并就群众所提出的养老、医疗、就业等问题进行解答。过往群众近500人到现场进行政策咨询，发放宣传材料4000余份。北京南丁格尔科技发展有限公司等15家单位提供了300于个岗位，100余人现场进行求职咨询，求职登记30人。

（张　董）

【完成星级社保所评估工作】　10月31日，由市人力社保局、民政局、残联相关领导和市人大代表组成的星级社保所评估小组对妙峰山镇社保所和大台街道社保所进行专业评估检查。对两家社保所基础建设、队伍建设、制度建设方面进行实地测评，检查了档案室及档案管理、办公大厅功能区、业务窗口标示等项目。

（张　董）

【召开职业技能大赛表彰会】　11月22日，市第三届职业技能大赛门头沟赛区竞赛表彰大会在区工会召开。大赛历时8个月，涉赛职工4万余人，2599人报名参赛。大会对获得"优秀组织奖"的区旅游发展委等9个单位、获得"竞赛优胜奖"的北京朗泰汽车维修有限公司、获得"门头沟区技能能手"称号的14名技能能手、获得门头沟赛区各工种比赛前三名的47名参赛选手予以通报表彰。

（张　董）

【就业工作】　年内，全区城镇新增就业7991人，失业人员再就业6241人，城乡就业困难人员实现就业5019人，农村劳动力转移就业1447人，扶持69人创业，带动112人就业，共消除新增"零就业家庭"111户（116人），城镇登记失业率4.05%。

（张　董）

【完善就业政策体系】　年内，贯彻落实《北京市就业援助规定》，健全就业援助制度和工作保障机制。先后制定了《鼓励拆迁企业职工就业社会保险补贴办法》、《首钢停产职工失业人员岗位补贴办法》、《关于调整门头沟区城乡劳动力跨区就业补贴标准的通知》和《门头沟区进一步加强职业培训促进就业工作的意见》。整合各部门促进就业政策，印制2000册《政策汇编》，宣传扶植就业优惠政策，优化投资环境。市、区两级共投入就业资金1.14亿元，其中争取市级资金支持7573万元，惠及1.08名城乡劳动者。

（张　董）

【开发就业岗位】　年内，累计收集或开发就业岗位1.5万余个。其中，区政府与相关部门签订《岗位开发责任书》，开发部门系统内就业岗位1393个；累计开发公益性岗位2419个，共安置就业困难人员2138人；发展绿色就业，366名城乡劳动力在绿色就业岗位实现就业。注重向外拓展岗位，区13个街镇社保所分别与西城、海淀、石景山、顺义4个区的26家社保所建立了"手拉手"协作机制，挖掘外区就业岗位2407个。

（张　董）

【公共就业服务工作】　年内，完善覆盖城乡的公共就业创业服务体系。开发《门头沟区基层城乡劳动力信息服务系统》，强化全区失业人员的基础管理和信息统计，提供政策制定依据，提升就业服务的针对性。深化就业公共服务，通过"服务在厅、服务到村、服务到家"等方式，职业指导1.2万人次，介绍推荐4421人次，职业介绍成功3575人次；培训城镇失业人员1481人，农村转移就业劳动力1797人，完成创业培训83人。开展就业援助月、春风行动、高校毕业生就业服务月和民营企业招聘周等专项活动；开通了区职介中心官方微博和短信服务平台，为求职者和用人单位提供更快捷的信息服务。

（张 董）

【社保工作】 年内，深入贯彻落实《社会保险法》，加大保险扩面征缴力度、加强社保基金监管、切实提高经办能力和服务水平，扩面征缴取得突破性进展，五项社会保险共征缴社保基金17.39亿元，同比增长19.40%，发放社保待遇27.82亿元，同比增长19.33%。城乡居民养老保险稳步发展，参保人数达2.82万人，收缴保费3130.44万元，续保率97%。2.8万名农民工参加了保险。妥善解决了占全市60%的"五七家属工"参保问题，审核5230人，参保缴费1.46亿元。为在区领取退养费的4875名"五七家属工"支付各项待遇共计6541.33万元。

（张 董）

【提高社会保障】 年内，提高区内的社会保障"新六线"待遇水平，企业退休人员养老金提高到2560元，失业保险金提高到896元，伤残津贴提高到2795元，居民养老金提高到357.5元，福利养老金提高到277.5元，最低工资标准1260元，均居全国前列。

（张 董）

【基金监管能力提升】 年内，健全内控机制，建立协同监督管理机制，综合运用内部审计、财务管理、信息系统等手段，加强基金收、管、支全过程的信息化监督。加大对社保待遇欺诈行为的查处力度，堵塞社保基金支付漏洞。加强对辖区内定点医疗机构的内审、外审工作，采用明查与暗访相结合方式，通过签订总控责任书、院长约谈、夜查定点医院等措施，规范医院诊疗行为，全年拒付违规医疗费用40万元，医保基金运行正常。通过人保部和市人保局的社保基金专项审计，未发现有违规、违纪问题。

（张 董）

【人才工作】 年内，共引进外埠高层次人才24人，引进非京生源毕业生88人，选聘"村官"128人。公务员招考121人，事业单位招录139人。

（张 董）

【规范人才管理机制】 年内，开展了事业单位专业技术人员的统计分析工作。出台《门头沟区大学生村官目标承诺书》，规范大学生"村官"工作行为。加强大学生"村官"适应性和开创性培训，提高其服务农村、建设农村本领。

（张 董）

【职业技能培训】 年内，开展职业技能培训，共组织岗前职业技能培训班30期，培训1462人。开展各类职业技能鉴定共计3557人次，鉴定合格率88.42%。首次将驻区部队现役士兵纳入免费培训范围，培训现役士兵150人。举办了北京市第三届技能大赛门头沟赛区比赛，组织4万余人岗位练兵，共进行初赛36场，2599人次参赛，通过初赛、复赛，47名参赛选手晋级决赛。

（张 董）

【推进人事制度改革】 年内，公布实施《门头沟区面向社会公开招考公务员实施方案》、《门头沟公开招聘事业单位工作人员实施方案》和《门头沟区科级干部竞争上岗实行公共科目统一考试的管理办法（试行）》，从制度上对干部人才录用和科级干部晋升工作进一步规范和完善。区内科级领导职务全部实现竞争上岗。除特殊职位外，公务员招考资格全部要求有2年以上基层工作经历。事业单位进人全部公开招聘。首次面向全市公开选拔26名科级领导干部，全年组织各类考试21项，为2.5万考生提供考试服务。

（张 董）

【公务员管理】 年内，制定了《门头沟区科级及以下公务员挂职锻炼工作方案》，推进公务员"在基层培养，从基层选拔"培养链的机制建设；下发《门头沟区科级领导职务改任非领导职务管理办法》，建立科级领导职务改任非领导职务工作机制；起草了《科级公务员交流工作实施意见》，推进公务员交流工作。制定《2012年门头沟区干部教育培训要点》，将公务员道德教育纳入公务员教育主体课程。全年共组织开展各类干部教育培训班12期，培训3826人次。

（张 董）

【机关事业单位改革工作】 年内，完善"门头沟区人事岗位与工资管理系统"。按时完成规范公务员津贴补贴的归并调整工作。加强事业单位绩效工资总额管理，实行绩效工资分类调控，事业单位人员收入水平稳步提高。完善《2012年绩效考核办法》，下发区《公务员平时考核工作实施意见》，各单位已建立日常考核管理办法。

（张 董）

【构建和谐劳动关系】 年内，出台《门头沟区关于2012年推进工资集体协商签订集体合同工作的意见》，将工商联纳入劳动关系三方协调机制。以中小、非公企业为重点，实施双百双规范、劳动合同制度专项行动计划等活动，全面推进集体合同彩虹计划。区属受监控城镇企业劳动合同签订率100%，续订率92%，867户企业签订集体合同，覆盖职工72607人。4家企业获市级“和谐劳动关系单位”称号。全年共受理劳动争议案件475件，同比增长50.79%，结案率达99.79%，调解率达43.46%。

（张　董）

【制度建设】 年内，在全市率先制定《门头沟区人力资源和社会保障局行政处罚自由裁量权基准制度》和《门头沟区人力资源和社会保障局行政处罚自由裁量权实施标准》，规范行政处罚自由裁量权。出台《门头沟建设施工领域农民工工资支付管理暂行办法》，规范区建设领域农民工工资支付行为，维护农民工的合法权益。

（张　董）

【宣传服务工作】 年内，免费向房屋建筑与市政基础设施用工单位发放3000份新版劳动建筑业劳动合同；同区住建委共同召开加强建筑企业劳动合同管理工作会；联合区住建委、各镇社保所对辖区用工单位开展劳动法律法规培训，指导企业依法经营管理，举办培训12期，涉及用人单位215家。

（张　董）

【劳动监察】 年内，区监察大队对建设施工企业实施精细化管理。要求施工企业填写承诺书，设立公示牌，明确用人单位职责，维护劳动者权益。全年共检查用人单位3576户（次），受理群众举报307件；查处违法案件191件，共查处克扣拖欠工资案件116件，处理突发事件16起。为1264名劳动者追欠工资1079.14万元，其中为1177名农民工追欠工资969.41万元。

（张　董）

【创新体制机制】 年内，独立设置“北京市门头沟区人民政府外事办公室”，搭建了区旅游事业发展服务平台，按照大部门工作体制的要求，组建“北京市门头沟区社会保险事业管理中心”，调整区政府信息化工作体制，设置博士后服务工作机构；组建社区教育机构和区社保中心。

（张　董）

【提供机构编制保障】 年内，全区共审批设置事业机构9个，为各部门增加编制130名；最大限度地调整盘活现有编制，收回职能萎缩、名存实亡等事业单位编制425名，盘活编制39名；全面推行机构编制实名制管理，制定并以区政府名义印发了《门头沟区机关事业单位使用社会化用工暂行办法》，同时，开发“门头沟区机构编制实名制管理系统”。

（张　董）

【自采暖补贴资金发放工作】 年内，对区121名城镇登记失业人员和退休人员申请情节能源自采暖补贴申请材料进行审核，经审核，20名城镇登记失业人员和101名社区管理的退休人员申请材料符合政策要求，按照补贴标准，共发放清洁能源自采暖补贴资金10.37万元。

（张　董）

【出台社会化用工暂行办法】 年内，制定了《机关事业单位使用社会化用工暂行办法》，分为九章，共35条，分别为总则、核定使用社会化用工数量的标准、审批和使用程序、工资和福利待遇、管理和使用、续聘与解聘、监督检查、行政责任和附则等内容。

（张　董）

【完成《门头沟区促进就业政策汇编》】 年内，与工商、税务、残联等相关部门沟通，收集、整理这些部门的促进就业优惠政策，汇编成《门头沟区促进就业政策汇编》。汇编印刷2000余册，并将通过举办各类活动对企业发放，对就业政策进行宣传。

（张　董）

【完善促进就业政策体系】 年内，调整、完善全区促进就业政策体系，发挥就业政策在促进城乡劳动力就业方面的作用，制定一系列具有全区特点的优惠政策。一是制定了《门头沟区鼓励拆迁企业职工就业社会保险补贴办法》，区属国有企业因拆迁原因与职工终止、解除劳动合同，职工可享受社会保险补贴。二是制定《关于将首钢总公司停产职工就业困难失业人员纳入区岗位补贴政策范围有关问题的通知》，用人单位招用区首钢停产职工中就业困难人员可以在享受市级促进就业政策的基础上，申请享受每人每年1500元的岗位补贴，促进首钢就业困难人员就业。

（张　董）

【推进绿色就业工作】 年内，根据区域特点，发展绿色产业、开发绿色就业岗位，一是发挥区社会保障和就业工作领导小组职能，协调园林、水务、环卫、石龙工业区等相关单位，建立信息共享机制，对绿色就业岗位的信息进行收集、整理，做到底数清、情况明；二是加大资金投入力度，支持绿色就业的发展，区财政每年投入900余万元，用于生态林管护员的补贴；每年投入35万元用于森林消防人员的人员支出；每年投入372万元用于管水员的补贴，三是以“一湖多园”工程和沟域经济建设为重点，开发适合区特点的绿色就业岗位，安置城乡劳动力就业。共开发绿色就业岗位464个，其中直接性绿色岗位426个：河湖管理员、园林绿化、水域管理员岗位269个、垃圾处理、污水处理岗位157个，其他绿色岗位21个；间接性绿色岗位17个。共安置城乡劳动力267人，其中：保洁保绿岗位安置72人，垃圾处理、污水处理岗位安置157人，其他直接性绿色岗位安置21人，其他间接性绿色就业岗位安置17人。

（张　董）

【建立联席会议制度】 年内，建立发展家庭服务业促进就业联席会议制度。联席会议的主要任务是：协调处理推动家庭服务业发展促进就业的重大问题，贯彻落实相关政策法规；从行业发展改革、服务网络建设、财税政策、从业人员技能培训、社会保险政策、信息平台等方面贯彻落实国家和北京市鼓励和支持家庭服务业加快发展，扩大就业的政策措施；推动服务业企业自觉建立服务规范，制定行业标准，加强行业管理与监督；确定推动家庭服务业发展促进就业年度工作要点和阶段性工作计划并组织实施；督促检查各成员单位相关政策落实情况和任务完成情况；定期向区委、区政府汇报发展家庭服务业促进就业的情况，并及时通报各成员单位。联席会议由12家成员单位组成，办公室设在区人力社保局。

（张　董）

【“手拉手促就业”工作全覆盖】 年内，与石景山区举办“手拉手促就业”工作签约仪式。两局签署合作协议，确定了城子街道与苹果园街道、妙峰山镇与金顶街街道等六对“手拉手”协作社保所。标志着区实现了13个街道、镇社保所“手拉手”工作的全面覆盖。

（张　董）

【区小企业劳动合同签订情况】 年内，完成全年“30人以下的小企业劳动合同签订率达到95%”工作目标，并就区域内30人以下小企业及中央在京企业劳动关系现况开展了专题调研。共调研30人以下小企业166家，涉及劳动者2842人（排除退休返聘等非劳动关系人员），签订劳动合同人数2717人，劳动合同签订率96%，比去年同期提高了9个百分点，完成了全年劳动合同签订率95%的考核目标。签订5年以上劳动合同和无固定期限劳动合同的职工1107人，占签订劳动合同人数的41%。

（张　董）

机关事务管理

【概况】 年内，在区委、区政府的领导下，坚持邓小平理论和“三个代表”重要思想，深入贯彻落实科学发展观，全面开展学习十八大文件精神，并以十八大精神为指导，围绕区委、区政府的中心工作，按照“抓组织、抓管理、抓服务”的总体工作思路，履行职责，统筹安排，突出重点，狠抓落实，确保了大院的事务性工作的正常运转。

单位名称：北京市门头沟区机关后勤服务中心
地　　址：北京市门头沟区新桥大街36号
电　　话：69839343
邮　　编：102300

（史宝倩）

【基建工作】 9月底，新建总面积4500平米区政府院内政务信息公开指挥中心楼正式竣工；修复政务公开信息指挥中心楼前停车场1620平方米，楼后停车场1485平方米。

（史宝倩）

【美化和绿化工作】 年内，对机关大院内草皮重新铺设，新栽植1054棵；对15683平方米的绿化带进行了补栽、修理、完善工作。

（史宝倩）

【维修与保障工作】 年内，维护维修50余间近900平米的办公用房；更换办公楼、会议室、公共走道等节能灯1000只；更换维修各类日光灯、格栅灯10余套。

（史宝倩）

【机关食堂工作】 年内，完成54个单位，每天约1300人的就餐任务及200余次的客饭接待任务；其中临时人员376人。

（史宝倩）

【安全保卫工作】 年内，安装门禁系统，对门卫刷卡系统进行全面升级，所有进入机关人员一律出示证件刷卡进入机关。重新登记办理通行证，实行一车一证，证照相符。全年对机关大院内各单位开展安全大检查4次，检查部委办27次，对南楼、应急楼、食堂等七个单位234个灭火器进行检测，更新灭火器50个。

（史宝倩）

群众性精神文明创建活动

【概况】 年内，全区精神文明建设工作在首都文明办的指导下，在区委、区政府和区文明委的领导下，以邓小平理论和“三个代表”重要思想为指导，贯彻落实科学发展观，以建设社会主义核心价值体系为根本，以“弘扬北京精神，做文明有礼门头沟人”为主题，服务发展，贴近群众，坚持创新，务求实效，精神文明建设工作稳步开展。

单位名称：北京市门头沟区精神文明建设委员会办公室
地　　址：北京市门头沟区新桥大街36号
电　　话：69843219
邮　　编：102300

（王建玲）

【“门头沟十大好人”颁奖工作】 1月6日，举办“十大好人”颁奖典礼，并启动区好人奖励专项奖金。经社会各界推荐和投票评选，最终马思敬、王自殿、王振明、牛连春、安全山、李悦、李兆娴、李玉霞、张园、赵建婕10人当选2011年度“门头沟十大好人”。

（王建玲）

【“拒绝不文明，清除小广告”活动】 3月31日，以全市学雷锋志愿服务日为契机，开展“做文明有礼门头沟人——拒绝不文明、清除小广告”全民行动日活动。在全区重点大街、站台悬挂主题宣传横幅40余条，联合区城管大队、区教委等部门，在新桥大街设立活动宣传站，组织公共文明引导员与城管青年志愿者、大峪一小及新桥路中学文明小使者共同开展“拒绝不文明、清除小广告”主题宣传，向过往市民发放宣传品、宣传折页2000余册，宣传品2500余份，此项活动，发放宣传品、宣传折页3000余份，走访商户200余家，清理非法小广告500余条。当日共清理市场、公园景区、建筑工地、小区楼道等处小广告2万余条。

（王建玲）

【军警民共建工作座谈会】 4月27日，召开军（警）民共建工作座谈会。全区26个驻区部队和部分共建单位参加座谈会。会上，区文明办对2012年军（警）民共建工作任务进行部署；62025部队、61096部队、海军军训器材研究所、62341部队、龙泉镇、区光荣院、区供电公司等共建单位代表在座谈会上交流了共建经验。各驻区部队领队、选手、战士及部分军（警）民共建对子100人余人参加了活动。

（王建玲）

【召开未成年人先进经验现场会】 5月30日，召开学习区法院未审庭先进经验现场会暨区未成年人思想道德建设推进会。全区各相关部门主管领导、各中小学校德育主任、门城地区村（居）委会主任等共180人在区法院现场听取了未审庭创新工作机制、帮教失足少年的经验介绍，并参观了帮教工作成效展览。

（王建玲）

【组织引导员主题拓展活动】 6月20日，“文明有我——门头沟公共文明引导在行动”主题拓展活动在雁翅镇教师培训基地举行，区30名公共文明引导员交流经验，技能比武，文艺汇演，团队拓展。

（王建玲）

【召开创建活动交流会】 7月10日，召开文明示范创建活动交流推进会。各工委、各镇街，全国文明先进、新增首都文明先进、区级文明示范社区及部分文明示范先进单位代表等参加会议。会上对2011年度精神文明建设信息工作进行总结，并部署2012年“垃圾减量、垃圾分类”主题宣传实践活动。

（王建玲）

【慰问公共文明引导员活动】 7月18日，按照首都文明办统一部署，开展慰问公共文明引导员活动。先后到新桥大街、河滩、城子、双峪及新桥南大街公交站台，为每天早晚高峰时段在公交站台的30名公共文明引导员们送慰问品。

（王建玲）

【开展好人好事征集活动】 7月21日，区遭遇强降雨。为宣传社会各界和市民在抗洪抢险救灾中的好人好事，区文明办在开展抗洪抢险救灾好人事迹线索征集。截至7月25日下午17：30，共收到线索82条。结合“门头沟好人”选树工作，宣传抗洪抢险救灾中涌现出的好人好事。

（王建玲）

【军民共建活动】 8月6日，区文明办、双拥办、武装部联合举办“军民团结一家亲”演讲比赛和成果展，共有14支驻区部队报名参赛，最终评出一等奖1人，二等奖3人，三等奖7人。

（王建玲）

【春风行动】 8月24日，市春风办主任一行到区内开展捐助贫困家庭助学活动。特为42个受助家庭学生和家长发放助学金。此次共发放2.62万元助学金，款项全部来源于个人捐助，主要用于每个受捐助家庭学生的日常学习。

（王建玲）

【公共文明引导员培训】 9月17日，公共文明引导员拓展提升培训班在区科协举办。

（王建玲）

【开展文明引导进公园活动】 10月12日，“做文明有礼的北京人——畅通北京双月行动”暨门头沟区文明引导进公园展示活动在永定河文化广场举行。首都文明办副主任，市公共文明协调办主任，市公共文明协调办副主任，区领导王洪钟，等领导出席活动。其中新招募的25名引导员分组到永定河文化广场、永定河公园、葡山公园、滨河公园、晨曦公园、黑山公园等7个城市公园，早晚游园高峰时段开展文明游园引导服务。

（王建玲）

【“做文明有礼门头沟人”工作】 年内，开展了“做文明有礼门头沟人”全民行动。召开“繁荣区域文化、共建社会文明”大会，对全民行动进行动员部署。报纸、电视、网络形成立体宣传格局。区电视台在《门头沟新闻》中开设《做文明有礼门头沟人》专题，制播新闻289条次，并于每晚黄金档播出动画主题公益广告片；《京西时报》开设《文明之窗》专版，刊登新闻313条次；京西门头沟微博、政务网也对全民行动实时动态播报宣传。

（王建玲）

档案史志工作

【概况】 年内，落实科学发展观，学习党的十八大精神，开展以“创造发展新优势，稳中求进促发展、转变作风树形象，默默耕耘筑兰台”为主题的解放思想大讨论活动，打造“五型”机关，围绕基层组织建设年活动，开展“弘扬主旋律，唱响奋进歌”、组织学习“北京精神”，“五个一”等活动，参与区直机关系统开展的文化艺术节，被评为优秀组织单位，在大合唱项目中获得了二等奖，在书法、摄影、征文等项目中共获得25个单项奖。

开展档案资源体系建设。筹措资金，完成计算机网络交换间改造，修改完善数字化加工制度和规定，对文件级目录进行整理，加快推进档案信息化工程。档案原文数字化工作共扫描3562卷、343374页。自2010年7月开始此项工作后，扫描婚姻、建房、知青、基建等民生档案共计档案15606卷、1737662页，占馆藏18.7%。开展档案鉴定工作，对30个立档单位1999－2002年2905卷档案进行了鉴定，接收28个立档单位档案2319卷、2393件，并对进馆档案进行梳理。严格按照开放档案审理程序，对涉及1980年－1981年2419卷档案进行了审理，开放1555卷、不开放864卷。完成2011年度档案统计年报工作，涉及108个单位，全宗100个，档案351225卷，414352件，录音录像1242盘，照片档案65255张，底图1612张，磁带238盘，磁盘133盘，光盘1802张，缩微胶片平片125张、卷片89幅。建设档案利用体系。年内共接待查档利用者4954人次、调卷3220卷、出具证明1590份、复印6652页。完善《门头沟信息剪辑》，服务区领导及四大部门。制作《档案在我身边》宣传手册。继续加强档案安全体系建设，完善制度管理，开展消防安全知识讲座，定期开展消防安全大检查及专项检查，严格执行档案出入库制度，定期开展档案防潮、防虫工作，确保档案安全。做好保密宣传教育，提高全员安全防范意识。加大对自然灾害的预防，重新完善了突发事件档案安全应急预案，确保档案安全。

依据《北京市重点建设项目档案管理登记办法》，对区内的城子水厂改造工程进行了档案业务跟踪指导和管理。对2012年新建、在建、竣工项目档案管理工作进行登记。多次走访工程建设主责单位进行指导、调研，参与区纪委、监察局组织的工程监管制度培训，将档案管理作为一项重点内容进行培训。结合水普工作内容，数次到水普办进行档案指导，加强社会保险业务档案的培训、指导工作。学习昌平区工作经验，在9个镇的177个行政村开展工作，突出档案信息服务利用效能。做好林权、产权制度改革工作的档案管理。与园林绿化局、经管站沟通，重点对龙泉镇、雁翅镇、王平镇档案管理工作进行监督指导。在全区范围内下发了《2012年度档案行政执法检查通知》，部署工作。在全区开展单位自查并联合市档案局、区人大、政协、法制办，对区城管监察大队等29家立档单位进行了档案行政执法联合检查。举办档案人员上岗培训，开展机关档案测评工作。党史工作以纪念中国共产党成立91周年为契机，组织党史宣传周活动。撰写论文《对冀热察挺进军成立时间的考证》，完成约5万字的《2011年党史大事记》。完成《中国共产党门头沟历史大事记（2000—2011）》约25万字初稿。轮修志工作年内完善程序业务学习、统筹协调、信息采集、志稿审改、资料利用等工作制度。在全市率先完成了二轮志书一审稿100余万字的编印工作。完成《2012北京门头沟年鉴》编纂、印刷、出版工作。完成《北京年鉴》门头沟部分6000余字的编写工作。

单位名称：北京市门头沟区档案史志局
地　　址：门头沟区石龙北路31号
电　　话：60804795
邮　　编：102308

（朱　倩）

【帮扶工作】　1月6日，局领导一行8人到八亩堰、江水河村，慰问贫困户、五保户。12日，局领导分别带队参加了清水镇八亩堰村、江水河村民主生活会。4月17日，局长带队到雁翅镇高台村调研，深入帮扶结对村了解情况。5月11日，局领导和有关人员到高台村进行了实地了解、走访和座谈，完善帮扶计划。11月21日，局主要领导到高台村，与两委班子一同座谈，宣传“十八大”精神。

（牛嘉伟）

【机关建设】　1月14日，召开全局干部职工大会，各科科长对科室工作进行总结，并提出了2012年度工作计划安排。30日，召开科长会议，专题研讨2012年档案史志重点工作。局长带领大家就《2012年区县业务处工作要点》及《区县档案局（馆）落实“十二五”时期档案事业发展规划重点任务分解表》等指导性文件进行逐条分解，明确工作重点，梳理工作思路。2月23日，召开局中层干部会，贯彻区领导韩子荣讲话精神。并提出具体工作要求，将有关工作分解到相关科室及人员。4月29日，开展“迎五四　沐春风　凝力量　建家乡”党建带团建活动。5月28日，组织机关工作人员开展《加强机关作风和行政效能建设》专题大讨论活动。7月5日，组织党员、干部到区博物馆参观“北京精神”大型主题展览。11月3日，召开工作会，传达区委区政府会议精神，部署“十八大”前期安全维稳工作。8日，参观了“科学发展　魅力京西——门头沟现代化生态新区掠影展”，集中收看了胡锦涛同志在中国共产党第十八次全国代表大会上的报告。19日，召开全局干部职工大会，组织学习贯彻落实党的十八大会议精神。同日，组织全体党员和入党积极分子到区药监局参观廉政文化展览，交流廉政建设经验。11月，在全局范围内开展“学十八大　发挥档案功能　助力全区跨越发展”主题活动。

（朱　倩）

【领导调研】　1月19日，区领导到局内调研。2月22日，区领导韩子荣到局内调研。听取了工作汇报，并对工作给予肯定。3月16日，区领导到局内调研指导工作。11月6日，市档案局领导就档案信息化建设工作到局内调研。12月4日，市地方志领导就二轮修志编纂情况以及存在的问题到局内调研。

（闫锐伶）

【档案行政管理】　1月，与区人保局联合开展社保档案培训，组织相关档案员参观海淀社保档案，并对区社保中心专兼职档案员14人进行专题培训。是月，制定2012年档案法制宣传教育工作计划，全面落实“六五”普法规划。2月，与监察局共同拟定的《门头沟区基本建设工程档案管理实施细则》与《门头沟区政府投资规定》等20项工程建设领域制度。一同被列入《门头沟区政府投资规定等21项工程建设领域制度体系相关制度》，并由区政府签发。《门头沟区基本建设工程档案管理实施细则》主要包括总则、组织管理、收集与整理、移交、保管与利用、附则，共5章15条。3月，制发区2012年新农村档案工作要点；是月，制发全年工作要点，明确了2012年度九项工作重点，十一项重点工作任务。3月，在全区纪检监察干部专项培训会上，针对建设工程档案管理情况，结合《门头沟区基本建设工程档案管理实施细则》，对90名纪检干部进行档案管理知识培训；是月，在全区范围内下发了《2012年度档案行政执法检查工作的通知》，部署2012年档案行政执法检查工作。4月23日，召开2012年度档案行政执法联络员培训，全区各单位执法联络员共45人参加培训。7月，结合《门头沟区基本建设工程档案管理实施细则》及区重点建设项目档案工作实际，在全区范围内发文，对区内2012年度的新建、在建、竣工项目进行档案管理登记。9月6日，邀请市档案局法规处、区人大、政协和法制办的有关领导成立区档案行政执法检查组，参照《门头沟区档案行政执法检查标准》，对区城管监察大队进行了档案行政执法检查。11月15日，局长带队与市档案局区县处和市药监局的相关业务人员组成测评小组，对区药监分局的档案工作进行实地测评。区药监分局是区首个通过机关档案工作测评的单位。11月30日，参加以“弘扬宪法精神，服务科学发展”为主题的法制宣传活动。局领导带队，在新桥大街开展档案法制宣传。制作《档案法》宣传展板4块、横幅2条，以及3类宣传材料，向过往群众发放650份宣传材料，为群众讲解如何通过查阅档案解决实际生活中的问题，并讲解了《档案法》中与人民生活息息相关的内容。

（安宏清）

【服务全区发展】 2月，组织专门人员拍摄区龙泉镇高家园地区土地储备项目房屋征收工作动员大会，并对拆迁村镇、街道实施拍摄工作，以保存村落、街道拆迁前原貌。14日，局领导到潭柘寺镇调研指导拆迁改造档案资料管理工作，并征集潭柘寺镇影像、文字资料。4月24日，结合区拆迁改造工作举办了摄影培训班，对全区60余名档案员就摄影构图的种类和拍摄技巧等内容进行培训。5月，配合东辛房、城子地区棚改拆迁工作，为建档人员出具档案证明，平均每日接待量超过52人次。29日，贯彻采空棚户区整体征收誓师动员大会精神，选派3名同志进行整体征收工作。6月出具永定镇何各庄村村民建房证明194份，查阅城子街道采空棚户区整体征收范围内建房档案209件，出具证明40份。7月2日，主管领导带队组织相关业务人员到房屋征收事务中心对区房屋征收的档案工作进行现场调研。7月3日，《科学发展 魅力京西——门头沟现代化新区掠影展》在区政府机关大院展出。7月，成立永定镇何各庄、秋坡村房屋征收项目拍摄工作小组。工作人员到镇、村，对街道、胡同、村建各项公益设施、村民院落、文物古迹、古树等进行了拍摄，并将照片、录像逐一进行注释，完成存档进馆工作。

（康 健）

【档案业务】 2月至12月，按照《门头沟区档案馆关于2012年接收移交档案的通知》对全区28个立档单位1999－2002年形成的档案进行了接收，共接收档案案卷2319卷、归档文件2393件，总排架长度23.055米。其中文书档案2239卷、基建档案11卷、会计69卷。另接收照片档案4册共242张。9月5日，举办第四届“档案馆日”活动，分设档案馆和葡山公园两个会场，突出“弘扬档案文化、践行北京精神”活动主题，围绕全区中心工作，举办系列档案主题特色活动。

（马 超）

【档案宣教】 3月28日，北京实验二小永定分校的300名学生和12位教师。参观《翰墨兰台门头沟》、《保存城市记忆 感受档案魅力》、《纪念纪念建党90周年》3个展览。4月16日，举办“2012年度档案业务培训班”。涉及全区66个单位，83名档案人员参加。9月20日，在区内开展2012年度档案人员网络培训，涉及全区122家机关、企事业单位的专兼职档案人员。

（崔 欣）

【口述史征集工作】 3月，局领导带队，采访中国油画家、美术家、美术教育家侯一民先生。侯一民向局内赠送了书画文集《泡沫集》。4月，召开《关于征集门头沟区非物质文化遗产史料征集工作方案》研讨会，确定对京西太平鼓、京西幡乐、琉璃烧制工艺、下苇甸皮影、柏峪燕歌戏、妙峰山娘娘庙会六项非物质文化遗产进行口述史及其他方面史料的征集工作。9月5日，邀请区文联理事、区民俗协会副主席就区地方方言——斋堂话进行口述史征集。11月，邀请区文物事业管理所原所长，就琉璃文化进行口述史征集。是月，邀请《永恒的记忆》——聚焦门头沟村落画册作者。进行口述史征集。12月，邀请门头沟古道研究学者，就京西古道知识进行口述史征集。

（高丽敏）

【“特色党日”工作】 6月14日，开展“特色党日”活动，庆祝建党91周年。组织党、团员到“京西第一党支部”的诞生地——雁翅镇，开展“铭记历史，传承记忆”主题活动。

（朱 倩）

【《门头沟年鉴》出版】 年内，出版了《2012北京门头沟年鉴》，全书涉及全区近120个单位的主要工作情况，共计80余万字。

（陈 琛）

政协北京市门头沟区委员会

【概述】 中国人民政治协商会议北京市门头沟区委员会（简称区政协），机构设有提案委员会、经济科技委员会、环境与人口资源委员会、学习与文史委员会、社会法制与民族宗教委员会、教文卫体委员会。办公机构设办公室、研究室、专委会工作一室、专委会工作二室、专委会工作三室、专委会工作四室、专委会工作五室、专委会工作六室，政协办公室下设文秘信息科和委员联络科。截至年底第九届委员会共有委员174名，常务委员会组成人员33名。

年内，区政协在区委的领导和区政府的支持下，高举爱国主义社会主义两面旗帜，牢牢把握团结民主两大主题，把“四个更加关注”作为工作主线，开拓履职思路，创新工作方法，履行政治协商、民主监督、参政议政职能，完成了全年各项工作任务。全年，共召开常委会、议政会、协商会10次，组织开展视察考察、座谈调研、情况通报、交流走访等各类履职活动90余次，出席委员达1500余人次，提出提案170件。一、围绕经济发展方式转变和旅游文化休闲产业的培育发展建言。以“进一步完善中小企业和非公经济发展政策体系”为主题，组织召开常委会和专题议政会；把助推旅游文化休闲主导产业的培育作为履职的重点，开展对口协商、联合调研；编辑完成《日下传闻录门头沟卷》《京西古道》丛书、《京西古县——千年宛平》等文史书籍。二、围绕促进城乡一体化发展和城市建设、环境建设献策。以“生态建设”为主题，组织常委暑期读书班，并形成考察报告；听取全区固定资产投资完成情况、重点工程建设情况、旅游发展战略规划等情况通报，针对区水系和水环境治理、新建居民小区管理等情况，有针对性地开展视察活动；协助市政协完成城乡基本公共服务均等化和宗教场所合理分布情况的调研，为市、区领导掌握情况、制定决策提供依据。三、围绕改善民生和维护社会和谐稳定出力。对重大民生问题进行视察，先后视察了《食品安全法》的落实情况，教育改革、医疗卫生改革等情况；深化社情民意信息工作，提出的《关于加强山区院前急救体系建设的建议》被市政府《昨日市情》采用，《关于进一步加强乡村医生队伍建设和管理的建议》被市政协《诤友》采用，市委副书记、代市长、市政协主席王安顺作专门批示；营造和谐稳定的政治环境，十八大召开前，视察了城市运行基本保障情况、61696156为民服务信息平台运行情况，慰问了一线公安干警，听取了区公安分局十八大安保工作情况，支持各民主党派、人民团体开展“促发展、保稳定、作表率，向中共十八大献礼”倡议活动，为确保中共十八大胜利召开发挥了作用。四、围绕推进民主政治建设和政协工作创新下功夫。通过举办新委员培训班、提案工作培训班、专题报告会等多种形式，为委员拓宽视野、知情明政创造有利条件；重视发挥民主党派和人民团体在政协中的作用，坚持政协领导联系党外重点人士制度，支持界别委员开展主题突出、特色鲜明的专题活动；加强和改进提案、调研、信息、宣传工作，完善提案分析、审查、立案、交办机制，着力在调研“选题、开题、实施、结题”四个环节上下功夫，创办了《门头沟政协》综合性刊物，着力打造政协宣传工作品牌；扎实推进政协自身建设，制定完善各类制度38项，聘请撰稿员、联络员、信息员共计152人，推荐行业特约监督员28人，成立新老政协委员联谊会，举办“高效团队建设”培训班，开展解放思想大讨论，创建“五型机关”等系列活动。

单位名称：中国人民政治协商会议北京市门头沟区委员会
地　　址：北京市门头沟区新桥大街36号
电　　话：69843038
邮　　编：102300

（杨桂芬）

【常务委员会会议】 1月6日，区政协主席张冰主持召开九届常委会第1次会议。通报区政协领导成员工作分工情况，审议通过第九届委员会常务委员会2012年工作要点（草案）、工作制度（草案）及各专门工作委员会主任、副主任、委员名单（草案），审议通过人事事项。3月29日，召开九届常委会第2次会议暨第一次议政会。以“促进中小企业和非公经济发展政策体系建设，促进招商引资工作的开展”为主题，进行专题议政。听取了《关于招商引资工作情况》《促进中小企业和非公经济发展政策体系建设 促进以商招商工作》《强化经济发展政策体系建设 促进招商引资方式方法创新》的情况通报，与会常委议政发言，并提出意见建议。7月5日，召开九届政协第3次会议暨第二次议政会。以“全区重点工程建设情况和提案办理情况”为主要内容，进行专题议政。实地视察了区黑河沟治理、棚户区改造石泉地块及门支路三期工程、文化墙及永定河观景台、滨河公园景观大道、石门营安置房全貌等重点工程建设情况。听取了关于《门头沟区2012年全社会固定资产投资完成情况及重点工程进展情况》《门头沟区人民政府关于区政协九届一次会议委员提案办理情况》及《为民办实事进展情况》的通报后，与会常委进行议政发言。12月4日，召开九届政协常委会第4次会议。审议通过了《政协门头沟区第九届委员会第二次会议建议议程（草案）》、建议日程（草案）、常务委员会工作报告（草案）、常务委员会关于提案工作情况的报告（草案），通报了九届二次全会期间委员编组办法，主席、副主席分工的决定及表彰2012年度优秀提案的决定，会议协商决定人事事项。12月18日，召开九届常委会第5次会议暨第三次议政会。听取区党风廉政建设责任制推进和落实情况通报，听取并协商讨论区政府2012年工作报告和2013年工作思路，对《2012年政府工作报告》提出修改意见和建议。

（杨桂芬）

【提案委员会工作】 1月7日，召开提案委员会第1次会议，通报了九届政协提案委员会名单，协商确定重点提案4件，并将九届政协大会的168件提案分别向区委办公室和区政府办公室进行交办。2月16日，开展提案实地跟踪活动，针对委员提出的《关于军庄六环出口与京浪岛公路照明建议》的提案，邀请提案人、提案办理部门负责人及军庄镇领导进行现场协调办理。6月14日，召开提案专题研讨会，围绕如何提高提案工作水平和提案质量进行研讨。10月17日，举办提案工作专题培训班，邀请市政协提案委领导就提案的基本概念、形式和内容、特性与特点、地位和作用、以及提案的办理做辅导报告。11月23日，召开提案委会议，审议通过区政协第九届委员会常务委员会关于提案工作情况的报告（草案）及表彰2012年度优秀提案的决定（草案），协商确定2012年度优秀提案12件。

（杨桂芬）

【举办新春茶话会】 1月9日，区政协、区委统战部联合举办各界人士新春茶话会。张冰主持，区委书记韩子荣致辞。区四大部门领导、区级离退休老领导，政协委员，各民主党派、工商联、人民团体、各族各界的代表人士以及区属部委办局镇街的领导出席。与会各界人士一同观看了文艺演出。

（杨桂芬）

【走访慰问各民主党派】 1月19日，张冰带队走访慰问区属6个民主党派组织。区委统战部介绍了区党派活动中心运行情况及存在的问题，各民主党派分别介绍了自身建设情况。

（杨桂芬）

【学习与文史委员会工作】 2月9日，召开学习与文史委员会工作会，通报了九届政协文史委员会委员名单，围绕如何推进文史工作进行研讨。23日，召开《日下传闻录门头沟卷》编写研讨会，就民间传闻的题材、体例、内容等进行研讨。3月1日，组织专委会委员赴河北省涿鹿县矾山镇考察“三祖”（黄帝、炎帝、蚩尤）文化，共同探讨门头沟区与周边区域文化合作发展事宜。年内，专委会征集到文史稿件156篇，80余万字，编辑完成《日下传闻录 o 门头沟卷》《千年宛平》《门头沟文史 o 第21辑》等书籍。

（杨桂芬）

【经济科技委员会工作】 2月14日，召开经济科技委员会工作会，总结过去五年专委会工作，研究部署2012年工作。3月1日，组织视察区安全生产工作，实地视察了北京杜邦大源非织造布有限公司和维科宾馆，听取两企业负责人关于单位安全生产工作情况的通报后进行座谈。3月28日，组织专委会委员视察区石龙经济开发区建设及招商工作情况，听取了石龙经济开发区建设和招商引资工作的情况通报，实地视察了东西分析仪器有限公司和新华水电办公楼工地，委员们针对开发区的基础设施建设、投资软环境建设、管委会自身建设、工业区发展方向等方面提出意见建议。7月19日，视察门城新城公园及水环境建设工作，实地视察了门城地区永定河公园雕塑广场、门城湖、中门寺沟水环境建设，听取了门城新城公园建设及水务环境建设的工作情况通报后，进行座谈并提出意见建议。年内，专委会围绕区涉农龙头企业的基本情况和存在问题开展调研，形成《关于支持我区涉农龙头企业发展》的调研报告。

（杨桂芬）

【环境与人口资源委员会工作】 2月14日，召开环境与人口资源委员会工作会，总结过去五年专委会工作，研究部署2012年工作，张冰出席会议并讲话。6月21日，组织委员赴王平镇视察区新农村建设工作，实地视察了王平镇古道开发、河北村棚户区改造和西王平村核桃基地现场，听取了区农委和王平镇政府关于全区和王平镇新农村建设工作的情况通报，委员们就进一步做好新农村建设工作进行座谈，并提出意见建议。年内，专委会围绕区农村基础设施建设、运行的基本情况及存在的问题进行调研，形成《关于保障农村基础设施正常运行的调查》的调研报告。

（杨桂芬）

【举办新委员培训班】 2月23日，举办“门头沟区政协新委员培训班”。培训班从人民政协的历史、性质、地位、作用、任务和政协委员如何发挥主体作用履行政协职能等方面对新委员进行讲解。区政协新委员、联络员、信息员以及机关干部共100余人参加培训。

（杨桂芬）

【社会法制与民族宗教委员会工作】 3月1日，召开社会法制与民族宗教委员会工作会，通报了九届政协常务委员会2012年工作要点、九届政协社会法制与民族宗教委员会委员名单，研究部署2012年专委会工作。12月14日，组织部分委员对区十二类人群服务管理情况进行调研。听取了区社会工委和大峪街道工委就全区和大峪街道十二类人群的服务管理工作情况汇报，委员们围绕如何提升服务管理的精细化水平，促进社会和谐稳定等方面提出意见建议。年内，专委会围绕区宗教基本情况、宗教文化特点、宗教文化的地位作用以及宗教文化的保护和利用等方面进行调研，形成《保护和利用宗教文化资源的思考》的调研报告。

（杨桂芬）

【市政协领导到区内调研】 3月7日，市政协副主席沈宝昌率队到区内调研指导。听取了区委、区政协关于门头沟区经济社会发展总体思路和发展情况以及区政协换届以来工作情况的汇报，并视察了全区棚户区改造安置房建设情况和“一湖十园、五水联动”城市景观体系以及城市水系景观体系建设情况。沈宝昌对门头沟区经济社会发展取得的成绩给予了肯定，并对政协的工作提出了希望。韩子荣、张冰等区领导陪同调研。

（杨桂芬）

【举办“高效团队建设”专题培训】 3月9日，政协常委会组成人员和政协机关全体干部一同开展了“高效团队建设”专题培训。培训以分组讨论形式，围绕“团队目标的确立、团队成员间的协作、团队冲突的来源和解决办法、信息化社会机关工作模式的转变”等问题进行研讨。

（杨桂芬）

【召开信息宣传工作会】 3月15日，召开信息宣传工作会议。安排部署2012年政协信息宣传工作；针对如何反映社情民意等相关业务知识进行交流；信息员代表和联络员代表就如何履行职责，做好信息宣传工作进行交流发言。张冰出席会议并为35名信息员和29名联络员颁发聘书。

（杨桂芬）

【张冰到党校授课】 3月20日，张冰到区委党校为全区春季干部培训班学员作了“独具特色的人民政协”专题讲座。讲授内容包括：人民政协的诞生经历、历史功绩、组织体系、工作主题等独具特色的内涵。

（杨桂芬）

【开展专题议政会】 3月29日，区政协常委以“促进中小企业和非公经济发展政策体系建设，促进招商引资工作的开展”为主题，进行专题议政。分别听取区投资促进局、区经信委和区石龙管委关于《招商引资工作情况》《促进中小企业和非公经济发展政策体系建设促进以商招商工作》及《强化经济发展政策体系建设促进招商引资方式方法创新》的情况通报，与会常委议政发言，提出意见建议；7月5日，以“全区重点工程建设情况和提案办理情况”为主题，进行专题议政。实地视察了区黑河沟治理、棚户区改造石泉地块及门支路三期工程、文化墙及永定河观景台、滨河公园景观大道、石门营安置房全貌等重点工程建设情况，听取了关于《门头沟区2012年全社会固定资产投资完成情况及重点工程进展情况》《门头沟区人民政府关于区政协九届一次会议委员提案办理情况》以及《为民办实事进展情况》的通报后，进行议政座谈提出意见建议。12月18日，召开第三次议政会。听取区党风廉政建设责任制推进和落实情况通报，听取并协商讨论区政府2012年工作报告和2013年工作思路，对《2012年政府工作报告》提出修改意见和建议。

（杨桂芬）

【教文卫体委员会工作】 3月30

日，接待市政协教文卫体委员会到区内调研《推进教文卫体城乡基本公共服务均等化》情况，区领导就区推进教文卫体公共服务设置均等化工作进行汇报，实地视察了妙峰山镇水峪嘴村文化、卫生、体育基础设施建设情况，双方就公共服务均等化问题进行座谈。5月16日，组织委员就区医药卫生体制改革情况进行视察，听取卫生局关于全区医药卫生体制改革工作进展和区医院关于与凤凰集团合作办医情况汇报后，就我区医疗卫生改革工作进行座谈。23日，专委会走访教育界委员，听取区教委关于全区教育改革、教育布局调整、优质资源引进等工作思路情况汇报，并与教育界委员进行座谈。

（杨桂芬）

【学习交流】　4月6日，赴海淀区政协进行交流座谈。双方分别介绍了新一届政协班子组成情况和履职情况，并就如何更好地开展政协工作进行深入交流。5月9日，到朝阳政协学习交流，并到“798”艺术区实地视察了朝阳区文化创意产业发展情况。

（杨桂芬）

【举办常委暑期读书班】　7月9日至14日，以“生态建设”为主题举办常委暑期读书班。学习传达了《中共中央关于加强新形势下党外代表人士队伍建设的意见》精神和北京市委第十一次党代会等相关文件精神；与安徽宏村、浙江裸心谷旅游开发相关负责人就生态建设、服务地区发展方面的先进经验和成功做法进行座谈；实地考察了安徽、浙江两地生态涵养、湿地保护、休闲文化产业发展情况，并形成考察报告。

（杨桂芬）

【召开新老委员联谊会】　8月28日，区政协召开第一届新老政协委员联谊会第一次会议。讨论通过了《北京市门头沟区新老政协委员联谊会章程》，选举产生了门头沟区第一届新老政协委员联谊会理事会组成人员和监事会组成人员。门头沟区第一届新老政协委员联谊会55名会员参加会议。

（杨桂芬）

【举办各界人士中秋座谈会】　9月26日，区政协、区委统战部联合举办各界人士中秋座谈会。区属6个民主党派、工商联界、工会界、少数民族宗教界、无党派人士代表发言。民盟门头沟总支主委代表全区各民主党派、工商联、人民团体向全区各族各界人士发出“关于开展促发展、保稳定、作表率，向中共十八大献礼”活动的倡议。各族各界人士代表60余人参加会议。张冰主持，韩子荣出席会议并讲话。

（杨桂芬）

【主席班子视察】　10月18日，主席班子集体视察61696156为民服务信息平台运行情况，到为民服务平台电话接线现场，实地查看了为民服务平台工作环境和相关信息台帐，与为民服务信息平台建设工作领导小组部分成员单位进行座谈并提出意见建议。10月31日，主席班子集体视察区“十八大”安保工作情况，听取了大峪派出所关于“十八大”安保工作情况汇报，慰问了值守一线的公安干警。

（杨桂芬）

【常委视察】　10月30日，视察城市运行基本保障情况。听取相关情况汇报后，对石龙集中供暖厂和供电局调控中心进行了实地视察，全面了解了全区供热准备、供暖数控室设备运行情况及全区电网建设情况。

（杨桂芬）

【举办“十八大”精神宣讲报告会】　11月29日，举办“十八大”精神宣讲报告会，就“十八大”报告的亮点与创新进行解读。区政协委员、信息员、联络员、文史撰稿员及“三胞”亲属等近200人参加报告会。

（杨桂芬）

【与区政府举行座谈会】　12月23日，区政府与区政协举行座谈会，区长王洪钟主持。双方围绕全区经济社会发展、民主政治建设等方面进行座谈交流。双方就建立双向沟通机制、搭建政策信息发布平台和政府政协民主协商平台等方面达成共识。区政府各位副区长，区政协主席班子、各委室主任，以及区政府14家委办局行政主要领导参加座谈。

（杨桂芬）

【走访委员】　坚持走访委员制度，采取领导集体走访、专委会重点走访、电话访谈等形式，全年走访委员174人，实现走访委员全覆盖。

（杨桂芬）

政法 军事

政 法

政法工作

【概况】 年内，以邓小平理论和“三个代表”重要思想为指导，以贯彻落实科学发展观为统领，以促进社会和谐稳定为目标，以化解社会矛盾为主线，不断增强执法为民意识，切实提高化解矛盾、维护稳定、公正司法和服务大局能力，为促进全区经济社会又好又快发展、加快建设现代化生态新区创造社会环境。政法机关围绕做好十八大安保维稳这一首要政治任务，以“大事不出，小事也不出”为目标，先后开展了一系列专项整治行动，化解了一批影响社会发展的不稳定因素。在全市首创矛盾纠纷大调解工作机制，出台了《门头沟区重大决策社会稳定风险评估实施细则》，建立四级督查体系。开展社会矛盾排查化解专项行动，实现全区信访总量、群众上访数量、群体访数量、越级集体访数量和重信重访率呈现“五个下降”，实现了中央和市委市政府提出的“四个不发生”工作目标。加强政法队伍建设，开展政法干警核心价值观和“创造发展新优势、稳中求进促发展”解放思想大讨论活动。加强典型模范推树，推进政法干警核心价值观教育实践活动。

单位名称：中国共产党北京市门头沟区委政法委员会
地　　址：北京市门头沟区新桥大街36号
电　　话：69843158
邮　　编：102300

（王兴斌）

【召开工作会议】 1月19日，召开区政法系统迎新春座谈会，向区委、区政府主要领导汇报上年工作成绩和2012年工作计划。2月8日，召开区党建工作会，总结、部署政法维稳、反邪教等工作。12日，召开区2012年政法维稳暨信访工作会议，总结上年政法维稳信访工作，分析当前维稳信访形势，并对全年全区政法、维稳和信访工作进行部署。16日，召开区全国“两会”、市第十一次党代会和十八大维稳工作部署会，分析当前矛盾纠纷和不稳定因素并进行工作部署，明确督查组人员工作要求。28日，召开区政法队伍建设工作会，总结上年政法队伍建设工作并部署2012年政法队伍建设工作。3月9日，召开区全国“两会”信访维稳工作会商会，对突出的不稳定因素进行研究部署。5月28日，召开区矛盾纠纷大排查大调解百日行动动员大会，对维稳工作进行全面部署。7月23日，召开区百日安全大检查动员部署会，明确检查工作的内容和重点。8月1日，召开区重点信访矛盾化解工作专题会，加强区级重点矛盾的化解力度。8日，召开区涉拆重点矛盾化解工作专题会，加强涉拆重点矛盾的化解力度。9日，召开上半年政法工作汇报会，总结上半年工作，分析下半年的形势和任务并进行部署。13日，召开区反恐怖工作部署会，从六个方面部署开展反恐怖工作回头看查漏洞促整改活动。22日，召开区完善矛盾纠纷“大调解”工作体系专题会，完善“大调解”工作机制。30日，召开京煤杯第三届北京国际山地徒步大会安保交通部门协调会，部署各成员单位工作职责，听取各相关单位工作方案和近期工作情况。9月5日，召开区维稳安保暨十大专项行动工作进展情况专题汇报会议，进一步强化十八大维稳安保工作。13日，召开区社会稳定风险评估工作动员部署会议，部署风险评估工作有关事宜。10月8日，召开区“决战30天，保十八大安全”十八大安保维稳动员誓师大会，对十八安保维稳工作进行再动员再部署。18日，召开区十八大安保十大专项行动专题汇报会，部署十八大维稳安保工作。19日，召开区域警务合作座谈会，区委、政法委领导，区公安分局局长等一行与张家口市委常委、政法委书记、公安局局长等在张家口市就区域警务座谈。22日，召开区永定镇冯村区派工作组工作情况通报会，听取工作汇报并部署工作。27日，召开区房屋征收重点矛盾、重点人汇报会，听取各单位工作汇报并部署维稳工作。11月3日，召开区十八大安保维稳督导组和区派驻干部工作会。

（王兴斌）

【反邪教工作】　3月22日，召开2012年反邪教工作会，部署2012年任务。8月30日，配合市委610办开办区巩固帮教工作培训班。9月7日，召开区十八大安保防范处置邪教专项行动动员部署会，对十八大安保防范处置邪教专项行动再动员再部署。12日，到区杜家庄检查站检查十八大安保措施落实情况。13日，召开区防插播工作推进会，探讨重点工作环节和措施，明确工作思路和目标。19日，到区潭柘寺、戒台寺检查指导十八大安保防控工作。26日，到区龙泉镇及城子街道检查社会面防控工作。11月29日，区委政法委领导与京煤集团、昊华能源公司及木城涧矿有关领导座谈，协调做好解教人员的接茬帮教工作。

（王兴斌）

【队伍建设工作】　4月，制定《关于在全区政法系统深入开展“创造发展新优势，稳中求进促发展”解放思想大讨论活动的实施意见》，确立“一二三四五”原则，确保大讨论活动的有序开展。5月，组织召开区政法干警核心价值观教育实践活动暨解放思想大讨论活动推进会。8月15日，召开区政法干警核心价值观教育实践活动英模事迹报告会。9月26日，召开区政法系统解放思想大讨论活动推进会。11月8日，组织政法干警1200人收看党的十八大开幕式直播，听取胡锦涛总书记报告。

（王兴斌）

【检查调研工作】　6月26日，区领导及区委政法委、区维稳办等单位工作人员到区医院调研医患矛盾纠纷等情况。9月19日，区领导到东辛房派出所、月季园派出所调研十八大安保维稳工作。29日，区领导到区公安分局治安支队、经侦大队调研十八大安保维稳工作。10月12日，区领导到芹峪口、杜家庄治安检查站调研公安系统基层检查站十八大安保维稳工作。23日，区领导到区公安分局城子派出所调研十八大安保维稳工作。24日，区领导到区城管大队调研十八大安保维稳工作。26日，区领导到城子街道办事处、军庄镇调研十八大安保维稳工作。28日，区领导到东辛房街道检查指导十八大安保维稳工作。11月1日，区领导到区公安分局三家店派出所调研十八大安保维稳工作。4日，区领导到潭柘寺镇检查指导十八大安保维稳工作。5日，区领导到妙峰山镇检查指导十八大安保维稳工作。7日，区领导到区法院调研指导十八大安保维稳工作。10日，区领导到永定镇调研十八大安保维稳工作。

（王兴斌）

【维护稳定工作】　6月，区创新社会矛盾纠纷调处工作机制，探索建立“大调解”工作体系。26日，召开区确保市党代会安全稳定形势分析研判暨工作部署会，对安全形势进行研判并部署相关工作。27日，召开区内在施建筑单位拖欠农民工工资专题会，部署维稳工作。7月24日，召开区防汛救灾善后维稳工作会，对21日北京最大强降雨发生以来的救灾善后维稳工作进行总结和部署。31日，再次召开区防汛救灾善后维稳工作会，对21日降雨发生以来的救灾善后维稳工作进行再总结和再部署。8月14日，召开区险村搬迁维稳工作专题会，研判搬迁工作中的不稳定因素并部署维稳工作。21日，召开区涉拆突出重点人化解工作专题会，听取各单位重点人的情况并部署维稳工作。27日，召开区涉拆维稳工作专题会，部署涉拆维稳工作。9月6日，召开永定地区重点人、重点矛盾化解工作专题会，听取工作汇报并部署维稳工作。12日，召开区涉拆迁重点人、重点矛盾化解工作专题会，听取各单位的工作情况并部署维稳工作。14日，召开区建筑领域社会稳定风险评估专题会，加强对建筑领域不稳定因素的风险评估并部署工作。10月22日至11月13日，在推进十八大安保外围防线工作中，共抓获各类违法犯罪人员9人，其中网上在逃人员1人，一级临控人员1人，行政拘留7人；收缴毒品冰毒6.37克、管制刀具13把、警棍5根、电击器3个、烟花爆竹300头、易燃液体危化物品150升。10月24日，召开区信访重点人化解及稳控工作专题会，加强对信访重点人化解及稳控力度。25日，召开区死亡产妇家属扬言事件维稳专题会，部署处置死亡产妇家属扬言杀人事件的应对工作。29日至31日，完成对全区2家爆炸物品库、3家剧毒单位、3家枪支单位、2家放射源单位、2家烟花爆竹长期销售网点停止生产、停止销售、停止使用、停止运输和全部封存的“四停一封”工作，收储危险品34个品种，981箱。11月2日，召开区建筑领域农民工工资问题专题会。12月4日，再次召开区建筑领导农民工工资问题专题会，对“春节”前发生农民工讨薪问题进行研判。

（王兴斌）

社会治安综合治理工作

【概况】 社会治安综合治理委员会办公室（简称区综治办）是区委区政府解决社会治安问题的办事机构，承担着“打击、防范、教育、管理、建设、改造”6项主要工作任务。区综治办以党的十八大安保工作为中心，围绕“四个坚决防止”的刚性目标，开展党的十八大安保十大专项行动：一是开展社会矛盾排查化解专项行动。在册重点矛盾51件，重点人138人，共涉及单位33个；累计化解重点矛盾7件，重点人22人。二是开展突出治安问题和社会治安重点地区排查整治专项行动。收缴手推车、头灯等非法盗采工具300余件，组织销毁涉嫌非法盗采车辆4次共计31辆。取缔无证无照足疗发廊场所17家，暂扣经营工具80余件。三是开展邪教组织活动防范处置专项行动。每日投入4000名防控力量，强化摸底排查和信息沟通，确保第一时间发现、处置社会面上出现的各种突发情况和反宣活动。四是开展公共安全隐患排查整治专项行动。共检查818家生产经营单位，查处整改各类安全隐患926项，下发责令限期整改指令书210份，行政处罚22起，罚额62.4万余元。五是开展流动人口服务管理专项行动。共清查出租房屋2.6万余户次、审查流动人口近3.2万人、发现列管流动人口各类重点人238人、抓获流动人口犯罪人员14名；发现列管重点出租房屋27户；排查消除出租房屋各类安全隐患680余处。六是开展特殊人群服务管理专项行动。根据五类人群的人身危险性和社会危害程度，逐个进行风险评估。对各类重点人员实行双重列管，确保不漏管、不失控。七是开展社会组织服务管理专项行动。完善了全区68个民办非公有制企业，93个社团，558个社区社会组织的档案信息，实现底数清、情况明。八是开展网络信息管理专项行动。组建400余人的网评员队伍，开展维稳舆情引导和应对工作；打击网络违法犯罪，行政处罚91个未依法备案的网站，关停29个无力落实安全审核制度、疏于监管的网站。九是开展信访秩序维护专项行动。全区接待群众集体来访同比批次下降39%、人次下降59%；到市集体访同比批次下降49%、人次下降81%。十是开展城市秩序治理专项行动。开展专项行动116次，处罚各类违法行为337起、罚款5.25万余元。

单位名称：北京市门头沟区社会治安综合治理委员会办公室
地　　址：门头沟区新桥大街46号
电　　话：69851674
邮　　编：102300

（原素芬）

【打击非法盗采专项整治工作】 1月7日和8日，由区综治办牵头组织区流管办、国土分局、安监局等单位，在大台街道、永定北岭、斋堂镇等地区开展了打击非法盗采、清理流动人口联合执法专项行动。行动期间共出动执法力量120人次，执法车辆30辆次。共收缴头灯、窑衣、汽油、铁锹、铁镐、电线等盗采工具百余件，并全部现场销毁。抓获4名涉嫌非法盗采嫌疑人，已移交公安派出所处理。联合执法队伍对永定镇北岭地区的煤熏口进行突击检查，检查过程中发现2处煤熏口有复采迹象。区综治办随即通知永定镇对2处煤熏口进行巡查并封堵。2月22日至23日，区综治办组织区流管办、公安分局等单位在清水镇、斋堂镇、大台街道、永定北岭地区开展了为期2天的打击非法盗采、清理流动人口联合执法专项行动。期间，共出动工作人员180人次、车辆40辆次。行动中，收缴面包车2辆、农用三轮车1辆、绞车1台、发电机1台、手推车2辆、电缆、电线500余米、窑柱、叉木、30余根、手锯、窑斧、冒斗等盗采工具若干，抓获嫌疑人10名，已移交属地派出所进行审查。6月19日至20日，区综治办组织区流管办、公安分局、交通局等单位开展了为期2天的打击非法盗采联合执法专项行动。行动中，共出动工作人员80人次、车辆20辆次。清水镇、斋堂镇、潭柘寺镇、大台街道在此次行动中均未发现盗采现象。在检查永定镇北岭地区过程中，发现一条非法盗采人员开的新路，并发现非法盗采叶蜡石情况。参与盗采的不法分子近20余人，在发现联合执法队伍车辆靠近时丢弃盗采工具全部逃走。现场查获非法盗采工具10余件，发现已装袋叶蜡石百余袋。7月11日，区综治办组织区打非督导组、公安分局等单位组成联合执法工作组，针对非法开采叶蜡石行为，对永定北岭地区开展为期10天的清理整治专项行动。共出动执法人员50人，执法车辆13辆，分为2个执法检查组，分别以王平镇和潭柘寺镇为起点，延潭王路对永定北岭地区进行巡逻。现场查获了不法分子藏匿的用于非法盗采的铁锹、铁镐、三轮车等工具20余件，发现已遭盗采但未被运走的叶蜡石矿石约300余吨。9月18日至19日，协同区“打非”督查组，组织区流管办、公安分局等单位开展了为期2天的打击非法盗采联合执法专项行动。此次行动共出动工作人员80余人次、车辆30余辆次。此次联合执法行动中，检查组在王平镇南涧、西苑社区查获无牌照非法运输车1辆，暂扣钻头、铁锹、头灯、电镐等盗采工具20余件，审查涉嫌私挖盗采人员4名。随后检查组在夜查东王平村时，发现煤矸石场存放有叶腊石，为防止盗采人员偷运，王平镇组织人员和车辆将叶腊石依法没收。12月26日，牵头组织区流管办、区园林绿化局等单位，对斋堂地区开展了打击非法盗采联合执法专项行动。此次行动共出动车辆12辆次，人员36人次。行动中，共检查马栏村、新桥、火村、西斋堂、黄岭西、黄柏沟、人字洼等地区共计14个养殖场，以及斋堂镇北山卢叶沟、下岭、西斋堂皇城峪等地区，均未发现非法盗采现象。

（原素芬）

【召开综治委全会】　3月2日，区内召开综治委、流管委全体（扩大）会议。区相关领导以及各镇街主管领导参加。会上传达了首都综治委、市流管委全会精神，对2012年度综治、流管工作要点进行了说明；公安分局通报了全区治安形势；区领导分别与龙泉镇、城子街道、大台街道的主要领导签订了加强流动人口服务管理责任书。9月20日，区内召开社会治安综合治理委员会第二次全体（扩大）会议。区相关领导以及各镇街主管领导参加。

（原素芬）

【召开相关会议】　5月28日，区内召开了迎接十八大矛盾纠纷排查化解百日行动动员大会。与相关单位签订了十八大安全稳定责任书。会上决定从6月1日起至10月31日，在全区范围内开展矛盾纠纷排查化解百日行动，并下发了《门头沟区矛盾纠纷排查化解百日行动工作方案》、《门头沟区关于进一步创新社会矛盾纠纷调处工作机制构建“大调解”工作体系的实施意见》、《门头沟区重大决策社会稳定风险评估实施细则（试行）》、《门头沟区关于十八大、市第十一次党代会安保工作“十大专项行动”任务分工方案》、《区委政法委关于做好党的十八大安保工作深化三项重点工作任务分工方案》5个文件。8月17日，区内召开十八大安保维稳工作动员部署大会。会上下发了《门头沟区关于党的十八大安保维稳工作方案》、《十八大安保维稳工作考核评比办法》和《门头沟区关于十八大安保维稳督查工作的方案》三个文件。10月8日，区内召开“决战30天　保十八大安全”动员誓师大会。

（原素芬）

【检查指导工作】　9月3日，中央信访工作督导组到区内开展信访维稳检查督导工作。检查组听取了区内关于信访维稳工作情况，肯定了所取得的成绩，并对下一步信访维稳工作从排查矛盾、化解矛盾和改善民生三方面提出工作意见。10月19日，市十八大安保督查组对区十八大安保十大专项行动开展工作进行第二次督查，对区内相关工作予以肯定。26日，市十八大安保督查组对区十八大安全稳定和服务保障工作进行第三次督查，对区相关工作予以肯定。11月6日，区委政法委启动战时督查机制，对全区在帐重点人管控工作和社会面防控工作落实情况进行不定时、不定点“一对一”暗访督查，并将督查结果全区通报。8日，市十八大安保督查组对十八大安全保障工作开展第四次督查，对相关工作予以肯定。

（原素芬）

【群防群治工作】　9月29日，区内举行主题为“创平安门头沟，保十八大安全，门头沟万名群众志愿者服务上岗”启动仪式。10月30日，区内组织群防群治力量参与党的十八大安保实战勤务演练活动。区综治办和区公安分局联合成立党的十八大安保群防群治力量实战勤务演练工作指挥协调小组，负责此次勤务演练的总指挥。演练期间，全区启动一级社会面防控等级，投入公安警力375人，各类群防群治力量11840余人，社区民警全部到岗到位，群防群治力量100%上勤，以社区、村为单位，将动员出来的群防群治力量科学编排成若干执勤小组和执勤班次，重点开展巡逻防控、重点部位定点看控、重点人管控、突发事件处置等工作。

（原素芬）

【车辆乱停乱放专项整治行动】年内，协调公安分局、区交通局、区城管大队等单位，针对区部分地区道路两侧乱停车等突出问题，开展联合执法行动。全年共清理乱停乱放各种车辆900余辆，暂扣违规运营及无照黑车13辆，罚款5万余元。

（原素芬）

【重点地区排查整治工作】 年内，联合城管大队、治安支队、交通支队等单位，对门城地区、河滩地区、新桥大街二小门口、双峪市场门口和石门营中学等地区无照经营、马车售货等违法行为进行多次集中整治，共出动执法人员1800人次，车辆460车次，查处无照经营行为159起、罚款6.3万元，查处马车售货行为9起。

（原素芬）

【综治宣传】 年内，围绕综合治理和“平安北京”建设的中心工作，发挥各类新闻媒体作用，开展系列宣传报道，综治系统共出动工作人员1200余人次，制作宣传展板700余块，发放宣传材料10万余份，组织参与首都社会治安综合治理好新闻奖评选活动，加强综治工作宣传。

（原素芬）

公安工作

【概况】 年内，按照“守边把口保中心、巡线控面盯重点”的工作思路，维护全区政治稳定和社会安定，完成了党的“十八大”以面保点任务。组织力量，抓重点、抓规范、抓细节、抓落实，完成了重要节日、第三届国际山地徒步大会、公路自行车赛、全国“两会”和中央、市领导到区内调研等一系列安保、警卫任务。组建了由1189名全警情报采集队伍、900名保安员情报队伍和4713名社会信息员组成的人力情报队伍，采集各类情报信息9.5万条，流转、部署、处置预警信息10901条；妥善处置群体访232批3604人次，同比少135批7013人次，分别下降36.8%和66.1%。落实领导接访工作机制，最大限度减少涉法涉诉信访案件，分局领导共接待来访群众30批42人，群众满意度达100%。实现了对社会面的全时空、立体化掌控，共调整社会面防控等级95次，调整防控警力3.84万人次，通过快速布警抓获嫌疑人81人，共发生重特大案件978起，同比少109起，下降11.2%，发生伤害致死案件2起，同比少4起，下降66.7%，并已全部破获，破案率100%；加大周边区域警务合作查堵力度，召开警务合作会议6次，互通情报47件次，开展同步设卡17件次，查获外地上访人员5人，侦破刑事案件4起，抓获违法犯罪人员85人；收缴各类违禁品62件，易燃危化物品850升，烟花爆竹2万余头。依托“321”打防管控一体化工作平台，始终保持对各类违法犯罪和治安突出问题的严打严整、高压震慑，共破获各类刑事案件1474起，同比多75起，上升10.1%，其中破侵财类案件933起，同比多168起，上升22%，破入室盗窃案件106起，同比多66起，上升165%，实现了市局提出的刚性目标，破重特大案件604起，同比上升50.7%，破经济案件82起，同比上升412.5%，破涉毒案件28起，同比上升300%；抓获违法犯罪嫌疑人875人，同比上升21%；对门城重点地区开展集中整治145次，取缔无证无照发廊、足疗场所6家；组织打击非法开采集中行动20次，炸毁非法煤窯口32个，抓获非法盗采违法人员81人；开展流动人口清查51次，抓获流动人口网上在逃人员18人。围绕重要节日和十八大等安全保卫工作，持续开展了以“防火、防爆、防盗、防治安灾害事故、防重大交通事故”为主要内容的安全大检查，及时发现和解决了安全隐患。全年共查处交通违法行为170070起，同比多20737起，上升87%，罚款2482.88万元，同比上升18.2%，全区发生一般以上交通事故43起，同比少17起，下降28%，伤48人，同比少26人，下降35%，死亡10人，同比少3人，下降23%。共发现督促整改火灾隐患11954处，下发《责令改正通知书》4323份，采取临时查封156处，责令“三停”134家，全区共发生火灾44起，同比少15起，下降25.4%，无人员伤亡。检查金融单位和水、电、气、油基础设施单位1108个次，发现消除内部单位安全隐患53处。共办理户口变动、迁移9178件，受理公民因私出入境证件14680件，同比增加4568件，上升45.2%。在“7.21”抗汛抢险过程中，共出动警力734人次、车辆318辆次，配合区委、区政府疏散、转移、救助被困群众13695人，救助疏导被困车辆14304辆。配合中心工作，开展了3批综合奖励活动，评选先进集体5个，先进个人15人，集体嘉奖3个，个人三等功3人，个人嘉奖31人。

单位名称：北京市公安局门头沟分局
地　　址：北京市门头沟区新桥大街45号
电　　话：69842494　69860110
邮　　编：102300

（吴世芳）

【召开周边区域警务合作联席会】　年内，在市局和区委的统一部署下，会同有关部门先后于1月17日、2月27日、6月5日、7月3日、8月20日、10月19日6次组织河北省涿鹿、怀来、涞水三县公安局召开周边区域警务合作联席会，就全国“两会”、“上合峰会”、“十八大”等重大安全保卫工作期间，进一步加强情报互通、资源共享、区域联动等方面警务合作，落实“护城河”工程问题进行研究座谈，提出工作建议，并共同签订了《区域间警务合作机制框架协议书》。区委领导曾两次参加会议并讲话。

（吴世芳）

【开展各种主题宣传活动】　1月10日，在区体育馆门前设立了主会场，开展以“110开门评警，解民忧保平安”为主题的110宣传活动；分局主管领导及有关处队和大峪派出所共20余名民警参加了主会场的宣传活动，局属各派出所分别在辖区开展了特色宣传，共发放110宣传、防诈骗、防煤气中毒、安全燃放烟花爆竹等各类宣传材料5000余份，现场征集群众对110接处警工作的意见建议70余条。20日，在全区设立13个分会场，开展烟花爆竹安全管理集中宣传咨询活动共悬挂横幅58条，摆放黑板报、展板68块，书写标语689条，发放各种宣传品共计9万余份，受教育人数约8万余人。4月17日，举行了“缉枪治爆”专项行动集中宣传咨询活动启动仪式。区委领导、公安分局、区政府办公室等相关单位领导和全区17家危险物品从业单位及分局各职能部门、派出所主要领导和民警代表100余人参加了主会场宣传活动。全局各派出所会同镇、办事处在辖区主要大街设立分会场，开展集中宣传咨询活动。全区共组织张贴《通告》1.5万份，悬挂条幅65条，展出展板86块，发放各类宣传材料和宣传品10万份，受教育群众达7万余人。5月15日，会同区国税局、地税局、组织开展了主题为“打防经济犯罪，共建美好生活”打击和防范经济犯罪宣传日活动，共发放各类宣传资料9000余份，并通过摆放展板、讲解案例、播放宣传片、设立咨询台等多种形式，向群众讲解分析近年来的突出经济犯罪。17日，会同区综治办、广电中心等单位组织开展了“打击破坏、盗窃电力电信广播电视设施违法犯罪”主题宣传日活动。分局、区综治办领导以及内保大队全体民警参加了宣传活动，共发放各类宣传材料8000余份，宣传礼品500余份。11月5日，开展春节预防煤气中毒工作集中宣传日活动，相关单位领导参加了主会场宣传活动。全区在9个镇、4个街道办事处设立13个分会场，组织各种宣传力量160人，其中民警60人、社会力量100人，共悬挂条幅120条，展出展板130块，发放各种宣传材料3万余份，受教育群众6万余人。12月30日，以体育馆为中心，在全区设立烟花爆竹宣传咨询点14个，区公安、工商、城管、交通、各镇政府、办事处、派出所等主要领导参加了咨询活动，共设立社区、村广播站38个，悬挂条幅64条，摆放黑板报、展板51块，发放《单位和个人燃放烟花爆竹的注意事项》、《致全区居民一封信》等宣传材料共计2万份，发放购物袋等宣传品1万份，受教育人数约3.5万余人。

（吴世芳）

【开展安全大检查】　1月10日至19日，在全区范围内开展以“防火、防爆、防盗、防安全事故”为主要内容的安全大检查，共检查各类单位场所1658家，其中分局领导检查18家，职能部门联合检查组检查22家，各派出所自行检查1618家，发现安全隐患204件，当场解决185件，限期整改19件，罚款3.1万元。22日（除夕），分局长及相关部门领导，到城子、大峪、东辛房的烟花爆竹销售点和妙峰山烟花爆竹存储仓库进行了安全检查。晚上，实地查看了大峪、城子、三家店、月季园、永定地区的除夕夜烟花爆竹燃放情况，并到潭柘寺景区检查指导安全保卫工作。8月16日，分局主管领导带领治安、消防支队会同工商、文委等部门，对门城地区的行业场所进行抽查。此次行动共出动警力300人，协警98人，检查旅店42家、歌舞厅13家、洗浴11家、机修点23家、废旧金属回收点17个、典当行5家、电子游艺厅6家、民俗旅游村（户）65家、危险物品单位13家，发现问题16件，当场解决3件，责令整改13件。9月27日，区领导王洪钟带领公安、商务、安监、园林绿化、工商等部门负责人，先后到戒台寺、潭柘寺、熙旺中心检查指导中秋、国庆“两节”安保工作。12月7日，集中开展了预防煤气中毒入户宣传大检查工作。共出动警力

220余人，街道、镇、居（村）委会干部、流动人口管理员、治保积极分子等力量共计450余人，结合辖区实际，重点对出租房屋、集体宿舍、街边门店、值班室和使用土暖气、土炕取暖的小旅馆、孤寡老人、流动人口等取暖户，严格按照“五个规定动作、七个必查”工作要求，开展入户宣传大检查工作。共检查取暖户2.56万余户，发现解决各类安全隐患96件，发放风斗210余个，与新取暖户签订责任书43份，同时，提醒未安装报警器的取暖户安装一氧化碳报警器，严防发生煤气中毒事故。

（吴世芳）

【节前为老干部送温暖】 1月12日，为离退休老干部举办迎新春团拜会。公安分局党委全体成员以及170余名离退休老干部参加。16日至20日，分局党委全体成员先后走访慰问了40余名离退休老干部，为老同志们送去了慰问品。

（吴世芳）

【各级领导慰问民警】 1月18日，区委领导到交通支队慰问民警。19日，市局领导到月季园派出所慰问民警，并向派出所民警发放了慰问金和慰问品。21日，区领导王洪钟等到公安分局和消防支队慰问民警、消防官兵，并送去慰问金。

（吴世芳）

【举办春联赠送活动】 1月18日至19日，公安分局举办了“浓墨重彩抒平安”主题春联赠送活动，抽调分局政治处、办公室等部门具有书法专长的民警走上街头，以民警创作践行“北京精神”的优秀春联为主要内容，现场为群众义务书写春联。大峪派出所、城子派出所等门城六所社区民警也走进社区，向社区群众、商铺店主上门赠送春联，同时征求社情民意，改进公安工作。期间共赠送春联60余幅，收集到群众意见或建议100余条，接受群众咨询200余人次。

（吴世芳）

【破获一起特大职务侵占案】 2月8日，接北京路德公路无机料厂法人代表吴陆军报案称：该公司业务员郝某侵占单位无机料款40万余元。经公安分局开展工作，于3月5日将犯罪嫌疑人郝某抓获。最终查明2009年间，郝某利用职务上的便利，将北京万茂金泰建筑工程有限公司支付北京路德公路无机料厂的无机料款40余万元人民币非法占为己有。

（吴世芳）

【完成各项警卫工作任务】 2月18日，国务院保障性住房检查组到区内紫金新园小区、石门营安置房A5地块、筑森砖厂3个棚户区改造安置房项目地块进行检查；区公安分局部署152名警力提前上岗，做好点、线、面控制工作，确保了检查活动的安全顺利进行。3月21日，国民党名誉主席到区戒台寺、潭柘寺景区参观。分局共组织执勤警力130名，全力维护参观现场治安秩序和沿线道路治安、交通秩序，完成了警卫工作任务。4月3日，党和国家领导人到丰台区鹰山公园“园博会”园区进行植树活动。领导车队途经莲石路门头沟辖区进入植树活动现场。分局部署执勤警力101人，对辖区的莲石路、京原路、永定河森林公园进行全面控制，确保中央领导车队途经辖区安全。17日，市委书记刘琪、市长郭金龙等领导，到区内视察城市建设和定都阁景区。分局共部署执勤民警208名，执行视察现场和途经路线警卫工作，确保视察活动的安全。6月24日，中央加快转变经济发展方式检查组一行11人，到区内就经济发展情况进行检查。分局共部署执勤民警79名，执行视察现场和途经路线安保任务，确保检查工作的安全。7月12日，全国人大副委员长路甬祥等领导到潭柘寺、戒台寺、妙峰山景区考察景区建设及文物保护情况。分局共部署55名执勤警力，维护考察现场治安秩序和道路交通秩序，确保考察活动的安全。26日，市委书记郭金龙等领导到区永定镇秋坡村、石门营新区安置房小区、门城湖公园等地进行调研并检查相关工作。分局部署抽调223名警力，投入到维护市领导视察现场秩序和沿线交通秩序维护工作，确保视察工作的安全。8月15日，世界规划署官员和环保部领导，在龙泉宾馆参加了北京生态涵养区农民防范化学品风险示范项目启动会后，先后视察了黑河沟治理成果、永定河文化广场公园、永定河观景台和军庄镇东山村活动站、孟悟村梨园分局部署执勤警力65名，维护龙泉宾馆会场和视察现场治安秩序，途经道路的交通秩序，确保视察活动安全。9月14日至16日，由中国发展研究基金会主办的“构建21世纪金融体系”第九届中美金融研讨会，在区忠良书院举行，160名中美嘉宾参加研讨会。市委书记郭金龙参加会议并在忠良书院设招待晚宴，欢迎中外嘉宾。分局部署警力，提前对忠良书院进行全面的消防安全检查和场地安检工作，部署65名执勤民警，维护现场和沿线道路交通秩序，确保参会的人员安全，同时组织70名警力，完成与会人员驻地夜间护卫和到戒台寺参观活动的安全保卫工作。9月22日，市委副书记、代市长王安顺等领导到区内视察；分局部署警力80名，投入维护视察现场秩序和沿线交通秩序工作。10月19日，台湾海基会法制参访团一行15人，游览了区潭柘寺景区分局部署8名执勤警力，维护潭柘寺景区的治安秩序和交通秩序，确保参观活动的绝对安全。11月6日，全国人大宗教事务管理委员会考察团一行，到戒台寺、潭柘寺景区对宗教事务工作进行考察。分局部署警力16人参加安保执勤工作。

（吴世芳）

【举行新警入警宣誓仪式】 2月18日，举行了新警入警宣誓仪式，分局党委成员、新警和文职人员共45人参加了宣誓仪式。

（吴世芳）

【完成春节安全保卫工作】 除夕至正月初五，据统计，共投入安保力量2595人次，其中民警266名到重点地区、景区检查安全，维护治安秩序，共疏导车辆1.2万余辆，疏导游客44428人次，完成了春节期间安全燃放和重点景区秩序维护工作，未发生突出的治安问题。

（吴世芳）

【召开反恐工作会并开展演练】 2月29日，区内召开反恐怖工作部署会。相关单位20余人进行了涉恐排爆演练。与会领导对演练情况进行了观摩指导。

（吴世芳）

【完成大型活动治安监管工作】 3月29日，“北京市万场公益演出下基层启动仪式”在区斋堂镇中心广场举行。区公安分局成立了现场警务工作指挥部，制定了警务工作方案，共组织执勤警力28名，维护现场治安秩序和交通秩序，保证了活动安全顺利进行。5月19日至20日，第四届北京市旅游山会“开山门”暨“全民健身日3510在行动”启动仪式，在区门城湖公园举行。共接待各界群众14480人次，车辆2000余台次。分局抓安全监管和秩序维护工作，共出动执勤警力100余人，确保活动安全的进行。27日，由北京旅游股份有限公司主办、北京双联公关顾问有限公司承办的“戒台梵音”佛教音乐表演活动，在戒台寺景区戒台院内举行。为确保活动安全，分局先后召开“戒台梵音”活动安保工作现场会，会同区宗教办的领导，到戒台寺景区进行安全检查；组织治安、交通、国保、消防、永定派出所执勤民警，指导、协助景区工作人员维护现场治安、交通秩序。6月2日，“妙有方丈升座仪式法会”活动在戒台寺景区举行。分局先后召开了安保工作现场会，组织有关部门到戒台寺景区实地检查；当日抽调61名执勤警力，负责维护活动的治安秩序。22日至24日，2012年“联通杯”中国乒乓球协会会员联赛北京门头沟站（第九站）开幕式和比赛在区内举行，分局领导带队每天组织有关处队和派出所20名警力，配合体育局维护赛场及周边的交通秩序。9月14日至16日，“京煤杯第三届北京国际山地徒步大会”在斋堂镇举行。分局多次召开专门会议就徒步大会安保工作进行部署，在京浪岛以及斋堂镇停车场出入口增设30名安检员、2台安检仪，共安检参加活动人员9200余人次、箱包6850余个次；部署执勤警力622人次，维护活动现场和沿线道路治安、交通秩序，确保了活动的安全进行。23日晚，永定河文化节“永恒之歌”大型合唱演出活动在区体育馆举行。分局组织抽调17名警力，维护现场治安、交通秩序，确保了演出活动安全。10月10日至11日，“2012年环北京职业公路自行车赛”第二赛段和第三赛段的部分比赛在区内举行。共有20支世界顶级车队的160名运动员参赛，分局共部署安保力量9238人次（其中，民警815人次、武警490人次）上岗执勤，完成了整个赛事安保任务。22日，“孝满京城”第三届北京重阳文化节开幕式活动，在区影剧院和定都峰景区举行，共有近千名观众参加。分局共部署有关处队和派出所的55名执勤民警，分别到影剧院和定都峰景区指导并协助现场工作人员维护现场治安秩序，确保活动的安全。圣诞节期间，区基督教、天主教各教堂以及龙泉宾馆等分别组织各种庆祝活动和文化娱乐活动，参加人员5000余人次。分局共部署警力80余人次，确保了各类活动的安全有序。

（吴世芳）

【开展警营开放日活动】 4月13日，在区体育馆前设立主会场，开展2012年“警营开放日”活动。区委主管领导、分局党委成员、以及区人大代表、政协委员、社区干部、社会治安志愿者、社会群众近500人参加了主会场活动。局属各基层单位特别是对外窗口单位及14个派出所设立分会场，通过面向群众报告工作情况、召开座谈会和上门服务等形式，与群众进行交流沟通。此次活动，分局共发放宣传品8000余份，解答群众咨询450余人次，征求到意见建议11条。6月15日，分局看守所开展对社会开放日活动，邀请永定职业学校师生代表走进监区进行参观座谈。分局主管领导、区检察院驻所检察室负责人、看守所全体民警以及永定职业学校师生20余人参加了活动。

（吴世芳）

【破获一起特大诈骗案】 4月14日，公安分局破获一起一起特大诈骗案件，犯罪嫌疑人王某某被依法抓获归案。王某某于2010年3月至2011年9月间，以帮助事主李某购买一套廉租房、一套经济适用房为由，诈骗人民币23万余元。

（吴世芳）

【抓获一个聚众赌博团伙】 4月16日，公安分局组织警力将在阁外山水小区11楼3单元302室参与聚众赌博的曹某某等20名嫌疑人抓获，当场收缴“百家乐”赌具一套，赌资现金7.4万余元。

（吴世芳）

【召开养犬管理工作会】 4月26日，区政府组织召开了养犬管理工作会，区委领导，公安分局、区相关职能部门、各镇街及14个派出所主管领导参加了会议。公安分局部署了《门头沟区2012年养犬集中年检工作的实施方案》。

（吴世芳）

【区领导调研】 4月27日，区领导王洪钟到局内调研。9月19日到11月1日，区委领导分别到公安分局巡警、治安、经侦、预审、法制部门和大峪、东辛房、月季园、永定、城子派出所以及交通支队芹峪口检查站、巡警支队杜家庄检查站进行调研，并慰问民警。10月31日，区政协领导一行共计12人，到大峪派出所调研指导工作，对派出所民警进行慰问。

（吴世芳）

【成功打掉一盗窃团伙】 4月28日，公安分局通过开展工作，将涉嫌盗窃的犯罪嫌疑人李某、王某抓获。从而破获4月中、下旬本地区入室盗窃案件5起。

（吴世芳）

【举行区医院警务室揭牌仪式】 5月15日，举行区医院警务工作室揭牌仪式，区政协、公安分局、区医院的领导以及分局内保大队、城子派出所民警代表、区医院医务工作人员代表60余人参加揭牌仪式。

（吴世芳）

【举行消防工作站揭牌仪式】 5月31日，区政府在大峪街道召开全区消防工作站揭牌暨消防安全网格化管理推进会。区委、公安分局、区安监局、监察局、各镇政府、街道办事处领导，各派出所主管所长，各消防工作站工作人员参加会议。区委领导共同为全区消防工作站代表——大峪街道消防工作站和火灾隐患举报工作站揭牌。

（吴世芳）

【打掉一销售假烟窝点】 6月6日，公安分局联合区烟草专卖局在永定镇上岸村一出租房内，当场查获假冒伪劣卷烟12个品种，共计97箱、4858条，价值人民币30余万元。犯罪嫌疑人金某被抓获归案。经审查，犯罪嫌疑人金某于2012年5月初，租用永定镇上岸村村民一间平房做库房，存储从外地购进的假冒伪劣卷烟，在北京地区进行销售。

（吴世芳）

【完成年度高考安全保卫工作】 6月6日，会同区城管大队、工商局、卫生监督所、环保局等多家单位联合开展考点周边非法市场露天烧烤大排档整治行动，重点对梨园大街、明珠路及高考考点周边的占路经营行为及露天烧烤大排档进行清理整治。共发放宣传材料200余份，告知夜间露天大排档商户11家，纠正无照经营行为20余起，查处不听劝阻路边售货行为1起。7日、8日两天举行2012年普通高等学校在京招生统一考试。区大峪中学考点共设29个考场，786名考生。公安分局出动警力68人次，警车34辆次，保安员16人次，内部保卫人员22人次，到考点维护治安秩序。

（吴世芳）

【开展学习宣传公安英模活动】 6月7日，组织公安英模代表到滨河西区居民区和东辛房棚户区改造现场开展学习宣传互动活动。分局政治处、人口管理大队、月季园派出所领导，与全国优秀人民警察王玉松以及社区居民代表300余人一起参加了学习宣传活动。政治处领导向在场观众介绍了月季园派出所警长王玉松荣获全国优秀人民警察的情况，在场民警与社区居民开展了互动活动。分局专门设计制作了宣传海报200份，制作悬挂“学习公安英模，决胜十八大安保”横幅18条，社区居民代表自制“滨河西区全体居民与人民警察共创和谐”等横幅3条。

（吴世芳）

【打掉一盗窃团伙、破案70余起】 6月18日，公安分局针对本市盗窃首饰案件高发的实际，会同市局相关部门成功打掉一个由犯罪嫌疑人李某某、张某某、葛某某等9人组成的盗窃团伙。经审查，犯罪嫌疑人交待了在门头沟、石景山、大兴、房山、昌平、通州、朝阳等区盗窃金首饰70余起的犯罪事实。

（吴世芳）

【举行禁毒活动启动仪式】 6月22日，市“鹰目2012空中禁毒”暨禁毒志愿者进乡村宣传踏查活动启动仪式，在区京浪岛文化体育公园举行。启动仪式上，市公安局禁毒总队领导介绍了禁种铲毒宣传踏查活动情况，公安部禁毒局和市公安局领导分别向中国禁毒志愿者汽车万里行车队、市禁毒志愿者进乡村宣传踏查小分队授旗。市禁毒志愿者总队门头沟区禁毒志愿者支队的代表向全社会发布了禁毒倡议书。最后，警用直升机、无人勘测机先后起飞对附近山区、林地开展空中查毒作业；现场的200余名禁毒志愿者分成若干小分队启程奔赴全市多个乡村进行禁毒宣传和踏查。

（吴世芳）

【召开建党91周年评选表彰大会】 6月28日，召开纪念建党91周年评选表彰大会。分局党委成员、基层党（总）支部书记、受表彰的先进党支部、优秀党员和新发展的党员共计90余人参加会议。会上，宣读了《门头沟分局集体和个人荣获上级机关党内表彰的通报》和《门头沟分局表彰决定》；分局党委成员为受到表彰的先进党支部、优秀党员代表颁发了奖牌和奖章。

（吴世芳）

【开展打击整治专项行动】 7月5日，会同市局治安总队，开展集中打击卖淫嫖娼专项行动，分别在三家店地区3家美容美发厅查获10名涉黄违法嫌疑人。其中，3人被依法行政拘留。8月7日夜间，分局集中组织开展了流动人口和出租房屋专项清查行动，共出动警力134人，协警力量232人，检查出租房屋1642间，审查流动人口4926人，获取犯罪线索1条，抓获犯罪人员1人，检查各类场所96家，查获赌博机4台。10月18日和19日，组织城管、工商、卫生、综治、交通、相关镇街等多部门，在全区范围内开展城市秩序综合整治专项行动。共出动各类力量1109人次，处罚无照经营摊点11个，罚款1100元；查处散发小广告行为1起，罚款400元；查处大货车违法行为1起，罚款1500元；规范店外经营59户，清理无照游商62户，纠正违章停车38辆。10月18日至20日，分局集中开展了为期3天的夜间打击涉牌违法犯罪专项行动。于每日18时30分至21时，出动交通、巡警、刑侦及大峪、永定、雁翅派出所共24名警力，在区内双峪环岛、石门营环岛、芹峪口等3个车流量较大的点位开展设卡盘查，并要求各派出所在巡逻工作中加强对无牌照、遮挡号牌车辆的查处力度，共检查车辆360余辆次，处罚74起，扣车14辆，查获1名酒后驾驶人员。12月26日至28日，区综治办牵头，联合区打非督察组、安监局等有关部门，重点在斋堂、王平、永定等镇开展了打击非法盗采专项行动。期间，对斋堂镇辖区内的14个养殖场区和北山卢叶沟、下岭、皇城峪等沟域，以及王平、永定两镇重点沟域进行了突击检查，发现有盗采现象熏口2处，收缴发电机2台，电镐、锹镐等盗采工具10余件，查获非法盗采叶腊石人员8人。12月28日晚，集中开展了出租房屋隐患排查行动，共出动警力266人，协警力量232人，检查出租房屋2632间、建筑工地6家、沿街门店94件；检查流动人口7150人，核录流动人口642人，查获犯罪窝点1个，查获违法犯罪人员2人，发现并消除出租房屋安全隐患42件。12月10日至30日，分局坚持以严整秩序乱点为核心，围绕市级挂帐的“五条主要大街”、“三处秩序乱点”和区级挂帐的“五处区域乱点”存在的违法行为，组织多警联动并牵动社会力量，先后4次进行了集中整治行动，共出动警力380余人次、社会力量260余人次，进行以“绿色出行、文明交通、从我做起”主题宣传1次，清理查处违法行为610起。其中，清理违法停车470起及占路经营、摊贩占路、乱堆乱放等110起，查处机动车涉牌、闯红灯、酒后驾驶等严重违法38起。

（吴世芳）

【破获一起市局督办电信诈骗案件】 7月11日，区内事主王某，在赶集网上浏览到一条卖车信息后与对方卖家取得联系，被对方以买车需交定金为由诈骗人民币7800元。8月，市局打击电信诈骗专项行动办公室将该案件列为市局督办案件，限期侦破。经过区公安分局开展工作，于9月6日在湖南省将犯罪嫌疑人刘某某、曾某某抓获，并连夜将嫌疑人押解回京。

（吴世芳）

【开展讯期抢险工作】 7月21日，特大暴雨袭击京城，全区平均降雨量达188毫米。公安分局组织警力，投入全区的抗汛抢险救灾第一线，共出动警力734人次、车辆318辆次，配合区委、区政府救助、转移被困群众13695人，救助被困车辆14304辆。

（吴世芳）

【成功破获两起涉毒案件】 8月23日，公安分局在市局禁毒总队的配合下，在区霁月园7楼楼下，将刚从河北省徐水县运输毒品到京的犯罪嫌疑人彭某某抓获，当场从其挎包内查获冰毒85.77克。8月30日，分局在市局禁毒总队侦查大队的配合下，在丰台区小红门潮龙五金市场门前将正在进行毒品交易的犯罪嫌疑人孔某某、章某某抓获，当场从某某驾驶的越野车内查获毒品海洛因109克。

（吴世芳）

【破获一起入室抢劫致人重伤案】 8月30日，公安分局在市局刑侦总队大力支持配合下，破获了一起入室抢劫致人重伤案。8月14日，月季园新桥南大街某小区楼房内一男一女被人用刀扎伤，被抢人民币300元，通过开展调查侦破工作，将犯罪嫌疑人梁某某抓获归案。

（吴世芳）

【维护新学期校园治安秩序】 9月3日，全区中小学、幼儿园统一开学，约2.3万余名学生儿童集中返校。公安分局统一启动超常规等级高峰勤务，抽调分局机关警力支援门城地区各学校，做好校园秩序维护工作。当天共出动警力248名，校园各类保卫力量366名，群防群治力量832名，保证了全市中小学、幼儿园新学年开学工作顺利。

（吴世芳）

【抓获两名非法持枪犯罪嫌疑人】 9月25日，公安分局在市局刑侦总队相关部门配合下，先后将非法持有枪支犯罪嫌疑人陆某、韩某抓获，当场起获仿真枪19支（经鉴定，其中13支具有杀伤力），管制刀具7把。

（吴世芳）

【市委督查组督查安保工作】 10月19日，市委督查组到区内督查十八大安保专项行动。公安分局等单位和各相关镇街主要领导陪同检查。

（吴世芳）

【组织社会防控力量勤务演练】 10月30日，组织全区群防群治力量按照实名制台帐开展演练。分局领导先后到黑山大街、城子大街、三家店西宁路社区实地查看十八大安保社会防控力量勤务演练落实情况，并对参加演练的义务巡防队员进行慰问。此次演练全局共出动警力88人，出动义务协警力量11840人。按照“定点、定位、定岗、定向、定责”的防控要求，全体社区民警和群防群治力量于14时至17时100%上岗，开展全员、全方位勤务演练，检验实战效果。

（吴世芳）

【领导站好一班岗】 年内，为进一步落实领导干部为“十八大”一线民警站一班岗的部署和要求，推进和落实爱警工作，11月9日，局领导驱车百余公里到分局“十八大”安保“一道防线”——杜家庄治安卡点，按照设卡盘查规范要求着装并佩戴装具，将正在卡点执勤的老民警替下，与该站负责人一起开展盘查核录比对工作。

（吴世芳）

【为离退休干部巡逻队送温暖】 11月12日，局领导到城子桥东街社区，看望慰问参与十八大安保巡逻防控的分局离退休干部，并送去了慰问品。

（吴世芳）

【召开安保外围防控庆功会】 11月16日，局党委在斋堂广电招待所为十八大安保外围防线所有参战人员举办庆功会。公安分局、雁翅、斋堂、清水3个镇的党委、政府和武装部领导，分局巡警、交通两个支队和清水、斋堂、雁翅、色树坟、大台5个派出所的领导，全体参加外围一道防线执勤人员，共计110人参加了庆功会。

（吴世芳）

【完成冬季征兵政审工作】 11月，组织相关职能部门和基层派出所，严把质量标准，特别是在十八大安保任务重的情况下，合理安排人员，完成全区冬季征兵政审工作任务。共政审应征入伍青年118名，政审合格应征兵员114名；截至12月14日，政审合格的91名兵员已全部应征入伍。

（吴世芳）

【举行政府赠送车辆仪式】 12月7日，清水镇政府举行赠送车辆仪式。公安分局、清水镇党委政府主要领导，清水派出所、巡警支队杜家庄驻站队领导和民警代表参加了仪式。，清水镇党委政府向清水派出所和杜家庄驻站队赠送2辆汽车，以解决民警工作中的实际困难。

（吴世芳）

检察工作

【概况】 年内，学习贯彻党的十

八大精神和市十一次党代会精神，围绕区中心工作，自觉适应区转型发展、创新发展、跨越式发展的新形势，立足检察职能，履行法律监督职责，服务门头沟区经济社会科学发展。找准工作切入点和着力点，发挥打击、预防、监督、教育、保护的职能作用。立足执法办案，注重工作创新，履行各项检察职能，实现办案数量、质量、效率、效果和安全的有机统一。全年共批准逮捕刑事犯罪嫌疑人184人，提起公诉281人。正确适用“宽严相济”刑事政策，共不批准逮捕59人，不起诉35人。成立未成年人案件检察处，针对涉案未成年人集中履行“捕、诉、监、防”职能，做好附条件不起诉试点工作，率先试行犯罪未成年人义工惩教制度，取得了初步成效。完善精细化办案机制，落实办案责任制，继续保持没有捕后、诉后无罪判决案件的记录。严肃查办、预防职务犯罪，促进反腐倡廉建设。深化侦防一体化、反贪局反渎局联合办案机制。全年共立案侦查贪污贿赂犯罪4件4人，渎职犯罪1件1人。其中百万元以上大案2件2人，处级以上要案1件1人。查办的原京煤集团地质勘探队工作人员贪污、挪用公款案的2名被告人分别被判处死刑缓期二年执行和无期徒刑的主刑。结合执法办案开展预防工作，为国家机关、国有企业多家单位作预防职务犯罪讲座，向党政机关发送《预防职务犯罪专刊》，继续向社会提供工程建设等领域行贿犯罪档案查询服务。继续加强法律监督工作。全年共监督立案15件24人，监督撤案6件13人，追捕21人，追诉12人，发出纠正违法通知书7份。加强派驻看守所检察室建设，采取“一查二看三步走”的方法，加强社区矫正检察。加强民事审判法律监督，建议（提请）抗诉3件，法院接受再审建议启动再审并改判1件。正确执行法律和政策。正确处理虚报注册资本系列案件，保障实体经济健康发展，重视采空棚户区改造等重点项目，严肃立案查办涉及房屋征收的国家机关工作人员渎职案；支持、监督公安机关查办发生在房屋征收中的诈骗案6件9人，追诉3人。派出资深检察官20余人到房屋征收第一线，开展预防宣传、参与化解矛盾。全面加强检察队伍建设，按照“政治过硬、管理科学、素质一流”的目标，严格教育、管理和监督。坚持把思想政治建设放在首位，学习贯彻党的十八大精神。开展创先争优活动、政法干警核心价值观教育实践活动、解放思想大讨论等教育活动，引导干警牢固树立正确的执法理念，坚持以党建带队建，提高干警的思想政治素质。强化监督制约，促进公正廉洁执法。在坚持党对检察机关领导的同时，自觉接受人大及其常委会的监督，接受政协民主监督和社会各界监督，加强自身监督制约机制建设。通过报告工作、邀请代表视察指导、报送工作信息，为人大代表监督检察工作提供便利。深化检务公开，通过“请进来、走出去”的方式，组织检察开放日等活动，增加了透明度。首次向政协委员征求意见。依法接受人民法院、公安机关的工作制约，依法为律师参与诉讼提供方便。完善干警执法档案制度，强化检务督察，加强廉政教育，落实党风廉政建设责任制。连续14年保持首都精神文明单位标兵称号。年内，门头沟检察院在编103人，其中行政编98人，事业编5人，包括检察长1名，副检察长4名；检委会委员12名，其中检委会专职委员2名。

单位名称： 北京市门头沟区人民检察院
地　　址： 北京市门头沟区滨河路21号
电　　话： 69842021
邮　　编： 102300

（张巍巍）

【服务区拆迁工作】　1月4日，院党组召开会议，部署服务保障高家园土地储备项目房屋征收工作。成立服务高家园地区房屋征收工作组；并启动涉拆镇、街干部的预防培训工作；在涉拆工作中加强与公安、法院的沟通协调。

（张巍巍）

【民行处制定《案件线索移送办法》】　1月，民事行政检察处制定了《民事行政检察案件线索移送工作办法（试行）》（以下简称“《办法》”）。《办法》明确了民事行政检察案件线索类型；突出了民事行政检察监督重点和难点；规范了民事行政检察案件线索的双向移送程序。

（张巍巍）

【再审检察建议启动再审程序】　3月12日，采纳就一起法定继承纠纷申诉案发出的再审检察建议，作出民事裁定，决定再审。

（张巍巍）

【二级规范化派驻检察室揭牌】　3月13日，院驻所检察室在看守所举行二级规范化派驻检察室揭牌仪式。

（张巍巍）

【连续四年中标市院重点课题】　4月6日，市人民检察院公布了2012年重点调研课题评标结果，院参加竞标的《检察机关对司法人员违法行为进行调查工作机制研究》一题与市院反渎局联合中标。

（张巍巍）

【建立职务犯罪案件急救绿色通道】 4月25日，院与门头沟区医院签订《办案医疗救治合作协议》，标志着“职务犯罪案件急救绿色通道”正式建立。

（张巍巍）

【接待信访群众】 4月27日，检察长接待持续8年的执行监督案件信访人，并对执行案件中存在的问题提出工作方案。信访人对检察院答复表示满意。

（张巍巍）

【市调研组调研党组织工作】 5月8日，《前线》杂志社社长带领市委宣传部和市学习办牵头组成的联合调研组，到院内调研建设学习型党组织工作品牌活动——“名家讲堂”开展情况。调研组听取了汇报，参观了“名家讲堂”宣传展板，对门头沟检察院学习型党组织建设工作给予肯定。

（张巍巍）

【召开群众座谈会】 6月26日，检察院驻潭柘寺镇检察官联络室召开以“惩防并举，保障民生”为主题的举报宣传周征询群众意见座谈会。会上，介绍了检察机关几年来查办和预防涉农惠农领域贪污贿赂案件专项工作开展情况、及门头沟检察院在惩治和预防危害农村经济社会发展的职务犯罪、保障“三农”政策落实中采取的措施和取得的成效。同时，听取潭柘寺镇在新农村建设、土地征收、拆迁改造等工作中面临的新形势和新问题、及村民代表的法律服务需求。双方还结合地区实际情况就如何更好的发挥检察官联络室作用，服务和保障民生进行了交流沟通。

（张巍巍）

【获全国检察书画摄影一等奖】 6月28日，门头沟检察院选送的摄影作品《取证》，在纪念人民检察制度创立八十周年全国检察机关书画摄影展览中被高检院政治部和中国检察官文学艺术联合会共同评选为一等奖。高检院常务副检察长等领导为获得一等奖的同志颁奖。

（张巍巍）

【民行处成功提抗两起民事申诉案】 7月30日，第一中级人民法院就人民检察院第一分院抗诉的两起民事申诉案件分别作出“撤销原裁定，指定门头沟区法院审理”和“撤销原判决，发回重审”的裁定。此两起民事申诉案件均是门头沟检察院民行处提请抗诉案件，且两案均已改判。

（张巍巍）

【与区看守所联合演练】 8月13日，院驻所检察室联合区看守所组织看守所民警和驻所武警中队开展“在押人员劫持人质预谋脱逃”突发事件应急演练，提升应对和处置监管场所突发事件的能力。

（张巍巍）

【确定为不起诉试点单位】 8月20日，院未成年检察处被人民检察院确定为全市未成年人附条件不起诉试点单位。11月7日，经院检察委员会研究决定，分别对两名未成年犯罪嫌疑人作附条件不起诉处理。对未成年犯罪嫌疑人首次作附条件不起诉处理。

（张巍巍）

【三听三聊讲解连群众工作法】 8月，院控申处创新“听说聊解连”群众工作法，化解了区内拆迁过程中的信访矛盾。“听”，为“三听”，即“听怨气、听心声、听难事”；“聊”为“三聊”，即“聊难处、聊心结、聊现状”；“讲”，即用群众易于接受的语言和方式讲明情况和道理；“解”，即窗口前移，化解矛盾纠纷；“连”，即发挥桥梁纽带作用，向群众传达党和政府的声音，为群众与相关单位搭建沟通桥梁。

（张巍巍）

【制定风险评估预警处置办法】 8月，根据《北京市检察机关执法办案风险评估预警工作办法（试行）》，结合各项检察业务工作实际，制定《执法办案风险评估预警处置及责任追究工作办法》。

（张巍巍）

【开展低收入农户帮扶工作】 9月5日，将全院干警捐献的4.5万余元帮扶款送到对口帮扶的斋堂镇军响村。这是响应区委号召，以“五进农村”为抓手，到斋堂镇军响村开展低收入农户增收帮扶工作的一项举措。

（张巍巍）

【新成立处室】 9月10日，经区机构编制委员会批准，增设案件管理办公室。负责院案件流程管理和动态监督；负责对本院各处室的案件进行统一收录、移送、查询与管理、督导；负责对执法办案重要节点的监督和预警工作。“未成年人案件检察处”负责办理涉及未成年人的刑事案件，依法保护涉案未成年人的合法权益；

负责严格执行社会调查制度，强化对未成年人刑事司法活动的诉讼监督；负责参与社会治安综治治理。

（张巍巍）

【成功和解幼儿猝死案】　10月19日，因无审批手续开办幼儿园而涉嫌非法经营罪的犯罪嫌疑人与在该幼儿园因病毒性全脑炎及病毒性肺炎致急性呼吸循环衰竭死亡的2岁幼儿家长，在院内就赔偿问题达成和解。

（张巍巍）

【建立“另案处理”案件监督机制】　11月26日，院侦监处与公安分局法制处建立《“另案处理”案件监督配合工作机制（试行）》。明确了“另案处理”案件的范围，规定了侦监处对“另案处理”案件审查的内容，规范了“另案处理”的程序，规定了监督方式。健全了配合机制。

（张巍巍）

【开展“一查二看三步走”活动】　11月，院监所处在辖区内开展“一查二看三步走”活动。“一查”，即查人数，做到社区矫正人员清、帮教小组责任清、社区矫正人员刑罚执行分类清、管理确定类别清；“二看”，即一看社区矫正活动是否合法，二看社区矫正人员接受矫正情况；“三步走”，即一走基层，二走司法所，三走司法局，形成司法局、司法所、村镇街立体帮教体系，防止社区服刑人员脱管漏管。

（张巍巍）

【创建义工惩教制度】　11月，院未检处创建被附条件不起诉涉罪未成年人义工惩教制度，并在中国青年政治学院举办的“少年司法理论与实践”公益研修班上，介绍了“制度”的实践与成效。

（张巍巍）

【开展十八大学习活动】　11月至12月，采取多种方式开展十八大学习。11月8日，组织全体干警集中收听收看党的十八大开幕式。21日，院领导班子成员、全院干警听取了十八大代表、市检二分院检察长所作的学习十八大精神的报告。23日，召开学习贯彻党的十八大精神动员部署会。28日至29日，组织党组理论中心组扩大学习会，院领导班子成员、检委会专职委员、部门负责人、各党支部书记共35人参加学习。12月3日，召开入党积极分子、共青团员、群众干警学习贯彻十八大精神座谈会。各党支部开展集中学习讨论。离退休干部党支部也召开学习党的十八大精神座谈会。

（张巍巍）

【处置涉拆集体访】　12月11日，区军庄镇北四村10余名村民到院内反映区某公司书记骗取巨额拆迁款问题，控申处妥善处置了此起集体访，获得信访群众好评。

（张巍巍）

【区人大政协到院调研】　12月12日，区人大常委会主任罗斌、区政协主席张冰一行8人到院内检查工作。检察长及全体领导班子成员、检委会专职委员、部门负责人参加了座谈。

（张巍巍）

【检察开放日活动】　12月13日，开展“守护公平正义”主题检察开放日活动，突破邀请人大代表和政协委员的常规，一改组织群众参观的惯例，在区电视台发布邀请各界群众参观的公告，在开放日当天，200余名来自农村、企业、社区的普通群众自发到检察院，感受“阳光检务”。多家媒体对开放日活动情况进行了报道。《京华时报》刊发《检察院邀民众感受阳光警务》的图文报道，《法制晚报》刊发《农民工走进检察院》的文字报道，《北京晨报》刊发《普通群众走进检察院参观》一文。网络媒体也对开放日活动进行关注，首都政法网以《开放日，二百名普通群众走进门头沟区检察院》为题进行了图文报道，正义网法律微博实时图文直播了开放日全过程，众多网友回应。区领导韩子荣在区学习贯彻落实党的十八大精神工作信息刊发的《门头沟区检察院举办检察开放日活动》上作出批示：“检察院开放日活动很好。望全区各单位都要学习检察院，创新党委政府与人民群众的沟通互动方式。”

（张巍巍）

【市检察机关通报会在院召开】　12月25日，市检察机关五年工作情况通报会在门头沟检察院召开。会上，播放了“2012年北京市检察机关向人大代表通报工作宣传片”，简要介绍了检察机关的基本设置和各项职能，并就北京市五年检察工作进行了简要说明。与会代表听取了工作汇报，对全市检察机关和门头沟检察院的工作给予了肯定，并对检察机关的工作提出建议。

（张巍巍）

【区长到现场办公】　12月31日，区领导王洪钟等领导及区内13个委办局的领导到院内调研座谈。检察长汇报了2012年工作情况和2013年总体工作思路。区委领导用“五强”评价全院的工作。同时，区委领导对2013年工作提出了新要求。

（张巍巍）

【控申民行联合制定工作办法】 12月，院控申、民行两处共同制定《自收民事申诉案件沟通协作办法》。明确了民事申诉线索的范围、民事申诉的条件、申诉人应当提供的材料，并明确了控申、民行的配合工作机制。

（张巍巍）

【办理虚报注同资金案】 下半年，区检察院集中办理了25件虚报注册资本案。在办理该批案件过程中，对涉案的31人做出从宽处理，其中绝对不起诉5人，相对不起诉24人，提起公诉2人。区委书记、区委副书记、区长先后批示肯定做法。《京西时报》刊发《将依法办案融入经济社会发展大局之中——区检察院开展预防虚报注册资本犯罪工作侧记》一文、《首都参考》刊发《检察机关从宽处理虚报注册资本案的启示》一文；《检察日报》刊发《虚报注册资本罪该改改了》一文；《法制晚报》刊发《虚报注册资本“罪”可以去掉》一文，对院办理的虚报注册资本系列案予报道；区电视台播出《依法保护实体经济，优化区域发展环境——区检察院办理虚报注册资本案纪实》的专题片对门头沟检察院的科学办案予以报道。

（张巍巍）

【加强与人大代表联络】 年内，院从四个方面加强与人大代表的联络工作。即：确定院领导一对一联系市级人大代表；以赠阅调研文集、工作信息及《检察日报》等形式，向区人大代表书面通报工作；加强与区人大常委会内设委、室非涉密事项的日常的沟通配合；向人大常委会作专项工作报告。

（张巍巍）

【做好修改后两法适用准备工作】 年内，为做好贯彻执行修改后的刑事诉讼法、民事诉讼法准备，采取以讲促学、以考促学的办法，先后邀请5名全国知名专家、4名实务能手来院授课，举办8期内部交流论坛，组织20次考试。

（张巍巍）

审判工作

【概况】 年内，在区委领导、区人大及其常委会监督、区政府和社会各界支持及上级法院指导下，贯彻落实科学发展观，履行宪法和法律赋予的职责，立足服务大局，坚持司法为民，充分发挥审判职能作用，为区经济社会发展提供坚强有力的司法保障。全年受理各类案件5514件，审结5410件，解决争议标的额5.98亿元。全年共审结刑事案件201件，判处罪犯269人。审结抢劫、盗窃、故意伤害、醉酒驾车等影响群众生命财产安全的案件110件，判处罪犯148人。结合地区治安特点，依法严惩非法买卖爆炸物、非法盗采矿产资源的犯罪行为，判处罪犯7人；严厉打击涉及房屋征收、轨道交通建设的诈骗、贪污、受贿等犯罪活动，判处罪犯13人。全年共审结民商事案件3653件。组织专门审判力量，稳妥处理与西六环拆迁安置、棚户区改造、冯村资产清理等相关的合同案件1089件，解决争议标的额2.52亿元。妥善处理与民生相关的案件，审结婚姻家庭纠纷828件、物业供暖纠纷277件、劳动争议案件378件、交通事故赔偿案件229件。针对人身损害赔偿案件鉴定周期长、矛盾调解难的情况，探索在立案审查阶段启动鉴定程序，通过边审查、边调解、边鉴定，缩短审理期限。针对涉公房、小产权房等不动产案件数量多、诉争利益大、矛盾复杂的情况，制定房屋不动产案件审判工作规范，统一审查标准和裁判尺度。全年共审结行政案件39件，审查行政机关申请强制执行案件7件。针对审理中发现的行政执法薄弱环节，以制发司法审查年度报告、向区政府常务会作专题通报、为行政执法人员授课培训等形式，引导规范行政行为。全年执结案件1517件。开展清理党政机关执行积案专项活动。丰富工作方法，完善与公安、房管、工商、银行等部门的联动机制，查询被执行人的车辆、房产、股权、存款等信息；开展集中执行和夜间执行，对恶意隐匿财产、逃避法律义务的被执行人，依法采取拘留、限制高消费、媒体曝光等措施，实现申请执行人的合法权益。创新开展诉前矛盾化解，组建“法律服务巡回审判组”，前往征收工作现场，提供法律咨询，配合接待群众4313人次。加强司法调解与人民调解、行政调解的联动，构建婚姻家庭、劳动争议等十类纠纷的联动调解平台。优化审判机构设置和审判资源配置，开展“和谐无讼村落”创建活动，新设潭柘寺镇巡回审判点和交通事故巡回法庭。创新为民服务，建成“一站式”诉讼服务大厅，完善“12368”司法信息公益服务系统，推行“全程、全景、全员”说理式司法。推进社会管理创新，做好未成年人轻罪犯罪记录限定性消灭工作，建立合适成年人参与未成年人刑事审判工作制度。加强队伍建设，自觉接受监督，提升司法能力，保障公正廉洁司法。全年，共有24个集体、52名同志受到上级机关的表彰，荣获“北京市先进法院”、“北京市涉法涉诉信访工作先进集体”、“北京市无信访积案先进法院”等荣誉称号。

单位名称：北京市门头沟区人民法院
地　　址：北京市门头沟区滨河路74号
电　　话：61868000
邮　　编：102300

（齐志超）

【服务棚户区改造】　自门头沟区启动棚户区改造工程后，该院从思想观念、工作方法、工作机制、裁判思路、能力建设五个方面主动对接大局，制定工作举措，服务棚户区改造。1月6日，抽调审判骨干成立“法律服务巡回审判组”。6月12日，安排骨干法官为征收工作人员讲授房屋征收家庭纠纷调处法律知识。同月，安排“法律服务巡回审判组”进驻2万户整体征收工作现场，组织干警510人次参与现场法律服务，配合接待群众4313人次。7月11日，在区采空棚户区房屋整体征收总结表彰大会上被评为采空棚户区房屋整体征收工作先进集体并介绍经验。10月，院服务棚户区改造工作举措先后被最高法院《法院情况反映》、《人民法院报》头版头条、新华社《首都参考》等媒体刊载。

（齐志超）

【基层法制共建】　2月，与滨河西区居委会、三家店东南街社区等7个基层单位建立共建关系，围绕群众关心的法律问题，组织法官进社区提供法律咨询、举办模拟法庭，邀请群众进法院旁听案件审理。

（齐志超）

【物业纠纷第三方评估机制】　2月，就物业服务纠纷案件引入第三方评估机制向青宇物业服务评估监理有限公司和门头沟区8家物业服务管理公司征求意见，梳理物业公司与业主间法律关系，妥善应对物业纠纷增多的情况。

（齐志超）

【开展集中清理专项活动】　2月，开展长期未结案件专项清理活动。4月，开展清理党政机关执行积案专项活动。

（齐志超）

【规范法官与律师相互关系】　3月7日，与区司法局会签《规范法官与律师相互关系工作机制》，完善法官和律师交往规范，构建法官和律师良性互动关系，防范法官与律师工作和交往中存在的廉政风险。

（齐志超）

【开展巡回审判】　3月13日，联合区公安分局设立交通事故巡回法庭，选派法官定期到巡回法庭开展交通事故案件的先期调解、诉前财产保全、诉前鉴定以及法律咨询工作，实现交通事故纠纷行政处理与司法解纷无缝对接，全年接待咨询群众200余人次。5月11日，设立潭柘寺镇巡回审判点。

（齐志超）

【推行裁判活动说理工作】　3月30日，举办“裁判全程说理法官论坛”，就加强裁判活动说理，做好服判息诉工作进行研讨。6月29日，出台《关于加强裁判活动说理工作的指导意见》，明确裁判说理的目标、工作要求和各阶段的说理重点。8月3日，邀请上级法院领导、专家学者、一线法官召开“裁判活动说理”专家研讨会，完善制度设计。

（齐志超）

【审理涉S1线刑事案件】　3月，公开审理门头沟区第一起涉S1线重点工程拆迁改造诈骗案。

（齐志超）

【开展群众工作能力培养】　3月，举办“群众工作方法”主题法官论坛，邀请基层组织干部和一线法官介绍群众工作经验。5月，邀请区发改委领导开展“区情及‘十二五’规划专题讲座”。7月，组织预备法官、新录用人员深入农村、重点企业体验区情。

（齐志超）

【推行合适成年人参与制度】　3月，探索试行合适成年人参与未成年人刑事诉讼制度，针对未成年被告人父母无法到庭参加诉讼的情况，委托合适成年人参与庭审和判后回访，配合进行心理疏导和抚慰。6月，召开未成年人特色审判工作机制暨合适成年人参与制度新闻通报会。

（齐志超）

【推行诉前鉴定工作】　3月，针对人身损害赔偿案件鉴定周期长、矛盾调解难的情况，探索在立案审查阶段启动鉴定程序。全年共受理诉前鉴定案件82件。

（齐志超）

【缓刑类社区矫正人员集中教育】　4月26日，联合区司法局、检察院、公安分局开展缓刑类社区矫正人员集中教育大会，对该区尚处缓刑考验期内的成年缓刑犯及其家属等共计100余人进行集中法制教育。

（齐志超）

【举办法院开放日】 4月，开展“为民月”、“开放日”活动，组织法官举办法制讲座、提供法律咨询、主持现场调解、选择典型案件进行巡回审判，月内接待群众200余人次。

（齐志超）

【开展案件评查工作】 4月，开展“万件重点案件评查”、庭审评查和裁判文书评查活动，确保从事审判业务的每名法官都参加1次以上的庭审评查，有2份以上的裁判文书接受评查。在市高院组织的评比活动中，该院共有3篇裁判文书和4个庭审被评为优秀。

（齐志超）

【服务基层司法职能型党小组】 4月，按照司法职能分工和党员构成，在全院指导建立17支“司法职能型党小组”，推动党的组织向最小司法单元延伸。

（齐志超）

【执行涉区重点工程项目案件】 5月，制定执行方案，加强协调联动，依法妥善执结5起涉北旅广场国有资源整合改造项目执行案件。

（齐志超）

【推进常态化竞争性选任工作】 7月，组织开展中层干部竞争上岗工作，强化公开、平等、竞争、择优的用人机制，严格组织报名、资格审查、笔试、面试、民主测评、廉政测试等环节，选任中层干部13人。

（齐志超）

【推进人民陪审工作】 7月，开展人民陪审员改选、续任工作，人民陪审员数量达66名。8月，举行新一届人民陪审员颁证仪式，并组织人民陪审员集中脱产培训，制发《陪审员培训法律汇编手册》，组织庭审观摩，提升陪审员履职能力。9月，推行“三员三管理”模式，提高陪审员履职均衡性。全年，普通案件陪审率达99.78%。

（齐志超）

【十八大安保维稳】 8月16日，安排部署全院十八大安保维稳工作。9月26日，与区公安分局就十八大期间安全保卫联动防范工作进行座谈。11月2日，举行十八大安保维稳战时思想动员暨誓师仪式。确立“日会商”机制，加强案件排查，注重协调联动，完成安保维稳任务。

（齐志超）

【建立“一站式”诉讼服务大厅】 9月12日，院“一站式”诉讼服务大厅正式投入使用，为诉讼群众提供立案引导、材料收转、诉讼收费、法律咨询、诉前调解等服务。

（齐志超）

【类型化纠纷诉调对接机制】 年内，与区维稳办联合发布《关于建立十类纠纷诉调对接工作机制的实施意见》，构建类型化纠纷的联动调解平台。9月，联合区卫生局、区医院、京煤集团总医院就建立医患纠纷联动调处机制进行座谈。11月，联合区住建委就建立妥善化解涉工程纠纷的联动机制进行座谈。

（齐志超）

【法官宣誓】 10月24日，举行新任命中层领导、审委会委员、审判员、助理审判员的颁证及宣誓仪式。

（齐志超）

【推行缓刑宣告前社会调查机制】 10月，联合区检察院、公安分局、司法局会签《门头沟区拟适用社区矫正社会调查工作规则》，规范对犯罪嫌疑人、被告人、罪犯的社会调查工作，将对缓刑和假释帮教人员的社区矫正工作向前延伸，增强刑罚裁判的法律效果和社会效果。

（齐志超）

【审理涉冯村资产清理案件】 年内，坚持保护冯村集体资产与维护债权人合法权益相结合，依法审查，主动沟通，注重调解，妥善处理以冯村村民委员会、冯村经济合作社及该社控股的相关企业为被告的买卖合同纠纷、金融不良债权追偿纠纷等案件19件，涉案标的额共计1.08亿元。

（齐志超）

司法行政工作

【概况】 年内，区司法局机关内设行政科室8个，即办公室、政工科、法制宣传科、基层工作科、公证律师管理科、法律援助指导科、社区矫正和帮教安置科、法制科。机关公务员编制28个，实有26人，机关工勤4人；基层司法所13个，司法助理员编制46个，实有41人；参照公务员管理事业单位1个，即法律援助中心，编制5个，实有3人；全额拨款事业单位1个，即阳光中途之家，编制5个，实有2人；自收自支事业单位1个，即北京市华夏公证处，编制6个，实有6人。

单位名称：北京市门头沟区司法局

地　　址：北京市门头沟区新桥大街46号

电　　话：69842353

邮　　编：102300

（张士春）

【领导调研检查工作】　1月10日，区领导韩子荣到龙泉镇高家园房屋征收指挥部，巡视了区局驻高家园工作组工作现场。局领导向区领导介绍了法律咨询和民事调解工作进展情况，韩子荣对司法局在高家园房屋征收工作中的表现予以肯定。2月13日，区领导到局内调研，听取了区局关于法制宣传、人民调解、法律援助等工作的情况汇报，并对2012年司法行政工作提出要求。3月1日，市司法局纪委书记一行到区局检查“两会”安保工作情况。局领导就“两会”安保工作进行了汇报。市局领导对区司法局工作予以肯定。6月21日，市局纪委书记一行到区局检查上半年工作，局长汇报了2012年上半年工作完成情况及下半年工作思路，并重点就上半年工作亮点和创新点进行汇报。市局领导对区局上半年工作给予肯定。9月25日，市司法局到区局检查十八大安保工作，局领导汇报了十八大安保工作情况，并从对十八大安保各项工作的检查、督查及强化对律师队伍管理和社会管理创新方面做了总结发言。市局领导对区局工作予以肯定，特别对创办《门头沟法治季风》刊物和服务全区房屋征收工作给予高度评价。10月中旬至11月下旬，市司法局第一巡视组到区局开展巡视工作。期间，巡视组两次与区委政法委领导进行沟通并了解情况；听取了区局领导班子近两年工作情况汇报；组织召开了抽调干警代表、科室负责人及直属单位领导、青年干警和老干部代表5个座谈会；到部分基层司法所、承光律师事务所、华夏公证处、法援中心及阳光中途之家等基层单位进行调研。巡视组对区司法行政工作予以肯定，并指出工作中存在的问题和不足。区司法局针对存在问题提出整改措施。12月12日，市局纪委书记一行到区局检查全年司法行政工作，局领导汇报了2012年工作完成情况及2013年工作思路。会后，市局领导实地查看了华夏公证处。

（张士春）

【签署《工作机制意见》】　3月7日，与区法院签署《关于建立规范法官与律师相互关系工作机制的意见》，在全市率先推行规范法官与律师相互关系工作机制。《意见》规定双方成立规范法官与律师相互关系领导小组，并建立联席会议、律师参与法院司法调解、重大敏感及涉诉涉法信访案件沟通配合等七项制度，实现双方在诉讼活动中的互相配合与监督。

（张士春）

【举办首发仪式】　3月30日，举办《门头沟法治季风》首发仪式。《门头沟法治季风》由区法制宣传教育领导小组办公室、区司法局主办，是区内第一本免费面向全区发放的法治季刊。

（张士春）

【举办司法行政开放日活动】　4月中旬，开展以“司法行政在身边”为主题的第二届司法行政开放日活动。活动分两个阶段部署实施。12日，邀请大峪社区25位居民代表到局内参加座谈，重点介绍了区司法局的工作职能、机构设置及近年来的突出成果和亮点工作，详细解答了居民的法律咨询。13日，联合区法院、检察院等政法部门在区体育馆设立开放点，并设置公证、律师两个咨询台现场接受法律咨询。活动当天共展出法律知识展板10余块，接受群众法律咨询20人次，发放便民服务手册等普法宣传系列材料1500余份。

（张士春）

【召开综治委特殊人群专项会】　4月28日，召开综治委特殊人群专项组第一次全体（扩大）会。会议标志着区综治委特殊人群专项组正式成立，对全区特殊人群管理服务年度工作任务和特殊人群“暖心”专项行动进行部署。

（张士春）

【召开综治委社会矛盾多元调解专项会】　4月28日，召开综治委社会矛盾多元调解专项组第一次全体扩大会。会上传达了社会矛盾多元调解专项组及办公室的职责任务、组成单位和人员名单，对2012年主要工作任务和“和风”行动进行部署。

（张士春）

【举行“讲师团”启动仪式】　5月11日，举行“人民调解员培训讲师团”启动仪式。会上决定成立人民调解员培训讲师团，讲师团成员由法官、律师、基层人民调解员共21人组成，从5月中旬持续到月底，在全区13个镇（街）开展以法律知识和工作实务为主要内容的巡回授课，实现

“百分之百的镇（街）都举办人民调解员培训班”及“百分之百的人民调解员都参加培训”的两个“百分之百”目标。

（张士春）

【出台《律师庭审考核办法》】 6月5日，在全市率先出台《律师庭审考核办法》。《考核办法》规定，考核工作由司法局负责，并于每年初制定年度考核计划。庭审考核主要对律师庭前准备、庭审表现、衣着仪表三方面进行综合考核并现场评分，考核成绩将纳入律师事务所、律师年度检查考核项目。

（张士春）

【开展模拟窗口服务专项活动】 6月14日，开展“模拟窗口服务专项活动”。活动采取实战模拟的方式，自行测评本单位窗口部门的服务水平，现场设置专家和观众评审团进行督察点评，考察选手文明礼仪、语言表达、业务素质、应急处理等方面的综合素质能力。司法所、法律援助中心、律师事务所、公证处的同志参与测评。

（张士春）

【举行规范律师出庭着装暨重温誓词仪式】 6月28日，举行规范律师出庭着装暨重温誓词仪式。仪式上，全体律师着律师袍进行宣誓，区律师联席会指导员宣读了《门头沟区律师联席会关于规范律师出庭着装要求的通知》，律师代表做表态发言。市、区领导及区内律师和新闻媒体代表共计60余人参加了仪式。

（张士春）

【开展送法进军营活动】 7月19日，在驻区某导弹、通讯部队举行“迎八一·送法进军营”活动。活动除了采取向部队战士赠书、解答咨询、组织观看法制宣传展板等传统宣传形式外，还通过举办法制灯谜有奖竞猜和击鼓传花有奖抢答活动，增强宣传效果。活动当天，向部队官兵赠送法律书籍300余册，法制电视剧光盘50余张，解答涉法问题30余人次。

（张士春）

【为街道派驻专业社工】 8月9日，区惠农公益法律服务中心与区社会办签订《购买法律服务专业社会工作岗位协议书》，并与城子、东辛房、大峪、大台4个街道签订《购买法律服务专业社会工作岗位服务协议书》。协议规定区惠农公益法律服务中心负责为4个街道派驻专业社工，社工队伍主要由全区55名执业律师及区司法局3名公职律师组成，为社区提供法律咨询、代书、非诉讼调解、法律援助及为街道办事处提供法律顾问等公益法律服务，惠及75个社区、19万余人。

（张士春）

【签订合作协议】 8月20日，区阳光中途之家与区义工联合会签订合作协议，搭建起社区矫正人员社区服务公益平台。根据协议对两类人员开展义工精神、公益文化、慈善事业等宣传，鼓励其加入区义工联合会，并将社区矫正人员参与老人陪护、环保等公益性劳动情况纳入社区服务考核。同时建立了信息沟通反馈、活动组织保障相关制度。此做法得到区领导韩子荣批示肯定。

（张士春）

【建立社区矫正和安置帮教工作】 8月21日，制发《关于建立社区矫正和安置帮教工作听案制的意见》，在全市率先推行社区矫正和安置帮教工作听案制。该制度以矫正帮教工作听案组听取各司法所汇报矫正帮教案件的方式，搭建矫正帮教工作集体研究平台。该制度明确了听案范围将个案分为社区矫正人员一般案件、重点案件及刑释解教人员案件三类。同时严格听案程序，按照上报、汇报、询问、讨论、总结五项程序进行听案，提升对疑难、复杂、重大案件的解决能力。

（张士春）

【建立未成年社区矫正人员管理服务体系】 8月23日，制定《关于进一步做好未成年人社区矫正相关工作的意见》，联合区法院、检察院、团区委等部门落实“诉前调解、庭审前社会调查、志愿服务、前科封存”四项制度，加强“人本式”管理，形成“四制一式”做法。此做法获得区领导韩子荣批示，工作信息被中央综治委、司法部、市社会办等部门采登。

（张士春）

【惠农公益法律服务中心工作站揭牌】 8月29日，惠农公益法律服务中心潭柘寺地区工作站揭牌成立，市司法局及市法援基金会领导对局惠农公益法律服务“三站一中心”网络格局及取得实效给予肯定。至此，惠及全区的公益法律服务工作站已全部建成，与区法律援助中心、斋堂及王平地区工作站形成了“三站一中心”的公益法律服务网络格局。

（张士春）

【法律服务工作】 年内，发挥律师、公证、法律援助等法律服务资源优势，配合全区重点工程建设。抽调业务骨干参与龙泉镇高家园及采空棚户区房屋征收工作，共计解答法律咨询1693件，涉及3946人次；调解矛盾纠纷219件，涉及645人次。推进惠农公益法律服务网络建设。8月底，惠农公益法律服务中心潭柘寺地区工作站揭牌成立，形成了覆盖全区9个乡镇的“三站一中心”惠农公益法律服务网络格局。强化律师队伍执业监督与指导。在全市率先推进规范法官与律师相互关系工作机制、律师庭审考核制度并举行规范律师出庭着装暨重温誓词仪式。引进中济、盈渊两家律师事务所，共有律师事务所4家，注册律师58人。年内，全程办事代理办公室、法律援助中心接待办公室、148法律咨询热线共接待各类法律咨询3660人次，受理法律援助案件262件，受援人数262人。全区各律师事务所共办理各类案件756件，其中刑事诉讼辩护及代理133件，民事案件诉讼代理505件，行政案件诉讼代理27件，非诉讼法律事务91件。参与政府信访接待76次，接听区为民服务热线30余次。北京市华夏公证处共办理各类公证案件1840件，涉及标的总额9000余万元，服务群众2万余人次，其中上门办理50余件、前往监狱办理5件、农转居公证676件，并为65处被腾退房屋提供物品清点、房屋测量的保全公证，为4820户居民选择回迁房进行公证监督。

（张士春）

【举办调委会授牌仪式】　9月17日，在石门营新区举办新区调委会授牌仪式暨人民调解员培训班，局领导为新成立的石门营新区一区、五区人民调解委员会授牌，并向人民调解员代表颁发胸徽。授牌仪式结束后，区人民调解员培训讲师团讲师分别就民间纠纷调解常用法律常识以及调解技巧等业务知识进行培训。

（张士春）

【出台矫前社会调查工作规则】　10月19日，与区公安分局、检察院、法院联合签订《门头沟区拟适用社区矫正社会调查工作规则（试行）》。该规则系全市首个矫前社会调查工作规则，规范了社会调查工作流程、时限、内容，强化社会调查工作的保障与管理。

（张士春）

【开展法制宣传周活动】　10月19日，举行“爱老助老　法惠夕阳”村居行老年人权益保障法制宣传周高潮日宣传活动。宣传周活动从16日持续到24日，采取法制灯谜有奖竞猜、法制大课堂、法制展板、赠送法律书籍、发放法制宣传品等形式进行。活动当日，共提供法律咨询221人次，发放聚焦老年人维权话题的《门头沟法治季风》第三期及环保布袋等法制宣传品8200余份，参与法制灯谜有奖竞猜530余人，受众人数1000余人。

（张士春）

【区阳光中途之家新址揭牌】　11月1日，在潭柘寺镇鲁家滩村召开阳光中途之家新址揭牌仪式。区领导王洪钟及市司法局副局长出席仪式并为阳光中途之家揭牌。参会领导实地视察了阳光中途之家，听取了局长关于阳光中途之家建设和矫正帮教工作的汇报。市局领导及区领导分别讲话，对司法局工作给予肯定，并要求进一步规范阳光中途之家运行，打造具有地区特色的特殊人群服务管理平台。

（张士春）

【与区光荣院签订合作协议】　11月16日，区阳光中途之家与区光荣院签订合作协议，正式建立合作关系，约定在区光荣院建立社区矫正人员爱国主义教育基地和社区服务基地。

（张士春）

【召开矫正人员服务工作推进会】

11月21日，召开社区矫正人员社区服务工作推进会，会上介绍了全区社区矫正人员社区服务工作开展情况，区光荣院、区义工联等单位先后就开展社区矫正和社区服务工作作了发言。区河湖景观管护中心、园林局、民政局分别就支持和推进社区服务工作作了发言。此次会议是自开展社区矫正工作以来，全市范围内第一个由区县召开的社区服务工作专题会。镇街敬老院相关领导及各司法所所长、村居委会代表参加了会议。

（张士春）

【开展“12·4”法制宣传日活动】

11月30日，开展了以“弘扬宪法精神，服务科学发展”为主题的法制宣传活动。全区45个单位500余名干部在新桥大街开展了大型法律宣传咨询活动，13个镇、街同时在辖区设立了分会场，开展宣传活动。活动当天，共悬挂横幅58条，展板308块，发放各种法制宣传材料200余种15万余册（份），解答法律咨询100余人次。

（张士春）

【签订心理矫正合作协议】　12月16日，区阳光中途之家与区龙泉医院签订《社区矫正人员和刑释解教人员心理矫正工作合作协议书》，确定了为“两类”人员提供心理干预服务、培养心理咨询师等合作项目。

（张士春）

【建立实习基地】 12月18日，区阳光中途之家与北京政法职业学院应用法律系签订合作协议，正式在阳光中途之家建立学院实习基地。根据协议，区阳光中途之家引入学院专业的社会工作理念和方法，为特殊人员设计专题教育、志愿服务以及心理矫治等项目；引入学院师资力量，开展法律知识、心理矫正方法等业务培训。相关信息获得得到区领导韩子荣批示。

（张士春）

【开展规范化调委会创建活动】 年内，依托26个区级示范人民调解委员会，通过一个示范调委会带动一个或多个调委会的“1带X”模式，从组织建设、队伍建设、调解场所、工作制度、业务活动等方面明确创建标准、细化考核项目，并分解年度阶段性创建任务。12月21日，召开人民调解委员会示范单位命名大会。会上对门头沟区推行“1带X”工作模式开展人民调解委员会示范单位创建活动进行了总结，命名了2012年度48个区级人民调解委员会示范单位。与会领导为人民调解委员会示范单位进行了授牌，示范单位代表进行了典型发言。

（张士春）

【法制宣传工作】 年内，法制宣传工作围绕全区中心工作大局，以队伍建设、制度建设、载体创新为抓手，贯彻落实“六五”普法规划。一是抓制度建设，促进“六五”普法全面落实。制定门头沟区法制宣传教育年度工作要点和法制宣传教育工作年度评估指标，确保年度普法任务的贯彻落实；制定区普法讲师团工作制度和普法讲师团年度工作计划，出台门头沟区“六五”普法讲师团管理办法，将普法讲师团工作纳入规范化管理轨道；制定门头沟区法制宣传教育年度工作责任书，推动全区各单位普法工作深入开展。二是抓队伍建设，调动社会力量参与普法。调整充实全区普法工作领导小组；加强“六五”普法讲师团队伍建设，开展“深入到100个单位、村（居）开展100场法制讲座”的“双百”目标创建活动；提升司法所长的法制宣传能力，围绕全国“两会”安保大局，采取幻灯片演示、现场答疑、互助问答等多种形式，在全区9镇4街开展“司法所所长宣讲技能大练兵暨信访条例宣传活动”，共开展《信访条例》宣讲18场，2000余名基层“两委”干部和群众听取了讲座。三是抓载体创新，提升法制宣传质量和效果。设计制作11种“六五”普法系列宣传折页，涉及婚姻家庭、消费者权益保护、农民工权益保护、交通安全、食品安全、生产安全等与群众生产生活密切相关的法律知识，并向全区发放2.2万份。年内，开展“青春船长 法治启航”、“法制宣传四季行”、“送法进军营”、“迎接十八大 践行北京精神 做讲法制守纪律的北京人”、村居行等主题宣传教育活动，举办“深化‘法律六进’服务科学发展”法制文艺作品创作征集评选活动，累计发放法制宣传品6万余件，法制宣传资料7万余册（份），接待群众咨询解答涉法问题1800余人次，开展各类法制讲座188场次，巡回展览23次，举办法律知识竞赛19场，法制灯谜有奖竞猜活动18次。

（张士春）

【人民调解工作】 年内，加强基层人民调解委员会组织规范化建设，完成48个规范化调委会创建任务。落实“以奖代补”政策，为基层人民调解员兑现人民调解“以奖代补”和防矛奖励奖金共计5.5万余元。发挥“重点工程流动调解团”作用，参与潭柘寺、龙泉镇高家园及采空棚户区房屋征收工作，共解答法律咨询1109人次；调解矛盾纠纷137件，涉及484人。做好重要节点矛盾纠纷排查调处工作，在元旦、春节、全国“两会”、“五一”劳动节、国庆节和党的十八大期间，分别部署开展了矛盾纠纷排查活动，确保重要节点辖区安全稳定。成立社会矛盾多元调解专项组，承担社会矛盾多元调解专项组办公室工作，牵头推动全区社会矛盾多元调解体系建设。年内，全区共有人民调解组织318个，人民调解员1748名，累计调解矛盾纠纷4208件，涉及当事人8606人，涉及金额293万元。防止矛盾纠纷激化96件，涉及971人。

（张士春）

【社区矫正和安置帮教工作】 年内，社区矫正和安置帮教工作强化基础、创新机制，完成阳光中途之家新址揭牌与9家监所、社会团体等签订合作协议，在业务培训、入监帮教、社区服务等方面开展合作。成立门头沟区综治委特殊人群专项组，深入推进十八大安保工作，依托特殊人群“暖心行动”，加大对社区矫正和刑释解教人员的帮扶救助。年内组织入监所帮教21次，对6名重点帮教对象开展无缝衔接。共协调区民政局、人保局等部门，为两类人员办理低保343人、临时救助30人、指导就业或就学187人次。举办2次社区矫正业务考试，制定社区矫正人员行为规范、接收解除工作规范等5项规定，推进社区矫正各项业务。建立完善“四制一式”未成年社区矫正人员服务管理体系，落实“诉前调解、庭审前社会调查、志愿服务、前科封存”四项制度，加强“人本式”管理，开展未成年人案件社会调查8例，宣告前科封存8例，组织未成年社区矫正人员参与志愿服务活动48人次。

（张士春）

【队伍建设工作】　年内，统筹开展政法干警核心价值观教育实践活动、“稳中求进促发展、服务发展创一流”解放思想大讨论活动及创先争优等主题教育活动。加大培训力度，开展各类培训班近20次，培训干部560余人次。完成公务员招录工作，经过笔试、政审、面试等环节，年内共招录公务员3名，外单位调入3人，通过开展窗口单位规范化建设活动，整顿纪律作风和强化机关效能建设，队伍的纪律作风明显转变。落实党风廉政建设责任制，开展“加强廉政制度教育，提升制度执行力”主题教育活动，进行廉政制度百题知识测试。

（张士春）

【下属单位情况】

单位名称：北京市门头沟区司法局大峪街道司法所
地　　址：北京市门头沟区滨河72号院
电　　话：69827922
邮　　编：102300

单位名称：北京市门头沟区司法局城子街道司法所
地　　址：北京市门头沟区城子西街17号
电　　话：69827440
邮　　编：102300

单位名称：北京市门头沟区司法局东辛房街道司法所
地　　址：北京市门头沟区东辛房大街50号
电　　话：69842867
邮　　编：102300

单位名称：北京市门头沟区司法局潭柘寺镇司法所
地　　址：北京市门头沟区潭柘寺镇政府
电　　话：60860689
邮　　编：102308

单位名称：北京市门头沟区司法局永定镇司法所
地　　址：北京市门头沟区永定镇石龙南路11号
电　　话：59260241
邮　　编：102308

单位名称：北京市门头沟区司法局龙泉镇司法所
地　　址：北京市门头沟区门头沟路21号
电　　话：69839436
邮　　编：102300

单位名称：北京市门头沟区司法局军庄镇司法所
地　　址：北京市门头沟区军庄镇政府
电　　话：60810545
邮　　编：102300

单位名称：北京市门头沟区司法局妙峰山镇司法所
地　　址：北京市门头沟区妙峰山镇政府
电　　话：61880021
邮　　编：102300

单位名称：北京市门头沟区司法局王平镇司法所
地　　址：北京市门头沟区王平东大街9号
电　　话：61857278
邮　　编：102301

单位名称：北京市门头沟区司法局雁翅镇司法所
地　　址：北京市门头沟区雁翅镇政府
电　　话：61839750
邮　　编：102305

单位名称：北京市门头沟区司法局斋堂镇司法所
地　　址：北京市门头沟区斋堂镇大街45号
电　　话：69818200
邮　　编：102309

单位名称：北京市门头沟区司法局清水镇司法所
地　　址：北京市门头沟区清水镇政府
电　　话：59260153
邮　　编：102311

单位名称：北京市门头沟区司法局大台街道司法所
地　　址：北京市门头沟区大台街道办事处
电　　话：61870462
邮　　编：102303

（张士春）

军 事

人武部工作

【概况】 年内，在卫戍区党委和区委、区政府的领导下，紧扣单位实际和年度任务，围绕卫戍区党委提出的“特别忠诚、特别过硬、特别稳定”建设目标，上下共同努力，完成了民兵整组、高炮训练、比武竞赛、双拥共建、十八大安保执勤等各项作任务，单位全面建设不断得到加强和巩固。

单位名称：中国人民解放军北京市门头沟区人民武装部
地　　址：北京市门头沟区中门寺街18号
电　　话：61892306
邮　　编：102300

（张家成　赵兰陵）

【参加十大好人颁奖】 1月6日，由区委宣传部、区文明办、区广电中心、区人武部等单位联合发起的“门头沟十大好人”颁奖晚会在区影剧院举行，驻区部队总后油研所、海军仓库、492仓库、桃园空军等部队代表90余人参加。

（张家成　赵兰陵）

【慰问部内退休老干部】 1月13日，部领导与退休的7名老干部进行座谈，向老干部们送去了慰问金和学习材料，传达了卫戍区的相关会议精神。

（张家成　赵兰陵）

【迎新春团拜会】 1月17日，军地1000余人，在区影剧院观看了区委、区政府、区委宣传部组织的2012迎新春团拜会，驻区23支部队军政主官和90余名官兵代表观看了演出，区长王洪钟发表了新春贺词。

（张家成　赵兰陵）

【参加图书馆开馆仪式】 2月6日，区新图书馆开馆，驻区海军仓库、车材仓库、军区通信营等部队100余人参加了开馆仪式。

（张家成　赵兰陵）

【召开民兵工作大会】 2月23日，门头沟区召开2012年度民兵工作会议，区领导韩子荣、王洪钟等出席会议，区有关委办局的主要领导，驻区企业分管武装工作的领导，各镇（街道）党（工）委书记，国动委各办公室领导，各镇（街道）和京煤集团武装部长、专武干部，部分企业单位的武装部长等80余人参加会议。会上王平镇、城子街道办的党（工）委书记、武装部第一部长进行了党管武装工作述职，其他单位党（工）委书记、第一部长在会上交流了书面述职材料。通报表彰了基层先进武装部和先进个人。

（张家成　赵兰陵）

【参加全国双拥模范表彰大会】 2月27日，全国双拥模范城（县）命名大会在人民大会堂召开，门头沟区再次被命名为“全国双拥模范城”，实现了“二连冠”目标，驻区部队80名官兵代表参加了命名表彰大会。

（张家成　赵兰陵）

【开展学雷锋活动】 3月，在第49个全国学雷锋纪念日到来之际，驻区部队总后油研所、62351、62341、66282、91780、91918等部队官兵走上街头开设了医疗、理发等服务台，为过往群众提供健康咨血压测量、电器维修、理发等便民服务，部分驻区部队还自制展板宣传雷锋精神。

（张家成　赵兰陵）

【开展民兵整组培训会】 3月16日，组织召开2012年度民兵整组业务培训会，部长、政委参加会议，区相关委办局及各镇、街道武装部共47家单位参加了培训。

（张家成　赵兰陵）

【组织义务植树活动】 3月22日，组织协调驻区部队13个团以上单位，400余名官兵，到中门寺参加了区里组织的义务植树活动，以实际行动为第二故乡的绿化美化建设做贡献。活动中，共挖掘树坑600个，面积120余亩。同时，还协调驻区部队抓好活动的后期工作，建立长效机制，挂牌认领，做好树木的后期维护和保护工作，确保树木的成活率。

（张家成　赵兰陵）

【开展祭扫革命烈士活动】 3月28日，区双拥办、文明办、民政局、武装部、斋堂镇与驻区93770部队官兵和斋堂中心小学师生100余人，在区武装部政委的带领下到斋堂镇宛平烈士纪念园，开展了以“缅怀革命先烈　继承革命传统”为主题的祭扫革命先烈活动。活动中军地领导向烈士纪念碑敬献了花篮，集体向为新中国而牺牲的革命烈士默哀，并对园区进行了清扫。

（张家成　赵兰陵）

【组织扑救潭柘寺山火】　3月30日下午，区潭柘寺镇王坡村突发山火，按照地方政府的统一部署和要求，区人武部启动应急预案，共组织驻区7支团以上单位以及民兵防火应急分队600余人第一时间赶赴火情现场，历时6个小时将大火扑灭。

（张家成　赵兰陵）

【组织开展知识拥军计算机培训班】　4月26日，协调驻区5家部队，180余名官兵和驻地随军家属共100余人，参加了“科技拥军”技能培训开班启动仪式。此次活动由区人武部牵头，区双拥办、区人保局联合举办，共开设汽修、烹饪、电脑、财会等十余种技能课程。自2009年开展职业技能培训工作以来，全区共培训部队官兵、随军家属200余人。

（张家成　赵兰陵）

【召开军（警）民共建工作座谈会】　4月27日，区委宣传部、区人武部、双拥办、文明办、教委等联合组织召开了军警民工作座谈会。区委区政府相关领导以及驻区部队团以上单位主要领导，共计60余人参加了会议。会上，5家部队单位做了经验交流，区文明办领导就全区开展军警民共建活动作了简要总结，对2012年军警民工作进行了部署。

（张家成　赵兰陵）

【开展送法进军营活动】　6月26日，驻区5家部队，180余名官兵参加了“法律进军营”活动启动仪式，区领导现场为驻区部队分发了法制图书和光盘，区法制讲师团进行了法制专题讲座，同时观看了法制展板、组织了法律咨询和灯谜有奖竞猜等活动。

（张家成　赵兰陵）

【卫戍区首长调研】　7月16日，卫戍区政委带机关同志到部内调研。期间，听取了代表人武部党委的工作汇报，和部分同志进行了座谈交流，查看了教育登统计。

（张家成　赵兰陵）

【参加抢险救灾献爱心活动】　7月21日北京地区发生特大暴雨，区武装部组织驻区部队参加抢险救灾活动，先后共协调驻区的61096部队、62025部队、853、492、911、91780、1206、66400等8支部队，累计出动兵力1200余人次，投入到抢险活动中。“7.21”特大暴雨洪灾发生后，驻区部队参与灾后援助工作。部队官兵，帮助转移受灾群众、清除道路淤泥和搬运救灾物资，累计出动兵力1200余人次，7月26日，区双拥办向驻区部队发出为“7.21”特大自然灾害受灾群众献爱心的倡议，号召部队官兵伸出援助之手，为受灾群众送去温暖。据统计，驻区62025、61096、62351、62341、66282、91918、66446、93508部队62分队、61416部队33分队和驻石景山66400部队教导队、北京陆军预备役四团，共11支部队2119人，累计捐款173019.5元。

（张家成　赵兰陵）

【区双拥总结表彰大会】　7月25日，召开争创全国双拥模范城总结表彰大会，驻区14支部队和19名个人分别被表彰为双拥模范单位和模范个人。

（张家成　赵兰陵）

【组织“八一”走访慰问活动】　7月30日，区四大部门领导慰问了驻区部队官兵，区领导在讲话中表示，将一如既往地做好双拥工作，竭尽全力为驻区部队办实事、办好事，为驻区部队官兵提供更好、更人性化的服务。

（张家成　赵兰陵）

【海军总医院医疗队到区内巡诊】　8月2日，海军总医院组织“冯理达专家医疗队”到区内受灾比较严重的大台地区进行巡诊。医疗专家组共有成员35人，携带各类器材9大类，药品55种，设立了包含心理科、妇科、儿科等在内的十余个科室，为当地群众提供巡诊和卫生防疫服务，为病人免费发放药品。活动当天，区武装部连政委代表驻区部队到现场看望巡诊组人员。

（张家成　赵兰陵）

【军（警）民共建30周年演讲比赛】　8月6日，区武装部、文明办、区双拥办联合举办了“军民团结一家亲”主题演讲比赛暨参观军（警）民共建30年成果展活动，区宣传部领导出席并担任评委，最后为获得一、二、三等的参赛人员颁奖。

（张家成　赵兰陵）

【应急灭火分队比武演练】　8月29日，卫戍区副司令带机关同志对区民兵应急森林防火分队演练情况进行了检查指导。对区民兵森林灭火分队训练情况进行了全面检验。

（张家成　赵兰陵）

【军民徒步京西主题游】　9月9日，区文明办、武装部、双拥办联合举办了“军团结一家亲”徒步京西主题游活动。区委宣传部、文明办、武装部、双拥办的领导以及由各驻区部队官兵和共建单位组成的12支代表队100余名选手参加了活动。

（张家成 赵兰陵）

【开展征兵宣传】 年内，结合征兵工作安排，通过多种形势开展征兵宣传活动，从10月20日征兵宣传开始，共发放《国防教育法》、《兵役法》和《征兵政策问答》等宣传资料6000份，悬挂宣传标语20幅，摆放宣传展板50块，征兵政策宣传手册1万余份。同时，设置24小时征兵咨询热线，就征兵工作有关事宜接受群众咨询，对有关征兵法律法规及报名参军应征程序、服兵役后的权益和参军应具备的政治、体格、文化、年龄等条件向广大适龄青年进行宣传和介绍。

（张家成 赵兰陵）

【十八大民兵执勤】 10月25日，区人武部联合检查组到区杜家庄、芹峪口两个执勤点检查指导民兵执勤情况，看望慰问担负一线执勤任务的民兵和专武干部。

（张家成 赵兰陵）

【军区检查征兵工作】 11月6日，北京军区领导视察了门头沟区征兵体检工作，军区和卫戍区领导查看了区征兵体检组织现场，听取了区征兵情况的汇报。对区征兵体检工作的现场组织工作给予肯定。

（张家成 赵兰陵）

【征兵体检工作】 11月5日，在区医院体检中心，参加应征体检，区卫生局和区医院抽调医务人员参加征兵体检工作。整个体检过程，完全实行“封闭式”体检，坚持实行“谁检查谁签字，谁签字谁负责”的原则，确保把优质兵送到部队去。

（张家成 赵兰陵）

【区领导调研征兵工作】 11月13日，区领导王洪钟等带有关委办局领导到部内就征兵进展情况进行调研，各镇（街）的镇长、主任和基层武装部部长，共30余人参会。

（张家成 赵兰陵）

【欢送新兵】 12月10日，区内召开2012年度新兵欢送大会，区领导韩子荣、王洪钟等参加会议，各镇、街道武装部长、新兵家长及90名新兵参加。大会同时宣读了门头沟区优秀现役军人家属通报，并现场发了证书、奖品。

（张家成 赵兰陵）

民防工作

【概况】 年内，在区委、区政府和市民防局的领导下，以迎接党的“十八大”为契机，围绕提升防空防灾能力，推进全面建设，夯实民防事业各项基础建设，为全区经济社会跨越式发展做好服务。民防自身能力建设取得了提升；民防指挥体系进一步完善；人防工程建设管理进一步加强；防空防灾宣传教育进一步普及；机关正规化水平进一步提升。

单位名称：北京市门头沟区民防局
地　　址：北京市门头沟区增峪路9号
电　　话：69842436－813
邮　　编：102300

（张文翠）

【执法检查】 1月12日，召开区安全生产“护航”联合行动工作会议，落实了《门头沟区安全生产“护航”联合行动地下空间专项检查工作实施方案》和《门头沟区地下空间烟花爆竹管理方案》，利用一周时间对全区人防工程进行全面检查。年内，组织开展“打击非法违法专项行动”、“护航行动”、地下空间综合整治等多项执法检查工作，出动车辆197台次，先后6次与安监、消防等多部门联合执法大检查。

（张文翠 苑拥军）

【安全检查工作】 1月17日，市民防局与市住建委、安监、消防、公安、卫生、工商等七个部门联合对区内国宜家居、临镜苑地下车库、含晖苑园地下车库等地下空间开展联合执法检查。5月23日，市民防局领导带领市地下空间联合检查组检查了区地下空间综合整治工作和安全生产“护航行动”开展情况。9月13日，市民防局领导到区内检查十八大人防工程安保工作。

（张文翠 刘纪荣 安亮）

【廉政建设】 2月20日，召开党风廉政建设与反腐败工作专题会。传达“门头沟区党风廉政建设工作会”精神，落实2012年党风廉政建设与反腐败工作分工及主要任务。

（张文翠）

【领导调研】 3月9日，区领导韩子荣到区民防局调研。局领导从基本情况、人防指挥通讯、人防工程建设管理使用、民防法制宣传教育、机关党建和2012年工作计划等方面进行了汇报。3月12日，市民防局领导到区内对2012年早期人防工程维护管理和回填情况进行调研。

（张文翠　雷平）

【宣传教育培训工作检查】　3月9日，市民防局领导到区内检查民防宣教工作。局领导就开展防空防灾公共安全宣传教育培训工作情况进行了汇报。市领导就区拟建设综合性的防空防灾公共安全宣教培训场所的选址进行了实地考察。

（张文翠）

【应急演练】　3月22日，组织开展应急指挥车通信保障演练。主要包括短波电台联通、卫星通信信息的传输、视频信息的采集与传输显示等。全年开展民防机关组训试演43次。

（张文翠　刘媛媛）

【应急抢险】　3月30日，区潭柘寺镇山区发生火灾事故。配合区应急办和区公安分局进行现场应急指挥和通讯保障。同时，根据区领导指示，组织工作人员和车辆从战备物资储备库中调运了大衣等物资，在规定时间内送达火灾现场。

（张文翠　杜鹏）

【召开地下空间综合整治工作会】　4月1日，在区应急办召开区地下空间综合整治会议。总结2011年度地下空间综合整治工作，部署2012年地下空间综合整治第二阶段实施方案。

（张文翠　张柯）

【开展防空警报器安全检查】　5月14日，按照年度工作计划安排，组织防空警报器专业人员，对全区防空警报设施进行了为期一周的全面检查。对每处警报设施进行了加电、试鸣等工作，并对警报器档案资料和检查记录做了进一步完善。

（张文翠　罗强）

【年度防汛工作会】　5月16日，召开全区人防工程年度防汛工作会，签订了《人防工程防汛责任书》，并组织全区民防系统工作人员和民防志愿者进行防汛演练。

（张文翠　张柯）

【民防宣教指挥中心升级改造】　5月，筹集资金对区民防应急指挥宣教中心的地面、灯光照明、培训室等设备设施进行了升级改造；对公共安全知识图片资料进行了更新。

（张文翠　雷平）

【回填早期工程】　6月4日，利用4个月的时间，投入资金对存在安全隐患的3处早期人防工程进行了回填，消除安全隐患。

（张文翠　安亮）

【应对自然灾害】　7月26日至29日，开展系列抗灾救灾活动。26日，组织机关党员干部，开展为7·21受灾群众捐款活动；27日，成立以处、科级领导干部为主要骨干力量的“防汛抢险党员突击队”，参与灾后重建工作；28日，利用人防工程为区防汛救灾物资提供储备场所一处，储备防汛救灾物资260立方米；29日，“防汛抢险党员突击队”队员将便携式发电机、帐篷、折叠床、棉被、大衣等防汛救灾物资送到房山区受灾群众手中。同日，市民防局领导一行7人，对区人防工程防汛工作进行检查。检查组首先检查了因“7.21”暴雨造成塌陷的早期人防工程维修情况，重点检查人防工程指挥所及人防工程汛期进水、漏水情况。

（张文翠　雷平）

【人防指挥所升级改造】　8月至11月，投资对人防指挥所电子显视系统进行升级改造。

（张文翠）

【纪念人民防空创立62周年活动】　10月10日至30日，开展纪念新中国人民防空创立62周年系列活动。10日，组织大峪一小四年级170名师生到区民防应急指挥宣教中心参观学习，包括科普讲解、模拟体验和观看宣传片等内容。24日，市民防局在区内举办大型“防空防灾公共安全宣传教育‘进学校’”系列实践教学活动。以民防指挥、应急、通信、警报等防灾救援特种车辆进入学校，实地展示和讲解应急防灾、抢险救援知识。组织大峪一小学生到区民防应急指挥宣传教育中心参观体验公共安全知识。26日，组织绮霞苑社区居民开展了“防空袭疏散演练”活动。26日至30日，5名区民防志愿者，参加了在民兵高炮基地进行了为期一周的培训。

（张文翠　雷平）

【培训与演练】　10月30日，参加市民防局组织的为期5天的民防系统中型指挥通信车驻训活动。采取理论学习与实际操作相结合、统一授课与个别辅导相结合、集中讲解与互通演练相结合的方式，重点培训了民防应急指挥车车载的各种图像、数据、语音信息采集与传输操作。

（张文翠　邓超）

【“十八大”安保工作】　10月30日，召开党的十八大期间人防工程安全管理会议。传达《北京市民防局关于全面启动应急机制加强党的“十八大”期间应急管理工作的通知》，对区人防工程安全使用进行再动员再部署，同时启动应急保障机制。会后，区民防局领导同镇、街主管领导一起重点检查了门城地区人防工程运行情况，及各单位人防工程应急保障预案，车库、物资库的人防与消防设施设备等使用情况。

（张文翠　安亮）

【领导调研】　12月20日，市民防局局长一行7人到区内调研民防工作，与区领导韩子荣、王洪钟等见面并会谈。市领导一行视察了区防空防灾信息指挥中心、民防应急指挥宣教中心和永定河观景台，了解区经济建设发展状况、民防工作情况等。

（张文翠　雷平）

农业与农村经济

农 业 工 作

【概况】 年内，全区农村经济总收入实现813644万元，同比增长6.3%；农林牧渔业总产值53219.3万元，同比增长5.1%。其中：农业产值实现11189.8万元，同比增长28.9%；林业产值实现26420.6万元，同比下降9.9%；牧业产值实现14867.3万元，同比增长24.7%；农林牧渔服务业实现产值741.6万元，同比增长10.5%。农民人均纯收入15715元，比上年增长12%。加大低收入村户帮扶力度，在全市低收入农户增收速度上获得一等奖。

开创农游合一崭新局面。探索以沟域景区为核心的组团式沟域经济发展新模式，雁翅镇南石洋大峡谷、清水镇达摩沟等沟域经济建设项目稳步推进。实施妙峰山陇上工业园区建设，推动高新技术产业与旅游文化休闲产业融合发展。重点小城镇成为引领全域景区化发展重要载体。潭柘寺镇完成了镇中心区3个半村1402户的房屋征收工作。斋堂镇进行A地块开发建设，杨家峪、灵水等古村落保护修缮工作稳步推进。军庄镇推进国际葡萄酒文化产业基地项目落地。王平镇工矿棚户区改造工程项目顺利开工建设。京白梨、玫瑰花获得农产品地理标识认证，琉璃制品九龙壁、宣纸烫画等产品赢得游客青睐。在国道两侧、重点旅游村庄示范种植1024亩葵花、菊花等景观农作物，打造了三季有花的田园美景。

农村生态环境持续改善。生态重点工程项目向主导产业靠拢，彩叶树种造林、公路绿化美化等工程的实施为旅游产业发展注入勃勃生机。京津风沙源一期工程基本完工，累计完成生态治理工程110万亩，小流域治理325平方公里，国家生态镇达到6个，市级生态村达到130个。完成平原造林等生态环境建设重点任务，开展碳汇造林试点工作。加快"一湖多园、五水联动"城市景观体系建设，共建设城市公园和街边绿地30余个。城子沟、黑河沟、冯村沟、西峰寺沟、中门寺沟治理工程基本完工，成为民生水务示范工程，成功应对"7·21"特大自然灾害。出台规范养殖业管理工作意见，全区禽类、特种养殖类已完成退出或舍饲。

公共服务均等化水平不断提高。108国道改建等重大市政基础设施建设取得显著成效，国道两侧停车场、旅游港湾、景区周边游客中心相继落成。完成2720户农民住宅抗震节能改造工程，14个搬迁村规划设计工作初步完工，阳坡园、杨家峪等一批重点、难点村拆迁工作完成。完成14处雨洪利用工程建设和90公里水毁公路修复。粪污治理工程和有机肥加工厂顺利实施。加强基础设施长效管护机制建设，对农村太阳能路灯、农村公厕等农村基础设施进行维护管理。完善山区能源补贴机制，送气下乡范围扩大到王平镇、妙峰山镇。完成农村实用人才培训2万人次。加强镇卫生院、村卫生室建设，把新农合参合率稳定在98%以上。

农村综合改革不断深化。在全市率先完成镇级产权制度改革，农村集体经济组织产权制度改革完成98%，完成28家镇村企业改制，开展全国首个农村集体资产信托化经营管理试点工作。制定农村征地补偿费管理指导意见。全市首批实现农村管理信息化四级网络建设。大山鑫港核桃种植专业合作社等5家合作社获市级示范社称号，阿芳嫂黄芩种植合作社获全国示范社称号。基层党组织建设扎实推进。深入学习宣传贯彻十八大和市、区十一次党代会精神，开展创先争优活动和解放思想大讨论活动。实施了基层党建巡视、选派基层党组织第一书记和“五进农村”等活动，完成农村基层党组织换届，全面推行“双向联评”。改进工作作风，开展基层民主评议活动，解决了一批“三农”工作中的重点难点问题。落实党风廉政建设责任制，推进惩防体系建设，打造“三资”监管平台，开展“三资”监管检查。

单位名称：中共门头沟区委农村工作委员会
门头沟区农村工作委员会
地　　址：北京市门头沟区新桥大街36号
电　　话：69842675
邮　　编：102300

（符乃清）

【召开农村工作旅游工作会】 2月24日，区2012年农村工作旅游工作会召开。区领导韩子荣、王洪钟等参会。会上，作题为“大力培育旅游文化休闲产业　精心打造全域景区化崭新形象努力开创全区新农村建设和旅游深度融合发展的新局面”的工作报告。韩子荣对做好2012年农村工作提出来具体要求。

（符乃清）

【市领导调研】 4月9日，市委农工委书记到石门营、定都阁、门城湖调研，并听取了相关汇报。区领导韩子荣，王洪钟等陪同调研。17日，市农委领导到军庄镇调研“三起来”及农村基础设施长效管护工作，实地察看了军庄镇灰峪村。24日，市委农工委领导到军庄镇东杨坨村、妙峰山镇涧沟村调研，听取了两村书记的关于推进村庄社区化服务管理活动的情况汇报，并查阅相关文件和档案。5月15日，市住建委领导到清水镇检查农民住宅抗震节能改造落实情况。7月10日，市农委领导到斋堂镇、军庄镇调研小城镇建设及农民住宅抗震节能改造工作。17日，市农委领导到清水镇调研达摩沟域建设情况，对沟域建设工作提出了具体要求。

（符乃清）

【召开旅游村庄建设推进协调会】 4月19日，召开了18个旅游村庄建设推进协调会。会上重点协调了潭柘寺镇阳坡元村等全区18个旅游村庄在建设中存在的问题及如何加强部门政策集成等工作。

（符乃清）

【召开解放思想大讨论研讨会】 4月24日，召开农口系统解放思想大讨论研讨会。各镇党委书记、副书记、各农口单位一把手参会并围绕自身工作实际作了汇报。

（符乃清）

【区领导调研】 5月1日，区领导到区农委调研，就下一阶段的“三农”重点工作任务进行了部署。6月21日，区政协副主席、区市政管委主任带队视察新农村建设完成情况，实地视察了王平镇韭园村、西王平村。

（符乃清）

【区委巡视组进驻区农委】 7月31日，召开区委巡视组进驻区农委开展巡视监督工作动员大会，就此次巡视工作的内容、方法和步骤等计划安排做了介绍，并部署巡视工作。

（符乃清）

【农村实用人才创业成果展示活动】 8月17日至19日，区农委组织区内7家农民专业合作社参加全国休闲农业创意精品华北东北地区推介活动暨2012北京农村实用人才创业成果展示活动。参展展品主要包括紫石砚、琉璃制品、蝶翅画、羽毛画、麦秸画、宣纸烫画、布艺、玫瑰精油等特色手工艺品。龙泉镇琉璃渠村的琉璃制品九龙壁获产品创意银奖，北京天思瓷茗缘文化发展有限公司的黄芩礼盒获包装创意银奖，北京市花露蝴蝶养殖专业合作社的蝶翅画小渡、王平镇西石古岩村的宣纸烫画清明上河图获产品创意优秀奖，黄芩仙谷获园区创意优秀奖。

（符乃清）

【韭园新型农村社区开工】 9月28日，王平镇韭园新型农村社区试点项目举行开工仪式。市农委、区政府、京煤集团领导参加活动，并提出工作要求。

（符乃清）

【出台规范养殖业工作意见】 年内，按照“分区管理、控制总量、规范养殖”的工作目标，出台了《门头沟区规范养殖业管理工作的意见》。实行禁养和限养分区管理。禁养区范围包括龙泉镇、永定镇（北岭地区除外）、大峪街道办事处、东辛房街道办事处、城子街道办事处、斋堂镇中心区、旅游景区内、城镇居民区、水源地及108、109国道两侧500米以内区域，此区域禁养区内禁止一切畜禽养殖。限养区范围包括潭柘寺镇、军庄镇、王平镇、妙峰山镇、永定镇北岭地区、大台街道办事处、雁翅镇、斋堂镇（镇中心区除外)、清水镇，此区域内禁止一切畜禽散养，其他养殖种类必须采取舍饲，舍饲养殖小区必须对粪便、污水等污染物进行集中处理，对养殖种类、规模及养殖区域制定了养殖标准。

（符乃清）

【开展“双向联评”工作】 年内，全区开展村党支部向镇党委和村民述职，镇党委向区委和村（居）述职，上下两级评党委、评支部、评党员、评村民的“双向联评”工作。

（符乃清）

【观光休闲农业情况】 年内，全区观光休闲农业总收入、接待人次小幅下降，主要是受“7.21”特大暴雨影响。全年观光休闲农业实现总收入12623.8万元，同比下降1.4%；接待人次1142713人次，同比下降5.4%。采摘收入1614.8万元，同比减少409.6万元，下降20.2%。

（符乃清）

【创建北京郊区生态村】 年内，继续生态村创建工作。军庄镇军庄村；龙泉镇龙泉务村；妙峰山镇禅房村；王平镇东王平村、色树坟村、南港村、东石古岩村、吕家坡村；雁翅镇高台村、苇子水村、雁翅村；斋堂镇牛站村、林子台村、新兴村；清水镇上清水村、下清水村、洪水峪村、达摩庄村、黄安村、龙王村、简昌村21个村被评为“北京郊区生态村”。

（符乃清）

【“三起来”工程建设】 年内，全区“三起来”新建工程共投入资金1360万元，修建雨洪利用工程14处，开展粪污治理项目4处，建设有机肥加工厂1处。投入资金516万元，对区内7935盏太阳能路灯和89座太阳能公共浴室进行维护。

（符乃清）

【开展合作社推荐评选】 年内，北京阿芳嫂黄芩种植专业合作社被评为全国农民专业合作社示范社。北京妙峰玫瑰种植专业合作社、北京孟悟京白梨种植专业合作社、北京鲁五养殖专业合作社、北京大山鑫港核桃种植专业合作社、北京泗家水香椿种植专业合作社5家合作社被评为2012年度市级示范合作社。

（符乃清）

【群众来信来访受理情况】 年内，受理群众来信来访3件次。群众来信来访全部办结，办结率100%。

（符乃清）

【碳汇造林】 年内，全区选定了30个地块3832亩碳汇林供企业认领命名，采取“政府主导、企业参与、村民建设”的经营管理方式。

（符乃清）

【五进农村】 年内，全区73个帮扶单位根据帮扶目标，结合被帮扶村的发展现状和制约因素制定了帮扶计划、折子工程和帮扶台账，初步形成了“一对一、点对点”，有明确目标、有专人负责、有针对措施的帮扶机制，为被帮扶村实施了送项目、送设备、送书籍、送文化、送健康、送温暖、送规划等百余件实事，取得了阶段性成效。低收入村由83个减至41个，减少了42个，减少50.6%；低收入农户由15614户减至9334户，减少了6280户，减少40.2%；人均可支配收入实现8108元，同比增加1628元、增长25.1%。

（符乃清）

【一村一品】 年内，雁翅镇太子墓村获评“全国一村一品示范村镇”荣誉称号。

（符乃清）

【农转非工作】 年内，全区实现农转非1830人，其中征地转非1414人、大中专学生转非351人、投靠亲属转非37人、本市农民城镇购房转非1人，其他转非27人。

（符乃清）

【村镇获评】 年内，妙峰山镇涧沟村和岭角村被授予2011－2012年度北京最美的乡村。

（符乃清）

林 果 业

【概况】 年内，在区委、区政府的领导和市园林绿化局的支持下，区园林绿化局、区绿化办围绕建设生态涵养发展区和首都西部综合服务区的功能定位，强化绿化美化工作，推进全区城乡绿化美化工程建设，不断提升生态管护水平，完成共47项园林绿化工程，投资固定资产5.5亿元，新增城市绿地12.67万平方米，栽植各种乔灌木194.53万株。

单位名称：北京市门头沟区园林绿化局
地　　址：北京市门头沟区滨河路115号国信滨河大厦8层
电　　话：69842575
邮　　编：102300

（陈喜迎）

【果蜂产业】 2月22日，“北京市门头沟区果蜂产业协会”正式成立。吸纳团体会员48个、个人会员566个。

（陈喜迎）

【首绿办领导调研区园林绿化局】 3月15日，首绿办领导到局内调研山区造林情况。

（陈喜迎）

【区绿化美化总结表彰会】 3月22日，召开门头沟区绿化美化总结表彰大会，参加大会的有：区长、全区各委办局、乡镇和赴区、驻区单位约300人。

（陈喜迎）

【义务植树工作】 3月30日，区委书记、区委副书记、区长等四大部门领导带领全区军警民等社会各界500余人参加义务植树。

（陈喜迎）

【野生动物保护、法制宣传日活动】 4月1日，区园林绿化局开展义务植树宣传日和2012年野生动物保护宣传月、“爱鸟周”宣传活动启动。宣传活动共悬挂横幅15条，展出识鸟知鸟等展板10块，发放宣传册、年历、环保袋、圆珠笔、法律法规单行本等各种宣传品40多种，逾5万份。

（陈喜迎）

【碳汇林项目】 4月6日，举行区首都碳汇林项目启动仪式。参加启动仪式的有：中国绿色碳汇基金会，市园林绿化局党领导，区委书记等以及北汽福田汽车股份有限公司、德勤华永会计师事务所北京分所、中国名家书画研究院等十余家受邀企业代表。

（陈喜迎）

【森林火灾扑救应急演练】 4月10日，区内举行春季森林火灾扑救应急演练。市森林防火指挥部办公室领导及区领导参加演练。

（陈喜迎）

【平原造林工作】 5月16日，市领导对区2012年平原地区造林工程进行检查。平原地区绿化造林任务990亩，涉及永定、龙泉、军庄三个镇，16个小班，包括景观生态林1块计720亩，绿色通道6块计270亩，共栽植白皮松、油松、银杏、千头椿、洋槐、黄栌等花灌木8.0万余株，面积核实率100%，成活率均在90%以上。

（陈喜迎）

【退耕还林工作】 7月28日，国家林业局对区退耕还林工程进行了检查验收。面积保存率、苗木成活率、档案管理率、地块管护率均为100%。

（陈喜迎）

【召开森林防火大会】 10月23日，召开2012至2013年度森林防火大会，总结表彰了2011年度森林防火工作，对2012－2013年度森林防火工作做了部署。区森林防火指挥部各成员单位、驻区中央直属单位、市属单位、部队领导及各镇街、有林单位等约300余人。

（陈喜迎）

【林木有害生物防治】 年内，区完成林木有害生物监测面积295.09万亩，监测覆盖率99%；复检苗木花卉59.192万株，产地检疫苗木面积0.222万亩，产地检疫花卉17.51万株，种苗产地检疫率100%；防治面积6.795万亩，防治率100%，无公害防治率99%。

（陈喜迎）

【公益林管护】 年内，区园林绿化局国家级公益林工程总投资528.74万元，主要分布在沿108、109国道两侧和永定河两岸的七个镇，包括中幼林抚育和修建防火作业道两个项目。其中中幼林抚育抚育地块29个，抚育面积12135亩；修建防火作业道1.9万延米（分布于抚育作业区内）。工程共组建专业施工队12支。

（陈喜迎）

【京津风沙源治理工程】 年内，门头沟区京津风沙源治理工程绿化造林总面积6.49万亩，包括人工造林1.39万亩，爆破造林1000亩，封山育林5万亩，工程共组建了30余支造林专业队进行作业，成立了5个检查组对苗木质量和施工情况进行检查指导，共植树约110.26万株。

（陈喜迎）

【下属单位情况】

单位名称：百花山林场
地　　址：清水镇张家铺村上
电　　话：61826110
邮　　编：102311

单位名称：小龙门林场
地　　址：清水镇小龙门村上
电　　话：61827665
邮　　编：102311

单位名称：清水苗圃
地　　址：清水镇上清水村上
电　　话：60855454
邮　　编：102311

单位名称：西胡林果园
地　　址：军响西胡林
电　　话：69816704
邮　　编：102309

单位名称：西峰寺林场
地　　址：永定镇上岸村南
电　　话：69802612
邮　　编：102300

单位名称：西峰寺森林公安派出所
地　　址：永定镇石门营环岛南侧108国道边
电　　话：69800648
邮　　编：102300

单位名称：百花山森林公安派出所
地　　址：清水镇上清水村上
电　　话：60855814
邮　　编：102311

单位名称：色树坟森林公安派出所
地　　址：王平镇色树坟村
电　　话：61859437
邮　　编：102300

单位名称：小龙门森林公安派出所
地　　址：小龙门林场院内
电　　话：61827399
邮　　编：102311

单位名称：林业工作站
地　　址：体北路15号
电　　话：61864246
邮　　编：102300

单位名称：园林服务中心
地　　址：门头沟区滨河路
电　　话：69858419
邮　　编：102300

（陈喜迎）

水资源开发利用

【概况】 年内，在区委、区政府的领导下，在各有关部门的大力支持下，以科学发展观为指导，立足生态涵养发展区和西部综合服务区建设，围绕“一带、两线、四点、多组团”空间发展布局，秉承“发展数字化循环水务，建设现代化生态新区”的总体工作思路，努力践行“同心同德、真抓实干”等32字水务精神，推进水务改革发展，成功应对“7.21”特大暴雨自然灾害，并在惠及民生、促进地区经济社会发展中取得了突出成绩。年内共启动实施了国家、市、区级重点工程23项，开展重点工作10项，涉及总投资24.5亿元。

单位名称：北京市门头沟区水务局
地　　址：北京市门头沟区双峪路39－1号
电　　话：69842049
邮　　编：102300

（董　博）

【荣获光荣称号】 2月16日，区龙凤岭水土保持科技示范园列入教育部和水利部联合推选首批“全国中小学水土保持教育社会实践基地”。11月，中国水土保持学会授予门头沟区水务局《中国水土保持学会科学技术奖》。12月26日，田寺试验小流域被列为全国水土流失动态监测与公告项目华北地区的唯一部级管理的小流域。

（董　博）

【领导调研】 3月21日，市水务局局长率队就深化郊区水务管理机构改革、加快推进2012年水务重点工程建设工作到区内调研。区领导王洪钟等参加。

（董　博）

【提闸演习】　5月10日，区防办结合5.12防灾减灾日活动，在珠窝水库与雁翅镇政府、园林绿化局、京西发电有限责任公司共同组织开展了以“防灾减灾安全迎汛”为主题的人工提闸演练。

（董　博）

【节水宣传】　5月14日，按照北京市“做文明有礼的北京人，节水护水我先行”主题宣传活动要求，在永定河文化广场举办。节水宣传周期间，在龙泉花园、绿岛家园、向阳、永新、倚山家园、滨河西区等20余个小区设立节水宣传站，向社区居民宣传节水知识，组织自建中水设施企业、社区居民和小学生参观再生水厂。

（董　博）

【召开安全迎汛工作会】　5月28日，区召开2012年安全迎汛动员大会，各相关单位、各分指成员单位、驻区部队及应急抢险大队近300人参加会议。会上传达了市防汛抗旱会议精神，主管副区长总结了2011年安全迎汛工作，对2012年安全迎汛工作进行了部署，区领导王洪钟与部分成员单位签订了安全迎汛责任书。

（董　博）

【防汛避险演习】　6月18日，市防汛抗旱指挥部联合区防汛抗旱指挥部在妙峰山镇下苇甸村组织开展“北京市2012年门头沟区防汛避险转移演习”。

（董　博）

【降雨情况】　7月21日9时至22日7时，区内出现特大暴雨天气，平均降雨量达到188.1毫米，全区有2个地区降雨量超过300毫米，9个地区降雨量超过200毫米，最大降雨点永定镇、潭柘寺镇分别达到313毫米、305.4毫米。

（董　博）

【应对特大暴雨自然灾害】　“7.21”暴雨后，在区委、区政府的领导下，全体干部职工组织成立2支防汛抢险救灾党员突击队，共有队员23名。动员全区各镇街、各部门和广大市民、驻区部队官兵，组织抗险，确保了无1人伤亡，并开展灾后恢复重建工作。

（董　博）

【领导调研】　9月3日，水利部专家组到区内调研北京水务现代化试点规划工作。5日，水利部水土保持副司长到区谭王路等检查开发建设项目水土保持工作。

（董　博）

【发布公报】　9月13日，《门头沟区水土保持公2011》正式向社会发放。10月15日，区水务局发布了2011年《门头沟区水资源公报》。

（董　博）

【全国第一次水利普查】　11月6日，国务院水利普查办组织的全国水利普查事后质量抽查组到区内抽查检查指导工作，此次抽查组由国务院水利普查办委派，主要由青海水利普查办和水利部灌排中心组成。顺义区、门头沟区作为北京市的抽查对象接受检查。

（董　博）

【工程建设】　11月9日，召开今冬明春水务工程建设大会战誓师大会。北京市副市长、市水务局局长、区领导王洪钟等出席大会。

（董　博）

【开展百日整治行动】　年内，继续开展百日整治行动和水资源专项执法工作，2012年联合检查50余次，出动执法人员600余人次，车辆300余台次、快艇30余台次，累计劝阻非指定区域游泳、钓鱼人员3300余人，收缴销毁地笼粘网820余副，维护了全区生态经济发展环境。

（董　博）

农业发展服务

【概况】 农业局下设农业综合服务中心、动物卫生监督所、动物疫病预防控制中心和农业执法队四个部门（各下属单位与农业局机关合署办公）。年内，区农业局全面贯彻落实各项强农惠农富农政策，在区委、区政府的领导及上级业务主管部门的支持与帮助下，贯彻落实科学发展观，围绕区“创新发展新优势，稳中求进促发展，推进现代化生态新区建设”工作目标，服务旅游文化休闲主导产业发展，促进农游深度融合，履行自身职能，完成了四项区政府折子工程，加强农业服务、农产品质量安全、动植物防疫三大体系建设，促进了“三农”工作又好又快发展。

单位名称：北京市门头沟区农业局
地　　址：北京市门头沟区雅安路6号
电　　话：69843135
邮　　编：102300

（梁　晓）

【暴雨农业抗灾救灾工作】 7.21暴雨落实总价值50余万元救灾资金和物资，加快恢复农业生产。包括：筹集发放价值9万元救灾种子3000余公斤；向市农业局争取到价值12万元救灾农资、20余万元动物防疫药品，及时发放到位；争取到12万余元市农业局干部职工捐款，支援潭柘寺镇抗灾救灾；全面加强防疫工作，确保灾后防疫安全。

（梁　晓）

【阳光浴室运行保障】 年内，全区89座阳光浴室，除永定镇何各庄村1座因拆迁拆除，斋堂镇沿河城村1座因古城规划拆除外，其余87座经维护均已投入使用。

（梁　晓）

【养殖场污水粪便治理】 年内，对4家规模化养殖场（养殖小区）进行污染综合治理，通过建设雨污分离工程，进行粪污资源化利用。治理地点为清水镇杜家庄村、齐家庄村，斋堂镇火村以及雁翅镇杨村4处的肉鸡养殖小区。

（梁　晓）

【建设有机肥生产厂】 年内，新建有机肥加工厂1座，承担山区畜禽粪便污染治理与资源化利用工作，建设地点为清水镇张家庄村。

（梁　晓）

【科学规范养殖业】 年内，完成《门头沟区畜牧业发展调研报告》，与区农委研究起草《门头沟区规范养殖业管理实施办法》，为区政府决策提供依据。开展养殖业退出工作各项数据统计，协助区农委制定《门头沟区规范养殖业管理工作验收办法（草案）》。

（梁　晓）

【推动农业景观建设】 年内，在重点旅游村庄、国道两侧，示范种植葵花、菊花、油菜等景观作物1024亩，打造连片成景、三季有花田园美景。

（梁　晓）

【优化农业结构】 年内，引进、示范农业新品种、新技术，实施了300亩大豆繁种及1500亩新品种杂粮示范推广种植，引进罗非等特色鱼种6万余尾，提高良种覆盖率；加大对食用菌、黄芩等种植业主导产业扶持力度，推进现代化食用菌生产基地基础设施建设及提升改造，以京津风沙源建设工程为依托，新种黄芩9000亩，推动黄芩产业在区内种植业中的引领示范作用。加快推进肉鸡产业标准化发展，完成对清水镇5个肉鸡养殖小区的提升改造。

（梁　晓）

【农业保障性工作】 年内，落实各项强农惠农富农政策，发放粮食直补、农资综合补贴、生态作物、能繁母猪补贴等166.7万余元，政府补贴农机具包括30马力拖拉机25台，割灌机51台，保温被9000余平米。做好春耕农资储备，共发放大田种子1.2万斤，蔬菜种子1000余袋。开展农机送检下乡服务，检验农机447台，代上保险360份，发放反光条6784条。开展测土配方施肥，示范施用有机肥共计200亩，推广1万亩。完成农药面源污染物理防治及生物农药推广，惠及全区4300亩果品基地。推进农业技术服务，依托“阳光工程”培训、全科农技员队伍建设、基层防疫员素质提升等项目，开展农业生产、动植物疫病防控、农产品质量安全等内容培训，累计培训农户950余人次，发放宣传及培训资料5000余份。在全区122村完成太阳能路灯维修工作4040盏次。开展渔业增殖放流，向斋堂水库、门城湖、晨曦公园等水域投放鲢、鳙、红鲫、草金鱼等鱼种56万余尾，打造“水清鱼肥”的水域景观。

（梁　晓）

【农产品质量安全工作】　年内，完善和落实农产品质量安全监管责任体系和检测体系，实现了渔政、农机、种子和农药等重点领域的全覆盖监管，严厉打击各种违法经营假劣农资产品和使用禁用投入品的行为，实施执法行动206次，检查对象703个次，出动执法人员676人次。围绕“农资打假”、“绿剑护农”等主题，开展法制宣传活动22次，累计发放宣传资料2.8万余份，接受群众咨询1000余人次，全区未发生劣质农资、农产品伤农害农事件。

（梁　晓）

【重大动植物疫情工作】　年内，完善应急管理体系建设，抓好畜禽免疫工作，实现动物防疫免疫率100%，免疫密度100%，监测面100%。完成10141条注册犬狂犬病免疫，与区公安部门共同收容2000余只流浪犬，维护了公共卫生安全。加强动物卫生监管工作，完成动物产地检疫404.83万头只，动物产品产地检疫2.2吨，检查过境动物37.45万头只，车辆268车次。完成第29届京冀五区县重大动物疫病防控联防会承办工作。做好植物疫情普查、监测、治理，完成4.81万亩农区灭鼠防治及0.4万亩豚草防除工作。

（梁　晓）

【争取市级资金】　年内，共有京津风沙源治理工程、市畜牧业“菜篮子”工程建设、巩固退耕还林成果工程基本口粮田建设等9个项目得到市级资金支持，总金额799.4万元。

（梁　晓）

【“三品一标”农产品认证管理工作】　年内，全区农产品认证基地已达到55家，其中，有机认证40个，无公害认证15个。“妙峰山玫瑰”成为区内第1个农产品地理标志认证产品，“泗家水香椿”、“龙泉务香白杏”于年内通过了市级专家组评定，进入后续评审阶段。

（梁　晓）

农村经济经营管理

【概况】　年内，在区委、区政府的领导下，在市农研中心、市经管站的指导帮助下，坚持以邓小平理论和“三个代表”的重要思想为指导，深入贯彻落实科学发展观，学习贯彻党的十七大和十七届六中全会及北京市第十一次党代会精神，按照“人文北京、科技北京、绿色北京”和建设首都西部综合服务区功能定位要求，落实区委、区政府的工作部署，实施“五讲、五树、九推进”战略，强化农村“三资”监管，创新资产信托经营管理，推进产权制度改革。

单位名称：北京市门头沟区农村合作经济经营管理站

地　　址：北京市门头沟区新桥大街36号

电　　话：69844255

邮　　编：102300

（付洪美）

【镇级清产核资工作】　3月，启动镇级清产核资，截至6月底，全区9个镇提前1个月完成镇级清产核资工作，确认镇级集体资产6.5亿元。

（付洪美）

【四级网络光缆传输】　5月，实施农村管理信息化四级网络建设，8月底全部完成，全市首批实现市、区、镇三级经管部门对村级软硬件设备的动态监管、在线维护和四级网络传输。

（付洪美）

【集体资产信托经营管理试点】　6月，研究制定了《门头沟区农村集体资产信托化经营管理实施方案》。开展永定镇东辛称和白庄子村首批试点工作（暨“富民1号信托”），年获取信托资金10%的收益，实现村民年人均增收上万元。信托计划9月28日签约，10月1日正式启动。

（付洪美）

【农村产权制度改革】　7月初，启动镇级产权制度改革，截至11月底，全区9个镇已全部完成改革任务，居全市第一位。累计完成180个村集体经济组织的农村产权制度改革，占全部村级应改制单位的98%，居全市第三位。

（付洪美）

【“三资”管理工作】 年内，与区纪委、农委、财政局联合制定了《关于进一步加强农村集体“三资”管理工作的意见》、《关于进一步规范农村集体经济合同管理工作的意见》等五个文件；建立“三资”监管平台，与市农研中心对接，使用新会计财务软件将186个村财务会计账目全部录入，并实现硬件设施的全部到位。

（付洪美）

【农民专业合作社】 年内，提升改造示范社，获评全国农民专业合作社示范社1家，市级示范社5家。

（付洪美）

【完成村干部经济责任审计工作】 年内，做好对村两委班子成员报酬和养老保险专项补助资金使用情况、186个村级组织正常运转专项补助资金管理使用情况、35个新型集体经济组织、粮食直补和生态林补偿资金等内容的审计审核工作，共涉及金额15.1亿元。

（付洪美）

【农民负担监督管理执法检查】 年内，按照市农村负担监督管理领导小组办公室的统一部署，组织开展春、秋两季农民负担监督管理执法检查和治理涉农乱收费工作。

（付洪美）

【农村经济统计分析】 年内，实现农村经济总收入81.4亿元，比上一年的76.6亿元增加4.8亿元，增长6.3%。人均劳动所得11610元，比上一年的10764元增加846元，增长7.9%。

（付洪美）

【低收入农户监测】 年内，低收入农户由15614户减至9334户，减少40.2%；人均可支配收入实现8108元，同比增长25.1%；低收入村由83个减至41个，减少了42个。

（付洪美）

【农村管理信息化】 年内，完成8.3万人、5.5万个劳动力、3万份家庭资料数据和186个村社会综合管理库的数据更新。更新区、镇、村三级信息化设备，为各镇配备电脑、复印机等办公设备，为89个村配备新电脑。

（付洪美）

【培训工作】 年内，举办“三资”管理和新会计财务软件使用及农村财会知识培训班共17期，1240余人次。

（付洪美）

【加大政策宣传力度】 年内，印制《门头沟区农村经管工作集萃》、《门头沟区农村经管工作法律法规政策文件汇编》、《门头沟区农村集体“三资”管理文件汇编》、“三法一条例五文件”宣传彩页等材料共13600份。

（付洪美）

工 业

区 属 工 业

【概况】 年内，在区委、区政府的正确领导下，坚持以科学发展观为指导，按照建设西部综合服务中心和生态涵养发展区的功能定位要求，落实区委、区政府的工作部署，信息化建设、工业和镇村企业发展等各项工作稳步推进，完成了区委、区政府下达的各项工作任务。

（一）抓好经济运行监测，促进工业经济稳步增长

制定出台了《门头沟区工业稳增长工作实施意见》、《工业企业稳增长奖励措施》等一系列政策，采取重点企业约谈等工作措施，了解企业动态情况，作好新企业入统的协调工作，为2013年工业稳定增长打好基础。

（二）加大对中小企业在信贷融资、科技创新等方面的支持力度，促进中小企业健康发展

一是进一步完善区中小企业融资服务平台建设，与工商银行、邮储银行、市经信委银企平台开展对接和培训活动，促成全区26家企业融资1.8亿元。二是集成国家、市级政策资金引导支持企业加快技术改造。包装工业企业、中小企业等各类项目10个，初步估算支持资金2418万元。已到位资金1868万元。市工业发展投资管理公司入股4000万元推动石龙经济开发区中小企业孵化中心二期项目建设。三是落实区内促进企业发展政策，加大对中小企业的支持。完成第一批21个项目，兑现资金748万元，第二批区内中小企业项目组织进行中。

（三）加强指导和管理，促进镇村企业发展

按照区委、区政府镇村集体企业“年内改制面要达到30%”的工作要求，年初确定了区内改制企业力争达到28家的工作目标，并将目标任务层层分解落实到各镇。为确保企业改制取得实效，结合各镇村资源禀赋和企业现有资产状况、人员就业和经营模式等实际情况，采取公司制改造、股份合作制、重组兼并等多种形式，积极稳妥地推进镇村集体企业改制。

（四）服务于全区经济和社会发展，全面推进信息化建设

一是完善区信息化基础设施建设。截至三季度，全区共新建WLAN网络覆盖点55个，基本覆盖了政务区域、镇街、星级酒店、医院、景区等重点区域；新增基站250个；光纤入户改造升级3.8万户。各电信运营商共投资2.422亿元，全年预计投资3.37亿元。另外还为全区176个行政村搭建了信息网络，使区政务网络向村级延伸。全区信息化基础设施整体水平在2012年得到了较大提升。

二是增强政务领域信息化服务。全年建设了政务云门户、移动办公平台、综合运行监控管理平台、机构编制数据库管理系统、档案信息化、城市管理信息化、私挖盗采监控平台等应用系统，进一步促进了信息化与行政办公的结合，推进了政务领域信息化建设。

三是推进社会领域信息化服务。通过社区信息平台（二期）、社会救助信息平台、人口和计划生育综合信息管理平台、全员人口信息公共服务平台的建设，推进区社会领域的信息化建设工作。

四是助推经济领域信息化服务。用信息化手段促进全区经济发展。构建招商引资信息化管理平台、包装智慧旅游系统、打造智慧石龙等系统，通过这些系统，提升区经济领域信息化支撑力度。

五是做好十八大全区网络信息安全工作。制定了工作方案，对重点部门进行检查。

六是完善区信息化保障体系建设。组建区通信保障和信息安全应急指挥部；调整区信息化工作领导小组职责和人员组成；加强政府投资信息化项目的绩效考评，对森林防火系统进行评估；制订《门头沟区政府投资信息化项目管理办法》（试行），提高区信息化建设资金的使用绩效。

（五）推进落后产能淘汰，加强平价煤管理及对已关闭煤矿巡查

一是完成昊泰建材、首钢鲁家山石灰石和鑫海通建材3家企业退出后的监测和奖励资金的申报。二是为确保山区农民生活用煤的按时供应，对7个镇销售网点及各镇用煤情况进行调度等一系列工作。截至10月底，平价型煤销售情况平稳，完成销售量5000余吨。三是加大对已关闭煤矿的巡查力度。共出动检查人员160余人次，车辆130余台次，集中参加全区打击私挖盗采活动6次，未出现已关闭煤矿死灰复燃现象。

单位名称：北京市门头沟区经济和信息化委员会
地　　址：北京市门头沟区新桥大街46号
电　　话：69864977
邮　　编：102300

（张　洁）

【惠民工程】　年初，对区清水等7个镇进行摸底调查，7个镇农业及农转非但未获得土地补偿的人口为50864人，25837户。10月初，2012年型煤供应工作正式启动，截至2013年1月底，西宝型煤加工厂生产型煤2万吨，7个镇销售网点销售到农民手中的平价型煤1.96万吨。区财政按580元/吨给予补贴，共计补贴11395608元。完成区平价型煤供应工作。

（王　亮）

【搭建“移动办公平台”】　年内，结合区现有电子政务建设成果，将应用软件、硬件、网络、通信相结合，建立了一套以手机等便携终端为载体实现的移动信息化系统，系统将智能手机、无线网络、OA系统三者有机结合，实现了任何办公地点和办公时间的无缝接入，提高了办公效率。平台于8月正式上线运行，平台主要包括会议通知、日程管理、公文阅办、期刊新闻、快捷沟通、通讯录六个模块。

（贺　虹）

【完成防私挖盗采监控平台建设】　年内，结合区实际，在永定镇、潭柘寺镇、大台街道办事处三地的重点部位部署了14个高清监控探头，并建设了分析软件，能够实现对非法盗采人员、车辆进行全天候监控，对进入该地区非法作业的人员、车辆进行高清抓拍，预警报警，并反馈到手机等移动终端设备，实现信息发布、适时监控、有效跟踪，同时通过后台分析软件的应用，定期反馈整体或局部地区阶段性私挖盗采的现状（如非法盗采的频率、次数、人次、时间段及应对情况等等）。平台于9月正式上线运行。

（贺　虹）

【工业产值情况】　年内，全区规模以上工业总产值首次突破百亿大关，实现101.3亿元，同比增长11.4%；完成销售收入102.6亿元，同比增长11.5%。全区规模以上工业总产值和增加值增速均在全市排名第二。

（刘　毅）

【亿元规模企业】　年内，规模以上工业企业中，销售收入超过亿元的12家企业累计完成工业总产值88.4亿元，实现销售收入88.7亿元，同比增长14.3%和16.7%，超出工业平均增速2.9个百分点和2.2个百分点。

（刘　毅）

【镇村经济运行】　年内，全区镇村经济累计完成营业总收入51.3亿元，同比增长2.28%；完成利润总额5.7亿元，同比增长17.47%；完成增加值12.2亿元，同比增长28.99%，上交税金1.3亿元，同比增长0.07%。全区镇村企业总收入占农村经济总收入63.8%；吸纳就业2.12万人，全区镇村企业职工年均工资18315万元，比农民人均纯收入高2600元。

（王书平）

【工业企业技术改造】　年内，北京鑫华源机械制造有限责任公司投资1918万元建成综采液压支架检测试验中心。北京成鑫金刚石有限责任公司投资2508万元完成粗颗粒人造金刚石单晶生产线技术改造项目。

（刘　毅）

【工业节能减排】　年内，规模以上工业企业单位产值能耗为0.0668吨标煤/万元，同比减少27.2%。

（刘　毅）

【集成政策优势　引导企业发展】　年内，累计为北京华夏聚龙自动化股份公司、北京竞业达数码科技有限公司等4家企业争取国家和北京市中小企业发展专项资

金783万元。

（刘　毅）

【中小企业融资服务】　年内，分别与建设银行门头沟支行、工商银行门头沟支行联合举办了两次中小企业融资对接会，共有60余家企业参加；与市中小企业投融资服务平台联合举办区中小企业创新融资培训会，区内30余家企业参加。

（刘　毅）

【投资项目立项备案】　年内，共办理完成北京利德衡环保工程有限公司高新技术研发中心、北京三聚裕进科技发展有限公司软件研发生产基地建设等8项非政府投资工业固定资产投资项目的备案和核准，项目累计总投资9.5亿元。

（刘　毅）

【镇村集体企业改制】　年内，全区完成改制的镇村集体企业共计28家（镇办6家、村办22家），改制面达到了46.7%。28家改制企业涉及资产总额4586万元，其中镇级资产1800万元、村级资产2786万元。吸纳社会资金3245.57万元，集体股份实现全部退出，自然人持股率达到了100%。

（王书平）

【扶持镇村企业发展】　年内，对北京市科峰公路机械仪器厂、北京玫瑰谷香露有限公司、北京顺明喷塑厂等16家企业拨付专项扶持资金200万元，促进镇村企业发展。

（王书平）

【强化全区信息化管理】　年内，加强信息化管理工作。一是为加强我区信息化建设工作统筹规划，推动区域信息化发展，制定了《关于统筹规划门头沟区信息化建设的意见》，实现资源集约共享，避免重复投资和重复建设，提高政府投资效益。二是出台了《门头沟区政府投资信息化项目管理办法（试行）》。三是在对全区网站建设、运行基本情况进行调研的基础上，经反复论证、征求意见后，形成《门头沟区政务网站评比办法》，规范本区各委办局的政务网应用。四是对已建的业务系统开展了绩效评估，组织专家按照对区园林绿化局的森林防火监控系统项目进行了绩效评估的探讨。

（贺　虹）

【落实“智慧北京”相关工作】　年内，落实《智慧北京》相关工作。一是为落实《智慧北京行动纲要》（京政发［2012］7号）、《北京市经济和信息化委员会关于开展“智慧北京”顶层设计的通知》（京经信委发［2012］21号）等文件相关要求，编制《门头沟区信息化顶层设计》，制定区信息化建设的总体框架和实施路径。二是按照市政府关于对全区进行年度绩效考核的各项要求，区经信委牵头负责“智慧北京”信息化部分的考核准备工作，协调30余个委办局共同完成了考核工作，得到了市检查组的好评。

（贺　虹）

【实施年度信息化重点项目】　年内，将“基础设施完善工程”项目、“综合运行监控管理平台”项目、“社区信息平台（二期）”项目、“社会救助信息平台”项目、“招商引资信息化管理平台”项目、“机构编制数据库管理系统”项目和“人口和计划生育综合信息管理平台”项目等9个项目列为区信息化重点项目，其中8项于年内完成，“招商引资信息化管理平台”于2013年一季度完成。

（贺　虹）

【保障网络与信息安全】　年内，保障网络与信息安全工作。一是根据全市统一部署，对我区网络与信息安全协调小组及办公室人员进行了调整，区区内27家单位任小组成员，强化领导，明确分工。二是做好节假日和重要时期的保障工作。制定了《关于党的十八大期间网络与信息安全专项行动实施方案》等提高网络信息安全的制度措施，并在春节、两会、清明、五一、端午、国庆、中秋、环京赛、十八大等重要节点前下发加强安全工作的通知，确保区重要网络信息系统、网站和无线电的安全。三是开展检查与自查工作。一方面定期对区信息中心、区统计局、教委责任单位网络安全情况进行检查，要求重点单位做好节日期间、重要时期安全值守工作和应急响应工作，确保全区的网络安全；另一方面按照北京市网络与信息安全协调小组办公室的要求，结合《关于开展2012年电子政务网络与信息系统安全检查工作的通知》（京信安协办［2012］3号），制定工作方案，开展区信息安全自查工作，共回收自查报告40份，并会同区保密局抽取32家单位进行实地检查，所抽查单位全部达标。

（贺　虹）

【推进信息化基础设施提升工作】　年内，根据北京信息化基础设施提升计划要求，一是积极推进区信息化村、宽带小区建设，引导移动、联通、歌华、电信开展信息化基础设施建设工作，全年累计完成投资3.906亿元，新增各类基站92个，光纤入户升级改造6.4万户。二是为全区151个行政村搭建政务信息网络，构建局域网。

（贺 虹）

【整合“61696156”为民服务信息平台】 区为民服务信息平台整合了59条政府职能部门服务热线，其中包括14条全市统一热线、32条区内热线以及13个街道、乡镇的全程办事咨询热线，创建起网格化服务管理模式。年内，平台共受理市民求助事项4.3万件，接单率100%、办结率92%、办结事项的群众满意率达99%。

（贺 虹）

【升级区电子监察平台】 年内，配合区监察局按照国家、北京市的要求，完成区电子监察平台的升级工作。

（贺 虹）

【建设“政府云门户”】 年内，完成区政务网络门户云服务平台的建设，平台面向全区各镇街、各部门提供云服务支撑组件，各单位可依托平台提供的不同模板实现个性化的政务网站快速搭建，区内已有8个镇、4个街道办利用云门户建设政务网站。

（贺 虹）

【推广共享交换平台应用】 年内区接入政务信息资源共享交换体系的单位已扩大到80家，形成了覆盖全区主要部门和单位的共享交换体系。

（贺 虹）

石龙开发区

【概况】 北京石龙经济开发区于1992年1月，经北京市人民政府批准正式成立，是北京市最早成立的开发区之一，批准规划面积为1.5平方公里，经历了二十余年的滚动开发，完成了1.1平方公里的工业区建设。2000年经北京市人民政府批准为市级开发区。

入区建厂企业60家，认证国家级高新技术企业21家，中关村高新技术企业24家，集中了航天四院、内蒙一机、万辉双鹤、精雕科技、歌华有线、京西旅游等一大批国内外知名企业和上市公司，形成了集数控装备、生物医药、轻工建材、仪器仪表、化工、机械、为主体的产业形态。“十一五”后期建成石龙产业孵化中心，初步形成了总部经济基地的雏形。形成了一个管理服务体系完善；企业投资经营环境优越；地理位置不断优化；适于高端产业集聚的新型科技园区。石龙经济开发区按照产业集群化发展，资源集约化利用的思路进行建设，在招商引资工作中坚持选择入区企业高附加值、高辐射力的基本标准。2012年共计引进登记注册企业1578家，其中部分企业正在办理各项后续手续，全部手续完成后，可实现注册资金97.2亿元，资本金数量超过去年的2倍。其中，注册资金1000万元以上45家，一亿元以上的16家。从实现的注册资金数量看，所引进的企业规模和质量大幅提高。总部经济建设继续推进，各入区企业利用现有资源，积极谋划本企业的总部大楼和研发中心，年内，总建筑面积34.43万平方米，总投资18.1亿元的8个总部大厦集群重点工程建设项目已全部开工建设。从建区到年底，累计投资达到63.4502亿元，累计上缴税收达到135.85亿元。累计完成区财政收入约为40.79亿元，就业人员达到4500人，成为区财政收入的重要来源和劳动者就业的重要基地。年内各项经济指标完成情况：

技工贸总收入257.4亿元，同比增长21.7%。上缴税金36.04亿元，同比19.1%。区财政留成10.1亿元，同比增长17.2%占全区缴税性财政收入的60%。工业总产值完成95亿元，同比增长16.3%。固定资产投入2.67亿元，完成年计划任务2.52亿的106%。

石龙经济开发区为入区企业提供了完备的“九通一平”基础设施和税务、邮政、电信、银行、工商、会展中心、物业服务等系列配套功能，不断优化区域的工作、生活和人才环境，同时努力为企业和职工提供了良好的生产环境。

单位名称：北京石龙经济开发区管理委员会
地　　址：北京市门头沟区石龙经济开发区永安路20号
电　　话：69803404
邮　　编：102308

（亢　建）

【领导调研】　2月15日，区领导到石龙经济开发区调研，并在管委会座谈。8月23日，区领导王洪钟到石龙经济开发区调研，听取了石龙经济开发区工作汇报。10月23日，区领导韩子荣到石龙经济开发区调研，听取了石龙经济开发区工作汇报。

（亢　建）

【重点工程进度】　3月1日，石龙产业孵化中心二期A区项目正式开工建设，该项目由石龙经济开发区投资开发有限公司投资建设。2日，骏阳大厦项目举行开工典礼，该项目由北京骏阳房地产开发区有限公司投资建设。4月25日，博特研发生产基地项目举行开工典礼，该项目由北京东方博特科技发展有限公司投资建设。8月29日，石龙开发区景观广场落成，落成典礼与开发区20周年庆典同时在石龙广场举行。9月21日，巨擎大厦项目举行开工典礼，该项目由北京巨擎国际贸易发展有限公司投资建设。10月26日，立思辰大厦项目举行开工典礼，该项目由北京立思辰网络技术有限公司投资建设。11月11日，车辆实验研发基地建设项目主体完工，该项目由内蒙古第一机械制造有限公司投资建设。20日，石龙产业孵化中心二期B区项目举行开工典礼，该项目由北京石龙经济开发区投资开发有限公司投资建设。29日，利德衡高新技术研发中心项目举行开工典礼，该项目由北京利德衡环保设备有限公司投资建设。

（亢　建）

【企业工商年检】　3月1日至7月15日，通过工商年检，其中A类石龙户2618家，B区属招商引资户2095家。

（亢　建）

【消防工作站挂牌】　5月26日，根据区政府（门政发【2012】24号）文件精神，石龙经济开发区正式挂牌成立消防工作站。制定了消防工作站工作职责，火灾隐患举报投诉工作职责及工作流程。针对开发区内火灾形式进行分析，指导辖区企业单位履行消防安全职责。

（亢　建）

【重点企业迁入】　6月25日，中铁资源集团有限公司正式迁入石龙，注册资金30亿元人民币，此次迁入成为开发区最大的总部企业。

（亢　建）

【募捐活动】　7月至8月，为支持“7.21”救灾工作，石龙工委在开发区先后组织企业和个人进行了3次捐款活动，捐款总额共计2956155元。

（亢　建）

【组织活动】　8日至9日，石龙管委、区消防支队、区永定镇派出所共同举办“石龙杯”第一届消防技能运动会，共计20家入区企业的150人参加此次运动会。10月27日，11月3日，石龙经济开发区举办2012年羽毛球比赛，共有11家企业代表队参加，178人次出场参加各轮次的团体和男女单项比赛。

（亢　建）

【合作签约】　8月13日，石龙经济开发区与北京农投京西小额贷款股份有限公司签订战略合作框架协议，为石龙开发区入区中小企业搭建又一银企合作平台。

（亢　建）

【重点工作】　10月26日，《北京市战略新兴产业科技成果转化基地》石龙高端装备制造基地通过审批。

（亢　建）

【工作站揭牌】　11月15日，区内首家“五站合一”工作站揭牌仪式在石龙高科大厦广场举行，市、区及各区级枢纽型社会组织负责人等相关领导出席了揭牌仪式。

（亢　建）

【项目签约】　11月23日，石龙经济开发区投资开发有限公司与新华国泰公司就新华电力总部基地项目进行了签约，合同总金额7.3亿元。

（亢　建）

【组织重点企业交流会】　12月13日至14日组织重点企业交流会，启动“石龙快报系统”对重点企业进行跟踪服务。

（亢　建）

商贸　旅游

商　贸

【概况】　年内，区商务系统在区委、区政府和市商务委领导下，在全区各部门及行业企业的支持下，贯彻落实党的“十八大”和市、区“两会”及全市商务工作会议精神，以科学发展观为指导，履行部门职责，以产业结构调整为主线、以保障和改善民生为根本，促进市场繁荣、提高招商引资实效、保持外贸平稳增长、加强市场应急体系建设、加大商务执法力度、构建服务型机关，商务各项工作有序推进。商业设施内外环境全面改善，服务水平、便利程度不断提高，逐步缩小与全市差距。消费品市场持续繁荣。实现社会消费品零售额43.7亿元，同比增长15.1%，超额完成了市政府下达的指标，连续四年增幅在15%以上，受到市商务委表彰及专项资金奖励。按照“月月有活动，节日有促销，百姓得实惠”的目标，以春节、端午、教师节、国庆、重阳等节日为抓手，开展了全年主题促销活动。构建商旅结合消费新模式，挖掘和宣传区域特色饮食文化及农副产品，先后组织食在门头沟、消夏名品进社区、农餐、农超对接会、年货大集、送货下乡等10余场促销活动。不断优化贸易投资环境。全年实际利用外资4500万美元，同比增长6.68%。外贸进出口总额达4.74亿美元，同比增长49.32%，其中出口2.64亿美元，同比增长96.92%；进口2.1亿美元，同比增长14.54%，出口及进出口增速均为全市第一。开展项目对接、国际洽谈交流活动，与日本永旺、法国迪卡侬等国际知名品牌零售商进行洽谈，引进呷哺呷哺等知名连锁餐饮企业入区经营，带动餐饮业健康协调发展。做好市、区扶持项目申报和验收工作，2012年共批准中小企业国际市场开拓资金项目32个，获得市级扶持资金100余万元。按照《门头沟区商业流通发展专项资金管理办法》，重点支持传统老企业的硬件设施升级改造，农村流通网络建设，便民商业基础设施建设等项目。经过审核，完成了40个项目470.5万元扶植资金的申报和审核工作。

单位名称：北京市门头沟区商务委员会
地　　址：北京市门头沟区新桥大街36号
电　　话：69842571
邮　　编：102300

（黄　岳）

商业流通

【突发事件应急物资保障供应】年内，在各镇、街，尤其是在区供销社、鑫维康、物美双峪店等企业的支持下，完成山火等突发事件及“7.21”暴雨应急物资供应任务。累计调运各类食品、粮油和抢险物资共计150余吨，出动车辆50余次，出动人员100余人次。

（黄　岳）

【增强生活必需品应急保障能力】　年内，科学应对突发事件，应急供应能力切实增强。在远郊区县中，第一个制定了《门头沟区生活必需品市场供应应急预案》，经区政府审议通过，建立了500万元的应急物资储备资金。形成了市、区、企业三级应急供应体系。斋堂粮食应急加工项目竣工。累计投入资金311.5万元，原粮日加工能力为80吨，可以有效解决突发情况下深山区粮食应急供应问题。

（黄　岳）

【开展专项安全治理行动】　年内，根据市商务委、区政府对“两会”、“十八大”期间的部署，开展有针对性的安全专项整治行动隐患排查行动，加大安全生产宣传和执法力度，提高企业自主、自警、自改的安全责任意识，提高企业应对突发事件的防御能力，加强与市、区相关部门的执法共建活动，形成有效监管合力。共出动执法人员400余人次，检查经营单位360家次。整改安全隐患30余处，保障了行业的安全。

（黄　岳）

【加强全区酒类、食盐监督检查】　年内，加强对酒类流通、食盐市场监督检查力度。共开展食品安全执法累计检查500余人次，共检查各类食品经营户1500余家，保障了行业食品安全。据统计，全区碘盐覆盖率为97.22%；碘盐合格率为97.86%；合格碘盐食用率为95.14%。

（黄　岳）

【完成再生资源回收站点建设】　年内，完成10个再生资源回收站点建设任务，提高了资源利用率。新建的10个站点分别位于育园、冯村嘉园、永新等社区，其中5个建在市级垃圾分类试点小区。

（黄　岳）

【区首家再生资源分拣中心建成】　年内，为完善区收购、分拣、再利用的“一站式”再生资源回收体系，建设整洁、环保、和谐的区域环境，区内建成首家再生资源分拣中心。该中心位于大台地区，占地面积5000余平方米，内设纸板、塑料、金属、电子垃圾、杂品5个加工车间，安装了地磅、天吊、纸板打包机、金属剪切机、金属压块机、塑料脱标机、塑料打包机、电气焊切割、封闭运输车辆等设备。目前中心已正式运行，日加工处理能力30吨左右。

（黄　岳）

【推进便民利民工程】　年内，完成了创建“六型社区”任务，全年共开设社区便利菜店3家，分别位于城子蓝龙社区、倚山家园、信园社区；开设便利超市2家，分别位于紫金社区、石门营六区。社区菜店及便利店均已投入使用。组织便民流动超市每周六、日开展便民服务工作，服务地区主要为东辛房、圈门、大峪、石门营等地区，全年共开展流动售货服务102次。

（黄　岳）

【推进无障碍设施改造】　年内，推动大中型商业和餐饮企业实施无障碍设施改造，已完成1家餐饮企业无障碍改造（百年食府）。

（黄　岳）

【开展新型农村社区商业试点】　年内，开展新型农村社区商业试点，引导连锁超市和再生资源回收站点进驻社区，增加服务功能。其中鑫维康在冯村信园社区新开设便利店1家，龙欣顺达在信园新建回收站点1个。

（黄　岳）

【推进购物中心统一收银工作】　年内，推进购物中心统一收银工作，开展依法统计，其中星座新桥商厦投入22.7万元完成统一收银系统升级改造。

（黄　岳）

【完成开发就业岗位工作】　年内，根据人力社保局《门头沟区2012年度岗位开发实施方案》中任务要求，开发就业岗位66个，全部签订劳动合同。其中开发商务行业就业岗位60个。

（黄　岳）

【市、区两级商业项目申报工作】　年内，申报市级商业流通发展项目15个，获得支持的项目为4个，共计94.4万元。其中瓷茗缘特色商品创意项目36万元，鑫维康便民超市及联合采购项目28.4万元，西石古岩农副产品市场20万元，再生资源回收站点项目10万元。申报区级商业流通发展项目55个，获得支持项目40个，支持金额为470.5万元。

（黄　岳）

【推进重点流通企业信息监测工作】　年内，推进重点流通企业信息监测工作，2012年新增重点流通样本企业5家，开展培训2次。全年月报报送率百分百。全年工作会已召开并评选出6名优秀信息员。

（黄　岳）

【主题促销活动】　年内，根据年初工作计划，组织促消费活动，组织徒步大会特色商品展卖（斋堂）、特色山品进山区（大台）等主题促销活动8次，印制宣传海报1万余张。

（黄　岳）

【开展“文明有礼门头沟人”活动】　年内，开展行业促进工作，开展以“展商务行业风采，做文明有礼门头沟人”为主题的“一二三四”系列活动，即“一种精神双创三赛四争先”。50余家商业服务业企业参与此次活动；组织开展第三届食在门头沟活动——2012食在门头沟之“潭戒素食主题技能大赛”、“餐饮行业服务技能大赛”两项活动；年内，开展“再生资源回收日”活动走社区、进机关、下农村活动10次，发放宣传材料5000份，发放积分卡800张。促进循环经济发展；2012年推出早餐车30辆，加盟董记煎饼。方便城镇社区居民生活。

（黄　岳）

【家电下乡工作】　年内，开展家电下乡和以旧换新工作，累计售出家电下乡产品16842台/件，实现销售额0.36亿元。累计售出家电以旧换新产品47482台/件，实现销售额1.6亿元，有效提升居民生活品质。

（黄　岳）

【单用途商业预付卡备案】　年内，完成单用途商业预付卡备案的前期工作，区内规模以上（年销售额500万以上）发卡企业共4家。（龙泉宾馆、晨光饭店、雨润发超市、今天假日饭店）

（黄　岳）

对外经贸

【搭建外经贸企业服务平台】　年内，跨区中关村海关、石景山商务委员会、中国银行共同举办了京西外经贸企业融资政策推介会，共召集100余人参会，发放政策、业务宣传材料200余份，实现了外经贸服务跨区、资源共享的局面。

（黄　岳）

【加强对外宣传】　年内，开展项目对接、国际洽谈交流活动，先后参加“京交会”“九八投洽会”、厦门投洽会、京港洽谈会，京澳洽谈会，与日本永旺、法国迪卡侬等国际知名品牌零售商进行洽谈。在“京交会”上重点推介了“中芬”、“中瑞”生态谷产业园、“北京和平文化村”等项目，其中“门头沟购物中心”、“聚裕产业城”等重大项目实现现场意向性签约，协议金额近50亿美元。

（黄　岳）

【帮扶企业发展】　年内，做好市、区扶持项目申报和验收工作。全年共批准中小企业国际市场开拓资金项目32个，获得市级扶持资金100余万元。

（黄　岳）

京门良实

【概况】　年内，公司在京粮集团党委的领导下，在集团各部门的指导下，贯彻集团工作会议精神，按照年初公司党委、董事会的工作部署，做好粮食储备，开展粮油贸易，发展资产经营，重点工程实现突破，东北粮源基地建设取得成效，应急能力得到加强，企业管理进一步规范。完成了各项工作任务，推动了企业稳步发展，为企业的进一步发展奠定了基础。

年内，商品销售额完成20424万元。实现营业总收入2.3亿元。缴税总额完成130万元。比上一年同期352万元减少222万元。储备粮存储总量12.2万吨，安全储粮率达到100%。军粮供应完成军粮销售1689吨，实现销售176万元。退耕还林补助粮食供应工作完成1713吨。综合效益：实现利润32万元，比上一年同期14万元增加18万元，同比增长128%。

单位名称：北京京门良实国有资产经营管理公司
地　　址：北京市门头沟区滨河南路3号
电　　话：69842491
邮　　编：102308

（张希瑶）

【召开工作会议】　1月17日，召开工作会议，确定2012年工作重点，签订经营目标责任书和安全责任书，并对先进企业、先进班组、先进个人代表进行表彰。

（张希瑶）

【安全检查】　1月18日，京粮集团副总经理一行到三家店粮库进行安全检查。对库区的重点部位、重点环节和消防设施进行查看，对三家店粮库库区的安全工作表示满意。6月7日，市粮食局及京粮集团相关领导，对斋堂粮库储备粮安全度夏及防汛工作进行检查指导。对储备仓房、应急加工车间、防汛工作落实情况及库区环境卫生进行现场检查。

（张希瑶）

【领导调研】　2月14日，京粮集团班子成员到公司调研。公司董事长汇报企业基本概况及发展情况，并介绍公司调整后的“十二五”发展规划和2012年工作思路重点开发项目。3月9日，市粮食局局长到区内调研。区领导及区粮食局和公司有关领导参加调研。

（张希瑶）

【明确仓储工作重点】　2月21日，召开2012年仓储工作重点会议，明确工作：1. 坚持做好储备粮管理工作；2. 抓好素质教育；3. 做好机械器材、物资的管理工作；4. 加强管理者的考评。

（张希瑶）

【消防演习】 2月24日，区消防支队和公司下属三家店粮库全体职工联合进行消防应急演习。

（张希瑶）

【清仓查库】 3月28日至30日，区商务委、财政局等相关部门，对公司储备粮实物、账务及财政补贴等项目进行了联合检查。经检查，储备粮管理账账相符、账实相符，完成粮食库存自查工作。

（张希瑶）

【退耕还林补助粮食供应工作】

4月14日至5月10日，公司2012年退耕还林补助粮供应工作完成。共覆盖区9个镇。总计供应粮食1713吨，其中大米1012吨，面粉701吨。

（张希瑶）

【市储备玉米接卸工作】 4月27日至5月14日，斋堂粮库完成入库市储备玉米3251吨，三家店粮库入库市储备玉米827吨，共计入库4078吨，完成了玉米接卸任务。

（张希瑶）

【防汛及“打非治违”工作】

年内，部署防汛工作，一是加强领导，建立健全各级防汛组织；二是逐级落实责任制，抓好重点部位的安全防汛；三是落实各项防汛措施，备齐必要防汛物资；四是做好防汛检查工作；五是加强汛期值班。5月30日，召开防汛及“打非治违”专项行动动员会。会上确定公司防汛组织和防汛重点部位；成立“打非治违”专项行动领导小组，签订“安全迎汛责任书”和“安全生产目标责任书”。7月3日，国家粮食局领导一行组成督查组，到杨坨粮库和三家店粮库进行“打非治违”专项行动督查工作。督查组通过听取汇报、查阅资料、现场检查等形式，对两个粮库开展的“打非治违”工作表示满意。

（张希瑶）

【机动车检测站停业】 年内，北京公共交通控股（集团）有限公司为建设龙泉镇西快速公交中心站，对公司北京京门良实机动车综合性能检测站进行拆迁工作，6月21日签订拆迁协议。

（张希瑶）

【培训工作】 7月23日，组织29名保管员在杨坨粮库举办正压式空气呼吸器的操作规范技术培训，提高了职工安全防范意识，也为确保安全生产打下了良好的理论和技术基础。8月16日，组织开展企业法律审核工作实施办法和合同管理培训。下发和学习了京粮集团《企业法律审核工作实施办法（修订稿）》和公司制订的《合同管理办法》，明确了各部室各单位法务工作人员，完善了法务工作组织机构。

（张希瑶）

【统计检查】 8月15日，中储粮顺义直属库检查组对三家店粮库粮食统计数据质量工作进行专项检查。10月10日，承德直属库、顺义直属库组成联合检查小组对三家店粮库储存的中央储备粮进行了秋季普查。检查组认为三家店粮库帐卡数据统一填写规范，做到了数量真实、质量良好。

（张希瑶）

【通过ISO9000复评审核】 9月24日至26日，华夏认证中心对公司进行ISO9000质量管理体系复评审核，抽查杨坨粮库、斋堂粮库、稻谷香食品销售中心、本乡良实面业有限公司，全部通过复评审核。

（张希瑶）

【良实米业一期工程竣工】 年内，良实米业5月破土动工，10月底竣工。一期工程建筑面积3156.34平方米，投资824万元，11月14日，通过竣工验收。

（张希瑶）

【规范化验收】 11月26日至27日，市粮食局检查组对斋堂粮库和杨坨粮库的规范化管理水平进行了评价验收。通过验收检查，对斋堂粮库、杨坨粮库规范化管理水平给予了肯定，并提出了改进意见。

（张希瑶）

【成立京粮盛隆贸易有限公司】

11月30日，为贯彻落实北京京粮股份公司会议精神，成立了北京京粮盛隆贸易有限公司，主要经营粮食收购、粮油贸易，利用东北粮源基地的粮源优势，实现效益最大化。

（张希瑶）

【仓储考核】 年内，重新修订并印发“京门良实公司2012年仓储业务知识培训、考核办法”，并进行四个季度仓储考核，考核成绩及合格率100%。

（张希瑶）

【综合检查】 年内，修订公司综合检查办法，增加了对机关各部室的考核，进行一至四季度的综合检查评比，各单位综合检查情况良好，达到了综合检查的预期目的。

（张希瑶）

【修订部室职责实现有效对接】
年内，按照集团部室职责内容，公司机关将原有“四部一室”更名为“综合办公室”、“党群工作部”和“储运贸易部”及“财务审计部”、“资产保卫部”，并且重新修订公司部室职责，实现与集团工作有效对接。

（张希瑶）

【财务管理】 年内，按照京粮集团财务管理要求，公司推进财务管理NC系统的学习培训和应用，确保2013年企业NC财务管理系统正式纳入企业常规核算。

（张希瑶）

商业网点

【概况】 年内，在区委、区政府的领导下，在区商务委的指导下，坚持以落实科学发展观为统领，围绕指定的全年工作目标和任务开展工作，完成了各项工作和任务。

全年收入为221万元，比上一年同期增长45万元，增加26%。费用支出188万元，比上一年同期增长18万元，增长11%。人事编制隶属商业网点管理处的门头沟区商业联合会和门头沟区饮食服务修理旅店业行业协会完成了各项工作指标。年内陆续开展了几项工作：开展“迎新春厨艺进社区”活动，为社区居民讲解家常菜的制作方法，并根据实际情况进行现场操作，供居民品尝，与厨师进行交流、学习，开展“送货下乡，便利山区百姓”活动，让广大百姓充分体会到了实惠购物；举办餐饮行业服务技能大赛，对提高餐饮行业服务技起到了帮助作用。

单位名称：北京市门头沟区商业网点规划建设管理处
地　　址：北京市门头沟区双峪路35号1号楼A1007室
电　　话：69843983
邮　　编：102300

（陈　娇）

【职业技能竞赛】 4月至7月，举办了“门头沟区商务系统职业技能竞赛”，区内星座商厦、今天假日海鲜城、信翔生态园等5家单位的164人参加了此次竞赛，其中商品营业员73人，餐厅服务员91人。竞赛分为理论知识和实际操作两项内容，通过考试，商业营业员22人，餐厅服务员27人在竞赛中获得相应的职业资格证书。

（陈　娇）

【房屋资产维修和修缮】 年内，“7.21”特大暴雨对单位部分商业用房造成了一定损坏，照相馆、三家店四局的商业用房造成房顶漏雨，商户无法正常经营。大雨过后对漏雨的商业用房进行修缮和防水处理，保证了商户的正常使用。

（陈　娇）

【品味实惠绿色消费】 9月至12月，组织全区重点商业服务企业举办“品味实惠，绿色消费”大型主题促销活动，活动中，星座商厦、苏宁电器、晨光饭店等区内餐饮、商场、超市等多家区内知名企业针对季节特点和消费者不同需求，开展各类打折、积分换购等优惠活动，促进全区消费市场繁荣，推进商务经济持续、健康、和谐发展。

（陈　娇）

【举办餐饮行业服务技能大赛】
12月12日至13日，分别举办了摆台和冷拼技能竞赛，各餐饮企业选派了最强选手参加比赛，经过国家级裁判、特级厨师组成的裁判团的严格评判，晨光饭店、百年食府分别获得摆台组、冷拼组第一名。

（陈　娇）

【资产管理】 年内，根据房屋出租市场行情，制定新的租金标准，于12月底完成到期合同续签工作，通过此次租金的调整，2013年的房租租金在2012年的基础上增加26万余元。

（陈　娇）

【送货下乡便利山区百姓】 年内，为让山区村民就近买到放心年货，与区商务委共同组织区内10余家大型商场、超市等商业企业到山区举办乡村年货大集活动。大集2天实现销售额近15万元，同时各商家开展的优惠活动，让广大百姓体会到了实惠购物。

（陈　娇）

【打造独特餐饮文化】 年内，为进一步发挥商务对旅游的服务、促进、联动作用，充分体现西部综合服务区的功能定位，举办“食在门头沟”系列活动之潭戒素食主题推广活动。

（陈　娇）

【品京西风情】 年内，与区商务委共同举办“山水灵动，美味交融”为主题的特色商品大集，针对百姓不同需求，准备了京白梨、山核桃、蜂蜜等绿色、健康的特色农产品，京白梨等应季果品日供应均超过500斤，五彩玉米、京西蜂蜜等农产品也受到消费者的欢迎。

（陈　娇）

【强化监督促安全】　年内，加强对超市、餐饮和酒类专营企业索证索票监督，从源头抓好食品质量关。坚持执法常规化，重点加强对农市、早市、小商店、小餐馆的盐、酒流通情况的检查，全年检查食盐经营户855家、酒类经营户698家，实现了执法工作常态化、规范化。

（陈　娇）

供销合作社

【概况】　区供销合作社是集体所有制合作经济组织。现有7个基层供销社（清水供销社、斋堂供销社、雁翅供销社、妙峰山供销社、军庄供销社、永定供销社、潭柘寺供销社）和3个直属单位（贸易大楼、生产日杂公司和物资回收公司。其中清水供销社合并到回收公司，永定供销社、军庄供销社、合并到妙峰山供销社与雁翅供销社合署办公，保留原单位名称），截至年底，有在职职工190人。

年内，营业收入总额完成1287.4万元，同比增加88.8万元，增幅7.4%。完成年计划1200万元的107.3%；营业外收入完成940.8万元，同比增加174.3万元，增幅22.7%；三项费用本年实际1577.7万元，同比增加164.3万元，增幅11.62%；利润总额5.9万元，同比增加16.1万元，增幅157.84%。完成年计划1万元的590%；利润净额完成2.4万元，同比增加13.8万元，增幅121.1%；上缴税金完成122.9万元，同比减少6.4万元，减幅4.9%；资产负债率82.91%，同比减少8.18个百分点；资产总额10777.9万元，同比增加437.8万元，增幅4.23%；负债总额8935.6万元，同比减少482.8万元，减幅5.13%；所有者权益1842.3万元，同步增加920.6万元，增幅99.88%。利润多年来首次实现扭亏为盈。全员工资增加1681651元，同比增加25.5%，在岗职工工资增加1898327元，同比增加31.3%，实现连年持续增长。

单位名称：北京市门头沟区供销合作社
地　　址：北京市门头沟区新桥大街2号
电　　话：69842992
邮　　编：102300

（苏卫国）

【市供销总社与区政府举行座谈】　1月10日，市供销合作总社与门头沟区政府举行座谈会。市供销总社领导、区领导王洪钟及区政府有关委办局和市供销总社有关部室、市农资公司及区供销合作社的领导参加座谈。区供销合作社领导在会上作了工作汇报。11月28日，为进一步推进市供销合作总社与区框架合作协议项目的进展，区领导与市供销合作总社领导在区政府举行座谈。

（苏卫国）

【安全检查】　1月10日，市供销合作总社领导到烟花鞭炮库房检查安全。

（苏卫国）

【召开新春座谈会】　1月18日，召开所属各单位副职以上领导干部新春座谈会。

（苏卫国）

【举办新春联谊】　1月20日，机关与贸易大楼职工举办新春联欢会。

（苏卫国）

【开展民主测评】　1月，陆续对基层领导班子的党政一把手进行了民主测评，优秀率达92%以上。

（苏卫国）

【领导调研】　1月31日，区领导到社调研指导工作。2月8日，区国资委领导到社就绩效考核工作进行调研指导。9日，区国资委领导到社就党建工作进行检查。5月19日，区国资委领导、市供销总社领导到雁翅镇雁翅村就引进百花蜂蜜进行工作调研。7月13日，市商务委领导到回收公司重点对再生资源分拣中心和社区站点的建设、运营情况实地调研。11月26日，区国资委领导一行领导到社进行工作调研。

（苏卫国）

【区政府与市供销总社签署协议】　2月22日，区政府与市供销合作总社签订战略合作框架协议。区领导王洪钟及有关委办局、乡镇、供销社的主要领导和市总社领导、市社所属有关公司的主要领导参加了签约仪式。双方合作7个项目，包括增华兴农副产品市场升级改造、永定镇商业地产开发、蜂产品生产销售、小额贷款、烟花爆竹仓储等，投资金额超过25亿元。市社领导与区领导签署了双方《战略合作框架协议》；市社与区供销合作社签署了《增华兴农副产品市场升级改造项目合作意向》。

（苏卫国）

【签订经营业绩考核责任书】　2月28日，与区国资委首次正式签订了2012年企业经营业绩考核暨目标管理责任书。

（苏卫国）

【斋堂农贸市场开业】 3月19日，斋堂农贸市场开业。市社领导及区领导参加，并为市场开业剪彩。参加开业仪式的有市社有关部室、市社有关直属单位和区属委办局、社会团体、斋堂镇政府、国资委直管企业、区社机关、基层党政一把手及商户和周边群众500余人。斋堂农贸市场占地面积8000平方米，建筑面积3820平方米，总投资1300余万元。是市供销合作总社在区扶持和政策资金支持的项目，是斋堂镇政府与区供销社合作兴建的第一家公司制法人企业，是镇企合作模式的有益探索。

（苏卫国）

【召开工作年会】 3月27日，召开工作年会，总结上一年工作，部署了2012年的重点工程和工作任务。

（苏卫国）

【完成拆除房产】 5月，配合区政府城子大街改造，斋堂供销社按期完成城子大街西侧原城青房产的拆除任务。

（苏卫国）

【再生资源分拣中心投入运营】 6月28日，再生资源分拣中心投入正式运营。市社领导有关部门及国资委所属企业的主要领导参加。再生资源分拣中心项目总投资1100万元，占地面积近6000平方米，位于区清水涧。该分拣中心包括：废旧纸类加工车间、废旧金属加工车间、废旧塑料加工车间、电子垃圾拆解车间、杂品加工车间、桥体加高、生活区、办公区等工程。主要设备包括：纸板打包机、金属切割机、金属压块机、塑料脱标机、塑料打包机、天车、地磅、电气焊设备等。分拣中心的建立填补了全区没有再生资源分拣中心的空白。

（苏卫国）

【增华兴市场正式启动拆迁】 6月29日，增华兴农副产品市场拆迁工作正式启动，至年底拆除工作基本完成。

（苏卫国）

【召开中工作会】 7月23日至24日，召开年中工作会，基层各单位的主要领导及机关全体干部参加。

（苏卫国）

【举办消防安全培训】 9月14日，举办消防安全培训，请区公安消防支队及区商务委领导进行讲课培训。有关领导及安保人员共45人参加。

（苏卫国）

【检查冬季取暖用具安全】 11月8日，区商务委领导，到生产日杂公司检查冬季取暖用具的安全工作。

（苏卫国）

【举行冬季消防演习】 11月20日，贸易大楼组织干部职工及商户近200人，开展冬季防火消防演习活动。

（苏卫国）

【举行工作研讨会】 12月3日，举办了落实区国资委领导调研工作研讨会。区社党委成员、机关部室正职、基层党政一把手参加。

（苏卫国）

【社区再生资源收购站点验收】 11月27日，市商务委对区回收公司2012年社区再生资源收购站点的建设情况进行实地验收，各项指标合格。

（苏卫国）

【贸易大楼墙体外装修】 12月，区政府支持和组织对贸易大楼外墙面装修改造全部完工。

（苏卫国）

【民主测评】 12月28日、29日开展系统领导班子、领导干部民主测评，优秀率达92%以上。

（苏卫国）

【安全保卫】 年内，投入安保资金14.44万元，用于安全防护措施、安全用品、安全设施维护等，全年未发生任何安全责任事故。

（苏卫国）

【接收预备党员】 年内，发展接收中共预备党员3人。

（苏卫国）

【下属单位情况】

单位名称：清水供销社
地　　址：门头沟区绿岛家园8楼会馆三层
电　　话：6984.2685

单位名称：斋堂供销社
地　　址：门头沟区倚山家园11楼－4单元－601号
电　　话：6984.5044

单位名称：雁翅供销社
地　　址：门头沟区雁翅镇雁翅村
电　　话：6183.0203

单位名称：妙峰山供销社
地　　址：门头沟区妙峰山镇陇驾庄村

电　　话：6188.1642

单位名称：军庄供销社
地　　址：门头沟区妙峰山镇陇驾庄村
电　　话：6081.1522
单位名称：永定供销社
地　　址：门头沟区妙峰山镇陇驾庄村
电　　话：6980.3491

单位名称：潭柘寺供销社
地　　址：门头沟区潭柘寺镇鲁家滩村
电　　话：6086.2409

单位名称：贸易大楼
地　　址：门头沟区新桥大街2号
电　　话：6984.2971

单位名称：生产日杂公司
地　　址：门头沟区绮霞苑甲3号楼2单元903号
电　　话：6984.2088

单位名称：物资回收公司
地　　址：门头沟区绿岛家园8楼会馆三层
电　　话：6984.2685

（苏卫国）

旅　　游

【概况】　年内，在区委、区政府的领导下，贯彻“十八大”报告和市十一次党代会精神，按照旅游文化休闲产业战略规划的要求，坚持大视野布局、大项目带动、大企业引领、大融合驱动、大体系支撑的建设原则，培育旅游文化休闲主导产业，为实现全域景区化奠定了基础。全年旅游产业固定资产投资50亿，占全区全社会固定资产投资的26.3%；实现旅游综合收入16.84亿元，同比增长15%，增速位居全市第二位，完成了年度计划指标。

单位名称：北京市门头沟区旅游发展委员会
地　　址：北京市门头沟区新桥大街46号
电　　话：69862525
邮　　编：102300

（安新颖）

【黄金周情况】　“春节”黄金周期间（1月22日至1月28日），全区共计接待游客31.5万人次，实现旅游收入3280万元，分别同比增长8.6%和9.3%。其中民俗旅游共计接待游客15万人次，实现旅游收入1450万元，分别同比增长7.1%和8.2%。“五一”假期（4月29日至5月1日），全区共计接待游客12.78万人次，实现旅游收入792.27万元，分别同比增长12%和15.6%。其中民俗旅游共计接待游客7.85万人，实现旅游收入468.48万元，分别同比增长11.82%和16.83%。“十一”、“中秋”双节假期（9月30日至10月7日），全区共计接待游客24.71万人次，实现旅游收入1825.55万元，分别同比增长12.1%和14.1%。其中民俗旅游共计接待游客14.1万人，实现旅游收入1097.8万元，分别同比增长10.4%和9.5%。（按新的黄金周统计范围，数据统计只包括重点旅游景区、宾馆饭店及各镇民俗旅游。）

（安新颖）

【旅游企业标准化创建工作】　年内，推进旅游行业各项标准的贯彻实施，加快旅游企业标准化创建工作。1月，黄芩仙谷景区黄岑种植基地和灵之秀东佛山风景区黄岑种植基地被评为中医药文化旅游示范基地；3月，潭柘寺景区被评为全国文明燃香试点单位；7月，潭柘寺、戒台寺、龙泉宾馆被评为全区首批市级旅游标准化示范单位；10月，完成了清水镇西达么、张家铺2家市级民俗村和129家市级民俗户的申报推荐工作；12月，京西山区中共第一党支部纪念馆被评为“北京市红色旅游景区”；完成了天马国旅等5家旅行社门市部的备案登记工作。

（安新颖）

【召开农村旅游工作会】　2月24日，全区农村旅游工作会召开。会上宣读了关于表彰2011年度农村旅游先进集体和先进个人的决定，做了农村工作旅游工作报告，对2012年全区旅游工作进行了总体部署。韩子荣在会上强调旅游工作应坚持农游合一的发展方向，在科学规划、环境改善、项目落地、活动策划等方面寻求突破，围绕旅游文化休闲产业发展推动农村产业发展和城乡一体化建设，推进山区全域景区化目标的实现。

（安新颖）

【培训工作】　年内，组织举办了北京市第三届职业技能大赛，共6人获得区内表彰，23人取得全国劳动职业等级证书，2人取得了裁判证书；3月，与区人保局合作，对各镇100余个民俗旅游接待户经营者进行了厨师技能培训；5月31日，与区教委共同举办区旅游文化休闲产业人才培训班，共70余人参加培训；6月6日，组织区内各镇旅游科室负责人、25家旅游咨询站、9家旅游港湾工作人员，开展旅游咨询业务知识培训；13日至14日，与区人保局、区教委、团区委共同举办区旅游行业讲解员培训班，共90余人参加培训；7月至8月，与区中等职业学校合作，对潭柘寺、戒台寺、龙泉宾馆等重点旅游企业从业人员进行岗位技能培训，共909人参加培训；10月12日，组织全区旅游咨询人员50余人赴西城区咨询中心参观学习；11月13日至15日、21日至23日，组织全区旅游咨询人员77人参加全市旅游咨询培训大会。

（安新颖）

【召开旅游推介会】　3月23日，“2012年门头沟区旅游推介会”在龙泉宾馆举行。推介会以“山水相约绿海畅游”为主题，共180家旅行社、40家新闻媒体以及全区主要景区景点、宾馆饭店和旅游商品生产企业参会。会上，签订意向合作协议800余份。

（安新颖）

【旅游咨询服务工作】　3月，《门头沟区旅游港湾规范管理办法》正式出台；8月，《门头沟区旅游咨询培训读本》编制完成，为全区的旅游咨询提供了统一的服务标准和考核依据；年内，区旅游咨询站点已达34家，咨询员59名。全年共接待电话咨询126586人次，现场咨询103658人次，发放各种宣传材料15万份。

（安新颖）

【潭柘寺玉兰节】　4月12日，潭柘寺玉兰赏花节开幕。活动为期10天，以“游千年古刹　赏二乔玉兰”为主题。活动期间景区内设有摄影大赛、古琴表演、赏花品茗、科普展览等活动。

（安新颖）

【妙峰山春季民俗庙会】　4月21日，妙峰山春季民俗庙会开幕。庙会期间，五虎少林会、中幡会、高跷会等近80档传统民间花会朝顶进香、酬山赛会，再现明清香会精彩过程，施粥布茶、舍馒头、舍缘豆、妙峰山庙会今昔图文展、“撞吉祥钟敲太平鼓”、“带福还家”等一系列的祈福纳祥活动及妙峰山玫瑰制品、薄皮核桃、蜂蜜等近百余种特色旅游商品吸引了大量游客的眼球。

（安新颖）

【组织第四届北京市旅游山会】　5月19日至20日，第四届市旅游山会在区门城湖公园拉开帷幕。山会以“绿色出行”为主题，与中国旅游日、3510在行动等活动相结合，设置了旅游综合展示区、特色商品展示区、文艺表演区、特色体育活动表演区、山地及户外用品展示区、门头沟创意画制作展示区等六大版块，通过现场讲解演示及亲身体验向游客全面推介全区旅游资源。山会期间共接待游客2万人，发放旅游宣传品1.6万册。

（安新颖）

【机构调整】　6月8日，经区委、区政府研究决定，根据《关于调整区旅游工作体制的通知》（门编委字【2012】26号），成立“门头沟区旅游工作领导小组”，办公室下设在区旅游委。同时，“北京市门头沟区旅游局”正式更名为“北京市门头沟区旅游发展委员会”（简称：区旅游委）。9月10日，经市编办、区编办批准同意，根据《关于印发〈北京市门头沟区旅游发展委员会主要职责、内设机构和人员编制规定〉的通知》（门编委字【2012】54号），区旅游委内设科室调整为7个，分别为：办公室（监察科）、产业发展促进科、综合协调科、旅游环境与公共服务科、区域形象与市场推介科、行业监督管理科、安全执法科（假日办）。

（安新颖）

【参加北京国际旅游博览会】　6月15日至17日，区旅游委组织区内5家旅游企业参加2012年北京国际旅游博览会。展会现场发放材料1.5万余份，接待现场咨询访客1000余人，灵之秀、瓷茗缘、大山山货等旅游商品企业销售额逾万元。

（安新颖）

【“7·21”旅游业受灾及修复工作】　“7·21”水灾对全区旅游业造成直接经济损失约3343.45万元。其中14家单位受灾，损失金额2777.89万元；10处咨询站及旅游港湾、1722块旅游标识标牌受损，损失金额665.56万元。“7·21”水灾发生后，区旅游委牵头成立了区“7·21”特大自然灾害旅游业救灾善后及重建工作指挥部。截至年底，全区各受损咨询站、旅游港湾的修复工作已完成，潭柘寺景区完成了12项维修工程，戒台寺完成了13项维修工程，十八潭完成了6项修复工程，妙峰山景区的回香阁下陷台阶、茶社已恢复施工，百花山景区完成了4项修复工程。

（安新颖）

【参加市十七届北方旅游交易会】 8月23日至27日，第十七届北方旅游交易会在山西太原开幕。区旅游委组织旅游企业参展，共发放旅游宣传品2万余份，接待来访人员8000余人次。

（安新颖）

【第三届北京国际山地徒步大会】 9月8日至9日、15日至16日，第三届北京市国际山地徒步大会在区内举行。大会以“徒步山地古村落、引领休闲新生活”为主题，分为门头沟新城、浅山区、斋堂三个徒步区域，共7条徒步路线，为期4天。沿途设有旅游资源宣传台和旅游商品展示区，在游客体验徒步乐趣、欣赏山地美景的同时推广了全区优质旅游资源。徒步大会期间，潭柘寺、妙峰山、爨柏等重点旅游景区共接待游客37209人，旅游收入共计201.7万元，分别同比增长8.6%和11.2%。

（安新颖）

【旅游商品大赛】 10月12日，区旅游商品征集大赛在晨光饭店正式启动。大赛以“门头沟礼物”为主题，向社会各界征集旅游纪念品、工艺美术品和都市工农业产品三类旅游商品；12月，第九届“北京礼物”旅游商品大赛评选结果公布。戒台寺《戒神》手卷获铜奖，潭柘紫石砚、灵之秀礼盒、潭柘沉香礼盒获优秀奖。

（安新颖）

【第三届北京重阳文化节】 10月22日，“孝满京城”第三届北京重阳文化节在定都峰景区举行。活动以“践行北京精神、弘扬重阳文化”为主题，设有山货大集、非遗表演、登高祈福等环节。由百名孝星家庭、青少年敬老爱老代表、企事业单位代表等组成的登山队伍参加了此次活动。

（安新颖）

【参加北京国际旅游商品博览会】 12月28日至31日，组织大山山货、灵之秀、瓷茗缘和玫瑰谷香露有限公司四家旅游企业参加2012年北京国际旅游商品博览会。会上展出了各家企业特色旅游商品及旅游商品大赛的部分参赛作品，四家旅游企业共实现营业额近7万元，并荣获最具人气奖、最佳销售奖、最佳组织奖和最佳展台奖等。

（安新颖）

【旅游宣传促销工作】 年内，结合全区重大旅游文化活动，在中央电视台教育频道、《北京新闻》等主流电视媒体陆续播出全区旅游新闻、专题报道约13小时；在《北京日报》等报刊杂志发布旅游信息150余次；在FM103.9、FM87.6等广播媒体播出门头沟旅游资讯累计15小时；在新浪网等20多家门户网站刊载数十篇全区旅游活动报道；在地铁车站设置了以潭柘寺、戒台寺、妙峰山、灵山等景区图片和文字信息为内容的132块广告牌。

（安新颖）

【旅游调研规划工作】 年内，落实《门头沟区旅游文化休闲产业发展战略规划》，制定完善《北京市门头沟区旅游文化休闲产业实施方案》，完成《京西古道暨国家步道旅游开发建设专项规划》、《门头沟区古村落保护开发利用规划》、《雁翅镇民俗旅游总体策划与实施方案》以及碣石、黄安坨“一村一品”的编制工作。

（安新颖）

【旅游产业项目推进工作】 年内，全区旅游文化休闲产业项目共计92项。其中，报市旅游委申报经费项目20项，重点推进项目20项，景区景点自建项目44项，规划策划项目4项，宣传促销活动项目4项。其中35项已完成，完工率为38%；53项工程正在施工建设，开工率达57.6%；已启动、正在办理前期手续并已完成了规划编制的工程4项，占项目总数的4.3%，完成年初既定目标。年内争取到国家旅游局资金支持项目2个，市级部门资金支持项目14个。其中，争取市旅游委产业项目12项，市科委项目2个，推荐申报市文创涉及旅游的项目2个。年内，加大招商引资力度，与大型企业合作建设旅游文化休闲产业项目，初步形成了潭柘寺旅游文化综合体、斋堂旅游文化综合体、军庄旅游文化综合体、妙峰旅游文化综合体、灵百旅游文化综合体、生态山水文化旅游综合体六大综合体框架。

（安新颖）

【旅游基础设施建设工作】 年内，重点旅游村庄、旅游景区、潭戒妙三寺基础设施建设工程有序推进；市级为民办实事项目双龙峡、灵山、潭柘寺、戒台寺、妙峰山5家A级景区厕所提升改造工程完工并通过验收，区级为民办实事项目戒台寺牌楼工程已开工建设；入区口16套旅游交通指示牌、108国道4块标识牌、定都峰景区北村段6块标志牌设计安装工程、斋堂镇杨家峪村及灵岳寺32块旅游标志牌的设计安装工程已完成。

（安新颖）

【旅游公共服务提升工作】　年内，开展区县“十个一”和A级景区“九个一”便民服务工程，提高旅游行业为民服务水平；旅游综合管理应用系统正式上线，系统覆盖潭柘寺、戒台寺、妙峰山三个景区，可以为管理者提供景区影像、天气、交通客流等实时状况及智能数据分析，为景区管理、应急指挥、交通疏导、资源配置等提供科学决策依据。

（安新颖）

【旅游安全监管工作】　年内，坚持“抓责任、抓排查、抓重点、抓联动”的原则，创新安全监管手段，实现全年旅游企业安全生产零事故。加强安全工作领导，共召开安全工作专题会8次，制定下发各项安全工作实施方案和工作通知34个，部署专项整治行动13项，组织区领导带队联合执法检查6次；坚持日常监管和联合执法相结合，集中开展消防、食品、防汛等多项安全生产专项执法检查行动，出动检查人员307人次，检查旅游企业131家次；加大特殊时期安全监管力度，重大节日活动、会议、突发自然灾害期间，完善安全工作部署和应急预案，“7·21”特大水灾期间全区实现了游客和旅游从业人员零伤亡。

（安新颖）

【旅游企业复核工作】　年内，共完成了5家1－2A级旅游景区、1家星级饭店（龙世源度假村）的复核工作。经复核，灵山、龙门涧2家A级景区被定为一年限期整改，其他企业均通过年内复核。

（安新颖）

综合经济管理

发展改革工作

【概况】 区发展和改革委员会负责全区国民经济和社会发展统筹协调、经济体制改革综合协调的区政府工作部门。现设有：办公室（内设监察科）、规划发展科、经济体制办公室、基础设施发展科、经济社会发展科、固定资产投资科、物价管理科、法规稽查科、金融工作办公室9个科室。区物价检查所（参公）、区政府采购中心（参公）、区重大项目建设指挥部是区发展和改革委员会直属事业单位。

单位名称：北京市门头沟区发展和改革委员会
地　　址：北京市门头沟区新桥南大街甲28号
电　　话：69842187
邮　　编：102300

（郭　莹）

【京津风沙源治理】 至11月底，累计完成人工造林2.3万亩、爆破造林1000亩、封山育林2.7万亩、人工种草3000亩、草种基地500亩、围栏封育7000亩、暖棚建设9000平方米、生态移民100人、小流域治理21.3平方公里。累计完成投资9595万元。

（郭　莹）

【固定资产投资】 年内，完成全社会固定资产投资191亿元，同比增长34%，完成全年投资任务160亿元的119%，提前3个月完成全年投资任务，居生态涵养区全社会固定资产投资总量第一，增速第一。居全市全社会固定资产投资增速第一。其中：政府投资101亿元，占全部完成投资的53%，是区固定资产投资的重要支撑；区属重点工程完成投资93亿元，占全社会固定资产投资完成的49%，是区投资任务完成的主要支柱。2012年争取市政府投资149616.8万元。实施重点工程91项。

（郭　莹）

【推进南部地区高压线迁改问题】 年内，市电力经济技术研究院已完成门头沟区新城东南部高压电网整合迁改咨询报告。在与北京市电力公司签订《门头沟新城涉及电力设施迁改补偿合同》、与北京华商电力管道有限公司签订《营门一二、石器35kV线路入地（门头沟新城）项目电力管道建设合作合同》，并正与市规委办理规划意见书。

（郭　莹）

【节能减排工作】 年内，区万元GDP能耗比2011年下降5.22%，超额完成计划108.8%，累计降低率17.77。万元地区生产总值二氧化碳排放降低3.06%，超额完成计划指标，能源消费总量70.8万吨标煤，低于计划指标12.2万吨标煤。

（郭　莹）

【价格检查工作】 年内，检查各类经营单位492户，纠正不规范价格行为5件，立案查处违法案件1件，没收违法所得135，902.80元，罚款5000元，协调退款1，165，538.00元。受理各类价格举报45件，办结45件。

（郭　莹）

工商行政管理

【概况】 年内，全局以“稳中求进、进中有为、效能为主”为指导，以确保“十八大”期间市场秩序安全稳定为工作主线。完成市局、区委、区政府交办各项工作任务。

推进地区经济发展，凸显服务措施。一是初步建成与区域相适应产业发展格局：分局联合25个镇、街、部门经政府批准，以红头文件下发《支持产业优化升级加强业态调整实施意见》。在全市经济形势出现下滑情况下，门头沟区经济继续持上升趋势，五项经济指标增速列全市之首，首次出现企业总数高于个体户总数情况。二是不断优化投资环境：分局加强统筹，与有关部门协调配合，对近20项重点招商引资项目开通专项办理绿色通道，协调石龙工业区做好拆迁地区招商企业安置落户工作。截至年底，协助全区引进符合生态发展要求重大企业100余个，引资2800亿元，已经到位建设资金500亿元。联合发改委、税务、石龙管委等部门建立税源综合管理服务机制。与区建委、拆迁办、棚改中心、石龙管委等部门协调，就下岗职工办照、放开底商地址注册、依据拆迁办地址证明办理登记等形成决议，扩大办照区域，解决百姓需求。三是科学准确分析数据，提供优良决策分析：分局协调国地税建立“门头沟经济数据共享交换联系机制”，交换数据6000余条，呈报数据分析5篇。四是推动商标合同战略实施：根据门头沟区发展需要，推动完成琉璃渠等22个非物质文化遗产商标的申请，就定都阁、永定楼等地区新建标志性建筑，撰写调研信息。完成赵家台村“潭香居”集体商标的申报工作。区驰、著名商标从无到有，稳步增加（著名商标10件、驰名商标2件）。结合地区特色农业，研制的《黄芩收购合同》《蜂产品收购合同》被确定为示范文本在全市推行。五是服务市场主体实际需求，不断发展涉农经济。组织16家行业协会与金融机构共同参与融资推介会，完成动产抵押7件，为企业融资3.52亿元。农民专业合作社的数量从2009年的193户增长到248户，增长28.5%。

市场秩序更加稳定有序。一是完善网络建设，加强食品安全监管：建立覆盖13个镇街、277个村居食品安全监管网络，同时政府拨款，组建每月享受补助的299人专职食品安全监督员队伍。以“抓住重点、关注热点、杜绝盲点”为主线，做好日常检查和风险排查，在环京自行车赛、京西国际徒步大会等赛事及旅游人数不断攀升的前提下，实现全年食品安全“0”事故。二是突出管理重点，有效规范市场秩序：对黑网吧、石料加工、四假一虚、烟花爆竹、违法生产经营建设行为、虚假宣传、违法广告等实施严控，加强行政指导，强化案件查处力度。开展97项专项整治，罚没款同比提高60.83%，消除无照经营户数同比提高41%。

推进社会管理创新。一是齐抓共管：确定双峪和龙泉雾两个较有代表性社区为试点。联合城管、质监、药监、卫生等多部门共同进驻社区，形成了社区和多职能部门齐抓共管的局面。二是增建设施：分局拨付63万专项资金，为社区、商场、超市设置15块LED食品安全综合信息显示屏，循环播放食品安全、消费安全、生活提示等动态信息。三是搭建平台：以61696156为民服务热线为载体，搭建为民服务平台。组织、推荐企业、个体加盟为区会员。研发“短信平台”，为百姓发送资讯提示类信息8万余条。四是动员群众参与：连续两年在社区组织“消费维权、食品安全进社区”知识竞赛，开办“消费大课堂”讲座，开展文化体育活动，构建良性互动关系。

推进队伍整体建设。一是加强文化建设：开展廉政文化作品征集、观摩、展评活动，收集书法、漫画、摄影等作品350余幅，先后得到国家工商总局纪检组长何昕及市监察局相关领导肯定。二是建设现代化、专业化队伍：围绕专业化队伍建设和人才培养目标，建立青年学习小组、学习研究小组、电子商务青年研判小组、数据分析小组及法制应诉小组等业务研究组织，撰写市局86篇调研课题，向政府提供各类分析报告12篇。三是加强规范建设：重新梳理内部管理制度，并将市局、区政府折子工程、人大建议、政协提案及分局重点工作，按牵头落实局领导进行分解，制定《门头沟分局2012年重点工作任务表》，明确责任部门、完成时限，按月督察，确保工作落实。

单位名称：北京市工商行政管理局门头沟分局

地　　址：北京市门头沟区滨河

路 70 号
电　　话：69869749
邮　　编：102300

（刘　刚　左清丞）

【完成元旦市场监管】　1月1日至3日，出动81人次、21车次，检查各类经营主体205户次。其中流通领域食品经营主体118户次，快速抽检食品样本35个，合格率100%，未发现违法经营行为。

（刘　刚　左清丞）

【青年研判小组集中活动】　1月11日至13日，召开电子商务监管青年研判小组活动，活动包括使用电子监管系统查处互联网虚假宣传以及维护节日期间网络交易市场秩序两个方面。三天研判活动共发现涉嫌违法线索100余条。

（刘　刚　左清丞）

【举行食品安全示范店授牌仪式】　1月13日，召开2011年度优秀食品安全示范店授牌仪式暨春节期间食品安全工作会。会上指出要高度重视食品安全工作，继续开展食品安全示范店创建工作，建立健全食品安全制度。

（刘　刚　左清丞）

【开展元宵节食品安全整治】　1月29日至2月3日，对全区有形市场、商场、超市和元宵、汤圆专营店进行全面检查，以食品经销户落实食品进货检查验收制度、索证所票制度及食品台帐记录情况为重点。检查经营主体125户次，送检、快检元宵产品65个，未发现不合格食品。

（刘　刚　左清丞）

【取缔制售假冒伪劣洗涤灵黑窝点】　2月8日，在区公安部门配合下，取缔端掉一个制售假冒伪劣洗涤灵的黑窝点。

（刘　刚　左清丞）

【召开工作会】　2月24日至25日，召开2012年工作会，市局领导、区领导出席会议。

（刘　刚　左清丞）

【举办听证会】　3月1日，对北京当当网信息技术有限公司涉嫌从事抽奖式有奖销售不正当竞争行为案举行听证。北京市工商局经检处、区法制办、分局社会监督员参加听证。当事人双方就争论焦点进行质证辩论，此案终结拟做出5万元的行政处罚。

（刘　刚　左清丞）

【保障“两会”期间市场秩序稳定】　3月2日至15日，加强对流通领域食品安全、商品质量安全、旅游市场安全检查，出动执法人员388人次，检查各类经营主体1785户次。其中商场超市170户次，有形市场27个次，旅游景区15个次，快速检测食品样品91个，未发现不合格食品，取缔无照经营2户。

（刘　刚　左清丞）

【取缔黑网吧】　3月3日、5日，联合公安部门，取缔两个位于永定镇栗园庄村东无门牌号的农民自建房内的“黑网吧”。查扣电脑71台。5月31日，联合区公安局，在永定镇栗园庄村东农民房内取缔一“黑网吧”，现场暂扣电脑20台。6月12日，联合区公安局，在永定镇栗园庄村东农民房内取缔一“黑网吧”，现场暂扣电脑23台。

（刘　刚　左清丞）

【开展学雷锋活动】　3月3日至5日，组织7支学雷锋小组开展上街宣传、免费食品检测、捐资助学、慰问走访、上门义务服务等活动9次。门城所学雷锋小组连续25年到龙泉镇敬老院献爱心。

（刘　刚　左清丞）

【举办小微企业信贷推介会】　3月12日，联合北京银行举办小微企业信贷推介会，为北京梅坪乐园、郑顺斋（北京）食品有限公司、北京山农生态农业有限公司3家小微企业提供贷款服务。达成贷款意向近200万元。

（刘　刚　左清丞）

【完成清明节祭扫市场监管】　4月2日至4日，启动应急机制，开展专项整治，确保流通环节食品、丧葬用品市场安全。出动执法人员74人次，检查各类经营单位189户次，做出行政指导13次，快速检测食品样本12个，未发现问题。

（刘　刚　左清丞）

【开展卫星地面接收设施检查】　4月11日至18日，开展卫星地面接收设施专项检查。出动52人次，检查经营主体74户，发放宣传提示书150份，未发现违法行为

（刘　刚　左清丞）

【领导调研】　4月18日，市局领导到局内调研。听取了分局市场主体准入方面的工作汇报，对分局上一年工作予以肯定，并重点就基层准入工作中遇到的实际困难进行了解和询问。20日，市局领导到局内就食品安全工作开展调研。对分局食品安全监管及其他工作给予肯定。5月17日，市局领导到分局对廉政文化建设工作进行检查指导。听取分局关

于党风廉政建设、廉政文化建设工作汇报，对分局工作给予肯定，并提出要求。

（刘　刚　左清丞）

【联合取缔侯庄子非法摊群】　4月22日，联合区相关部门对侯庄子非法摊群聚集区进行取缔宣传告知，发放宣传告知书2000余份。29日，出动50名执法人员配合相关部门，联合取缔侯庄子非法摊群。

（刘　刚　左清丞）

【加强劳动节、端午节市场监管】　4月23日至28日，加强对流通领域食品安全监管工作，重点对超市、食品店开展检查，检查45户次，抽检食品132个，发现问题食品11个，立案3起。29日至5月1日，启动节假日应急机制，出动执法人员168人次，检查各类经营单位197户次，检查旅游景点9个次，快速检测食品样本14个，未发现问题。6月5日，重点对12家超市和24户食品经营户销售的粽子进行检查，抽检粽子样本5个，未发现不合格粽子食品。14日至19日，检查各类市场主体52家，发放宣传材料300余份，快速检测粽子等高风险食品样本31个，其中2个疑似样品送检测机构检测。

（刘　刚　左清丞）

【食品安全宣传进校园】　6月6日，联合区消费者协会在三家店铁路中学开展“食品安全手拉手进校园”活动，为师生们普及安全消费知识，现场进行食品快速检测。活动发放食品安全、消费维权系列宣传手册200余份，宣传卡套200余个，宣传扑克牌100余副，宣传材料500余张。

（刘　刚　左清丞）

【校园周边食品安全整治】　8月23日至28日，开展校园及周边食品安全专项整治活动。检查工作严把食品经营主体准入关，确保食品质量安全，规范食品经营制度。

（刘　刚　左清丞）

【举办工商开放日活动】　4月25日，举办“工商行政指导服务首都发展”主题工商开放日活动。活动邀请人大代表、政协委员、企业代表、特约监督员等各界代表15人，征集意见建议21条。10月24日，举办“查处不正当竞争行为，维护市场竞争秩序”主题工商开放日活动。邀请区人大代表、政协委员、纠风办领导、特约工商监督检查员、辖区企业代表和社区市民代表13人参加。收到20余条意见、建议。

（刘　刚　左清丞）

【开展房地产经纪机构专项整治】　5月14日，联合区建委组织全区21家房地产经纪机构召开整治动员会，确定28项重点整治任务。走访、检查房地产经纪机构30户次，做出行政提示8件。

（刘　刚　左清丞）

【检查稻香村经营血豆腐情况】　5月15日，对辖区北京稻香村食品有限责任公司两家门店进行检查，重点检查是否销售猪血豆腐、鸭血豆腐等相关食品。其中一家因销售猪肉及猪血、鸭血豆腐正在停业整顿，两家均能提供进货台账记录和相关票据。

（刘　刚　左清丞）

【开展“六一”光彩助学活动】　5月30日，联合北京山农生态农业有限公司到雁翅镇付家台中心小学，开展光彩助学活动。为全校100余名学生送去慰问品，并为10名品学兼优、家庭困难的学生发放扶贫金。

（刘　刚　左清丞）

【开展“食品安全宣传周”活动】　6月12日，协调卫生、商务、城管、公安开展全区食品安全宣传周启动仪式。13日，到潭柘寺景区，开展食品安全及消费安全宣传活动，发放宣传手册1000余份。14日，联合龙泉雾社区举办“食品安全宣传周”活动，发放宣传材料500余份。15日，进校园、进市场，开展宣传活动4次，发放材料2000余份。

（刘　刚　左清丞）

【领导调研】　6月25日，市工商局领导对区食品安全重点工作进行指导和调研。区食品安全办公室就基层组织网络体系建设、贯彻落实补充意见（18号文）进行汇报。市局领导提出要求。8月22日，国家工商总局领导到局内开展廉政文化建设调研。查看廉政文化建设进展，听取局廉政文化建设汇报，肯定分局利用现代化手段防控风险，自行开发使用执法记录仪。29日，市局领导到局内检查指导档案管理工作。听取分局关于档案工作及信息化工作汇报，检查档案管理工作具体落实情况；对分局档案管理工作予以肯定，并提出要求。9月27日，市局领导一行到局内进行调研。走访了军庄所，查看办公环境，检查服务群众办事工作。参观完工商所后，市局领导一行到区政府，与区领导韩子荣，王洪钟等进行座谈，双方就发挥工商职能服务地方经济发展、工商参与社会管理创新工作等进行交流。28日，市局领导到局内调研。结合“走基层、访企业、听民声、

增效能”活动，听取分局、燕山分局在服务地区经济发展、实施商标战略、参与社会管理创新工作、等方面工作汇报，并提出要求。11月12日，市领导局内指导调研，听取分局2012年重点工作任务完成情况汇报，了解分局推进社会管理创新、推进地区经济发展、确保市场秩序稳定等方面做法。

（刘　刚　左清丞）

【组织召开上半年食品安全工作会】 6月27日，组织召开区年中食品安全工作会。市领导，区领导参加会议。会上就上半年食品安全工作进行总结，对下半年工作进行部署。

（刘　刚　左清丞）

【联合拆除非法户外广告牌】 7月20日，联合区市政管委、城管、公安等部门，出动执法人员20人，在永定镇曹各庄、滨河路沿线拆除非法户外广告牌匾19块。并对未经登记擅自发布户外广告、未按核准广告样件发布户外广告、以及未按规定表明户外广告登记证号等违法行为的经营单位要求限期整改。

（刘　刚　左清丞）

【组织开展知识竞赛】 7月25日，组织开展“门头沟区消保维权、食品安全知识竞赛”，由经营者、消费者组成12支代表队分别进行2场比赛，社区50余名群众观摩了比赛。比赛分为必答、抢答和风险答题几部分，内容涉及《消费者权益保护法》、《食品安全法》等。

（刘　刚　左清丞）

【开展安全生产大检查】 8月20日至24日，根据北京市安全生产委员会《关于开展安全生产大检查的紧急通知》，开展安全生产大检查。检查主体323户次，行政指导46户次，取缔违法经营6户次，立案查处2户。

（刘　刚　左清丞）

【做好徒步大赛安全保障】 9月1日至16日，加强徒步大赛安全保障工作，出动270人次，组织参与联合整治行动17次，检查各类经济主体256户次，组织教育培训3次，快速检测食品样本37个全部合格，取缔无证照经营7户。

（刘　刚　左清丞）

【开展校园周边环境专项整治】 9月10日至14日，联合公安、城管、交通、卫生等部门，对新投入使用大峪中学分校周边环境进行检查。重点查验证照，清理违法经营行为，提高师生消费安全意识。

（刘　刚　左清丞）

【确保国庆期间市场秩序稳定】 9月30日至10月7日，启动节假日应急机制，加强执法检查，开展市场秩序综合整治，确保市场秩序安全稳定。出动250人次，检查经营主体570户次，取缔无证照经营6户，纠正轻微违法行为行政指导9次，快检食品样本125个，合格率100%。

（刘　刚　左清丞）

【召开提高监管效能理论研讨会】 10月16日，召开“改革监管方式，提高监管效能”主题理论研讨会。市工商学会、分局理论学习研究小组全体成员参加研讨。研讨会就如何立足工商职能，多维多向对接，加强市场监管、如何更好地推动工商参与社会管理创新、如何在当前社会形势下打造工商服务品牌等课题进行研讨。

（刘　刚　左清丞）

【组织举行市局老干部京郊游活动】 10月18日，重阳节前夕，协助市工商局组织全市15个区县的退休老干部“京郊游”活动。市工商局领导陪同，游览门头沟区南石洋大峡谷。分局作为承办单位，受到各区县老干部和市局领导好评。

（刘　刚　左清丞）

【开展食品安全应急演练】 10月23日，区食品办组织开展全区食品安全突发事件应急演练。区领导参加此次活动。并提出要求。

（刘　刚　左清丞）

【成立消费纠纷人民调解委员会】 10月25日，区消费者协会组织召开区消费纠纷人民调解委员会成立大会。市消协、法学会、区工商分局、司法局参加会议。

（刘　刚　左清丞）

【做好民用炉具市场监管】 11月5日，会同区公安分局、质监局、城管大队在区体育馆门开展“预防煤气中毒、珍爱生命健康”宣传活动。8日，对辖区经营炉具商业主体进行检查，检查20户，未发现问题。

（刘　刚　左清丞）

【监督企业食品自检室快检工作】 11月19日，对辖区超市食品自检室开展监督检查，重点检查企业是否启用“自检室”开展食品抽检工作，是否有专业的食品安全专业技术人员，快检食品操作流程是否规范。检查超市自检室3个，抽查食品样品快速检测记录30份，情况良好。

（刘　刚　左清丞）

【强化户外广告监管】　11月29日至12月7日，开展户外广告专项检查。建立监管台账，涉及经济主体400余户，检查户外广告牌匾67块，户外电子显示屏34块。对存在名称与牌匾不符的做出行政指导4次，对使用“公安机关指定”、“首都刻字厂分店”及“老中医坐堂门诊”违法内容广告，下发责令改正通知书3份。

（刘　刚　左清丞）

【通过市局信息化建设工作考核】　12月4日，市局信息中心对分局2012年信息化建设工作进行考核指导。检查组实地查看中心机房及电教室，从管理、维护和使用情况进行全面检查，随机抽查5台计算机进行考核。分局通过市局信息化建设工作考核。

（刘　刚　左清丞）

【举行贷款签约仪式】　12月10日，联系北京珠江村镇银行到清水镇黄安坨村，为在此生产经营企业和村民举行现场办理贷款签约仪式。银行与当地34户企业和村民签订贷款协议，协议金额近60万元。

（刘　刚　左清丞）

【开展干部封闭培训】　12月11日起至27日，分三批组织全员干部开展2013年度封闭培训。首堂课邀请了北京大学国际关系学院教授，以学习贯彻“十八大”精神为主要内容，从理论层面向全体干部阐述十八大召开背景、重要内容及党章修改事项。

（刘　刚　左清丞）

【市督查组督查考核】　12月26日，市食品安全办公室对区食品安全工作进行督查考核。考核采取听取汇报、查阅材料和实地检查相结合方法进行。并通过考核。

（刘　刚　左清丞）

【做好自行车赛保障工作】　9月下旬至10月，全力做好环京赛保障工作，加强食品安全监管，对11种26个旅游食品小食品进行现场快检，未发现问题。联合城管、公安对妙峰山赛段沿线公路进行综合整治，检查各类经营主体56户次。做好赛事当天安全保障工作，选派50名干部参加保障，确保门头沟赛段安全举行。

（刘　刚　左清丞）

【加强农资市场监管】　年内，以加强农资商品市场监管为重点，切实维护农民利益。一是加强对农资经营主体的监管，打击制售假冒伪劣农资行为。二是加强农资商品质量监测，发现不合格商品及时采取控制措施。三是加强宣传培训，督促经营者提高自律意识，守法经营。四是畅通投诉举报渠道，开展农资消费维权活动。

（刘　刚　左清丞）

【强化工商工作站建设】　年内，加强工商工作站建设。一是把监管、服务职能与社区管理对接；二是提高工作站社区工作能力和网格干部社会化工作意识和能力。三是实现工商部门与社区居委会、片区民警、城管监督员合作机制；四是社居委会和社区群众共同参与管理。年内，建立18个固定工商工作站、12个流动工作站服务点。开展活动178次，培训111次，接待各类咨询26400人次；发放宣传品55400余份，受理消费投诉121件，为消费者挽回经济损失达12.4万余元。

（刘　刚　左清丞）

【推进工商参与社会化管理】　年内，以宣传培训活动为抓手，推进社会管理创新工作。一是制定《实施社会化监管工作方案》，明确社会化工作目标，落实各部门职责分工。二是以“六进”活动为主线，深入开展宣传培训，组织42次专题培训、知识竞赛活动，普及人数6000余人次。三是打造“五个一工程”：一项机制：建立“工商所社区”一对一协调联络机制；一个模式：建立“1+N”模式，以社区为核心，工商、公安、城管、卫生、消防多部门共同参与；一个讲堂：开设“社区知识大讲堂”；一个平台：依托区为民服务平台（61696156）；一个阵地：安装大屏幕电子显示屏，拓展宣传阵地。

（刘　刚　左清丞）

【建立经济信息交换共享机制】　年内，落实市局2012年折子工程关于“加强数据分析，服务政府决策”要求，与区国税、地税局建立经济信息交换共享机制。一是加大对数据分析人员培养力度，组成研判小组，推进数据分析工作。二是健全工作机制，制定经济信息交换共享工作方案及流程。三是做好信息共享保密工作。四是强化数据分析，挖掘数据内涵，服务区域经济发展，开展调研，为政府决策服务。年内，与国税、地税交换信息4725条。

（刘　刚　左清丞）

【推动商标战略】　年内，发挥行政指导职能，做好商标注册基础工作，搭建区旅游委、科委、农委和工商分局四部门商标战略服务平台，推进地区商标战略实施。一是建立公共资源商标数据库，完善数据信息55条。二是争取地方政府支持，推动通过区《实施商标战略推动品牌发展的五年规划》。三是建立商标综合服务平台，合力推进商标监管与服务工作。四是开展上门指导服务。五是加大自然历史文化旅游等公共资源品牌注册管理和运作。年内，完成申请上报26件，达成申请意向34个；打击侵犯商标知识产权案件9起，罚没款50122.4元。

（刘　刚　左清丞）

【加强消费维权体系建设】 年内，加大对消费维权宣传力度，加块绿色通道企业发展，引导社会消费观念转变，提高消费维权意识，建设消费维权体系。一是开展“重视消费安全、促进经济发展”主题3.15消费者维权活动。二是将消费维权进农村工作推向深入，建立消费维权小讲堂，畅通农村投诉渠道。三是将消费安全、食品安全教育引入地区12所中小学，以“小手拉大手”扩大社会影响力。四是加强绿色通道企业发展，推进企业诚信自律建设。年内，受理申投诉、举报179件，为消费者挽回损失36.5万元。

（刘　刚　左清丞）

【做好双拥工作】 年内，立足工商职能，做好双拥工作。一是开展“食品安全进军营活动”，向辖区驻京部队宣传食品安全知识，发放宣传材料200余份。二是服务驻京部队工作，开通绿色通道，建立友好联席机制，慰问活动与宣传消费维权相结合，为驻京部队提供便捷服务。三是开展庆祝“八一”建军节系列活动，慰问军人，赠送慰问品。

（刘　刚　左清丞）

【推进“五型”机关建设】 年内，创新模式，推进五型机关建设。一是完善学习机制，集中学和自学相结合，将学习情况纳入年度考核。二是创新学习载体，以青年学习小组为平台，开展多种形式活动，营造浓厚的文化氛围；加强内网网站建设，搭建学习、交流平台。三是丰富学习内容，围绕政治理论、工商法律法规知识，开展多学科知识学习。四是强化学习效果，服务辖区经济发展。

（刘　刚　左清丞）

【助推地区产业优化升级】 年内，结合地区建设现代化生态新区要求，全力推进地区经济转型。一是促进形成与区域功能定位相适应的产业发展格局。二是支持个体户升级转型和国有集体企业改制重组。三是规范符合“生态涵养深山区”功能定位行业准入标准。四是健全与镇办联络机制和上级平台业务衔接机制。五是全力配合区域招商引资工作。

（刘　刚　左清丞）

【强化政风行风建设】 年内，切实改进工作作风，加强廉政文化建设，强化政风行风建设。一是加强组织，健全领导机制，“一把手”领导亲自抓。二是强化教育引导机制，进行正面教育引导，树立执法为民、依法行政理念。三是创新平台服务机制，彻底转变窗口部门工作作风。四是强化责任追究机制，针对办事效率低、服务态度差、不廉洁、工作纪律松散问题进行问责。五是完善社会监督机制，推行政风行风监督员制度，征求代表意见和建议。六是创新开展廉政文化建设形式。

（刘　刚　左清丞）

【打击无照经营】 年内，依照市局工作部署，强化监管力度，打击无照经营。一是突出重点，制定风险点管理台帐，严格防控。二是整体联动，协调公安、城管等部门，建立综合治理机制，提升执法效能。三是进行有效、有力打击，无照经营销账264户。

（刘　刚　左清丞）

【开展“送法律送服务”活动】 年内，推进服务型政府和“法治工商”建设，提高执法为民服务水平，开展“送法送服务”活动。一是提供市场准入服务，提供上门集中年检、验照服务。二是服务商标注册，推动商标战略。三是提供信贷推介服务，扶助小微企业发展。四是送法服务，加强普法宣传工作，营造知法、守法社会氛围。

（刘　刚　左清丞）

【营造良好校园周边消费环境】 年内，开展系列宣传活动，强化市场监管，有效净化青少年消费环境。一是利用“消费教育课堂”和食品安全进校园系列活动，提高学生自我保护意识。二是加强黑网吧整治，取缔黑网吧5个，查扣电脑126台。三是开展文化市场专项整治，防止不良文化产品出现。四是强化抽检抽测力度，抽检食品样本352个，合格率96.59%。

（刘　刚　左清丞）

【做好7.21灾后重建、慰问工作】 年内，采取措施，服务灾后重建工作。一是摸清受灾商户基本情况，恢复市场经营秩序。二是加强市场监管，严格食品安全监管。三是发挥12315消保维权平台，积极受理消费者投诉举报。四是组织爱心捐助，走访慰问受灾困难户。

（刘　刚　左清丞）

【促进小微企业发展】　年内，发挥工商职能，搭建服务平台，促进小微企业健康发展。一是优化登记服务措施，减轻小型微型企业负担，免征登记费227663元。二是加强银企对接，拓宽小微企业融资渠道。三是开展商标培训、上门指导，商标兴企。四是提供政策及法律法规服务，完善企业管理制度，增强市场竞争力。

（刘　刚　左清丞）

【为民办实事项目运行良好】　年内，发挥工商职能，做好为民办实事项目。开展食品安全宣教育活动12次，培训经营者170人次，消费者2300余人次。建成食品安全综合信息窗23块，做好宣传食品安全工作。

（刘　刚　左清丞）

【做好商品质量抽检工作】　年内，按照市工商局统一部署，结合辖区消费特点做好流通领域商品质量监管。一是制定2012年度流通领域商品质量监测工作方案。二是加强与检测机构的联系，净化市场经营环境，完成10大类、105组商品监测。三是下架不合格商品，为市场把关。四是实行行政指导与行政处罚相结合原则。

（刘　刚　左清丞）

【服务采空棚户区房屋征收工作】　年内，区领导韩子荣做"请区工商局配合新区管理，服务社区配套项目注册，严禁居民区内利用私房开展各种经营活动"批示。分局落实批示精神，服务采空棚户区房屋征收工作。一是成立工作领导小组，"一把手"抓落实。二是继续严把登记注册准入关。三是开通登记注册信息核实专用通道，确保信息准确。四是抽调专人随时参与执法保障工作。

（刘　刚　左清丞）

【加强属地政府食品安全工作】　年内，完善基层组织网络体系建设，组织农业、质监、工商、卫生部门，陆续对区9个镇政府、4个街道办事处食品安全开展督导与调研，巩固和完善食品安全三级网络体系。

（刘　刚　左清丞）

【加强十八大期间监管工作】　年内，启动十八大安全保障工作机制，确保市场秩序稳定。一是动员部署，强化组织领导，加强制度建设，提升监管意识，增强执法能力。二是强化有形市场监管，确保市场秩序稳定。三是开展仿真枪、管制刀具市场专项整治，确保社会秩序稳定。四是做好"十八大"期间信息网络安全保障工作，健全信息报送机制，加强网络舆情监控。五是开展食品安全专项治理和保障工作，排除食品安全隐患。六是开展流动人口服务管理专项行动，排查违法行为。期间，出动621人次，检查各类经营主体2114户次，其中重点检查911户，责令改正31户。

（刘　刚　左清丞）

【强化电子商务监管】　年内，完善电子商务监管体系，规范网络商品交易及服务行为，查处网络违法经营行为。一是强化基础，网络监管数据库。二是成立电子商务青年研判小组，提升监管水平。三是强化巡查，查处网络违法经营行为。全年检查经营性网站837家，发现存在问题21家，下发责令改正通知书5份，违法情节轻微经教育后改正16家。

（刘　刚　左清丞）

【下属单位情况】

单位名称：门城工商所
地　　址：新桥南大街47号
电　　话：69869753
邮　　编：102300

单位名称：永定工商所
地　　址：石龙南路甲12号
电　　话：69802735
邮　　编：102308

单位名称：城子工商所
地　　址：三家店新建路25号
电　　话：69869772
邮　　编：102300

单位名称：军庄工商所
地　　址：军庄镇
电　　话：60811024
邮　　编：102300

单位名称：王平工商所
地　　址：王平大街东路7号
电　　话：61859467
邮　　编：102301

单位名称：斋堂工商所
地　　址：斋堂大街53号
电　　话：69816374
邮　　编：102309

（刘　刚　左清丞）

统　计　工　作

【概况】　年内，区统计局、调查队按照“找准服务立足点，完善数据质量线，构建人才队伍、信息化、法制保障网”点线面三位一体的工作思路，加强统计监测调查，提升统计科学发展水平。

强化数据管控，夯实统计数据基础。1. 计数据质量控制上提出矩阵式的多维度管理，从组织方式到技术管理控制上构建数据审核链，以定期检查和不定期抽查的方式，加强对数据质量情况的督查和问责。2. 根据 ISO9001 目标管理要求及《北京市统计数据质量全流程控制办法》，制定《关于统计数据质量责任事故追究的具体规定》，构筑约束机制，建立自上而下的责任体系。3. 加强重点基层单位调研力度，走访航天四院和北京旅游等重点服务业单位，开展重点工业企业调研，采取区、镇、村三级联动方式组织实施全区新增地表动土工程遥感监测核实工作，开展养殖业专题调研、灾情调研，开展 A 级旅游景区和基层单位报表中期培训座谈，建立公共机构能源数据库。4. 以部门联动实现数据共享，完善部门统计制度，构建部门联动机制，搭建部门资源共享平台，完善部门统计制度。

发挥职能优势，拓宽统计服务平台。1. 在全区开展组织工作满意度民意调查、党风廉政建设民意调查、企业发展状况调查、人口变动调查、工资结构试点调查等各项调查工作。结合区域工作重点以及发展需求，开展门头沟区教育服务监测调查、党政机关职工住房需求调查以及首次公共文明指数调查等，以客观调查数据突出反映区域社会现状和群众需求。2. 围绕经济生活中的热点、难点以及民生问题，开展各类统计监测。继续加大旅游监测力度，建立汛期灾害应急监测机制，第一时间与辖区内所有 A 级景区联系，及时预测当月经济损失。相继开展潭柘寺第 4 届玉兰花节、门票价格调查和对全区 12 家旅游景区价格监测调查工作；构建文化产业“三机制”，推进公共文化服务体系发展；建立规模以上工业经济运行评价机制，建立重点投资项目统计监测机制，反映全区投资的新情况、新变化、新特点。3. 整理编印《北京市门头沟区第六次全国人口普查主要数据分析汇编》和《北京市门头沟区 2011 年重点课题汇编》，公开发布《门头沟区 2011 年国民经济和社会发展统计公报》，定期印发《门头沟区社会经济统计资料》，编印完成《北京市门头沟区统计年鉴——2012》。全年撰写各类分析报告 212 篇、各类统计信息 376 篇，《我区人口承载力的变动趋势及对策研究》、《对当前门头沟区经济形势的认识和思考》、《我区亿元工业企业发展势头良好》等获得韩子荣、王洪钟的批示。《加强基层统计能源统计基础工作的几点思考》、《对 7.5% 经济增长预期的认识》等多篇文章在国家级、市级刊物登载，发挥统计数据中心和监测评价中心职能作用。

单位名称：北京市门头沟区统计局、北京市门头沟区经济社会调查队
地　　址：北京市门头沟区滨河路 115 号，国信滨河大厦 8 层
电　　话：69842503
邮　　编：102300

（田秀梅）

【专项调查工作】　1 月 12 日，完成城镇居民用水器具调查工作。上旬，完成全区 70 余家党政群机关和企事业单位中开展绩效考核公众评价问卷调查工作。下旬，完成绩效管理公众评价问卷调查工作。4 月下旬，在全区范围内开展建设项目实地踏查工作，了解投资项目实际建设进展。在全区 67 家党政机关单位的 700 名调查对象中开展了职工住房需求问卷调查。5 月 1 日，为了解区域内 A 级及主要旅游景区的价格情况，对全区 12 家 A 级景区及新开业的定都峰景区进行调查。调查结果表明，进行统计调查的 13 家景区，除新开业的定都峰景区外，12 家 A 级景区与上一年相比均无涨价，平均门票价格约为 36 元，有一家景区有涨价意向，但只涨价 5 元。上旬，开展公共文明指数测评调查，以了解居民群众的思想实际和对本区公共文明情况的评价。测评包括公共环境状况、市民素质和社会风尚、窗口行业服务质量等内容，采用了问卷调查和实地考察两种方法；受区委组织部委托，在全区 90 余家党政群机关、事业单位和国有企业中开展了组织工作满意度民意调查。6 月 5 日，完成党风廉政建设民意调查。7 月下旬，门头沟区统计局、调查队认真落实市局总队统一部署，完成全区 28 家单位 151

个样本的组织工作满意度民意调查任务。8月下旬，各统计所按照住户收支与生活状况调查问卷录入工作要求，完成了调查问卷录入工作。9月上旬，开展“五项把关”稳步推进月度劳动力调查工作；完成城乡一体化摸底调查工作，开展新能源与可再生能源利用调查，对全区16家企业、36家事业单位以及178个村的新能源与可再生能源利用情况统计调查数据及时、准确上报。下旬，完成市局总队布置的2012年“准规模”单位调查任务，共查找到调查单位120家，其中达到或将要达到限额标准的调查单位总计19家；按照市统计局、调查队核定准规模单位的工作部署和要求，开展商业准规模单位的核查工作。10月23日，完成全区规模以上统计调查单位统计基础工作专项检查。31日至11月2日，赴昌平区开展市区县反腐倡廉建设民意调查工作，完成了40家被抽中单位400名调查对象的任务。下旬，按照市局总队要求，落实批发零售住宿餐饮行业抽样调查工作，局队领导统筹协调，并邀请市局总队商业处领导指导调查工作，以100%入户率共同完成行业抽样调查工作。

（田秀梅）

【统计文化建设】 1月上旬，编印完成《方圆》一书。20日，开展趣味“数学”比赛。7月12日，参加“我身边的先锋”事迹宣讲活动。8月29日，开展践行“北京精神”演讲比赛。9月24日，开展政府统计系统廉政勤政文化作品展览（门头沟局队展区）。全体职工参观展览。10月31日，开展“清除卫生死角、营造优美环境、喜迎党的十八大”。

（田秀梅）

【召开统计工作专题研讨会】 2月13日，召开第一期制度方法研讨会议，利用年报契机对制度方法进行挖掘和研究，巩固年定报学习成果，思考并探索现行统计制度执行中的新问题、新情况。14日，召开统计督导检查工作专题研究会议，提出“五针对、五突出”加强房地产业统计督导检查，强化调查对象统计基础工作，确保全区房地产业统计工作顺利进行。15日，参加了全市统计工作会议，会后传达会议精神，研究并确定了贯彻会议精神的基本思路，提出做到三个加强全面落实会议精神。27日，召开第一季度统计科长会，学习落实全市统计工作会议精神，围绕“统计监测和创新”讨论全年工作思路。5月17日，组织召开一季度居民消费价格指数通报及稳控物价措施研讨会，区发展改革委员会、商务委员会、工商分局、地方税务局等部门参加并共同商讨消费价格指数。7月6日，召开上半年经济形势分析会。

（田秀梅）

【统计月报、季报和年定报工作】 2月上旬，完成260户住户月报、卡片数据审核工作。3月7日，召开门头沟区农村住户工作会议，针对新的调查网点在运行过程中出现的各类情况，进行专题讨论和研究，并布置了2012年门头沟农村住户月、季报工作要求。10月18日，召开科级以上干部会议，全面启动2013年统计年报工作。11月6日，在北京市2012年统计年报和2013年定报工作启动之际，门头沟区统计局、调查队召集相关科室科长及统计所所长参加的动员会，落实市局总队2012年年报和2013年定报工作动员会议精神。27日至29日，集中召开了农村2012年年报和2013年定报工作布置会，传达了全市农村统计布置会精神，对2012年年报和2013年定报工作进行了安排部署。12月6日，国家统计局北京调查总队副巡视员郎春仙到门头沟局队开展主题为“振奋精神、关注细节，争取年定报工作优异成绩”的专题讲座。21日，召开年报工作布置会，全面部署年报布置会。

（田秀梅）

【统计执法检查】 1月下旬，启动2012年统计执法工作。5月10日，协同市局队能源处有关人员至北京中粮龙泉山庄有限公司进行联合督导。下旬，全市集中执法区县互查工作展开并完成此次互查任务。11月底，由执法队牵头、人教法规科以及业务科室多部门协同配合下，通过“三审制”对全年的全部督导文书及执法案卷进行审阅，完成了后期处理工作。12月28日，召开“展望2013”统计执法工作会议，全体专职执法队员以及业务科室执法骨干参加。

（田秀梅）

【领导调研】 2月21日，市统计局、国家统计局北京调查总队能源处一行到区内调研指导能源统计工作，同区能源统计工作人员进行了座谈，了解区能源发展现状。22日，市统计局、国家统计局北京调查总队投资处一行，对区全社会固定资产投资情况进行调研，与相关业务人员进行座谈。3月14日，国家统计局北京调查总队消费价格处处长一行3人到区内检查居民消费价格在地统计工作，对下阶段落实区县消费价格指数测算工作进行指导。28日，区领导到统计局、调查队调研，听取了统计工作汇报，并对进一步做好统计工作提出明确要求。4月10日，市统计局人口就业处一行到区内指导月度劳动力调查工作，听取了相关工作汇报，并对进一步做好人口和就业统计工作提出了要求。24日，市经济社会调查队副总队长一行到区内调研政府信息公开工作，听取了工作汇报并对政府信息公开管理系统的运维情况进行了检查。5月11日，统计局、国家统计局北京调查总队巡查组一行20余人对局队名录库管理维护、“企业一套表”执行、统计数据质量、城乡住户调查、法制建设、党风廉政、统计基层基础建设等十几个方面展开巡查调研。7月17日，国家统计局北京调查总队副总队长一行到区内，与局队就服务业统计工作总体情况及数据使用情况进行了调研。19日，市局总队纪检监察处及法规处、统计教育中心一行到局队调研统计从业资格考试及认定工作，对统计从业资格认定权限委托区县后的工作开展进行了交流和探讨，对纸质申办材料及网上审批系统的运行情况进行了检查。20日，市统计局、国家统计局北京调查总队生产投资价格处一行4人到区昊华能源股份有限公司进行煤碳价格调研，听取了昊华能源股份有限公司就当前经济形势下煤碳生产布局、产能运营、价格趋势、产能利用情况的汇报。8月8日，国家统计局北京调查总队一行到区内，召开巡查总结会议，反馈2012年统计巡查结果。9日，市统计局副局长一行到局队调研，就第三次全国经济普查筹备工作进行座谈交流。10月9日，王洪钟等区领导带领政府办等13个委办局到局、队调研指导工作。

（田秀梅）

【培训工作】 3月1日，召集消费价格调查所有工作人员，学习相关工作要求，总结并部署新一阶段消费价格监测工作，确保消费价格监测工作顺利进行。上旬，开展“业务人员下基层深入企业访实情”培训。7月17日，邀请市局总队能源统计处专家为区非工业能源报表单位进行能源统计专业知识讲座，全区45家非工业能源重点报表单位的统计人员参加。8月2日，组织区内规模以上重点企业召开统计工作培训会，区内不同行业的14家企业的统计负责人、统计人员参加。10日，对兼职执法人员进行执法业务培训，并邀请市统计局执法大队等一行五人对区统计执法工作进行指导。9月18日，按照年初制定的工作计划，为基层统计所人员举办统计信息化建设培训。10月12日，市局总队宣传中心一行到区内指导信息工作，并从信息定义、作用、构架以及如何做好信息工作等方面进行培训。12月21日，组织召开2012年居民消费价格统计工作总结及2013年居民消费价格统计工作培训会。

（田秀梅）

【召开统计工作会】 3月30日，召开统计工作会，总结上一年全区统计工作成果，分析当前统计工作的形势，明确2012年重点工作任务。国家统计局北京调查总队党组成员、党组纪检组组长出席会议并讲话。

（田秀梅）

【计算机网络安全检查】 4月上旬，开展网站安全整改和计算机设备资产清查工作。8月下旬，开展网络与信息系统安全状况自查工作。12月下旬，区经信委对区统计信息网站进行了互联网渗透性安全检测。针对此次测试结果，局、队开展整改工作。

（田秀梅）

【党团活动】 4月17日，局、队党团支部到斋堂镇西胡林村进行调研。5月4日，开展以“献礼建团九十年，奏响青春新乐章”为主题的活动。30日，贯彻落实区委组织部有关文件精神，组织召开“什么是组工干部的党性”学习讨论会，就“组工干部的党性标准是什么”、“如何增强组工干部的党性”等主题进行学习讨论。6月12日，组织能源科全体人员参观了在北京展览馆举办的“2012中国北京国际节能环保展览会”。20日，到西胡林对口帮扶村进行老党员慰问工作。29日，国家统计局监察局与市局总队纪检组成员在国家统计局纪检监察局局长和北京调查总队总队长李纲等领导的带领下，共同开展了“牵手连心，三联共建京西行”迎七一主题党日活动。11月1日，市统计局副局长带领宣传、网管、杂志社党支部与统计局、调查队党支部开展了以“缅怀隐蔽战线英雄，追忆革命先烈事迹”为主题的支部共建活动。活动中，门头沟局队党支部与市局总队党员干部共同参观了平西情报交通联络站纪念馆，观看了纪录片及图片实物展。

（田秀梅）

【统计监测工作】 5月1日，组织开展玉兰花节监测工作。7月，21日，北京特大暴雨发生后，队启动旅游景区应急监测机制，与区旅游委、A级景区进行沟通联系，做好景区统计应急监测工作。10月22日，召开价格调查动员会，落实市局总队的价格监测要求，部署“十八”期间居民消费价格监测工作。

（田秀梅）

【第六次人口普查工作】 5月29日，召开第六次人口普查课题专家鉴定会，邀请市局有关领导和人口学专家组成专家组，对《门头沟区人口承载力的变动趋势及对策研究》、《门头沟区劳动力现状及发展研究》和《门头沟区人口迁移变动研究报告》三篇课题报告开展鉴定工作。

（田秀梅）

【开展基层调研活动】 6月上旬，区政府发布了《门头沟区规范养殖业管理工作的意见》，为及时了解《意见》对门头沟区养殖业的影响，局、队对此进行了专题调研。下旬，开展以开拓统计服务思路、畅通统计服务渠道、打造统计服务精品为宗旨的基层单位半年调研活动；开展农业农村经济半年调研，突出对重点领域、重点产业、重要农产品实地调研，多角度、多层次、全方位判断农业农村经济运行情况。7月上旬，开展了以开拓统计服务思路、畅通统计服务渠道、打造统计服务精品为宗旨的基层单位半年调研活动。10日，走进区商业零售重点企业——北京门城物美商城有限公司进行调研。8月10日，召开新增调查单位统计工作座谈会，与不同行业的10余名统计人员就如何进一步加强调查单位统计基础工作、提高统计报表数据质量进行交流。

（田秀梅）

【普法宣传工作】 6月27日，召开统计“六五”普法骨干培训会。12月4日，组织开展2012年“12·4”普法宣传活动。此次宣传活动主要围绕“依法统计 求真务实”的主题，重点宣传统计法律法规。

（田秀梅）

【统计资料】 7月12日，召开年鉴工作布置会。10月10日，《北京市门头沟区统计年鉴——2012》正式编印完成。

（田秀梅）

【统计从业资格】 9月16日，全国统计从业资格考试门头沟考区在育园中学开考，市统计局副巡视员到门头沟考区对各考场进行巡视。11月28日，为成绩合格的考生办理了统计从业资格证书，完成2012年统计从业资格认定工作。

（田秀梅）

【统计开放日】 9月20日，开展以“跨越式发展中的人口统计”为主题的统计开放日活动，邀请区公安分局、人口计生委等部门领导到统计机关，了解统计数据的产生过程，民清洁日活动。11月22日，开展以“凝聚力量，科学发展”为题的学习十八大精神主题党课。局长解读了十八大精神，并结合区域经济社会发展现状，介绍统计部门贯彻落实科学发展观的基本情况，提出了提升统计服务水平的要求。12月14日，邀请区十八大宣讲团成员做“贯彻十八大精神加快推动经济转型”专题讲座，局队全体成员参加了培训。

（田秀梅）

质量技术监督

【概况】 年内，在市局和区委、区政府的领导和支持下，区质量技术监督局贯彻落实全市质监工作部署和要求，以全面提高区产品质量、保障人民生命财产安全和促进经济社会健康有序发展为目标，市、区领导到局内调研讲话的精神，为全区跨越式发展发挥了保障作用。全年行政执法活动1030起，查处案件47起，罚没款合计23.5万元，受理投诉举报案件46起、解决46起。先后组织市十一次党代会和十八大精神宣贯、到革命纪念地参观学习、“迎七一”党员宣誓等活动，不定期开展党课学习、质监人论坛、“一人学习，全员共享”活动，加强党组织建设和队伍建设。在第三届北京国际山地徒步大会和第二届届环北京职业公路自行车赛门头沟段比赛期间，先后开展了对供应赛事用水企业、观众看台、旅游场所特种设备和辖区内食品生产企业的监督检查，先后组织接待了市、区领导对全局的走访调研活动。积极贯彻落实《首都标准化战略纲要》，督促企业全面落实质量安全主体责任，提升企业特种设备安全控制水平，推进能源计量、民生计量开展，完成了行政执法、案卷初审、法制宣传等各项工作。检定计量器具12500余台件，开展‘计量惠民”免费检定农贸市场台案秤703台，检验特种设备2200余台，举办培训班9期673人次，颁赋变更发证代码证书共计17000余套，办理行政许可事项237次。向市局和区委区政府相关部门报送各类信息184条次，在政务网站上发布新闻信息192篇。

单位名称：北京市门头沟区质量技术监督局
地　　址：北京市门头沟区新桥大街60号
电　　话：69842304
邮　　编：102300

（张西浩）

【节日安全检查】　“元旦”期间，分别对乳制品、饮用水、熟肉制品及食品相关产品四类食品生产企业进行监督检查，对人员密集场所的电梯等特种设备进行了监督检查。“两会”召开期间，对辖区内乳制品和饮用水等高风险类食品生产企业，及自动扶梯和自动人行道使用单位开展执法检查工作；4月15日至20日，对灵山景区的客运架空索道和双龙峡旅游中心等单位进行“五一”前的安全检查，27日至28日，对辖区内部分大型超市和餐饮单位在用计量器具进行专项执法检查，28日，对节日消费需求量大及高风险类食品如肉制品、糕点、乳制品等48家生产企业进行拉网式检查；6月20日，开展端午节专项检查，共检查大型超市4家，检查粽子5个品种，5个批次，检查在用计量器具70台件，均在检验周期内。通过检查，各超市粽子净含量均符合要求；9月20日，对龙泉镇三家店地区食品生产窝点开展安全检查，共检查出租户4户，并对发现的2处无证照加工点进行了取缔。26日，开展中秋、十一节前计量专项检查，共检查大型超市4家、餐饮单位5家，检查定量包装商品6个品种6批次，经检查各超市月饼净含量均符合要求。27日，组织开展有机产品经销单位节前检查，共出动执法人员12人次，检查4家销售场所，未发现违法行为。

（张西浩）

【专项工作】　年内，开展各专项检查工作。（1）食品质量检查　1月10日，与永定政府及当地派出所开展联合执法，在西辛称村石龙工业区大煤厂东侧查获一个生产酱油、醋的黑作坊，当场扣押违法产品200余桶，违法标签2000余个；3月23日，召开了2012年食品安全工作会，全面做好2012年生产环节食品安全各项工作，督促企业全面落实质量安全主体责任。全区45家食品企业、食品相关生产企业的法定代表人或负责人共计70参加了会议；4月，开展“工业明胶”彻查专项行动，抽取样品22批次，确保辖区食品生产环节无使用工业明效加工食品行为；4月至6月开展食品企业生产许可证年度审查工作；开展乳制品严防三聚氰胺专项行动，每月抽取乳制品4批次，原料生鲜乳9批次，全年共抽样156批次，送指定质检机构检验，合格率100%；4月至7月开展打击非法添加专项行动，对白酒、调味料、肉制品生产企业开展专项检查；7月至9月开展夏季食品安全专项整治工作；6月至8月，组织开展辖区食品企业检验员检验能力大比武活动，8月23日，召开区第三届食品企业检验能力大比武总结表彰会，北京中宝饮用水有限公司等6家企业在活动中分别荣获一至三等奖，辖区内48家食品企业负责人、检验员共计70余人参加了会议。27日，组织召开辖区食品生产企业“山地徒步大会”工作部署会，就门头沟区第三届国际山地徒步大会食品安全外围保障工作任务具体进行部署，辖区48家食品、相关产品生产企业的法人、生产质量负责人共70人参加了会议。（2）机动车检测场检查　3月8日，由相关区县局及市质量技术监督局抽调的机动车检测专家组成的联合检查组对区机动车检测场进行了专项检查，此次检查未发现违规行为。（3）计量检查　15日至16日，开展集贸市场计量器具专项监督检查，共出动执法人员15人次，检查单位5家，检查在用计量器具135台件，检查公平秤5台，对2台不合格计量器具当即责令停止使用；27日至29日，对辖区内加油站集中进行监督检查，共检查加油站8家，加油机32台，出动执法人员16人次，未发现计量违法行为；4月20日，开展定量包装商品净含量市级专项监督抽查活动，共抽查乳制品、饮用水等3类商品，抽查定量包装商品生产企业3家6批次，检查在用计量器具35台件。24日，开展民用热量表检查，共检查了区惠泽家园7、11、12、13号楼的热量表276块。经检查，全部热量表均按规定进行了安装，相应手续齐全；5月15日，对3家医疗卫生机构开展医疗卫生系统计量监督检查，检查在用计量器具45台件。29日至6月1日，对辖区内二级以上医疗单位开展医疗机构诚信计量工作专项检查，共检查二级以上医疗单位6家，检查在用计量器具550台件；18日，对眼镜制配行业开展专项检查，共检查区7家眼镜制配单位，在用计量器具20余台件均在检验周期内。7月11日，对车辆超限超载检查站门头沟芹峪口综合检查站进行专项检查，经过检查，该站使用的电子汽车衡检验周期至2010年7月21日止，属于超期使用。针对此情况，执法人员当即对该站下达了责令改正通知书，要求其立即停止使用，经检定合格后方可使用。8月2日，开展公路在用汽车衡专项执法检查，共检查公路在用电子汽车衡22台，其中计重收费21台，超限检测1台，责令停止使用1台。(4) 特种设备监察　3月16日，召开2012年度全区特种设备安全工作会，对2011年门头沟区特种设备安全工作进行了总结回顾，并对2012年工作进行了布署；6月26日，配合公安交管部门对永定地区和滨河路南侧两地区的流动式起重机集散地进行清理；7月19日，组织辖区电梯维修保养单位专项工作会议，在辖区注册的7家电梯维保单位参加会议；8月16日，组织全区13个镇、街道召开了特种设备安全管理工作座谈会，进一步加强门头沟区特种设备监管工作，发挥镇、街三级监管网络的作用；11月5日，开展冬季供暖锅炉设备安全监察工作，共检查单位12家，检查锅炉23台，出动执法28人次。经检查，各单位使用的锅炉设备运行正常，未发现违规、违法行为。(5) 产品质量检查　3月20日，在妙峰山镇开展了农资打假下乡宣传活动，发放质监宣传材料200余份，为农民讲解了假冒农资产品的识别方法，宣传了相关的法律法规，介绍了维护自己合法权益的途径和方法，现场解答了农民提出的各种农资问题；4月9日，对2012年工业产品生产许可证获证企业年度报告审查工作进行了安排部署，并于10日组织辖区内18家获证企业召开2012年工业产品生产许可企业年审工作会议；5月13日，开展第二季度工业产品质量监督抽查工作，对特种劳动防护用品、建筑材料、日用消费品开展质量监督抽查。7月17日，开展第三季度工业产品质量监督抽查，对防爆电气产品开展质量监督抽查。10月22日，开展第四季度产品质量监督抽查工作，对涉及公共安全、人身安全的重点产品开展质量监督抽查；5月14日，根据市质监局“质检利剑行动”工作方案的部署，开展汽车配件产品打假行动，出动执法人员9人次，对辖区内3家汽车配件生产企业进行了检查，未发现违法行为；6月4日，对北京明珠琉璃制品有限公司等5家琉璃制品生产企业进行监督检查，检查中未发现违规行为；9月6日，组织开展了“清新居室”专项执法检查，以木家具和涂料两类产品为重点，重点检查企业的资质情况、原材料的进货把关情况、生产销售等情况；7日，对辖区内10余家烧结普通砖生产企业进行了专项执法检查，进一步加强建材产品质量管理，确保全区建设工程的安全质量，未发现烧结普通砖生产企业存在违规生产行为。(6) 标准化工作检查　5月12日，对超市商品条码使用情况进行了执法检查，共检查超市2家，药品销售店1家，检查各类商品、药品等500余件，其中2家超市经销的6种商品条码涉嫌冒用和未注册等问题，执法人员将6种商品现场抽样和封样并送技术机构进行鉴定；7月22日，市质监局与市旅游委组成北京市旅游标准化试点终期评估专家验收组，对潭柘寺公园、戒台寺公园、龙泉宾馆进行旅游标准化试点创建工作验收。经过验收组严格的检查和评审，区三家旅游标准化试点单位顺利通过验收；8月8日，组织召开《落实首都标准化战略纲要重点任务分解方案》工作会，进一步推进首都标准化战略纲要的落实工作，来自19个相关委办局的领导参加了会议；13日，对辖区有机产品认证获证企业开展专项执法检查，共出动执法人员30人次，检查获证企业10家。经检查，区内多数获证企业能够规范标注有机产品认证标志，对个别标志标注不规范的获证企业执法人员责令其限期整改；10月8日，对4家申请星级养老服务机构的单位和2家星级养老服务机构星级资格已满三年的单位，分别开展星级评定和复评工作。经严格的审查，石龙老年护养院等养老服务机构通过了星级评定。

（张西浩）

【市、区领导走访调研】　2月28日，区领导韩子荣等到局内进行了走访调研。3月15日，区领导到局内调研。6月8日，市质监局党组书记、局长赵长山到局内调研，王洪钟陪同调研。8月21日，区人大科教文卫工作委员会到局内进行调研。

（张西浩）

【“5.20世界计量日”宣传】　5月18日，开展以“计量与安全”为主题的宣传活动，共出动人员25人次，发放宣传材料300余份，宣传横幅1条，展板10块，为过往群众称体重150余人次，检测血压计15台件，接待群众咨询20人次。

（张西浩）

【“六一”特设宣传进校园】　5月30日，联合区教委开展“六一”特种设备安全进校园活动，共展出宣传标语1条、特种设备安全知识张贴画20张、发放安全知识材料近1000余份，数百名学生受到了宣传活动教育。

（张西浩）

【食品安全大家行活动】 6月13日，邀请区人大代表、政协委员、消费者代表、记者等共6人到北京中宝饮用水有限公司参加“质检邀您看企业，食品安全大家行”活动。

（张西浩）

【安全生产月宣传进社区】 6月15日，第十一个全国安全生产月期间，联合永兴小区物业管理部门在该小区开展围绕“践行北京精神、弘扬安全文化，推进安全发展城市建设”为主题的安全生产宣传咨询活动，向小区居民发放了《乘坐电梯、自动扶梯安全常识》等安全生产宣传资料1000余份。

（张西浩）

【食品安全宣传周活动】 6月17日，在新桥大街开展了主题为“共建诚信家园，同铸食品安全”的食品安全宣传活动，向过往群众发放各类食品安全宣传材料500余份，接待、解答群众就食品安全问题的咨询50起，向群众讲解宣传了质量监督法律法规、食品添加剂的实用知识。

（张西浩）

【党员宣誓暨党课活动】 6月29日，开展迎“七一”党员宣誓暨党课活动，局党组全体成员及全局职工60余人参加了此次活动。

（张西浩）

【学习第十一次党代会精神】 7月13日，组织学习中共北京市第十一次党代会精神全局领导职工60余人参加了学习活动。

（张西浩）

【实验室资质认定专项检查】 8月8日，开展实验室资质认定专项监督检查，北京市欣晨水科环境技术有限公司等实验室资质认定工作进行专项检查，共检查3大项，15个小项。

（张西浩）

【“十八大”安全保障】 8月21日，召开“十八大”特种设备安全保障动员部署大会，全区特种设备使用单位的安全管理人员共计56人参加了此次会议。23日，组织召开辖区食品、相关产品生产企业“十八大”安全保障工作会，以做好中国共产党第十八次全国代表大会食品安全保障工作。辖区内48家食品及相关产品生产企业的法人、生产质量负责人共70余人参加了会议。10月至11月，对龙泉镇永定镇等地区开展食品安全排查检查工作，对可能出现的食品加工窝点逐一进行排查，对辖区内电梯、锅炉、缆车等特种设备安全开展拉网式排查，确保“十八大”期间的安全保障工作。

（张西浩）

【学习十八大精神】 11月30日，组织全局工作人员召开了学习贯彻党的十八大精神会议。

（张西浩）

【法制宣传日】 12月4日，举行以“加强法制宣传教育，服务经济社会发展”为主题的全国法制宣传日宣传活动。出动行政执法人员20余人次，悬挂宣传条幅1条，陈列宣传展板30张，向广大群众发放质量技术监督有关法律法规宣传材料2000余份。

（张西浩）

【召开工作总结会】 12月14日，召开2012年度工作总结会，全面总结梳理2012年度工作，并部署2013年度工作计划，全局全体干部职工70余人参加了会议。

（张西浩）

审 计 局

【概况】 年内，在区委、区政府和市审计局的领导下，在各单位支持配合下，坚持“依法审计、服务大局、围绕中心、突出重点、求真务实”的工作方针，突出绩效审计，加强跟踪审计，推进落实整改，各项工作稳步推进，完成了全年各项任务。

单位名称：北京市门头沟区审计局
地　　址：门头沟区滨河路72号
电　　话：69842121
邮　　编：102300

（刘皓楠）

【慰问退休干部】 春节前夕，向21名退休干部发放了米、面、油等慰问品。

（刘皓楠）

【区领导调研】 2月13日，区领导到局内调研，领导班子汇报工作情况。

（刘皓楠）

【召开社保资金专题会】 2月13日，召开审计署社保资金审计有关事项协调会，区财政局、民政局等单位主管社保资金的副局长参加会议。会上部署市审计局到区内进行社会保险资金、社会救助资金、社会福利资金审计有关事项的配合协调工作。

（刘皓楠）

【完成竞争上岗工作】 12月19日，举行了科级竞争上岗考试。2名同志担任科长，3名同志担任副科长，1名同志担任主任科员。

（刘皓楠）

【审计工作】 年内，审计和审计调查项目23项，全部完成。指明纠正金额126786万元，其中：管理不规范金额126774万元，违规金额12万元。已上交财政33万元。提出审计建议34条。

（刘皓楠）

【预算执行情况】 年内，按照《门头沟区审计局对2011年度预算执行和其他财政收支审计的工作方案》要求，负责对区财政局本级、地税局税收征管、卫生局、园林绿化局、水务局、教委及镇街固定资产、往来款和长期投资的调查审计，配合市审计局农业转移支付审计调查的每个审计小组组长对其负责的审计项目做了总体汇报。

（刘皓楠）

【学习十八大精神，创新研究审计工作】 年内，开展创新审计工作。一是进一步规范经济责任审计工作。二是围绕保证区重点工程建设进度，保障工程建设过程中财政资金使用的安全性和节约性开展政府投资审计。三是围绕财政体制改革、政府经济决策事项落实过程中大额财政资金使用的绩效情况和财政和预算管理中存在的普遍性问题。四是注重总结经验，树立典型，带动面上工作。

（刘皓楠）

【跟踪审计保证征收】 年内，为确保区房屋整体征收工作顺利进行，发挥审计工作的作用，制定了全程跟踪审计实施方案，审计工作重心转移到采空棚户区房屋整体征收全程跟踪审计上。在抽调专业人员的基础上，及时选定了参与此次全程跟踪审计的中介机构，指定专人分别负责龙泉镇政府、大峪街道、城子街道和东辛房街道办事处各现场的审计组织和指导工作。

（刘皓楠）

【完成预算执行审计】 年内，区第十五届人民代表大会常务委员会第四次会议，审议并通过了门头沟区2011年度预算执行和其他财政收支情况的审计工作报告。

（刘皓楠）

药品监督管理

【概况】 年内，在市药品监督局和区委区政府的领导下，以确保辖区人民用药安全为核心任务，保障党的十八大顺利召开，继续推进“药品安全百千万工程”，完成了100名药品安全员的聘任工作，药品安全员队伍达到200名，5家药、械生产经营企业申报了质量管理示范企业，以医改为契机，加强对基本药物的监管，对辖区3家基本药物生产企业，均已实施基本药物品种赋码及核注核销工作，完成改造生产线7条，覆盖12个品种；推进新版药品生产质量管理规范工作，辖区药品生产企业共进行全员新版药品生产质量管理规范知识培训528人次，关键人员培训57人次；完善基本药物监管档案。加大对高风险品种的专项查处力度，开展了药品生产流通领域专项治理、打击“两非”、打击农村市场假劣药品、打四黑除四害等30余次专项检查行动。开展“十八大”三品一械市场安全保障；累计出动检查人员800余人次，排查场所300余家；先后开展“迅雷行动”、“利剑行动”、“平安行动”三次应急演练行动，出动60余人次，执法车辆16台次，检查企业16家。完成药品基础测试160件，合格率为100%。完成针对性抽验220件，检品不合格1件，合格率99.5%。完成监督性抽验126件，合格率为100%。开展快速筛查40件，完成率100%。完成医疗器械抽样13批次，不合格1批次，合格率92.3%，已按照法定程序移交稽查部门依法处理。完成保健食品抽验15件，化妆品30批次，2批次产品微生物检验不合格，合格率为93.3%。不合格产品已移交稽查部门处理。加大行政执法和处罚力度，全年作出“三品一械”行政处罚7起，处罚7起，没收物品折合金额29172.00元，罚没款合计人民币50849.42元。与区卫生、工商等部门开展联合执法9次，出动9车次，32人次，检查单位23家，取缔黑诊所6家、销售消字号产品摊位3家。向公安机关移送涉嫌销售假药等犯罪有关线索5条，配合市公安局办理案件1起。全年共接到各类举报投诉8件，接到市、区批转案件14件，接到外单位案件协查11件，全部办结。加强行政许可审批工作，全年共受理各类行政许可187件、行政服务6件，均做到“许可有审批”、“服务有结果”、“咨询有答复”，“无超时、无拖延”，全面为行政相对人服务。加强宣传教育工作，开展“践行北京精神、创建五型机关、保障百姓用药安全”主题系列活动，开展了全区13个镇（街）参加的“药品安全示范镇（街）”演讲比赛；开展用药安全宣传效果评估，发放调查问卷9000余份，收回问卷8131份，覆盖了全区13个镇（街）并完成调研报告撰写。在区电视台制作播出公益广告4部；在《京西时报》出版“药监走近你我他”、“百千万工程”专栏共24期；设计制作12期24种275张安全用药宣传海报，每月一期下发张贴到社区；制作季度电子杂志《我们》3期；制作廉政电子杂志《责任》4期；开展安全用药“六进”宣传，直接受众3万余人，发放宣传材料5万余册。作为全区及市药监系统第一家单位参加档案测评工作，荣获“北京市区县机关档案工作测评市级优秀单位”。完成40余万字的药监志门头沟分志书资料长篇的编撰工作。党支部开展“五型机关创建”活动。在区纪委监察局委托北京零点市场调查公司对行政机关和公共服务行业的服务状况和作风建设三次监测中，分局总分在市属部门排名第一。

单位名称：北京市药品监督管理局门头沟分局
地　　址：北京市门头沟区滨河路87号
电　　话：69848954
邮　　编：102300

（周　军）

【慰问活动】 1月19日，到帮扶村斋堂镇沿河口村、杨家村，走访困难家庭，开展献爱心、送温暖活动。

（周　军）

【节日巡查】 1月20日，开展了春节前药品经营专项监督检查。共出动执法人员40人次，15车次，现场检查药品零售企业20家。“五一节”前夕，采用突击检查、日常监管、专项检查、行政许可现场检查相结合的方式，开展医疗器械市场安全检查，共检查医疗器械经营和使用单位23家次。9月28日，开展国庆节前保健食品专项检查，共检查19家经营企业的80余种保健食品，重点检查了企业各项制度建立执行情况，进货查验制度、索证索票制度、卫生管理制度的执行情况，并对保健食品电子监管系统上线情况进行了检查。12月26日，开展元旦节前保健食品化妆品安全检查，共检查10家经营企业的30余种保健食品化妆品，重点检查了产品供应商的资质，企业各项制度的建立执行，索证索票和台帐管理的情况，检查发现部分经营企业供应商资质留存不全，要求其限期整改。

（周　军）

【召开药品监督网总结会】　1月，召开2011年药品三级社会监督网总结表彰大会。区人大、政协、京煤集团总医院等部门的特约监督员和全区13个街镇的药品协管员、药情信息员约100人参加了会议。召开7月20日，召开2012年药品三级社会监督网半年总结暨药品安全百千万工程推进会。分局领导班子成员和全区13个街镇的药品协管员、药情信息员40余人参加了会议。12月18日，召开药品三级社会监督网2012年工作总结会暨药品安全百千万工程推进会。区政协、京煤集团总医院等部门的特约监督员和全区13个街镇的药品协管员、药情信息员110余人参加了会议。

（周　军）

【召开联席会议】　1月，市药监局门头沟分局与区卫生局召开联席会议商讨联合执法事宜。双方共同探讨在打击“黑诊所”专项行动中进一步规范和加强联合执法工作。

（周　军）

【专项检查】　1月，开展查处“甘油果糖氯化钠注射液”专项行动。专项行动中现场检查三级医疗机构1家；电话通知二级以上医疗机构进行自查；信息平台通知辖区一级以下医疗机构和药品经营企业进行自查。经查，未发现辖区内企业销售、使用该不合格药品。2月23日，开展查处“金帝华牌糖舒尔克胶囊”专项行动，经查未发现辖区内单位销售、使用该不合格产品。3月2日，接到查处和谐通肾牌蛇力康胶囊等12种非法添加化学药物保健食品的通知，通过电话及手机短信通知辖区78家保健食品经营企业开展自查，并重点对7家重点单位进行监督检查，未发现违法产品。5日，对辖区药品批发企业开展从事医疗机构药库托管服务的监督检查。经查，辖区药品批发企业未从事此类业务，库房使用状况正常，其库房地址、面积与批准相一致，未发现相关违法违规行为。“三·八节”期间，开展化妆品市场专项整治工作，抽查了部分化妆品经营单位，其中重点对面部精华素、眼贴膜等7种美容护肤类化妆品进行了现场检查和产品抽验。14日，开展药品生产流通领域专项整治行动，检查药品生产企业2家，对检查中发现的问题，已要求企业限期整改。15日，市药监局门头沟分局开展“3.15”保健食品、化妆品专项检查。对辖区11家经营单位的41种产品开展现场检查，抽检保健食品5批次、化妆品7批次，样品已送至检验机构，未发现违法行为。23日，在全区范围内启动了药品流通领域集中整治行动。对辖区药品批发企业的检查，重点检查了购销药品票、账、货、款相符情况；购销资质审核情况；企业库房使用和管理情况；企业从事购销业务人员资格符合性等内容，未发现辖区批发企业存在“走票”、“挂靠”等出租、转让证照的违法行为及其他严重违法违规行为。对辖区8家药品零售企业进行了进货渠道符合情况；药品销售管理规定的执行情况；药品采购管理中票、账、货符合情况等内容的检查，未发现严重违法违规行为。月底，开展环境秩序综合整治专项行动，共检查医疗机构8家、药品生产经营企业36家、集贸市场3家、开展宣传教育活动2次，出动车辆46车次、人员102人次。检查中未发现违法违规行为。4月29日，开展装饰性彩色平光隐形眼镜专项检查，共出动检查人员42人次，检查车辆4台次，检查小商品市场4个、眼镜店10家，眼镜店覆盖率达100%。此次专项检查，对两家初次发现未取得《医疗器械经营企业许可证》经营隐形眼镜及其护理液的眼镜店作出了责令立即下架的处理；将一家经多次警告，仍然在未取得《医疗器械经营企业许可证》的情况下擅自经营隐形眼镜及其护理液的眼镜店移交稽查处理。5月28日，花露水市场专项监督检查，现场检查了17个品种的花露水，并对其中7批次产品进行监督抽样送检。6月27日，与区公安分局开展联合执法，突击检查辖区成人保健品店是否存在违法经营药品行为。分别对辖区月季园、永定、三家店、军庄等地周边14家成人保健品店进行现场突击检查，检查中未发现无证经营药品和销售假劣药品的违法行为。3月至6月底，在全区范围内开展了药品流通领域集中整治行动。8月底，完成儿童专科医院和妇幼保健医疗机构在用医疗器械专项监督检查。9月7日，对辖区1家医疗器械重点监测品种生产企业及6家二级及二级以上医疗机构开展了医疗器械不良事件监测回顾专项检查。10月8日，完成了医疗机构医疗器械使用及不良事件监测专项检查工作，对辖区内二级及二级以上医疗机构检查覆盖率达100%。11月7日，完成了无菌和植入类医疗器械经营企业专项检查工作。现场检查企业23家，完成检查任务量的115%，对其中5家存在问题的企业进行跟踪检查，均已按要求完成整改。12月4日，完成中药饮片专项整治行动，分局共检查药品经营企业17家，出动检查人员51人次，检查覆盖率100%。12月10日至13日，开展定制式义齿专项检查行动，重点检查了辖区主要街道、各大市场和大型居民区，对军庄、三家店、圈门、黑山、大峪、永定等地区10余个市场及蓝龙家园、滨河西区等5个居民区进行了现场检查。检查发现无证行医的牙科诊所一家，分局已将情况通报区卫生监督所做进一步调查处理。对辖区取得《医疗机构执业许可证》且诊疗科目中包含“口腔科”的医疗机构开展了定制式义齿使用专项检查，共检查医疗机构29家，其中综合性医疗机构口腔科24家，口腔诊所/门诊部5家。出动检查人员93人次。

（周　军）

【领导视察】　2月9日，区领导到局内调研指导工作。参观了“药监开放月”的展示内容并听取了分局的工作汇报。3月10日，区领导韩子荣到局内调研指导工作。11月12日，区领导到局内调研指导工作。

（周　军）

【召开党员大会】　2月9日，召开2012年度党员大会，会上回顾了2011年分局党支部的重点工作，并对年内的工作安排进行部署。

（周　军）

【签订安全保卫工作责任书】　2月10日，召开了年度安全保卫工作会，按照分级负责的原则，与分局全体人员层层签订了2012年《安全保卫工作责任书》。

（周　军）

【销毁假劣药品】　2月22日，举行“销毁假劣药品，打击违法犯罪”仪式，全体职工参加仪式。随后，稽查办负责人到金隅红树林环保技术有限责任公司集中销毁了一批假劣药品。12月6日，开展了“集中销毁假劣药品”活动，全体职工参加了活动仪式。随后，稽查办负责人到北京市金隅红树林环保技术有限责任公司集中销毁一批假劣药品。此次集中销毁的药品是年内执法过程中没收的假劣药品、医疗器械以及回收的过期失效药品，共计2000余公斤。

（周　军）

【召开宣传工作会】　2月23日，召开宣传工作会，会上回顾了信息通气会制度及其成效，并系统总结了分局2011年的宣传工作，对2012年的宣传任务进行部署。

（周　军）

【药品安全示范街创建工作】　2月28日，大峪街道（门头沟区药品安全示范街创建单位）召开2012年深化创建药品安全示范街工作会，会上回顾了大峪街道2011年药品安全示范街创建工作情况，并对2012年的创建工作做了部署，组织各社区签订了药品安全责任书，对先进集体、个人给予了表彰。7月5日，分局调研小组到军庄镇调研。30日，局示范镇街创建工作调研小组到雁翅镇调研。8月2日，局“药品安全示范镇街”创建调研小组到斋堂镇开展现场调研。16日，分局相关领导及监察法规科人员赴妙峰山镇调研、指导药品安全示范镇街创建工作。9月19日，分局监察法规科人员到东辛房办事处调研、指导药品安全示范镇街创建工作。

（周　军）

【药品安全纳入区政府绩效考核】　3月2日，“将药品安全工作纳入区政府绩效考核体系的请示”，通过了区政府常务会议的审议。

（周　军）

【宣传活动】　3月2日，分局一行4人到雁翅镇河南台村，为村内妇女讲解安全用药知识。15日，联合工商、质监、卫生部门，在双峪社区开展题为“增长安全消费知识，树立科学消费理念”的宣传活动。5月15日，联合公安、工商、国税、地税、烟草等部门，开展“5o15打击和防范经济犯罪宣传日”主题宣传活动，发放宣传材料500余份，宣传品600余份。25日，举行“践行北京精神　创建五型机关　保障百姓用药安全”为主题的宣传活动月启动仪式，市区相关领导出席，启动仪式当天共发放宣传品5000余份，现场参与活动群众500余人。6月21日，参加了“龙泉花园社区服务周”宣传活动，为社区居民提供了专业、热情的药学咨询服务。7月10日，到军庄镇，为350余名中小学校的师生开展暑期安全用药知识宣传教育活动。8月10日，赴帮扶村——斋堂镇杨家村开展用药安全宣传活动，并邀请了斋堂医院的专业医师设立健康咨询处，为村民提供药学咨询服务。16日，到建东社区棚户区改造施工工地开展药品安全知识宣传活动，23日，与66019部队开展以用药安全为主题的宣传活动，将安全用药知识送到部队。30日，到王平镇开展药品安全知识讲座，王平镇药品协管员和30余名药品安全员参与活动。9月28日，到妙峰山镇开展药品安全培训，妙峰山镇主管镇长及20余名药品安全员参加培训。10月8日，到永定镇开展药品安全培训，永定镇药品协管员和药品安全员共计30余人参加了培训。年内，开展“用药安全宣传月”活动。一是以“药品安全宣传培训基地”为纽带，搭建与山区群众的沟通平台。二是以“门头沟药监手机报”为突破口，开发新媒体传播功能。三是以“用药安全宣传六进”为重要途径，增强宣传工作的覆盖面。四是以提高行政相对人专业素养为主要手段，促进辖区“三品一械”市场稳定有序。

（周　军）

【两会保障】　3月5日，为确保“两会”期间的市场安全，分局对60余家“三品一械”企业开展检查，出动检查人员100余人次，辖区“三品一械”市场得到保障。12日，在辖区范围内开展安全检查，检查药品经营企业9家，医疗机构7家，药品生产企业2家，医疗器械生产、经营、使用企业9家，保健食品经营企业7家，化妆品经营企业3家。“两会”召开之际，开展对全区保健食品、化妆品市场的专项整治工作，未发现违法行为。“两会”期间，分局全面加强辖区重点地域、重点单位、重点品种的监督检查，确保“两会”期间辖区药品市场安全有序。

（周　军）

【开展“五型”机关创建活动】　3月8日，学习《药监门头沟分局关于开展学习型、服务型、创新型、节约型、和谐型机关创建活动实施方案》。

（周　军）

【培训工作】　3月20日，10人参加了市药品检验所举办的快速检测试剂盒培训。6月8日，协同北京医药行业协会，对辖区持有《药品质量管理人员资格证书》的药品从业人员进行继续教育培训。辖区各药品经营企业的药品质量管理员、药品验收员、药品保管员、药品养护员共150余人参加培训。8月8日，举办辖区医疗机构药品监督管理办法培训。城区及浅山区各级各类医疗机构药事负责人参加培训。9月18日，完成辖区内药品零售企业从业人员的培训，此次培训历时3年，参加人员近800人次。培训分为15讲，内容涉及药品经营管理、“三品一械”基础知识、合理用药指导及《中华人民共和国药品管理法》释义等多方面内容。12月4日，组织辖区92名执业药师和药品零售企业负责人参加了由中国医药报社、市药监局共同主办的“用药安全走基层之药店专家宣传巡讲活动”。19日，对辖区所有13个街、镇的100余名药品安全员进行培训。此次培训介绍了区药品安全百千万工程建设进度，讲解了药品安全员职责、安全用药知识、医疗器械和保健食品的推销陷阱以及如何合理有效的利用好分局设计印制的《药品安全员手册》。

（周　军）

【召开药品医疗机械经营企业工作会】　3月22日，召开区药品经营企业工作会，辖区56家药品经营企业负责人参加了会议。29日，召开医疗器械生产企业工作会，辖区内19家生产企业的法定代表人（负责人）及质量负责人参加会议。4月12日，召开药品生产企业工作会。辖区内5家生产企业的企业负责人、生产及质量负责人参加会议。8月8日，召开了医疗机构质量监管工作会。辖区一级以上医疗机构、社区卫生服务中心药剂科主任、乡村医务室以及个人诊所共120余人参加了会议。

（周　军）

【召开区药监工作会】　3月23日，召开区药监工作会，会上公布了区2011年药品质量公告，对案件查处、专项监督检查、“三品一械”抽验等工作进行了通报。

（周　军）

【召开百千万工程推进会】　5月7日，召开“药品安全百千万工程”建设推进会，13个乡镇办事处的主管领导、“三品一械”生产、经营企业代表、药品安全员代表及分局全体人员出席会议。

（周　军）

【工作交流会】　5月8日，组织召开年度稽查系统第一组第一次培训交流会，近40人参加会议。28日、29日，组织召开行政执法案卷互评工作交流会，30余人参加会议。12月24日，拉萨市食品药品监督管理局、局长一行10人到局内交流“三品一械”监管经验，拉萨交流团参观了分局的荣誉室，廉政文艺作品展览、文体锻炼场所等，并召开了座谈会。

（周　军）

【联合执法】　5月29日，区卫生监督所、三家店派出所开展了联合执法检查，取缔“黑诊所”一家。6月27日，区卫生监督所开展了联合执法检查，取缔“黑诊所”一家。9月28日，与区卫生监督所、大峪派出所对黑山北街夜市联合开展了联合执法检查，依法取缔非法行医摊位1家、销售消字号产品摊位3家。11月9日，与军庄镇派出所开展联合执法检查，依法取缔军庄镇一处违法储存药品窝点。

（周　军）

【药品安全宣传培训基地揭牌】 5月30日，在区斋堂镇举办了“药品安全宣传培训基地”揭牌仪式，双方单位领导共同为“药品安全宣传培训基地”揭牌。

（周　军）

【铬超标胶囊剂药品召回工作】 6月28日，根据市局相关文件部署，完成了铬超标胶囊剂药品召回监督检查工作。

（周　军）

【举办“挑战新闻发言人”活动】 7月6日至9月6日，举办了2012年“挑战新闻发言人”活动的预赛和决赛。全体职工参加活动。60余名现场观众参与到活动当中。

（周　军）

【帮扶工作】 7月23日，局帮扶干部一行五人，到帮扶村——斋堂镇杨家村调研。分别到村民家中、村民承包的果园、蘑菇大棚走访了解情况。就村内经济发展和维稳工作开展情况与两村领导进行了交流。

（周　军）

【过期药品回收】 8月1日，大峪街道办事处到辖区9个社区回收过期药品40余公斤，送到药监门头沟分局。10月25日，出动执法人员3人，对所辖王平镇5个社区的过期药品回收箱进行了清理，共回收过期药品400多个品种，100余公斤。

（周　军）

【十八大保障工作】 8月20日，召开了“十八大‘三品一械’市场安全保障工作动员会”，辖区“三品一械”的生产、经营企业负责人、医疗机构负责人、三级社会监督网络成员共300余人参加了会议，分局全体职工出席会议。会上部署“三品一械”监管企业开展自查工作。9月4日，根据市局统一部署开展保障药械市场安全“迅雷行动”，共出动执法人员14人次，执法车辆3辆，检查药品零售企业3家，药品批发企业1家，医疗器械经营企业2家。13日，根据市局统一部署开展药品生产环节应急演练“利剑行动”。13日，根据市局统一部署开展保健食品化妆品安全应急“平安行动”，组成4个检查小组，共出动执法人员8人次，执法车辆4辆，检查单位数量为6家。28日，对辖区内1家疫苗生产企业开展病原微生物实验室生物安全管理专项检查。10月16日，开展流感疫苗预防接种工作专项整治工作，对辖区内疾病预防控制中心开展了监督检查，对辖区内7家流感疫苗接种点进行抽查。17日，对辖区部分医疗机构进行市场巡查，此次检查以医疗机构使用的特殊药品、疫苗及中药饮片的来源、渠道及保存条件为重点，检查中未发现违法违规行为。11月9日，市药监局副局长一行6人到局内督查十八大药械市场安全保障工作。15日，对辖区内的无菌药品生产企业开展了专项整治工作。在党的十八大召开期间，在辖区内开展了医疗机构巡查工作。自9月至11月对医疗机构监督检查49户次，对发现的安全隐患，及时要求企业整改，确保十八大期间辖区市场稳定、产品质量安全；开展特药使用、经营单位检查，辖区内所有特药使用、经营单位覆盖率100%，未发现违法违规行为。

（周　军）

【召开民主生活会】 8月24日，召开处级领导班子“加强廉洁自律，提高制度执行力”廉洁自律专题民主生活会，分局领导班子全体成员参加会议。

（周　军）

【百千万工程现场初评】 9月中旬，对辖区申报药品安全质量管理示范企业的3家药品零售企业进行了现场验收。经过现场检查，验收组认为，三家企业均基本符合质量管理示范企业的创建要求，同意其申报2012年度北京市药品安全质量管理示范企业。

（周　军）

【专项检查】 9月中旬，开展对标示为完美（中国）日用品有限公司生产的完美芦荟胶 Aloe Gel，生产日期/批号：20110908 145029的假冒化妆品的专项检查。接到市局通知后，市药监局门头沟分局，第一时间将通知放到了分局内网，同时，利用短信平台通知了辖区71家重点单位企业，要求其开展自查，对5家化妆品经营单位进行了现场检查。经企业自查及分局现场检查，辖区未发现此类产品。

（周　军）

【抽验工作】 10月16日，完成生产使用环节基本药物抽验工作。22日，完成辖区保健食品2012年市场监督抽检任务，共抽验30批次。11月7日，完成生产使用环节监督性抽验工作，对辖区内相关企业展开监督性抽验66个品种。同日，分局按计划完成全年13批次的医疗器械抽验任务。22日，2012年度药品基础测试工作完成，共完成药品基础测试200件。

（周　军）

【举行十八大廉政艺术作品展览】

11月2日，举行以“清风净土保廉洁，依法行政促发展”为主题的廉政作品展览和评选活动。作品均由分局职工及家属创作完成，反映了局党风廉政建设和反腐败工作的成果。

（周　军）

【获得档案测评市级优秀单位】

11月15日，北京市档案局区县处副处长、北京市药品监督管理局办公室副主任、区档案史志局领导及有关工作人员一行8人，对市药监局门头沟分局进行2012年档案测评工作。市分局作为全区及市药监系统第一家单位参加测评，顺利通过测评并荣获“北京市区县机关档案工作测评市级优秀单位”。

（周　军）

【通过ISO9000质量体系外审】

11月23日，市药监局门头沟分局ISO9000质量管理体系顺利通过北京市方圆标志认证集团有限公司专家的评审。

（周　军）

【药检所通过复评审】 11月28日，北京市实验室资质认定评审组3人对区药品检验所实验室资质认定复评审进行了现场检查。专家组对区药检所管理体系运行情况做出了评价，认为区药检所满足评审准则的要求。

（周　军）

【药检所完成全年检验任务】 12月4日，门头沟药检所按时保质地完成了全年的药品检验任务。共完成针对性抽验219件，包括化学药品108件，中成药65件，中药饮片40件，抗生素6件，其中有1件不合格检品为中药饮片，不合格率为0.5%。还配合分局相关科室完成药品基础测试160件，药品快筛40件。

（周　军）

【部署药品安全绩效考核】 12月12日，召开2012年药品安全绩效考核部署工作会，辖区9个镇、4个街道办事处的代表参加会议。会上重点说明了考评原则、考评内容、考评方式等。年内，区政府首次将药品安全工作纳入对镇街的绩效考核。该项考评由市药监局门头沟分局牵头，组织区药品安全工作领导小组成员单位对全区13个镇、街进行考评。

（周　军）

财税　金融　保险

财　　税

财　政

【概况】　年内，在市委、市政府和区委的领导下，贯彻落实区委做出的重大决策和工作部署，严格执行区十五届人大一次会议批准的预算及相关决议，围绕科学发展的主题和加快转变发展方式的主线，依法组织财政收入，优化财政支出结构，全力保障全区经济社会领域重点支出，财政收支执行情况良好，完成了全年预算任务。全区公共财政收入完成19.07亿元，同比增长13.1%，完成年初预算的108.1%，实现超收1.42亿元。全区公共财政支出完成60.1亿元，同比增长9.4%，完成年初预算的145.8%

单位名称：北京市门头沟区财政局
地　　址：北京市门头沟区滨河路56号
电　　话：69844680
邮　　编：102300

（吕　娜）

【领导慰问】　1月5日，市财政局纪检组长，带队到雁翅镇进行春节前扶贫慰问。在听取了该镇2011年农业经济发展情况介绍后表示市财政局将对雁翅镇农业发展和促农增收项目给予支持和帮助。并看望了生活困难人员，给他们送去了粮、油、棉被和慰问金。12月31日，区领导韩子荣、王洪钟带队到慰问财政干部职工。韩子荣、王洪钟对2012年财政工作给予了肯定，并对2013年财政工作提出要求。

（连春玲　林克江）

【落实改善民生政策】　1月初，财政局二方面落实改善民生政策，确保群众过好“两节”：一是元旦春节期间中央将城乡困难群众生活补贴标准提高一倍，补贴标准为：城市低保对象300元/人、农村低保对象和农村五保对象200元/人、享受国家抚恤补助的优抚对象360元/人，惠及全区14，797名困难群众及优抚对象。区财政积极与区民政局沟通，制定实施方案，加快审批程序，及时拨付一次性生活补贴资金416.584万元，确保春节前将生活补贴发放到困难群众手中；二是市政府统一了2012年城乡“两节”慰问标准。年内城乡低保对象“两节”慰问标准统一为单人户300元、多人户600元，惠及全区7，177户城乡低保对象、787名优抚对象及57名见义勇为人员，共落实“两节”慰问资金427.43万元。

（陈羽佳）

【春节联欢】　1月17日，在西峰山庄举行春节联欢会。联欢会由木偶剧、舞蹈、歌舞剧、相声、快板、京韵大鼓等10多个节目组。局长总结了2011年全局工作，肯定了已取得的成绩，对新一年的工作提出了的要求。门头沟区第一直派纪检组、西峰山庄的领导应邀加参加了龙年新春联欢会。

（宋　宇）

【出台规划、制度、办法】　1月，制定出台了《门头沟区财政局关于开展法制宣传教育工作的第六个五年规划》。该规划明确了2011年至2015年期间的法制工作纲领。12月，联合区商务委，出台了《门头沟区2012年“促消费、保增长”鼓励资金管理办法》。

（梁媛媛　陆　宽）

【纠正违规公务用车】　1月，三项措施加强违规公务用车清理纠正工作：一是核实修订违规公务用车处理清单，杜绝违规公务用车漏登现象。二是严格按照党政机关公务用车问题专项治理要求，确保清理纠正工作进度，按时上报《违规公务用车处理进展情况统计表》、《公务用车违规问题纠正处理情况统计表》等有关报表；三是发现不按要求清理纠正违规车的单位，及时督促整改。截止年底全区违规车辆已全部处理完毕，其中报废4辆、调剂使用3辆、退回92辆、批准继续使用32辆。处理率达到100%。

（刘　飚）

【联合制定标准】　1月，联合区文委，制订两个规范性文件。即《门头沟区基层文化设施建设暂行标准（试行）》及《门头沟区村居文化室基本文化设备配备暂行标准（试行）》。

（孟孜琦）

【多措施组织收入】　2月，采取四项措施组织财政收入：一是加强协税护税工作，主动联系国税、地税、石龙管委等部门沟通涉税信息，提升收入研判水平，增强组收工作的针对性；二是科学核定、分解全区收入任务，有效激励区有关组收部门、各镇街加强收入管理，确保完成年度收入任务；三是与相关部门协商，结合具体情况及时安排项目建设资金，缓解项目施工单位的资金压力，促使其及时组织资金上缴相关税收；四是加强对区域税源的管理工作，实行财政直接支付的大额涉税项目申请支付时，加强审验发票等要件，确保税源不流失。对财政拨款金额在100万元以上的涉税项目进行统计汇总，并按要求提供给相关税务部门，提高协税护税工作的有效性。

（白晓芳）

【政府采购工作】　2月，按照“市、区资源共享”的原则，财政在原有定点服务采购范围的基础上确定了年内政府采购定点印刷和车辆租赁定点服务供应商：定点印刷服务供应商41家。车辆租赁定点服务供应商41家。7月，三项措施提高协议采购管理水平：一是按照“市、区资源共享”的原则，全区共享了市新一期办公及空调设备的招标结果，代表区属各预算单位与124家中标供应商签订了框架协议，涉及台式计算机等20类品目，商品种类52种，累计品牌300余种。二是严格贯彻强制优先采购节能、环保产品制度及进口产品审批制度。三是组织对中标供应商及供货服务商进行政策讲解和业务培训，在属地化管理的基础上加强与市本级及其他区县共建违规供应商不良记录联动机制。10月，政府采购法10年回顾：一是政府采购扩面增量实现新突破。全区政府采购规模由2002年的4624万元增加到2011年的31350万元，增长了5.8倍。累计节约财政资金15720万元；二是政府采购制度体系取得新成效。三是政府采购政策功能有了新拓展。四是政府采购监管有了新手段。年内，共完成政府采购预算41938.17万元，实际采购金额40415.86万元，同比增长28.92%，节约资金1522.31万元，节约率为3.63%。公开招标金额为40047.03万元，占实际采购金额比例99.1%。政府采购保持平稳增长，全全年采购节能、环保产品10561.96万元，约占同类所有产品政府采购总额12064.11万元的87.5%，中小企业中标金额为39883.06万元，占政府采购总金额的98.68%，充分发挥了政府采购的宏观调控作用。

（董大鹏　李超　李宁）

【提高资金使用效率】　2月，采取三项举措提高中央政法转移支付资金使用效率：一是严格审核项目内容，合理安排资金，完成业务装备达标任务。二是切实做好采购环节监管，明确支出范围，加强转移支付资金的管理和监督。；三是努力提高支出进度，依据相关规定调整项目结余，提高转移支付资金使用效率。

（王雪松）

【完成惠民平价型煤供应】　截止2月底，全区7个销售网点共销售给山区农民平价型煤25969.5吨，按照《2011年山区农民生活用煤补贴方案》中核定的每吨型煤补贴377元，按实际销售量计算，全区共补贴平价型煤补贴款979.05万元。此次平价型煤的供应，解决了7个镇的山区农民冬季用煤难的问题。

（陆　宽）

【扩大无纸化考试】　3月3日至5日，全区进行3天会计从业资格无纸化会计考试，报名参加双休日考试1096人，报名参加工作日考试252人，共26场次考试，共1348人报名参加此次考试。实际出考率达80%以上，共有190人三科成绩（含补考人员）全部合格，取得会计从业资格证书，通过率按报名人数计算为14.1%。

（王卫华）

【局内资产清查】　3月12日起，全局开展资产清查。清查结果：一、非固定资产总值327.82万元，固定资产总值5662.16万元(共5635件)。资产动态管理系统总账与财务总账相符，资产动态管理系统总账与资产实物总数相符，未发现盘亏盘盈情况；二、存在小部分资产局内调拨后未及时履行调拨手续，导致动态管理系统中资产存放地点与实物存放地点不符的情况。

（韩　冰）

【启动规范公务卡报销程序】　3月15日，召开规范公务卡报销程序工作会，安排部署了规范公务卡报销程序工作。按照财政部和市财政局的文件要求，将使用POS机为公务卡还款改为由单位零余额账户采用财政授权支付还款。

（安　斌）

【全民健身】　3月17日，24名队员代表财政局参加了门头沟区2012年广播操表演赛，经过与40个参赛队的竞争，获得门头沟区广播操表演赛一等奖。

（宋　宇）

【支持体育事业】　3月，采取四项举措支持区体育事业发展：一是支持传统项目的发展。二是支持体育协会的发展。三是加强健身场所的建设。四是筹措资金打造精品赛事，支持三大赛事等具有国际性影响力的比赛。

（教科文）

【加大职教投入】　3月，加大门头沟区职业教育投入力度：一是贯彻落实职业高中学校奖学金、助学金、免学费等各项减免资助政策，促进教育均等化发展；二是支持职业高中学校办学条件达标设备购置，提升教育教学硬件质量；三是加强职业高中学校校舍修缮、操场改扩建及食堂修缮，改善职业教育教学和生活环境；四是加强职业教育学校校园文化建设投入；五是重点加大职业教育实习、实训基地建设与教育教学实践与改革，包括幼教、烹饪、汽修、计算机等专业实习、实训基地设备购置，职业教育教师培训。

（王亚楠）

【党风廉政建设】　3月，推进财政党风廉政建设：一是将党风廉政建设与发挥财政职能紧密结合。二是将党风廉政建设与深化财政改革紧密结合。三是将党风廉政建设与强化财政监督紧密结合。四是将党风廉政建设与夯实内部基础紧密结合。

（宋　宇）

【政务公开，政务服务】　3月，按照《北京市关于开展依托电子政务平台加强区县政府政务公开和政务服务工作实施方案》及区相关文件精神要求，开展了政务公开和政务服务工作，结合各科室职责和实际，对照《县级政府依托电子政务平台开展政务公开和政务服务事项基本目录》梳理涉及科室的政务公开及政务服务事项，并报区政务公开和政务服务工作领导小组办公室进行了审查，确定了《门头沟区财政局依托电子政务平台开展政务公开和政务服务事项基本目录》，共145项，其中政府信息公开事项7项；行政许可事项1项；行政审批事项1项；便民服务事项10项；行政确认事项1项；其他类事项125项。

（李　妍）

【清产核资工作】　3月，多措并举稳步推进资产清查工作：一是利用网络及时有效指导单位开展清查工作，区清查办与教委系统通过QQ群提出问题，及时解决问题；通过财政专网和外网及时发布清查信息；二是对问题多、技术难度大的单位及时下户指导，解决问题；三是每天定时查看市财政资产清查信息，及时掌握新政策、新技术；四是加强清查办人员业务学习，整理问题，集中解决，每人掌握全部清查业务与技术。

（董瑞英）

【彩票公益金管理】　3月，做好彩票公益金管理：一是高度重视彩票公益金申报和资金管理。二是加强协调配合。要做好三个配合，即：民政、体育等部门和各镇街的配合，镇街内部之间的配合，民政、体育等部门与财政部门之间的配合；三是加强资金监督管理。

（王琳红）

【专项资金检查】　3月至6月，北京市财政监督处派专人成立检查组到区县检查，财政全力配合，形成了市财政、区财政、主管部门“三位一体”的监管合力；对2011年全部市级专项资金共计176274.46万元进行了审核。

（李　丹）

【党风廉政建设】　4月6日，召开党风廉政建设工作大会，总结了2011年党风廉政建设工作，布置了2012年党风廉政建设工作任务，明确了总体思路，确定了具体工作任务。

（宋　宇）

【出让收入检查工作】　4月19至5月初，国家土地督查北京局一行20人，对财政局2009年至

2011 年国有土地出让收入的使用、计提情况进行检查。

（赵　欣）

【举办财会人员运动会】　4 月 21 日，全区财会人员运动会在新桥路中学隆重举办。此次运动会共设包括沙包掷准、勇往直前、趣味保龄球、足球射门、拔河、跳绳等 17 个项目。

（张惠琴）

【强化预算收支管理】　4 月，强化预算收支管理：一是强化组收工作的执行力。二是探索资金运作的创新性。三是突出资金安排的精细化。四是增强预算管理的有效性。

（白晓芳）

【优化支出结构】　4 月，财政优化支出结构：一是支持调整和优化产业结构，促进区域经济转型发展。二是加大保障和改善民生力度，提高社会建设水平。三是加强和推进城市建设，优化地区发展环境。四是维护和保持社会稳定，推进平安城市建设。

（白晓芳）

【支持学前教育发展】　4 月，筹措资金支持区学前教育发展：一是加大公办幼儿园投入力度，安排资金 680 万元，用于实验二小永定分校、大台中心小学、王平中心小学、潭柘寺中心小学等校附属幼儿园扩班建设，为其配备教育教学设备和基础设施改造；二是大力支持新建小区配套幼儿园建设，投入 870 万元，用于新建龙泉一幼、龙泉二幼、石门营一幼及曹各庄幼儿园教育教学设备购置；三是大力扶持企业办幼儿园建设，投入 570 万元，用于新星幼儿园、中铁三局第四公司三家店幼儿园基础设施改造及设备购置，改善办园条件，缩小其与公办园的差距；四是继续扶持民办幼儿园建设，安排资金 43.485 万元，用于民办幼儿园生均补助及幼儿园级类评定，进一步提高办园水平；五是加大学前教育师资培训投入，安排 30.36 万元，用于非师范专业幼儿教师教育素养培训和以园为本教研制度建设，提升教师综合素质和教学水平。

（王亚楠）

【卫生财务基础工作】　4 月，夯实卫生财务基础工作：一是从加强行政事业单位资产管理的角度出发，结合区年内的资产清查工作，为各预算单位讲述资产的日常管理、资产报废处置以及重点制度建设的相关内容；二是以实例说明在单位报送需投资评审项目时应该注意的问题，明确了财政各相关科室的职责，规范了工程预算、概算、决算的申报流程及项目单位应准备的报送资料；三是重申了政府采购的实施范围、进口医疗设备的审批、节能环保产品采购的注意事项以及年初预算、追加预算项目的立项时间、原则；四是针对目前财政预、决算的公开、三公经费的公开，阐述了财政资金大监督的格局，强调了会计工作基础规范的重要性；五是针对近几年卫生单位在预、决算、一般预算执行中出现的问题，重点强调卫生项目预算要结合卫生事业的发展规划及全区卫生事业的发展需要，符合各级财政的支持方向，同时要求加快资金支出进度，提高财政资金的使用效益。

（许学志）

【提高基建管理水平】　4 月，七方面提高基建资金管理水平：一是加强基建资金管理认识。二是完善外部沟通与协作。三是做好基建项目预、决算编制工作。四是严控基建资金拨付流程。五是提高基建资金拨付效率。六是积极配合各项检查工作。七是重视基建项目管理的宣传及培训。

（赵　欣）

【支持促进就业工作】　4 月，财政从三个方面支持促进就业工作：一是会同人力社保部门出台《门头沟区鼓励拆迁企业职工就业社会保险补贴办法》，稳定城镇登记失业率，促进拆迁企业职工再就业；二是积极落实就业补助资金，截止目前安排就业资金 1，712 万元。一季度享受社会保险补贴 2，467 人，补贴支出 350 万元，其中灵活就业人员 1，943 人，补贴支出 172 万元；三是加大社区公益性就业岗位投入，按北京市 2011 年社会平均工资和北京市 2012 年最低工资标准落实公益性就业岗位专项补贴资金 2460 万元，确保已经开发的 1993 个社区公益性就业岗位有效安置就业特困人员。

（马　骏）

【落实困难学生补助标准】　5 月，财政落实公办义务教育学校四类寄宿学生等家庭困难学生伙食补助标准。由原每人每月 160 元提高到 240 元，每年按 10 个月计发。提高标准后，2012 年 9 月至 2013 年 8 月增加的经费，由市级财政全额负担，2013 年 9 月以后，市、区县财政按原资金渠道各负担 50%。2012 年，全区中小学符合享受条件的学生共计 564 人。

（王亚楠）

【启动部门预算编制工作】　6 月

29日，召开部门预算编审委员会第一次会议，正式启动2013年部门预算编制工作，并就编制工作提出要求。

（文秘办公室）

【代理记账机构年检】 截止6月全区共有代理记账机构29户，其中9户已连续4年联系不上，网上未能查到信息。其余20户属正常状态，19户应当参加年检，6月新批准1户不需参加年检。18户代理记账机构已报送年检资料，1户不再经营，准备提出注销申请，不在参加年检。

（周 军）

【加强财政收支管理措施】 6月，采取措施加强全区财政收支管理：一是坚持“抓引入、重调整”，不断增强地区发展综合实力。二是坚持“稳运行、保增长”，不断提高财源建设质量水平。三是坚持“创机制、强管理”，不断完善收入征管服务体系。四是坚持“控增量、盘存量”，不断提升财政综合保障能力。五是坚持“有预见、按进度”，不断优化项目资金安排时序。六是坚持“多渠道、全方位”，不断创新社会资源投入模式。

（白晓芳）

【通过市级联合检查】 6月，市财政局、市农委、市农业局组成联合检查组对全区粮食直补和农资综合补贴自查整改工作进行联合检查，到军庄镇实地检查了资金发放情况，查阅了账册档案和基础资料。2004年至2011年全区粮食直补和农资综合补贴资金共发发放574.47万元，年均补贴面积1.23万亩，此政策使全区年均5572户农民户受益。

（李 青）

【五方面加大区旅游资金投入】 上半年，财政从多方面安排旅游资金共计994.38万元。一是保障旅游宣传资金投入，安排旅游宣传资金310.48万元；安排旅游印刷品制作经费28万元；安排旅游宣传推介费用67.57万元；安排资金13万元，制作门头沟特色旅游纪念品“吉祥琉璃”；二是安排旅游活动资金139.2万元。三是安排资金106.13万元。四是保障旅游管理资金投入。安排旅游会议及旅游从业人员培训费用30万元，加强旅游从业人员培训，提高旅游从业人员服务技能；五是保障旅游产业项目规划、包装及配套资金。

（张晓晨）

【福利彩票公益金项目申报】 截止年7月底，共向市局申报彩票公益金项目3个，申报项目资金1500余万元。

（王琳红）

【抗灾抢险资金】 “7.21”重大自然灾害发生后，财政局采取多项措施，全力做好救灾抢险资金保障工作：一是成立救灾抢险领导小组，即时启动突发事件应急预案，全面深入了解地区受灾情况以及救灾资金需求；二是开通救灾抢险资金拨付“绿色通道”，简化资金拨付程序，在第一时间将保障资金拨付到位；三是加强救灾抢险资金监管，确保资金落实到抗灾第一线。截至7月31日，全区累计拨付市区两级资金共计1009.3万元，用于解决受灾群众的基本生活和采购救灾物。11月，落实“7.21”因灾倒损农村住房翻建维修工作方案。依托“北京市西城区房屋安全鉴定站”鉴定结果，财政对因灾倒损农村住房翻建维修资金进行了核实。按照农村五保户、低保户、低收入家庭翻建房屋每户4.5万元、维修每户1.35万元；农村其他家庭翻建房屋每户2.25万元、维修每户0.675万元的标准给予拨付。其中翻建房屋45户，维修房屋68户，现直接拨付乡镇资金共计220.95万元，以确保7.21受灾群众温暖过冬。

（白晓芳 高 雅）

【会计信息质量检查】 7月，会计信息质量检查突出“四个结合”：一是与预算执行情况相结合。二是与“小金库”专项治理相结合。三是与票据合规性检查相结合。四是与资金绩效情况相结合。

（李 丹）

【举办财政知识大课堂讲座】 7月，举办以财政投资评审业务为主要内容的讲座，除局内职工外，全区近50家相关单位报名学习。

（陈 杰）

【投入资金推进医改】 7月，财政全方位投入资金推进医改工作：一是逐步完善基本医疗保障制度。二是全面实施基本药物制度。三是健全基层医疗卫生服务体系。四是完善公共卫生服务体系。五是公立医院改革试点成效显著。从2009年至2011年，财政多方筹措资金，累计投入资金9.88亿元。经过3年努力，全区医改初显成效。

（许学志）

【继续教育工作】 7月至12月，举办继续教育培训班7期，培训会计人员1293人，其中行政事业单位365人，企业及社会人员928

人。另有58人参加财政部“六五”普法知识竞赛，成绩合格视同2012年继续教育备案工作。共计1351人完成继续教育。

（王卫华）

【培训工作】 8月7日至10日，与区国资委共同举办了首批《小企业会计准则》培训班，共计249名财务人员参加了此次培训班。8月9日，局评审中心领导对教委房管所负责基建、房管和财务管理人员进行了评审业务培训。8月，举办为期2天的全区事业单位会计培训。共有285家事业单位，305名会计人员参加了培训。8月23日，邀请中央财经大学文化与传媒学院副教授为全局做“政府公共危机事件应对处理”培训，就日常沟通管理、突发事件应对及社会化媒体研究等方面，结合财政依申请公开、预决算公开及“三公”经费等进行了讲解。

（王卫华 赵玉花 张惠琴）

【加强镇街财政收支预算管理】 9月，五项措施加强镇街财政收支预算管理：一是抓收入，创新镇街税源管理机制；二是促管理，规范镇街财政财务行为；三是强基础，探索建立村级财务预算；四是重绩效，强化财政协整管理效能；五是广培训，提高镇街财政管理人员素质。

（白晓芳）

【财政专户检查】 9月18日，财政部第十一检查组对财政专户清理整顿情况和国库集中收付改革进展情况进行检查。在听取了财政专户清理整顿暨国库集中收付制度改革工作汇报后，财政部检查组对区财政专户清理及公务卡改革和预算执行动态监控工作给予了肯定。

（安 斌）

【支持节水目标责任书任务】 9月下旬，财政拨款1731.15万元，支持2012年度《节水目标责任书》项目。项目主要包括：1. 支持建设自备井远程监控系统15套；2. 支持创建8个节水型镇街、2个节水型小区、24个节水型村庄；3. 支持加大节水宣传工作，换装节水器具3000件，水质化验水样50个；4. 支持农村节水灌溉4850亩；5. 支持雨洪利用工程14处。

（谭保东）

【会计专业技术资格初、中级考试】 10月27日、28日，举行全国会计专业技术资格初、中级考试。共有1380人报名考试，共设26个初级考场、19个中级考场。

（张惠琴）

【家电下乡补贴】 截止10月共计通过补贴核查的家电下乡产品29384台，发放补贴资金7856477.33元，其中2012年1月至10月通过补贴核查的家电下乡产品7209台，发放补贴资金2009624.37元。

（孙立军）

【支持京津风沙源建设】 10月，财政拨付专项资金10296.8万元用于京津风沙源项目，支持全区包括退耕还林、人工造林、封山育林、围栏封育、草种基地、暖棚建设、小流域治理、生态移民等重要工程。

（赵 欣）

【支持农村低保】 11月1日起，全区农村低保标准由现在的月人均380元提高到月人均400元，财政预计拨付870万元提高农村低保标准。

（高 雅）

【法制宣传】 11月30日，上街参加区“12.4”法制宣传活动。共过往市民发放预算法、会计法、政府采购法等与财政相关的法制宣传单、宣传挂历、月历和其他宣传品共计3000余份。

（文秘办公室）

【支持森林防火工作】 11月，财政全力支持全区森林防火工作。一是安排617万元，支持区内五支森林消防中队运行。二是安排364万元，支持森林消防中队及防火瞭望塔基础设施建设。三是安排35万元，清理防火道及林下可燃物。四是安排19万元，支持森林防火宣传培训。共计安排1035万元专项资金，支持全区森林防火工作。

（谭宝东）

【全区公园建设】 11月，财政拨付1.7亿元资金支持全区公园建设。包括迎宾公园、幸福公园、晨曦公园、冯村公园、葡山公园、中天公园、滨河公园等公园建设。

（荆凤云）

【沟域经济发展】 11月，财政三方面支持沟域经济发展。一是支持沟域经济宣传策划工作，拨付资金65万元用于提出生态旅游宣传策划总体思路，制作和发布媒体宣传广告；二是支持沟域规划设计工作，拨付资金78万元完成区内十个沟域项目的规划设计及永定河流域葡萄产业带发展规划；三是支持沟域项目建设，拨付资金1000万元用于清水镇达摩沟域景观生态休闲公园建设，为清水镇建设“生态旅游产业”为主导替代产业。

（董大鹏）

【冬季征兵工作】 11月，财政拨付征兵经费57.49万元，用于武装部征兵工作部署、征兵宣传、兵役登记、征兵人员培训、征兵先进奖励、组织征兵办公室人员开展工作等方面。

（张 琪）

【依法行政工作】 年内，财政五项措施推进依法行政工作。一是坚持财政法制宣传教育与区委、区政府的中心工作相结合、与财政业务工作相结合、与依法理财、为民理财相结合。二是严格执行《预算法》、《会计法》、《政府采购法》等各项法律法规，推进行政执法责任制，规范执法行为，加大财源建设，严格控制支出，依法保证全区政府机构的正常运转和重点建设及社会事业发展的资金需求；三是丰富监督内容，强化检查手段。四是加强行政调解经费保障力度，将行政调解工作经费纳入财政部门预算，切实保障行政调解工作所需工作经费的落实；五是抓住重点，突出亮点，认真做好财政信息工作。

（文秘办公室）

【完成粮食直补工作】 年内，全区共8个镇，93个村的3986户农民种植玉米12342.2亩，依据市政府制定的补贴标准，全区共支付玉米粮食直补和农资综合补贴资金1073771.4元。

（乔永民）

【足额发放养老金】 年内，为贯彻落实《北京市城乡居民养老保险》及《北京市城乡无保障老年居民养老保障办法》政策，财政局筹措资金，共拨付补贴资金8，245万元，其中区财政资金7，927万元，中央转移支付资金318万元。上半年共为13.52万人次累计发放养老金4，137万元。

（马 骏）

【教育事业费情况】 年内，全区预算内教育事业费共投入76470.47万元，比上年增长3.8%，超过财政经常性收入的增长；预算内教育经费总投入92487.68万元，占全年财政资金总支出的15.39%，比上年增长9.7%，连续27年实现我区教育依法增长。同时，根据“北京市2012年财政教育支出占公共财政支出的比重应达到16%”的要求，全区被分解的指标任务为11.54%，与区教委的配合，2012年，全区该指标达到12.97%，超出指标任务1.43个百分点。

（王亚楠）

【专项补贴农机具购置】 年内，财政拨付18.1万元，为全区9个镇的45个村委会、6个农业合作组织、28个农户共购置30马力拖拉机25台，购置农用割灌机66台。

（连春玲）

【投资评审情况】 年内，完成委托项目400项共460个分项工程，总报审金额105113.79万元。报审额与去年基本持平。其中报审工程预算项目229项共250个分项工程，报审金额45557.95万元，审定39975.52万元，审减5582.43万元，审减率12.25%；报审工程结算项目103项共142个分项工程，报审金额43437.68万元，审定38152.66万元，审减5285.02万元，审减率12.17%；根据项目单位提供的施工图纸编制工程投资控制额度项目9个工程，投资控制额度总额为820.36万元；评审决算项目11项，审定金额4938.34亿元；评审其他类项目48个，报审金额11179.82万元，审定金额10592.71万元，审减金额587.11万元，审减率5.25%。

（赵玉花）

【资产处置情况】 年内，全区行政事业单位处置资产进场交易数量6793件，处置收入134.8万元。其中：车辆解体41辆，车辆拍卖7辆，处置收入27.3万元，电子废弃物回收959件，其他资产进场交易5786件，处置收入107.5万元。

（杜 娟）

国家税务

【概况】 门头沟区国家税务局现有干部、职工273人，内设机构12个科室（另设机关党委办公室）、直属机构1个（稽查局：内设6个科）、派出机构共6个税务所，事业单位3个，所辖纳税企业14486户。

年内，累计完成税收收入27.51亿元，同比增加2.05亿元，增长8.1%，完成全年计划任务26.73亿元的102.9%。区级税收完成3.77亿元，同比增加2034万元，增长5.7%，完成区级全年计划任务3.74亿元的100.7%。

单位名称：北京市门头沟区国家税务局
地　　址：北京市门头沟区新桥南大街39号
电　　话：69865090
邮　　编：102300

（陈 宁）

【加强党风廉政建设工作】 1月10日，与区检察院召开2012年第一季度税检联席工作会议。3月14日，召开2012年第一次党风廉政建设领导小组工作会议。21日，召开2011年度目标管理考核表彰会暨2012年党风廉政建设工作会。同日，组织干部50余人到中国电影博物馆，参观了“风清气正扬宗旨——北京市反腐倡廉教育影像展览”。9月17日，召开2012年处级领导班子及领导干部廉洁自律专题民主生活会。19日，组织重点岗位部分干部20人到门头沟区法院旁听一起贪污案件的开庭审理。10月23日，与检察院召开税检联席会议。12月18日，召开2012年度领导班子述职述廉大会。

（陈 宁）

【市、区两级领导调研】 1月18日，市国税局领导到局内进行慰问。2月1日，区领导就税收收入形势进行调研。5月23日，市国税局领导到局检查指导基建和政府采购工作。6月8日，市国税局领导调研一级稽查模式和督察内审工作。26日，市国税局领导到国税局基建工地视察。7月11日，区领导到就上半年税收收入完成情况及下半年工作重点进行调研。25日，市国税局领导检查防汛工作。8月30日，市国税局领导调研“营改增”试点准备工作。9月24日，区领导调研税源管理工作。12月17日，区领导到国税局调研全年税收收入完成情况。21日，市国税局领导调研一级稽查、“三公”经费工作。31日，区委、政府、人大、政协领导一行到局内慰问。

（陈 宁）

【干部队伍建设】 2月16日至17日，举办了两期“2011年度企业所得税汇算清缴业务培训班”。28日，举办“重点税源企业2011年度企业所得税汇算清缴培训会”。3月7日，组织企业所得税资产损失申报受理人员进行“资产损失申报受理专项业务培训会”。22日，邀请市局货物和劳务税处领导对干部进行消费税业务培训。27日至29日，举办为期3天的“全员增值税税收政策暨营业税改征增值税税收政策专门业务培训班”。4月20日，举行徒步登山比赛活动。5月4日，举办纪念五四青年节暨青年学习会启动仪式。5日，组织50周岁以下干部进行增值税税收政策大比武业务闭卷考试。6月29日，举行庆“七一”表彰大会。7月24日，完成辖区3067户“营改增”企业政策及业务培训工作。8月1日，组织复转军人参观中国坦克博物馆。16日至17日，举办以“领导科学与行政管理”为主题的领导干部培训班。9月12日，组织干部职工参加义务献血活动。20日，举办以“全员执行力建设”为主题的全体干部职工培训班。21日，举办“秉公执法、廉洁从政预防职务犯罪专题讲座”。12月24日，北京市学习宣传贯彻党的十八大精神百姓宣讲团五分团——公务员宣讲团，到区国家税务局进行巡回演讲。

（陈 宁）

【召开税务工作会】 2月23日至24日，组织召开2012年税务工作会，局党组书记、局长作了题为《转变观念 真抓实干 积极推进门头沟国税工作跨越式发展》的工作报告。

（陈 宁）

【召开税务稽查工作会】 3月13日，召开2012年税务稽查工作会议。

（陈 宁）

【开展税收宣传活动】 4月13日，区国、地税联合举办开启纳税服务“微博”新进程暨第二十一个全国税收宣传月启动仪式。同日，区国、地税联合开展“税企携手进山城 感受老区新变化”活动。18日，举办以“和谐税收”为主题的廉政书画展。21日，区国税、地税、公安联合开展打击发票违法犯罪宣传活动。23日，开展税收宣传进街道活动。同日，开展税收宣传进校园活动。11月30日，组织开展“12.4”普法宣传活动。

（陈 宁）

【完成税收调查工作】 6月21日，完成2012年全国税收调查工作。

（陈 宁）

【“营改增”上线】 9月1日，对10户交通运输业和现代服务企业进行“营改增”上线测试，获得成功。3日，“营改增”上线运行正常。

（陈 宁）

【官方微博“门头沟12366”】 10月4日，门头沟国税局官方微博“门头沟12366”粉丝量突破30万。

（陈 宁）

【下属单位情况】

单位名称：门头沟国税局第一税务所
地　　址：门头沟区石龙经济开发区雅安路9号
电　　话：60803707
邮　　编：102300

单位名称：门头沟国税局第二税

务所
地　　址：门头沟区石龙经济开发区雅安路9号
电　　话：60803723
邮　　编：102300

单位名称：门头沟国税局第三税务所
地　　址：门头沟区石龙经济开发区雅安路9号
电　　话：60803719
邮　　编：102300

单位名称：门头沟国税局第四税务所
地　　址：门头沟区斋堂大街50号
电　　话：69816731
邮　　编：102309

单位名称：门头沟国税局第五税务所
地　　址：门头沟区石龙经济开发区雅安路9号
电　　话：69806941
邮　　编：102300

单位名称：门头沟国税局第六税务所
地　　址：门头沟区石龙经济开发区雅安路9号
电　　话：60803717
邮　　编：102300

单位名称：门头沟国税局稽查局综合科
地　　址：门头沟区石龙经济开发区龙园路4号院
电　　话：69803310
邮　　编：102300

单位名称：门头沟国税局稽查局综合选案科
地　　址：门头沟区石龙经济开发区龙园路4号院
电　　话：60803007
邮　　编：102300

单位名称：门头沟国税局稽查局检查一科
地　　址：门头沟区石龙经济开发区龙园路4号院
电　　话：69802513
邮　　编：102300

单位名称：门头沟国税局稽查局检查二科
地　　址：门头沟区石龙经济开发区龙园路4号院
电　　话：69804296
邮　　编：102300

单位名称：门头沟国税局稽查局审理科
地　　址：门头沟区石龙经济开发区龙园路4号院
电　　话：69804072
邮　　编：102300

单位名称：门头沟国税局稽查局执行科
地　　址：门头沟区石龙经济开发区龙园路4号院
电　　话：69803235
邮　　编：102300

单位名称：门头沟国税局票证中心
地　　址：门头沟区石龙经济开发区雅安路9号
电　　话：60803709
邮　　编：102300

（陈　宁）

地方税务

【概况】　年内，北京市门头沟区地方税务局（简称区地税局）共有干部职工255人。设置14个职能科室、1个稽查局、10个税务所和1个机关后勤服务中心。主要负责门头沟辖区内20718个税源户的税收征管工作。

（一）税收呈现稳步增长态势，职能作用进一步发挥。2012年，受经济增长放缓、“营改增”等结构性减税政策和2011年高基数的影响，组收工作面临巨大挑战。坚持每月召开收入分析会，研究制定组收措施，强化责任制考核。年内，累计组织各项税费收入规模首次突破30亿元大关，达到303218万元，同比增收28412万元，增长10.34%。地方公共财政预算收入入库247880万元，同比增收22126万元，增长9.8%。区级收入131531万元，同比增收13217万元，增长11.16%。年内，开展“营改增”试点工作，分两批核实“营改增”税源户2661户，确认属于改征范围税源户2615户。受理审批涉及残疾人就业、安置退役士兵减免税项目85笔，减免契税7.7万元，退税280.58万元。（二）征管基础工作有效夯实，纳税服务水平进一步提升。加强登记、申报、清欠等基础管理，截至年底，共管辖正常纳税户20718户（含个体户6464户），同比企业户增加了1254户。其中注册资金5000万元（含）至1亿元的127户，新增16户；注册资金1亿元（含）以上的76户，新增16户，税源质量稳步提升。年内，开展企业所得税、个人所得税税源户清理工作，落实企业所得税申报与入库数据比对2313户，对134户个人独资、合伙企业的个人所得税进行汇算清缴。贯彻落实纳税服务制度。全年共召开纳税人座谈会9场，局领导带队走访重点税源户35户。加强行业性的辅导培训，设置“营改增”专人服务窗口，共组织辅导培训28次，培训3700余人次，发放资料4500余份。提升信息化服务水平。一方面加强网站管理，完成了网站改版工作，另一方面与国税局联合开展税收宣传月活动，共建“门头沟12366”微博，联合开展2013-2014年度纳税信用A级企业评定工作。（三）依法治税力度加大，优化政务流程工作扎实开展。加强督察内审工作，规范日常执法行为。年内开展4次日常执法检查，完成税收执法督察工作，涉及案卷201份。以日常评估软件为依托，评估总户数1894户，有问题率52.8%，评估入库税款806万。稽查工作有序开展。年稽查立案87户，检查101户，检查结案103户，有问题户93户，查补税款滞纳金和罚款合计1451.27万元，人均办案4.81户，检查有问题率92.08%，人均查补税款67.87万元。开展优化政务流程工作，新制定制度13个，修订制度16个，保留制度127个，废止制度82个，制作流程图19个，初步完成了政务流程梳理工作。（四）干部队伍建设进一步加强，地税文化进一步推进。强化对中层正职领导干部量化考核，进一步疏通了管理的中间环节，加大干部选拔和交流的力度，根据工作需要，全年提拔正科级领导干部2名，副科级领导干部4名，正科级非领导职务干部3名，交流领导干部21名，轮岗一般干部27名。加强教育培训工作，联合石景山地税局，共同举办了科级干部任职培训班；聘请首都经贸大学老师，开展《财务会计·税务版》更新知识培训；组织注册税务师小课堂培训2次，地税讲坛7次；完成《小企业会计准则》在线学习和税收业务流程的培训考试；在北京市地方税务局组织的税收业务流程考试中取得了第三名。（五）党建工作取得新突破，廉政建设进一步深化。在创先争优活动过程中，探索完善了5项机制：即党员教育、服务群众、典型示范、考核评价和发展机制，有效强化了基层组织建设、提升了党员干部为纳税人服务的意识。开展结对共建，以机关党支部与税务所党支部“1+1”结对共建模式，通过共同上党课、开民主生活会等活动，激发了党组织和党员队伍的生机和活力。以“五型”机关创建为契机，丰富教育活动的形式和载体，党员模范带头作用更加明显。一方面，参观“北京精神”大型主题展览，邀请专家就“北京精神”主题进行了讲解。另一方面开展扶贫活动，年内共捐款1.9万余元。

单位名称：北京市门头沟区地方税务局
地　　址：北京市门头沟区滨河路52号
电　　话：69848224
邮　　编：102300

（禹珊瑚）

【走访、慰问活动】 1月10日，局领导到结对帮扶村——清水镇胜利村进行节日慰问，与部分村民座谈，并到贫困农户走访，送去了基本生活用品。2月15日，局团总支到平谷区地税局“渐冻人”患者家中慰问，并送去爱心款5100元。4月20日，门城税务所党支部和机关第一党支部到新桥路中学宏志班看望受资助学生，送去了助学金和学习用品。8月1日，局领导带领办公室、基层、人事、后勤的部分干部，到共建单位某高山雷达站看望慰问官兵，并根据部队需要为他们送去了铁皮柜和蔬菜水果。

（禹珊瑚）

【市、区领导检查指导工作】 1月13日，区法制办有关人员到区地税局对依法行政工作进行考核指导。17日，市局纪检组长、监察处和基层工作处领导到王平税务所看望慰问基层干部职工。3月23日，市局纳税服务中心有关领导指导纳税服务工作，听取了网站改版方案和12366远程坐席情况介绍。4月9日，市局纪检组长、监察处处长听取对《关于开展税源专业化管理工作的指导意见》的意见和建议。5月9日，市局副局长一行到永定税务所调研土地增值税管理工作，听取了永定税务所关于对土地增值税的管理模式、管理措施及管理现状的专题汇报，并现场查看了土地增值税项目管理的台帐、资料等内容。对永定税务所加强源头控管的有效途径和根据房地产业的特点，采取“开发立项源头管、项目进度动态管、开发完结跟踪管”的三个阶段管理模式给予肯定。7月10日，区纪委督导组成员到区地税局督查政风行风工作，听取政风行风建设工作汇报，到永定税务所和第一税务所进行实地检查。8月8日，区领导到申报大厅残保金审核-代征“一门式”服务窗口检查、指导审核代征工作情况。28日，市局优化政务流程完善管理制度督导组到区地税听取前一阶段优化政务流程完善管理制度工作开展情况的汇报，并与科、所代表座谈，解答区局在优化完善制度流程过程中的疑问和困难。9月12日，市局企业所得税处就利用税源清理结果开展企业所得税申报与入库比对试点工作到区地税局听取税源清理工作开展情况的汇报，介绍了开展企业所得税申报与入库比对试点工作的背景、意义和工作思路，对试点具体工作进行部署。20日，市局执法督察组到门头沟局开展执法督察检查，听取了2011年和2012年上半年开展执法督察工作情况的汇报后，到税务所进行实地核查。26日，市局督导组到区地税局督导“营改增”试点改革实施阶段工作。10月18日，区委组织部检查组到区地税局就申报“优秀党员电化教育播放站点”工作进行检查指导。11月9日，北京市国际税收研究会第三理论小组课题《“走出去”企业税源监控及税收征管精细化的国际借鉴研究》结题会在区地税局召开。13日，区人大领导及区人大代表等10余人听取了区地税局2012年收入完成情况和2013年地方税收形势汇报。12月6日，市局纪检组长带领市局检查组到区地税局，对2012年落实党风廉政建设责任制、推进惩防体系任务完成情况进行专项检查。

（禹珊瑚）

【召开特邀社会监督员座谈会】1月30日，召开2012年首次特邀社会监督员座谈会，会上向特邀社会监督员汇报了2011年党风廉政建设和纳税服务工作情况及2012年的工作思路，并就一年来各项工作的开展情况征求意见。7月27日，召开2012年上半年特约监察员座谈会，宣读《门头沟区地方税务局聘请第六批特约监察员决定》，纪检组长向特约监察员颁发了聘任书，组织学习《门头沟区地方税务局特约监察员制度》，汇报2012年上半年党风廉政建设、政风行风建设、纳税服务、干部队伍建设等方面工作的情况。

（禹珊瑚）

【党建工作】 1月31日，机关党委召开2012年第一次党委会，全体委员对新的一年“创先争优”工作进行讨论研究，讨论通过《门头沟区地方税务局先进党支部、优秀共产党员评选办法》（修订稿）。2月13日，机关党委召开扩大会议，会议讨论通过了“结对子”加强党建工作的办法，拟开展机关科室党支部与基层税务所党支部的“结对共建”活动。8月22日，举办市第十一次党代会精神专题讲坛，邀请区委党校副校长就“明确发展目标，尽推动发展之责”为主题进行授课。

（禹珊瑚）

【召开税务工作会】 2月2日，召开2012年地方税务工作会，市局纪检组长、监察处处长和区地税局领导班子全体成员出席。局领导作了题为《深入贯彻依法行政 稳步推进税收增长为实现门头沟区跨越式发展做出新贡献》的工作报告，与三个代表税务所签订了收入分配任务责任书。市局纪检组长肯定了2011年区地税局在抓业务、带队伍方面所取得的成绩，同时提出工作要求。

（禹珊瑚）

【加强政务公开】 2月3日，召开政务公开工作会，传达区政府关于做好政务公开和政务服务工作的相关要求，强调了政务公开工作的重要性，并研究讨论了《门头沟区地方税务局关于开展依托电子政务平台加强政务公开和政务服务工作实施方案（征求意见稿）》。局领导在会上提出具体要求。

（禹珊瑚）

【培训工作】 2月8日，召开市级重点税源户工作培训会，全局市级重点税源户和相关税务所主管所长、业务骨干参加了会议。3月26日，与石景山地税局联合开办科级干部任职培训班，37名新任科级领导干部参加培训。此次培训为期一周。6月18日，分两批对全体公务员开展为期8天的脱产更新知识培训。此次培训重点以“科学发展主题培训行动计划”要求内容和《财务会计·税务版》相结合，重点从提升业务能力、加强综合素质入手，增强培训的系统性和针对性。7月16日，对2012年新录用人员进行了培训。8月30日，组织全局副处级调研员（含）以下的全体干部分两批采取闭卷考试的形式，对《财务会计知识》进行了验收摸底考试。10月26日，组织召开税收管理员工作平台2.1版培训会，邀请北科光大公司工程师对软件系统各项功能进行了讲解和操作演示。7月27日，组织召开普通发票简并票种统一式样工作部署培训会。全体一线干部分两批参加培训，会上围绕市局2012年第4号公告等文件，就简并票种统一式样工作和税控升级工作等内容向参会人员进行了部署和工作要点的培训。10月24日至25日，组织召开2012年支部书记培训暨创先争优总结交流会。会上就如何当好支部书记、如何做好新时期党支部工作进行培训，各党支部书记汇报了支部2010年以来的创先争优工作和年度内开展的“结对共建、先锋同行”活动。

（禹珊瑚）

【工作调研】 2月10日，局长带领永定税务所相关人员，走访了区A级纳税企业。5月9日，局领导同纳税服务科、大峪税务所负责人一行到局市级重点户走访调研。5月30日，局领导带领税政一科、税政二科、收入核算科和潭柘寺税务所相关人员走访企业，调研“营改增”相关政策对企业的影响。

（禹珊瑚）

【纳税评估工作】　2月16日，召开2012年纳税评估工作会，总结了2011年纳税评估取得的成绩和存在的不足，并部署了2012年纳税评估工作。在全市纳税评估工作指标中，区地税局评估税款同期对比排名第一，评估补税率同期对比第一，评估户次同期对比排名第五。

（禹珊瑚）

【开办地税讲坛】　2月22日，举办第一期以“21世纪健康新观念知识讲座”为主题的地税讲坛。3月28日，邀请国家税务总局征管科技司制度处副处长，讲授“税收征管法修订及前沿问题介绍”。4月26日就“北京精神”主题进行了授课。8月22日，副校长就“明确发展目标，尽推动发展之责”为主题进行授课。9月25日，讲授“反腐倡廉形势”。

（禹珊瑚）

【学习“北京精神”】　2月28日、29日，分两批组织党员、团员到首都图书馆参观“北京精神”大型主题展览。通过听讲解、看影像资料等途径，体会“爱国、创新、包容、厚德”的内涵以及背后的历史渊源和人文基础。12月18日，按照市委组织部、市人力资源和社会保障局、市科学技术委员会的培训要求，组织全体干部对《践行“北京精神”提高履职能力》公共知识进行了验收考试。

（禹珊瑚）

【安全稳定工作】　3月7日，召开2012年安全保卫工作会，局领导分别与分管部门责任人签订《社会管理综合治理责任书》和《消防安全责任书》。7月26日，局领导带领石龙办公区管理委员会成员检查防汛工作，听取防汛措施汇报后，对监控室、发票库房、配电室、食堂操作间等重点防护部位进行检查。10月17日，石龙办公区为有效落实市区两级关于“十八大”安全维稳要求，开始执行治安巡逻员制度，每天增配一名专项治安干部，配戴治安员袖章，对办公场所进行不间断巡查，确保纳税服务场所的安全稳定。

（禹珊瑚）

【荣誉表彰】　3月15日，税政管理一科张红鑫，被北京市妇女联合会、总工会、人力资源和社会保障局授予北京市“三八”红旗奖章荣誉称号。4月10日，获得北京市地方税务系统第一届“友谊杯”桥牌赛冠军。5月，共青团多项工作受到表彰，晋春晖被授予“北京市青年岗位能手”称号。

（禹珊瑚）

【地税文化建设】　3月21日至22日，举办春季文体比赛活动，局工会组织全局干部职工利用工休时间在5个办公区域及滨河文化广场，参加了踢毽和飞镖比赛。31日，组织开展“做文明有礼门头沟人——拒绝不文明、清除小广告”全民行动日活动，清除了各办公区“门前三包”责任区内的小广告。5月31日，在区体育馆举办以“掀全民健身热潮，扬地税职工风貌”为主题的职工趣味运动会。9月12日，组织17名自愿报名献血的干部职工，到区血站参加义务献血活动。12月16日，组队参加门头沟区工会举办的首届“职工杯”乒乓球赛。

（禹珊瑚）

【团支部活动】　3月22日，团总支组织青年志愿者到位于日坛公园内的马骏烈士墓开展祭扫活动。4月13日，团支部和团员青年结合职责任务和岗位实际，签署了《门头沟区团组织公开承诺书》、《门头沟区共青团员公开承诺书》。并在局内“公开承诺栏”处将团组织和团员承诺书进行公布，接受群众监督。5月4日，局团总支开展“传承五四精神　走进鲁迅博物馆”活动，组织青年干部到北京鲁迅博物馆参观学习。

（禹珊瑚）

【纳税服务新举措】　4月13日，与区国税局联合举办了以“开创纳税服务微博新进程”为主题的税收宣传仪式，在现有官方微博“门头沟12366”的基础上，开启国、地税两局纳税服务的“微时代”。4月，为推进纳税服务工作，对包括登记管理、发票管理、证明管理、税收优惠、申报征收、行政救济、其他事项共计七大类、34项纳税人常用税收事项业务办理规范和流程要求进行编辑整理，编印了《税收业务纳税人常用部分宣传手册》，供纳税人办理涉税事项时参考使用。

（禹珊瑚）

【打击发票违法犯罪活动】　4月18日，稽查局与区国税局、公安分局联合召开了打击发票违法犯罪活动研讨会，根据区内实际情况，制定了打击发票违法犯罪活动具体工作实施方案。

（禹珊瑚）

【党风廉政建设工作】　4月19日，组织副科级以上领导干部到

"北京市廉政教育基地"——中国电影博物馆，参观由北京市纪委、市委宣传部主办的"风清气正扬宗旨——北京市反腐倡廉教育影像展览"。5月30日，组织全体干部观看《诱发公职人员职务犯罪的20个认识误区》反腐倡廉教育光盘。6月12日，局党组中心组召开党风廉政建设专题学习会，学习《北京市地方税务局党风廉政建设责任制实施办法》，观看全国惩防体系建设系列专题片《加快推进惩治和预防腐败体系建设》，并对专题片中的反腐倡廉建设和反腐败斗争的好做法好经验进行探讨。8月13日，召开"廉政制度百题知识测试"活动，贯彻落实区党风廉政建设工作会议关于"加强廉政制度教育，提升制度执行力"主题教育活动的有关要求。

（禹珊瑚）

【优化政务流程】 4月24日，召开优化政务流程完善管理制度工作推进会，局长对优化政务流程完善管理制度工作提出要求。6月11日，召开优化政务流程完善管理制度目录审查会议，结合《市局政务制度流程适用范围目录》及局内实际情况对《门头沟局优化政务流程完善管理制度目录》的内容进行研讨、审查。

（禹珊瑚）

【工作交流】 5月23日，局领导带领税政一、二科以及斋堂税务所干部一行6人到房山局河北税务所，就加强山区税务所建设学习交流经验。10月12日，海淀局副局长带领海淀地税税政管理一科、二科干部到局交流工作，两局就近期的开展的企业所得税比对、营业税改增值税、个人所得税股权转让、车船税等重点工作进行交流。

（禹珊瑚）

【建立信息交换共享机制】 6月27日，区地税局、国税局和工商分局组织召开经济信息交换共享联席会，会上宣读了《门头沟区工商税务部门经济信息交换共享工作方案》。

（禹珊瑚）

【庆祝建党91周年暨"七一"表彰会】 6月29日，举行庆祝中国共产党建党91周年暨"七一"表彰大会。局长作党建工作报告，随后举行了2012年度新党员入党仪式，全体党员重温入党誓词，并表彰了2011年度先进党支部和优秀共产党员。

（禹珊瑚）

【启用新版发票】 8月6日，根据《北京市地方税务局关于普通发票简并票种统一式样有关问题的公告》（2012年第4号）规定，正式启用新版发票，局领导到一线指导工作，了解工作的过程，并对发票换版和税控升级工作提出要求。

（禹珊瑚）

【区长批示】 8月28日，区长王洪钟就《昨日区情》第180期信息做出批示：国税、地税、工商措施得力，确保了全区税收工作的稳定增长，应予表扬。在后四个月中要继续加大征管力度，应收尽收，确保全年任务完成，并为明年发展奠定良好基础。

（禹珊瑚）

【召开税源综合管理服务研讨会】 8月28日，与区工商局召开"加强区域税源综合管理服务"研讨会，两局针对《北京市门头沟区人民政府关于印发门头沟区加强区域税源综合管理服务暂行办法的通知》（门政发〔2011〕28号）中涉及的重点税源的条件、对税源变动采取的措施等进行了研讨。

（禹珊瑚）

【"解放思想大讨论"交流会】 10月29日，门头沟区委在区地税局组织召开了全区解放思想大讨论活动现场交流会。区委书记带领与会人员参观了区地税局办税大厅，听取了局长所作的《以创建"五型"机关为抓手，严格执法，优化服务，争当服务我区经济社会发展的排头兵》经验介绍，对区地税局按照解放思想大讨论活动部署要求，结合税收中心工作所取得的成效以及创先争优工作，给予了肯定。

（禹珊瑚）

【学习十八大报告】 11月8日，召开中国共产党第十八次全国代表大会，各办公区分别组织党员干部认真收看了胡锦涛同志代表十七届中央委员会向大会所作的报告，并进行了讨论。11月29日，举办"解读十八大系列讲座之一"暨2012年第6期地税讲坛，全局党员干部、区直机关工委系统66个单位党建负责人参加了讲座。此期讲坛邀请到了中央党校经济学部副教授、作了题为"践行十八大精神，用创新驱动经济发展"的专题讲座。12月6日，举办"解读十八大系列讲座之二"暨2012年第7期地税讲坛，邀请到国家发改委城市和小城镇改革发展中心研究员、央视特约评论员以"用均衡眼光看待不均衡的中国"为题做十八大专题辅导讲座。

（禹珊瑚）

【国际税收协会课题研究】 11月9日，北京市国际税收研究会第三理论小组课题《“走出去”企业税源监控及税收征管精细化的国际借鉴研究》结题会在区地税局召开。

（禹珊瑚）

【“12·4”全国法制宣传日活动】 11月30日，开展以“弘扬宪法精神，服务科学发展”为主题的法制宣传活动，共发放法制宣传资料1500余份，宣传手册400余册，税收政策宣传光盘500余张。同时针对法律法规、税收政策、涉税事项及相关工作职责等进行宣传和咨询解答。

（禹珊瑚）

【票证管理工作】 12月21日，召开票证工作汇报暨工作部署会，征收管理科传达了市局公告9号、10号以及票证中心票证便函【2012】6、7号通知精神；部署2013年免征小型微型企业发票工本费事项；对关于发票增、减量相关要求征求了各税务所意见。

（禹珊瑚）

【下属单位情况】

单位名称：第一税务所
地　　址：北京市门头沟区龙园路5号
电　　话：60803016
邮　　编：102300

单位名称：第二税务所
地　　址：北京市门头沟区新桥大街48号
电　　话：69828140
邮　　编：102300

单位名称：第三税务所
地　　址：北京市门头沟区龙园路5号
电　　话：60804651
邮　　编：102300

单位名称：门城税务所
地　　址：北京市门头沟区龙园路5号
电　　话：60803035
邮　　编：102300

单位名称：石龙税务所
地　　址：北京市门头沟区龙园路5号
电　　话：60803050
邮　　编：102300

单位名称：永定税务所
地　　址：北京市门头沟区龙园路5号
电　　话：60803084
邮　　编：102300

单位名称：大峪税务所
地　　址：北京市门头沟区龙园路5号
电　　话：60803052
邮　　编：102300

单位名称：潭柘寺税务所
地　　址：北京市门头沟区龙园路5号
电　　话：60803046
邮　　编：102300

单位名称：王平税务所
地　　址：北京市门头沟区王平办事处后院
电　　话：61859435
邮　　编：102300

单位名称：斋堂税务所
地　　址：北京市门头沟区斋堂镇斋堂大街8号
电　　话：69816874
邮　　编：102309

单位名称：稽查局
地　　址：北京市门头沟区新桥南大街65号
电　　话：69849554
邮　　编：102300

（禹珊瑚）

金　融

工商银行

【概况】　年内，工商银行门头沟支行认真贯彻落实总、分行党委的决策部署，加快改革创新，推进经营转型，按照稳中求进的总基调，统筹抓好经营管理各项工作，全行继续呈现出盈利较快增长，信贷结构趋向优化，区域优势得以巩固，资产质量稳步提高的良好发展态势。积极应对复杂经济金融形势变化对各项业务发展的影响，始终坚持业务发展与风险防范统筹兼顾，巩固了全行稳健运营的良好态势。全行以迎接党的十八大和贯彻落实十八大精神为主线，深化创先争优活动，加强基层党组织建设。完善各级人员考核激励机制，优化薪酬资源配置，最大限度调动了员工的积极性。员工培训和企业文化建设方面成效明显，思想教育与业务培训并重，舆论引导、思想疏导和文化传导结合，注重人才的培养，为员工的职业发展和岗位晋升创造了有利条件，增强了支行的竞争活力和发展后劲。

单位名称：中国工商银行股份有限公司北京门头沟支行

地　　址：北京市门头沟区新桥大街16号

电　　话：69844429

邮　　编：102300

（贺　卉）

【短途竞赛】　年初，开展"开门红"短途竞赛，成果显著。

（贺　卉）

【金融服务】　3月，携手区经信委召开中小企业融资对接会。5月，举办反假币宣传月活动。

（贺　卉）

【网点拆迁】　7月，门头沟东辛房分理处被拆迁，与三家店支行合址办公。10月，门头沟融谷支行被拆迁，与龙泉支行合址办公。

（贺　卉）

【军银联谊】　7月，与驻区部队举办庆八一军银联谊活动。

（贺　卉）

【营销活动】　11月，举办"惠享'薪'生活"金融服务体验之旅主题沙龙。

（贺　卉）

【公开竞聘】　年内，开展中层后备管理干部公开竞聘工作。

（贺　卉）

建设银行

【概况】　年内，在总分行战略指导思想的指引下，支行认真贯彻总、分行工作要求，围绕"三大一高"，全面实施赶超战略，通过全行员工共同努力，各项业务快速发展。全口径存款11月突破百亿元大关，年末各项存款余额971948亿元，新增额市场占比71.77%，增长率43.74%。其中储蓄存款余额452902亿元，新增额市场占比30.74%，增长率32.53%。对公存款余额519046亿元，保持区域同业第一。年内新增额市场占比367.92%，增长率55.20%。各项贷款余额246896亿元，新增额市场占比55.45%，增长率129.97%。其中企业贷款余额216164亿元，新增额市场占比59.57%，增长率179.45%。年内，为采空棚户区募集10亿元京西城市发展基金，客户融资总量跃居区域同业首位。加强网点建设。永定支行落户冯村商业街，8月8日开张营业；承泽苑支行完成选址、装修及各项开业筹备工作。个人业务以"进千家社区、拓百万客户"社区营销活动为重点，利用E动终端等先进移动设备为社区百姓提供便捷金融服务。加强党员教育。开展"讲党性、重修养、守廉洁、作表率"主题教育实践活动，组织支行副经理级以上领导干部观看十八大开幕式和十八大报告解读讲座，聘请首都师范大学教授为全体党员讲党课。加强案件防控。有效落实"案件防控每周一讲"和案件防控联席会制度。持续关注员工动态，开展员工行为集中排查活动。加大安全、服务、核算工作检查力度，对发现问题落实问责和整改。年内，支行被北京分行评为三星级荣誉团队，公司及机构业务中心融资团队被评为四星级最具竞争力团队。支行保卫科荣获北京市公安局2012年度单位内部安全保卫工作集体嘉奖。支行被北京分行评为平安示范支行。

单位名称：中国建设银行股份有限公司北京门头沟支行

地　　址：北京市门头沟区双峪路22号
电　　话：69832674
邮　　编：102300

（曹静云）

【举办爱心助盲公益行联谊会】 5月4日，支行团委同红丹丹教育文化交流中心联合举办了“爱心助盲公益行”主题联谊会。

（曹静云）

【举办军队武警客户联谊会】 7月11日，举办“庆八一军队武警客户联谊会”。

（曹静云）

【举办外贸企业银行产品推介会】 12月5日，支行与门头沟商委联合举办区外贸企业银行产品推介会。

（曹静云）

【加强基层党组织建设】 年内，对正式党员超过3人的部门、网点单独成立党支部，通过党员大会选举产生新的支部书记及委员。调整后的支行党支部数量由5个增加到了10个。全年新发展党员4人，预备党员转正2人，确认入党积极分子4人。

（曹静云）

【防范电信诈骗】 年内，开展安全生产月、“警银携手共筑平安”活动，组织网点开展各类案防及应急演练，加强防范电信诈骗、防抢、防盗定期安全检查。全年成功堵截各类诈骗3起，涉及金额22.94万元。

（曹静云）

【践行社会责任】 年内，组织全行员工开展“博爱在京城”募捐救助活动，共募集捐款3740元。在“7·21”特大暴雨后，支行向区财政局捐赠10万元赈灾款，支援受灾群众灾后重建工作。

（曹静云）

农村商业银行

【概况】 年内，北京农商银行门头沟支行在总行党委的领导下，坚持“按规矩办事”的治行理念，全体干部职工共同奋斗，贯彻年初工作会议精神，围绕“结构优化”、“服务升级”、“效益提升”三项发展主题，拓展市场，推进经营网点转型，强化风险防控，增强竞争能力，提升服务水平，稳步推进各项经营管理工作，业务发展呈现平稳良好势头，完成三年中长期规划指标。实现各项存款余额75亿元，各项贷款余额16亿元。以深化分支机构改革为契机，加强精细化管理，建立“风险防控中心”和“后勤保障中心”，建设对公客户经理队伍、个人客户经理队伍和清非客户经理队伍。开展2012年“稳存量，促新增”对公存款营销竞赛活动。以按规矩办事理念为导向，全面实现集约化管理。党建带动团建，激发青年活力。参加由北京市国资委“工人宣讲团”的宣讲比赛，荣获集体奖项。组织开展公众教育服务日、普及金融知识万里行活动，进企业、进乡村、进社区宣传活动共19次。以“大三农”概念为立行之本，履行社会责任。完成38个行政村的基本金融服务点的建设工作，实现门头沟区金融服务全覆盖。加强安保人员队伍建设，促进保安队伍年轻化、专业化，确保全行营业网点安全运营，年内被市公安局授予集体嘉奖。

单位名称：北京农村商业银行门头沟支行
地　　址：北京市门头沟区滨河路115号滨河大厦一层、十二层
电　　话：69835548
邮　　编：102300

（郝　晶）

【春节慰问活动】 1月28日，总行董事长春节期间慰问支行一线员工，送上了慰问金和新春的祝福。

（郝　晶）

【开展规范经营活动】 3月，开展“规范贷款行为、科学合理收费”专项治理活动，全行张贴《关于贷款业务“七不准”、服务收费“四公开”的公告》，组织进行业务自查，为规范经营、防范风险奠定基础。

（郝　晶）

【召开分支机构改革启动会】 3月，召开深化分支机构改革工作启动会。行领导班子、部门经理、网点负责人等对分支机构改革的目标、方案和实施有了清晰的思路，明确发展目标和努力方向。

（郝　晶）

【开展主题登山比赛】 4月22日，支行组织干部员工49人在海淀区鹫峰开展“团结协作　勇攀高峰”主题登山比赛。

（郝　晶）

【“村村通”工程启动仪式】 6月18日，区农村基本金融服务“村村通”工程启动仪式在雁翅镇淤白村举行。市金融工作局局长、门头沟区区长、北京农商银行副行长等领导出席仪式并为代办点揭牌。

（郝　晶）

【捐款活动】 7月，开展“共产党员献爱心”和“7·21”赈灾捐款活动。各部门、各经营网点的共产党员、共青团员和群众共172人参与了捐款活动，捐款总额达16690元。

（郝　晶）

【召开行庆座谈会】 10月29日，组织召开行庆七周年座谈会。行领导班子成员、部门及网点员工代表参加了座谈。会上，代表提出建议。

（郝　晶）

【培训工作】 年内，共组织网点转型、保险理财、安全保卫、机构信用代码发放、远程集中授权、会计业务等培训122次，参加培训达1924人次。

（郝　晶）

【组织召开演讲比赛】 12月18日，开展以“绿色发展　美丽门头沟　绽放农商行”为主题的演讲比赛。比赛分为主题演讲和才艺展示两个环节。

（郝　晶）

【工作调研】 年内，上级单位领导到门头沟支行调研共9次。分别就重点工作部署、“金融惠农工程”落实、授信业务、安全维稳等方面进行具体指导，要求支行明确目标，狠抓落实，按照经营、行政两手抓的双轨道路，实现门头沟支行的可持续发展。

（郝　晶）

保　险

财产保险

【概况】 年内，人保财险门头沟支公司在分公司党委的领导下，按照分公司提出的“转方式、促发展、强合规、增效益”的工作主基调，坚持以发展为第一要务，实现了业务的较快发展。

单位名称： 人保财险门头沟支公司
地　　址： 北京市门头沟新桥大街18号
电　　话： 69843284
邮　　编： 102300

（张　志）

【主要业绩】 年内，实现保费7656万元，同比增速16.89%。其中：车险保费收入7058万元，同比增速15.14%，非车险保费收入598万元，同比增速42.48%，实现利润353万元。

（张　志）

【主要工作】 年内，（一）建立以地区内优质业务为工作重点，以农村保险网络建设为依托，以区域外业务为必要补充的业务发展格局。（二）实现公司持续平稳健康发展。加强成本管控，不断提高盈利能力，实现有效益、可持续的健康发展。（三）抓好农网建设，打造有活力的农村保险营销团队，使农网保险营销平台初具规模，收到实效。（四）提升服务、提升客户认知度和满意度，客户投诉案件明显减少。（五）成立职工代表大会，建立了职工之家。（六）坚持依法合规经营不动摇，夯实公司可持续健康发展的基础。做到完善合规经营机制，强化合规意识，细化管控制度，在合规建设方面上一个新的台阶。

（张　志）

人寿保险

【概况】 中国人寿保险股份有限公司北京市门头沟支公司按照分公司党委、总经理室制定的方针，结合地区内实际制定了以持续发展为主题、以提高效益为中心、以深化改革为动力、以强化内控为保证的工作策略，公司上下牢牢把握“攻坚克难、稳中求进、奋力拓展”的总基调，坚持紧盯市场形势，业务稳定发展；强化规范经营，基础逐步夯实；精心调整结构，经营效益增强；强调以人为本，环境日益和谐。各项业务持续、快速、健康发展，公司全体员工深入落实科学发展观，积极践行中国人寿特色寿险发展道路，坚持业务保持快速、健康发展，团险部、银行保险部、营销业务部三大业务部门全面完成分公司下达的保费任务。年内，实现保费收入12100.2万元，其中新单保费收入5431.6万元，续期保费6668.6万元。全年新单保费由团体部实现保费收入336.24万元，银行保险部实现保费收入3840.96万元，营销业务部实现保费收入1254.4万元；全年总保费包括：健康险保费收入255.7万元，意外险保费收入248.09万元。公司连续16年被首都精神文明建设委员会授予“首都精神文明单位”荣誉称号。

单位名称：中国人寿保险股份有限公司北京市门头沟支公司
地　　址：北京市门头沟区滨河路64号
电　　话：69866673
邮　　编：102300

（刘　瑜）

【领导慰问】 1月1日，分公司领导到支公司慰问一线的营销人员，并送上新春的祝福。29日，分公司领导到门头沟支公司视察工作。就新的一年支公司发展思路进行探讨并提出了意见。

（刘　瑜）

【领导调研】 2月16日，分公司领导到支公司个险部调研指导工作。在了解了门头沟个险工作情况以及2012年的整体工作思路后提出要求。

（刘　瑜）

【计生险业务工作】 3月26日，支公司领导与区计生协主任签订计划生育意外保险协议。年内，与门头沟区计生协联合举办《门头沟2012年计划生育保险总结表彰会及2013年启动大会》。

（刘　瑜）

【参加“金钥匙创新大赛”】 3月，客户服务部代表公司参加了业管体系组织的“金钥匙创新大赛”，支公司代表队与市公司柜面联合组队获得金钥匙创新大赛一等奖。

（刘　瑜）

【召开经策会】 4月1日，支公司各部门负责人参加分公司一季度经策会，各销售渠道进行了业务发展分析，会上分公司总经理讲话。

（刘　瑜）

【领导现场指导工作】 4月25日，分公司领导到门头沟支公司对门头沟支公司近期业务发展思路进行了进行现场工作指导。

（刘　瑜）

【收付费系统上线】 9月，新的收付费系统整合了8版、万能、NBPS的系统资源，优化了部分功能，使收付费人员柜面操作提高了效率。

（刘　瑜）

【开办十一款新版激活卡】 年内，开发十一款新激活卡产品：吉祥卡B、（金卡）、吉祥卡B（白金卡）、吉祥卡E、999急救保险激活卡（金卡）、999急救保险激活卡（白金卡）、999急救保险激活卡（钻石卡）、畅行卡（A款）、畅行卡（航空）、畅行卡（尊享）、家庭幸福卡A、家庭幸福卡B。

（刘　瑜）

【柜面功能整合】 年内，客户服务部按照上级要求撤销了石景山内柜面的收付费职能，客服辖内全部收费功能由主柜面承担，11月门头沟主柜面备用金账户按市公司统一要求进行销户，全部付费业务实现转账。

（刘　瑜）

【参加“拍客演讲比赛”】 年内，客户服务部代表支公司参加了2012年分公司业务组织的“拍客演讲比赛”，取得了优秀作品奖。

（刘　瑜）

城 乡 建 设

规 划 管 理

【概况】 北京市规划委员会门头沟分局是北京市规划委员会的派出机构（正处级），其主要职责是：在市规划委的领导下，按照规定权限，负责组织实施行政区域内的规划编制、规划审批和规划监督工作。内设机构有办公室、综合业务科（全程代理）、规划科、建设工程管理科与建设用地管理科合署办公、市政交通工程管理科共一室四科，行政编制20人；门头沟区规划监察执法队为所属执法机构，执法编制8人；下属事业单位北京市门头沟区城市建设档案信息中心，事业编制6人。12月27日，经北京市机构编制委员会核准成立北京市门头沟区规划研究中心，为分局内所属正科级全额拨款事业单位，事业编制10人。年内，以建设社会主义和谐社会的要求和科学发展观为指导，贯彻落实科学发展观，坚持依法行政，廉洁从政，保证全区各项规划的实施。

单位名称：北京市规划委员会门头沟分局

地　　址：北京市门头沟区新桥大街51号

电　　话：69843398

邮　　编：102300

（蒋晓姣）

【市、区领导调研】 8月23日，区领导韩子荣到规划分局调研，听取了规划分局重点工作情况汇报。韩子荣表示，市规划委对门头沟规划工作高度重视，体现了对西部转型发展的支持，同时对门头沟规划分局新领导班子一年来的工作给予肯定。9月29日，市规划委副总规划师带队到区实地调研古村落保护与开发。市规划委一行主要走访参观了斋堂镇灵水村，听取了斋堂镇及中坤集团有关古村落保护开发利用的情况汇报。10月16日，市规划委领导带队到区规划分局检查。检查程序包括：民意调查和民主测评、规划分局汇报工作开展情况、组织座谈谈话、走访窗口等。经检查，委领导对分局工作给予肯定。同时对规划分局相关工作提出进一步要求。

（蒋晓姣）

【规划编制与研究】 年内，组织开展“门头沟长安街沿线城市设计实施导则”和“门头沟区近期重点项目建设实施细则”的编制工作。已完成门头沟新城城子东、高家园等街区深化方案市规划委审批备案工作；琉璃渠、赵家洼、龙口水库等街区深化方案已上报市规划委待备案。配合区棚改中心，委托市规划院开展采空棚户区7平方公里及周边区域的规划研究及控规深化方案编制工作，为进一步推进采空区棚户区改造工作奠定基础。会同区土地整理储备中心，开展长安街延长线周边及物美、北旅、高家园等重点区域地块控规编制及报批工作。已陆续取得汇雅达、沿海、曹各庄C、物美地块、北旅广场、高家园等20余项重点区域地块控规批复，为项目的土地供应及区重点工程落地奠定了基础。针对全区棚改安置房、三定三限房、公租房及BT工程等区重点工程项目，同步开展地块控规编制及报批工作。编制完成并上报市规划委采空棚户区改造安置房打捆控规（石门营、石泉、中门寺、小园、小白楼等），BT打捆控规（妇幼、民生大厦、职业技术学校、农林大厦、体育场地块）等；结合区域项目落地发展趋势，提前开展并完成石龙开发区地块控规编制工作并上报市规划委。主动联系沟通各相关镇政府，按区政府重点工作蓝皮书要求提前完成了全区镇域规划全覆盖，其中斋堂、潭柘寺、军庄等镇总规已批复；王平、雁翅镇总规已报市规划委待批；大台、清水镇及妙峰山镇总规已经区政府会议审查，待区政府报市规划委。同时，陆续启动了重点小城镇地块控规层面编制工作，陆续完成了斋堂镇旅游集散中心1号地、军庄、王平镇工矿棚改安置房、潭柘寺镇3号街等控规及深化方案的上报批复工作，为重点小城镇的启动建设提供了良好的规划基础。

（蒋晓姣）

【规划管理】 年内，办理的规划条件、用地证、方案审查、工程证等规划管理审批手续的民生及保障房项目主要有：S1线区域组团01－11地块及曹各庄、桥户营村、东辛秤等土地一级开发项目涉及的多处地块定向安置房；小白楼二期棚改、石泉砖厂A、B地块、黑山地块、中门寺地块等多处棚改安置房；铅丝厂公共租赁住房、工矿棚户区改造项目杨坨安置房、王平电厂安置房、永定镇住宅项目配套限价商品房。办理的社会事业及BT项目规划手续主要有：行政服务：门头沟气象局、永定河管理处、园林绿化局、地震局、住房保障和权属服务楼、民生综合服务楼、动物疫病预防控制中心综合楼等；体育：体育场翻扩建工程、门头沟区体育馆等；教育：三家店铁路中学翻建工程、军庄小学新建工程、少年宫迁建工程、迁建大峪一小选址等；医疗：妇幼保健院、计划生育生殖健康技术服务中心综合楼等。共办理完成建设工程：1、办理选址意见书及规划条件24件，总用地面积约100公顷，建筑规模共计167万平方米。2、办理建设用地规划许可证13件，用地面积共计90公顷。3、办理设计方案审查意见复函24件，建筑规模共计359万平方米。比去年增加审批规模39%。4、办理建设工程规划许可证38件，建筑规模共计145万平方米；比去年增加审批规模384%。5、办理临时建设工程规划许可证4件，建筑规模共计1.32万平方米；比去年增加审批规模495%。6、办理回复各类规划意见函复54件，比去年发件数增加80%。

（蒋晓姣）

【市政基础设施规划建设】 年内，配合推动的市级重点市政基础设施工程项目包括：轨道交通S1线、长安街西延线、109国道改造、石龙路工程、阜石路快速公交工程、城子水厂改扩建工程、门城水厂建设工程、南水北调河西支线工程及六环路天然气工程、陕京三线工程等。大力推进新城重点地区及重点镇道路市政基础设施工程：共完成包括长安街西延沿线、砂石坑周边、城子、北旅广场、物美半岛、石龙工业区等局部地区的路网方案共15项及相应的道路定线及管线项目综合设计工作。重点市政场站工程：完成城子集中供热工程、污泥处理场及污水处理厂等市政场站工程的规划审批工作。高压线迁改：完成涉及分局权限审批的高压线迁改工程，解除现状高压线对108国道、小园、曹各庄村民安置房、杨坨工矿棚改安置房等工程的影响，保证了市区重点工程的实施。重点镇路网及市政综合规划：潭柘寺、军庄、王平、斋堂镇市政基础设施规划，完成相应的路网规划方案并推进市政专项规划的编制。

（蒋晓姣）

【规划监督和违法建设查处】 年内，开展争做“文明有礼门头沟人”违法建设专项整治行动，由规划分局牵头，依托拆违联动工作机制平台，狠抓组织保障、舆论保障、群众保障、信息保障、督导检查保障5项保障措施，实现违法建设“早发现、早制止、早处理”。全区共上帐违法建设86处，面积38943平方米，已经全部完成拆除。开展安全生产领域“打非治违”专项行动。工作重点是门城范围特别是永定、军庄、龙泉镇等中心区范围内用于非法生产经营的违法建设的查处工作。全年共完成规划监督21件，其中验线15项、共547710.77平方米，规划验收6项，共12305.23平方米；利用卫星查违手段发现违法建设共16处，按要求到现场调查清楚后向委执法大队进行了上报；配合城管处理协查函件18件；日常巡查38次，共发现违法建设2件，已经全部移交。加强规划监督等日常工作：研究了区棚改工程，重点工程，BT工程的规划监督办法，用制度管事。特别是对区重点工程加强过程监督，强调过程监督到位，建立台帐，严格把关。重视在施工程的检查和登记，督促其进行规划备案，加强对在施工程公示牌的检查督促，强化其规范施工。

（蒋晓姣）

建设管理

【概况】 年内，全区完成社会固定资产投资190.7亿元、同比增长34%，房地产开发投资73.39亿元、同比增长49.8%；房屋施工面积305.92万平方米、同比增长135.3%，竣工面积106374平方米、同比增长3.5%，商品房销售面积47.95万平方米、同比增长685.2%，建筑业总产值69.6万元、同比增长18.3%。稳步推进保障性住房建设管理分配、建筑节能及抗震节能型农宅建设工作。

单位名称：北京市门头沟区住房和城乡建设委员会
地　　址：北京市门头沟区永定镇石龙西路88号
电　　话：69842655
邮　　编：102308

（陈骏逸）

【保障性住房建设与分配】 7月11日，铅丝厂地块公共租赁房项目二期416套开工；9月，黑山地块配建公共租赁房项目配建的1万平方米、214套公共租赁房开工。11月，城子西街2号地400套公共租赁房开工。11月29日，组织2011年12月31日前通过市级备案的限价商品房申请家庭进行摇号，649户家庭参加，最终分配住房445套、建筑面积36480平方米，销售均价7000元/平方米，其中一居室224套、单套面积74.74~77.71平方米，两居室221套、单套面积84.39~88.88平方米。

（石书霞）

【汛期房屋安全管理】 汛期内，防汛人员集结上岗值班50次，上岗人数1060人次；雨中出动巡查200人次，检查平房650间，平房补漏30处，修复漏雨楼房57处，抽排水3处6次，清通水道2处；在重点区域投放沙袋300余个，出动车辆30余车次。

（高彦斌）

【城镇低收入家庭危房治理】 年内，开展城镇居民危房的排查工作，经房屋安全鉴定部门鉴定，最终确定危房28户、53间、718.34平方米。6月对危房进行治理，9月底全部完工，投入资金184.26万元。

（高彦斌）

【物业企业及人员管理】 年内，在区内注册备案的物业服务企业52家，绝大多数在区外经营。注册并从事经营服务的物业管理企业25家，其中6家为异地经营，共管理小区和服务项目36个、236.61万平方米；25家企业中从业人员约800人，其中专业技术人员150人、管理人员180人。

（张云涛）

【招标投标工作】 年内，受理建设工程招标投标项目160项，含公开招标150项、直接发包9项、一次性备案1项，总投资金额39.23亿元，其中公开招标38.7亿元、占全部工程的98.7%；按工程类型分，建安类76项、投资27.1亿元、建筑面积180.4万平方米，市政类32项，监理类46项，装饰类6项。

（朱　凡）

【房屋登记管理】 年内，完成国有土地上各类登记业务8161件、建筑面积113.34万平方米，其中初始登记12件、9.49万平方米；转移登记2043件、23.95万平方米；变更登记62件、1.79万平方米；注销登记671件、9.38万平方米；抵押权登记1524件、35.75万平方米；其他登记29件、0.78万平方米。

（魏英慧）

【房屋安全普查】 年内，按照市住房城乡建设委工作部署，制定《2012年度门头沟区城镇房屋安全检查工作计划》，并组织召开年度全区城镇房屋安全检查工作会。全年检查楼房1431栋、平房37399.5间，面积616.77万平方米，没有发现危房。

（高彦斌）

【保障性住房管理】 年内，通过市级备案的保障性住房申请家庭4570户，其中经济适用房2200户、限价商品房1095户、公共租赁房660户（廉租房实物配租634户、公租房新申请26户）。全年累计发放廉租住房租赁补贴264户，共159.95万元。

（王海燕）

【工程安全质量监管】 年内，坚持“安全第一、预防为主、百年大计、质量第一”的方针，实施拉网式监督检查，全区在监工程283项、658.4万平方米。全年开展安全质量检查799余次，出动安全质量监督检查人员2283人次，协管检查人员5220人次，查出隐患2701条；下发《责令改正通知书》67 份，行政处罚 24 起、罚款 45.26 万元；通过短信平台传达各类安全、应急信息 1.74 万余条。

（王海梦）

【建筑节能改造】 年内，根据北京市关于老旧小区综合整治的相关规定，对月季园一区、月季园二区、桥东街小区、峪园小区 4 个老旧小区进行综合整治，建筑面积 25.7 万平方米。同时，对阁外山水、绿岛、倚山嘉园 3 个新建小区进行整体提升，建筑面积约 36.6 万平方米。

（郎晨子）

【信访维稳与信息公开】 年内，贯彻落实《信访条例》，完善信访领导接待日制度，认真履行信访工作职责，规范信访办事效率。全年受理来信来访 229 件次，其中市住房城乡建设委转办 31 件、区信访部门转办 18 件、区政府部门督办 20 件、市长信箱 112 件、群众来访 36 次、农民工来访 12 次，办结率 100%。同时，受理信息公开 125 件次，接到为民服务平台转办案件 656 件、办结率 100%。此外，梳理工作制度和工作流程，编制《为民服务小手册》和《制度法律汇编》。

（杜 凯）

国 土 资 源

【概况】 北京市国土资源局（以下简称市局）门头沟分局（以下简称分局）是市局的派出机构，在市局的领导下，按照管理权限，负责组织实施行政区域内土地、矿产资源行政管理工作。按照市局批复的新"三定"方案，分局设置 6 个内设机构，即：综合科、地籍科、土地利用科（耕地保护科）、地质矿产科、办公室（财务科）、政工科；另设纪检监察科。所属 8 个事业单位：北京市土地整理储备中心门头沟区分中心、北京市门头沟区国土资源执法监察队、北京市门头沟区土地权属登记事务中心、北京市门头沟区土地利用事务中心及北京市国土资源局门头沟分局第一、第二、第三、第四 4 个国土资源管理所（办公地点分别设在永定、军庄、王平、斋堂），现有干部职工 88 人。

年内，完成土地储备开发面积 171.02 公顷，完成投资 54.4 亿元。完成保障性住房供地 59.68 公顷，完成经营性供应土地 5.81 公顷，实现土地收益 1.93 亿元。开展"7.21"特大自然灾害应急调查，做好灾后重建工作，全区未发生因地质灾害引发的人员伤亡事故。加强国土资源执法监察，国土资源执法工作效果显著，国土资源依法履职到位率 100%。在区代表市接受国家土地例行督察及交叉验收时，取得了交叉验收建议通过的良好成效。推进土地开复垦工作，启动实施土地开发整理项目工程 3 个。做好农村土地确权登记颁证工作，完成集体土地所有权宗地调查率 100%，确权登记率 96.2%。加强地质环境恢复治理，完成治理项目 2 个，治理面积 150 万平方米。加强政风行风建设，荣获国土资源部"12336 为民服务示范窗口"先进集体奖。加强党组织建设，开展"创先争优"、"解放思想大讨论"等活动。

单位名称：北京市国土资源局门头沟分局

地 址：北京市门头沟区新桥大街48号

电 话：69856773

邮 编：102300

（杨立新）

【联合整治检查】 2 月 18 日，区打非督导组牵头，组织分局、区公安分局、永定镇政府等单位，在永定镇北岭地区、王平口西等区域开展打击非法盗采联合执法行动，炸毁煤熏口 2 处。7 月 11 日至20 日，在永定镇北岭地区开展了为期 10 天的打击非法盗采专项行动。区综治办牵头，分局、公安分局、安监局、交通局等单位组成两个联合执法工作组，沿潭王路对永定北岭地区进行巡逻，在运输非法盗采叶蜡石必经之路设立卡哨，24 小时对过往车辆进行监控。期间，共查获盗采叶腊石 667 吨，收缴铁锹、镐、锤子等盗采工具若干件。8 月 7 日，区打非督导组、分局会同永定镇政府对永定北岭地区非法盗采现象开展联合执法行动。行动组在白道子村养殖场门岭口发现盗采煤熏口 1 处，收缴柴油机、发电机、水泵、绞车等各 1 台、手推车 1 辆及电缆若干米。9 月 18 日至 19 日，区政法委综治办牵头，组织区打非督导组、分局、安监局等单位，对潭柘寺镇、永定镇、王平镇、斋堂镇、清水镇、大台街道开展了打击非法盗采联合执法专项行动。期间，共出动人员80余人次、车辆30余台次，查获无牌照非法运输车辆1台，收缴盗采工具20余件，审查涉嫌盗采人员4名。

（杨立新）

【公开销毁盗采车辆】 2月27日，区召开严厉打击非法盗采销毁罚没车辆现场会。区领导王洪钟、付兆庚出席现场会。现场集中销毁盗采车辆37台。5月10日，召开公开销毁非法盗采车辆设备现场会。现场销毁盗采车辆12台，销毁盗采设备24台。7月27日，在永定镇召开打击非法盗采销毁罚没车辆现场会，区领导王洪钟等出席。现场会上，公开销毁罚没的盗采车辆10台、挖掘机1台。王洪钟提出要求。

（杨立新）

【召开卫片专项会】 2月28日，区领导王洪钟主持召开区政府常务会议，研究部署上年度土地卫片执法检查工作。分局汇报了上年度国土部地籍变更调查卫片及执法检查工作基本情况和各镇新增建设用地情况及处理措施。王洪钟提出要求。3月22日，区领导王洪钟主持召开土地矿产卫片执法检查工作专题会。区领导韩子荣等出席会议。会上，分局汇报了土地矿产卫片执法检查有关工作，通报了卫片整改进展情况。各镇、街主要领导汇报了分管地区的整改情况。王洪钟提出要求。24日，区领导郑伟革主持召开土地卫片检查工作专题会。会议分析了卫片执法检查工作形势，研究了土地卫片检查手续办理及拆违工作，明确了整改工作时限及要求。

（杨立新）

【农村土地确权登记颁证】 2月，区政府发布《关于农村土地确权登记的通告》，通告中明确了土地所有者和使用者的权利和义务，申请确权登记的时间、区域、地点以及需提交的材料。3月11日，雁翅镇召开动员会，部署农村土地确权登记工作。区农村土地确权登记颁证工作办公室解读了确权登记的各项法规政策，测绘作业队介绍了技术规程。14日，市农村土地确权登记颁证工作领导小组办公室到区检查农村土地确权登记工作。听取了区相关工作情况汇报，检查验收了两支测绘队的工作底图和收集的权属材料，并就试点镇的组织方式和遇到的难点问题与区颁证办进行了座谈。19日，完成了军庄、潭柘寺两个试点镇外业调查工作，实现调查率100%。6月4日，召开农村土地确权登记颁证工作领导小组工作会。会上，分局汇报了区农村土地确权登记颁证工作进展情况，区农委传达了市农委《关于进一步建立健全农村集体经济组织全面加强登记管理制度的通知》，与各镇签订了目标责任书。10月9日，市农村土地确权登记颁证办公室到分局，就永定河确权指界工作调研。听取了区农村土地确权登记颁证办公室关于永定河在区各河段的地理特点、现状范围、治理工程等情况的汇报，通报了其他区县对市属河道的确权方法，要求区与市水务局永定河管理处进行沟通联系，及时履行必要的指界通知手续，配合市做好相关基础资料的收集工作。12月，完成集体土地所有权宗地调查794宗，调查率100%；完成集体土地所有权宗地确权登记764宗，确权登记率96.2%。

（杨立新）

【市领导调研】 3月14日，市局利用处、宏调处、储备中心等有关处室领导到区调研。区领导王洪钟等参加调研。分局汇报了上年度土地储备开发完成情况和年度内在施项目、计划供地项目、计划新增项目、安置房项目等情况。王洪钟介绍了区经济社会发展情况，希望市局就区土地储备开发、旧城改造、项目用地等方面在政策上给予支持。市局领导表示，将全力支持区土地储备开发工作。同时强调，在土地储备开发时，注重区域协调发展，使土地储备开发更加合理有序进行。22日，市局副局长到分局就上年度国土部土地变更调查监测图斑整改查处工作进行调研。听取了分局关于区近期整改拆除工作进展情况的汇报，对目前处理难度较大的图斑，从法律法规、政策制度、查处要求等方面提出了指导意见，并就下一步工作提出了具体要求。28日，市局副局长到分局国土三所、国土四所就国土所建设情况调研。听取了国土所关于落实8项职能、卫片执法检查、动态巡查、辖区土地利用与管理等情况汇报。4月20日，市局领导到北京昊华能源股份有限公司木城涧煤矿调研。听取了该矿工作报告，并到井下实地检查了+450水平安全硐室建设情况。6月8日，市局副局长到分局调研。听取了分局关于土地行政管理、储备开发投资、矿山修复、地质灾害防治、土地行政执法、信息平台建设，以及农村土地确权登记颁证工作进展等工作情况汇报，实地察看了永定镇龙口水库西侧、龙泉镇琉璃渠村丑儿岭等土地利用现状。8月28日，市局领导到区调研。市局领导听取了分局关于地质灾害防治及“7.21”特大自然灾害善后工作的汇报，实地到申报地质灾害与矿山地质环境治理项目现场进行了考察。10月18日，市局纪检组长带队到分局检查指导政府信息公开工作。听取了分局关于2012年度政府信息公开工作的情况汇报，并就工作程序、政策法规、保密审查、发布协调等方面工作与分局进行了研讨。

（杨立新）

【捐款捐物】 3月16日，组织开展“博爱在京城”募捐救助活动，共计捐款4360元。6月28日，组织全体党员开展共产党员献爱心活动，共计捐款5520元。8月21日，分局到斋堂镇灵水村捐赠了办公电脑桌椅等价值5万余元办公用品。

（杨立新）

【国家土地例行督察】 3月16日，国家土地督察北京局专员带队到区组织召开土地例行督察地方自查系统培训会。市国土局、发改委、住建委、规划委，以及区有关部门参加培训。4月11日，国家土地督察北京局在区内召开北京市门头沟区土地例行督察动员大会。按照国家土地例行督察工作的有关要求，区相关领导将代表北京市接受国家土地督察北京局土地例行督察。会上，国家土地督察北京局督察一室主任宣读了例行督察通知书和《廉政纪律八不准》。区领导汇报了区土地利用管理情况及迎检工作准备情况。11日至28日，国家土地督察北京局例行督察组到区就基本农田、卫片拆除整改、市区重点工程、土地供应、土地开发整理等土地利用和管理情况开展了例行督察。期间，共审核各类土地利用管理卷宗1074个，审查地方政府合规性政策35个；实地核查卫片图斑161个、基本农田图斑230个、征转地9个、供地15个、土地开发整理项目2个；延伸督察了区发改、规划、建设、财政等部门涉地手续审批和履行土地管理利用职责情况。5月17日，市局领导带队到区召开土地例行督察对接会。会议通报了区土地例行督察有关情况。11月23日至26日，国家土地例行督察整改交叉验收组到区检查。期间，听取了区政府关于土地例行督察问题整改情况汇报，查阅了土地供应、占用、征用、储备、权属、违法案件查处等相关内业档案，实地到潭柘寺镇、永定镇、妙峰山镇、军庄镇、斋堂镇、清水镇，对基本农田、违法用地整改、土地管理和利用等情况进行了外业核查。11月23日至26日，由国家土地督察南京局、广州局、成都局组成的土地例行督察整改验收组，对区年内土地例行督察发现问题的整改情况进行检查验收。期间，听取了区政府关于土地例行督察问题整改情况汇报，查阅了土地供应、占用、征用、储备、权属、违法案件查处等相关内业档案，实地到潭柘寺镇、永定镇、妙峰山镇、军庄镇、斋堂镇、清水镇，对基本农田、违法用地整改、土地管理和利用等情况进行了核查。12月，国家土地督察验收组建议对区整改工作予以通过验收。

（杨立新）

【市检查组检查】 3月27日，市局矿开处处长带队到赵家台叶腊石矿检查。检查组要求，该矿定期到分局交换图纸资料，严格按照已经评审的“开发利用方案”开采，严禁越界开采；及时向分局报告每季度矿产品开采情况并足额缴纳矿产资源补偿费、采矿权使用费；开展年度矿产资源开发利用年检工作。30日，市局执法总队到区检查国土部2011年度土地卫片整改工作。听取了分局关于现阶段卫片整改工作进展情况的汇报，查阅了相关内业材料，实地到潭柘寺镇、永定镇、妙峰山镇、军庄镇等13处违法用地拆除现场进行了抽检。7月11日，市卫片检查组组长、市住建委副主任带队到区就2011年度土地矿产卫片执法检查工作进行检查。听取了分局相关工作情况汇报。区领导介绍了全区土地利用和违法用地整改拆除情况。检查组对抽取的违法用地图斑拆除情况进行了实地检查，查阅了卫片一宗一档违法用地案卷情况。对区着力构建土地管理共同责任机制和及时拆除整改新增违法用地的好做法给予了肯定。9月26日，市局执法总队到分局，就国土部2011年度土地卫片执法检查未通过审核的图斑进行检查指导。共审查图斑44个，重点查阅了内业材料，并对有关问题提出了指导意见。10月24日，市卫片检查组到区，就2011年度土地矿产卫片进行省级检查验收。区政府办、发改委等相关部门及各镇政府主要领导参加验收会。检查组听取了分局关于区卫片整改及相关制度建设情况的汇报，实地查看了8个违法图斑拆除情况，并就下一步工作提出要求。

（杨立新）

【廉政建设工作】 4月5日，召开党风廉政建设工作会。会上，传达了胡锦涛总书记在十七届中央纪委七次全会上的重要讲话，以及市纪委十届八次全会精神、国土部党风廉政建设工作会议精神和市局及区党风廉政建设工作会议精神。会议总结了2011年度党风廉政建设工作情况，对2012年度工作进行了部署，逐级签订了党风廉政建设责任书。18日，召开廉政风险点防控工作会。对廉政风险点防控工作进行了动员部署。

（杨立新）

【矿山地质环境治理】 4月9日，市局地环处组织有关专家到清水镇、斋堂镇就清水达摩长峪沟煤矿矿山地质环境治理项目设计方案进行评审。该项目计划投资1500万元，治理面积88万平方米。专家组实地踏勘了项目现场，听取了设计单位的勘查设计方案汇报，查阅了设计文件及原始资料，提出了相关修改意见。经评审，专家组同意该项目设计方案。9月7日，市局组织有关专家到区，就市西部山区百花山地区废弃煤矿矿山地质环境治理示范工程设计方案进行评审。该工程为中央财政投资项目，投资总额共计4000万元，分清水镇达么沟口、斋堂镇长峪沟（三期）和永定镇北岭王平口3个治理区，治理面积约130万平方米。经现场勘察与质询论证，工程设计方案通过了评审。10月初，分局组织实施的军庄灰峪石灰石矿废弃矿山环境治理工程完工。该工程2011年12月开工，完成投资2150万元，治理面积60.17万平方米，其中整治平台28个，面积11.59万平方米；砌筑挡土墙4625米，排水沟543米；植树6500余株，绿化4万余平方米。10月底，分局组织实施的清水达摩长峪沟煤矿矿山地质环境治理工程完工。该工程于5月份开工，完成投资1500万元，治理面积81.15万平方米。其中整理平台3.75万平方米，修建挡墙2975米，沟道整治2929米，坡面平整2.67万平方米，植被恢复45亩，植树1600余株。11月9日，市局副局长带领市局相关处室及有关专家到区，就分局组织实施的清水达摩长峪沟煤矿矿山地质环境治理项目长峪沟治理区进行竣工验收。专家组通过实地检查、现场质询后，同意该治理区通过竣工验收。

（杨立新）

【地质灾害应急演练】 5月9日，市突发性地质灾害应急演练在王平镇西王平村举行。分局应急调查队、镇政府、村委会200余人参加了演练。区地质灾害重点隐患村15个村两委班子主要负责人和14个区县国土分局观摩。

（杨立新）

【土地执法监管试点】 5月15日，市土地执法监管快速反应指挥系统研发建设试点项目启动仪式在分局举行。该项目投资约100万元，主要是通过创新技术手段、更新技术装备、整合业务流程，提高对土地违法发现、核查、处理等反应和指挥效率，强化对土地执法的全程监管。9月27日，市土地执法监管快速反应指挥系统试点在区上线启动。该系统设在分局，系统包括管理调度系统、土地执法系统（便携式PC）、土地执法系统（PDA）、土地员巡查子系统、运行维护系统共五个子系统。系统借助3S、3G无线网络通讯等成熟科技手段，建立土地执法监管快速反应指挥“一张图”系统平台，将天上监测、地上巡查和其他监管手段需要的现状、规划、执法监察等数据整合形成综合的动态监管平台，形成快速发现、快速报告、应急指挥、及时调度的监管手段新模式。

（杨立新）

【地质灾害防治】 5月17日，召开地质灾害防治工作会。会议传达了市地质灾害防治工作部署会精神，对区地质灾害防治工作进行了部署。30日至31日，分局对年度确定的地质灾害隐患点进行再次排查。期间，完成了妙峰山、军庄、王平等镇村排查工作，共排查行政村15个，隐患点27个。同时就责任领导、责任人、联系方式等进行了确认。5月，完成了G108国道门头沟段、G109国道门头沟段、S219南雁路门头沟段、X002妙峰山景区公路、X013灵山景区公路等沿线崩塌隐患勘查工作，确定崩塌隐患点155处，其中重要隐患点57处，一般隐患点98处。8月，完成了区内5条主干公路57处的崩塌隐患处警示牌安装工作，共设立警示牌84块。11日，市局地环处会同国土资源部地质灾害应急技术指导中心、国土资源部地质环境司应急处及中国有色集团矿产勘查部等领导专家一行，到大台地区办事处灰地社区向阳街就部分群众受裸露岩石威胁情况开展应急调查。经查，裸露岩石所在坡体整体呈稳定状态，裸露岩石未出现移动现象，“7.21”特大暴雨后原有结构面没有发生明显变化。9月1日10时20分，分局接到市局与市气象局联合发布的地质灾害黄色预警后，立即启动预警响应。在降雨过程中，到潭柘寺镇平原村泥石流隐患点和贾沟村崩塌隐患点、大台地区办事处灰地社区崩塌隐患点进行了检查。此次最人降雨量在龙泉镇160毫米，平均降雨量约85.4毫米，5个镇4个办事处共转移群众922人。10月29日，潭柘寺镇平原村涧沟泥石流防治工程开工。平原村共有20户、61人、155间房屋受到泥石流地质灾害隐患威胁。该工程采取清理废弃矿石堆积物、修建排水沟及沉淀池、砌筑挡水墙及坡面截排水等工程措施，消除地质灾害隐患，保证当地居民和游客的生命财产安全。

（杨立新）

【区领导调研】 5月29日，区领导到分局调研。听取了分局关于土地储备开发、农村土地权属确权登记颁证、违法违规用地执法检查等工作情况的汇报，了解了区耕地保护、征占地管理、矿产资源执法检查、地质灾害防治等情况。

（杨立新）

【土地管理共同责任机制】 5月，健全完善土地管理共同责任机制。一是成立由区长任组长，区相关委办局、各镇政府及街道办事处主要领导为成员的区土地管理共同责任领导小组。领导小组办公室设在分局。二是建立土地违法违规行为查处整改联席会议制度，联席会议原则上每季度召开一次，如遇重大疑难土地违法案件等情况或成员单位请求，经领导小组组长或副组长同意，可随时召开联席会议。三是明确分局土地管理负总责、相关部门各负其责的职责分工。四是严格责任追究，对于不履行、违法履行、不当履行土地管理法定职责，造成不良影响的，将追究相关职能部门第一责任人、主要责任人和直接责任人行政责任。涉嫌犯罪的，移送司法机关依法追究刑事责任。

（杨立新）

【国家土地督察北京局领导调研】 6月4日，国家土地督察北京局领导一行，就石龙工业园土地利用管理情况调研。调研组听取了石龙工业园相关情况汇报，查阅了园区内业资料，实地进行了外业核查。25日，国家土地督察北京局领导一行，就2012年度土地例行督察情况进行调研。调研采取集体座谈与个别谈话的方式进行。

（杨立新）

【国有土地挂牌出让】 6月18日，龙泉镇F1住宅混合公建用地（原劳动局、成教中心地块）在市土地交易市场挂牌成交。该宗地用地面积1.5公顷，建筑面积4.18万平方米。经过现场竞价，最终由北京鹏辉地产房地产开发有限公司竞得，成交价27850万元，配建公租房9650平方米。11月1日，S1线区域组团11地块限价商品住房项目在市土地交易市场挂牌成交。该宗地位于永定镇，用地面积4.31公顷，建筑面积7.59万平方米。经过现场竞价，最终由北京住总正华开发建设有限公司和北京正华天宝投资管理有限公司联合体以2.5亿元竞得。

（杨立新）

【全国土地日宣传】 6月25日是第22个全国土地日。分局以区科技馆广场为主会场，4个国土所以永定镇冯村商业街、军庄镇中心街、雁翅镇政府、斋堂镇政府为分会场，采取悬挂横幅、设立宣传站等形式开展土地日宣传活动。活动期间，发放宣传材料3500份，环保宣传袋3000个。

（杨立新）

【召开党总支委员会选举大会】 6月26日，召开党总支委员会选举大会。会议审议并通过了机关党支部工作报告，按照组织程序，选举产生了第一届党总支委员。

（杨立新）

【国土部指导地灾防治】 8月2日，国土资源部地质环境司处长带领中国地质环境监测院及市地质研究所有关专家，到区检查指导“7.21”特大自然灾害后地质灾害防治工作。专家组赶赴大台办事处双红社区、千军台社区等受灾、损失严重的地区现场踏勘，指导地质灾害防治工作。专家组指出：区在应对“7.21”特大自然灾害过程中，区、镇/街、村/社区三级应急体系，采取的地质灾害预警响应、隐患排查、应急避险、转移安置等措施成效显著，没有出现因发生地质灾害造成人身伤亡事故，有效地保护了受隐患威胁的人民群众的生命财产安全。专家组对双红社区成功避险事例给予了表扬，并对下一阶段地质灾害防治工作提出了加强应急值守、继续开展隐患排查等意见和建议。

（杨立新）

【土地开发整理】 11月5日，组织召开土地开发整理项目可研报告专家评审会。就清水梁家庄、塔河村，斋堂柏峪村和潭柘寺桑峪村等4个项目进行评审。4个项目总建设规模4400余亩，可新增耕地近1800亩，预算总投资1亿元左右。专家组听取了汇报，审查了相关资料，就有关问题进行了质询。经过讨论，专家组同意4个项目可研报告通过评审。14日，雁翅镇田庄村土地开发整理项目开工。该项目建设规模600亩，预计新增耕地380余亩。

（杨立新）

市政管委

【概况】 年内，区市政市容委承担市区两级重点工程67项，其它工程3项，其中市级重点工程11项，区级重点工程56项，计划总投资23.49亿元，实际完成27.43亿元，超额完成全年任务。配合市有关部门做好陕京三线工程、北京首钢生物质能源项目规划、拆迁、及相关服务保障工作。

年内，新建改建道路30.63公里，同步铺设各种管网。门支路三期、东辛房东街、矿建街、桥西街、冯村华润地块市政配套已完工，莲石湖西路、苛园路、石门营经济适用房市政配套、石门营安置房市政配套、石泉砖厂地块市政配套已基本完成，黑江路、小园安置房市政配套、东辛秤、白庄子土地一级开发市政配套、九龙路正在抓紧施工。黑山大街改造二期、黑山大街北延、泰安路、华园路、曹各庄安置房市政配套、采空棚户区黑山地块、中门寺地块市政配套已开工。三家店北环路正在抓紧办理前期手续。石门营地块河道治理工程已完工，并移交区水务局；石泉砖厂地块河道治理工程正在进行渣土清理、河道挖沟槽工作。

加大基础设施建设，门城地区夜景照明工程水务局办公楼、绿岛家园住宅楼等26处楼体和5条沟夜景照明工程已完工。阜石路（双峪环岛）积水治理工程及新桥大街、新桥南大街污水管线改造全部完工。主要地区架空线入地工程已完成永定河文化广场等8处、4种管线，共14公里。水闸桥电力架空线路入地工程土建工程已开工，市电力公司已开始进行线路迁改方案设计工作，并完成现场勘察。城子集中供热厂可研报至市发改委，。送气下乡工程已全部完工，开始送气。重点推进14项道路工程和3项基础设施工程。道路工程正在进行方案设计、编制报告等前期手续。基础设施工程中焦家坡垃圾综合处理厂工程、潭柘寺镇利用鲁家山生活垃圾焚烧厂余热供热工程立项已上报市发改委；滨河集中供热厂建设工程京能集团正在进行评估收购和实施方案等有关事宜的工作。为民办实事、社会建设等重点工作任务以及区政府临时交办的工作全部完成。小市政道路及排水、旧楼天然气入户改造工程1500户、大台办事处新建3座桥梁、社区排洪沟及污水管道治理、在龙泉镇4个社区及棚改新入住小区施行垃圾分类收集处理、抓好开发区配套设施及绿化、美化、亮化工程，建立长效维护机制等任务已全部完成。定都峰旅游风景区基础设施建设、石龙工业区雕塑建设、新增门城地区夜景照明工程、陕京三线工程拆迁占地、城子铁路拆迁、滨河公园环境改造、春季城乡环境整治、门城地区交通疏堵工程、109国道龙泉宾馆至军庄段及西老店永引渠西侧路路灯工程已全部完成。严格行业管理，加强城市应急保障。为确保全区正常供暖，采暖季对各供热单位进行燃料补贴，缓解煤炭价格上涨、欠费等不利形势。制定完善城市基础设施、供暖、燃气、公共场所应急预案，加强专业抢险队伍建设，成立防汛、扫雪铲冰等专业抢险队伍，增加抢险物资、设备的储备，城市基础设施应急抢险综合保障能力不断增强。

单位名称：北京市门头沟区市政市容管理委员会
地　　址：北京市门头沟区侯庄子215号
电　　话：69854076
邮　　编：102300

（史可华）

【安全生产、消防】 1月16日，开展安全生产“护航”联合行动，重点检查区内餐饮企业、建筑工地、学校、液化气供应站瓶装液化气使用情况，纠正餐饮经营单位等公服用户燃气使用中的不安全行为。18日，对区内燃气供应企业进行全面安全检查，主要检查各气站的规章制度落实、操作人员持证上岗、设备运行、节日期间人员安排、应急预案等情况。2月23日，区液化气站和区消防队在区液化气站联合举行消防安全演习。27日，区垃圾无害化处理中心部署交通安全工作，保障两会期间安全出行。5月30日，对所属基础设施建设的各个在施工地进行安全文明施工检查。9月7日，协调区消防支队对区市政市容委机关内部办公区域、后勤区域消防安全设施进行检查。

（史可华）

【道路改造工程】 1月，矿建街改建工程完工。该工程起点门头沟路，终点东辛房东街，全长398米，红线宽20米，城市支路。投资3200万元。5月20日，东辛房公园南路改造工程开工建设，6月15日完成。该道路位于西辛房村，南起西辛房居委会大门北至门头沟路，道路全长313米，红线宽10米。7月，桥西街改建工程完工。该工程起点门头沟路，终点城子大街，全长521米，红线宽15米，城市支路。投资6000万元。10月，东辛房东街改建工程完工。该工程起点矿后街，终点中门寺街，全长1067米，红线宽20米，城市支路。投资7697万元。12月，门支路三期改造工程完工。该工程起点矿口桥，终点370总站，全长1450米，红线宽30米，城市主干路。投资24750万元。

（史可华）

【城市住宅供暖工作】 2月1日，拨付供热补贴资金4134万元。3月20日零时，完成2011年-2012年采暖季供暖，共接到信访件和热线电话1104件。8月30日，完成对全区29个居民住宅供热单位的供热设施、设备普查。8月，拨付供热补贴资金1649万元。10月30日，点火试运行。11月1日，区内点火率达到100%。27个燃煤供热单位已储备煤炭约5万吨，开通24小时供暖服务热线。共接到电话投诉和信访件2903件，同比增加2190件。

（史可华）

【地下管线排查】 2月16日，区地下管线基础信息及管理情况统计调查工作已完成。统计全区地下管线共计2282.452公里，井盖56125个，水篦4546个。其中天燃气管线总长52公里，井盖229个；天然气用户线47.88公里，井盖数4个；供热一次管线总长93.061公里，井盖数27361个；供热二次线总长340公里，井盖1500个；雨水管线总长63.563公里，水篦3727个，井盖1726个；雨水用户线25.279公里，水篦819个，井盖498个；污水管线总长310.51公里，井盖数5645个；污水用户线162.399公里，井盖4155个；供水管线总长411.23公里，井盖数4979个；供水用户线454.22公里，井盖1150个；再生水总长21.79公里，井盖数60个；电力管线总长300.52公里，井盖数8818个。年内，完成地下管线防汛隐患排查治理工作及2013年度地下管线自身结构性隐患消除工作。

（史可华）

【市区领导调研】 3月2日，区领导王洪钟到区市政市容委调研，听取了关于门前三包问题、全区公厕概况、铁路商业房拆迁、市政重点工程建设等重点工作汇报。4月18日，北京市建筑垃圾运输百日专项整治组一行到区市政市容委召开建筑垃圾百日专项整治督导检查工作会。4月24日，张乐春就市政道路、定都阁、陕京三线等工程建设情况对永定镇各村“两委”班子成员进行了专题培训。5月23日，区领导到区市政市容委进行调研，听取了关于我区渣土运输机制落实情况、环境建设、燃气供热设施建设、以及道路施工建设等重点工程的汇报。5月31日，区领导就“十二五”期间城市路网建设和今年重点道路工程及定都阁、永定河文化景观体系等工程建设情况对石龙开发区各成员单位进行专题培训。9月26日，区人大城建环保委委员对门头沟区开展垃圾分类的小区进行考察，全面了解区内开展垃圾分类小区工作进展情况及分类效果。

（史可华）

【人大建议、政协提案工作】 4月底，承办的17件人大代表建议、10件政协提案全部办理完毕，办复满意率达到100%。

（史可华）

【创建五型机关活动】 4月，对机关建设的十六项制度进行重新修订，在机关内部进行卫生大扫除，对各实施工地安全情况进行检查。

（史可华）

【市政配套工程】 4月，东辛秤、白庄子土地一级开发市政配套工程开工。投资19999万元。包括7条道路，全长5700米，红线宽15米-40米。5月，小园安置房市政配套工程开工，该工程位于小园安置房地块内，投资17405.3万元。包括5条道路，总长4670米，红线宽15米-50米。已完成方案、立项、规划意见书、水保批复和勘察设计、施工监理招标。11月，冯村华润地块市政配套工程完工。该三石路以西，西北换线与石龙西路地块内，新建冯一路、冯四路和广场南路改造，全长1173米，红线14.5-30米。投资4888.96万元。

（史可华）

【区垃圾无害化处理】 5月2日，填埋区中间膜覆盖工程开工，5月25日完工。该工程采用HDPE（1毫米厚）对中间区域进行全面铺设，并与周边HDPE膜焊接，膜覆盖面积4.2万平方米，总投资190余万元。荣获2012年北京统计集中执法检查统计基础工作全优单位。

（史可华）

【垃圾渣土管理】 5月4日，15日，23日，9月25日，晚间分别在门头沟路地勘队前、大峪南路黑山红绿灯十字路口、滨河路检察院前对不符合“四统一”标准的运输车辆进行联合检查。共出动人员72人次、车辆26台，查处违规车辆8辆。9月19日，对国庆和党的十八大期间建筑垃圾运输管理工作进行部署，制定并下发《进一步加强建筑垃圾运输规范管理工作意见》。21日，对位于检察院南侧开发工地和增产路园林局办公楼拆迁工地进行检查。11月30日，提前完成规范改装自卸车不低于自有渣土运输车辆60%的任务指标。

（史可华）

【城镇防汛工作】 5月8日，召开2012年城镇防汛工作预备会。31日，对2012年城镇防汛工作进行部署。区领导与四办一镇签订《2012年城镇防汛安全责任书》。6月24日至26日中考期间，全区大部分地区持续降雨，部分地区降雨级别达到大雨，累计降雨量达到105.7毫米。期间，区市政市容委成立5个小组分别对大峪办事处、城子办事处、东辛房办事处、大台办事处、龙泉镇地区易积水汛期隐患点不间断巡查，确保发现隐患及时上报及时处理，对上级下发的防汛通知、信息等做到第一时间传达，为中考期间交通出行做好保障工作。7月26日，做好7.21汛后恢复工作，清理大峪南路，石龙西路，增产路，中门寺路等道路雨水篦子共计300个，疏通管道共计203米；对东辛房大街、大峪南路、路面塌陷处用混料垫平夯实108平方米，恢复塌陷花岗岩步道209平方米。27日，应对雷雨天气，清理门城地区重要积水点五处，大台办事处险村险户人员转移完毕，共计安置191顶帐篷。30日，收到区矿建街居委会的由46名群众签名的联名感谢信。7月30日至8月1日，石龙工业区部分路面出现积水现象，抢险队工作人员及时到现场对积水路段进行抽水，出动抢险人员20人，发电机、抽水泵等专业设备10台。9月1日，启动应急预案。对所属城市道路加强巡查力度，24小时不间断巡查，及时排除隐患，确保排水畅通。共出动抢险人员150人，车辆30台，沙袋700个，城市主要道路无明显堵点，交通顺畅。

（史可华）

【精细化管理】 7月10日，召开城市公用设施精细化管理工作会，下发《关于进一步加强门头沟区城市公用设施精细化管理的指导意见》，进一步明确相关单位城市公用设施管理工作的目标、范围、内容、流程以及职责。

（史可华）

【燃气工作】 7月15日，第二期送气下乡工程正式启动，11月底完工。工程总投资688.5万元，总建筑面积488.36平方米。新建区液化气站1台50立方米储罐，替换1台20立方米储罐，同时对站内监控系统进行升级改造。购置液化气钢瓶13715个、危化品专用运输车11辆。11月27日，对门头沟区火锅店液化石油气钢瓶使用情况进行安全大检查。餐馆使用的钢瓶基本合格，都与供气单位签订了供气合同。针对少数使用超期未检钢瓶的餐馆，要求限期整改，消除安全隐患。

（史可华）

【垃圾分类】 7月17日，邀请中华环保基金会、北京市垃圾渣土管理处等单位，在东辛房北涧沟社区，开展2012年垃圾分类宣传培训进社区活动，东辛房街道办事处6个试点小区垃圾分类指导员、社区居民、中小学生等近100人参加了活动。11月21日，组织2012年垃圾分类试点小区绿袖标指导员进行上岗培训，共有150余人参加。

（史可华）

【夜景照明工程】 年内，西六环阜石路立交桥、涌动雕塑获2012年度北京优秀景照明工程二等奖。

（史可华）

【生活垃圾】 年内，贯彻落实《北京市生活垃圾管理条例》，推进垃圾分类工作开展。组织开展垃圾分类知识竞赛，宣传垃圾分类方法、普及垃圾分类知识，提高居民分类意识。为完成市市政市容委年内垃圾分类居住小区达标验收考核任务，按照生活垃圾管理责任人的职责，各镇、办事处对27个达标验收小区开展自查工作，按照北京市生活垃圾管理条例要求，履行职责购置240升垃圾分类桶1100个更换破旧垃圾桶，确保市市政市容委对垃圾分类小区达标验收检查合格。

（史可华）

【征地手续办理】 年内，市政基础设施工程征地手续总任务共25项，目前2项已经完成结案，2项正在办理农转非工作，5项已上报市国土资源局，16项正在办理权属审查、签订征地补偿协议等工作。

（史可华）

【热计量改造】 年内，完成区36万平方米54个行政事业单位的公共建筑热计量改造项目。向相关供热单位下发2013年二、三步居住建筑热计量改造任务书。

（史可华）

【信访工作】 年内，共接到市长信箱信件19件、北京市信访综合办公系统案件94件、群众来访12件14批次19人次，为民服务中心平台接收案件266件，未发生集体访、越级访。全部按信访程序予以答复办理，办复率100%。

（史可华）

【下属单位情况】

单位名称：北京市门头沟区市政市容服务中心
地　　址：北京市门头沟区侯庄子村215号
电　　话：69854076
邮　　编：102308

单位名称：北京市门头沟区住宅锅炉供暖管理办公室
地　　址：北京市门头沟区侯庄子村215号
电　　话：69854076
邮　　编：102308

单位名称：北京市门头沟区垃圾无害化处理中心
地　　址：北京市门头沟区永定镇焦家坡
电　　话：60804382

单位名称：北京市门头沟区市政设施养护队
地　　址：北京市门头沟区侯庄子村215号
电　　话：69854076
邮　　编：102308

单位名称：北京市门头沟区市政市容施工队
地　　址：北京市门头沟区侯庄子村215号
电　　话：69854076
邮　　编：102308

单位名称：北京市门头沟区垃圾渣土管理所
地　　址：北京市门头沟区侯庄子村215号
电　　话：69854076
邮　　编：102308

（史可华）

公　共　事　业

供　水

【概况】 北京市自来水集团门头沟分公司是北京市较早的一座地表水厂，1953年由北京市自来水公司兴建，原名城子水厂。2001年公司改制后更名为北京市自来水集团门城自来水有限公司，2009年由子公司变更为分公司，以加工、制造、销售自来水为主营业务，兼营安装、修理防腐供水设备，水管，水表等业务。公司占地5.3万平方米，一期设计生产能力4.32万立方米/日，采用树状独立管网，管网总长度约363千米。源水依托“东水西调给水工程”，由团城湖经玉泉山、杏石口、麻峪三级泵站送至城子水厂。净水工艺采用常规的处理流程加深度处理工艺，即：混凝、沉淀、过滤、消毒，最后通过活性炭滤池，运用活性炭吸附技术，进一步去除水中的色、嗅、味及有机物。主要供水区域包括：门城镇地区及石景山的广宁、麻峪、五里坨、黑石头地区。现有12个加压泵站，10口补压井，为加强管理，在每个加压泵站及井室内都安装了远程数据传输监控装置，终端设在门头沟分公司办公室。公司下设管理、多经、营销、生产、工程5个班组，在职职工总数91人。

单位名称：北京自来水集团有限责任公司门头沟分公司
地　　址：北京市门头沟区城子大街128号
电　　话：69842649　69828134
邮　　编：102300

（龚　悠）

【对外服务工作】 年内，完成新安装DN75毫米以上管线4873.2米；DN75毫米以下管线794.3米；换表216块，其中大表16块；修漏87处；修理零活701处。配合门头沟市政工程的上水管线改造工作，共敷设DN400上水管线5000余米。春节期间，分公司协调区有关部门，为百姓化冻供水。人口少且地质复杂的地区，无法进行开挖化冻，分公司积极与用户协商，安装临时供水处，对家庭有困难或孤寡老人的用户派专人每天送水，确保百姓的生活用水。为配合门头沟区拆迁工作，公司领导召集拆迁工作有关工程技术人员和营销管理人员召开专题会，研讨解决拆迁地区停水的方式方法，一是与门头沟区政府和区拆迁办进行协调，做好拆迁的前期停水工作；二是设专人对拆迁地区进行严密的巡查，发现问题及时上报；三是组织工程部的维修人员对拆迁过的地区进行堵漏工作。7月21日特大暴雨袭击，分公司启动抗洪抢险应急预案，成立应急指挥部，组织抢险队伍。成功启用三家店备用水源，对东辛房地区、西辛房地区和苛萝屯等停水区域进行全天候送水，共发送应急安全供水车9车次，送水54吨，保证了门城镇地区供水基本正常。

（龚　悠）

【供水工作】　年内，完成了西老店2#井、琉璃渠井、石门营1#井、石门营2#井、滨河西井5眼补压井的泵房建设、设备安装与调试、配套管线建设、试运行等工作。运用政府资金增加供水能力0.864万吨/日，使供水能力达到6万吨/日。在供水高峰期间，未出现任何供水事故，保障了高峰期间门头沟地区的供水安全。

（龚　悠）

【主要指标完成情况】　年内，售水量1343.22万吨，供水量1756.92万吨，生产耗电量8561198千瓦/小时，全年应收水费3058.05万元，实收水费3039.64万元。

（龚　悠）

【管理精细化】　年内，按照集团“精细化”管理的要求，重新讨论、审核并完善内部管理、运行、水质检验程序和相关制度，建立各工序的质量考核体系，把责任落实到每个岗位、每个人，确保水质符合标准。完善并制定了：《强制巡视制度》、《交接班制度》、《运行人员岗位责任制》、《水处理设施报修制度》、《混凝杯罐实验制度》、《混凝剂检测制度》、《培训制度》等。成立专门的“工艺小组”，并对“工艺小组”的职责进行严格规定。

（龚　悠）

【水厂扩建工作】　年内，城子水厂改扩建工程初步设计已获市发改委批复，进入招投标工作，集团公司组织专家对施工图进行了评审。分公司积极配合集团公司有关部门，与区政府、水务局协商招投标事宜。

（龚　悠）

【党建和精神文明建设工作】　年内，分公司党支部坚持“强基精管”的工作方针，建立以人为本，构建和谐企业。用科学发展观指导企业的发展和安全供水，优质服务这一中心工作，做好企业文化二次提升方案的宣传教育，加强思想政治工作，发挥党支部战斗堡垒作用和共产党员先锋模范作用。确保了企业经济发展的顺利进行。加强党支部的思想和作风建设，完善学习机制，提高领导班子成员和管理人员的素质。继续开展争先创优活动，树立先进典型，发挥党员先锋模范带头作用。通过党风廉政建设宣传教育活动，使党员干部进一步增强法律意识，增强遵纪守法、廉洁从政的自觉性。做好来信来访工作，实行党政主要领导接待日，针对群众来访、来电反映的情况做好的调查研究，认真解决群众反映的热点、难点问题。年内共接到人民来信6件，来访16次，答复率100%。公司工会坚持民主管理和民主监督制度；推行“厂务公开”制度。年内，公司领导班子共进行2次民主生活会。生活会上，领导班子成员认真开展批评与自我批评。

（龚　悠）

供　电

【概况】　年内门头沟供电公司以“三集五大”（国家电网提出的人力资源集约化管理、财务集约化管理、物资集约化管理，构建大规划、大建设、大运行、大生产、大营销体系）体系建设为统领，坚持“大局、可靠、法治、两效”，贯彻区委、区政府及北京市电力公司的决策部署，全面落实公司二届二次职工（会员）代表大会暨2012年工作会各项要求，完成了下达的各项指标和工作任务。年内，完成售电量89886.73万千瓦时，同比增长7.65%，完成年度指标的106.11%，超额完成北京市电力公司年度指标；城网供电可靠率完成99.9856%，同比提高0.0067%；农网供电可靠率完成99.9581%，同比提高0.0011%；累计线损率完成5.94%，同比降低0.07个百分点，当年电费回收率达到100%。

单位名称：北京市电力公司门头沟供电公司

地　　址：北京市门头沟区滨河路66号

电　　话：69844354

邮　　编：102300

（安莉莉）

【区领导慰问】　1月17日，区领导韩子荣在区安监局、公安局、消防局等部门领导的陪同下到门头沟供电公司进行节前安全检查，并慰问一线员工。21日，区领导韩子荣、王洪钟等一行，到供电公司慰问全体干部职工。8月21日，区领导一行到公司就区保障房建设相关工作进行座谈。9月29日，区领导在区公安分局、消防局、安监局等部门负责人的陪同下到110千伏城子变电站检查安全生产情况。10月30日，区政协主席张冰及区政协全体常委一行，到公司就“十八大”供电保障情况进行视察。

（安莉莉）

【共产党员服务队活动】 1月19日，首都电力共产党员服务队门头沟分队的队员们到月季园社区开展节前送温暖活动，为困难用户赠送慰问品和新春祝福。2月1日，国家电网首都电力共产党员服务队门头沟供电公司分队的队员身着“红马甲”再次到月季园社区开展主动服务活动，为社区居委会办理活动室电表迁移工作。7月，为解决斋堂镇险村搬迁安置房、军民共建斋堂餐饮街用电难题和川底下村低压线路改造进行现场勘查。7月27日，公司共产党员服务队到区某部队驻地配电室为该部队检修设备、排查用电安全隐患。8月1日，服务队队员到文明共建单位海军军训器材研究所驻地，为干部官兵送去了节日问候和慰问品，并与军训所官兵进行座谈交流。9月4日，服务队到国际山地徒步大赛各活动现场，就用电设备及电源线路进行安全用电全面检查，确保赛事期间电网“万无一失”。7日，到门头沟区培智学校，为老师和特殊儿童送去玩具、生活用品等礼物。26日，供电公司党员服务队到月季园、霁月园等社区孤寡老人、残疾人和特困户家中，给老人们送去关爱。活动当天，共对6个社区进行了走访，为7户爱心卡客户送了上节日的祝福。10月10日，服务队到北京精雕科技有限公司和区医院，对其配电室等关键部位用电设备、配电设施进行了检查，及时消除隐患和缺陷，确保客户在“十八大”召开之际安全可靠用电。25日，服务队到斋堂镇龙门口村，为公司首个在农村建立的“国家电网首都电力共产党员服务队服务站”进行挂牌，并现场为村民讲解用电常识。11月16日，服务队的14名队员到门头沟培智学校，向孩子们和家长宣传电力常识，并参与到了孩子们趣味运动会中一起活动，同时公司领导在学校正式为“共产党员服务队站”进行揭牌。

（安莉莉）

【抢修工作】 2月13日，南港村变压器突然起火造成全村停电。公司立即派出抢修人员赶赴现场。经勘察，因春节用电负荷猛增，引起变压器超负荷运行而烧毁。经过4个小时抢修，南港村200户居民恢复了供电。11月4日，为龙泉镇东辛房24号院5号楼的王先生家恢复供电。抢修人员抢修，为5号楼恢复了供电。

（安莉莉）

【安全生产局面保持平稳】 2月29日，公司对所辖重点变电站城子、石门营，重点线路石村线以及区政府、公安局等重要客户进行现场安全工作检查。重点检查内容包括：重点站、线路、配电室的安全运行情况、缺陷处理情况、负荷情况、设备现场周围安全环境等。4月10日，到输电线路清扫工作现场，现场检查“安全年”活动重点工作推进情况。公司所属35千伏城门线线路清扫。在清扫工作现场，检查组现场查看了当天工作安全措施布置情况，并围绕“安全年”活动开展情况，就线路地阻测试、防污闪、防雷工作等专项隐患排查、工作开展计划及进展进行了询问。截至年底，实现安全生产长周期2783天。

（安莉莉）

【全国文明单位创建工作】 3月5日，在门头沟区“繁荣区域文化，共建社会文明”大会上，对区文明示范单位进行了表彰，公司成为首批被授牌的45家文明示范单位之一。同时，龙泉供电所也获此殊荣。

（安莉莉）

【职工活动】 3月8日，在北京市电力公司“巾帼风采”女职工表演赛中，公司太平鼓舞蹈队获得冠军。9日，公司工会组织女工到798艺术园区，感受北京文化。23日，组织团员青年与房山公司举行篮球友谊赛。8月1日，公司举行首届台球比赛落幕。此次比赛是公司各部门的20余名选手参赛。10月19日，公司工会组织全体退休职工，参观游览怀柔中影影视基地。

（安莉莉）

【开展反腐倡廉工作】 5月4日，供电公司召开2012年反腐倡廉建设暨审计工作会。会上贯彻落实北京市电力公司2012年反腐倡廉和审计工作要求，总结公司2011年反腐倡廉和审计工作，部署2012年任务。同日，召开党风廉政“公开承诺”活动启动会，公司领导班子成员、中层干部、各党支部书记、供电所所长、重点岗位人员共计50余人参加会议。会上，公司纪委书记宣读了《门头沟供电公司党风廉政公开承诺活动方案》，方案对活动的目的、意义、工作内容、实施步骤进行了明确。

（安莉莉）

【向辖区重要用户赠送报告】 5

月8日，公司为宣传国家电网公司履行社会责任的理念，对《国家电网公司2011社会责任报告》进行了宣传、学习，公司向辖区内重要用户京煤集团、公安分局赠送了报告，并重点介绍了公司近期的电网建设、优质服务和行风建设等情况，并了解客户的发展动向、用电需求等实际问题，详细记录了客户提出的想法和建议。

（安莉莉）

【完成防汛工作】 5月9日，组织召开防汛度夏工作会。公司各项防汛度夏工作进展情况以及涉及用户用电隐患及时向区相关部门汇报，尽快解决遗留问题；各项防汛重点工作提前完成；应急值班、抢修队伍和防汛物资保障到位，确保度夏期间电网安全可靠。6月27日，公司组织开展了2012年度夏防汛应急演练。此次综合演练涉及调度中心、变电站、输电线路、配电线路、客户服务等各个现场。

（安莉莉）

【中门寺变电站正式投运】 5月15日，中门寺110千伏变电站正式投运。8月16日，市电力公司新建变电站验收工作监督检查组，对公司新投运的110千伏中门寺变电站进行交接验收工作检查。10月31日，经北京市电力公司达标投产检查组专家现场检查，公司所属110千伏中门寺变电站通过达标投产复检。

（安莉莉）

【宣传活动】 5月17日，联合区公安分局等部门，在区体育馆外进行严厉打击破坏、盗窃电力设施反外力宣传活动。8月15日，联合发改委、公安分局内保处等部门，到区内某大型机械租赁市场，开展了反外力破坏、保护电力设施宣传活动。并发放了《电力设施保护条例及实施细则》，此次宣传活动共发放电力设施保护宣传册200余册，印有保护电力设施人人有责宣传水杯100个。

（安莉莉）

【完成各类考试期间的供电保障】 6月8日，完成了年内高考供电保障任务。考试期间，公司对考点学校实行专人蹲守值班和考点配电线路全天侯值守，并加强考点供电设施的运行巡视，抢修人员时刻待命，随时应对可能出现的突发情况，确保电网设备安全稳定运行。24日至26日，为确保中考及其阅卷工作的顺利进行，公司针对重点站、线进行了巡检及维护，并制定了周密的事故抢修预案，根据重点站线分布范围，按照“就近”的原则组织各专业应急抢修待命，随时做好应对各类突发事故的抢修工作。10月14日，完成为期两天的成人高考保电任务。在考试期间，变电、线路工作人员对重点站线进行特巡，客户服务中心工作人员在考试开始提前进入考点进行值守，并对考点配电室内电源设备情况检查，协助客户做好安全用电服务和应急保障服务工作。

（安莉莉）

【完成电价改革实施任务】 7月1日，是北京市居民阶梯电价实施的日子。为保证阶梯电价工作的开展，公司针对即将实施的新电价政策，制定相应的管理措施，并对阶梯电价实施后可能面临的问题及应急措施，拟定解决方案，部署应对阶梯电价实施户的各项服务工作。同时，加强对阶梯电价相关政策的学习，使每名员工了解政策，正面宣传，及时消除客户存在的疑惑和误解。通过分析可能出现的居民购电人次，公司营业厅6月30日、7月1日分别加开一个了售电窗口应对可能出现的大面积抢、购电现象，积极服务，确保阶梯电解实施工作有序开展。

（安莉莉）

【公司应对7.21暴雨】 7月21日，门头沟地区普降大雨，先后造成地区1条35千伏线路，8条10千伏线路故障。公司紧急启动应急预案，及时向北京市电力公司和区委区政府汇报地区电网运行情况。中门寺变电站圈门路、石门营站卧龙岗路、付家台付灵二路等线路相继故障掉闸。公司迅速安排线路运行人员进行巡线查找故障点，运行人员全面检查变电站、配电室、电缆沟道设备运行情况，营销部门到停电用户现场进行说明安抚。由于受强降雨影响，导致事故巡线、倒闸操作及抢修物资运输严重受阻。在此情况下，门头沟公司协调沟通相关部门，全力克服雨天山路巡线危险和交通方面困难，抓紧时间处理故障线路。

（安莉莉）

【做好新建保障房的供电工作】 8月21日，区政协、棚改中心有关领导一行，到公司就区保障房建设相关工作座谈。北京供用电建设承发包公司总经理及公司领导班子成员参加座谈。28日，公司为门头沟区棚改安置房东龙门小区配电室送电，该小区总建筑面积7.52万平方米，此次小区配电室，为小区13幢楼、756户回迁住户提供用电服务。9月26日，石泉棚改安置房地块的10千伏东龙门开闭站成功送电。11月21

日，公司再次召开工程启动会，对年底前安排送电的全部工程进行部署，要求各参建单位积极配合，克服工期紧、工程量大以及与其他市政管线交叉作业的客观不利因素，加快推进保障房电力设施建设，确保惠民措施得到落实。12月21日，北京门头沟区东龙门5号配电室成功送电。年内，公司共计完成5座10千伏开闭站，24座小区配电室送电任务。

（安莉莉）

【获得“服务之星”称号】 8月24日，在北京市电力公司第三届供电“服务之星”劳动竞赛中。永定供电所员工代表公司参赛并获得“服务之星”称号。

（安莉莉）

【完成各赛事供电保障工作】 9月12日，由公司领导带队到国际山地徒步大会现场，对涉及到的开幕式现场和宾馆用电设备及电源线路进行了全面排查，全力确保国际山地徒步大会可靠用电。16日，第三届北京国际山地徒步大会在门头沟区斋堂镇举行，期间电网运行安全、稳定。10月11日，公司完成了2012年第二届环北京职业自行车赛门头沟赛段保电工作。

（安莉莉）

【中秋节、国庆节保电】 9月26日，公司成立保障供电领导小组，在细化常态保电机制的基础上，编制了节日保供电方案及事故应急处理预案，提前分析电网运行的危险点与薄弱点，节前对重要客户、重大现场进行安全检查，对节日期间的负荷预测、运行方式和值班工作都做了安排，确保各项措施执行到位。“两节”期间，公司加强对电网运行的监控，密切关注用电负荷变化情况，做到对电网主、配网运行方式的实时掌握与了解；主管领导及值班人员坚守值班岗位，值班电话24小时畅通，应急抢修队伍随时待命，有效保证了节日期间电网和设备安全运行。

（安莉莉）

【隐患排查工作】 9月，公司对辖区内大峪中学、新桥路中学、雁翅小学等中小学校周边的供用电设备进行隐患排查治理，确保学校周边用电安全。此次检查，共排查学校35所，切实做到了检查到位、治理到位、不留死角，有效保障学校周边的安全供用电。

（安莉莉）

【与高压客户座谈】 10月15日，公司召开高压客户座谈会，加强与高压客户的沟通和交流，在提高公司优质服务水平的同时，确保辖区客户有序用电。公司围绕电网建设、安全生产、优质服务等工作向与会代表做了介绍，选取多个2012年高压客户内部故障案例，分析每一个故障原因，讲解各个故障引起的电网事故及给客户带来的损失，对每个故障的预防措施提出相应整改意见。征询客户用电中存在的问题，并下发了《高压用户用电设备运行维护告知书》，高压客户签字确认。公司相关负责人和高压客户代表20余人参加。

（安莉莉）

【完成智能表改造】 10月30日，在总结上一年智能电表更换工作经验的基础上，对新上线的智能表实行“上门服务、集中制卡”的方式，工作人员到住宅小区，设立智能表电卡发放点，居民在更换智能表4个工作日后在居住小区就可以换取新电卡。同时，为增强电力计量的透明度和及时性，在发放点还配有智能表模型，用户有任何疑问，工作人员可以面对面现场指导客户了解，掌握智能电表计量方式和功能，让客户能够快捷、直观的获取智能电表相关知识。年内，公司已在大峪南路小区、新桥小区等8个社区开展了此项服务，让客户“足不出户”就能用上“智能电”。

（安莉莉）

【完成冬日保电工作】 门头沟电网负荷于12月9日17时35分突破冬季负荷历史大关，创出20.2万千瓦的冬季历史新高，上一年冬季历史最大负荷18.8万千瓦增长6.65%。公司提前做好预案，密切监视电网、设备情况、负荷变化，加强科学调度和用电管理，保证电网安全及可靠供电。12月26日，到区华源热力黑山热电厂，对冬季供暖用电情况进行了走访了解，并对供暖企业的用电设备进行检查，确保该公司为全区人民正常供暖提供可靠的电力供给。

（安莉莉）

【完成“十八大”保电任务】 年内，制定《十八大期间供电保障工作方案》，按计划完成了电网设备检修处缺、重要设备状态监测、重要客户设备隐患排查和整改工作。十八大会议期间，地区电网经受了两次雨雪和大风恶劣天气的考验，公司精心部署，领导靠前指挥，保障和抢修人员坚守岗位，二级指挥部高效运转，确保了电网稳定可靠运行，完成了十八大供电保障任务。

（安莉莉）

【电网规划建设工作】 年内，公

司完成地区“十二五”电网发展规划滚动修编工作，开展了应急抢修服务网点专题规划工作。强化政府对电网建设的支持力度，推进220千伏线路整合工作，取得地区2.77亿元资金支持，发挥政府与公司共同建设电网的良性发展态势。公司集中力量、重点突破，全面完成全年建设任务。鲁家山工程取得规划意见书和立项核准。500千伏海淀线路工程前期和门城220千伏前期工作按计划稳步推进。110千伏中门寺输变电工程竣工投运，通过达标投产复检验收。该工程的投产解决了公司城子变电站重载现状，为门头沟棚户区改造安置房黑山、石泉、中门寺等项目提供了电力供应。服务政府重点工程，组织配套35千伏线路迁改，城坨迁改工程投产。拓展电力市场，建设完成50个环卫电动车充电桩。预制式电力隧道国家电网公司新技术示范工程通过验收。完成9项大型技改工程，三家店仓储楼主体结构完工。

（安莉莉）

【业务工作】 年内，市场电量开拓1371万千瓦时，完成指标的137.1%。全年累计新装、增容业务同比增长16.7%，完成指标的185%。完成合表电价改类变更1023户及冬季分户电采暖客户2930户的核实、换表工作。完成2012年用电信息采集工程表计更换20354具，完成比例排名北京市电力公司第一。完成阶梯电价执行工作，没有发生因阶梯电价执行造成的不稳定因素。开展“六进三送”活动，共产党员服务队到社区、村镇、部队开展延伸服务。全年新建党员服务站6个，新增“爱心卡”客户20户，确立帮扶项目15个，投入爱心基金4000元，开展慰问活动38次。完成全年7项保障性住房接电工作，涉及5座开闭站，21座小区配电室，涉及建筑面积110万平方米，居民1.37万户。完成2011年老旧小区改造工程发电竣工、决算工作。建立“绿色通道”，确保棚户区居民能够按时回迁。

（安莉莉）

【为全国“两会”保电】 年内，“两会”召开前夕，公司对各变电站、开闭站、配电室设备进行全面的巡视检查和负荷监视，加强安全保卫、防火、防盗和防小动物措施的检查。针对区政府、广播电视中心、公安分局等地区重要用户，公司对用户内部用电设施进行了检查，确保“两会”期间地区重要用户的安全用电。同时，对带有以上地区重要用户的线路加强了特巡，特别对线路外力隐患进行检查与排除工作，确保线路运行环境的安全，保证了重要用户的可靠供电。“两会”召开期间，公司安排相关人员加强设备巡视和现场值守，各专业应急抢修队随时待命，做好了事故抢修和应急处理等各项准备工作。“两会”期间，门头沟地区电网运行正常，负荷平稳，各重点站、线运行正常，完成了“两会”政治保电工作任务。

（安莉莉）

【下属单位情况】

单位名称：门头沟供电公司永定供电所
电　　话：69804934

单位名称：门头沟供电公司龙泉供电所
电　　话：69844654

单位名称：门头沟供电公司潭柘寺供电所
电　　话：60861465

单位名称：门头沟供电公司妙峰山供电所
电　　话：61881412

单位名称：门头沟供电公司雁翅供电所
电　　话：61830371

单位名称：门头沟供电公司斋堂供电所
电　　话：69819754

单位名称：门头沟供电公司清水供电所
电　　话：60855075

（安莉莉）

环 境 保 护

【概况】 年内，门头沟环保局开展创建国家生态区和国家环保模范城区工作，组织召开了区创建国家环保模范城区暨控制大气污染环境整治动员大会，开展了环境综合整治、绿化美化以及以控制PM2.5为重点的大气环境治理攻坚战。《创模规划》由区政府批准实施，创模申请正式上报国家环保部备案。完善创模工作机制，加大宣传力度，保障创建工作有序开展；加强督查，落实责任，确保完成31项年度创模重点工作任务。加大生态村、镇创建力度，改善农村环境质量。全区共创建国家级生态乡镇6个：潭柘寺镇、妙峰山镇、王平镇、斋堂镇、雁翅镇、清水镇，市级生态乡镇2个：龙泉镇、军庄镇，两镇已通过国家级生态村预验收；市级生态村134个。加强大气污染防治，改善大气环境治理，截至年底，区三项污染物二氧化硫、二氧化氮和可吸入颗粒物的平均浓度分别为29、51、109微克/立方米，二氧化硫、二氧化氮和可吸入颗粒物同比2011年同期分别下降7.8%、3.8%、8.4%，超额完成市政府下达的主要污染物同比下降3%的目标任务。开展主要污染物总量减排工作，二氧化硫、氮氧化物、化学需氧量及氨氮削减率分别达到了4.45%、6.77%、3.29%和40.39%，超额完成市政府下达的2012年度总量减排分别下降2%、3%、1%、1%的任务，及3%、4%、2%、2%的挑战值。加强对永定河沿岸监管，确保出境水质不劣于入境水质，完成了市政府下达的断面水质考核目标任务。加强噪声污染监管，超额完成目标任务。同时，完成建设项目环保审批223项，验收74项，报送环境监测数据达到6045个，组织环境应急演练4次，查处环保信访件168件，办结率100%。淘汰老旧机动车4503辆，已超额完成市政府下达的淘汰2050辆的任务。排污申报登记258家，收缴排污费83.91万元。

单位名称：北京市门头沟区环境保护局
地　　址：北京市门头沟区剧场东街11号
电　　话：69842681
邮　　编：102300

（崔建红　吕　瑶）

【区领导调研】 1月5日，区领导，要求区环保局以创模为抓手，按照创模《规划》，逐步实施，全面完成2012年创模重点任务。2月10日，王洪钟调研环境保护工作。听取环保局局长关于门头沟区大气污染防治、污染物总量减排和创建环保模范城区工作进展及年内目标、措施并提出要求。3月9日，区领导组织15个主责单位召开扬尘污染防治工作专题会。会上环保局对近阶段扬尘污染控制中存在的问题进行通报，各主责部门对属地职责内的扬尘控制工作进行了汇报。最后对下阶段扬尘控制工作进行了部署并提出要求。5月8日，区纪检委副书记带领区直派纪检三组的同志调研。环保局领导汇报了近期环保工作情况。17日，区人大城建环保委员会全体成员调研，听取环保局对于PM10和PM2.5的相关知识的介绍及全市和全区目前空气质量现状的汇报。11月22日，韩子荣就十八大会议精神提出的生态文明建设到局内调研。听取了环保局2012年政府绩效管理任务完成情况的汇报。11月30日，王洪钟到局内调研，听取了环保局重点工作和明年工作计划的汇报并提出要求。

（崔建红　吕　瑶）

【召开环保特约监督员工作会】 1月11日，召开工作会，局聘请的30位环境保护特约监督员参加。

（崔建红　吕　瑶）

【市领导视察】 2月6日，市人大代表、副市长洪峰到区调研环境监测工作。现场查看了监测设备的运行情况，听取区环境建设、空气治理等工作情况汇报并提出建议。6月12日，市机动车中心副主任一行到局内检查工作，检查组听取了2012年工作汇报，并先后检查了双峪环岛的卡控岗，卧龙岗桥下的路查执法、遥感监测执法、区重点用车大户的入户工作及施工工地的非道路施工机械检查等工作。检查组对区机动车排放管理站的工作给予肯定，并对今后入户检查工作、年检场的属地管理等工作提出要求。10月31日，市环保局副巡视员带领市机动车排放管理处和机动车排放管理中心人员到石门营环岛检查点督查机动车尾气排放执法工作。12月26日，市政府绩效管理工作领导小组检查指导区环境保护绩效工作。

（崔建红　吕　瑶）

【创模工作】 2月20日，门头沟区委、区政府组织召开门头沟区创建国家环保模范城区暨控制大气污染环境整治动员大会。区四大部门主要领导及创模领导小组成员单位、各镇街主要领导、重点企业法人代表等出席了会议。会议上，听取了动员报告，并部署了2012年环境保护重点工作任务。4月17日，区创模办主持召开了《门头沟区创建国家环境保护模范城区》工作例会。5月30日，举办北京生态涵养区农民防范化学品风险示范项目培训。中国生态文明研究与促进会、区环保局、区农业综合服务中心、龙泉镇龙泉雾村、军庄镇东山村领导及项目志愿者参加了培训。6月13日，区农委、区环保局组织召开了2012年门头沟区创建市级生态村工作布置会。会上区环保局负责人布置了创建工作任务，区农委负责人对创建工作提出了具体的工作要求，并邀请了原国家环保总局政研中心研究员给拟申报创建市级生态村的村领导是行了专业指导。8月15日，中国生态文明研究与促进会、联合国环境计划署驻华代表处在区内联合举办北京生态涵养区农民防范化学品风险示范项目启动仪式暨项目培训会。8月16日，召开创模工作例会，区城管大队、水务局、市政市容委等部门汇报了年度创模重点工作任务进展情况，区创模办总结了2012年上半年全区创模总体工作完成情况并对下半年工作重点进行了部署。8月17日，区创模办组织召开了门头沟区创模指标及档案工作培训会。会议聘请了国家环境监测总站高级工程师就创模工作的各项政策、创模指标的解释与计算、创模建档与管理等问题进行了讲解。9月14日，召开国家级生态村环境保护规划编制协调会，会议聘请了原中科院生态研究中心教授对村域环境保护规划编制要求进行了简要介绍。10月15日，区环保局组织专家对斋堂镇2010年度“以奖促治”政策支持的农村环境综合整治项目成效进行评估。斋堂镇领导汇报了斋堂镇西斋堂村污水管网项目完成情况，专家向项目实施单位进行问询。

（崔建红 吕 瑶）

【“五型机关”创建动员会】 2月22日，组织全体干部职工召开党风廉政建设工作会暨五型机关创建动员会，传达了2012年党风廉政建设工作上的会议精神，安排部署环保局年内党风廉政建设工作及“五型机关”创建工作。党组书记、局长与副职领导代表，副职领导与科长代表签订了党风廉政建设责任书。

（崔建红 吕 瑶）

【联合检查】 3月1日，联合市政市容委、城管监察大队、公安交通支队、交通局、住建委在石门营环岛开展规范建筑垃圾运输车辆联合检查行动。3月5日至14日，组织执法人员与交通支队开展“两会”期间进京口车辆尾气联合执法检查工作。共出动执法人员28人次，交警14人次，检查进京车辆15辆，过境车辆抽查184辆。未发现排放不达标车辆。22日，与区交通局、交通队、城管、巡警在石门营环岛联合执法，共检查车辆180辆，环保标志齐全，无冒烟车辆，尾气排放均合格。

（崔建红 吕 瑶）

【开展环境安全百日大检查活动】 6月起，开展环境安全百日大检查活动。至7月底，已完成辖区内的2家危险化学品企业及1个在用尾矿库的现场检查，重点检查了企业环境风险防范、应急管理及污染治理设施运行情况，执法人员根据现场情况填写完成现场检查表并针对企业在环境安全方面存在的问题提出了整改要求，对已搬迁的企业要求其报送由企业所在地政府出具的停产证明，对仍在生产的企业要求其申报环境应急预案，并完成对辖区内重点企业应急预案的审查及备案工作。

（崔建红 吕 瑶）

【宣传工作】 6月5日，组织开展了主题为“绿色消费，你行动了吗”纪念“六五”世界环境日宣传活动。在滨河世纪广场葡东社区以及重点中小学开展宣传咨询活动。现场展出大气污染控制宣传展板一组32块；发放宣传折页6种2000份，发放环保布袋500个并开展环保咨询活动，就绿色消费理念、扬尘污染防控、PM2.5治理、环保模范城区创建等环境热点问题与参与群众进行了互动交流。在街道、社区、学校、八方达公交总站等地显著位置悬挂“‘绿色消费，你行动了吗?’——纪念‘六五’世界环境日”主题宣传画。在区电视台播放环保绿色消费宣传片。9月27日，与龙泉花园、绿岛等社区联合开展环保系列科普宣传活动。活动通过70余块宣传展板，对绿色消费理念、扬尘污染防控、PM2.5治理等环境热点问题进行了介绍和讲解。

（崔建红 吕 瑶）

【环保局网站正式开通】 6月18日，环保局网站正式开通。网址为：hbj.bjmtg.gov.cn。网站包括政策法规、环境保护标准、行政许可、党务政务、政府信息公开、环保模范城区创建、生态示范创建、宣传教育、办事指南以及其他与政府工作相关的信息。

（崔建红 吕 瑶）

【培训工作】 6月19日，执法人员统一参加了市环保局组织的环境监察执法人员法制培训并于6月28日组织了考试，成绩全部优秀。7月4日，市机动车中心监察科对局内相关人员进行尾气遥测非现场执法程序培训。8月3日，邀请市尾气检测中心人员，对工作人员进行加油站油气回收业务知识培训及实际操作训练。同时对参训人员在实操上所提出的疑问进行了解答。8月14日，进行“排气污染检测自动控制系统”专项培训，主要对NHA－402废气分析仪、NHT－6不透光度计、YD－1滤纸式烟度计进行理论培训和实操演示。23日，在市局进行“排气污染检测自动控制系统”理论基础知识专项培训和上岗资格证考试，主要对NHA－402废气分析仪、NHT－6不透光度计、YD－1滤纸式烟度计进行学习并进行闭卷理论考核，全部通过考核。9月24日，参加了市环保局组织的“减排监测体系考核暨污染监测管理培训会”。10月25日，局辐射管理人员参加了西南五区辐射工作经验交流会。会上参会人员就辐射审批、监管、应急、信访等方面提出了问题，交流了经验作法，并进行了讨论。随后，市局有关领导为西南五区的辐射工作提出了指导性意见。12月13日，市环保局会同北京市公安局在昌平区组织召开了辐射应急培训。21日，对2011年度全区的环保及相关产业调查单位进行培训。

（崔建红 吕 瑶）

【演练工作】 6月27日，参加市环保局环境监察总队在房山区防化11团召开北京市突发环境事件室内编组检验性演练会议，市环境监察总队处长就突发环境事件的应急处置要求及如何应对突发环境事件指挥协调工作做了讲解，并以桌面推演形式强化训练各区县指挥处置突发环境事件的能力。9月11日，在京浪岛组织环境应急演练。应急演练模拟了门头沟区某化工厂由于火灾导致爆炸，大量挥发性有毒化学品泄漏的突发性环境应急事故。从接报、启动应急预案、现场监察、取样监测、紧急会商、应急处置等全部过程实战演练。演练当天还进行了辐射事故应急演练。模拟发现丢失辐射源，展开应急监测，现场隔离，处置。全部参加演练人员按演练计划完成了规定步骤的演练内容。10月22日，为保障十八大期间首都大气环境质量，增强对汽油车、柴油车、施工机械当场检测水平，提高环境监察执法公信力，实地演练了“排气污染检测自动控制系统”三大执法监测设备进行大练兵。

（崔建红 吕 瑶）

【启动汛期应急预案】 7月21日，雨讯，区环保局启动应急预案，主要领导带班应急值守。22日，局领导带队对永定河沿岸进行现场巡查，无环境污染事故发生。按照区政府统一部署，加强应急工作，一方面对重点污染源加大检查频次，共出动人员20人次对石龙工业区重点企业开展专项检查，督查企业做好汛期环境应急工作。另一方面局内对监察人员进行培训，提高监察人员事故状态下应急处置能力，调试应急监测和和检验个人防护设备，储备应急物资，做好各项环境应急工作。

（崔建红 吕 瑶）

【献“爱心”捐款活动】 7月23日，开展“共产党员献爱心”捐款活动，机关35名党员共捐款2340元。

（崔建红 吕 瑶）

【建立联防联控机制】 10月18日，石景山环保局主管区域空气质量领导带领监察队、扬尘办及综合科工作人员一行9人应邀就控制交界处扬尘及提高供暖季空气质量进行商讨。两区环保局首先互相通报了截至10月底各自区域内的空气质量现状，重点就影响区空气子站的扬尘问题和如何提高供暖季空气质量展开座谈。

（崔建红 吕 瑶）

【安全检查】 11月5日，主管领导率队对烟气、水质等检测仪器和防护服、对讲机等应急设备的防护情况进行了突击检查。局领导并强调，要继续做好环境应急设备的日常维护和保养工作，在遇有突发环境应急事件，能做到随调随用、快速反应、妥善处置，确保万无一失。

（崔建红 吕 瑶）

环 境 卫 生

【概况】 环境卫生服务中心共有在编干部、职工175人。中心下有六个科室，分别是办公室、财务科、政工科、业务科、设备科、安监科；下设六个正科级专业作业单位，分别为环卫中心一队、环卫中心二队、环卫中心三队、门头沟区生活垃圾转运站、门头沟区斋堂环卫所、门头沟区粪便无害化处理厂（委托北京龙润公司管理）。环卫中心担负着门城地区道路清扫保洁、垃圾清运、粪便清掏、垃圾压缩转运任务以及承担区域内的环境卫生技术性、事业性工作。年内完成了全年各项工作任务。完成232.98万平方米干路清扫任务。每天按时普扫，白天保洁到位，清扫保洁率能够达到100%。主要大街使用机械作业，洒水降尘。垃圾清运做到日产日清日转完，环卫设施遍及全区，共压缩、转运垃圾8.1万吨。完成282座厕所清淘、清运及保洁工作，粪便清掏量为9.72万吨，完成了“十八大”期间的环境保障工作。完成了《2012年门头沟区人民政府目标管理任务书》（蓝皮书）中，涉及环卫中心的各项工作，完成了绿化、信息、计划生育、献血及区委、区政府和市政管委下达的其它工作任务。

单位名称：北京市门头沟区环境卫生服务中心
地　　址：北京市门头沟区冯村西里
电　　话：69843036
邮　　编：102308

（周　莹）

【节日期间工作】 元旦期间，下属各队、站、保洁公司对管辖的垃圾箱果皮箱、垃圾站、垃圾楼、交通护栏等环卫基础设施进行粉刷；加大干路清扫保洁力度，加强日常保洁；加强公厕日常管理。出动人员2650人次，各类车辆810车次，完成280座公厕保洁，179万平方米道路清扫保洁。1月22日出动环卫职工，其中道路清扫人员150人，其他各类维护环境人员650人，出动大型扫车5辆20车次，中型扫车7辆28车次，及其他各类车辆70辆235车次，共清理烟花爆竹残屑30吨。春节期间，中心累计共出动各类作业人员5100人次，出动各类车辆2020台次。每天完成179万平方米的干路清扫保洁；完成267座公共卫生间的保洁、清掏；共清、转运垃圾1612吨；粪便清运1272吨；清扫、清运炮皮77.4吨，清理小广告1200条。同时，针对天气干燥情况，全力做好湿化阻燃工作，水车全天备水，及时对厂区及周边区域进行喷水、洒水。2月7日，开展洒水阻燃工作和清理炮皮工作。洒水作业共出动人员5人，水车5辆20车次，洒水面积47万平方米。出动人员146人，大型车辆5辆，清运25车次；中型车辆7辆，清运42车次；其它车辆68辆，清运212车次，共清理炮皮6.5吨。五一期间，共出动人员2432人次；作业车及检查车895部次；每天清扫、保洁干路179余万平方米；负责280座公共卫生间的保洁；共清运垃圾629吨；转运垃圾505吨；清掏粪便815吨。国庆节期间，共出动人员7310人次；作业车及检查车2315部次；累计清扫、保洁干路1864万平方米；负责280座公共卫生间的保洁；共清运垃圾1713.88吨；转运垃圾1289.28吨；清掏粪便2207.13吨。

（周　莹）

【领导慰问】 1月15日，环卫中心党委、工会、基层支部的领导分别慰问了离退休人员。为他们送去了新春佳节的祝福，同时，向老领导们汇报了年内工作情况，老领导们也为环卫中心的发展提出了期望。

（周　莹）

【业务工作】 1月18日，采取四项措施做好春节期间环境卫生保障工作。一是加强组织领导，建立健全组织机构。二是加大环境整治力度。三是做好烟花爆竹残屑清除工作。四是加强环境卫生监督检查力度。2月7日，开展白色污染、树挂清理活动。共出动人员200余人，垃圾收集车5辆，三轮车30余辆，快速保洁车10辆，清理白色污染1.2吨。3月31日，全区开展了“拒绝不文明　清除小广告”活动，从机关及各队、站、所抽调后勤人员80余人，参与此项活动。重点对城子大街、新桥大街、双峪路等地区的非法张贴宣传品进行了彻底清除。出动小广告清除专业车5辆，清除非法小广告300余处。4月23日，成立了五个检查组，由主管领导带队对所负责的180余万平方米道路及282座公厕进行了地毯式的检查，检查内容包括，作业人员、车辆的上岗、到岗情况，公厕设施的管理情况，清扫、保洁的质量等，检查中对出现的问题要求负责人及时整改，并进行了登记及拍照，以便整改后进行对比。7 月 5 日，开展集中清理整治活动。主要针对莲石路、德露苑等新接手的 29 条道路，道路面积共计 544253 平方米，其中机动车道 337834 平方米，非机动车道 34652 平方米，步道 171767 平方米。中心抽调 150 余人，对机动车道和人行步道进行了冲刷、洗地作业，对白色污染进行了集中清理和整治，同时，对破损的果皮箱全部进行了更换。7 月 23 日，暴雨过后，中门寺、冯村等地区多条主要道路积水严重，路面被淤泥、沙石覆盖，为做好环境卫生恢复工作。中心出动 300 余人，使用铲车 3 辆，出动车辆 50 车次，清理淤泥、沙石等废弃物 240 余吨。9 月 1 日，区内普降大雨，雨后造成西苑路、冯村等地区多条主要道路路面被淤泥、沙石覆盖。2 日，开展路面推水作业，对因降雨造成责任区范围内路面淤泥及时清理，清除废弃物，对道路进行冲刷清洗。共出动 60 余人，使用铲车 1 辆，出动车辆 25 车次，清理淤泥、沙石等废弃物 20 余吨。

（周 莹）

【其他工作】 3 月 5 日，以“爱岗敬业，争当雷锋”为主题，组织开展了环境综合整治活动。活动中，共出动 150 余人，自卸车 3 辆，对六环桥下道路两侧、绿化带及防洪沟内的白色污染进行了集中清理整治；为确保城区环境干净整洁，对门城地区的垃圾站点进行了集中清理，对污损的垃圾箱、桶进行了擦拭，对破损的垃圾箱、桶进行了更换，共擦拭垃圾箱、桶 40 余个，更换垃圾箱、桶 50 余个。同日，开展了青年志愿者服务活动，组织团员青年体验一线工作，擦拭主要大街果皮箱。8 月 31 日，全区开展了“清淤治污、美化家园、喜迎盛会”为主题的环境卫生清洁日活动。中心作为专业作业队伍，在不影响一线作业的同时，从机关及各队、站、所抽调后勤人员 80 余人，主要对对新桥大街、双峪路等地区的护栏及过街天桥进行了擦拭、清洗。重点对高家园、石龙工业区等地区进行了环境整治。此次活动出动铲车 2 辆，自卸车 4 辆，水车 1 辆，扫车 1 辆，清理渣土 50 余吨，清除垃圾 2.1 吨。10 月 26 日，斋堂环境卫生管理所正式落成并投入使用。斋堂环境卫生管理所占地面积 6670 平方米，总投资 1100 万元，涵盖了办公用房、生活配套设施用房、各类专业车辆、融雪设施用房等配套设施。主要负责清水、斋堂、雁翅、王平和大台办事处以及 109 国道沿线等地区的公厕保洁，垃圾清、转运，和斋堂中心大街的道路清扫工作。

（周 莹）

【防汛工作】 7 月 25 日，环卫中心书记、主任带队，开展了为期三天的安全隐患排查工作。检查中，对所管辖范围内的 26 座垃圾楼、278 座公共厕所、垃圾转运站及生产车辆，进行了全面检查。针对个别车辆指示灯存在的问题，要求相关单位和人员迅速整改，确保车辆安全生产。除此之外，环卫中心对基层各队的防汛物资准备情况进行了抽查，并专门到增长路南、矿建街西的家属院进行了排查，对有漏雨现象的住户，及时采取补救措施，对房顶铺上了塑料布，对个别住户门前码放了沙袋，以消除辖区内的不安全隐患，全力做好防汛措施。

（周 莹）

【大型活动保障工作】 9 月 14 日、15 日，第九届中美金融研讨会在区内忠良书院召开，环卫中心全体干部职工，对活动区、周边及主要干路进行了保洁。9 月 28 日，为迎接新中国成立 63 周年，中心加紧施工，对全区 282 座公共厕所进行粉刷，包括厕所外部和内部房顶，对损坏的设施进行了更换和修理。中心加大保洁力度，实施包片责任制度，将道路划分成段，并由专人负责清扫，加强对道路环境的卫生保洁。妥善安排好垃圾清运、粪便处理工作，并派专人监督、检查，确保国庆期间全区的环境优美、整洁。10 月 10 日，为做好环京自行车赛的环境保障工作，环卫中心不断加大环境整治力度，规范、提升作业标准。一是明确职责，落实责任。二是加强道路保洁力度。三是加强检查力度。10 月 26 日，召开专题会议，研究十八大期间安全及环境保障工作，对会议期间各项工作进行部署，动员安排全体职工做好安全及环境保障工作。一是精心部署，确保组织领导到位。二是加强巡查，确保作业质量到位。三是加强管理，确保安全生产到位。四是强化值守，确保应急准备到位。

（周 莹）

【献爱心活动】 9 月 25 日，发动全体职工为身患胃癌的困难职工捐款献爱心，共收到捐款 30806 元，610 余人参与了此次捐款。

（周 莹）

【扫雪铲冰工作】 11 月 3 日，普降小雨，出现大幅降温，中心及时启动扫雪铲冰应急预案，采取三项措施迎战冰雪，确保雪天道路畅通。一是扫雪铲冰应急队全部到位，随时准备完成扫雪铲冰工作任务；二是检查保养扫雪铲冰车辆。三是启用融雪剂搅拌池。4日凌晨2：00，区内普降大雪，中心紧急启动扫雪铲冰应急预案，全体干部职工到岗到位。共出动各类作业人员460人，出动扫雪车4辆；出动机械融雪设备39台；使用除雪物资融雪剂100吨，盐水200吨。早上8点30以前，全区主要大街全部畅通，中午12：00之前中心所负责的233万平方米道路将保证全部畅通。12月12日，区内普降小雪，中心紧急启动扫雪铲冰应急预案，全体干部职工到岗到位。共出动各类作业人员430人，出动机械融雪设备18台；使用除雪物资融雪剂80吨，盐水150吨。中午12：00之前中心所负责的233万平方米道路已保证全部畅通。12月20日，区内普降小雪，中心紧急启动扫雪铲冰应急预案，全体干部职工到岗到位。并成立5个检查组，对道路积雪情况进行巡回检查，并将检查情况及时上报环卫中心指挥部，及时调整人员、车辆除雪作业，增强除雪、融雪针对性、有效性。共出动各类作业人员680人，出动机械融雪设备63台；使用除雪物资融雪剂150吨。中午12：00之前环卫中心所负责的233万平方米道路已保证全部畅通。28日，降雪，共出动各类作业人员680人，出动机械融雪设备58台；使用除雪物资融雪剂40吨。早上8：00之前中心所负责的道路已保证全部畅通。今冬降雪频繁，中心及时完善、调整扫雪铲冰应急预案，并采取三项措施积极做好扫雪铲冰工作。一是加强应急队伍建设，为做好扫雪铲冰工作，环卫中心成立了6个应急分队，做到快速反应，应对及时，同时遇有强降雪，中心全体干部职工将全部到岗到位，确保道路畅通，百姓出行安全。二是提高机械化除雪能力，多功能扫雪车、步道撒布机、步道扫雪机等设备全部投入使用，不断提高扫雪铲冰工作效率。三是成立5个检查组，对道路积雪情况进行巡回检查，并将检查情况及时上报环卫中心指挥部，及时调整人员、车辆除雪作业，增强除雪、融雪针对性、有效性。

（周　莹）

【廉政建设工作】　12月11日，区领导检查党风廉政责任制落实情况，在听取完区环卫中心汇报党风廉政建设工作的情况后提出具体要求。

（周　莹）

城市管理监察

【概况】　区城市管理监察大队是集中行使包括市容环境卫生、城市规划管理（无证违法建设处罚）、工商行政管理（无照经营处罚）、市政管理、公用事业管理、城市节水管理、停车管理、园林绿化管理、环境保护管理、施工现场管理（含拆迁工地管理）、城市河湖管理、黑车、黑导游、市人民政府决定由城管执法机关集中行使的其他处罚权等14个方面职能的综合行政执法机关。

年内，认真落实区委区政府工作部署，着力开展“护心”工程、精品街区建设工程、净化校园周边环境工程、畅通生命救治通道工程、餐厨垃圾监管工程、美化视觉环境工程、服务群众暖心便民工程、进京第一印象通道整治工程等亮点工程，持续整治无照经营、店外经营、非法小广告、露天烧烤、露天大排档、夜施扰民等环境秩序类问题。全年共组织开展市容环境集中整治236批次、社会宣传引领活动179批次、办理相关服务热线5517起，责令整改有关违法行为5.5万余起，处罚屡教不改违法行为697起、罚款35.9万元。

区城管大队围绕全区中心工作，以“创造发展新优势，精细管理保发展”为主题，以“解放思想大讨论”为契机，以创建“五型”机关为抓手，坚持党建带队建，狠抓思想教育，加强规范管理，推进文化建设，确保城管队伍素质能力适应区内跨越式发展的速度。城管大队分别与1200余家社会单位、门前三包责任人、重点商户建立共建关系，协商解决环境秩序难点问题；与100余个工地携手创建“绿色平安”工地；与60余个社区、30余所学校建立协作关系，组建30余支城管志愿者服务队伍，以“六进”活动为平台，开展社会宣传引领活动179批次。

大队被评为北京市2012年度环境秩序整治突出贡献奖、2012

年度内保工作集体嘉奖、区2012年“五型机关”创建活动综合先进单位、北京市无偿献血先进单位。

单位名称：北京市门头沟区城市管理监察大队
地　　址：北京市门头沟区滨河路龙泉花园D座1单元
电　　话：69861597
邮　　编：102300

（张　华）

【**环境保障工作**】　1月1日至3日，完成元旦期间环境服务保障工作。共出动执法人员364人次、车辆82台次，每天检查街区20个，纠正无照经营、店外经营、占道经营、倚门售货行为165起，查处未经批准进行夜间施工行为2起。春节期间，完成环境服务保障工作，共出动执法人员1276人次，执法车辆218台次，检查街区154个，受理并办结群众举报10起，纠正无照经营、店外经营、占道经营行为共206起。徒步大会前期，累计出动执法人员97人次，保安75人次，车辆65台次，查处无照经营行为143起，规范店外经营27起，清理堆物堆料11起，清除广告牌匾36处。发动城管志愿者12人次，走访沿线商户村居民142户，设立宣传站2个，分发各类宣传材料2300余份。徒步大会期间，会同公安、工商、司法及相关镇、街有关部门，对赛道沿线及区内主要大街的整体市容环境秩序进行了多次整治。共出动执法人员115人次，执法车辆70台次，巡查赛道总长度近800余公里，在赛道设立专岗15处；检查辖区商户95家，清理堆物堆料13处，清运垃圾2卡车；清理店外经营、无照经营16起，取缔游商29人，规范门前三包7起，清理违规广告、牌匾43块，教育相对人10人次。完成环京赛环境服务保障工作。比赛期间共出动执法人员200余人次，执法车辆近100台次，协管员200余人次，对辖区内主要大街和赛道沿线进行盯守巡查，清理各类违法行为200余起，规范门前三包30家，下发《责令改正通知书》12份，在赛道设立专岗24处，夜查车辆37辆。

（张　华）

【**非法小广告集中整治行动**】　1月6日，在双峪社区组织开展启动仪式和实践活动。活动中，向社区志愿者、居民发放《拒绝非法小广告》、《弘扬北京精神》、《维护城市环境秩序》等宣传彩页300份，赠送小广告铲子50把、刷子30把、涂料5桶以及环保购物袋200个。现场宣传市民群众200余人，与社区志愿者及居民30余人共清除非法小广告100余处。整治行动期间共清除违规涂写、刻画或粘贴各类小广告240处，使用涂料遮盖40处，涉及被申请暂停服务的小广告号码7个，罚款400元。4月5日，出动城管队员70余人宣传治理小广告，发动志愿者35人，发放宣传品、宣传折页3000余份，走访商户200余家，清理非法小广告500余条。

（张　华）

【**维护城市景观**】　1月10日，督察科以及大峪、城子、永定三个分队的队员对门城地区主要大街、重点地区的霓虹灯情况进行了检查。此次行动共检查道路街巷10条，检查道路两旁的社会单位68家，发现霓虹灯断亮、字迹残缺的问题19处，开具责令改正通知书19份。18日，城管大队对此次检查中出现的问题进行复查，对没有进行及时整改的商户进行处罚。

（张　华）

【**春节节前集中整治**】　1月11日，会同公安、卫生、工商、大峪、城子、东辛房街道办事处、永定镇政府等部门，对门城地区主要大街、重点地区街面环境秩序进行节前集中整治。共出动执法人员52人，车辆13台，检查沿街商户、“门前三包”责任单位280余家，纠正擅自设立广告灯箱行为11起，堆物堆料行为15起，“门前三包”责任落实不符合要求行为40余起，发放《致广大商户一封信》200余份。

（张　华）

【**书法家进社区**】　1月11日，城管大队开展“书法家”进大峪社区，为社区居民书写春联。文明办副主任金涛、区司法局的书法特长者也参加此次活动，共为居民撰写春联50幅。

（张　华）

【**城管大拜年　温暖送万家**】　1月18日至2月6日，走访全区商户、单位234家，社区群众、管理相对人、城管志愿者、城管监督员1260人，征求群众意见33条，办理实事30件，并建立了整改台账。

（张　华）

【**法学专家指导行政执法**】　2月8日，聘请北京亚泰律师事务所主任为2012年城管大队法律顾问。受聘期间，法学专家以参会、调研、宣传等方式，加强对城管具体行政行为的过程性审查，指导城管诉讼案件的程序审核，为城管队员及社会公众提供双向法律咨询，实现对城管执法工作的全面督导与社会宣传。

（张　华）

【工地监管】　2月27日，走访检查门城地区各在建工地、安置房项目，与工地建设方代表进行座谈。座谈中，工地各方代表对城管工作的反馈意见和建议，同时指出工地中存在的各类问题，督促建设各方及时进行整改。城管队员介绍关于工地管理方面的法律法规，并发放相关宣传折页和宣传品60余份。11月1日，联合多部门召开工地管理工作推进会，区住建委、市政市容委、环保局、棚改中心等单位及50余名工地负责人参加，会议就十八大期间各施工工地保安全、促稳定，加强运输车辆管理，杜绝夜施扰民和控制扬尘等问题进行部署和要求。会后城管大队与40余家工地签订《施工工地环境秩序承诺书》。

（张　华）

【潭柘寺景区广告牌匾整治】　4月6日，召开“整治广告牌匾工作现场会”，发放《致潭柘寺景区周边农家院的一封信》83份，与商户签订规范户外广告牌匾《承诺书》37份，发放《责令改正通知书》62份，引导自行拆除广告牌匾68块，强制拆除7块。

（张　华）

【集中整治工作】　5月10日，区综治办牵头，区城管、工商、公安、卫生、龙泉镇等相关部门出动执法人员60人，重点对无照经营、店外经营、占道经营以及利用住宅进行足疗等经营行为进行综合整治，其中城管部门依法暂扣用于无照经营的人力三轮车6辆，机动车1辆。7月18日，由政法委牵头，城管大队出动执法人员20人次，车辆6台次，会同卫生、工商、公安、市政等多个部门对月季园路沿街无照店铺进行联合整治。查处无照经营店铺5家，拆除违法广告牌匾4个。

（张　华）

【拒绝“五毒”】　5月17日至6月4日，城管宣传服务队分别走进新桥社区、新桥西社区、华新建社区、冯村嘉园社区等14个社区和冯村商业街，组织居民和合法餐饮业工作人员1140名，播放“街头五毒食品专题片”，讲解街头大排档、麻辣烫等食品的危害性。活动期间，累计走访社区、学校24个，共发放宣传材料6200份，开展相关问卷调查2300套。年内，通过为学生播放“街头五毒”食品安全教育片，城管队员讲解街头无照食品安全隐患，分发宣传折页和文具等方式，在全区40余所中小学校，2万余名学生中开展“拒绝五毒食品　关爱自身健康”主题宣传。教育学生自觉抵制校园周边的无照经营食品，关注自身的健康安全。

（张　华）

【全力保障旅游山会】　5月19日、20日，出动执法力量206人次，车辆64台次，对门城湖东岸活动区、观景台、永定楼、滨河世纪广场等11个重点地区进行盯守，对双峪路、新桥大街、城子大街等9条主要大街展开巡查。共纠正无照经营行为91起，规范不文明养犬行为11起，落实门前三包35家，确保活动现场及全区环境秩序整洁有序。

（张　华）

【打非治违】　5月24日，召开“打非治违”专项工作领导小组会，部署《门头沟区城管大队“打非治违”行动方案》，提出具体工作要求。5月21日以来，查处运输车辆不符合要求9起，走访工地21家、责改3起、罚款2万元，责令清理乱堆乱放17处，拆除广告牌匾5块。年内，采用全面防护模式，巩固综合治理成效。共开展夜查行动61次，检查运输车辆871台次，处罚擅自倾倒垃圾渣土车辆2起、运输车辆泄露遗撒等违法行为114起。

（张　华）

【保障精品街区建设验收】　7月5日，全面保障市环境整治领导小组对区内精品街区建设工作进行检查验收，共出动执法车辆15台次，执法人员47人次，清理无照经营25起，规范门前三包48起，堆物堆料6起，清理店外经营22起。

（张　华）

【运输车辆专项整治】　7月6日至9日，出动执法人员14人次，执法车辆7台次，分别在108国道、水闸北路设立检查站对运输车辆进行检查，查处无准运证车辆1辆，罚款500元；运输车辆泄漏遗撒1起，罚款500元。

（张　华）

【水域宣传执法】　7月7日至8日，城管、水务等相关部门共出动人员75人，对门城湖公园水域进行联合执法检查，发放宣传材料2000余份，清理无照经营行为8起，劝止垂钓、游野泳、烧烤等不文明行为200余人次。

（张　华）

【推进保障危改项目】　7月13日，城管、政法委、公安分局等部门配合永定镇政府对永定地区危改项目中的一处违法建设进行强制拆除。共出动执法人员60人次，执法车辆17台次，拆除违法建设368平方米。年内，2万户房屋征收工作期，协调相关部门，组织强拆、助拆活动14次，出动执法人员762人次，坚决拆除14户突击抢建、侵街占巷的违法建设，面积共486平方米，有效遏制突击抢建、私搭乱建行为。

（张 华）

【举办社区宣讲】 7月18日，在城子市场社区举办首次文明公开课。针对非法小广告、随地吐痰、违规养犬等不文明现象，向社区居民进行相关法规宣讲。

（张 华）

【社区城市文明加油站】 8月16日，区城管大队、文明办、社会办、法宣办和大峪街道办事处在向阳东里社区首设“社区城市文明加油站”。区文明办、城管大队、司法局、大峪街道、政府特约监督员，以及相关居委会领导和社区群众60余人参加启动仪式。启动仪式上，为“社区城市文明加油站”授牌，给志愿者发放活动工具，向阳东里社区主任代表社区作表态发言。仪式结束后，城管队员和社区志愿者向居民发放宣传材料，并开展了清理小广告和宠物粪便的志愿活动。9月25日至26日，先后在石门营五区小区和潭柘寺公园，开展主题为“爱首都，讲文明，树新风”的文明加油站宣传活动，发放宣传材料300余份，宣传群众300余人次，清理无照经营行为5起。

（张 华）

【优化城市环境】 8月21日至24日，对门城地区主要大街开展集中整治，检查门前三包单位150余家，现场整改31家，下发《责令改正通知书》6份，劝阻非法垂钓15起，取缔无照经营9起，清理牌匾、灯箱12处。

（张 华）

【环境卫生清洁日】 8月31日，出动人员13人次，在新桥大街、新桥南街及双峪路设立文明加油站3处，发放各类宣传材料2000余份，宣传群众600余人次。相关分队在完成办公区域清洁的同时累计出动执法人员19人次，执法车辆6台次，清理辖区无照经营、店外经营、堆物堆料等违法行为25起。

（张 华）

【召开城市环境安保誓师会】 9月4日，在石龙工业区文化广场召开十八大城市环境安保誓师大会。会上，区城管大队中层领导代表、基层党支部代表、山区分队代表和党员代表先后表态发言，区纪检直派组组长和城管大队长分别为党员突击队和青年突击队进行授旗。

（张 华）

【扫雪铲冰】 11月3日晚，启动扫雪铲冰工作预案。4日早7时全员上岗，全面督导落实扫雪铲冰工作。行动出动执法人员185人，执法车辆47台，检查大街25条，检查社区（物业）66个，检查门前三包单位256个，宣传告知商户874户次，发放《致首都市民的一封信》120份，相关宣传材料200余份，发动群众1436人，短信温馨提示施工单位66家，保障全区扫雪铲冰工作全面落实。12月29日，出动队员117人次，协管员110余人次，车辆80余车次，对区内主要大街及重点地区的扫雪铲冰工作进行全面督导。巡查主要大街26条，检查“门前三包”单位230余家，督促未及时开展扫雪铲冰单位6家，发动群众参与扫雪铲冰400余人次。

（张 华）

【整治非法废品回收市场】 11月9日，牵头协调国资委、商务局、工商局、环保局、大峪派出所等部门召开治理龙门河滩社区内非法工作会，会议确定各职能部门的管理及执法依据。12日，对废品回收市场经营者进行联合约见，并督促其进行整改。

（张 华）

交通　邮电

交　通

公路建设

【概况】　北京市交通委员会路政局门头沟公路分局，是北京市交通委员会路政局在门头沟区的派出机构，行使门头沟区域内县级及以上公路的规划、建设、养护、安全、应急、路政执法、高速公路路政管理以及农村公路的监督、指导等职能。公路分局为参照公务员管理全额拨款事业单位，下设10个机关科室和1个直属路政大队，编制人员73人。截止年底，分局在编人员70人，其中党员54人（含预备党员3人），专业技术干部40名，参照公务员管理55名，工勤人员17人。辖区内公路总里程999.50公里，公路密度为68.90公里/百平方公里，通达9个镇、178个建制村。按行政等级划分：国家高速19.02公里/1条，国道112.55公里/2条、省道69.24公里/4条、县道272.78公里/32条、乡道352.71公里/73条、村道164.16公里/124条、专用公路9.04公里/13条，桥梁5402.54延米/136座。按技术等级划分：高速公路19.02公里，一级公路28.52公里，二级公路216.9公里，三级公路327.14公里，四级公路407.92公里。公路分局负责管养的国道、市道和县道全长454.57公里，负责管理的高速公路全长50公里；乡镇政府负责管养的乡道、村道全长525.92公里。年内，在市交通委、路政局的领导下，分局以科学发展和转变发展方式为引领，弘扬践行“北京精神”，重点做好六个方面的工作：以探索道路建设模式和打造精品工程为重点，更加注重路网承载能力的提升；以完善桥隧管理机制和日常养护应急管理为抓手，更加注重路况保障水平的提升；以强化行业监管职能和治超长效机制为突破，更加注重依法行政效能的提升；以“三新”推广应用和节能减排为示范，更加注重公路科技含量的提升；以路网管理系统和信息化建设为依托，更加注重精细化管理和公众服务质量的提升；以基层组织建设和“五型”机关建设为载体，更加注重党建护航能力的提升，完成公路建设、养护、管理等各项工作任务。全年计划内公路建设、养护、水毁抢通及恢复重建计划总投资4.31亿元，实际完成投资4.57亿元，完成年度投资计划的106%。其中：新增固定资产项目年度完成投资2.75亿元；养护工程类项目年度完成投资0.96亿元；水毁抢通及恢复重建项目完成投资0.86亿元。区内道路工程，计划总投资0.50亿元，实际完成投资0.50亿元，完成年度投资计划的100%。实施清千路、鲁坨路、108国道一期、担礼大桥新改建26.7公里/4项，完成杨东路、新桥大街、双峪路、潭阳路大修工程14.3公里/4项，斋柏路预防性养护工程4.0公里/1项，炭厂桥改造9.0延米/1座。完成了水闸桥西口和城子大街北口疏堵工程和门城滨水公园景观大道工程等城市道路代建工程。

单位名称：北京市交通委员会路政局门头沟公路分局
地　　址：北京市门头沟区龙泉花园1号楼
电　　话：69828999
邮　　编：102300

（周　猛）

【108国道改建工程】　2008年5月开工，在施，起点为潭柘寺镇

南村，跨越南村处现状108国道向东，新建南村隧道，在西峰寺疗养院南侧出隧道后上下行线位分离，在北京煤炭研究所京西试验站南侧山体新建岢萝坨隧道，出岢萝坨隧道后线位提前合并以整体式路基的形式向下穿越岢萝坨处现况108国道，沿门头沟南侧山体布线，经小园南侧向东与2003年新建108国道（石门营~六环路）改建工程卧龙岗立交相接，全长6.787公里，设计标准山岭重丘区一级公路，设计速度60公里/小时，整体式路基宽23米，分离式路基宽11.25米，桥梁12座，互通式立交2座、涵洞工程31道、两座双线隧道3069米。2012年底，完成总工程量97%。

（周　猛）

【担下路剪彩通车】　2009年9月开工，2010年8月15日竣工通车。是109国道丁家滩至下苇甸下行线。路政局第一批低碳示范项目之一，起点门头沟109国道担礼隧道出口处与水担路相接，终点至109国道下苇甸路口，与下安路相接，全长3.35公里。技术标准为山区二级路，设计速度为每小时60公里，设计路基全宽12米，其中行车道宽10.5米、两侧土路肩各宽0.75米；新建桥梁4座，设计荷载为公路－Ⅰ级。分两期进行建设，其中第一期全长3.11公里，2009年9月开工，2010年10月完工；第二期全长0.24公里，2011年9月开工，2012年6月完工。主要工程数量包括：路基土石方17.5万立方米，路面工程3.6万平方米，桥梁工程4416平方米/4座，涵洞68延米/4道，浆砌结构物4万立方米，以及道路排水、交通工程和绿化等附属工程。

（周　猛）

【清千路改建工程】　2009年12月开工，2012年11月完工，北起清水涧，起点与下安路相接，向西南经大台铁路（K0+700）、北京人民轴承厂、樱桃沟风景区、菜台村、东桃园村、西桃园村、北大地村、大台煤矿北京矿务局、西洼村、黄土台村、三孔桥村、大台铁路（K6+480）、灰地村、宅舍台村、玉皇庙村、唐家坟村、板桥村、东坟村、庄户村、千军台村，终点北台村，全长15.66公里，道路等级山区三级公路，设计速度为30公里/小时，路基全宽8.5米，路面宽度7米，两侧土路肩各宽0.75米。

（周　猛）

【应急抢险】　1月4日晚，109国道K73+100处（法城口处进京方向）发生山体塌方，造成交通阻断，出动铲车1辆，作业车5辆，人员10人，清理塌方约50立方米，发布路况32条/次，晚23时，抢通完毕。6月7日，暴雨致使斋幽路21公里至23公里发生7处山体塌方，路基损坏严重，下午3时，恢复通行，累计清除坍塌土石方约800立方米，路面淤泥约1000立方米；投入铲车2台、工程车4台、工人16名。6月8日，会同设计单位对4处受损路基进行勘察和恢复。6月27日，百花山路K13+600公里上边坡山体塌方，坍塌土石方约1300立方米，并造成断路。组织养护单位投入2台铲车、3台工程车、35名工人，下午17:00，恢复正常通车。

（周　猛）

【慰问活动】　1月9日，分局领导班子成员带领5个慰问小组，对50位离退休职工及劳模进行走访慰问，并送去慰问品。13日，路政局党政领导慰问已故副局长曹广辉的父母和家人，致以新春祝福。17日，总参冯村卫星站部队相关领导带队到分局慰问。21日，区领导王洪钟、张冰等10余人到分局慰问。4月27日，分局有关领导到离休干部及退休劳模家中，进行“五一劳动节”慰问，送去了节日的问候及慰问品。7月24日，分局领导慰问“7.21”水毁鲁坨路施工工地。9月27日，分局领导到离休干部及退休劳模家中，致以十一节日的问候及慰问品。

（周　猛）

【领导干部述职评议】　1月12日，召开2011年度领导干部述职测评会，领导班子进行整体述职，会议以无记名投票方式分别对分局领导、科级干部进行民主测评和工作实绩测评。市交通委人事处、路政局人事处负责同志及公路分局全体干部职工参加了会议。

（周　猛）

【职工活动】　1月13日，举行2012年迎新春联欢会，主题为“团结·奋进·和谐·创新”。16日，举行2012年迎新春棋牌赛。4月25日、26日，组织130余人离退休职工，到北京市工人疗养院体检中心进行健康体检。5月3日，组织35岁以下的青年干部进行团员座谈。4日，分局青年代表参加路政局首届“青年杯”联谊活动。6日，组织在职职工，到“解放军总医院”进行健康体检。6月10日，开展“追寻先烈足迹、践行党员使命”的主题党日活动，参观《台儿庄大捷抗日战争纪念馆》。10月22日，邀请13位退休职工代表参加重阳节退休职工代表座谈会。12月13日，公路分局召开党委书记讲党课，组织学习十八大精神，扎实做好反腐倡廉工作报告会。

（周　猛）

【质量监管工作】　2月7日，对永定河公园人行天桥、雁翅教育基地过街天桥工程桥下净空、墩柱混凝土强度等项目进行交工前质量检测。10日，两项工程通过交竣工验收。5月15日，对门城滨水公园景观大道工程路面压实度、宽度等实测项目，进行了交工前质量抽检。

（周　猛）

【路政执法工作】　2月14日，路政大队召开治超专项工作会议，研究治超工作方案，组建固定治超和流动治超小组。3月22日，联合区交通局、交警支队在G108国道K35处开展流动治超，出动执法车辆2辆，执法人员7人，检测车辆20辆，其中超载5辆，无超限车辆。4月10日，召开违法占用公路用地协调会，妙峰山镇政府、雁翅镇政府主管领导和北京瑞通养护八处等相关负责人参加会议。17日，组织外勤执法人员对新购置的便携式动态轴重检测仪进行实际演练，并邀请设备公司专业人员进行现场指导。25日，及时处置石担路K4处热力管线路面塌陷。5月29日，与区运政、交警部门协调配合，在G108国道K35处开展路面流动治超，出动执法车辆3辆，执法人员8人，使用便携式治超仪1台，检测车辆28辆，其中超载3辆，无超限车辆。6月18日，会同北京瑞通养护公司八处，出动1台吊车，1台卡车，四部执法工作车，开展非公路标志进行专项清理，累计清理拆除12块违法标志，其中108国道7块，石担路5块。21日，联合城管大队配合妙峰山镇政府，开展美化公路环境的综合整治工作，出动执法人员70余人次，卡车1台次，执法工作车2辆。对水担路沿线的私搭乱建、摆摊设点等违法行为进行了说服教育并开具了违法通知书。7月27日，及时处置石担路K3+000环岛西侧路面塌陷导致环卫洁扫车陷入案件。10月24日，联合瑞通养护中心八处，对108国道、石担路违法设置的非公路标志进行拆除，此次执法共出动车辆5台，15人参加，拆除违法设置非公路标志20块。30日，联合首发集团安畅分公司安保部、路产部相关单位，对西六环K135+950～K136+120桥下空间进行安全检查。路政大队在109国道、108国道、石担路等公路路侧合理位置增设路政宣传牌共17块。12月4日，在新桥大街设立宣传站，开展法律宣传与咨询活动，发放宣传材料600余份，解答咨询10余人次。

（周　猛）

【培训工作】　2月21日、22日，在交通运输部党校举办为期2天的2012年职工全员培训班，邀请中国传媒大学教授、交通法律专家、中央党校教授分别进行“现代媒体环境下的危机传播管理”、“交通建设投融资管理”及“十七届六中全会精神解读－文化建设”为主题的讲座。6月19日，开展消防安全知识培训暨消防演练活动。培训邀请北京市防火宣教中心老师作了题为《全民消防、生命至上》的消防安全知识讲座。7月6日，组织具有路政执法、养护执法和建设执法资格的31名交通运输行政执法人员举行《中华人民共和国行政强制法》闭卷考试。12月19日，请北京市委党校教授围绕十八大报告的根本方向、总体布局、其他建设等方面进行解读。20日，举行2012年参公管理人员集中培训考试。

（周　猛）

【养护工作】　3月2日，公路分局与养护、监理单位法人代表签订2012年养护合同。3月至4月，实施109国道、108国道、石担路、潭王路、担下路等绿化补植工作，补植数量约10万棵。109国道绿化工程完成乔木种植600余株；各类花灌木、攀援植物700余株；种植地被3500平方米；累计绿化面积1.2万平方米。5月2日至31日，南雁路绿化工程种植乔木4600株；各类花灌木、攀援植物4400株；种植地被9800平方米。9月27日，对区重点交通路段的养护运营情况，以及“7.21”后水毁恢复工程的工程进展组织节前养护工作检查。

（周　猛）

【会务组织】　3月17日，召开2012年工作会。会议总结2011年工作，部署安排2012年重点工作任务，通报了2011年考核先进个人名单，并颁发了荣誉证书，全体职工针对报告进行了分组讨论。4月10日，组织施工、监理和机关相关科室，召开2012年度“资格考试”动员部署会。5月21日，组织召开了2012年安全月活动动员暨防汛工作部署会。7月12日，路政大队召开社会监督员座谈会。区各乡镇、交通局、城管大队、瑞通养护中心等相关单位负责人参加。

（周　猛）

【安全监管工作】　3月27日，开展“安全培训月”专题培训，邀请国家安监总局安全事故调查组专家、北京建工集团分公司总工分别就安全生产法律法规及安全事故调查案例分析、施工安全技术及安全生产形势分析等内容进行了专题讲解。31日，到108国道（南村一石门营段）改建工程、担礼大桥新建工程施工项目部进行清明节前安全检查。4月6日，联合区安监局到担礼大桥新建工程施工现场对高空作业、特种作业人员持证上岗等开展安全生产联合执法检查。27日，对108国道（南村——石门营段）改建工程、担礼大桥新建工程施工项目部进行了“五一”节前安全检查，并对108国道改建工程施工及监理单位“平安工地”创建内业资料及施工现场安全管理情况进行了初步考评。6月10日，在鲁坨路项目部设立安全月宣传咨询主站点，开展了安全生产咨询日，设108国道、瑞通养护中心八处等咨询站点5个，面向施工人员、社会公众累计发放公路施工安全扑克牌1000副、安全扇子500把、安全标语60条、安全教育光盘30盒、致公路建设一线人员的一封信50张、安全知识及事故案例分析的口袋书500本。19日，鲁坨路项目经理部举办公路工程安全知识竞赛活动。29日，由北京市交通委员会、市安全生产监督管理局、市交通委员会路政局联合主办，门头沟公路分局、中交第一公路工程局有限公司承办的“北京市交通路政行业平安工地建设经验交流与安全文化进工地活动启动仪式”（以下简称“启动仪式”）在鲁坨路主会场举行。9月24日，组织召开2012年第二次安委会（扩大）会议暨“十八大”安保维稳工作会。11月1日，市交通委安全督查组，对公路分局开展“十八大”交通安全保障“十大专项行动”专项督查，查看了相关资料，并查看了鲁坨路道路工程施工现场。12月12日，公路分局联合区安监局到鲁坨路工程施工现场开展冬季施工安全生产联合执法检查。21日，路政局“平安工地建设”达标验收检查组到鲁坨路道路工程检查。27日，检查公路分局2012年公路工程安全生产工作，实地察看了108国道改建工程和鲁坨路道路工程施工现场。

（周　猛）

【领导调研】　3月29日，区领导王洪钟对滨水公园景观大道建设工作进行调研，听取了公路分局汇报，查看了施工现场。4月26日，市交通委路政局领导，到108国道（南村～石门营段）改建工程工地检查安全生产，并考察“长寿命路面”路段情况。6月1日，路政局调研公路分局2012年建设养护计划执行情况。5日，公路分局调研北京市政路桥建材集团有限公司门头沟沥青厂“三新”材料生产情况。8月10日，区领导王洪钟带队到公路分局调研。分局局长对年度新改建、大中修工程概况、项目进展以及面临困难和存在问题进行总体汇报。区城管大队、交通支队、市政市容委、妙峰山镇相关负责人陪同调研。9月19日，区领导韩子荣到公路分局调研，听取了公路分局局长关于“109国道新改建工程、双大路二期工程、军温路工程”未来建设发展的情况汇报，区委办、国土局、规划委等相关部门参加了调研。

（周　猛）

【城市道路工作】　5月1日，门城滨水公园景观大道完工，起点自阜石路南侧辅路，沿永定河西岸向南，终点与莲石路相接，全长6.9公里，设计道路全宽12米，其中路面宽8米、两侧人行步道各宽2米，同步实施照明工程、绿化工程等。其中路基土石方11万立方米；埋设寿命50年的雨水管线6.4公里；砌筑检查井70余座；砌筑涵洞3道；铺筑人行步道3.1万平方米；摊铺底层油6万平方米；安装花岗岩路缘石20余公里；砌筑混凝土坐台6.5公里；安装栏杆6.7公里；路灯基础施工464套；埋设路灯管线16.7公里；摊铺面层油5.9万平方米，用料4000余吨；施划标线3088平方米；安装标志牌30套。6月1日，水闸桥西口和城子大街北口疏堵工程开工，15日完工，全长约350米，“一拓”为城子大街北口至水闸桥西口之间长约130米路段向东拓宽6.5米，将双向四车道改造为双向七车道，其中北向南为四车道、南向北为三车道；“三增”是采取工程或路口渠化等措施，增加路口机动车道，改造后城子大街北口南侧路口、东侧路口将达到三进三出的通行条件；“一联控”，是在水闸桥西口增设交通信号灯、改造城子大街北口既有交通信号灯，并将两处交通信号灯实行联动控制。

（周　猛）

【获奖情况】　5月23日，公路分局组织的“北京市乡村公路安全保障技术研究”荣获北京公路学会二等奖，被评为北京公路学会“2011年度先进党组织”和“2011年度先进会员”单位。公路分局机关党支部被区评为“创先争优先进基层党支部”。路政大队党支部被市交通委党委评为“2010－2012年创先争优先进基层党组织”、2名职工分别被市交通委党委、路政局党委评为“2010

－2012 年创新争优优秀共产党员”。7 月 25 日，门头沟区召开争创全国双拥模范城总结表彰大会，公路分局获得区爱国拥军先进单位称号，分局退休职工李兆娴获全国爱国拥军模范称号。

（周　猛）

【防汛工作】　7 月 13 日，举办防汛突发事件桌面推演，模拟了山区公路常见、多发的六大场景，包括雨情黄色预警、区域性降雨、预警解除、道路塌方中断、现场抢险处置以及抢险结束恢复交通等。养护八处，养护监理参加演练。25 日，路政局防汛检查组到门头沟检查防汛工作。同日，公路分局组织各代建、施工、监理、养护单位的项目负责人、安全负责人等，召开防汛安全警示通报会。27 日，北京日报、北京晚报、法制晚报、中新社、北京电视台以及北京交通广播电台的 6 家市属媒体联合采访报道了门头沟公路灾后抢险保通工作。同日，市交通委，路政局有关领导到妙峰山路、潭王路等视察防汛抢险工作。同日，市财政局领导到门头沟“7.21”暴雨损毁道路现场调研，对下安路、潭王路、鲁坨路等进行了实地考察。8 月 1 日，路政局到门头沟公路分局布置下一步防汛抢险工作。4 日、5 日，妙峰山路 13 公里＋200 米处暴雨塌方路段实施二次定向爆破，土石方累计 8 万余立方米。7 日，市交通委有关领导到公路分局调研水毁恢复工作，观看了水毁抢险纪实专题片，听取了公路致损情况及灾后重建工作报告，并就班子建设、队伍稳定、机制创新及存在问题等进行座谈交流。

（周　猛）

【7.21 特大暴雨抢险保通】　7 月 21 日，北京市发生特大暴雨自然灾害。公路分局管养县级以上公路 456.03 公里/39 条，水毁 31 条，10 起/7 条交通阻断，塌方、积水事件 742 起。108 国道、鲁坨路、清千路在施工程发生不同程度的水毁。乡村公路 515.59 公里/196 条，水毁 61 条，断路 7 条。全区公路直接经济损失高达 2.25 亿元。汛前，修订了防汛预案，组织了桌面推演，真正做到了未雨绸缪、靠前指挥、有效应对。汛间，始终将“人民群众和抢险人员生命安全”作为第一目标，对抢险资源、绕行路线和交通疏导进行了合理配置，确保了零伤亡，抢险主要做法和工作经验被北京市主流媒体广泛宣传报道。汛后，制定了详细的水毁恢复重建计划，其中县级以上公路 25 项，当年完工 20 项、跨年 3 项；农村公路共 47 项，与区政府签订了两年水毁恢复工程协议，当年均已实现开工建设。

（周　猛）

【档案执法检查】　7 月 25 日，市交通委办公室、法制处和路政局办公室组成联合检查组，对分局档案管理工作进行了档案行政执法实地检查。8 月 3 日，区档案局对分局档案进行一级复查。

（周　猛）

【桥梁中修工作】　9 月 27 日，安家庄桥、韭园桥、杨岭桥三项中修工程完工，针对梁底、墩台盖梁及墩柱的裂缝采用修补胶封闭，对桥面破损比较严重的杨岭桥重做桥面结构，对韭园桥第一跨跨中 U 型裂缝超限在其跨中及四分点砌筑支撑墙等措施。

（周　猛）

【桥隧定特检工作】　9 月下旬，开展桥隧检查，其中桥梁定期检测 80 座，主要针对国市干线、重载交通路线及旅游路线上的桥梁，特检 1 座，是位于 109 国道上的安家庄铁路立交桥；隧道检测 3 座，分别是东方红隧道、担礼隧道和松树岭隧道。

（周　猛）

【国家干线路检测工作】　11 月 5 日至 9 日，交通运输部 2012 年度国家干线公路网监测组到北京，对全市 200 公里干线公路进行路况检测，公路分局管养的 109 国道 K25－K89＋940 段被确定为受检路段，检测里程 64.94 公里。

（周　猛）

运输管理

【概况】　年内，区交通局围绕市、区中心工作，以贯彻落实科学发展观为统领，以“保畅通、保安全、树形象”为总体目标，以推进区内交通事业快速发展为动力，结合区内交通运输行业实际，扎实工作，较好的完成了全年各项工作任务。截至年底，全区共有客运公交企业 3 家，分别是：八方达河滩分公司，公交总公司客四分公司五队、六队、十一队，祥龙公司一分公司。公交线路 27 条，配车 736 部。永久场站 39 个，其中包括二级场站和山区五级客运站 33 个，另外 6 个为大峪公交场站、城子公交场站、龙泉西公交场站、河滩公交场站、杨坨公交场站、圈门公交场站；临时场站 10 个，分别是：坑木场站、中门寺站、三家店站、担礼站、丁家滩站、下苇甸站、冯村站、德露苑站、石厂站、上岸站。出租汽车企业 2 家，21 户个体，共 121 辆车，从业人员 195 人。

危险化学品运输企业5家，车辆94辆。组建“绿色车队”99家，车辆2119辆。机动车维修企业70家，其中，一类汽车维修企业7家，二类汽车维修企业23家，三类汽车维修企业40家。监管铁路道口11个，道口监护人员共计92名。水域游船单位4家，自航船舶11艘，非自航船舶54艘；自航船三类驾驶员19人，救生员27人，相关从业人员200余人。

单位名称：北京市门头沟区交通局
地　　址：北京市门头沟区滨河路60号
电　　话：69842840
邮　　编：102300

（王元媛）

【协调公交企业增加公交车班次】 自2月起，将370路公交车全天配车增加至60部，同时缩短发车间隔，在早晚高峰时段双方向各增加一班次，最小发车间隔为5分钟。

（王元媛）

【区领导调研】 2月15日，区领导就区旅游交通和旅游公路规划的初步设想和建议到局内调研。6月11日，区领导王洪钟到局内调研。10月26日，区领导韩子荣到局调研，听取交通局关于门头沟区公共交通现状、发展情况、存在问题及对策措施的汇报。

（王元媛）

【学习、弘扬、践行“北京精神”】 2月21日，联合区道路运输协会组织召开学习、弘扬、践行“北京精神”报告会，局全体职工和道路运输协会会员企业参加报告会。报告会请首都师范大学教授、北京市学习践行“北京精神”百姓宣讲团，进行题为《认真践行北京精神　推动首都科学发展》的宣讲。

（王元媛）

【宣传工作】 3月1日，联合北京公共交通控股（集团）有限公司第四客运分公司11车队到大峪公交车站进行宣传。自3月1日起，残疾人凭中国残疾人联合会统一颁发的“残疾人证”可免费乘坐市公共汽电车，盲人可免费乘坐公共汽电车和城市轨道交通。4月20日，在石景山区与门头沟区交汇处，开展依法取缔侯庄子非法摊群聚集区的宣传活动。此次宣传活动，共张贴取缔通告20余份，发放宣传材料1000余份。11月30日，开展以“弘扬宪法精神　服务科学发展”为主题的法制宣传活动。现场摆放展板3块，悬挂宣传横幅1条，发放《北京市道路运输条例》、门头沟区交通局介绍、北京市水域游船安全管理规定（摘要）等宣传材料1300余份，有宣传标语的无纺布购物袋200个，月票夹200个，共出动工作人员12名。

（王元媛）

【公交线路调整】 自4月27日起，为缓解水闸路口拥堵，取消了水闸公交站，所有经过水闸的车次都改在城子职高站靠停。5月5日起，981路首末站由原来的上岸种植园站—世界公园站，改为上岸种植园站—公交驾校站；959路首末站由原来的德露苑站—世界公园站，改为石厂站—公交驾校站。

（王元媛）

【培训工作】 4月27日，请市交通委法制处授课，对全局执法人员进行《北京市汽车租赁管理办法》培训，并于5月16日、17日组织开展全员性的闭卷考试。试题内容全部根据《北京市汽车租赁管理办法》拟定，试卷分为填空题、选择题、单选题、多选题和简答题五大类。年内，培训货运驾驶员35期8388人，出租汽车驾驶员4期72人，汽车驾驶员等级培训52人。

（王元媛）

【公交车开通运营】 4月28日，潭柘寺镇桑峪村正式开通892路公交车。该车发车时间为：早班6点15分，从桑峪村至苹果园地铁；晚班17点20分从苹果园地铁至桑峪村。12月30日，阜石路快速公交4号线（BRT4）及其支线正式通车运营。该线路全长25.1公里，共设中间站20对。平均站距1.2公里。运营时间为：龙泉西公交场站5：00－22：30，阜成门5：30－23：00，高峰时段发车间隔6分钟，平峰时段发车间隔7至10分钟。同步开设的BRT4支线，起点为龙泉西公交场站，终点为地铁6号线五路居站，线路长度20.83公里，运营时间为：龙泉西公交场站5：10－22：30，地铁海淀五路居站5：30－23：00，发车间隔6分钟，并在早高峰时段（6：50分－8：00分）发一站直达快车。

（王元媛）

【组织应急演练】 5月29日，组织八方达总公司、八方达河滩分公司、公交派出所、八方达河滩分公司苹果园车队、冯村车队等多个部门，共150名管理人员和司售人员在苹果园车队院内开展消防应急疏散演练。

（王元媛）

【组织开展情景演练】 6月12日，组织祥龙公交公司的司售、安全、服务、车队管理人员及稽查员开展“十九个怎么办”情景演练。此次演练时间为期3天，根据出车时间的不同，分6组进行，做到了情景演练全员参与。

（王元媛）

【开展安全知识竞赛】 8月27日，组织市公交集团客四分公司十一车队举办“迎保十八大，安全伴你行”安全知识竞赛活动。

（王元媛）

【召开交通改造协调推进会】 8月29日，召开门头沟区老旧小区综合交通改造协调推进会，12个相关单位参加会议。会议结合区内实际，就老旧小区综合交通改造的工作任务安排进行商讨布置，并明确各项工作的主责单位和协办单位，研究老旧小区综合交通改造工作实施方案及改造目标。

（王元媛）

【市督查组检查指导工作】 11月8日，市交通运输局督查组检查指导“十八大”安全维稳工作。分别到八方达河滩分公司和客四分公司645车队、383杨坨车站进行实地安全检查。

（王元媛）

【市领导调研】 11月13日，市交通委员会有关领导到交通局调研出租汽车行业党建工作。21日，市领导到门头沟调研阜石路BRT快速公交系统建设情况。

（王元媛）

【开展巡视监督工作】 12月12日，召开区委巡视二组进驻交通局开展巡视监督工作动员会。区委巡视二组组长就此次巡视工作的意义和程序方法做部署。

（王元媛）

【学习党的十八大精神报告会】 12月19日，联合区道路运输协会组织召开学习贯彻党的十八大精神报告会。报告会邀请首都师范大学教授、中共北京市委讲师团特邀报告人解读了十八大精神。交通局全体职工和道路运输协会会员企业参加了报告会。

（王元媛）

【新建3个五级客运场站】 年内，门头沟区新建完成3个农村五级客运场站，分别是大台办事处木城涧站、千军台站、清水镇黄安坨站。

（王元媛）

【“双超”治理工作】 年内，全区共出动治超执法人员4100余人次。治超检查车辆26732辆，超限14辆，卸载货物114.15吨，交警查处大货车超载800辆，综检站配合打击私挖盗采检查车辆2606辆，收煤凭证454张，煤炭总重13212.79吨。

（王元媛）

【防汛工作】 年内，在汛期到来前，制定《交通局2012年安全迎汛应急预案》；加强应急抢险队伍建设；储备应急抢险设备，征调客运企业1家，旅客运输车辆20部，总客位1000位；征调应急运输企业7家，大型物资运输车辆42部，总吨位386.63吨；对被征调防汛车辆的8家企业，进行入户检查；强化24小时领导带班和值班制度，保证通讯联系畅通，确保汛情时人、车、物的征用及时到位。7月21日早7时，交通局海事处接到雨情预警通知后，立即启动防汛应急预案，迅速赶赴双龙峡、珍珠湖景区，要求企业游船当即停航，在岸边固定好游船，时刻警惕泥石流等自然灾害的发生，并要求景区内300余名游客尽快撤离，使得双龙峡、珍珠湖景区无任何人员、财产损失。下午17时30分，接到转移群众的任务后，第一时间选派3名干部赶到八方达河滩分公司带领客运应急保障分队，到东辛房地区受灾救援现场。完成东辛房地区受灾群众安全转移任务。此次救援行动，八方达河滩分公司共集结救灾客运车组20组，出动相关工作人员40余人，成功转移受灾群众9车次，近300人。25日，组织全体职工召开7·21暴雨后加强防汛工作部署会。

（王元媛）

【整改工作】 年内，针对基层民主评议结果，开展整改工作。一、专门成立领导小组，多次召开社会监督员座谈会、主动办理人大政协提案等多种途径，积极梳理服务对象对辖区交通行业发展的意见和建议。二、强化纪律，加强业务学习，提高服务效率，全面落实首问负责制，在岗期间严格执行“交通局工作人员公共服务规范”。三、改进、提升服务水平，优化办公环境，细化政务公开，利用全程办事代理大厅的电子滚动屏、触摸屏、宣传栏等，对单位内的服务职责、办事规程、时限和法律依据进行详细、全面的公示。

（王元媛）

【做好提案及信访案件办理工作】 年内，交通局回复涉及公共交通类的人大代表建议及政协委员提案12件，办理两会期间各代表团非正式建议提案16件，回复书记信箱、区长信箱、区为民服务平台等信访转办案件33件，满意率全部为100%。

（王元媛）

【受理小客车指标申请业务】 年内，受理各种指标申请共 1980 份，其中个人小客车配置指标申请 1052 份，企事业单位及其他组织配置指标申请 42 份，更新指标申请 225 份，申请编码延期 632 份，被盗抢小客车申请摇号 29 份。

（王元媛）

【执法责任制落实和依法行政工作】 年内，共处罚违法行为 133 起，罚款金额 17.92 万元。其中，一般程序 53 起、罚款 9.92 万元；简易程序 80 起、罚款 8 万元；办理行政许可和备案服务事项合计 2816 件，其中，行政许可事项 283 件，备案服务事项 2533 件。

（王元媛）

【安全检查工作】 年内，到辖区内客运企业安全生产检查 48 户次，五级客运站 56 户次，斋堂换乘中心 10 次，出租企业 9 户次，租赁企业 3 户次，检查客运车辆 402 辆次，出动检查人员 277 人次，检查中未发现安全隐患，组织祥龙公交公司、八方达河滩分公司进行应急演练 2 次；进行普通货运企业入户检查、复查 348 户次，出动检查人员 665 人次，通过入户及企业上门等方式签订 2012 年安全生产责任书 213 家；签订“超载、超限”责任书 101 家；开展危化企业入户检查 109 户次，检查危化车辆 351 车次，约谈危化企业 11 户次；做到每月对辖区内 5 户 6 家危化业户进行全覆盖检查，组织危化企业开展安全应急演练 5 次；对全区汽车维修企业严格按照行业标准进行检查，共检查汽车维修企业 237 户次，出动执法人员 730 人次；同时，加强对道口的安全监管，进行日查道口 452 处次、出动检查人员 921 人次，夜查道口 235 处次，出动检查人员 471 人次；此外，对辖区内珍珠湖、双龙峡水域游船企业进行安全检查 95 户次，出动检查人员 410 人次。

（王元媛）

【开展“五型”机关创建活动】 年内，开展“五型”机关创建活动。一、学习型机关。树立“学习工作化、生活化”和“终身学习”的理念，重点学习交通专业法律、法规，经济管理、业务知识、区情知识、工作规则等。二、服务型机关。认真履行岗位职责，寓管理于服务之中，以服务对象满意不满意为标准，完善管理体制，改进服务方式，规范服务行为，建立行为规范、运转协调、公正透明的服务型机关。把服务型机关创建与党务公开、政务公开、民主评议基层站所活动紧密结合，切实提高服务意识、服务水平，提升交通局整体对外形象。三、创新型机关。牢固树立创新意识，始终保持机关奋发有为、锐意进取、勇于创新的精神状态，使创新成为机关工作人员的自觉行为和不懈追求，重点表现在思想观念上解放、方式方法上打破常规，解决实际问题上创新，在提高素质，做好服务的基础上力争有所创新，营造敢于创新、敢于碰硬、敢于担当的工作氛围。四、节约型机关。以提高机关管理水平和行政效能为核心，进一步精简会议和文件，节约办公用品和经费，树立节约意识，养成节约的良好习惯，形成“人人节约、事事节约、处处节约”的精神；开展“鼓励低碳出行，拥抱绿色生活”活动。五、和谐型机关。践行北京精神，倡导和谐理念，以机关和谐带动社会和谐，以党内和谐促进社会和谐，努力营造政令畅通、人和气顺、运转有序、蓬勃发展、秩序良好、关系融洽、团结向上的工作氛围，形成聚精会神搞建设、一心一意谋发展、同心协力干事业的良好局面，努力建立目标同向、思想同心、工作同步的和谐型机关。

（王元媛）

【建立行业退出机制】 年内，将行业管理职能与行业安全监管职能相结合，逐步建立市场退出机制，将未达到行业标准、存在重大安全隐患的企业清理出运输市场。货运方面，对达不到行业标准、空户半年不增车以及等级评定超期 2 年以上的 742 户，1567 辆运输车辆进行了注销；汽车维修方面，依据《北京市机动车维修企业质量信誉考核实施细则》，对辖区内 97 家机动车维修企业分别从经营资质、安全生产、维修质量、服务质量、环境保护、遵章守纪和企业管理等方面进行综合考核，被评为 B 级的 32 家企业进行清理。

（王元媛）

【加强党风廉政建设】 年内，确立“从严治运，立足教育，健全机制，加强监督”的工作方针，坚持“一岗双责”两手抓的基础。开展反腐倡廉教育，廉政风险防控工作，坚持建章建制抓落实，领导班子“三重一大”民主决策机制稳态化。结合全年党风廉政建设工作重点，坚持监督检查，同时加强社会监督，完善内外监督机制，发挥民主监督作用

（王元媛）

【加强干部队伍建设】 年内，采取多种途径加强干部队伍建设。

局理论中心组带头学习，及时传达、学习、贯彻相关政策方针；局领导带头授课，科级以上干部轮流上台讲课；邀请各级专家进行培训，形成“交通专家教授宣讲大讲堂”的培训品牌活动；公开招考高学历专业人才，支持年轻干部参加继续教育。

（王元媛）

【交通战备工作】 年内，完成区交通战备工作组织机构的组建及调整工作，组织各镇、街道办事处开展了国防交通专业保障队伍的整组工作，开展了2012年度民用运力调查工作。

（王元媛）

【道路运输协会工作】 年内，道路运输协会完成新一届会长、秘书长和监事长的选举工作，不断开展创建学习型、服务型、创新型及和谐型社团组织活动，经考核、评审，获评北京市社会组织评估机构评为5A级社团组织。

（王元媛）

邮　　电

·邮　政

【概况】 邮政局机构设置为四部（人力资源部、计财财务部、监督检查保障部、市场经营部）一室（办公室）四个专业局（商函分局、代理业务分局、分销业务分局，报刊发行分局）一个专业公司（集邮公司）。分支机构共六个支局8个邮政所职工构成全局职工282人，其中正式工92人（含聘用工16人），劳务工170人。邮路总计46条，其中汽车邮路3条，自行车邮路43条，邮路总长1616.6公里。业务收入完成预算110.75%，同比增长26.23%。收支差额完成预算100%，同比增长16.35%。

单位名称：北京市门头沟区邮政局

地　　址：北京市门头沟区河滩路2号

电　　话：69842560

邮　　编：102300

（谭文贤）

【生肖文化节】 1月5日至9日，门头沟局在潭柘寺公园举办了第一届“潭柘寺”生肖文化节，历时5天。这次活动以集团公司、市公司发行的辰龙生肖邮票为主题与潭柘寺公园的历史文化相结合，为游客及集邮爱好者搭建平台，相互交流，传播集邮文化。

（谭文贤）

【领导慰问】 1月9日，区领导王洪钟等一行7人到局职工王自殿（门头沟十大好人）和退休劳模家中慰问，对他们在本职岗位上为社会和企业做出的贡献给予肯定。随后亲自送上了慰问金和慰问品。7月31日，市邮政公司工会领导到大峪邮政支局投递组看望投递人员，送去慰问品，嘱咐大家要注意暑期和汛期安全，特别是要注意人身安全。

（谭文贤）

【取得荣誉】 1月9日，由区委宣传部、文明办、新闻中心、广电中心联合发起“文明就在身边”百姓好故事征集活动暨同时开展的“门头沟十大好人”评选活动中，王平村支局大台所投递员王自殿被评为“门头沟十大好人”，并入选中央文明办主办、中国文明网承办的“中国好人榜”名单。4月18日，门头沟局机关职工之家被北京市总工会授予“北京市模范职工之家”称号。26日，经区国资委、工会及市总工会层层推荐，大台邮政所投递员王自殿同志被中华全国总工会授予全国五一劳动奖章。受到北京市委书记刘淇等领导接见。12月31日，大峪邮政支局营业组被区文明办、工会、妇联授予“巾帼文明岗”称号。同日，门头沟区邮政局被市安委会授予“北京市交通安全先进单位”，至此已连续14年获得此称号。

（谭文贤）

【人大代表候选人考察】 2月25日，市委考察组到区邮局考察出席党的十八大代表初步候选人王自殿，王自殿是门头沟王平村支局投递员，经过自下而上推荐，经市委常委会讨论，确定王自殿作为代表北京市参加党的十八大党代会代表初步候选人考察对象。市委考察组在区委组织部、区国资委陪同下就王自殿在理想信念、政治立场，品德作风、工作业绩等几个方面进行民主测评，听取职工意见并进行公示。

（谭文贤）

【领导调研】　5月16日，市邮政公司总经理一行到局内调研，在听取了局领导班子成员工作汇报后，对全局基础工作给予肯定，并提出希望。

（谭文贤）

【拆迁还建】　6月27日，西辛房邮政所拆除，拆迁面积109平方米，原有业务迁至石龙邮政支局合署办公，全建工作协商中。6月底，已拆迁的门头沟区邮政局办公楼及附属设施共计749平方米全建1050平方米办公楼交付使用。

（谭文贤）

【理财经理队伍建设】　上半年，配备专职理财经理7人，综合柜员配置4人。下半年招聘配置理财经理10人，作为山区支局所专职理财经理。

（谭文贤）

【安全工作】　北京“7.21”特大暴雨发生后，第一时间启动应急预案，确保职工生命和企业财产安全，邮政通信生产畅通有序，未造成损失。8月25日，区邮局监保部等单位连续3天对全区13个营业网点进行全覆盖检查，重点检查邮件收寄验视、车辆交通安全、设备安全、资金安全、消防安全和通信生产安全；检查中对各单位强调了党的“十八大”期间服务安全保障工作的重要性，要求各单位高度重视，加强领导，周密部署，采取有效措施，改善服务、强化安全，有效防范，坚决遏制重大事故问题发生。与各岗位、支局签订了、《2012年综合治理安全责任书》《“两会”“十八大”期间安全生产责任书》等。

（谭文贤）

【召开职代会】　8月1日，召开七届二次职代会上，与会代表听取并审议了局长所作的行政工作报告，大会对集体合同草案、为职工办实事报告、业务收支情况、绩效考核修订等项工作进行了讨论，并对代表提案进行了答复。

（谭文贤）

【营销队伍建设】　年内，实行营销员进入退出机制，按业绩浮动底薪，根据营销员全年业绩调整岗位，在集团公司举办的营销岗位资格远程培训中有8人参加考试，通过率为100%。

（谭文贤）

【人工成本管控】　年内，对业务发展奖励政策进行了调整，突出效益优先原则，奖励向经营、高效业务、生产一线倾斜。

（谭文贤）

【教育培训】　年内，外请专业局老师对营销人员专业培训，参加人员为营销人员、支局长、部室主任及职能人员，目的是提高专业业务发展及营销员素质。

（谭文贤）

【职业鉴定】　年内，组织了2次职业技能鉴定考试，业务部门与人力部门对参加鉴定的人员进行了集中考前培。2次职鉴申报共有70人分别参加四个工种理论和实操考试，通过率为69%。

（谭文贤）

【开展“为民服务创先争优”系列活动】　年内，开展“为民服务创先争优”系列活动，并制订了实施方案。结合活动部署，开展业务练兵活动，利用业余时间由小教员进行业务培训、练功，采取区局集中学习与远程网络自主学习相结合方式，提高一线员工技能水平。组织参加区内“我向十大好人学什么”主题演讲活动，局内职工的演讲被推荐到国资委参加演讲比赛获得好评，以“心灵的投递”为题演讲全国五一劳动奖章获得者王自殿事迹，并代表国资委系统参加了全区决赛。

（谭文贤）

【服务工作】　年内，落实市邮政公司《2012年服务工作实施方案》及《开展邮政营业规范化服务竞赛活动安排通知》，制定局内具体工作实施方案，贯彻落实门头沟区政府（京政发）【2011】37号《关于进一步提升首都邮政普遍服务水平的意见》文件要求，完成老旧小区住宅楼房信报箱3663户的更新补建工作，已入住居民小区信报箱安装率，通邮率达100%。年内，落实《北京邮政营业服务规范》《北京邮政投递服务规范》，实现营业、投递窗口对外服务工作的规范化、标准化，提升全局整体对外服务形象和服务水平。

（谭文贤）

【劳动竞赛】　年内，根据市邮政公司要求，开展“发展杯”和“效益杯”劳动竞赛。一季度开展了“龙腾虎跃促金融，欣欣向荣开门红”竞赛；四季度开展了“力争2012、紧抓2013”跨年度专项竞赛。

（谭文贤）

【职工之家建设】　年内，制定了职工之家管理办法及相应的图书借阅制度、娱乐设施使用须知等相关规定，添置和更换了家具、文体设备等设施。组织了系列拓展减压活动，目的就是培养员工团队精神，增强职工凝聚力，稳定职工队伍。

（谭文贤）

【下属单位情况】

单位名称：大峪支局
地　　址：门头沟河滩路6号
电　　话：69842515
邮　　编：102300

单位名称：军庄所（大峪支局管辖）
地　　址：门头沟军庄镇
电　　话：60811504
邮　　编：102300

单位名称：三家店所（大峪支局管辖）
地　　址：三家店水闸路11号
电　　话：69842177
邮　　编：102300

单位名称：承泽苑支局
地　　址：滨河居住区承泽苑2号楼一层
电　　话：61864313
邮　　编：102308

单位名称：西辛房所（承泽苑支局管辖）
电　　话：69842484
邮　　编：102300

单位名称：王平村支局
地　　址：王平镇西村
电　　话：61859647
邮　　编：102301

单位名称：大台所（王平村支局管辖）
地　　址：大台矿内
电　　话：61870374
邮　　编：102303

单位名称：木城涧所（王平村支局管辖）
地　　址：木城涧玉皇庙
电　　话：61872380
邮　　编：102304

单位名称：斋堂支局
地　　址：斋堂镇西斋堂
电　　话：69816804
邮　　编：102309

单位名称：清水所（斋堂支局管辖）
地　　址：清水镇上清水
电　　话：60855495
邮　　编：102311

单位名称：雁翅支局（斋堂支局管辖）
地　　址：雁翅镇雁翅村
电　　话：61830189
邮　　编：102305

单位名称：石龙支局
地　　址：门头沟石龙北路62号
电　　话：69804026
邮　　编：102308

单位名称：双峪路所（石龙支局管辖）
地　　址：门头沟大峪南路2号
电　　话：69842523
邮　　编：102300

单位名称：潭柘寺所（石龙支局管辖）
地　　址：潭柘寺镇
电　　话：60862394
邮　　编：102308

（谭文贤）

·电　信

【概况】　年内，联通门头沟区分公司全体干部员工，认真贯彻落实北京联通“四为”工作部署，坚决执行“六有”工作要求，结合实际，克服大规模拆迁、固网业务萎缩、区域经济落后、人口少等困难，统一思想，踏实苦干，开拓思路，全力完成各项工作任务。

单位名称：中国联合网络通信有限公司北京市门头沟区分公司
地　　址：北京市门头沟区新桥大街4、6、8、10号
电　　话：69842616
邮　　编：102300

（安德国）

【召开社会监督员座谈会】　5月24日，联通门头沟区分公司副总经理主持召开了门头沟联通社会监督员座谈会，征询营业厅服务、入户服务以及宽带升速服务工作中存在的问题及建议。

（安德国）

【“乒乓在沃”比赛】　7月21日，举办第三届“乒乓在沃”中国联通乒乓球挑战赛门头沟赛区邀请赛。172名乒乓球爱好者参加了比赛。

（安德国）

【召开年中座谈会】　8月17日，召开年中工作会，全体二、三级领导，班组长、网格经理及部分骨干员工代表共60余人参加了会议。

（安德国）

【完成山地徒步大赛通信工作】　9月15日至16日，分公司完成第三届北京国际山地徒步大赛通信保障及业务宣传工作。北京联通副总经理出席开幕式，分公司共40余人参加通信保障、业务宣传

工作。

（安德国）

【石龙手机卖场开业】 11月5日，北京联通副总经理出席门头沟区分公司石龙手机大卖场开业仪式。石龙手机卖场的建设是公司督办事项，在公司网建部、计划部、市场部、工建中心等部门的共同努力下，历时两个月，建成开业。

（安德国）

【市场经营工作】 年内，认真分析市场形势，制定针对性的措施，调动员工发展业务的积极性，在项目拓展、集团业务、渠道建设、业务宣传、客户维系等方面力求实效，稳步推进，完成业务收入指标的94.463%。成功开通石龙手机卖场，推进门城手机卖场建设工作。

（安德国）

【客户服务工作】 年内，以营业员能力素质提升为抓手，很抓厅台服务；以强化管理为手段，提升入户服务；落实客户投诉、客户维系，提升客户感知，提升整体客户水平。全年共处理10010客户投诉主处理工单4115张，协查工单231张，合计4346张，处理及时率各月均在98%以上；全年共向客户发送信息25万余条，征集意见建议93件。

（安德国）

【网络维护及建设工作】 年内，严格落实52周维护工作计划，做好预检预修，提升网络质量，完成两会、汛期、定都阁开业、第三届北京国际山地徒步大赛、环城自行车大赛等重要通信保障工作；加强网络建设，投资近一亿元，完成光纤覆盖、移动基站建设、配合市政建设等多项工程，网络质量得到有效提升。

（安德国）

科技　教育

科　　技

科技工作

【概况】　门头沟区科学技术委员会（简称区科委）是门头沟区人民政府主管全区科技工作的综合职能部门，负责全区的科技管理和科技服务工作。年内，在区委区政府的领导下，全区各部门的支持下，以科学发展观为统领，重点完善科技工作顶层设计、创新科技工作体制、加强科技成果转化与推广，完成各项科技工作任务，为区域经济可持续发展提供了有力的科技支撑。

年内，制定完成《门头沟区可持续发展实验区建设规划（2013－2018）》，门头沟区正式被列为北京市可持续发展实验区。实施各类科技项目，开展特色农产品研究。召开门头沟区科技创新暨科技奖励大会，对2011－2012年获奖科技项目进行表彰。利用科技创新资金，提高企业自主创新能力。研究区域产业资源，协助石龙以高端装备产业为申报领域，以园区内高端装备企业为项目支撑，成功被认定为首批“北京市战略性新兴产业科技成果转化基地”。完成了2013年区科技创新专项资金的启动和申报工作，同时启动了专利奖励申请、区自主创新产品认定工作。服务高新技术企业，为企业营造创新环境。完成科技企业统计工作。搭建科普平台，提升公众科学素养。完成2011年门头沟区科普统计。实施农特产品知识产权保护项目，完成国家步道、京西古道、特色农产品等47个品牌商标注册保护工作。与北京林业大学联合培养在读博士后1名。与中国农业大学、北京林业大学签订了合作框架协议。开展各类实用技术培训29期、培训2100人次，提升科技人员从业技能。2012年度区科委共开展高新技术企业申报政策培训2期，参训企业100余家，开展一对一政策指导服务20家。全区共15家企业申报高新技术企业，年收入亿元以上企业1家。年内高新技术企业总量达到55家，亿元以上企业将达到9家以上，超额完成市科委下达指标。

单位名称：北京市门头沟区科学技术委员会
地　　址：北京市门头沟区新桥大街40号
电　　话：69843260
邮　　编：102300

（王亚娟）

【实施各类科技项目】　3月，正式签订2012年科技创新项目任务书。年度内共有32家区内企事业单位申报了门头沟区科技创新项目，最终立项15家。其中，农业类5项，生物医药类2项，节能环保类4项，新产品和传统工业改造4项，共投入科技资金458.39万元。年内，遴选、申报国家重点新产品项目5项；组织征集装备制造领域储备项目5项、成果转化储备项目2项；成功举荐国家火炬计划重点高新技术企业1家；推荐国家火炬计划项目申报2项，其中获国家火炬计划产业化示范项目证书1项；成功申报市科委科技文化融合项目立项1项；协助企业争取中小企业创新基金项目1项。年内，全区共实施科技计划项目18项。年内新立项11项，其中区级科技计划项目2项，新立项2项；市级科技计划项目16项，新立9项，通过科技计划项目的实施，共引进科技经费3932.34万元。年内，市科委组织专家对“浅层采空区综合探测及灾害风险评价关键技术示范研究”课题实施方案进行了论证。区科委和课题承担单位的相关人员参加了专家论证会。该课题是门头沟区在获批北京市可持续发展实验区后第一次申请可持续类科技项目。专家组一致认为该课题立项理由充分，目标明确，方案及技术路线可行，同意课题立项。

（王亚娟）

【高新技术企业统计工作】 3月，完成2011年度区内高新技术企业统计工作。区内44家高新技术企业（其中驻区企业12家），技工贸总收入达到37.63亿元（500万元以上企业39家），与去年相比，增91.1%；工业增加值9.42亿元，增73%；利税总额达到8.11亿元，增66%（其中税收3.24亿元，增67%）；企业研发投入3.25亿元，增132%。企业人员总数达到6448人，大专以上学历人员达到5810余人，其中博士30人，硕士221人；企业总收入亿元以上的企业有7家。

（王亚娟）

【开展多项科普实践活动】 4月5日，组织“走进科普场馆，畅游多彩科技”科普实践活动。大峪中学近390名师生参加了活动，活动以中国科技馆新馆为活动基地，学生们通过对展品的参观、展项互动体验、多媒体专题知识竞答、参与科学实验表演等形式感受现代科技的发展和未来社会的变化。4月6日，生态人类——环境资源考察志愿者徒步行动第六期“赏桃花，识鬼谷”生态人类王平行活动在王平镇韭园村桃花谷景区正式启动，活动通过陆续对桃花谷地区史料的收集与考察数据的整理，进一步细化梳理桃花谷地区的变迁始末，深入展现桃花谷由一片煤矿废弃地成为如今的生态修复技术示范园、鬼谷文化传承人文园、休闲娱乐军事拓展园的蜕变历程。4月22日，组织科普社区、科普教育基地近50人参加了由市科委在中国消防博物馆开展的“2012年北京市科普基地日主场活动”。此活动以“科普在基层，科技进万家”为主题，以知识迷宫、科普文艺表演、科普展品展示、科普车等形式，向公众集中展示了北京市着力打造科普基地取得的成就。同日，组织区内市级科普教育基地“北京山地生态科技研究所”人员走到龙泉镇龙泉雾社区，开展以“低碳生活与低碳经济”为主题的科普大讨论活动。与30余名社区居民共同分享低碳科技成果及低碳生活常识，讨论现场科普基地工作人员邀请社区居民共同表演了低碳生活三句半。八一建军节，邀请了中国运载火箭技术研究院和钱学森青少年航天科学院的专家到山区基层部队开展了“飞向太空——神舟与天宫”，“中国载人航天”系列科普讲座。北京卫戍区民兵仓库和61416部队的近200名官兵参加了活动，活动期间区科委还向战士们赠送了科普图书。

（王亚娟）

【工作交流】 4月10日，区科委主任一行到房山区科委进行工作交流。就房山重点科技项目“科泰兴达公司水处理项目”和“恒通赛木公司环保板材项目”进行了实地参观考察。7月4日，到西城区科委进行工作交流。双方针对各自工作内容就可持续发展实验区资金的落实途径、高新技术企业申报工作的政策推广、知识产权联席会议制度的具体做法、西城科普的主打特色等问题与西城区科委相关主管领导进行交流。

（王亚娟）

【市、区领导调研科技工作】 4月17日，市知识产权局相关领导到区调研知识产权工作。听取了门头沟区知识产权工作开展情况及工作思路。对以后工作开展提出了意见。5月8日，区领导到区科委调研，强调区科委工作要紧跟北京市科委、区委区政府中心工作步伐，充分发挥科技职能部门高新技术的引领优势、前沿科技的导向优势、科技资源的整合优势，抢抓机遇、勇于创新，全力推动全区经济社会转型发展、创新发展、跨越式发展。并对下一步工作提出具体要求。5月17日，市科委及市可持续发展科技促进中心人员到区调研。听取了全区创建可持续发展实验区的工作基础、主要建设内容以及下一步的具体工作汇报。参观了龙泉雾社区、北京花露蝴蝶养殖专业合作社、妙峰山镇岭角村太阳能取暖、小流域建设及生态修复、生态房建设等工作成果。5月18日，市科委农村中心农业科技城建设领导小组及专家组成员，就农业科技城建设到区内考察指导。参观了永定河改造现状及成效、黄台樱桃园建设、韭园新农村建设及特色果园建设、担礼京白梨果园精准化管理、龙泉务香白杏果园建设现状及存在的问题等。专家提出合理化建议。8月28日，市科委领导与区领导座谈。区领导简要介绍了全区“7.21”强降雨应对及灾后重建工作情况，区科委汇报了全区科技工作情况。10月22日，区领导王洪钟一行就全区科技工作到科委调研。在听取科委2012年工作进展情况和

2013年工作思路的汇报后提出要求。11月29日，市知识产权局相关领导到区调研知识产权工作。听取了区科委主任关于知识产权工作汇报。市服务中心、信息中心主任就门头沟的知识产权工作提出希望。市知识产权局副局长对区农特产品保护项目给予肯定，并在实现市区两级知识产权资源共享、信息共享等方面达成共识。12月28日，区领导就科技项目情况调研。听取了区科委关于2013年实施科技项目的汇报。就创新科技工作提出要求。

（王亚娟）

【组织召开科普联席会议】 4月25日，召开2012年度第一次科普联席会议，会议对区2011年科普工作进行了总结，部署了2012年重点科普工作任务。为第四批“北京市创新型科普社区”龙泉镇龙泉雾社区举行了授牌仪式，对2012年北京科技周活动进行动员。

（王亚娟）

【开展世界知识产权日宣传活动】 4月26日，是第十二个世界知识产权日，联合区工商分局、北京科龙寰宇知识产权有限公司开展上街宣传活动。活动累计为过往群众发放知识产权漫画读本、宣传折页、中国知识产权报、实施商标战略指导手册等宣传品1200份，解答群众知识产权问题22项。

（王亚娟）

【开展科普电影巡映活动】 5月19日至25日，第十八届北京科普电影周期间，组织开展以“携手建设创新型国家，科技与文化融合 科技与生活同行”为主题的科普电影巡映活动。将《月球探秘》、《变暖的地球》、《超级视觉之时光魅影》等由市科委精选的20部科普电影光盘送进了区内中小学校、科普社区、科普教育基地，各单位积极组织群众观看，活动期间影片放映受众近3000人次。

（王亚娟）

【组织参观北京科技周主会场】 5月24日，组织区科技工作者、科学教师、镇村大学生村官代表、社区居民代表以及雁翅中学学生共近200人参加参观北京科技周主会场。北京科技周主场以“携手建设创新型国家”为主题，突出“科技与文化融合，科技与生活同行”的特色，以大型科普博览的活动形式向公众进行展示。

（王亚娟）

【参与北京国际科技产业博览会】 5月，推荐北京精雕科技有限公司、北京利德衡环保工程有限公司、北京威尔创业科技发展有限公司3家公司的“精雕数控雕刻机 Carver400V_ AL”、“基于WFGD系统的同时脱硫脱硝技术及一体化装置、城镇燃气”、“给水管网聚乙烯PE管道全自动热熔焊设备”项目纳入第十五届中国北京国际科技产业博览会项目汇编。通过动员区内44家高新技术企业参观并经报纸、网络等媒体向社会公众公布展会信息，截止5月18日已发放门票700余张。

（王亚娟）

【完成科技奖励评审工作】 6月1日，召开2011年度门头沟区科学技术进步奖、科技成果推广奖评审会。参选项目涉及化工、生态、医药卫生、种植、文教、地震等多个技术领域。经专家组审核，从46个区科学技术进步奖候选项目及13个门头沟区科技成果推广奖候选项目中，评选出科学技术进步一等奖3项、二等奖8项、三等奖12项；科技成果推广二等奖3项、三等奖3项。

（王亚娟）

【定都阁公路生态修复】 定都阁公路生态修复技术集成与示范项目6月完成主体施工。由于7月份雨水较多，遇到了北京市61年以来的强降水，各试验区未受到降水影响，边坡稳定性得到了良好的检验，各试验区植物长势良好，生长高度为110厘米至130厘米；码砌植生袋技术示范区域灌木类植物长势良好，插播的紫色槐、山桃、山杏等成活率大于在90%以上，生长高度为70厘米至80厘米。10月17日，通过了“定都峰公路边坡生态修复技术集成示范项目专家咨询意见书”，对定都阁边坡修复项目前期工作进行了肯定，并为全区公路边坡修复工作提出了意见。专家结合实地考察情况，对定都阁工程的基部拦挡工作、坡体排水工作给予了肯定，赞扬了修复方法中使用人工土壤基质的创新方法。指出修复植被应增加灌木的种植，力争让修复的边坡与自然山体融为一体。

（王亚娟）

【开展调研考察工作】 6月，以“古村落文化保护与科技融合发展”为题，开展古村落调研，邀请北京市科学技术研究院、北京植物园专家到清水镇黄安村和斋堂镇灵水村开展调研，重点就调研地的经济状况、支柱产业、文化资源、遗址遗迹等要素进行考察。11月，到雁翅镇灵之秀大村山茶种植专业合作社和南石洋大峡谷进行了考察调研。实地查看了区黄芩科技项目的实施情况，摸清了区内黄芩茶种植现状，了解黄芩和金银花科学管理技术，下一步将完成中草药现状调研报告。

（王亚娟）

【完成科技奖励办法修订】 7月，重新修订了门头沟区科学技术进步奖奖励办法和科技推广转化工作实施方案意见，奖金由原来一等奖1万元、二等奖0.6万元、三等奖0.3万元，提高到了一等奖5万元，二等奖3万元，三等奖2万元；门头沟区科技推广专项经费额度由每年20万元增加到每年100万元，大幅提高了奖励金额和科技推广专项经费。

（王亚娟）

【完成项目验收工作】 8月15日，“门头沟生态修复产业化涵养发展研究与示范工程”通过专家组验收。课题以王平镇为核心研究实验区，通过多种生态修复技术的优化、集成与示范，建立“多维立体”生态经济涵养发展模式，实现了生态修复产业的升级和转型，拓展和延伸了传统生态产业，对门头沟区社会经济可持续发展具有重要意义。专家组一致认为，课题研究起点高、研究思路清晰、重点突出、管理科学，完成了课题任务书所规定的各项考核指标，同意该课题通过验收。同日，组织专家对“门头沟区生态修复技术集成与产业化支撑体系建设”项目进行验收。该项目从生态修复技术、技术理论创新、综合基地示范、产业能力专项四个方面进行深入研究。专家组一致认为该项目为全面开展生态修复工作奠定了基础，对门头沟矿区生态修复技术具有重要意义，在生态、社会和经济效益显著。10月24日，区科委承担的“门头沟区绿色生态产业升级改造与发展示范”课题通过验收。通过课题实施，开展农村科技协调员专业技术培训23次，培训1000多人次；组织协调员外出考察学习1次，提升了协调员科技服务能力。11月13日，市科委组织专家到我区王平镇南涧村和妙峰山镇水峪嘴村进行验收。专家组听取了两个社区创建工作汇报，并实地查看了科普社区创建工作情况。经专家组研讨后，一致同意水峪嘴村和南涧村创新型科普社区通过验收，使我区市级创新型科普社区总数达到7家。

（王亚娟）

【对获奖社区进行授牌表彰】 8月24日，针对挂牌一年以上的市级创新型科普社区进行“北京市创新型科普社区考评工作”。通过自评报告及专家评审等方式，评选出王平镇西苑社区、大峪街道承泽苑社区为2012年度区级优秀创新型科普社区，并推荐大峪街道承泽苑社区和龙泉镇龙泉务社区参加市级评优。同时对王平镇西苑社区、大峪街道承泽苑社区举行授牌仪式。

（王亚娟）

【举办生态旅游文化景观沙盘启用仪式】 8月27日，在龙泉宾馆举办门头沟生态旅游文化景观沙盘启用仪式。区领导韩子荣和中国人民解放军66240部队等领导出席了启用仪式，区科委等有关单位向区领导介绍了有关情况。生态旅游文化景观沙盘长14米，宽9米，高1.3米，由21块独立沙盘组合而成，长安街西延线、潭柘寺、定都阁、川底下村等地区标志性建筑和景观分布其中。年内，共接待参观人次4000人次。

（王亚娟）

【北京市可持续发展实验区通过评审】 9月17日，市科委组织专家对“门头沟区申报北京市可持续发展实验区”进行评审，专家组一致同意推荐门头沟区列为北京市可持续发展实验区。专家组实地考察了门头沟的区域经济社会发展情况，听取了门头沟区可持续发展实验区规划的汇报，经过现场考察和质询，一致认为：《门头沟区可持续发展实验区符合北京市可持续发展实验区建设规划的编制要求。

（王亚娟）

【战略性新兴产业科技成果转化基地】 10月24日，北京石龙经济开发区成功认定北京市战略性新兴产业科技成果转化基地，首次完成“共性技术研发”类3个项目立项，争取市级资金255万元，将获市级连续五年的项目支持。

（王亚娟）

【培训工作】 10月27日，全区科普工作者培训正式启动。培训包括开班仪式和科学传播的相关课程。北京大学哲学系教授讲授《北京市科普发展战略问题》，清华大学科学技术与社会研究所教授讲授《国外的公众理解科学》与《科学、艺术与科学素养》。参加培训的有区内科普联席会议成员单位、镇街办事处、创新型科普社区等多家单位的科普工作者50余名。年内，邀请北京农学院果树专家在担礼村京白梨园和黄台村樱桃园，就果树水肥管理技术、病虫害监测预报及其防治、春季果树修剪技术及其对果树优质、高产、稳产的意义等方面对参会人员开展了理论讲解与田间指导。果农、果树生产管理技术员和科技协调员100余人参加。

（王亚娟）

【召开共建产业孵化基地座谈会】 12月5日，区领导与北京市科委在区政府南一层会议室，就联合投资共建密集型产业集合高新技术企业孵化基地相关情况进行了讨论。

（王亚娟）

【召开区科技创新暨科技奖励会】 12月14日，召开2012年科技创新暨科技奖励会。市科委副主任，区领导韩子荣、王洪钟等及中国农大、北京林大、北京农学院等高等院校和科研院所的领导，区有关部门、各镇街的主要领导，区内部分高新技术企业的负责人以及2011年度科学技术进步奖和科技成果推广奖的获得者参加会议。会上，张永作科技工作报告，陈国才宣读表彰决定，获奖代表作了典型发言。韩子荣讲话。会议对全区科技工作进行总结和部署，表彰在科技创新中做出突出贡献的科技工作者。

（王亚娟）

【完成创新型科普社区考评工作】 12月28日，龙泉镇龙泉务社区被评为北京市优秀创新型科普社区，大峪街道承泽苑社区获鼓励奖，门头沟区科委获优秀组织奖。

（王亚娟）

【组织市专利试点单位申报工作】 年内，组织"2012年北京市专利试点单位"申报工作。获得"北京市专利试点单位"称号的企业，可以享受专利申请相关资助政策和免费专题培训。年度内有北京诚田恒业煤矿设备有限公司和北京隆科兴非开挖工程有限公司两家企业申报，审核期为期一年。自2009年以来，门头沟区共有13家企业通过验收获得合格证书。

（王亚娟）

【首都科技条件平台门头沟工作站】 经市科委、区政府和区科委授权，首都科技条件平台门头沟工作站设立于区科技开发实验基地。此平台以"整合科技资源，聚集研发要素，促进成果转化，推动产业形成，服务企业需求，促进社会发展"为宗旨，以支撑科技研发和成果转化项目为主线，聚集业务需求，为成员单位的发展提供服务。现共发展成员单位19家，其中，现代农业类企业4家，装备制造类3家，生物医药类6家，电子信息技术类2家，能源环保类4家；登记开放仪器设备183套；登记共享科技人才99名。

（王亚娟）

【开展白灵菇引种研究】 年内，由市科技专项支持的白灵菇中农1号引种项目在妙峰山镇丁家滩村共进行了8500棒实验，经过精心培育，年产达10万公斤，实现总收入80万元。

（王亚娟）

【市级科技专项正式立项】 年内，"门头沟区特色农产品生产、加工技术提升与示范"课题采取科研院所+企业+基地的产学研、产加销一体化模式，依托当地特色产业资源，开发绿色农产品，提高农业附加值，从而有效推动区农业产业结构调整，带动农民增收。

（王亚娟）

【实施特色精品果树产业化开发】 年内，实施特色精品果树产业化开发。以龙泉务香白杏、火村红杏和核桃等特色精品果树产业化开发为主要研究内容，在保护北京特色果品资源的基础上，通过特色精品果树的高产优质高效栽培、果品保鲜和储藏等产业化关键技术试验与示范，建立门头沟区特色精品果树优质高产高效栽培技术体系及技术规程，提升特色果业科技水平。

（王亚娟）

【开通区知识产权保护网】 年内，（北京市门头沟区知识产权保护协会 www.bmippa.org）。网站就北京市门头沟区知识产权保护协会介绍、知识产权相关政策法规、政策支持方向、专利申报流程、知识产权工作取得的成效等重点内容在网站公开，为我区政府、院校、企业在知识产权保护方面提供了有效的信息平台和交流载体。

（王亚娟）

【结对帮扶工作】 年内，签定帮扶工作责任书，根据清水镇黄安村实际情况，将该村作为帮扶对象。组织专家帮助该村进行杏树、核桃树整形修剪、肥水调控和病虫害防治等管理关键技术指导。在该村试验区开展肥水调控和病虫害防治等管理关键技术试验、示范和辐射工作，为村里购买有机肥以及直接帮扶资金方式，切实帮助解决黄安村实际难题。

（王亚娟）

【下属单位情况】

单位名称：北京市门头沟区科技开发服务中心

地　　址：北京市门头沟区新桥大街40号

电　　话：69865984

邮　　编：102300

单位名称：北京市门头沟区国家生态修复科技综合示范基地
地　　址：北京市门头沟区新桥大街40号
电　　话：69855030
邮　　编：102300

单位名称：北京市门头沟区科技开发实验基地
地　　址：北京市门头沟区体北路15号
电　　话：69804947
邮　　编：102308

单位名称：北京山地生态科技研究所
地　　址：北京市门头沟区清水镇双塘涧村
电　　话：69840480
邮　　编：102311

（王亚娟）

·地震工作

【概况】　年内，认真履行震情跟踪制度和监测预报管理制度，确保观测数据真实、及时、有效，规划区域监测台站布局，提高监测预报水平。加强“群测群防、转群结合”的工作机制，建立覆盖全区的宏观观测体系。严格监督，认真执法，全年完成辖区内8个重大建设工程项目的烈度审核工作。防震减灾助理员队伍实现规范化管理，制定了《门头沟区防震减灾助理员管理办法》等一系列文件，以制度为抓手，明确任务和职责，进一步规范助理员长效管理机制。防震减灾宣传教育持续开展，利用“5.12 防灾减灾日”、“7.28 唐山地震纪念日”、“北京科技周”等有利契机，将法制宣传与地震宣传相结合，宣传社会与宣传领导相结合，集中宣传与经常性宣传相结合开展各类宣教活动，共组织宣传活动31场，参与人数近2万人次，达全区人口总数的10%，发放各类宣传材料2万余份。完善科普教育基地建设，推动防震减灾示范学校和地震安全社区建设，完成绮霞苑地震安全社区升级及首师大附中永定分校区级防震减灾示范学校授牌。

单位名称：北京市门头沟区地震局
地　　址：北京市门头沟区新桥大街40号
电　　话：69842450
邮　　编：102300

（张　悦）

【防震减灾科普示范学校建设】　5月9日，首师大附中永定分校举行地震应急疏散演练。相关领导出席，授该校为门头沟区防震减灾科普示范学校称号，并赠送地震科普图书800册。

（张　悦）

【培训工作】　5月31日至6月1日，组织各镇街、地震安全社区、防震减灾示范学校及相关应急指挥部单位防震减灾管理人员共计30人赴凤凰岭国家地震紧急救援培训基地进行了为期两天的专业培训。12月13日，组织召开全区宏观观测培训会。会议首先就门头沟区地震地质背景、地震监测体系现状、区地震局和宏观观测员的工作职能与职责进行了介绍。而后根据地震宏观观测工作的特点，就地震宏观异常的分类及各自产生的机理、规律特点和异常识别常识进行了讲解。

（张　悦）

【地震安全社区建设】　8月，绮霞苑社区被北京市地震局授予北京市首批地震安全社区。年内，完成了绮霞苑社区组织机构建立、社区避难场所建设、应急预案编制、志愿者队伍建立与培训、社区防震减灾应急疏散演练等创建工作。

（张　悦）

【防震减灾宣传】　年内，先后在各学校、街道乡镇、重点企事业单位组织宣传活动31场，参与人数近2万人次，发放各类宣传材料2万余份。

（张　悦）

【防震减灾科普基地建设】　年内，建成门头沟区防震减灾科普教育基地。基地位于门头沟区公共安全馆内，该馆现有建筑面积1500平方米，馆内地震科普展览面积为900平方米，包括地震模拟震动台、倾斜小屋、门头沟区应急避难场所分布图、地震安全教育主题墙、空中翻书电子设备、触摸屏以及公共安全多媒体培训教室等。年内共接待学生、居民参观12次，参与人数5000人。

（张　悦）

【防震减灾科普展室建设】　年内，将首师大附中永定分校原地震观测室改建为防震减灾科普知识展室，展览面积20平方米，展室内设置展柜陈列仪器、科普展板及科普读物，主要用于对校内学生进行防震减灾教育，是集地震前兆观测、强震动观测和科普教育为一体的综合展室。

（张　悦）

【地震应急疏散演练】　年内，共组织不同形式的地震应急演练5次，其中首师大附中永定分校、门头沟第二小学、西辛房中学各1次，绮霞苑社区、军庄镇孟吾村各1次。

（张　悦）

【应急避难场所建设】　年内，完成石门营公园、京门铁路遗址公园两座避难场所的设计及施工工程，新增疏散面积1.9万平方米，可满足0.95万人次紧急疏散。至此全区共有地震应急避难场所8座，总疏散面积32.4万平方米，可紧急疏散16.45万人。

（张　悦）

【重大工程地震烈度复核】　年内，共计受理建设工程项目8个，受理件完成率100%，无投诉。

（张　悦）

【防震减灾助理员队伍建设】　年内，对全区13个镇街、教委、卫生局、石龙管委、京煤集团及所辖村、社区、学校、医院、重点企业的助理员队伍进行了重新核定，最终确定360名防震减灾助理员。同时起草制定了《门头沟区防震减灾助理员管理办法》等相关文件和培训方案。

（张　悦）

【地震前兆监测台网建设】　年内，制定《门头沟区地震监测台网改造方案》，实现分布合理、监测种类丰富、监测仪器稳定的监测网络布局

（张　悦）

【地震宏观观测体系建设】　年内，新增地震宏观观测点10处，区内共计宏观测点12处，形成种类多、范围广、反应强、覆盖全区的宏观观测体系。

（张　悦）

【强震台建设】　年内，根据综合布控原则，配合市局新建军响小学、清水苗圃林场强震台，完成了双塘涧和黄塔观测辅助设施的升级改造工作。依法保护门头沟区境内各强震台不遭受人为的破坏。“7.21”期间迅速完成了对辖区内所有观测台点检查和维护工作，确保了辖区内强震台网的正常运转。按市局要求完成了受灾情况的收集和上报。

（张　悦）

【严格执行会商制度】　年内，共组织会商57次，及时、分析处理了数据资料，认真进行分析讨论，并按时将会商意见上报至市局监测预报中心。严格执行24小时震情值班制度，确保信息畅通。

（张　悦）

【异常落实】　年内，对军庄镇附近ML3.1级、朝阳ML3.1级、唐山ML5.2级等多次区内有感地震，第一时间与市局核实震情，确认会商意见并向有关部门通报，避免群众恐慌，维护社会稳定。

（张　悦）

【十八大期间地震安保】　年内，制定《门头沟区十八大期间震情跟踪方案》。对全区各台站、宏观点进行检查，确保各台站正常运行，针对地震危险区和重点地区进行重点监视，认真收集处理地震观测数据，做好例行震情会商和加密会商，切实将震情监视及安全稳定工作落到实处。

（张　悦）

【区内震情】　年内，经观察辖区内共发生地震10次，最大为4月26日3时49分14秒，东经116°07′，北纬40°01′，发生ML3.1级地震。

（张　悦）

【获奖情况】　荣获“2012年度北京市区县防震减灾工作综合评比优秀单位”、“2012年度北京市区县地震监测预报工作先进单位”、“2012年度全市地震政务信息工作先进集体”、“2012年度北京市区县地震局政策研究报告评比一等奖”所撰写的《首都圈地区二〇一三年度地震趋势研究报告》获得北京市2013年度地震趋势研究报告评比第二名；所申报的《门头沟区地震前兆观测台网设计研究》获门头沟区科学技术进步二等奖；沿河城台获上年度北京市地震前兆观测资料质量评比流体学科类人工观测优秀奖。

（张　悦）

·气象工作

【概况】　门头沟区气象局是中央直属事业单位，由门头沟区政府和北京市气象局双重管理，下设门头沟、斋堂2个人工值守气象站，3个人工影响天气作业基地。全局现有在职职工12人，离退休职工10人。主要负责全区的地面气象观测、常规天气预报、决策气象服务、气候评价、为农服务、气象执法、公益和有偿气象服务、防雷装置安全检测与工程设计审核及验收、气象资料服务与气象咨询、人工影响天气等工作。新建6个自动气象站。区内共有25个自动气象站，其中14个六要素自动站、7个二要素温雨自动站、1个四要素自动监测站、3个单要素雨量站，进一步提升了气象监测信息覆盖面。

在全体干部职工努力下，全局精神文明创建、党风廉政建设、气象服务、基础业务建设、政府

信息公开和全程办事代理等各项工作协调发展，保持了首都花园式单位、首都文明单位标兵、文明示范单位称号，完成了全年各项任务指标。年内，圆满完成京煤杯第三届北京国际山地徒步大会、环北京职业公路自行车赛、第三届北京重阳文化节、“7.21”特大暴雨自然灾害等气象服务保障工作。

单位名称：北京市门头沟区气象局
地　　址：北京市门头沟区体北路11号
电　　话：69804766
邮　　编：102308

（石炳茹　付磊）

【新址观测场建设工作】　2月27日，区气象局新址观测场开工建设。12月27日至31日，新址观测场仪器设备安装完毕，开始对比观测，观测场正式启用。

（石炳茹　付磊）

【举办招聘面试会】　3月1日，举办门头沟人影招聘面试工作会，共6名人员确定为雁翅镇房良基地作业人员。

（石炳茹　付磊）

【与区应急实现视频交流连接】　3月12日，与门头沟区应急办实现视频会商。

（石炳茹　付磊）

【领导调研】　3月14日，国家局副局长于新文一行5人，到门头沟局进行调研。6月20日，市气象局副局长一行到局内调研“基层气象机构综合改革”。11月19日，市气象局领导到区气象局进行调研。局领导简要汇报了门头沟局的基本情况、业务服务、台站建设等方面的工作，重点汇报了在台站综合改造方面的工作和面临急需解决的实际困难，市领导仔细听取汇报，并与大家一起分析探讨解决困难的办法，阐述了率先实现气象现代化的工作思路。汇报结束后，实地考察了新台站建设的进展情况。

（石炳茹　付磊）

【宣传工作】　3月23日，开展“3·23”主题宣传活动。活动围绕世界气象日“天气、气候和水为未来增添动力”的主题进行。5月8日至11日，分别在社区、学校等地开展了防灾减灾日宣传活动。11月30日，区气象局参加区法宣办组织的以“弘扬宪法精神　服务科学发展”精神为主题的法制宣传活动。将气象知识明白卡、气象预警信号、气象小常识等内容的宣传展板带到活动现场，并发放有关气象法、农村防灾减灾、气象灾害预防、防雷避险常识等宣传材料。

（石炳茹　付磊）

【市局领导汛前检查】　5月11日，市气象局副局长一行5人，到门头沟局、斋堂站、东山人影基地、斋堂人影基地进行汛前检查。市气象局副局长询问了存在的困难、需要帮助解决的问题。

（石炳茹　付磊）

【完成山洪项目设施建设】　5月28日，全区新建6个自动气象站、4个农村气象信息服务站、5块镇街电子显示屏的基础设施建设工作。

（石炳茹　付磊）

【与区应急办商讨合作事宜】　6月12日，与应急办商讨合作具体事宜，局内人员向区应急办汇报了年内气象局的工作和计划，并对以后的工作需求进行调研。双方在9号文落实、气象宣传、应急演练、气象服务等方面达成一致意见。

（石炳茹　付磊）

【召开汛期服务动员会】　6月29日，召开汛期服务再动员工作会，会议主要针对进入汛期以来几次大的降水天气及28日市应急办召开的“做好应对强降雨工作”视频会议，传达了市局及区政府对做好当前气象预报预警工作的要求。

（石炳茹　付磊）

【召开人工影响天气专题会】　7月2日，召开人工影响天气工作专题会。

（石炳茹　付磊）

【安全检查工作】　7月16日至18日，局领导带领安全员对局内、斋堂、灵山、人影炮点进行消防安全大检查。

（石炳茹　付磊）

【气象服务保障工作】　7月20日至21日，全局在20日17时进入应急服务状态，严密监视天气变化，积极主动联系相关部门，及时准确地提供降水天气信息。此次服务，共发送重要天气预报3份；预警信息5份，685条；天气预报内容的手机短信3次，411条；雨情通报内容的手机短信5次，685条；传真各乡镇小时雨量报11份至区政府值班室。10月22日，“孝满京城”第三届北京重阳文化节在门头沟区开幕，局内及时做好气象服务工作，随时关注天气变化，为区领导提供决策气象服务专报，按时发送预报短信，更新电子显示屏内容。

（石炳茹　付磊）

【召开防汛应急部署会】 7月27日，召开防汛应急及安全部署会。会上，总结并通报了7.21特大暴雨和服务情况，总结经验教训，并传达了市局下发的《关于做好“7.21”特大暴雨灾后预报服务工作的通知》及区委区政府、区应急办、区防汛办下发的各项紧急通知、市领导会上讲话精神，以确保救灾和汛期气象服务工作顺利进行的通知文件。

（石炳茹 付磊）

【参加市应急办培训】 8月2日，参加市应急办举行的《安全迎汛物联网应用系统使用培训》。

（石炳茹 付磊）

【山洪灾害防御项目合同验收】 8月30日，由市气象局、市财政局、区农委、水务局、财政局、北京市国土资源局门头沟分局组成的山洪项目合同验收专家组，到气象局进行山洪非工程项目合同验收。验收专家组实地考察了自动站、气象信息服务站和显示屏，通过了合同验收。

（石炳茹 付磊）

【教师参观】 10月19日，区教委组织全区29名科学教师到区气象局参观，局领导向老师们介绍了局内的基本情况，并对台站、人影及相关的科普知识做了相应的介绍。教师们参观了观测场，了解了天气预报的制作过程。

（石炳茹 付磊）

【气象信息员培训】 11月16日，召开“气象信息员培训和工作总结会”，围绕“气象信息员在防灾减灾的重要作用”，如何充分发挥气象信息员的传令兵、消息树的作用以及如何提高信息员的业务水平等进行培训和总结。各镇街气象协理员、气象信息员参会，向各镇街发放《气象灾害防御明白卡》共3000余份。

（石炳茹 付磊）

【山洪灾害防御项目工程验收】 11月28日，由市气象局副局长作为项目整体验收专家组成员带队进行项目工程验收，验收专家组经过实地考察、听取整体汇报及现场质疑，一致通过项目初步验收。

（石炳茹 付磊）

【十八大知识竞赛】 12月12日，组织“十八大”精神暨知识竞赛。

（石炳茹 付磊）

【避雷检测工作】 年内，开展了防雷检测工作，共检测234个单位，检测总建筑物1466座，其中检测办公场所147座，宿舍楼708座，加油加气或易燃易爆装置68座，其它建筑物543座，检测总点数13599个，发出整改意见书16份。

（石炳茹 付磊）

【人工影响天气工作】 年内，分别在斋堂镇九龙头、军庄镇东山和雁翅镇房良三个人影作业基地实施人工增雨和防雹作业，共备勤43次，作业9次，其中消雹作业4次发射炮弹337发，增雨作业5次，发射火箭弹30枚，起到了有效减轻灾害的作用。

（石炳茹 付磊）

【年度气候评价】 年内，全区平均气温为12.0℃，接近历年平均值（12.1℃）。年极端最高气温为37.2℃，出现在6月17日，年极端最低气温为－16.6℃，出现在12月24日，年内降水总量为957.6毫米，比常年降水量（601.4毫米）偏多，降水主要集中在6、7、9月，7月降水最多，为428.4毫米。年内一日最大降水量为260.1毫米，出现在7月21日。年内降水主要集中在汛期，主汛期（6月至8月）的降水量为658.7毫米，比历年（450.6毫米）偏多约46%；2月未出现降水天气。年内出现1次冰雹和4次大风天气现象。7月21日至22日我区出现特大暴雨天气，造成交通长时间瘫痪，部分地区地面塌陷、房屋倒塌和山体滑坡，全区有87个村受灾，涉及784户1946人，果树2103亩，农田1311亩，家禽1076只，但未造成人员伤亡。年内气温接近多年平均值，全年平均气温与常年相比，6月与历年持平，1、2、3、11、12月偏低，12月平均气温比历年偏低3.7℃，除此之外其余各月的平均气温较常年都有不同程度的偏高，其中5月份的平均气温高于常年值2.7℃。年内日照总量为2106.0小时较常年（2346.1小时）偏少约10%。

（石炳茹 付磊）

教　育

【概况】　年内，门头沟区有幼儿园17所。其中，教育部门办园9所，其他部门办园2所，民办园6所，开设教学班180个。9月新入园幼儿3205人，在园5470人。教职工488人，其中专任教师344人。学前三年教育普及率85.9%。全区一级园4所，市级示范园1所，北京市早教基地6所，北京市特殊教育基地2所。

年内，小学33所，开设教学班386个，毕业生2033人，招生1946人，在校生11106人。小学教职工1506人，专任教师数1203人，其中中学高级4人，小学高级681人，小学一级437人，小学二级及以下81人。

年内，中学16所（完全中学2所、高级中学1所、初级中学13所），开设教学班230个（初中班165个、高中班65个）。教职工1285人，专任教师数893人（初中632人，高中班261人）。专任教师中，中学高级218人、中学一级375人、中学二级及以下300人。毕业生2454人（初中1548人，高中906人），招生2509人（初中1695名、高中814人），在校生7339人（初中4754人、高中2585人），寄宿生1881人（高中1336人，初中545人）。初中入学率100%，巩固率100%，毕业及格率100%，升学率98.7%，高中应届毕业生高考录取率91.85%。

年内，特殊教育学校1所，毕业生16人，招生8人，在校生37人，教职工13人，专任教师11人。

年内，校外教育单位5个，教职工125人，其中专任教师数96人。

年内，工读学校1所，毕业16人，招生15人，在校生47人，教职工47人，专任教师26人。

年内，职业学校1所。门头沟区中等职业学校是北京市示范性中等职业学校，北京市职业教育先进单位。占地面积5.5万平方米，建筑面积3.2万平方米。固定资产总值5630.69万元。开设了学前教育、中餐烹饪、汽车运用与维修、酒店服务与管理、旅游服务与管理、计算机网络技术、计算机应用、美术设计与制作、动漫游戏、金融事务10个专业。在校生1078人，共计46个教学班。教职工160人，专任教师116人。其中市级骨干教师4人（含学科带头人），区级骨干教师12人，高级教师28人，双师型教师91人。全年经费投入4352.27万元，其中市级投入2207.61万元，区级投入2144.66万元。

年内，高等成人教育学校1所（北京广播电视大学门头沟分校）。开设专业11个，学历教育在校生2200人。教职工28人，其中专任教师14人，外聘教师74人。2012年教育经费投入640万元，其中国家拨款341万元，自筹经费299万元。

年内，社区教育机构1所（社区学院）。12月，社区教育中心更名为社区学院。教职工43人，其中专任教师26人。全年教育经费投入591.73万元。

年内，全区中小学教师学历合格率100%（小学100%、中学100%），高级技术职务教师903人（小学685人，中学218人）。中小学总占地面积609795平方米，总建筑面积275569平方米，图书馆藏书99.25万册，固定资产总值48588.46万元。

单位名称：北京市门头沟区教育委员会
地　　址：北京市门头沟区新桥大街67号
电　　话：69842564
邮　　编：102300

（周文涛　何　苗　赵盈春）

【召开研讨、座谈会】　1月4日，举行由教委小幼科组织，王平中心小学附属幼儿园承办的学前规范管理研讨会。区内16所幼儿园、5所山区小学附设标准班的领导及教师共计50余人参加。3月2日，区财政局、教委就全区教育经费使用执行等相关问题进行座谈。重点讨论了2011年教育经费执行情况、2012年完成教育法定增长、统管修缮、设备采购以及2013年部门预算编报指南教育部分修改等问题。5月，与区旅游委举行旅游文化休闲产业人才培养研讨会，探讨区内产业转型所亟需的旅游相关人才培养问题。6月，与区旅游委组织门头沟区中等职业学校与北京旅游集团、中坤集团、京投银泰集团等12家旅游企业负责人，召开旅游人才队伍建设座谈会。7月5日，在灵溪生态教育基地召开地方课程研讨会。灵溪中小学生态教育基地、斋堂中小学革命传统教育基地、琉璃渠中小学劳动艺术基地、雁翅中小学素质教育基地分别汇报了各基地地方课程建设情况，并重点介绍了远期发展的方向和目标。区教委对《门头沟区义务教育阶段地方课程建设规划（草稿）》进行解读。与会代表对规划草稿的完善与改进提出了合理意见。6日，在灵溪基地就区内德育体系构建工作进行研讨，中国伦理学会德育专业委员会常务副会长出席。会上，副会长就区内《关于整体构建中小学德育体系的意见》初稿在研究理念、方法、组织形式及内容亮点、不足等方面提出了建议和意见。8月30日，召开门头沟区治理教育乱收费局际联席研讨会。区教委、监察局、纠风办、发改委等主管领导、科室负责人及相关人员参加会议。会上，汇报了教育收费治理工作情况。对下一步继续抓好教育收费工作提出了具体要求。调整了对区内治理教育乱收费工作领导小组成员名单，重新修订了对局际联席会议成员单位治理教育乱收费工作职责。9月14日，组织召开2012年初三工作研讨会。会上，5位中考学科教研员对上一届初三中考做了分析，并对新一届初三教学提出针对性建议。在2012年中考中取得突出教学成绩的两名教师做了典型发言，介绍了初三教学经验。各校教学领导汇报了初三工作计划，教委主任对全区新学年初三工作提出建议。20日，召开“运用思维规律，提升师生学习力”项目座谈研讨会。区领导韩子荣等参加会议，听取了项目汇报，与朝阳区有关部门、北京陈经纶中学、北京师范大学及相关企业的负责人进行座谈。12月21日，北京市课程建设研讨会在大峪一小举行。与会领导、嘉宾参观了大峪一小校本课程的开展情况，观摩了校本课程和地方课程。大峪一小校长围绕大峪一小办学理念及办学特色，构建三级课程体系进行发言。25日，在教师进修学校举行区数字化教研方式研讨会，区教委有关领导、中小教科、教师进修学校全体教研员以及全区各中小学教学干部参会。此次研讨会利用北京市数字化平台、远程、QQ群远程方式观看了信息技术常规教研活动。中小幼科就常规教研、远程教研的调研反馈工作进行汇报。

（刘　云）

【召开班主任研究会年会】　1月11日，召开门头沟区2011年班主任研究会年会。此次年会对区内一年来的班主任研究会工作进行总结，回顾2011年主要工作，明确2012年工作思路，宣布2012年围绕打造优秀班主任队伍、举办第三届班主任基本功大赛及展示活动、进行班主任行动研究开展工作。

（张进凯）

【完成2011年财政决算】　1月，完成2011年财政决算和市教委全国教育经费报表工作。2011年区财政教育经费总拨款84836.5万元，同比增加14692.8万元，增长20.95%。教育经费总支出71200.94万元，同比增加11497.64万元，增长19.26%，教育费附加支出4236.74万元。

（鲁燕明）

【出台实施意见】　2月16日，出台《进一步建立城乡干部、教师帮扶联动机制的实施意见》，把城镇中小学与农村中小学一对一的结成帮扶联动体（18对、涉及37所学校），明确提出要坚持的八项工作制度：即坚持学校管理工作联席会制度，坚持班子成员、中层管理机构、教学教研机构对口联系制度，坚持干部交流制度，坚持城镇骨干教师赴山区学校工作制度，坚持山区学校教师到城镇学校学习制度，坚持干部导师帮扶制度，坚持骨干教师带徒制度和坚持教师研修站工作制度。

（陈　文）

【开展公共卫生安全督查】　2月20日至29日，联合区卫生监督所对全区57所中小学校和幼儿园（含民办园）开展拉网式专项督查，重点是学校传染病防控、食品卫生和饮用水安全管理，同时下发督查结果反馈意见，针对问题较多单位开展二次复查。

（张　娅）

【开展优秀成果评比】　2月22日至24日，教委中小幼科及课程室组织评委进行2011年课程建设优秀成果评比。此次评比共收到70个课程建设成果，其中48个成果获奖，一等奖17个，二等奖12个，三等奖19个。

（张进凯）

【完成督导评估工作】　2月23日，区政府召开门头沟区进一步推进义务教育均衡发展大会。会上，区教委做《门头沟区进一步推进义务教育均衡发展的实施意见》的报告，明确了“政府主导、统筹规划、分步实施、提高质量”的原则，确定了推进义务教育均衡发展的目标。10月10日至11日，市督导评估组对区内义务教育均衡发展情况进行督导评估。此次督导评估通过听取汇报、分组座谈、查阅档案等方式了解区内推进义务教育均衡发展的情况，并对育新学校、新桥路中学、王平中学、北京实验二小永定分校、圈门小学和潭柘寺小学6所学校进行检查。

（张进凯）

【召开工作会】　2月24日，召开2012年区教育系统党风廉政建设工作会议。区委教工委、教委两委领导，机关科室负责人、全系统基层单位党政主要领导及相关工作人员共200余人参加。会议总结回顾了2011年教育系统党风廉政建设和反腐败工作，明确了2012年工作的总体思路和主要任务。区教委领导与学校代表、科室代表分别签订了《党风廉政建设责任书》和《治理教育乱收费责任书》。5月2日，召开“解放思想，转变作风，加强行政效能建设”工作会。会上对《门头沟区关于加强机关作风和效能建设的若干规定（试行）》和《门头沟区损害发展环境行政问责办法（试行）》两个文件进行解读。14日，召开基础教育课程教材改革试验项目年度工作会。会上就项目推进的研究背景、“2012年度实验任务确认书”的填写、2011－2012学年度门头沟区中小学优秀课改论文评选活动等工作分别进行解读与说明。结合课改，对项目推进工作提出具体要求。7月5日，召开“2012年幼儿园园长工作会”。会上，全区16所幼儿园园长分别就学期末、暑假中以及开学前的工作安排进行了汇报。会议对各位园长提出建议，并就招生工作、教师培训工作、家长工作和园所规划工作对园长们提出了要求。6日，在区政府应急办召开校园及周边治安综合治理专项组工作会，会上解读《门头沟区综治委校园及周边治安综合治理专项组2012年工作要点》、区维稳办明确了门头沟区校园及周边治安综合治理专项组及办公室任务、组成单位及人员名单，专项组办公室设在区教委。相关委办局、乡镇、办事处40余人参加会议。9月10日，召开区教育工作会暨庆祝2012年教师节表彰会。区领导韩子荣、王洪钟等出席会议。会上，宣读关于表彰2012年优秀教师、优秀教育工作者的决定，做教育工作报告。韩子荣、王洪钟在讲话中向全区广大教师和教育工作者致以节日的问候，并提出具体要求。11月30日，召开小学治理教育收费工作会，要求各单位对2012年9月以来收取的学前班、标准班幼儿教材费情况进行自查，并进行整改。截至12月7日，各校已全部完成幼儿教材费退费工作。12月27日，举办2012年教育系统年终财务管理工作会。各中小学、幼儿园及直属单位负责人、总务主任、报账员、资产管理员出席会议。会上主要针对2013年各单位部门预算、2012年决算以及市级专项申报等工作进行布置并解读了《北京市财政局　北京市教育委员会关于调整我市基础教育公用经费定额标准的通知》，对明年学校公用经费的使用做出界定，要求各校应根据调整后的定额标准加强对公用经费的管理，提高资金使用效益。

（刘　云）

【开展市民心理健康调适】　3月6日，在大峪办事处举行“2012年门头沟区市民心理调适教育活动”启动仪式。年内，组织开展心理调适教育活动27场，共有1121人参加。

（祝子敬）

【小学规范化建设验收工作结束】　3月6日至24日，区人民政府教育督导室对琉璃渠小学、龙泉雾小学、西辛房小学、三家店铁路中学小学部、军响中心小学、清水中心小学、斋堂中心小学进行落实北京市小学规范化建设工程情况的督导验收工作。至此全区全部25所小学验收完毕。

（陈菊新）

【基础教育研究员集体视导】　3月12日至14日，市教科院基础教研中心到区内开展了为期3天的教育教学视导。分别到大峪中学、峪中分校、育新中学、三家店铁中等12所中小学，以不同形式的听课、说课、讲座等教学活动，对区内的小学、初中和高中教学进行了集中指导。

（张进凯）

【举办“青春船长　法治启航”活动】　3月16日，区教委、司法局、团区委在区首师大附中永定分校报告厅举行“青春船长　法治启航”活动，举行启动仪式，永定分校师生300余人参加。

（孙　颖）

【开展春季教育收费检查】　3月18日，召开全区中小学校长参加的2012年春季教育收费检查工作会。会上具体部署春季教育收费检查工作，并印发《门头沟区关于开展2012年春季教育收费检查的通知》。在基层单位全面自查的基础上，4月17日至18日，区局际联席会各成员单位和政府特邀监察员共23人，分3个检查组对区内13所中小学、1所职高和2所民办机构收费情况进行重点抽查，并向被抽检单位负责人反馈了检查结果，由单位负责人签字盖章后交由区治理办存档。

（邓建民）

【举办教育系统干部研修班】　3月22日至23日，举办教育系统干部“管理素质提升”研修班。

（陈　文）

【召开主题教育实践活动启动会】 3月23日，召开由全区德育干部参加的中小学争做文明有礼北京人主题教育实践活动的启动会。会上解读《门头沟区中小学开展争做文明有礼北京人主题教育实践活动实施方案》。

（张进凯）

【举办第十五届学生艺术节】 3月24日至25日，举办门头沟区第十五届学生艺术节，全区41所中小学校的2600余名学生参加了校级合唱、班级合唱、校园剧、儿童歌舞剧、京剧等项目的比赛。

（关含笑）

【教委领导调研基层学校】 3月29日，区教委主任分别到大峪二小、大峪一小、育园小学、坡头小学和坡头中学进行调研。听取了校长对学校办学理念、办学思路和办学特色的汇报，参观了校园，看望了学校领导班子。

（张进凯）

【举办首届学生社团文化节】 3月30日，在大峪中学举办区首届学生社团文化节。社团文化节包括现场观摩、工作汇报、集中汇演三个部分，大峪中学、育园中学和中等职业学校的20多个学生社团参与活动。

（孙　颖）

【开设艺术中专班】 3月，举行“艺术教育下乡进社区”工程启动仪式暨首届农民文艺中专班开班典礼。、年内共开设24个班，学员865人，覆盖全区大部分镇、街。6月19日，与斋堂镇联合举办“庆七一”、“迎十八大”暨艺术教育进农村文艺汇演。26日，区社区教育中心主办、农广校承办了庆“七·一”文艺汇报演出，人民日报社、农民日报社记者参加活动并做了现场采访。

（祝子敬）

【弘扬雷锋精神，师生志愿行动】 3月，印发《门头沟区团教工委关于共青团、少先队组织学雷锋活动常态化的通知》，开展“弘扬雷锋精神，师生志愿行动”活动。活动分为：志愿服务月、宣传咨询展会、青年文明志愿岗。3月，小幼科开展学习雷锋践行北京精神月活动，结集刊印《弘扬北京精神　新童谣50首》，并发放到各小学。各校同时开展校内外学习雷锋活动。

（孙　颖　张进凯）

【举办初中生健康知识竞赛】 4月6日，在区教职工活动中心举办“保护视力、预防近视，拥有一双明亮的眼睛”初中生健康知识竞赛活动。此次活动由区教委主办，区中小学卫生保健所承办，全区14所初中校共84名学生参赛。

（张　娅）

【举行幼儿园专题开放活动】 4月13日，在区幼儿园举行门头沟区2012年幼儿园专题开放活动。主题为：交互式电子白板在集体教学中的应用。共用50余位园长和教师、教研员参加。

（张进凯）

【举办国家学生体质健康测试赛】 4月14日，在区体育馆举行门头沟区第四届国家学生体质健康测试赛。全区43所中小学的近1500名学生参加。学生体质健康测试项目以《国家学生体质健康标准解读》为标准。测试对象为统一从学生学籍档案管理库中随机抽签的注册学生，组成各学校代表队参加测试。大峪中学、潭柘寺中学、三家店铁路中学小学部分别获得高中、初中、小学组总成绩第一名。

（王　曦）

【市教委处验收早教基地】 4月17日，市教委学前处老师一行对智慧摇篮倚山园进行早教基地验收，对区内的早教基地工作提出意见和建议。

（张进凯）

【召开建设学习型城市领导小组会】 4月24日，召开建设学习型城市工作领导小组会。会议总结回顾了2011年工作，部署了2012年重点工作，调整了门头沟区建设学习型城市工作领导机构，进一步明确领导小组成员单位职责及任务，表彰了9个建设学习型城市工作先进单位、40个各类学习型组织创建工作先进单位、2个区级学习品牌、10名区级学习之星。区民政局、斋堂镇张家村和区医院分别做典型发言。

（祝子敬）

【市区领导视察、调研工作】 4月25日，区领导韩子荣调研。听取了区教委领导的工作汇报。韩子荣对区教委的工作思路给予肯定，并提出具体要求。5月24日，区领导王洪钟调研。听取了工作汇报。对区教委取得的成绩给予肯定。就下一步工作提出具体要求。6月7日，区领导韩子荣视察区内高考工作。实地察看了大峪中学考点高考服务保障工作情况并听取了有关汇报。韩子荣要求区有关部门认真做好试卷保密、环境保障、交通安全、秩序维护、医疗卫生服务等各项工作，确保全区高考工作顺利进行。9月10日，区领导王洪钟带队到石门营中学（大峪中学分校）、首师大附中永定分校、大峪中学、育新学校和育园中学就教育布局调整、优质教育资源引进、学校基础设施建设等工作进行调研。王洪钟肯定了全区教育工作成绩，并提出具体要求。11月26日，区领导王洪钟调研。听取了教委重点工作和明年工作计划的汇报后提出具体要求。

（刘　云）

【区政府委托办园工作】　4月26日，召开“门头沟区政府委托办园情况说明会”，共有8家幼儿教育机构参加。会上区教委领导就项目基本情况向与会者进行了介绍，对委托办园项目的相关要求做了政策解读。5月5日，召开“门头沟区政府委托办园评审答辩会”。共有8家幼儿教育机构参加。15日，召开委托办园约谈会。珠海市大地教育咨询有限公司和北京市朝阳区金色摇篮潜能开发婴幼园参加。会上对《委托办园协议书》进行说明和交流，对协议书中的相关重要因素进行沟通。8月3日，区政府与珠海市大地教育咨询有限公司、北京市朝阳区金色摇篮潜能开发婴幼园在门头沟区教委机关举行《门头沟区政府委托办园协议书》签字仪式。

（张进凯）

【组织现场体育考试】　5月5日至6日，分别在大峪中学、斋堂中学考点进行区初中毕业升学现场体育考试。全区16所中学共1400余名学生参加。按照北京教育考试院规定，年内的中考体育仍然分为现场考试和过程性考试两部分，满分为40分。

（王　曦）

【完成学生课业负担状况调查】　5月5日至14日，区教育督导室组织全区9所中小学的问卷填报工作，完成调查任务。

（陈菊新）

【获奖情况】　5月18日，市教委、市卫生局、市红十字会下发《关于公布2011年度北京市健康促进学校验收结果的通知》，门头沟区2011年申请验收新创建的14所健康促进学校全部获得“北京市健康促进学校”荣誉称号。至此，全区41所中小学校全部为北京市健康促进学校。5月，在北京市党建研究工作中，区教育系统党建论文共获得一等奖，区教育系统党建研究会荣获优秀党建论文先进单位。7月29日，区5名选手代表北京队参加两年一度的全国纵横汉字输入法大赛，取得2名特等奖，3名一等奖。10月19日，在北京青年宫召开的第25届北京市中小学“紫禁杯”优秀班主任表彰会上。区黑山小学，三家店小学，首师大附中永定分校，大峪中学分校，城子小学，王平村中心小学，西辛房中学，军庄中学，潭柘寺中学及中等职业学校的11名教师获北京市“紫禁杯”优秀班主任殊荣。11月1日，在北京市农村成人教育特色教材和课件评选活动中，门头沟区是社区教育中心编写的《核桃栽培技术》和中等职业学校编写的《实用农家上网技术》获奖。

（张　娅　赵明勇）

【区政协走访教育界委员】　5月23日，区政协领导走访教育界政协委员，并在座谈会上听取了教育系统党组织建设、引进优质教育资源等工作的汇报。

（刘　云）

【开展禁毒教育大课堂活动】　5月23日至29日，与区禁毒办联合组织禁毒教育大课堂活动。此次活动通过志愿者为工人子弟小学、河南街小学、大台中心小学送课，并引导学生观看禁毒教育宣传展板，指导学生完成了一幅宣传禁毒教育的手抄报。

（张进凯）

【构建区域六大类研究共同体】　5月，以《深化教学方式改革构建高效课堂的实践研究》为总研究项目，组织各中小学及4个教育基地采取年度实验任务确认书的形式参与实验研究。在研究共同体负责人组织协调下，各成员在独立研究的基础上，就共同关注的项目问题共同学习、合作探究，相互启发并实现研究资源的共享。8月，召开六大类共同体研究交流大会，6所学校作为先进典型做汇报。“自主学习”共同体在育新学校、“教学策略”共同体在军庄中学、坡头中学分别举行听课研讨活动。

（王　艳）

【开展专项督导检查】　5月，联合少年宫对全区中小学校开展艺术、科技、校外教育专项督导检查。通过检查，发现问题、加强指导，促进区内学校艺术、科技、校外教育工作更加科学化、规范化发展。

（关含笑）

【开展矛盾纠纷排查百日行动】　6月1日到10月31日，在全系统内开展矛盾纠纷排查化解百日行动。确保了党的十八大期间全系统未出现重大政治事件、大规模群体上访事件和个人极端行为。

（张文生）

【培训工作】　6月4日，召开义

务教育课程标准培训会。特别邀请教育部基础教育课程教材发展中心教授到会进行培训，区教委领导、全区中小学校长、教学干部、骨干教师与教师进修学校领导、教研员等近400人参会。27日、28日，区教育督导室组织召开督政大会。对义务教育均衡发展专项督导、校外教育专项督导、教育职责年度督导考核、教育法律法规执行情况执法检查等工作进行培训并进行责任目标分解。在分组讨论过程中，与会人员对各项工作内容提出了建议。28日至29日，教育督导室对2012年新任兼职督学进行为期2天的培训。新聘任兼职督学27人，特约督学3人参加。7月15日，举行门头沟区义务教育初中阶段（学科）新课程标准培训活动。参加培训的有区内语文、数学、地理、历史等13个学科的教师近600人。8月16日至17日，组织召开以“深化课程改革，构建德育体系，提高教育质量”为主题的2012年度教育教学干部培训会。会上，中小学德育干部对《门头沟区中小学德育行动计划（草稿）》展开讨论，提出了合理性意见和建议。随后中学德育干部参加了中学综合素质评价方案培训，小学德育干部就德育管理工作经验展开交流。9月19日，对初中校学生综合素质评价工作展开培训，此前制定并实施了《门头沟区初中学生综合素质实施方案（修订）》。北京市基础教育阶段学生综合素质评价推进项目组成员，北控软件有限公司的技术人员分别进行了《评价促进师生成长——北京市初中学生综合素质评价方案（修订）解读及栏目内容填写说明》和《北京市初中学生综合素质评价电子平台操作》的培训，介绍了综评工作的目的、原则、评价指标体系、组织实施等内容。区教委中教科从建立工作机构、完善工作机制、规范工作流程、落实工作任务、探索工作特色等方面对《门头沟区初中学生综合素质评价实施方案（修订）》进行了解读，对区域内学校综评工作的开展提出了明确的要求和推进策略。10月19日，召开中学教师基本功培训和展示活动启动会。会上，教委相关人员从指导思想、培训原则、阶段安排等方面对中学教师基本功培训与展示活动方案进行解读。市教科院基教研中心副主任为参会教师做了题为“促进教师专业发展，提高教育教学实践能力”的培训讲座。北京教育学院教授从法律法规方面对教师依法执教与学生安全等问题进行培训。10月，开展九年义务教育在职在岗全员教师远程培训项目。此次培训以专题课程学习与研修活动相结合，由基础理论与教学实践，到深层次的反思与研修，逐层深入，提升教师教学能力与科研水平。从11月开始，根据门头沟山区学校多的特点，教委与国家教育行政学院远程培训部合作举办第二期中层以上干部远程培训工作，进一步加强教育干部队伍建设、提升干部素质、管理水平。12月下旬，围绕全区经济社会发展目标，为区域转型发展、创新发展、跨越式发展提供人才保障，委派门头沟区中等职业学校旅游专业骨干教师到中坤集团对旅游相关员工进行培训。培训内容包括酒店英语、企业文化、企业经营、餐厅服务和解说词，共培训中层管理人员及员工740人次。年内，在7个镇开设了林果和畜牧养殖两个专业的培训，共组织培训4235人次。

（刘　云）

【召开综合素质评价工作现场会】 6月6日，在军庄中学召开门头沟区初中学生综合素质评价工作现场会。会上，军庄中学展示了两节综合素质评价活动课；妙峰山民族学校、王平中学和军庄中学3所学校分别就校内开展综合素质评价工作的情况进行汇报；会上解读了《关于进一步做好全区初中学生综合素质评价工作的通知》的文件精神。

（王　艳）

【完成义务教育阶段招生工作】 6月9日，小学开始招生，6月底结束。小升初工作7月初结束。完成了山区教师和城镇骨干教师子女入学工作。

（周文涛）

【举办交流展示会】 6月12日，在大台中心小学举行小学规范化建设专项成果展示交流会。市教委基教一处，市基教研中心小学数学教研室、特级教师，区委教工委，京煤集团昊华能源有限公司木城涧矿，大台街道办事处等有关领导，以及北京教育学院、市农村小学校长高研班成员、区教委相关科室、教师进修学校和全区小学校长、教学主任近110人参加活动。会上，与会人员参观了反映大台中心小学春蕾培训工作成果的展板，听取了学校青年教师的展示课和校长以《关爱助成长　蓓蕾初绽放》为主题青年教师培养工作汇报，蓓蕾工作室青年教师还用文艺演出的形式展示了自己通过培训取得的收获。

（杨　艳）

【制定绩效工资统筹方案】 6月13日，制定义务教育月人均600元绩效工资统筹方案，方案提高了山区补贴、骨干津贴、干部津贴、班主任津贴，增加住宿学校补贴，设立教育教学成果奖，剩余部分学校自主发放。

（王海泉）

【设立农村教师研修工作站】 6月27日，新桥路中学设立了农村中小学教师研修工作站。开展农村教师培训工作，目前有两位市级骨干教师担任指导教师，两位来自坡头中学和潭柘寺中学的学员接受指导。

（王海泉）

【举行幼儿园专题开放活动】 6月29日，在实验二小永定分校附属幼儿园举行门头沟区2012年幼儿园专题开放活动，会议主题为：生态式艺术剪纸。全区近150余园长、教师参加了此次活动。

（张进凯）

【召开校外教育联席会】 7月18日，召开门头沟区2012年青少年学生校外教育联席会，区政府和区教委领导出席大会，区校外教育联席会各成员单位和部分校外教育资源单位的领导共60余人参会。会上，总结了2011年校外教育工作，并部署2012年重点工作；建立表彰机制，对2011年度门头沟区青少年学生校外教育先进集体和先进个人进行表彰；先进集体代表城子街道办事处、永定河文化博物馆、灵溪生态教育基地的领导分别作典型发言。

（张　娅）

【开展教师岗位竞聘试点工作】 7月19日，以大峪中学分校为试点单位进行门头沟区首次岗位竞聘工作，实际参与峪分竞聘教师92人，其中校内：71人，外校21人。此次竞聘共有69个教师岗，峪中分校有58人竞聘成功。外校11人竞聘成功。

（王海泉）

【开展校外教师基本功测试】 7月28日，区少年宫开展校外教师基本功测试，共有10名教师参加测试。此次测试活动评选出5位教师参加市级校外教师基本功测试。

（张　娅）

【召开秋季学生营养餐安全约见会】 8月23日，召开营养餐安全约见会，负责全区中小学生营养餐配送的企业法人参会。会议强调了企业的安全责任，并提出具体要求。

（张　娅）

【区领导为教师做报告】 9月5日，区领导王洪钟为全区教育系统干部教师做全区经济社会发展形势报告。王洪钟全面介绍了全区“十二五”时期发展思路及近年来经济社会发展情况，同时总结了加快发展的几点体会。

（刘　云）

【对接送学生专用车辆进行“体检”】 9月11日，组织对接送学生专用车辆进行“体检”，保证全区中小学生上下学时间的乘车安全。从2012年开始，全区所有的接送学生车辆将每年接受三次“体检”。所有接送学生车辆在车辆检验场接受了检验，对安全带、座椅、轮胎等存在的安全隐患进行了检修、改进。

（张国立）

【开展学校公共卫生安全排查】 9月14日至11月20日，根据区教委印发的《关于做好党的十八大教育系统公共卫生安全隐患排查整改工作信息报送的通知》，各单位全面开展公共卫生安全隐患排查，并执行日报告和周报告制度。十八大期间，学校公共卫生安全事件零报告。

（张　娅）

【成立校外教育研究室】 9月17日，成立门头沟区校外教育研究室，设在门头沟区教师进修学校，职责任务是在区教委的领导下，负责全区校外教育教学研究工作，业务工作接受区教委体美科和市校外教研室的指导。

（张　娅）

【签署合作协议，打造优秀教育】 9月25日，与北京师范大学教育学部签署合作协议共同打造区域优质教育。3年内，在教育咨询、挂职锻炼、合作办学、教育科研、培养培训等方面开展合作，并明确了合作过程中的管理、信息沟通、领导互访机制。

（王海泉）

【组织开展秋季教育收费检查】 9月26日至27日，区治理教育乱收费局际联席会成员单位对全区教育系统开展2012年秋季教育收费检查。此次检查采取各基层学校自检自查和重点抽查相结合的方式，学校自查率为100%，抽查中小学校、职高、民办教育机构共计18所。检查过程中，聘请了政府特邀监督员进行全程监督。

（张文生）

【开展学生英语对话比赛】 9月至12月，组织各小学学校开展学生英语对话比赛和教师教学课例课堂用语评比及个人才艺展示大赛。12月28日，召开第四届英语节总结表彰会暨“深化英语教学方式改革，提高门头沟区中小学生综合英语运用能力”项目启动会。

（王　艳）

【开展中层干部异地挂职项目】 9月至12月，区委教工委、区教委先后分两批将10名小学优秀中青年中层干部和6名中学副校级干部输送到北京市著名小学和中学进行为期二个月的挂职锻炼，为他们提供了深度学习先进学校的办学理念和管理经验，丰富岗位阅历，提高工作能力和管理水平的机会。

（陈　文）

【举办第30届学生科技节】 10月12日，在北京第二实验小学永定分校礼堂举行门头沟区第30届学生科技节开幕式。开幕式上对第29届学生科技节做了总结和表彰。

（关含笑）

【成立吴正宪小学数学教师工作站】 10月15日，举行“吴正宪小学数学教师工作站——门头沟分站”启动仪式。“门头沟分站”成立后，将利用“吴正宪小学数学教师工作站”的专家资源，搭建门头沟区小学数学教师成长平台，创建“1+5+N=317”的运行模式。

（张进凯）

【开展校长离任经济责任审计】 10月17日，开始对西辛房中学、军庄中学、教育技术装备站等5个单位开展校长离任经济责任审计，审计金额共计5129.95万元。年内，门头沟区校长离任审计工作实行了审计公示制度，公布审计时间、地点、审计人员以及举报电话等内容，使审计工作做到了公开、透明。

（邓建民）

【成立名师工作室】 10月，在进修学校挂牌成立了高中地理、中学技术2个名师工作室，两个工作室主持人及成员共计14人。目前区内共有9个名师工作室，主持人及成员共计57人。

（王海泉）

【完成基础教育设施专项规划】 10月，完成全区相关单位基本教育设施专项规划核查、会审。12月5日，通过区政府审核。该规划根据《北京市中长期教育改革和发展规划纲要（2010－2020年）》精神，由市教委、市规委、市规划院联合指导全市各区县落实基础教育施设专项规划编制工作。按照工作要求，历经资料收集和编制、编制单位招标、所有学校的现场勘察、与区规划分局和相关镇政府落实、协商和核实等步骤。

（蒋　红）

【开展专项成果展示交流活动】 11月6日，开展“小学规范化建设专项成果展示交流——走进军庄中心小学”活动。军庄中心小学11位教师展示了国家、地方、校本三级课程教学活动，学生用表演的形式展示了学习成果，学校领导以《加强课程建设　促进学校可持续发展》为题进行了专题汇报。全区教育教学主任从课程建设发展、校本课程开发、学生兴趣培养等方面进行互动研讨。

（张进凯）

【举行课程建设成果表彰会】 11月6日，在三家店铁路中学举行课程建设成果表彰会暨校本课程现场会。表彰会上，区中小学26项集体成果和22项个人成果受到表彰，课程研究室布置了2012－2013学年度课程建设优秀成果评选工作。在特色校本课程展示交流环节，与会者观摩了4位老师的校本课程展示课，参观了学生大课间“四小体育”和纸艺才艺展示，随后，听取了三家店铁路中学校长《加强校本课程建设，促进学校特色发展》的主题报告。

（王　艳）

【完成校外教育督导评价工作】 11月14日至15日，市政府教育督导室副主任与督导评价组一行对区内校外教育工作进行了督导评价。市教委、市政府教育督导室等20余位领导和专家参加了督导评价工作。区领导，区委教工委、区教委及教育督导室主要领导，区政府办等25个委办局及镇街主管领导，以及中小学校长代表出席了会议。汇报结束后，考察了少年宫、灵溪教育基地、科技馆、博物馆、大台中心小学和大峪中学6个单位。通过听取机构场所和学校领导关于校外教育等相关内容的汇报、查看档案资料、观看校外教育活动、进行调查问卷等方式全面了解门头沟区校外教育的情况。

（陈菊新）

【与高校合作开展教授治校】 11月15日，通过竞聘选拔出北京师范大学教育学部副教授担任区京师实验小学校长，学校随即开始进行多项教育教学改革试验。京师实验小学是区教委与北京师范大学教育学部合作办学学校，教育学部同时为京师实验小学选派5－7人专兼职专家和管理人员，对学校进行实质性管理。

（王海泉）

【教委主任做客人民网】 11月16日，区教委主任接受人民网关于区内义务教育均衡发展的专访。

教委主任结合全区跨越式大发展的经济社会形势，简要介绍了区内教育的基本情况，随后就区教委在加快教育布局结构调整、引进优质的学前教育资源、加强与北京市名校的合作办学、创建高效课堂、社会大课堂建设等方面所作出的努力进行了阐述。

（赵卫东）

【举行实验项目启动仪式】 11月24日，举行“运用思维规律，提升师生学习力”研究实验推广项目启动仪式。该项目推广实施为期三年，分三阶段进行：第一阶段主要对区内干部教师进行通识培训和思维训练，确定中小学10所实验校，并进行实验校方案的审核评估等。第二阶段包括继续组织全区教师进行直接思维训练，对实验校全面实施直接思维校本课程，进行实验校的教学管理示范，组织实验校的交流活动等内容。第三阶段主要是进行教学和教学管理示范及成果的总结和展示等。

（张进凯）

【“预防艾滋”主题演讲比赛】 11月29日，举办区中学生“预防艾滋”主题演讲比赛，共有12所中学24名学生参加比赛。此次活动由区教委、卫生局、红十字会主办，区中小学卫生保健所承办。

（张　娅）

【校外活动基地】 12月7日，区灵溪中小学生态教育基地、雁翅中小学素质教育基地和永定河文化博物馆3个校外活动基地，被市校外教育联席会议办公室命名为第三批北京市青少年学生校外活动基地。

（张　娅）

【对中等职业学校德育专项督导】 12月10日，市政府教育督导室组织德育工作专项督导评估组与区政府教育督导室联合对中等职业学校进行德育专项督导。

（陈菊新）

【组建社区学院】 12月10日，在整合区教委所属区社区教育中心和区商务委所属区财贸干校现有机构编制、人员和职责的基础上，组建“北京市门头沟区社区学院”，加挂“北京市门头沟区市民学校”、“北京市门头沟区农民科技教育培训中心”牌子，制定了《关于北京市门头沟区社区学院职能定位、内设机构及岗位设置的意见》。同时，撤销原区社区教育中心、财贸干校。区社区学院为区教委所属事业单位，机构规格为相当副处级，经费形式为全额拨款，核定事业编制48名，核定领导职数1正3副。将原区财贸干校承担的成人大专学历教育职责调整到北京广播电视大学门头沟分校。

（王海泉）

【全国第三届中小学校长论坛】 12月15日至16日，在区内举行全国第三届中小学校长论坛。此届论坛的主题是“让每个孩子都能成为有用之才——不拘一格育人才”。在论坛上，门头沟区全方位展示了教育在科学发展、创新发展、快速发展的态势，向全国的中小学校长介绍了区内促进学生多样化和个性化发展，不拘一格育人才的经验和做法。

（陈　文）

【学校更名】 12月25日，龙门小学更名为“北京市门头沟区特殊教育学校”，为区教委所属事业单位，机构级别相当正科级，经费形式为全额拨款。原区城子小学内设培智中心学校正式独立，成为区内第一所独立的特殊教育学校。坡头小学更名为“北京市门头沟区京师实验小学”，原机构性质和经费形式不变。

（王海泉）

【调整学校布局，加快基本建设】 年内，根据市教委、市规委要求开展基础教育设施专项规划（2012－2020年）。完成对各学校三年发展规划（2010－2012）中所提各项指标的验收工作，启动制订新一轮“学校三年发展规划”。推进棚改教育配套建设。大峪中学分校9月初交付使用。石门营第一幼儿园、龙泉第一幼儿园、龙泉第二幼儿园、龙泉小学全部竣工。石门营第一幼儿园交付金色摇篮幼教集团。石门营小学、石门营第二幼儿园主体结构完工。继续推进校舍安全工程。坡头小学翻建工程完工并于11月交付使用。2011年确定的16所学校平房翻建工程，除雁翅食堂翻建（已开工）外，其他全部完工。加快蓝皮书后继重点工程建设。军庄小学新建工程取得初步设计及概算批复，三家店铁路中小学翻建工程开工，大峪中学新疆班建设工程开工，北京八中门头沟校区用地、初步概念设计方案确定，迁建斋堂幼儿园工程完工。

（张　娜）

【引进优质教育资源】 年内，实施政府委托办园。创新公共服务机制，通过政府购买服务的方式为百姓提供优质、普惠学前教育。通过公开评审的方式，面向社会遴选出北京市2所品牌办园机构金色摇篮和珠海大地幼教集团作为委托承办方，分别承办石门营第一幼儿园和龙泉第一幼儿园。

引进人大附小，开办人大附小京西分校（新建石门营小学）。引进校外培训资源，确定巨人学校、学而思2所知名培训学校入驻门头沟。加强与名校的实质性合作。挖掘整理名校办分校经验，在前期合作办学、自主实践的基础上，将已有的做法固化下来，形成相应的制度机制。在干部交流、教师培训、骨干和青年教师培养等方面加强与首师大附中的实质性交流与合作。促进大峪中学与北京市第八十中学深度合作，与第八十中学10名特级教师签订了师带徒协议。与北师大教育学部共同打造区域优质教育。

（刘　云）

【处理来信来电来访】 年内，区教委信访办共收到群众来信来访来电75件次，其中来信42件，来访8批次，来电25个。属于政策法规类的有47件，占信访件总数的62%，学校管理类的有25件，占信访件总数的33%，其余为领导干部类，共4件，占信访件总数的5%。现已办结信访件75件，办结率为100%。

（张文生）

【完成民办学校年检和收费检查】 年内，通过召开动员会，审阅年检材料，到民办学校实地检查等形式，完成2011年度门头沟区民办学校年检工作，认定28所民办学校年检合格，并进行公示。完成民办学校春季、秋季收费检查，对民办学校的收费备案、公示、票据使用情况，财务管理规范化程度等进行检查和了解，规范民办学校收费公示工作。

（祝子敬）

【鼓励民办幼儿园发展】 年内，根据《门头沟区学前教育事业发展“2011年－2013年”行动计划》关于“继续落实《门头沟区鼓励和支持民办学前教育发展的实施意见（2012年－2014年）》，实行房租减免、生均补贴、专项奖励等补贴政策”的规定，完成2012年门头沟区民办幼儿园奖励资金的申请和落实工作。年内奖励资金为23.55万元。

（祝子敬）

·北京市门头沟区中心幼儿园

【概况】 年内，北京市门头沟区中心幼儿园为教育部门办园类别，为日托制。园所占地面积6340平方米，校舍建筑面积3780平方米，体育场地面积1600平方米。固定资产855.99万元，全年教育经费投入842.75万元，其中国家拨款842.75万元。拥有多媒体教室、音体厅、图书室等专用教室4个，普通教室13个。教室内设有电子白板、投影机、实物投影仪、钢琴、带有计算机和音响系统的多媒体控制台等教学设施。教职工60人，其中专任教师44人，均具有专科及以上学历（研究生1人，本科19人），包括中学高级教师1人、小学高级教师28人。有保育员13人，均具有专科及以上学历（本科5人），包括小学高级职称8人。开设13个教学班，其中，小班6个、中班6个、大班1个。幼儿入园198人、离园164人、在园398人。

（贺援凯）

【开展课题研究】 3月，区中心幼儿园引导教师开展《家园共育开展体能教育的研究》，被北京市教育科学规划办立项为“十二五”校本研究专项课题。针对家庭教育的实际问题和需求进行研究，开展了园所家园体能教育的现状调查。对在园幼儿进行体能初测，为研究后的测评提供科学依据。

（李　静）

【环保时装秀表演】 4月19日，幼儿园中大班小朋友在音体厅开展了低碳生活、从我做起的“环保时装秀”表演活动。活动共有6个班160余名幼儿参加表演，活动的材料全部是用报纸、一次性纸盘、塑料袋、蛋糕盒、吸管等材料制作而成。

（于德彦）

【落实校园文化建设工程】 7月份开始，启动校园文化建设工程。财政投入114.47万元，新建供幼儿嬉水、玩沙的小花园水景，可玩耍兼休息的文化长廊、田园风格欧式小木屋场景等。

（贺援凯）

【加强园本培训工作】 8月20日至24日，利用一周的时间对全体教师进行集中培训，园本培训负责人针对园内实际选择培训内容，系统安排培训的时间和责任人，组织老师学习《幼儿园精细化管理》、《师德先行》、《健康领域主题培训》等。

（贺援凯）

【增加入园学位】 9月，为了解决适龄幼儿入园难问题，取消9个亲子班，增加了1个小班，为3岁至4岁幼儿班增加了36个学位。面对教育资金紧张局面，幼儿园又自筹资金1万余元充实新增班级的教学用品。

（贺援凯）

【读书节活动】 11月23日到12月29日，开展第三届“大手拉小手——快乐阅读”读书节活动。举办教师、爸爸妈妈童话故事表演专场、爸爸妈妈进课堂给幼儿讲故事、“家有书童”家庭读书经验交流、家长带孩子走进图书馆、创设家庭图书角等活动。共有123名家长带孩子到图书馆，154名家长进行读书经验交流，110名幼儿和家长一起写了宝宝日记，共收集照片178张。

（于德彦）

【开展教师“双评优”评比活动】 12月，开展优秀教育活动和优秀教育故事的“双评优”教育教学评比活动。成立评审小组，分年龄组进行理论考试和教学实践考核。全园13个教学班，共26位教师参与，获得优秀教育活动一等奖2个、教育故事一等奖2个。

（贺援凯）

·北京市门头沟区城子幼儿园

【概况】 年内，北京市门头沟区城子幼儿园为教育部门办园类别，为日托制。占地面积2300平方米，校舍建筑面积1171平方米。固定资产48万元，全年教育经费投入619.63万元，全部为国家拨款。拥有音体室、美劳室等专用教室2个，普通教室7个。教室内设有电子白板、电视和投影机等教学设施。有大中型玩具100余种、小型玩具300余种，图书室藏书4000余册。有教职工38人，其中教师22人。学历层次上，本科8人，专科13人。小学高级教师16人，区级骨干教师3人。开设7个教学班，其中小班3个、中班4个。幼儿入园125人，离园100人，在园245人。

（贾文红）

【开展手拉手活动】 3月，幼儿园与世纪之星幼儿园手拉手共同开展“阳光体育活动”。活动内容除晨练、体育课及形式多样的器械操和体育游戏外，每周五还开展全园参与的体育活动区活动。

（于 洪）

【郊外亲子活动】 4月28日，组织全体小朋友和家长到永定河文化广场开展“热爱家乡 拥抱自然”郊外亲子活动。各班教师根据本班幼儿特点，组织幼儿和家长一起制作风筝、放风筝等活动。

（苏文清）

【“手足口病”防控知识培训】 5月29日，对全体教职工进行“手足口病”防控知识培训。此次培训主要从概述、病原学、目前流行态势、流行病学相关知识、临床表现、防控措施进行讲解，重点是临床表现。

（李 程）

【举办家长专题讲座】 9月26日，邀请区教师进修学校的教师为全体幼儿家长进行“早期阅读——幼儿飞翔的翅膀”家长专题讲座。讲座围绕幼儿家长在指导幼儿进行早期阅读存在困惑及对《想吃苹果的鼠小弟》和《汤姆走丢了》等绘本实例的解读。此次活动全园200余家长参与。

（曹 洁）

【举行好课展示活动】 11月底至12月中旬，开展“一节好课”展示活动。此活动分层次开展，有新教师的“入职展示”，有徒弟的“汇报展示”，有师傅的“示范展示”和区级骨干的“精品展示”。此次展示活动共有24名专任教师参加，评出一等奖2名。

（岳春清）

【开展知识竞赛活动】 12月14日，结合新出台的《幼儿园教师专业标准》开展“幼儿园教师专业标准”知识竞赛活动。

（曹 洁）

【举行“师幼故事表演”展示活动】 12月26日，举行“师幼故事表演”展示活动。此次活动以班级为单位，全园幼儿和老师共同参与，分别演绎了《狼和小羊》、《小兔乖乖》、《小马过河》等经典故事。

（谭霄羽）

·北京市门头沟区大峪第二小学

【概况】 北京市门头沟区大峪第二小学占地面积9591平方米，建筑面积2580.3平方米，体育场面积6075平方米。图书室藏书3.67万册，订阅杂志、报刊68种。固定资产总值1514.91万元。全年教育经费投入125.49万元，全部由国家财政拨款。年内，学校信息化经费投入55.5万元，多媒体教室12个，校园网出口总带宽4Mbps，数字资源量1000GB，“信息技术”课程8课时/周。普通教室28个、专用教室5个，拥有计算机291台。教职工97人，其中高级职称5人、中级职称68人。专任教师83人，包括特级教师1人、北京市骨干教师5人，本科及以上学历75人。开设教学班28个，毕业201人、招生225人，在校生1216人。网址：www.mtgdyex.bjedu.cn

（吕雅丽）

【举办专题讲座】 2月12日，邀请海淀区教研室主任到校为语文教师作了“研读课标，为高效课堂助力”专题讲座。从把握小语发展方向和做明白的教师——心中装着课标两个方面进行讲解。

（杜瑞敏）

【培训工作】 8月28日，邀请市基础教育研究中心主任到校，为全体教师进行“教学设计”专题培训。培训从教学设计的意义与特点、基本方法，以及历年北京市优秀教学设计评选过程中存在的问题三个方面，结合具体课例进行讲解。年内，学校对教师就信息技术与教育教学的深度融合进行培训。

（李文斌 杜瑞敏）

【举办研讨活动】 10月18日，与进修学校小学语文教研组联合举办“落实语文课标，构建高效课堂”活动。活动分为两个阶段。第一阶段：大峪二小教师现场执教了五年级语文《“精彩极了”和“糟糕透了”》。第二阶段：对语文课进行了点评。评课结束后，围绕“阅读教学的取舍之道”进行了专题讲座。

（杜瑞敏）

【开展主题教育活动】 11月15日，开展为期一周的“心系雪域高原小伙伴”主题教育活动。各班还开展了此次公益活动的大讨论，制定了自己的行动计划。学校共收到同学们回收的可乐瓶2910个，废报纸等253公斤，用这些废旧物品换得钱款555元。到11月26日活动结束，全校师生共捐款2030元，捐赠棉毛衣裤181件，图书2038本，包括铅笔、书包，水彩笔等在内的学习用品共2200余件。

（宋福燕）

【开展教学研讨活动】 12月7日，开展“借助名校优质资源，提升学校教学水平”为主题的联合教研活动。北京小学和北京市数学骨干的两位教师分别现场讲授了二年级语文《假如》和四年级语文《金蝉脱壳》的基础上，结合两个课例进行“合理制定教学目标，提高课堂教学实效”的专题讲座。

（杜瑞敏）

【获奖情况】 年内，学校教师参加北京市第十三届中小学师生电脑教学实践评优活动、全国互动反馈教学应用大赛、中国教育技术协会中小学专业委员会第二十三届年会三优评选活动、全国互动反馈技术现场交流等教学评选活动。学校共有110人次获奖，国家级一等奖11人次，北京市一等奖5人次，成为第一批北京市信息化试点学校。

（李文斌）

北京第二实验小学永定分校

【概况】 北京第二实验小学永定分校占地面积27315平方米、建筑面积12992平方米，体育场（馆）面积800平方米。图书馆藏书46052册，电子图书15万册，订阅杂志、报刊66种。固定资产总值2013.4万元。全年教育经费投入3278万元，全部为国家财政拨款。年内，学校信息化经费投入430944元，多媒体教室座位90个，校园网出口总带宽10Mbps，数字资源量300GB，“信息技术”课程2课时/周。普通教室26个、专用教室10个，拥有计算机398台。教职工223人，其中，高级职称3人、中级职称113人。专任教师200人，北京市骨干教师1人，本科及以上学历161人。开设教学班49个，毕业259人、招生310人、在校生1521人。网址：http：//58.117.151.8/shiyan_new/。

（宋茂盛）

【开设体质健康特需班】 2月21日，学生体质健康特需班开班。体质健康特需班里的孩子主要是1－5年级中过于超重、肥胖的学生，通过前期调查分析每个孩子肥胖原因，组织孩子集中学习相关知识，了解自身问题，设计周密的训练计划对他们进行体质健康干预。特需班的孩子在保证每天课外体育活动质量和时间的基础上，利用早上7：20－7：50的时间，由专业体育教师带领，开展有针对性的有氧运动，让这些特殊群体的学生有一个健康快乐的童年。

（杜海燕）

【开展中美教育交流活动】 4月12日，开展以“有效课堂管理”为主题的中美教育交流活动，来自美国加利福尼亚州的教育专家，就实验二小永定分校的一节四年级英语课，与听课教师进行中美课堂教学的对比交流，并以自己的教学实例为老师们示范了词汇教学法、游戏教学法等。随后，美国的教育专家为区内各校的小学校长及英语教师代表做讲座。

（杜海燕）

【首届“爱之源”杯教学大赛】 4月19日，召开首届“爱之源”杯教学大赛总结表彰会，会上首先由青年教师执教五年级数学《分数的基本性质》，教研员进行点评；校领导对“爱之源”杯教学大赛进行总结并为获奖的教研组和教师颁发奖杯和获奖证书；获奖教师及教研组代表发言。

（杜海燕）

【举行学校手拉手拜师会】　9月12日，与军响中心小学举行手拉手拜师会。永定分校数学区骨干教师和语文区骨干教师分别为军响小学教师示范先导课。课后，在军响小学举行了手拉手拜师会，会上宣读了师徒结对名单及双方责任。军响小学校长为两位师傅颁发聘书，师傅和徒弟们分别谈了自己的感想。

（杜海燕）

【视导工作】　10月24日，北京第二实验小学教育集团的60余位领导和专家到永定分校视导工作。北京第二实验小学的5位导师以及与会领导分别到语文、数学、英语、品社、体育课堂，听取了永定分校5位徒弟的汇报课，课后进行了研讨与评课。随后，听取了永定分校校长做的题为《依托“一三五七”行动计划，促进学校内涵发展》的工作汇报，观看了名校办分校专题片。

（杜海燕）

【交流研讨活动】　12月7日，市特级教师与校语文教师开展交流研讨活动。校内两位教师分别执教了二年级语文课《太空生活趣事多》和四年级语文课《搭石》，市特级教师进行了点评。随后，特级教师与永定分校教师同上了六年级语文课《一个这样的老师》。

（杜海燕）

【举行第三届全国中小学校长论坛】　12月16日，在北京第二实验小学永定分校举行第三届全国中小学校长论坛第一分论坛，分论坛主题为“全面发展和个性发展”。论坛中，区北京第二实验小学永定分校，大峪二小长，圈门小学的校长分别结合学校办学实际和论坛议题做主题发言。

（杜海燕）

·北京市门头沟区大台中心小学

【概况】　北京市门头沟区大台中心小学占地面积21312平方米，包括中心校3730平方米，附属幼儿园1509平方米，唐家坟小学1855平方米，灰地小学12200平方米，千军台小学2018平方米。总建筑面积6625平方米，包括中心校2208平方米，附属幼儿园1396平方米，唐家坟小学974平方米，灰地小学1166平方米，千军台小学881平方米。体育场馆总面积2406平方米，包括中心校270平方米，附属幼儿园600平方米，唐家坟小学410平方米，灰地小学1053平方米，千军台小学560平方米。年内，图书馆藏书1.5万册，订阅报刊、杂志80种。固定资产总值878.06万元，全年教育经费投入1508万元，全部为国家财政拨款。学校信息化经费投入45万，拥有计算机337台，多媒体教室座位801个，校园网出口总带宽100Mbps，“信息技术”课程2课时/周。普通教室38个、专用教室8个。教职工107人，其中中级职称40人。专任教师89人，本科及以上学历51人。开设教学班38个，毕业106人、招生113人，在校生601人。网址：www. mtgdtxx. bjedu. cn。

（郝玉金）

【通过二级二类园验收】　1月9日，区小幼科、教研室、妇幼保健院的领导、专家对大台中心小学附属幼儿园申报的二级二类工作进行验收。验收工作组首先听了园长的工作汇报，参观了幼儿园的外部环境、班级环境，观摩了幼儿的集体活动和户外体育活动，最后查阅了幼儿园的档案材料。大台幼儿园的管理、保教、卫生保健等工作得到了领导和专家的肯定，被批准为二级二类园。

（邓颖楠）

【抗震加固平房翻新工程】　6月至8月，进行抗震加固平房翻新工程，中心校小院、唐家坟小学、灰地小学、千军台小学平房进行了翻新重建。其中唐家坟小学工程被评为区抗震加固样板工程。

（郝玉金）

【市督学进行督导】　11月14日，北京市督学的领导专家一行6人到大台中心小学，对学校校外教育工作进行督导检查。领导专家首先听取了题为“因地制宜开展校外教育活动　和谐共建促进学生素质提高”的汇报，然后，采取教师座谈、学生问卷、查阅档案、实地观看学生活动等形式，对学校开展校外教育情况进行检查。最后，督导小组进行了督导反馈，领导专家表示，学校对校外教育认识正确、目的明确。科技、艺术、体育三大类，20多项活动项目以学生的兴趣、爱好为落脚点，提高了学生的综合能力。学校注重创新管理模式，建立了完善的校外教育和课外活动的长效机制。

（郝玉金）

【中心对完小进行督导检查】　11月27日至30日，大台中心小学全体校领导及唐家坟小学、灰地小学、千军台小学干部分别到各个完小，进行整体督导考核。在督导检查中，学校领导按照语数教研组和科任教研组分别听了完小教师的课，查看了校园和教室内的环境，从校园安全、计划管理、班级管理、课程管理、德育作业及教案撰写等方面查看了专项档案材料，并做了考核，学校领导针对考核结果做了反馈。

（高增满）

【吴正宪工作站在学校开展活动】 12月10日，在大台中心小学举行吴正宪小学数学教师工作站活动。活动以“基于学生研究”为主题分两个阶段开展，第一阶段由大台中心小学老师授课五年级《组合图形的面积》、东城区史家小学老师授课六年级《扇形的认识》、城子小学老师对六年级《圆的认识》进行说课。第二阶段由市级专家与现场教师进行现场互动点评。

（杨　艳）

【参加“创新杯”大赛】 12月23日，学校参加了在广西玉林举办的第35届全国“创新杯”大赛，青年教师孙建新所讲的《三角形面积》以及白雨的《狼牙山五壮士》说课均获全国大赛一等奖。

（高增满）

·北京市大峪中学

【概况】 年内，北京市大峪中学占地面积6.6万平方米、建筑面积44266.58平方米，体育场面积1581平方米。图书馆藏书32489万册，订阅杂志、报刊227种。固定资产总值12722万元。全年教育经费投入2846万元，其中，国家拨款2766万元、自筹经费80万元。学校信息化经费投入3万元，多媒体教室座位116个，校园网出口总带宽5Mbps，数字资源量2000GB，“信息技术”课程2课时/周。普通教室36个、专用教室12个、实验室11个。拥有计算机679台。教职工166人，其中，高级职称64人、中级职称49人。专任教师120人，包括特级教师1人、北京市骨干教师1人、北京市学科教学带头人1人，本科及以上学历120人。开设教学班31个，其中，初中班2个、高中班29个。毕业336人，招生413人，其中，初中78人、高中335人；在校生1132人，包括寄宿生602人。高中录取分数线446分（区内），应届高考本科上线率84.59%。网址：www.dyzx-bj.com。

（王阿玲）

【举办市级课题开题报告会】 2月，举行语文、数学、物理、政治、地理5个学科教师的市级课题立项开题报告会。首都师范大学教授、区教委主任、进修学校校长及教科所教研员和峪中相关领导及学科教师出席会议。专家们对物理、政治、地理、数学、语文5个学科5位教师的课题立项经过鉴定一致通过。

（王阿玲）

【北京市基教研视导】 3月12日，北京教科院基教研中心书记、视导工作组组长以及14个学科20余位专家，区进修学校校长和高中各学科教研员到大峪中学进行视导工作。视导工作以听课、研讨、集中反馈等形式对学校教学工作进行评估指导。

（王阿玲）

【举办首届学生社团文化节】 4月12日，在大峪中学举行门头沟区首届学生社团文化节，此次活动由区教委主办，大峪中学承办，全区中学生社团参加。团市委中少部，区委宣传部、文明办等有关领导参加。与会领导与社团学生共同观看了各个社团表演的节目。

（王阿玲）

【与八十中举行合作签约仪式】 6月20日，北京市八十中学校长和特级教师团队到峪中，与峪中30余位教师举行两校合作签约仪式，校长向八十中的特级教师颁发了聘书，八十中学校长向大峪中学教师捐赠图书并强调了特级教师的历史责任和社会责任。

（王阿玲）

【初中实验班新生报到】 7月5日，首届初中实验班78名新生准时到校报到。

（王阿玲）

【参加市奥运知识擂台赛】 8月5日至12日，校内3名学生代表学校参加北京电视台举办的《步步为赢　赢在伦敦》大型奥运知识擂台赛，同时有4位带队老师、18名同学和家长代表作为亲友团助阵比赛。大峪中学获得了全市第二名。

（王阿玲）

【开展教育家成长工程系列活动】 9月25日，在大峪中学启动教育家成长工程。成长工程旨在强化教师专业发展意识，强化学员的责任意识，营造教职工的学习氛围，为学校持续发展奠定基础。北京教育学院、中国教师报北京站、门头沟站、区政府教育督导室，进修学校的有关领导及大峪中学全体教职工参加了启动仪式。

（王阿玲）

【全国中小学校长论坛】 12月15日，在大峪中学召开第三届全国中小学“让每个孩子都能成为有用之才——不拘一格育人才”校长论坛第二分论坛活动。大峪中学校作了题为《做培育人才成长的泥土》的发言，全体教师参加。

（王阿玲）

·首都师范大学附属中学永定分校

【概况】 年内，首都师范大学附属中学永定分校占地面积35909平方米、建筑面积27717平方米，体育场面积11667平方米。图书馆藏书39623万册，订阅杂志、报刊66种。固定资产总值2466万元，全年教育经费投入2240万元，全部为国家财政拨款。学校信息化经费投入66万元，多媒体教室座位40个，校园网出口总带宽100Mbps，数字资源量680GB，“信息技术”课程4课时/周。普通教室41个、专用教室14个、实验室12个，拥有计算机402台。教职工150人，其中，高级职称41人、中级职称52人。专任教师110人，包括北京市骨干教师2人，本科及以上学历107人。开设教学班33个，其中，初中班21个、高中班12个。毕业376人，其中，初中237人、高中139人；招生371人，其中，初中220人、高中151人；在校生1154人，其中，初中675人、高中479人，包括寄宿生496人。高中录取分数线442分（区内），应届高考本科上线率46.15%。网址：http：//www.mtgydzx.bjedu.cn/。

（赵　京）

【开展成人仪式】 3月10日，举行主题为“青春·理想”的高三年级成人仪式。团教工委、全区各中小学团委书记、学校领导以及家长教师协会的家长代表参加了此次活动。整场活动由“回忆篇”、“感恩篇”和“励志篇”组成，全部节目由学生自主排演。

（齐景林）

【首都特级教师京郊行活动】 12月7日，在校内进行“首都特级教师京郊行”活动，东城区教师研修中心化学特级老师、十四中副校长数学特级老师到校进行听课和示范课活动。

（杨清龙）

【北京百姓宣讲团到分校宣讲】 12月28日，市学习贯彻党的十八大精神百姓宣讲团第6分团暨文化工作者宣讲团一行9人到首师大附中永定分校，为师生们讲解自己和身边的故事。他们是非物质遗产传承人、老舍茶馆的茶艺师、李大钊故居和大观园的讲解员、天桥老艺人。

（赵　京）

【“三化”管理提升高效课堂】 年内，学校在全年的教学工作中进行高效课堂的探索，以改革教学方式为抓手，聚焦高效，立足校本，认真研究和推进“三环两测”课堂教学模式，形成“三化”特色，暨课堂研究校本化，课堂模式核心化，班级文化个性化。

（杨清龙）

【开设“永定河文化”校本课程】 年内，进行“永定河文化”的校本课程建设，由历史、地理、音乐、美术、语文学科合作完成，每个学科结合自己的特点从不同角度讲解永定河文化，并且，很多学生在家长的配合和教师引导下，到古村落、永定河体验，主动接受永定河文化的熏陶。

（杨清龙）

·北京市大峪中学分校

【概况】 年内，北京市大峪中学分校占地面积1.7万平方米、建筑面积1.4万平方米，体育场面积1275平方米。图书馆藏书4.8万册，订阅杂志、报刊144种。固定资产总值1045.5万元，全年教育经费投入1314万元，全部为国家财政拨款。学校信息化经费投入460万元，多媒体教室座位330个，校园网出口总带宽100Mbps，数字资源量10GB，“信息技术”课程2课时/周。普通教室26个、专用教室18个、实验室7个。拥有计算机360台。教职工98人，其中，高级职称21人、中级职称38人。专任教师73人，包括特级教师1人、北京市骨干教师2人，本科以上学历68人。开设教学班22个，毕业252人，招生257人，在校生257人，包括寄宿生28人。网址：http：//58.117.141.1/

（赵　斌）

【召开教学年会】 1月12日，召开“尊重学生，转变教学方式，树立信心，打造高效课堂”教学年会。会上，校长做2011年教学工作报告“通过班级成长小组的建设提高学生综合素质的实践研究”，课题组负责人分析“学生成长小组调查问卷结果”并介绍课题实践过程，班主任代表交流“峪分高效课堂教学改革的实践与思考”，教研组代表介绍构建高效课堂经验，现场观摩课后，由北京育英中学校长做讲座。

（尚永刚）

【视导工作】 3月12日，市基教研中心以及区教师进修学校的近20位教研员到峪中分校进行视导。教研员分头听了包括语文、数学、英语、物理、历史、政治、生物7个学科在内的共计18节研究课。

（尚永刚）

【门头沟区诗歌学会成立】 3月29日，与门头沟区诗歌学会联手举办的“门头沟区诗歌学会成立暨峪中分校诗歌特色校成立二周年庆典”。中国作家杂志主编、首都师范大学文学院院长，各级领导、专家、诗人、教师、学生参会并讲话、吟诗。

（尚永刚）

【正式迁入新址】 9月10日，峪中分校由原来的新桥大街迁入石门营石园北路。

（赵 斌）

【强化校本教研】 9月至12月，围绕教研组开展多种创先争优教学活动。高效课堂电子教案评优、教研组基本功评优课、集备组研究课评比、高效课堂教学设计评优、构建高效课堂先进个人评选等。

（尚永刚）

【教师岗位竞聘、转岗分流工作】 年内，峪中分校成为门头沟区教育系统第一所人事制度改革试点校。7月，峪中分校开始进行教师岗位竞聘、转岗分流工作。此次改革工作由综合能力考核和专业能力考核两部分组成，全区共有92人竞聘学校69个一线教师岗位。

（赵 斌）

·北京市门头沟区特殊教育学校

【概况】 年内，原门头沟区特教中心更名为门头沟区特殊教育学校，正式从原城子小学一址两校隶属关系中分离出来，成为独立法人单位，迁入新校舍，成为一所对智残、脑瘫、自闭症以及多重残疾儿童进行综合性教育的特殊学校。新校舍在教委原装备站，前期教委投入资金对校园环境和基础设施进行改造，现占地面积3203平方米、建筑面积1398平方米，操场面积约600平方米。图书室藏书0.18万册。固定资产总值198.8万元。全年教育经费投入58.6万元，其中，国家拨款54.6万元、自筹经费4万元。现开设教学班4个。学校信息化经费投入6.5万元，多媒体教室座位14个，校园网出口总带宽100Mbps，“信息技术”课程4课时/周。普通教室4个、专用教室3个，拥有计算机15台。教职工13人，其中专任教师11人，中级职称11人，包括区级骨干教师1人。当年毕业生16人，招生8人，在校生37人。网址：http：//blog. sina. com. cn/u/2941071081

（邓小燕）

【开展主题活动】 9月28日，特教学校党小组牵头，开展“一诺千金爱永恒”主题活动，教师们以签署“我的承诺书”的形式，郑重承诺，并集体宣誓。区教委小幼科、教工委宣传部以及进修学校的有关领导观摩了此次活动。

（邓小燕）

【开展“电与生活”主题教育】 11月16日，区残联、供电公司、教委等有关领导以及供电公司党员服务队的志愿者和学生家长近40余人参加了“电与生活”主题活动。区供电公司将特殊教育学校作为国家电网首都电力共产党员服务队的服务站，与学校建立长期合作关系。向全校师生、家长普及电力知识，讲解在校和在家安全用电、节约用电和科学用电。协助学校开展趣味运动会，通过“有电避险”等小游戏，检验学生对用电常识的理解与运用。

（邓小燕）

【硬笔书法走进校园】 12月12日，与区硬笔书法家协会共同举办“梦的翅膀——关爱智障儿童硬笔书法走进校园”活动启动仪式。区文联、民政局、教委、硬笔书法协会等有关领导及8名硬笔书法家协会会员参加。书法家协会与学校商定，每周三下午固定两节课，书法家们对学生进行硬笔书法的教学指导活动，形成长效机制，不定期开展硬笔书法教学成果展览。

（邓小燕）

【校级家长教师协会成立】 12月28日，校级家长教师协会成立，区教委小幼科、进修学校教科所的有关领导以及校级家教协会的会员参加。区家长教师协会项目负责人对会员就协会组织、任务、功能等相关内容进行了培训。

（邓小燕）

【市级科研规划课题结题】 12

月，协同区进修学校教科所就北京市教育科学“十一五”规划重点课题“在融合教育思想引领下的义务教育阶段普通中小学随班就读教师专业成长研究”结题，出版了《随班就读教师专业成长的探索与实践》一书。

（陈海凤）

【开发学生潜能】 年内，学校利用中午小饭桌时间，对一部分学生进行十字绣手工工艺的绣制培训。目前已有8个孩子掌握了十字绣的技术，并绣制作品50余幅。针对孤独症学生开展了数字油画教学，学生通过观看一幅幅数字油画，对画中的世界有了感应，绘制了40余幅作品。12月28日，举办第二届艺术节暨十字绣和美术作品展示活动。

（孙守信）

文化 卫生 体育

文 化

·文化文物

【概况】 区文化委员会是区人民政府主管文化、文物、新闻出版、版权、广播电视、扫黄打非、文化综合执法工作的职能部门，内设7个职能科室及一个文化行政执法队，即办公室、文化科、文物科、文化市场科、计划财务科、纪检监察科、政策法规科、文化行政执法队（含信息举报中心、行政执法一分队、行政执法二分队、行政执法三分队）。下属7个基层事业单位：文化馆、博物馆、图书馆、影剧院、文物事业管理所、文化创意产业促进中心、电影发行放映服务中心。文委系统共有在职职工121人。年内，在区委区政府的领导下，贯彻落实科学发展观，抓好基层公共文化服务建设和基层公共文化设施达标建设，加强文物保护和利用，加大文化执法检查力度，确保文化市场和文物保护单位的安全。完成了区委、区政府交办的各项任务。

单位名称：北京市门头沟区文化委员会
地　　址：北京市门头沟区门头沟路8号（门头沟博物馆6层）
电　　话：69843315
邮　　编：102300

（黄文静）

【第二十二届文化艺术节】 2011年11月至2012年2月，举办第二十二届文化艺术节。艺术节陆续开展新年音乐会、民间特色文艺团队及镇街特色文化活动展演展评活动、区中小学生艺术节优秀节目专场演出、“盛装巡游”新春公园文化游园活动、正月十五幡会民俗节等文化活动，观众人流量达2万余人次。

（黄文静）

【正月十五京西民俗大会】 2月8日，在永定河文化广场举行正月十五京西民俗大会。以民俗技艺展示、猜灯谜、展览、传统儿戏体验、原创歌曲传唱、古装服饰拜年、幡会等形式展示门头沟独特的文化魅力与民俗风情。

（黄文静）

【第二届巾帼文化节日展览】 3月6日，《第二届巾帼文化节日暨女性旅游文化休闲产品展览》在门头沟博物馆开幕。共21个展位，18位创业女性的作品参展。

（黄文静）

【图书期刊进山村】 4月27日，举行“图书期刊进山村”活动，为雁翅镇田庄村送去图书、期刊千余册。

（黄文静）

【根石艺术优秀作品展】 4月28日，《“永定河文化杯”北京市根石艺术优秀作品展》在永定河文化博物馆（原门头沟区博物馆）二层开幕，展览作品来自14个区县，140人的162件的根石艺术作品。

（黄文静）

【戏曲演出周】 5月3日至8日，区文委、文联共同主办2012年门头沟区戏曲演出周。清水镇燕家台山梆子业余剧团、斋堂镇西斋堂山梆了剧团、火焰河北梆子剧团、门头沟区京韵京剧团、南路一评剧团、西辛房民间艺术团、玉林评剧团7支区内业余戏曲团队及1支专业院团国家京剧院250余人参加了演出，区内农村、社区、机关、企事业单位的5000余观众观看了戏曲周演出。

（黄文静）

【门头沟区原创歌曲歌咏比赛】5月16日至7月4日，举办“我爱我唱门头沟”门头沟区原创歌曲歌咏比赛。活动分为启动学唱、预赛决赛、汇报演出三个阶段。全区共有150余支队伍、近万人参加。

（黄文静）

【中华农耕文化展】　5月18日，“中华农耕文化暨门头沟区文化资源展”在门头沟区永定河文化博物馆开幕。

（黄文静）

【第四届北京旅游山会】　5月19日，组织秧歌、民乐演奏等11支区内业余文艺表演团队200余人，参加了第四届北京旅游山会“开山门”仪式暨“全民健身日·3510在行动”启动仪式文艺表演。

（黄文静）

【双拥工作】　6月，图书馆为全区所有驻区部队建立了军营图书室。6月7日，图书馆举办了“文化进军营·周末大讲堂”讲座，邀请北京著名民俗专家为911部队官兵讲解门头沟花会知识和古民居建筑特点。

（黄文静）

【文化遗产日宣传活动】　6月9日，是全国第七个文化遗产日。文委组织了系列宣传活动。一是邀请多名地书表演专家作现场表演。二是邀请首批国家级非物质文化遗产空竹技艺传承人李连元、国家级非遗空竹技艺第四代传人郝德来和我区东辛房的空竹表演队共同表演了抖空竹。同时印发门头沟区“准”非物质文化遗产宣传手册发放给广大市民群众。

（黄文静）

【“北京精神”主题展览】　7月3日，“北京精神”主题展览在门头沟区永定河文化博物馆开幕，展期14天。展览分为“爱国”“创新”“包容”“厚德”四个部分。

（黄文静）

【文化设施建设】　7月3日，文委依据各乡镇、街道所包含文化艺术团队的数量，共配发了270套，总价值约60万元的户外便携式扩音机。

（黄文静）

【农村公益电影放映员培训】　7月4日至5日，举办农村公益电影放映员培训。全区9个乡镇的农村放映员共210人参加了培训。

（黄文静）

【微视频大赛】　7月5日至9月25日，举办“微艺术·大视野——门头沟的故事”微视频大赛，区广大影视爱好者以“讲述门头沟自己的故事”为主题拍摄优秀微视频作品，设立重现历史、传奇故事、灵感创意、真情追踪、最具人气五大类别奖项。

（黄文静）

【京西太平鼓民间艺术团获双金】
7月9日至14日，来自京津冀晋蒙五省区市的360个参赛作品、5000余名舞蹈选手进行比拼。区京西太平鼓民间艺术团表演的舞蹈《鼓舞太平》夺得了业余青年组创作金奖和表演金奖两项大奖。

（黄文静）

【中国优秀军事题材影片巡回展】
8月1日，由中国电影博物馆主办，中国航空博物馆、门头沟区文化委员会、永定河文化博物馆联合承办的《八一礼赞——中国优秀军事题材影片巡回展》在永定河文化博物馆开幕。展览精选了70部有代表性的军事题材优秀影片，从新中国的第一部故事片《桥》到《南征北战》、《铁道游击队》、《开国大典》等影片。

（黄文静）

【文化资讯栏目】　8月，与区广电中心合作，开辟文化资讯栏目。文化资讯每周一期，第一期内容为“我爱我唱门头沟”门头沟区原创歌曲歌咏比赛活动，第二期内容为“微艺术·大视野——门头沟的故事”微视频大赛活动，第三期播出大峪街道办事处文化艺术节活动。

（黄文静）

【山地徒步大会表演】　9月8日，组织太平鼓、威风锣鼓等6支文艺表演团队，参加了第三届京煤杯北京国际山地徒步大会文艺表演。

（黄文静）

【重阳文化节系列活动】　9月22日，开展“重阳登高定都峰”系列活动。活动主要包括山货大集、百“福”石展、评书等非遗表演、祝福廊祈求长寿幸福、书法家写百“寿”字赠老人、“登上定都峰，一览北京城”登高、赏菊花、品菊花茶、饮菊花酒、尝重阳糕、领茱萸佩民俗展示等特色活动。

（黄文静）

【第六届永定河文化节】　9月23

日，“永定河·流金岁月”中国北京第六届永定河文化节《永定河组歌》大型合唱演出。此次合唱的曲目是门头沟本土音乐人杜晓创作的《永定河组歌》，由门头沟区合唱团和中央歌剧舞剧院合唱团共同合作演出，并邀请中国广播艺术团电影交响乐团伴奏。

（黄文静）

【“百花向阳”楹联书画展】 9月25日，门头沟老干部“百花向阳”楹联书画展在永定河文化博物馆开幕。共展出作品150余幅。

（黄文静）

【交流演出活动】 9月26日，在影剧院接待了俄罗斯后贝加尔国家民族歌舞团的交流演出。演职人员40人，演出节目22个，内容有反映当地的民族风情的歌舞《莫斯科郊外的晚上》、歌曲《纺织姑娘》、舞蹈《围裙》等，700余人观看了演出。

（黄文静）

【“翰墨飘香门头沟”红联展】 10月12日，“红联喜迎十八大，翰墨飘香门头沟”红联展在永定河文化博物馆开幕。书法展汇集区楹联协会作家创作的180余幅书法作品，作品包括真、草、隶、篆、行等多种书体。

（黄文静）

【特色文化项目验收展演】 11月19日，门头沟区特色文化项目验收展演活动在门头沟影剧院举行。全区村镇、社区、区总工会工会、老干部局等39个业余团队，1000余名文艺爱好者登台。

（黄文静）

【第七届文博会】 12月21日，门头沟区参加第七届文博会“文化创意产业重点项目推介暨签约仪式”。区文化创意产业促进中心、投资促进局组织妙峰山镇政府与北京龙祥风和文化发展有限公司在仪式上签署了总投资9亿元的战略合作框架协议。

（黄文静）

【电影下乡活动】 年内，13支农村数字电影流动放映队，全年共放映公益电影9773场次，观影人次10.5万人次。

（黄文静）

【文物修缮工作】 年内，完成鲁家滩古建筑石灰烧结、灰浆调制技艺、清水镇李家庄村南音乐、三家店村万禄同善高跷、地秧歌老会四项的申遗报告。完成三皇炮锤武医技艺秘籍六册编辑合集工作。完成三个国家级非遗项目纪录片与区六大文化大型纪录片的拍摄工作；撰写5.4万字的北京市首部“非遗志”门头沟部分资料。编辑出版《永远的记忆》。完成了11个北京市级非物质文化遗产保护单位的认定工作。门头沟历史文化长廊建设和定都阁彩绘工程完工。潭柘寺、戒台寺修缮项目完工。军庄朝阳庵后殿、下苇甸龙王庙彩绘和万佛堂砖塔修缮工程完工。7.21暴雨后，协调北京旅游投入资金100万，进行潭戒两寺抢险修缮。

（黄文静）

【文化市场执法工作】 年内，文委文化市场执法队出动检查327次，车辆220车次，执法人员578人次，检查各级文保单位250处，检查网吧166家次，歌厅94家次，游艺厅33家次，图书、报刊、电子出版经营单位82家次，印刷、复印企事业62家次，音像制品制品单位24家次，收缴各类盗版图书近500册，盗版光盘300多套，联合取缔黑网吧1家，处罚违规经营歌厅2家，处罚金额共1万，处罚图书公司1家，处罚金额800元。

（黄文静）

【全程办事代理】 年内，审核网吧18家，歌舞厅14家，游艺娱乐场所8家。年检通过印刷企业9家，图书企业176家，音像企业50家。新设立歌舞厅1家，出版物发行单位4家，游艺娱乐场所4家。

（黄文静）

·广播电视

【概况】 年内，广电中心按照全年宣传思想文化工作总体部署，围绕区委区政府中心、重点工作，始终坚持正面宣传为主，扎实开展新闻宣传工作，不断提高正确舆论引导能力，为推进现代化生态新区建设、努力推动经济社会跨越式发展提供了精神动力和舆论支持。截至12月底，《门头沟新闻》共播出3620条，在新闻节目中开辟各类专栏26个，完成电视外宣121条、广播外宣107条。开设专题栏目16个，拍摄完成电视专题片202部（期），其中《视点关注》104期。全年播出影视剧26部，共计600集。全年确保安全播出，实现安全播出零事故。

单位名称：北京市门头沟区广播电视中心
地　　址：北京市门头沟区新桥大街36号
电　　话：69843348
邮　　编：102300

（高艳蕊）

【市广电局安全检查】 1月11

日，市广播电影电视局副局长王霞带队对区广电中心进行安全检查。检查小组听取了广电中心的整体情况及安全保卫工作现状汇报，查阅了安全工作档案资料，对监控系统、值班室及机房等重点区域进行了实地检查。检查小组根据检查中发现的问题提出了整改建议。7月26日，市广播电影电视局科技处领导一行4人组成的检查小组到区广播电视中心检查安全播出情况。在听取了中心关于安全播出自查情况的汇报之后，检查组对中心安全播出相关档案材料进行了检查，并实地查看了机房、配电室等。检查组对中心的安全播出工作进行了肯定，同时也针对检查中存在的问题给出了相应的建议。

（高艳蕊）

【召开年度工作会】 3月28日，召开2012年广播电视中心工作会，会上广电中心主任作了题为《统一思想 凝心聚力 全力做好新闻宣传工作》的2012年工作报告。会上表彰了2011年度中心先进个人、市级先进个人和集体及市级获奖作品。

（高艳蕊）

【接受7.21捐赠】 8月2日，广电中心接受北京北广科技股份有限公司为门头沟区“7.21”受灾地区群众捐赠收音机600台，价值5万余元。

（高艳蕊）

【北京电视台到门头沟“走转改”】 8月15日，北京台到中心“走转改”，了解需求。

（高艳蕊）

【学习、宣传、贯彻十八大精神】 9月开始，策划组织十八大成就性宣传报道，在重要时段适时推出一批有特色的专题栏（节）目，在新闻节目中开设“科学发展成就辉煌，喜迎十八大特别报道”和“喜迎十八大 党在我心中”栏目，制作播出“科学发展 成就辉煌”——《视点关注》系列报道共18期。

（高艳蕊）

【召开十八大安全播出工作会】 10月30日，召开喜迎十八大安全播出工作会，对十八大期间安全播出工作进行了安全部署。

（高艳蕊）

【获奖情况】 年内，门头沟区广电中心被市广播电影电视局评为2011年度广播电视技术维护先进集体，被区绿化委员会评为2011年度门头沟区绿化美化先进集体，被市科委、市委宣传部、市人力社保局、市科协评为北京市科学技术普及工作先进集体，新闻部获北京电视台7.21新闻宣传突出贡献奖。

（高艳蕊）

【宣传工作】 年内，一是围绕贯彻落实区第十一次党代会、区两会精神做好成就性宣传报道。在新闻节目中开设《回眸2011 展望2012》、《区党代会特别报道》、《人大政协两会专题报道》等专栏，《视点关注》栏目完成10期成就性报道；二是围绕全区功能定位，宣传新城区现代化滨水山城的新形象，宣传山区全域景区化百里画廊的新理念，在新闻节目中开设《山水相约 绿海畅游》栏目，制作“推动经济转型 实现跨越发展”系列访谈节目，宣传“北京之巅、绿海家园”的区域形象定位；三是围绕重点工程建设、城乡环境整治、为民办实事项目、旧城改造、沟域经济、产业结构调整加大宣传报道力度，全面展现区内的发展变化；四是围绕解放思想大讨论活动在新闻节目中开设《创造发展新优势 稳中求进促发展》解放思想大讨论专题栏目，对全区解放思想大讨论活动开展情况及活动开展以来各单位促进工作的创新做法和典型经验进行宣传报道；五是围绕社会管理与创新，对为民服务信息平台建设加大宣传力度，自61696156为民信息服务平台开通以来，共计制作播出7期《视点关注》专题片，在新闻节目中开设《96156需求与反馈》栏目，播出相关新闻50余条，制作走飞字幕，对为民信息服务平台的作用、服务方向等内容进行了宣传，扩大了平台的影响面和群众知晓率；六是围绕两万户整体征收，在《门头沟新闻》中开办《将棚改进行到底》栏目，从5月21日开始到6月7日共播出的新闻125条，《门头沟新闻》节目从原来的15分钟延长到30分钟左右。每天在《门头沟新闻》后加播2万户棚改房屋征收宣传口号及政府通告；及时对2万户棚改房屋征收工作进行了宣传。制作播出10期《视点关注》两万户整体征收特别节目；七是围绕棚户区改造，在《来自重点工程的报道》《关注改善民生 推进棚户区改造》《视点关注》等栏目里加大宣传力度，开辟“全力推进潭柘寺房屋整体征收”、“攻坚克难全力推进2万户房屋整体征收”等栏目；八是围绕“7.21”特大自然灾害，对全区抗洪救灾及灾后重建工作形成了持续报道，抗洪救灾宣传工作及时、深入、全面；九是围绕第三届北京国际山地徒步大会、环北京自行车赛等品牌活动形成持续集中报道。利用《门头沟新闻》、《视点关注》栏目等形式，对赛事活动的筹备与举办进行了持续跟踪报道。

（高艳蕊）

卫　生

【概况】　年内，卫生工作以公立医院改革为重点，以体制机制创新为路径，以提升区域整体医疗服务水平为核心，通过深化改革、优化环境、强化内涵，不断加强基本医疗和公共卫生体系建设，统筹各项卫生工作全面协调发展。以区医院集团成立为标志，医改工作取得进展。按照保基本、强基层、建机制的要求，不断创新管理体制和运行机制。区医院在实现“6升5降”的基础上获得“八个跨越”。公益性不断增强，诊疗环境持续改善，通过精细化管理推进精品医院建设，由体制机制创新向内涵建设发展，医院JCI认证准备工作顺利推进，在2012年第三方对北京市16家区县医院评估中，区医院排名升至第5位。公共卫生安全得到有效保障，传染病监测和重点传染病管理得到加强，妇幼和精神卫生工作有序进行，卫生监督工作稳步推进。全区无重大传染病暴发流行、无重大食品安全事故和生活饮用水污染事件发生、无精神病人重大肇事肇祸事件发生，医疗废物集中无害化处置率100%。启动健康门头沟创建工作，通过了国家卫生区复审。应急能力不断提高，完成重大节假日及国际山地徒步大会、环京自行车大赛等40余项重要活动保障任务；7.21特大自然灾害卫生应急工作实现了“大灾之后无大疫”的目标。医疗服务体系逐步完善，医疗质量稳步提升。全年未发生重大医疗责任事故。启动新一轮医院等级评审，加强医务人员行为规范管理，区医院、中医医院接入114预约挂号平台。提高山区基本医疗服务能力，开展卫生室“规范提升”专项活动，规范和强化山区巡诊。发展中医药工作，加强适宜人才、适宜技术的培养和推广。加强城镇社区卫生工作，培养家庭保健员1000名，“家庭医生式服务”签约17.6万人，签约率60.4%，完成社区卫生管理信息平台建设。在2012年全国社区卫生技术大练兵总决赛中，区代内表队获得全市第一名、全国第三名的好成绩。

单位名称：北京市门头沟区卫生局

地　　址：北京市门头沟区新桥南大街9号

电　　话：60801936

邮　　编：102300

（张　莹）

【召开工作会议】　1月9日，召开卫生系统2012年工作会议，确定了2012年卫生工作的总体要求和重点任务。

（张　莹）

【新型农村合作医疗】　2月10日，召开全区新型农村合作医疗管理委员会2012年会议。会上通过了《门头沟区2011年度新农合二次补偿方案》。经过各镇、村一周的公示。27日，向区财政局申请拨付。此次二次补偿有4418人次受益，支出基金793.29万元。4月26日，新农合管理中心召开2012年参合工作动员培训会，会议对2012年参合工作做了具体安排，对《门头沟区2012年新型农村合作医疗实施办法》进行解读，对参合缴费、注册换证、信息确认、录机等工作进行培训。7月16日，京煤集团总院、区医院、中医医院、妇幼保健院、龙泉医院5所医院的住院直报工作正式启动。

（张　莹）

【妇幼工作】　2月14日，北京市优生优育协会会长及相关专家到妇幼保健院，对儿童早期发展评估及健康保健工作进行检查与指导，区妇幼保健院被北京市卫生局选定为北京市儿童早期综合发展服务中心试点单位。3月28日，全区“促进自然分娩，保障母婴安康”项目在区妇幼保健院正式启动。

（张　莹）

【领导调研】　2月28日，市政府研究室领导对区医疗卫生体系建设工作进行调研。4月25日，区领导王洪钟到区卫生局调研。5月16日，区政协领导张冰带领部分政协委员，就医药卫生体制改革工作进行视察。24日，市卫生局领导带队到妙峰山镇卫生院调研。7月24日，市卫生局调研组，对门头沟区“7·21大暴雨”后卫生监督保障工作及2012年法制监督重点工作落实情况进行调研督导。25日，市爱卫会领导到区受灾较为严重的东辛房街道北涧沟社区实地查看了受灾情况。同日，市卫生监督所领导到区内，对“7·21”大暴雨后卫生监督工作进行调研指导。9月17日，国务院医改办调研组到区医院调研公立医院改革工作。10月24日，卫生部党组书记、副部长张茅到区内调研，对医改工作予以肯定并提出希望。11月14日，武汉市江夏区领导一行考察区公立医院改革工作。28日，区领导王洪钟到卫生局调研。年内，区领导韩子荣听取区卫生工作汇报。年内，市中医管理局领导带领专家组到区内验收创建社区中医药工作先进单位。

（张　莹）

【国家卫生区复审】 3月14日，召开国家卫生区复审工作动员会，全面启动国家卫生区复审工作。15日，启动国家卫生区复审巡查机制。4月17日、5月8日、6月14日、9月7日，分别召开4次工作协调会。4月下旬，通过北京市爱卫会暗访。6月26日，通过北京市爱卫会检查组考核。9月中旬，通过全国爱卫会专家组复审。12月20日全国爱卫会再次授予门头沟区国家卫生区标牌。

（张　莹）

【宣传活动】 3月24日，辖区各医疗机构相继开展形式多样的“世界防治结核病日”宣传。5月31日，组织开展第二十五个“世界无烟日”宣传活动。活动中向过往市民发放控烟宣传资料。

（张　莹）

【召开工会工作会】 4月20日，召开卫生系统2012年工会工作会，对2011年工会工作进行总结，并对2012年工作进行了部署。对评选出的60名技术创新优秀标兵、39名巾帼建功“三八”红旗手、10个优秀班组、10项优秀成果、10条优秀合理化建议，29名优秀工会积极分子进行表彰。

（张　莹）

【纪念“5·12”国际护士节】 5月15日，卫生系统开展纪念“5·12”国际护士节100周年活动。卫生局组织各医疗机构主要领导及护士代表召开“凝心聚力、开拓创新、推动优质护理服务示范工程”主题座谈会。

（张　莹）

【举办急救技术应用技能竞赛】 5月30日，举办“社区卫生服务人员急救技术应用项目技能竞赛”。采取心肺复苏、创伤四项技术技能实践操作和理论知识问答相结合的方式进行综合评比，重点考察各社区卫生服务中心医务人员急救操作的规范性以及应急处置能力。全区9个社区卫生服务中心11支代表队的66名队员参加比赛，最终潭柘寺镇卫生院、门城地区社区卫生服务中心、永定镇卫生院分别获得团体一、二、三等奖，6名医务人员获得个人比赛前6名。

（张　莹）

【召开农村自备水源监督监测会】 6月7日，组织召开农村自备水源监督监测工作会。会上总结2011年监督检查和水质监测工作，部署2012年监督管理工作任务。区卫生局、水务局、农委和各镇政府主管领导及相关科室负责人参加。

（张　莹）

【捐赠山区巡诊车】 6月25日，举行阿根廷爱国华侨李文忠捐赠山区巡诊车签字仪式。李文忠无偿捐赠门头沟区巡诊车8辆，以解决卫生院巡诊交通工具不足，缓解山区农民“看病难、就医难”问题。

（张　莹）

【“五进农村”帮扶村开展义诊】 6月25日，由区卫生局副书记带队到田庄村开展义诊活动。对该村党员和群众进行免费体查、B超检查、血压测量、心电图监测及健康咨询120人次。

（张　莹）

【文艺汇演】 6月29日，组织卫生系统“践行北京精神　服务人民健康”迎接十八大主题文艺汇演。

（张　莹）

【迎接市考核评估】 7月6日，北京市妇幼卫生工作绩效考核和重大公共卫生项目督导评估组到区内进行妇幼卫生工作和重大公共卫生项目考核评估。从妇幼保健政府保障、妇幼保健网络建设、服务管理、妇幼保健服务的提供等进行检查。

（张　莹）

【医保网络工作验收】 8月14日，永定镇社区卫生服务中心通过市医保中心验收。永定镇社区卫生服务中心下设的石门营社区卫生服务站、北岭社区卫生服务站、永兴社区卫生服务站自8月15日起，医保网络开通。

（张　莹）

【流感疫苗接种】 10月10日至

11月30日，区内17个流感疫苗免疫预防门诊，累计接种流感疫苗28491支，接种人数与去年基本持平。

（张　莹）

【公共卫生安全隐患排查】　10月18日，与区安监局联合组织对区医院等部门水源井管理情况开展公共卫生安全隐患排查专项行动督导检查。被检查单位公共卫生管理运行良好，未发现公共卫生安全隐患。

（张　莹）

【培训工作】　10月19日，卫生局健康管理实战培训项目正式启动，区卫生系统各单位管理人员和慢性病防治骨干共61人参加培训。培训班共有8次课程。年内，共举办继教医学教育培训43次，培训9255人次。完成226项市区级学分项目申报，市级项目注重对全科医学、公共卫生与预防医学、医院管理项目的申报，区级项目在注重基层专业学科需求项、传染病、中医适宜技术和中成药合理使用项目的培训。完成全区10个继续医学教育基地2861名卫技人员的学分及传染病培训审验工作。完成10个区级认可继续医学教育基地2905人次的项目执行情况网上监审，实时督导确保继续医学教育人人达标。完成59家厂矿学校医务室、个体医诊所7万余人次诊疗工作量统计。年内，全区2012年乡村医生岗位培训工作完成。培训内容主要包含医疗垃圾处置及5S管理培训、医疗文件书写培训等内容，共188人参加培训。

（张　莹）

【市妇幼保健网络信息系统应用】　11月开始，在辖区3家助产机构、11家社区卫生服务中心及18家幼儿园推广应用"北京市妇幼保健网络信息系统"。

（张　莹）

【十八大安保维稳工作】　十八大期间，卫生系统开展领导接待日活动，将单位自查、综合督查、专项督查、暗访检查相结合，系统内部开展自查570余次，卫生局督导检查100余次。做到医疗质量安全、风险评估、矛盾排查调处、应急处置、公共安全、安全生产工作等"六个强化"，为十八大安保维稳工作目标的实现提供有力保障，实现"双无"、"双零"目标。

（张　莹）

【卫生人才】　年内，完善竞争性选拔干部机制，组织科级干部竞争上岗4次，9名同志走上领导岗位。通过公开招聘、定向培养等形式，引进卫生专业技术人员40人。鼓励在职医务人员参加继续教育培训，支付卫生教育基金12万余元。加强科研管理，组织申报区级科技进步奖、成果推广奖32项，获奖14项。完成全区881名各专业类别医师的定期考核工作。举办领导干部管理素质研修班、高效团队建设等专题培训。

（张　莹）

【党建工作】　年内，系统开展创先争优活动，完善党员挂牌上岗、党员承诺、党员责任区、党员责任岗，建立长效机制116项。开展基层党组织分类定级和整改提高晋位升级工作，夯实基层组织建设，通过项目化管理提高党建创新水平。区医院消化内科主任谢永强被评为"全国医药卫生系统创先争优活动先进个人"，中医医院党总支书记郑秀霞被评为"全国中医药系统创先争优活动指导工作先进个人"。以推进医改和提升医疗服务水平为重点，开展"创造发展新优势，稳中求进促发展"解放思想大讨论。落实党风廉政建设责任制，惩防体系建设得到加强，通过卫生部和市、区检查考核。做好政风行风自查自纠及民主评议工作，开展"一和三同"、防止利益冲突宣传教育。扎实推进党务公开，公开事项556项。完成卫生援疆工作任务，截至年底，共选派援藏、援疆干部3批5人次。开展"践行北京精神，服务人民健康"文明创建主题活动，工会、共青团的桥梁纽带作用得到充分发挥。

（张　莹）

【"7.21"自然灾害卫生防疫】　年内，卫生系统全面展开"7.21"特大自然灾害救灾工作，贯彻落实"大灾之后无大疫"的工作方针，重点做好以下几项工作：一是加强监测，启动零报告。进一步加强传染病疫情监测和发热、腹泻等5种症状监测，启动突发公共卫生事件每日零报告制度。开展重点地区蚊蝇等病媒生物密度监测和生活饮用水水质监测，对选定末梢水监测点，进行浑浊度等感官指标和总大肠菌群等微生物指标检测。二是开展健康教育。利用电视、报纸、村委会广播、短信平台、健康教育微博、社区电子屏、宣传单等多种途径，普及饮水卫生、食品和环境卫生、传染病预防等防治知识。三是开展消杀灭工作。启动全区储备和市级支援的消杀器械、药品，对北涧沟社区、三家店地区等重点区域开展灭蚊蝇灭鼠和预防性消毒，消除传染病可能发生或传播的条件。四是提供社区巡诊和安置区医疗服务。成立巡诊小分队，到受灾比较严重的社区、农村开展医疗服务、消毒指导、健康教育等工作。门矿医院、大台医院安排医务人员24小时值守，为西辛房中学、大台地区临时安置点群众提供基本医疗、心理疏导、健康教育等服务。五是加大监督监测工作力度。由卫生监督员、疾病控制人员组成的5支巡查小分队，在区水务局、镇政府、街道办的协同配合下，开展饮水卫生、食品和环境卫生、传染病防治等内容的监督检查、样品监测和技术指导，对检查中发现的问题，提出整改意见和建议，并要求立即消除卫生安全隐患。六是加强信息报送工作。"7.21"特大自然灾害后，全区卫生防疫信息统一归口到卫生局，每日以《门头沟区卫生防疫工作信息》的形式汇总全区卫生防疫工作开展情况、存在的问题及下一步安排，并及时报区委、区政府主要领导、市、区相关部门。

（张 莹）

【婚前医学检查】 年内，区内婚前医学检查工作通过市级考核验收。

（张 莹）

【"两非"专项整治】 年内，与区计生委联合组成检查组，开展了"两非"（非医学需要的胎儿性别鉴定、非医学需要的人工终止妊娠）专项整治行动，对区妇幼保健院、区医院、京煤集团总医院3家医疗机构进行监督检查。未发现"两非"违规行为，在显著位置张贴了标识。针对检查中发现的中期引产病历中无胎儿性别描述等问题，检查组对医疗机构提出了整改建议。

（张 莹）

【启动免费孕产优生健康检查】 年内，在区医院、妇幼保健院试点医院开展免费孕产优生健康检查项目。按照知情同意的原则，对区内常住人口符合计划生育政策准备怀孕的夫妇，包括初婚无子女和符合再生育政策经批准生育的夫妇，提供一次免费孕前优生健康检查。服务内容涵盖19项孕前优生健康体检及健康教育、风险评估、咨询指导、追踪随访等项目。

（张 莹）

·卫生监督

【概况】 年内，以完善卫生监督执法体系、加强监督执法能力建设为目标，以推进依法行政为主线，坚持宣传、培训、监督齐抓共管原则，开展食品卫生、公共场所、生活饮用水、医疗卫生、职业卫生等各项监督执法工作，全力保障全区公共卫生安全。完成了市所、区政府和区卫生局下达的目标任务，辖区内未发生食物中毒、生活饮用水污染等重大突发公共卫生事件。全年共监督检查4559户次，监督覆盖率100%。制作一般程序行政处罚案卷48卷，罚没款107050元；简易程序处罚126起，均为警告。共受理群众投诉举报115件，处理115件，处理率100%。卫生许可受理审核中心共接到群众咨询4455人次；申办人申请1096户，受理1074户，审批发证660户。卫生监督所编制48人，现有41人（不含工勤2人）。**单位名称：北京市门头沟区卫生局卫生监督所**

地 址：北京市门头沟区石龙南路甲12号

电 话：60804950

邮 编：102308

（陆沈凤）

【上级部门督查】 1月10日，市卫生局考核门头沟区2011年卫生监督工作。4月6日，区领导调研卫生监督工作。监督所所长汇报了单位基本情况和开展的主要工作，并提出了门头沟区公共卫生安全方面存在的主要隐患。6月19日，区政协委员视察卫生监督所餐饮服务环节食品安全监管工作，实地视察了1家学校食堂、1家小餐饮单位和1家大型餐饮单位，并听取汇报。7月10日，市卫生监督所检查国家安全生产监督总局职业安全卫生研究所石龙医院职业健康检查和职业病诊断资质情况。11月5日，市卫生监督所餐饮服务食品安全区县互查工作组督查区餐饮服务食品安全工作。12月26日，市食品办、市卫生局牵头的绩效管理食品安全考核督查组督查区食品安全工作，督查组听取汇报、查阅材料，实地检查了肯德基双峪餐厅和麦当劳双峪路餐厅。

（陆沈凤）

【发放资格证书】 1月13日，卫生监督所发放餐饮服务食品安全管理员资格证书110份，其中初级证书105份，高级证书5份。

（安文娇）

【卫生法律法规宣传】 2月8日，会同城管、工商、公安等相关部门，在区医院门口举行"开展'护生工程'畅通绿色生命通道"的联合宣传行动。4月22日，参加区政府组织的取缔侯庄子早市前期宣传行动，现场发放宣传单400余份，并张贴了取缔侯庄子早市的通告。27日，会同区安监局及石龙管委会对石龙工业区内50家企业进行《职业病防治法》的宣传及培训，累计发放职业病防治宣传手册200余份。5月8日，在木城涧煤矿开展《职业病防治法》及职业病防治知识宣传，共发放宣传知识手册1000册，宣传画1000张、宣传扑克500副，接受现场咨询30余次。13日至19日，开展了“2012年饮用水卫生宣传周”活动，共张贴宣传海报200张、摆放展板5块、发放宣传单3000份、宣传折页5000份，开展现场咨询20次，现场水质快检15次。6月10日，参加“践行北京精神，弘扬安全文化，推进安全发展城市建设”安全生产月宣传咨询活动，发放《生活饮用水安全指导手册》、《职业病知识百问》、如何预防食物中毒等宣传画、折页500余份、光盘300个。11月30日，参加全区统一组织的法制安全宣传日活动，现场解答群众咨询50余人次，发放食品安全宣传画、食品添加剂使用说明手册及生活饮用水知识问答等各类宣传材料1000余份。

（张云志）

【内部管理】 2月14日，根据《门头沟区卫生局卫生监督所2011年绩效考核管理办法（试行）》对各科室2011年工作进行考核。3月1日，全体职工观看“文明就在身边2011年度门头沟区十大好人”颁奖盛典，并在观看后开展大讨论。23日，召开第二届第一次全体职工代表大会，讨论并通过《卫生监督所加班管理制度》。4月25日，召开“创造发展新优势，稳中求进促发展”解放思想大讨论活动动员大会。7月3日至5日，对全体监督员开展“压力释放与团队建设”培训。9日，召开领导班子学习贯彻北京市第十一次党代会精神座谈会。9月4日，根据《门头沟区卫生局卫生监督所2012年绩效考核管理办法》对各科室2012年1月至8月工作进行考核。

（陆沈凤）

【联合检查】 2月20日至29日，会同区教委联合对辖区内41所中小学校食堂食品安全、饮用水卫生、传染病防控、教学生活环境质量等进行了专项检查。3月6日，与区教委联合召开“2012年门头沟区春季学校公共卫生安全督查总结会”，就2月份进行的学校公共卫生安全专项检查过程中发现的问题以及相应的解决措施等进行探讨。4月16日，会同区城管、工商等部门联合整顿桥东街地区，对2家无证餐饮服务单位责令停业。18日，联合区旅游委、公安、安监等部门对斋堂镇川柏景区和双龙峡景区餐饮服务单位进行监督检查，并于当天下午对问题单位进行食品安全知识培训。5月8日，联合永定镇政府、区教委、消防等部门对永定地区的学校和托幼机构食堂食品安全进行专项检查。对3所无证幼儿园现场发放停业告知书。10日，会同区公安、工商、城管、龙泉镇等各相关职能部门集中整治梨园地区无照无证发廊足疗场所，取缔无照无证发廊足疗场所4户。6月5日至6日，会同永定镇政府、区安监、工商、消防、公安等部门集中对永定地区安置房曹各庄地块、小园地块、栗元庄地块的10家建筑工地的20个工地食堂进行食品安全专项检查。7日至8日，会同区教委、疾控中心开展门城和永定地区托幼园所联合监督检查，共检查托幼园所13家。7月18日，会同区城管、工商、公安、龙泉镇政府等部门依法取缔梨园地区临街无证餐饮单位5家，查封、扣押用于违法生产经营的工具、设备55件，食品原材料45公斤。8月29日，联合区城管大队、区公安分局、大峪街道等部门取缔黑山地区7家无证餐饮服务单位，累计扣押食品加工用具34种200件。9月17日至18日，会同区疾控中心对辖区内7家医疗机构实验室的生物安全管理工作进行监督检查。19日至27日，会同区教委联合对全区43所中小学校及托幼机构开展秋季节前学校卫生安全督查。11月30日，会同永定镇政府、区工商、安监、消防等部门对永定地区餐饮服务单位进行专项检查。

（陆沈凤）

【约见管理相对人工作】 2月23日，联合区教委召开“门头沟区2012年春季学校公共卫生安全约见会”，集中约见全区中小学校及托幼机构负责人120人，发放食品安全宣传光盘36份。8月23日，会同区教委联合约见为区内学校送餐的3家企业负责人。9月21日，联合区教委召开2012年秋季门头沟区学校卫生和饮食安全工作约见会，全区各中小学校、托幼机构以及学生营养餐配送单位后勤主管领导和食品安全管理员共67人参会。

（陆沈凤）

【大型活动保障工作】 2月24日，完成门头沟区农村和旅游工作会议食品安全保障，确保了3餐次800余人次的餐饮服务食品安全。6月22日至24日，完成“2012中国乒乓球协会会员联赛北京门头沟站”的公共卫生保障任务。9月14至16日，完成“构建21世纪金融体系”2012年中美金融研讨会公共卫生保障，确保了5餐次1000余人次的餐饮服务食品安全。15至16日，完成“京煤杯”第三届北京国际山地徒步大会公共卫生保障，确保了53餐次9400余人次的公共卫生安全。10月10日至11日，完成2012年环北京职业公路自行车赛食品安全保障，确保门头沟赛段9餐次1970人次的餐饮服务食品安全。11月19日至21日，完成门头沟区人民代表大会第十五届二次会议公共卫生保障。

（郑素音）

【业务技能培训】 3月2日，全体监督员学习《卫生行政执法文书指导手册》、《北京市行政处罚案卷标准》。9月21日，全体卫生监督员围绕职业卫生档案、卫生平台制度要求、案卷制作规范、非法行医行刑衔接等方面进行综合业务培训。

（郑素音）

【演讲比赛】 3月9日，举办“做人民健康的忠诚卫士——向十大好人学习 践行北京精神”主题演讲比赛，最终评出一等奖一名，二等奖一名，参与奖三名。

（陆沈凤）

【管理相对人培训】 3月13日至4月10日，分10次对124家村卫生室、28家社会办医疗机构185名医务人员进行《中华人民共和国传染病防治法》和《医疗废物管理条例》及相关法律法规培训。19日，会同区住建委联合对70家建筑工地的项目经理和安全员进行安全知识培训。5月23日，对北京京煤集团总公司下属的40余家企业共计65名负责人进行食品安全知识培训。31日，对永定镇地区28名建筑工地食堂安全管理员进行食品安全知识培训。7月10日，到大台街道双红社区为60余名社区居民讲授食品安全知识。10月23日至26日，举办放射工作人员培训班，从事放射诊疗工作人员共计143人参加培训。

（陆沈凤）

【国家卫生区复审工作】 4月5日至6日，对创卫区域内179家餐饮服务单位负责人，分3批进行食品安全知识培训，累计发放材料179份。9日至10日，分两批次召开“国家卫生区复审动员培训会”，共有112个公共场所单位的负责人和经营者参加培训，下发《致广大经营单位的一封信》及《公共场所监督自查表》等资料400余份。10日，对创卫区域内51家医疗机构的负责人进行传染病防治工作培训，与6家不开展打针输液等活动不产生医疗废物的中医诊所和学校医务室签订了《不产生医疗废物承诺书》。19日至23日，卫生监督所全员停休，集中检查创卫区域内各餐饮服务单位和公共场所，通过了北京市爱卫会国家卫生区复审暗访。9月12日，全国爱卫办专家对门头沟区国家卫生区工作进行暗访。12月27日，门头沟区通过国家卫生区复审。

（陆沈凤）

【稽查工作】 4月13日，开展职业卫生和学校卫生稽查，抽查了北京西昊宇加油站有限公司和区坡头中学。6月6日，开展卫生行政许可专项稽查，现场稽查餐饮服务单位4户、美容美发单位6户。9月27日，所长带队开展“中秋、国庆”两节暨党的十八大安保公共卫生安全专项稽查，重点检查了节日期间具有承接婚宴、会议能力的12家餐饮服务单位和4家住宿单位。

（张云志）

【专项监督检查工作】 4月24日至28日，集中检查潭柘寺镇、斋堂镇、妙峰山镇和灵山等旅游景区的餐饮服务单位，共出动监督员28人次，监督车14车次，监督检查餐饮单位57户次。6月1日至4日开展足疗保健、歌厅场所从业人员艾滋病、性病防控工作专项检查，共检查25户，现场发放调查问卷100余份、预防艾滋病、性病宣传材料500余份，对高危人群抽血检测150人份。7月，对全区22家一级以上医疗机构、社区卫生服务中心、妇幼保健机构和专科疾病防治机构的医疗废物处置情况进行专项监督检查。11月19日至30日，开展工地食堂食品安全专项检查，累计检查工地食堂120户次，出动监督员60人次，车辆30车次。

（陆沈凤）

【完成游泳场馆百日整治工作】 5月底至9月初，完成全区游泳场馆百日专项整治工作。6月1日，召开“门头沟区2012年游泳场馆百日专项整治工作动员培训会”，辖区内5家游泳场馆负责人和从业人员参加会议。29日，集中约见全区5家游泳场馆负责人。7月17日至19日，对辖区内营业的4家游泳场馆进行监督检查，并现场采样检测游泳池水质样品8件，合格率100%。

（马英泽）

【卫生许可】 7月13日，所领导班子召开行政许可审批专项工作会，结合餐饮服务许可审查规范（国食药监食〔2010〕236号）及门头沟区餐饮服务经营企业的实际情况研讨门头沟区餐饮服务许可现场审查标准。区卫生局副局长参加会议。16日，区卫生局副局长带队现场调研餐饮服务单位。年内，共接待群众咨询4455人次，申办人申请1096户，受理1074件（其中公共卫生受理660件，医政审批受理414件）。公共卫生审批发证649户，其中餐饮433户、公共场所166户、生活饮用水26户、放射卫生20户、补证4户，办理注销15户。医政办结575件（包括2011年受理未办结161件），其中医师执业注册、变更254件，医疗机构审批319件，医疗机构麻醉药品和第一类精神药品购用印鉴卡核发2件。

（陆沈凤）

【“7·21”灾后卫生监督保障工作】 7月22日，紧急抽调10名卫生监督员分为5组，会同区疾控中心分别对东辛房、大峪、城子、永定、军庄、妙峰山等受暴雨影响较严重的地区开展卫生安全隐患排查。累计排查各类单位28个，其中生活饮用水9户，市场4家，旱厕4个，露天垃圾点2个，餐饮单位9户。24日，市卫生局副局长带队调研督导区“7·21大暴雨”后卫生监督保障工作及2012年法制监督重点工作落实情况。25日，市卫生监督所副所长带队调研指导卫生监督所“7·21”大暴雨后卫生监督工作。25日，区卫生局局长带队视察灾后卫生监督保障工作。26日，卫生监督所45名职工为门头沟区特大暴雨灾害受灾群众捐款2160元。27日，到大台地区、北涧沟地区，监督检查灾区群众食品卫生、生活饮用水、传染病防控等卫生管理工作落实情况。

（陆沈凤）

【十八大公共卫生安全保障】 8月22日至11月16日，开展公共卫生安全隐患排查整治专项行动，排查并整改各类隐患27个，确保党的十八大期间未出现公共卫生安全事故。9月7日，组织辖区内重点餐饮单位召开十八大食品安全保障工作会。18日，北京市卫生监督所督查区卫生监督所党的十八大公共卫生安全隐患排查专项整治工作。18日，区卫生局督查卫生监督所党的十八大安保维稳工作。21日，召开“门头沟区餐饮单位十八大食品安全工作会暨两节期间食品安全培训会”。

（陆沈凤）

【卫生监督协管工作】 10月29日至11月1日，分两批召开“门头沟区卫生监督协管员培训班”，来自乡镇卫生院、社区卫生服务中心、社区卫生服务站和村卫生室等单位的205名工作人员参加培训班，并通过考试获得《卫生监督协管员岗位证书》。12月4日，召开卫生监督协管工作会并举行聘任仪式，区卫生局副局长王俊义、卫生监督所所长薛凤敏参加会议并讲话。

（郑素音）

【示范工程创建工作】 11月22日，召开餐饮服务示范街（店）及公共场所卫生示范店创建工作部署会。12月10日，邀请10名社会监督员对申报区餐饮服务食品安全及公共场所卫生示范店的7家餐饮单位和8家公共场所进行实地评查打分。

（陆沈凤）

【打击非法行医】 年内，与药监、公安、城管等部门联合对区内非法行医重点地区进行巡查，重点打击非法行医行为，共联合执法12次，日常巡查15次，出动执法人员112人次，执法车辆32车次。取缔黑诊所17家，没收药品76公斤，没收器械50件，没收横幅、广告牌8个，召开联席会议1次。

（曹卫斌）

【量化分级管理】 年内，完成餐饮服务单位动态评定338户次；公共场所卫生监督量化分级管理评定工作中住宿场所完成了94.12%（48户/51户），其中A级单位2户、B级单位14户、C级单位32户；游泳场所完成了100%（5户），均为B级；洗浴场所完成了100%（21户），其中A级单位0户、B级单位6户、C级单位15户；美容美发场所完成了51.5%（88户/171户），其中A级单位0户、B级单位43户、C级单位45户。

（陆沈凤）

【卫生监督抽检】 年内，监督抽检683件，合格633件，合格率为92.68%。其中食品监督抽检355件，合格355件，合格率为100%；生活饮用水抽检170件，合格134件，合格率为78.82%；公共用品用具的消毒效果抽检72件，合格61件，合格率84.72%；游泳池水质抽检16件，合格13件，合格率为81.25%；集中空调通风系统卫生状况抽检70件，合格70件，合格率为100%。

（陆沈凤）

【现场快速检测】 年内，共进行现场快速检测670件（其中食品和餐饮具480件，生活饮用水150件，公共场所40件），合格670件，合格率为100%。

（陆沈凤）

·疾控中心

【概况】 年内，在区卫生局党委的领导下，在市疾控中心业务指导下，区疾控中心牢记“一切为了人民健康”的服务宗旨，切实履行卫生防病工作职能，努力提高疾病预防控制工作水平，不断增强突发公共卫生事件应急处置能力，落实重大疾病防控措施，确保全区公共卫生安全，特别是7.21特大自然灾害卫生防疫和党的十八大公共卫生安全保障工作中做出了贡献。

以“凝心聚力，开拓创新，强化内涵，提升能力，打造卓越团队”为主题深入开展“创造发展新优势，稳中求进促发展”解放思想大讨论活动。加强职工思想作风建设和业务技能培训，坚持每周一次的政治业务学习，每月一次的业务讲座，选派业务骨干参加市级进修培训，举办了17项继续医学教育项目，卫生专业技术人员继续医学教育达标率100%。突出疾控文化，举办有奖征文比赛、摄影比赛、手工作品展等活动。完成了医师定期考核工作。

加强结核病、艾滋病、呼吸道等重点传染病的预防宣传、日常防控和预警监测，强化肠道门诊管理，有效开展聚集性疫情应急处置工作，传染病疫情得到及时有效控制，全年无甲类传染病报告，全区未发生突发公共卫生事件。加强免疫预防门诊管理，信息化系统规范有序运转，第一类疫苗报告接种率继续保持100%，免疫相关传染病得到有效控制。依托社区继续开展高危人群脑卒中筛查和防控项目，首次开展定点医院意外伤害监测和干预工作，完成成人慢性病及其危险因素调查，强化高血压自我管理小组“自管”模式。建立区健康科普专家库，组织开展健康大课堂讲座348场。利用各种卫生宣传日开展“世界无烟日”、“全国高血压日”等系列宣传活动10次。开通门头沟健康教育官方微博，制作播出《相约健康》电视片26期。加强食品和生活饮用水监测力度，开展食品安全风险监测，重点开展市政供水、农村自备水井、二次供水的水质监测工作，完成了9个镇123个自备水源基本情况调查和水质监测，全面掌握农村饮水卫生安全状况。继续组织开展学生免费健康体检，全面掌握学生健康状况。完成学校、托幼机构教学环境监测工作，开展学生午餐调查、青少年行为危险因素监测、视力不良分级管理、爱眼日记工作，启动中小学校传染病早期预警监测系统。完成43所学校、托幼机构卫生视导工作。完成88家用人单位的职业健康状况调查和5家用人单位的重金属污染监测任务。通过计量认证复评审和食品检验机构资质认定评审，取得实验室计量认证和食品检验机构资质认定资质，增加了19个项目的检测能力，具备公共卫生、疾病预防控制等6个类别250项指标的检测能力，为疾病预防控制工作的顺利开展奠定了良好的基础。

单位名称：北京市门头沟区疾病预防控制中心
地　　址：北京市门头沟区城子东街甲40号
电　　话：69843156
邮　　编：102300

（张翠红）

【召开工作会】 2月3日，召开2012年健康大课堂师资研讨会，通报健康科普专家库建设情况，研讨健康大课堂形式、师资建设与培养，全区17家医疗单位的26名主管领导及健康教育专兼职人员参加了研讨会。3月22日，召开2012年健康科普专家座谈会，介绍2012年调整评选健康科普专家实施方案及健康教育讲师团管理办法，健康科普专家就上述方案和办法进行了座谈，提出建议和意见。同日，召开慢病防治工作会，总结2011年慢病防治工作，部署2012年工作安排，12个社区卫生服务中心（站）的主管领导及慢病防治工作人员参加会议。4月27日，召开健康教育与健康促进工作会，布置2012年健康教育与健康促进工作，全区各医疗单位、镇、办事处及教委等部门61人参加会议。同日，召开艾滋病哨点监测工作会，区医院、京煤集团总医院、区妇幼保健院、大台医院及区公安分局5家单位的16名负责人参加会议。9月14日，与区教委联合召开全区中小学校校医卫生工作会议，总结上学年学校卫生工作，分析学生常见病防治中的难点与重点，部署新学期学校卫生工作。11月8日，召开社区慢性病管理培训暨社区肿瘤随访工作启动会，12个社区卫生服务中心的慢病主管领导及工作人员参加了会议。

（张翠红）

【培训工作】 2月17日，举办2012年消除麻疹工作相关方案培训班，各免疫预防接种门诊防保科长及业务骨干共计24人参加培训。3月12日，举办自然疫源性疾病防治知识及技能培训班，邀请市级专家对鼠疫防控、肾综合征出血热、登革热、发热伴血小板等知识进行讲解，全区19家医疗机构的传染病工作负责人和临床医生共66人参加培训。29日，召开2012年肠道传染病防治培训会，总结2011年肠道传染病防制工作，布置2012年肠道传染病防制工作任务，并对肠道门诊规范和检验程序、监测项目等相关内容进行培训，区内4家肠道门诊及一级以上医疗机构临床医师、检验、护理、消毒人员共67人参加培训。4月26日至27日，对4家肠道门诊检验人员开展实验室现场培训，讲解实验室人员的防护、暗视野显微镜的使用及镜下弧菌动力的观察等内容。27日，召开2012年门头沟区性病防治工作暨培训会，传达上级有关文件精神，部署《医疗机构梅毒筛查及规范化服务基线调查方案》，并对性病诊疗现状、存在问题、整改方向提出了建议，全区6家二级以上医疗机构的医务部主任，皮肤性病科、泌尿外科、妇产科科等相关科室主任14人参加了培训。5月17日，举办健康社区、健康促进示范村创建工作培训班，讲解健康促进示范村考核标准、健康社区评分标准、各项创建工作注意事项以及档案工作等内容，17个创建单位的工作人员及镇、办事处健康教育工作负责人27人参加培训。18日，举办狂犬病免疫预防培训班，对狂犬病免疫预防门诊医护人员12人进行了狂犬病相关知识培训。6月14日，举办安全知识培训。区消防支队官兵讲解了火灾及逃生等消防安全知识，并对消防安全“四个能力”建设内容进行解析。区公安分局警官强调单位内安保工作重点及注意事项等。全体职工参加了培训。6月29日，举办防控结核病志愿者启动仪式暨培训会，对结核病的危害、控制、结核病志愿者的职责等内容进行培训，并对志愿者提出具体要求。由各医疗机构医师及学校校医67人组成的志愿者队伍参加了培训。7月17日，举办2012年健康科普专家工作启动会暨健康教育师资培训班，邀请卫生部健康教育特聘专家就公民健康知识普及现状内容进行授课，全区17家医疗单位的86名初步推选的健康教育科普专家、主管领导及健康教育专兼职人员参加培训。8月8日至10日，举办高血压患者自我管理小组组长培训会，各社区卫生服务中心筛选出的高血压患者及医生共46人参加培训。15日至16日，举办2012年免疫规划监测技术全员培训班，讲解计划免疫相关疾病监测方案等内容，并对预防接种客户端的使用进行了交流，各社区卫生服务中心、防保科工作人员98人参加培训。9月4日，举办儿童预防接种证查验及疫苗补种工作培训班，各社区卫生服务中心及托幼机构、学校校医等共计120人参加培训。7日，举办2012年医务人员防治性病艾滋病师资培训班，邀请市级专家对性病的诊断标准、性病疫情报告要求及注意事项、医疗机构开展艾滋病扩大咨询检测的事项、意义及要求进行培训，全区20家医疗单位的95名师资参加培训。20日，举办传染病疫情直报和死因统计工作师资培训班，全区各直报单位主管领导及疫情、死因网络直报专兼职人员共计89人参加培训。25日，举办2012年流感疫苗接种工作培训会，各免疫预防接种门诊防保科长及业务骨干共计50人参会。同日，举办急性职业中毒与化学品中毒救治培训班，对常用杀鼠剂急性中毒的诊断与治疗、职业中毒与化学中毒的诊断与治疗、有机磷农药中毒等内容进行讲解，各医疗机构医务部、急诊科、内科、门诊主任，骨干医师及区疾控中心应急小分队人员共计61人参加培训。10月16日，举办艾滋病检测技术培训班，全区二级及以上医疗机构医务部主任、检验科负责人、检验科技术骨干及一级医疗机构检验科负责人共计31人参加培训。18日，举办流行病学与统计学相关知识和技能培训班，各社区卫生服务中心（站）门诊医生共计57人参加培训。19日，举办社区结核病管理工作培训班，对疑似肺结核病人发现与转诊、网络报告肺结核病人的追踪核实、登记肺结核病人的治疗管理和健康教育等内容进行培训，11个社区卫生服务中心主管领导及结防工作负责人员35人参加培训。22日，召开2012年冬春季呼吸道传染病防控培训会，讲解北京市流感监测方案及集中发热疫情处理，介绍不明原因肺炎及人感染高致病性禽流感监测及处置，对新型冠状病毒感染疫情防控及卫生应急准备提出了明确的要求，辖区内各医疗机构疾控科及地段保健科工作人员50人参加培训。12月17日，举办消毒技术培训班，讲解消毒卫生标准、操作流程及疫源地消毒方法等内容，18家医疗单位、11家托幼机构相关人员共54人参加培训。

（张翠红）

【开展应急演练】 3月13日，开展鼠疫应急演练，对疫情接报和应急响应、防护装备、样品采集和运送、现场流行病学调查、消毒和有害生物防治等5项内容进行了演练。流行病科、微生物检验科人员参加了演练。6月11日，组织开展消防疏散演练。采取场景模拟形式，由中心消防控制室人员发出火情警报，启动中心消防疏散应急预案，全体职工听到警报后紧急撤离，整个过程做到了快速、有序、安全。之后职工又对灭火器材的使用进行了演练。7月5日，组织中层干部及义务消防员到中国消防博物馆参观学习。在讲解员的引导下，观看了中国消防历史发展进程、文献资料、图片和视频影像，了解各个历史时期的消防灭火思想、组织机构、法制和技术等内容。在地下一层防火防灾体验馆，以亲身体验和现场讲解相结合的方式，参与了火灾报警、地震逃生、地铁火灾、家庭灭火等体验项目。

（张翠红）

【开展宣传活动】　3月24日，与门城社区卫生服务中心绮霞苑社区卫生服务站共同开展了“世界防治结核病日”、“预防结核菌和艾滋病病毒双重感染”宣传活动，发放宣传材料1200份，安全套700只，纪念品200个。4月6日，联合区医院在区医院就诊大厅开展以老龄化与健康为主题，“健康有益长寿”为口号的世界卫生日宣传活动，发放宣传材料7种3000余份，悬挂宣传横幅1条，接受咨询50余人次。25日，在新桥社区开展主题为“接种疫苗，家庭有责”全国儿童预防接种日宣传活动，接待群众咨询20余人次，发放宣传材料1200份，纪念品100份。5月29日，与区建委在曹各庄定向安置房工地开展以“珍爱生命、抗击艾滋，走进建筑工地”为主题的宣传咨询活动，通过悬挂横幅、发放各种艾滋病宣传册，受益人数700余人，发放宣传材料及小礼品6种3000余份，安全套800只。31日，与区爱卫办、文明办联合在区影剧院广场开展“烟草危害图形说”主题健康教育活动启动仪式，向过往群众发放控烟宣传材料10种8000份，并展出“烟草危害图形说”主题展板20块，直接受众达1000余人。之后相继在全区10所学校、2家医院内开展了“烟草危害图形说”主题健康教育活动，制作20块展板，展出时间历时1个月，发放自制控烟宣传折页3万份，市级宣传材料2种1500份，共有9000余名学生、1300余名老师、1400余名医务工作者、9000余名患者及家属受益，受益人数达2万余人。7月13日，联合区建委流管办在石泉砖厂工地开展以“珍爱生命、抗击艾滋，走进建筑工地”为主题的宣传咨询活动，活动现场悬挂横幅，发放宣传材料及纪念品5种2000余份，受益人数达400余人。28日，组织开展以“积极行动，共抗肝炎”为主题世界肝炎日宣传活动，在新桥大街主会场悬挂“积极行动，共抗肝炎”横幅，发放肝炎宣传海报、折页、防治手册、纪念品等累计800余份，接受群众咨询90人次。8月31日，在永定河文化广场开展全民健康生活方式日宣传活动，特邀社区医务人员为过往群众现场测量血压并进行慢病专家咨询等活动，邀请西山居委会及永定河文化广场合唱团表演节目，活动集运动、宣传、健康教育、健康咨询等多项活动为一体。活动中，向广场内休闲健身的群众发放全民健康生活方式宣传折页、高血压、糖尿病、意外伤害等宣传册、画报等1000余册，宣传展板16快。10月8日至10日，在辖区各医疗单位及社区卫生服务中心联合开展“全国高血压日”宣传活动，各宣传点在活动现场悬挂条幅、张贴宣传画、发放宣传品、现场进行咨询并测量血压，发放宣传材料5000份。24日，为10家大型建筑工地制作并安装了艾滋病宣传栏，以加强对建筑工地民工的艾滋病知识宣传教育。11月13日，联合建委流管办在中门寺安置房工地开展以“珍爱生命，抗击艾滋，走进建筑工地”为主题的系列宣传咨询活动，通过悬挂横幅、展板、发放各种防控艾滋病及结核病宣传材料，此次宣传活动受益人数达300余人，发放宣传材料及小礼品6种2000余份，安全套4000只。14日，联合区医院、门城社区卫生服务中心在绮霞苑社区卫生服务站开展了主题为“糖尿病教育与预防”第六个联合国糖尿病日宣传活动，并进行义诊及咨询，共接待咨询者80余人，免费测血糖30余人次，发放糖尿病知识宣传材料共13种5000余份。20日，与区论坛志愿者服务队在大峪车站联合开展以“预防艾滋病，健康全家人”为主题的系列宣传咨询活动，通过悬挂横幅、发放宣传材料，向大峪社区居民和流动人员宣传防治艾滋病、性病知识，受益人数达380余人，发放宣传材料及纪念品8种2500余份，安全套2000只。30日，区卫生局、疾控中心、红十字会在新桥大街开展主题为“行动起来，向零艾滋迈进”世界艾滋病日宣传活动，有关单位领导与19名志愿者向群众发放15种宣传材料1万余份、宣传品2000份、安全套2000只，直接受益群众达2000余人。

（张翠红）

【开展中学生结核病知识调查】
3月24日，在区教委中小学保健所配合下，随机抽取育园高中和大峪中学2所学校开展中学生结核病防治知识问卷调查，发放问卷1017份，收回有效问卷1017份。

（张翠红）

【开通健康教育官方微博】 3月，开通“北京门头沟健康教育”官方微博，坚持每月一个健康主题，发布内容包括健康教育活动动态、健康知识、健康信息等内容，每日更新，开辟了健康教育舆论新阵地。

（张翠红）

【举办女职工手工作品展】 3月，举办迎“三八”女职工手工作品展。共展出十字绣、丝带绣、毛衣、珠编、剪纸、绘画等类作品49件。经全体职工投票评出一等奖1件，二等奖3件，三等奖5件。

（张翠红）

【学生午餐用餐情况调查】 3月至4月，对28所小学、18所中学共19991名学生午餐用餐现状进行调查，为相关部门制定营养干预提供依据。

（张翠红）

【督导检查工作】 3月至4月，对3家狂犬病免疫预防门诊进行督导检查和现场业务指导，3家门诊能够按照规范开展狂犬病免疫预防工作。4月11日、13日，对4家医疗机构的肠道门诊进行开诊后第一次督导检查和业务指导，现场对肠道门诊工作人员进行考核，并针对发现的问题提出了整改意见。7月25日，对肠道门诊预警系统使用情况、肠道门诊检测能力、症状监测有关知识和应急物品储备情况进行应急督导检查，并对加强症状监测工作，提高汛期发现肠道传染病疫情的敏感性，发现聚集性病例及时报告等内容进行指导。8月8日，对辖区内4家肠道门诊进行开诊后第二次督导检查和业务指导。9月6日，联合门城社区卫生服务中心华新建免疫预防门诊，到龙泉务小学督导检查学校查验接种证工作的实施情况。10月10日，对门城社区卫生服务中心永新、葡东、绮霞苑社区站、永定卫生院流感疫苗接种工作进行督导检查，要求各接种门诊严格执行操作技术规范，确保接种工作有序进行。11月6日，对永定卫生院、门城社区绮霞苑卫生服务站流感疫苗安全接种工作和传染病防控工作进行检查指导。

（张翠红）

【学龄前流动儿童强化查漏补种】 3月至5月，开展学龄前流动儿童强化查漏补种工作，共调查0岁至入学前外来儿童4389人，对无卡、无证儿童予以补卡、补证，对漏种儿童予以补种或预约。

（张翠红）

【外来务工人员疫苗接种】 3月至5月，开展集中用工单位外来务工人员流脑、麻疹疫苗接种工作，共接种A+C流脑疫苗1036人、麻疹疫苗1030人，覆盖辖区建筑工地、生产企业、娱乐场所及餐饮企业等共计59个单位，未接报疑似预防接种不良反应。

（张翠红）

【艾滋病监测】 4月5日至16日，开展流动人口艾滋病知信行调查和监测，对402名煤矿工人进行流动人口艾滋病知识行为问卷调查，采集血清进行HIV抗体、梅毒和丙肝检测，发放3种宣传材料1500份、纪念品420份、安全套2000只。6月1日至4日，开展娱乐场所艾滋病综合监测工作，对31家娱乐场所147名女性工作人员进行了艾滋病问卷调查，并采集血清进行HIV、梅毒、丙肝项目检测。9月18日，联合京门医院到辖区足疗、按摩店、KTV等娱乐场所，对16家场所的248名女性服务人员进行了性病艾滋病宣传干预工作，反馈综合监测HIV、梅毒检测结果，发放宣传材料6种1500份，安全套2000只。

（张翠红）

【开展爱眼护眼知识竞赛】 4月6日，与区教委体美科、中小学保健所共同举办了主题为“保护视力、预防近视，拥有一双明亮的眼睛”中学生爱眼护眼专题健康知识竞赛，参赛选手由14所学校的84名学生组成，最终决出一、二、三等奖。

（张翠红）

【组织参观学习】 5月24日，组织中层以上干部到区医院，军庄、妙峰山卫生院，德露苑及绮霞苑社区卫生服务站等单位参观，学习其“5S”管理模式。

（张翠红）

【开展拓展训练　增强团队意识】 6月21日，组织全体党员、团员到顺义野战先锋真人CS俱乐部进行军事拓展训练。全体人员随机组成两支队伍，通过“攻防战”和“斩首行动”等科目训练，经受了体力和耐力的考验。

（张翠红）

【缅怀先烈　坚定信念】 6月21日，组织全体党员、团员到焦庄户地道战遗址纪念馆参观，亲身体验抗战年代焦庄户人民开展地道战的环境，接受爱国主义教育。

（张翠红）

【开展蚂蚁密度监测】 7月9日至12日，在区爱卫会、居委会的配合下，对2个街道5个居委会

400户居民家庭开展蚂蚁密度监测，采用目测法对蚂蚁密度进行了入户监测，对居民防蚁知识知晓状况进行了问卷调查，并对居民提出的相关问题进行了解答。

（张翠红）

【开展专题讲座】 7月19日，在龙泉雾村开展安全意识与意外伤害健康知识讲座，60余名中小学生及学生家长参加了讲座。8月9日，在区国资委党校举办离退休老干部健康知识讲座，讲解中医养生及合理用药，80余名离退休老干部参加了活动。年内，在新桥路中学、京煤集团总医院、大峪办事处、木城涧矿举办了4场“创健康教育品牌，展疾控中心风采”疾控中心健康大课堂。

（张翠红）

【“五送”活动进军营】 7月20日，在中国人民解放军建军85周年之际，领导班子及部分职工代表前往驻区海军1206工程维护保障大队开展“五送”活动。一是走访慰问，送凉爽。中心领导班子与大队首长走访座谈，为官兵送去解暑清凉饮料和慰问金。二是健康课堂，送知识。8月1日，邀请专家对官兵进行关节疾病预防知识讲座。三是协助灭鼠，送保障。派专业人员到战士作业坑道进行灭鼠，为部队工作提供安全保障。四是编排节目，送欢乐。参加以“话使命、做贡献、赞成就、颂党恩”为主题的文艺晚会，与官兵共同庆祝中国人民解放军建军85周年。五是健康体检，送安康。8月3日，联合区医院为143名官兵义务体检，并进行个体化的健康指导。

（张翠红）

【开展健康素养监测调查】 9月11日至20日，根据《2012年北京市城乡居民健康素养监测工作实施方案》的要求，对学校、医院、社区、企事业单位共10个单位560人进行健康素养监测调查。

（张翠红）

【开展学生伤害调查】 9月，对6所学校（小学、初中、高中各2所）的974名学生伤害情况进行调查，为制定学生伤害预防控制策略措施提供依据。

（张翠红）

【慰问艾滋病感染者】 10月8日，联合区红十字会对区内生活较困难的艾滋病感染者进行了慰问，送去了慰问金和过冬用的棉被。

（张翠红）

【徒步健身游】 10月27日，以“满怀激情，强身健体，愉悦身心，喜迎十八大”为主题开展徒步健身活动，组织全体职工沿门城湖、莲石湖东、西两岸行进，终点设在莲石路桥下。经过近5个小时徒步行，56名职工全部到达终点。

（张翠红）

【食品安全风险监测】 年内，制定《门头沟区食品安全风险监测方案》，扩大食品安全风险监测范围，将化学性污染物监测纳入食品安全风险监测。完成了7类100件样品食品化学性污染物监测、8类129件样品食源性致病菌监测工作。

（张翠红）

【验收学校教室照明改造工程】 年内，对年度内进行教室照明改造的25所学校进行工程验收的检测工作，每个学校随机抽取改造教室2间，共检测50间教室。检测项目包括课桌面平均照度、课桌面照度均匀度、黑板表面平均照度以及黑板表面照度均匀度，检测合格率为100%。

（张翠红）

【开展中层干部读书活动】 年内，继续开展中层干部读书活动，购置书籍《从中层到最好的中层》20本，为每位中层干部配发一本，要求认真撰写学习体会和笔记，在读书学习中提高理论素养，打造高素质中层干部队伍。

（张翠红）

·门头沟区医院

【概况】 年内，以“精品医院建设年”为工作方向，以精细化医院管理为抓手，进一步夯实基础。同时，依据医院愿景和近两年实际进展对医院下一步发展进行高标准定位，以定位指导工作，在2012年实现了跨越。

一、完善与确立医院发展目标定位。依据医院发展现状，医院职能，区域社会经济发展方向和国际、国内卫生事业发展趋势，结合居民、员工、医院和社会发展需求，医院管理团队立足长远，进一步细化了医院发展的目标定位：做中国最佳区域医疗服务中心，即门头沟区医院要成为区域患者首选，部分专业能够吸引区外患者，少数专业能够吸引国际患者的，医疗、健康管理、教学、科研、预防和医院管理均衡发展并处于先进水平的综合医院；区内领先，部分达到市级、国内、国际领先；在师资、科研方面达到教学医院水平，并成为国内知名医科大学教学医院；达到国际质量标准，做中国医院质量管理标杆医院；尽早成为以 DRGs - PPS 理念管理的医院，实现运营模式转变；从医疗为主向医疗与健康管理产业并重转变，主动关口前移，以社会责任带动经济效益。

二、精细、踏实工作，实现医院跨越。为实现上述发展目标和年度重点任务，2012 年通过“精品医院建设年”工作，继续在抓基础、练内功上下工夫。医院加强党建工作，保障公益性，全面推进医院管理，启动了 HRP 管理，克服困难完成了医保总额预付管理工作。通过努力，实现了建设精品医院的很好开端，“建精品医院，创精彩人生”的全员精品意识开始树立并逐步深入，在建设外在和内涵“七方面精品”上取得了初步成效，加之各级党委、政府领导支持和前期工作积累，量变带来质变，实现了历史发展的“八大跨越”：医院规模跨越、医师队伍跨越、专科建设跨越、员工待遇跨越、院容院貌跨越、患者满意跨越、医院排名跨越、社会认可跨越，实现了“公益性提高，基础质量提高”两提高。

单位名称：北京市门头沟区医院
地　　址：北京市门头沟区河滩桥东街 10 号
电　　话：69842251
邮　　编：102300

（侯林飞）

【启用新病案首页】 1 月 1 日起，正式开始使用新的病案首页。

（侯林飞）

【胸泌外科成立】 1 月 1 日，正式成立胸泌、神经外科。

（侯林飞）

【医院开放日】 1 月 6 日，医院第三次开放日，区局级离职干部一行 19 人在区委组织部、卫生局、老干部局领导的陪同下参观，并与院领导进行座谈，老干部赠送锦旗一面，对院诊疗环境、服务态度及人性化设计都给予充分肯定。2 月 7 日，开展第四次“医院开放日”活动，妇幼保健院中层领导干部一行 30 余人到院考察交流。考察人员先后参观了区医院的整体环境。考察中，徐院长向考察人员介绍了医院的发展变化。5 月 9 日，举办第五次“医院开放日”活动，区中医院中层领导干部一行 20 余人。参观了区医院新口腔科、新急诊、新门诊大楼一层、二层、五层病房。6 月 20 日，开展第九次医院开放日活动，卫生技术指导中心、血站、合作医疗联合党支部一行 20 余人先后参观了新综合楼门诊大厅、五层病区及九层观景台。

（侯林飞）

【组织观看《党的好儿女》】 1 月 10 日，部署创先争优党员点评工作（包括群众点评和领导点评）共有 210 名党员参与点评；观看《党的好儿女》系列电视片等工作。

（侯林飞）

【强基层　进社区】 1 月 11 日，与门城社区联合举办“区医院专家团队强基层进社区”启动仪式。

（侯林飞）

【举办“手拉手”活动】 1 月 11 日，全科医师规范化 2012 年课堂教学师资培训班在门城社区卫生服务中心举行，宣武医院副院长，门头沟区医院副院长，门城社区服务中心主任到会并讲话。培训内容有《课堂教学的规范与技巧》，《教案的设计》，《课件的制作》。宣武医院老师与社区服务中心勇老师进行观摩讲课。培训班课后给学员留下作业。1 月 18 日，全科医师规范化 2012 年课堂教学培训考核，社区卫生服务中心 14 名学员参加考核，考核分为 2 组，每组 7 人。专家对每一位试讲的学员进行逐一的点评。6 月 1 日至 3 日世界健康基金会（Project HOPE）“中国基层糖尿病教育拓展计划”门头沟区培训基地教员培训班在区医院举行。10 余家医疗单位的近 70 名医疗、护理、检验、管理人员参加。

（侯林飞）

【召开总结表彰大会】 1 月 17 日，召开 2011 年度总结表彰大会暨迎新春联欢会。大会共表彰了 2011 年度医院先进科室、先进个人等 25 类 117 个。

（侯林飞）

【召开药事院感会】 2 月 1 日，召开药事院感委员会会议。药事委员会委员及感染管理科相关人员参加。此次会议对 2011 年度药物异常事件和第四季度抗菌药物使用进行了分析、总结，强调了围手术期预防使用抗菌药物种类及时限，讨论了药敏纸片使用种类，改善了门诊输液流程，部署了 2012 年用药安全行动计划。

（侯林飞）

【召开流感病原学监测部署会】 2 月 7 日，区疾控召开流感病原学监测工作部署会，会上对流感监测工作进行部署，门头沟区医院作为哨点监测医院自 2012 年 2 月 13 日期开始对门诊符合症状的流感患者进行咽拭子采集及标本送检任务。2 月 13 日起，做为流感病原学检测哨点医院，在儿科门诊、呼吸科门诊开始进行咽拭子采集送检任务，每周20例，全年960例。

（侯林飞）

【开展护生工程启动仪式】　2月8日，在区医院由城管大队、公安局及卫生局等组成的环境秩序综合治理领导小组举行了“开展护生工程，畅通绿色生命通道”活动的启动仪式。活动中，向周围百姓发放各种宣传材料。

（侯林飞）

【开展督导工作】　2月16日，市疾病预防控制中心进行首次疾病预防控制工作督导检查，检查结果良好。7月27日，疾控中心领导一行5人对院内灾后疫情防控工作进行督导检查，重点查看了肠道门诊，院内预防性消毒、症状监测的部署、检验相关知识知晓、网络直报等各项工作落实到位，得到市疾控中心好评。9月28日，十八大安保公共卫生安全隐患排查整治专项行动第二次督导检查。市药监局、市工商执法队、市公安局文保总队、市卫生局、市疾控中心、市卫生监督所及区各委办局各相关领导督导检查区医院关于药品发放、存储及流通。10月25日，区医院接受了北京市卫生局专家督导组关于“优质护理服务示范医院创建评价活动”的专项督导检查。专家督导组对优质护理服务医院护理部管理质量标准30项内容进行了评价。对消化科、普外科优质护理病房的服务质量共计22项重点内容进行督导检查。通过此次优质护理服务示范医院创建评价活动检查，专家组对门头沟区医院优质护理服务给予了好评。11月13日，抗菌药物临床应用专项整治活动情况、麻醉药品和第一类精神药品专项检查情况。卫生局副局长就门头沟区整体情况汇报，区医院执行院长就区医院开展情况汇报。11月22日，北京市卫生监督所对院内临床用血工作进行督导检查，区卫生监督所陪同检查。专家组通过查阅资料、实地查看、现场提问等方式对院内临床用血的组织管理、制度建设、质量控制、人员资质授权管理、血液储存、血液发放流程，临床用血评价等方面进行了解，并对临床用血管理工作给予了肯定。11月28日，卫生部医政司组成的专家组一行9人对区卫生局、区医院进行关于惩治和预防腐败体系建设工作检查。专家组通过听取汇报、查阅资料、实地考察、问卷调查四种方式对卫生局及医院自2011年至今的惩防体系建设工作进行了检查。12月7日，由北京市120中心，市卫生局应急办以及院前急救专家一行8人，对院内急诊120急救中心的工作进行了督导检查，并给予好评。

（侯林飞）

【选派援疆干部】　2月16日，根据《第七批援疆干部第二期专业技术干部通知》要求，选派超声科副主任医师到新疆和田地区洛浦县人民医院超声科进行为期一年的支援工作。

（侯林飞）

【获评优秀】　2月16日，区医院在单位艾滋病筛查实验室“2011年北京市艾滋病筛查实验室HIV抗体检测质量控制考评”中总成绩优秀。3月14日下午，由卫生局及医改办相关负责同志组成考核小组按照《门头沟区政府对区医院的考核标准》和《门头沟区医院政府考核指标（评分标准）》对区医院实施2011年度绩效考核，区医院取得优异考核成绩。

（侯林飞）

【市区领导调研】　2月28日，市政府政策研究室两位处长对医院的医疗设施建设及改革相关情况进行实地调研。实地查看了医院的门诊、病房及新建急诊，并对区医院医改工作的顺利实施和医疗环境改善、服务质量改进、保障患者安全及精细化管理等方面所取得的成效给予肯定。3月26日，区长领导实地查看了医院新大楼门诊、病房装修改建状况，并听取了新大楼进展情况的简要汇报。5月16日，区政协一行20余人视察工作。参观了医院新口腔科、新急诊、血透室，及刚刚投入使用的新综合大楼，并进行座谈。6月7日，市医改调研组一行15人到区医院调研。调研组先后参观了新综合楼的门诊一、二层，心内科病区，急诊科等医院环境，听取了院领导对医疗管理、医院布局的介绍，并问询了住院患者的感受，最后听取了卫生局局长及凤凰医疗集团总经理关于区卫生系统改革的定位、思路、方法，及问题困难的汇报。8月16日，市编办一行到区医院调研公立医院改革工作。卫生局调研组在对区医院的整体环境进行考察。随后区卫生局局长汇报了门头沟区及区医院医疗改革情况。9月17日，国务院医改办到区医院调研公立医院改革试点工作。调研组在区医院执行院长徐泽昌引领下，对区医院改革后诊疗环境变化进行了实地考察。听取了凤凰医疗集团关于凤凰医疗集团在医院管理方面的经验和区医院医改的背景、模式的介绍，及改革两年来区医院的发展变化情况。座谈会上，区领导、区卫生局、凤凰医疗集团及区医院相关领导还就区公立医院改革情况与国务院医改办领导作了交流。9月26日，卫生部医改办到区医院调研公立医院改革试点工作。调研组对区医院改革后诊疗环境变化进行了实地考察。听取了区卫生局关于门头沟区引进社会资本办医以来全区医改情况的汇报和凤凰医疗集团关于凤凰医疗集团在医院管理方面的经验和区医院医改的背景、模式的介绍。座谈会上，区卫生局、凤凰医疗集团及区医院相关领导还就门头沟区医院改革的具体情况与卫生部医改办领导作了交流。10月24日，卫生部副部长，北京市副市长，北京市卫生局局长等一行在区医院察看了医疗卫生体制改革及医院医疗条件有关情况，对员工精神风貌、医疗环境和业务技术发展等均给予肯定。随后进行了座谈，听取了区长关于公立医院改革和区医院运营情况的汇报。卫生部领导肯定了区医院在公立医院的公益性、社会资本参与公立医院改革、建立现代医院管理制度、区域卫生资源整合所做出新的探索。并提出希望。11月15日，武汉市江夏区副区长、江夏区卫生局局长、江夏区第一人民医院院长考察公立医院改革情况。12月21日，丰台区发改委、丰台区卫生局一行到区医院，学习区医院改革经验。

（侯林飞）

【强基层进社区启动仪式】 3月20日，在妙峰山社区卫生服务中心，举行心血管内科专家团队强基层进社区启动仪式。

（侯林飞）

【监事会管理考核】 3月26日，卫生局对院内进行监事会管理考核，考核包括是否建立医务人员违法违规行为公示制度，是否严格贯彻执行医疗卫生管理法律、法规、规章和诊疗护理规范、常规，做到依法执业，行为规范等进行考核，监事会执行主席对于医院的成绩给予肯定。

（侯林飞）

【组织捐款活动】 3月29日，组织博爱在京城捐款，捐款职工765人，捐款共计17630元。7月25至26日，全院职工为暴雨受灾群众捐款。共计捐款809人，捐款数额达到20773.1元。

（侯林飞）

【正式启用综合楼】 3月31日，胸泌外科、五官科搬入新大楼六层、八层，新大楼正式启用。5月7日，区医院门诊综合楼正式开诊。导诊员引领患者挂号、收费、取药。至5月11日，针对每日导诊存在的缺陷，院领导班子进行改进，确保了门诊综合楼的正常运转。

（侯林飞）

【公益健康热线】 4月1日，起派出7名医师到区工会，进行健康咨询热线值机，

（侯林飞）

【第一例显微神经外科手术】 4月12日，手术麻醉科成功实施了第一例显微神经外科手术。

（侯林飞）

【开展党风廉政建设】 4月12日，院党委制定了关于《进一步开展纠正医药购销和医疗服务中的不正之风工作方案》并成立了领导小组，按照工作任务和工作措施制定了分工台帐，文件已下发至各位牵头领导和相关科室。

（侯林飞）

【对医技科室满意度调查】 4月12日，召开年度临床科室对医技科室满意度调查工作会。会上院长对5个医技科室第一季度满意度调查取得的成绩表示满意，同时点评了各临床科室提出的意见和建议，并同5个医技科室主任分别签订了2012年度科室关键绩效考核指标责任书。

（侯林飞）

【获奖情况】 4月16日，北京市卫生局召开2012年度北京市卫生统计及信息化工作会，区医院被评为“2011年度北京市卫生统计工作先进单位”。4月23日，市卫生局组织专家对全市医疗卫生机构传染病疫情报告和死因登记工作进行考核，门头沟区医院被评为“北京市2011年度传染病疫情报告先进医疗机构”，院医生被评为“北京市2011年度传染病疫情报告先进个人”。5月22日，区医院参加北京市2012年药品安全监测工作会。荣获“北京市药品不良反映监测工作先进单位”的荣誉称号。6月29日，参加荣获“践行北京精神　服务人民健康”卫生系统庆七一、迎接十八大主题文艺汇演，获得优秀组织奖的荣誉称号，同时区医院健美操《青春旋律》荣获优秀表演奖。7月25日，健康管理中心主任荣获门头沟区爱国拥军拥政爱民模范，区医院荣获门头沟区爱国拥军拥政爱民先进单位。8月31日，市卫生局召开2011－2012年度北京市全科医师规范化培训“手拉手”活动表彰会，院内荣获“优秀组织奖”，其中院医生获市级外科基本操作一等奖。10月13日，中国医师协会心血管内科医师分会主办了以“回归人文、回归临床、回归基本功”为主旨的“思进——心血管医师提升计划”项

目。心内科陈浩医生与天坛医院的两名医生组成的“梦之队”，荣获全国团队亚军。陈浩医师荣获个人总冠军，并获得由中国医师协会颁发的“个人风采奖”。2013年初，陈浩医师将赴意大利米兰参加“欧洲高血压学会第23届科学年会（ESH2013）”。12月14日，在区工会会议室召开北京市门头沟区2012年科技创新暨科技奖励大会。门头沟区共评出2011年度区科学技术进步奖23项，其中区医院荣获8项。

（侯林飞）

【开展解放思想大讨论】 4月17日，院党委召开了“创造发展新优势，稳中求进促发展”解放思想大讨论活动的动员部署会。按照区委、区卫生局党委的指示要求制定了实施方案，要求各基层党支部按照本支部的实际制定此次活动的实施计划，按时有序的开展解放思想大讨论活动。

（侯林飞）

【建立“办案绿色通道”】 4月25日，区人民检察院与区医院签署医疗救治合作协议，正式建立“办案安全绿色通道”。

（侯林飞）

【签订责任书】 5月7日，召开2012年第五次中层干部会暨抗菌药物临床应用专项整治工作阶段总结与2012年实施方案，院长与临床各科室主任分别签订了《门头沟区医院抗菌药物临床应用专项整治活动责任书》。

（侯林飞）

【庆祝5·12国际护士节】 5月10日，举办庆祝门头沟区医院庆祝5.12国际护士节“打造精品护理团队——我参与”主题大会。

（侯林飞）

【启动警务工作室】 5月15日，区公安分局在区医院内举行了“警务工作室”的启动仪式。

（侯林飞）

【开展新业务】 5月22日，神经内科正式开展脑中风筛查业务。

（侯林飞）

【举办义诊活动】 5月22日“中国心脏节律周北京心律失常联盟义诊活动”在院门诊大厅举行。中国心脏节律周是由中国心律失常联盟发起的一项公益活动，目的在于提高整个社会对心律失常疾病的认识，使公众了解心律失常的症状和体征。6月26日，院骨科、内科、中医科、超声科、心电图等9名医生携带仪器及药品到雁翅镇田庄村进行义诊。6月29日，天坛医院与区医院联合举行“庆七一”大型义诊及咨询活动。义诊地点设在区医院新门诊楼一层大厅，天坛医院及区医院的神经内科、神经外科，内科、外科、中医科、妇产科等方面专家参加义诊和义务咨询活动，免费诊疗和治疗360人次，免费为大家测量血压，解答咨询人士提出的各类问题。10月29日，开展以“关注脑卒中·立即行动”为主题的大型义诊宣传活动。神经内科科医护人员科为前来咨询的脑卒中患者及家属免费测量血压、卒中知识宣传教育，并为群众发放资料以及区医院神经内科专家出诊表。义诊活动为约90名患者提供了咨询服务。

（侯林飞）

【开展免费优生健康体检】 5月24日起开展免费优生健康体检，具体工作由体检中心完成。

（侯林飞）

【区医院集团启动】 6月6日，召开“北京市门头沟区医院集团”启动仪式，区领导王洪钟等出席会议，北京凤凰联合医院管理股份有限公司董事长、区医改领导小组成员等单位领导参会，洪家志与凤凰集团副董事长签署《关于北京市门头沟区属医疗机构改革和健康产业发展的补充协议》及《关于合作开展门头沟区中医医院改革的协议》，王洪钟与凤凰集团董事长为区医院集团揭牌，区卫生局党委书记宣读《关于成立门头沟区医院集团的通知》，标志着北京市门头沟区医院集团正式成立。

（侯林飞）

【参加原创歌曲学唱活动】 6月21日，参加门头沟区“我爱我唱门头沟”原创歌曲学唱活动，区医院荣获一等奖。

（侯林飞）

【举行巡诊车捐赠仪式】 6月25日，举行了阿根廷华侨李文忠先生捐赠巡诊车的捐赠签字仪式。区长王洪钟等领导参加仪式。

（侯林飞）

【举办摄影比赛】 6月26日“我们美丽的医院”员工摄影大赛开始进行评选，评委从构图结构、选景内容、颜色搭配、创意、层次五个不同的角度，进行严格的评选，最终评选出了摄影大赛一等奖、二等奖、三等奖，共35幅作品获得名次。

（侯林飞）

【通过国家卫生区复审】 6月26日国家卫生区评审小组到区医院检查，检查团参观了区医院新旧门诊楼，并听取了院长做的工作汇报，就传染病开展、健康教育、控烟、污水处理等方面工作进行检查，对区医院干净、整洁、健康的人文环境予以好评。

（侯林飞）

【召开中层干部会】 7月10日，召开2012年中层干部扩大会议，管理团队所有成员、全部中层干部及职工代表130余人参加。会上，医院管理团队重点通报了二级医院评审工作开展情况；2012年上半年工作总结和下半年工作规划。

（侯林飞）

【召开二级综合医院评审工作会】 7月10日，召开全院中层干部及科室骨干130余人的推进二级综合医院评审工作启动大会。会上就二级综合医院评审工作进行任务分工，对科室评审工作进行细化，明确责任，并要求各部门制定行动计划，根据评审标准要求进行自查。并按计划、分批次组织各职能科室负责人、医技科室负责人召开二级综合医院评审工作会议。

（侯林飞）

【召开孕前优生健康检查启动会】 7月27日，在区医院综合楼九层多功能厅召开了北京市国家免费孕前优生健康检查项目全覆盖启动会。国家人口计生委科技司、财务司，北京市人口计生委、市财政局相关领导；各区县人口计生委主任、主管副主任；区领导韩子荣，区人口计生委、卫生局、财政局相关领导；国家免费孕前优生健康检查项目专家以及区计划怀孕夫妇代表等共计140余人参加启动会。区人口计生委主任介绍了《门头沟区孕前优生健康检测项目实施方案》；市人口计生委主任宣布项目启动。启动会现场，区医院向准爸爸、准妈妈代表发放了国家免费孕前优生健康检查项目服务卡。会议结束后，各级领导参观了门头沟区医院孕前优生健康检查现场和“幸福家庭”成果展。

（侯林飞）

【开展主题学术活动】 8月6日，举办“良医、良策、良方（GOOD DOCTOR GOOD STRATEGY GOOD PROCEDURE）”的主题学术活动，特邀日本熊本大学教授主讲《日本医疗改革变迁之路》、《培养良医》；中日友好医院内镜中心教授主讲《直肠癌治疗战略与艺术思考》。集团内各成员单位共计约200人参会。

（侯林飞）

【召开研讨会】 8月11日，在区医院新楼九层报告厅举办北京京郊区域医疗中心院长、书记研讨会。区卫生局有关领导、京郊区域医疗中心院长、书记以及集团内各单位成员共计300余人参加会议。会上，由国际、国内知名质管与医院评审专家进行《质管工具、JCI与医院评审》主题学术讲座，对医院品质管理及医院评审进行解读。JCI亚太办事处副总监介绍了《JCI认证和医院质量管理》、浙江大学医学院附属邵逸夫医院质量管理办公室主任讲解了《追踪法与中国医院评审》、台湾天主教圣马尔定医院副院长全面介绍了《台湾医院评鉴与品质管理》。

（侯林飞）

【召开十八大安全维稳部署会】 9月10日，召开以“认清形势，转变思想，主动创建安全医院”为主题的十八大安全稳定工作部署会，统一思想，提高认识，切实增强院内干部职工的责任感、使命感，并对医院开展十八大安保工作进行部署。

（侯林飞）

【接受公安局信息系统安全检查】 9月18日，区公安局网安处协同相关测评机构对医院信息系统的等级保护工作进行了相关的安全检查。包括中心机房的环境及基础设施、信息中心的相关规章制度、人员管理等。区医院成为区内首家进行信息系统等级保护备案工作的卫生医疗机构。

（侯林飞）

【中国基层糖尿病教育拓展计划】 9月21日，“中国基层糖尿病教育拓展计划”门头沟区医院第二期基层培训班，在我院九层报告厅开办。此次培训目的旨在提高基层医务工作者的糖尿病诊断，治疗知识及患者教育技巧。

（侯林飞）

【召开学术会议】 10月19日，召开关于“H型高血压的基础与临床讲座”的学术会议。会议期间邀请宣武医院教授，区医院主任就同型半胱氨酸（Hcy）的危害及H型高血压等心血管学科最新理念作了报告及学术交流。此次大会参会人数90余人。学术资料收录了H型高血压与脑卒中最新指南及专家共识。

（侯林飞）

【第二届羽毛球比赛】 11月10日，参加凤凰医疗集团第二届健康杯羽毛球比赛，区医院获得团体冠军。

（侯林飞）

【艾滋病日宣传】　11月30日，在医院新楼门诊大厅开展艾滋病宣传日的咨询活动，皮肤性病科、医务部参加活动。

（侯林飞）

【学习十八大精神】　12月14日，凤凰医疗集团与区医院集团联合组织学习贯彻十八大精神报告会，邀请了中央党校党史教研部教授为大家解读十八大精神。区医院、中医院、斋堂医院、门城社区、京煤集团总医院的主要院领导及科室骨科近300人参会。

（侯林飞）

【举办第二届学术论文节】　12月22日，以“强学术、上水平、建成技术特长”为主题的“门头沟区医院（集团）第二届学术节”在九层报告厅开幕，卫生系统400余名卫生技术人员参加。此届学术节共收到各级各类专业技术人员撰写的245篇论文，其中有121篇收录《第二届学术节论文集》，精选20篇优秀论文参加“学术节”大会交流。交流的论文进行现场评分，评出一等奖3名，二等奖6名。

（侯林飞）

【“优质护理服务”共建活动】　12月28日，卫生部北京医院护理部一行在孙红主任的带领下，来到门头沟区医院，就开展“优质护理服务”共建活动进行现场视察。

（侯林飞）

·龙泉医院

【概况】　年内，全年诊疗13629人次，同比增长2.11%。接收入院患者530人次，出院554人次，分别增长72.1%、80.5%。病床周转次数2.3次，增长76.9%。平均住院日327.75天，同比下降7.1%，出院者平均医药费同比下降23.8%。完善和制定医疗制度和流程90余项。建立出院病人随访制度。发放“医患连心卡”，对出院患者家庭用药、住院感受等进行回访，并提供家庭护理指导，确保治疗的连续性。实行护理安全风险管理。对住院患者的年龄、病情、性格等进行全面评估，采取调整病床，为行动不便的患者配备座便椅，设置患者个人卫生清洗区等措施，确保安全。开展门诊心理咨询工作，全年为105人次提供咨询服务。为敬老院、为民服务热线等部门，提供心理疏导和减压服务。7.21特大自然灾害发生后，赶制精神卫生知识和灾后心理自救互救知识宣传折页、展板等宣传材料，通过门诊、社区站进行宣传普及。增加服务项目：开展床旁腹部、心脏、血管超声等检查，方便患者，开展住院患者认知矫正训练，提高患者的智力、记忆力及认知能力，更换T恤式夏季病服，在病房墙壁和玻璃窗上张贴彩色壁画，利用视觉色彩效应稳定病人情绪，设立“爱心小超市”、病员图书阅览室，由康复期的患者自行管理，提高患者的劳动技能，为住院患者提供外购生活用品、水果等服务，为老年病区安装外挂楼梯、垫高挂号室地面等便民利民措施。改善服务流程：每周四下午集中开具残疾诊断证明，为患者和家属提供便利。科室申领物品，实行下收下送服务，减轻临床人员的负担。引进2名本科毕业生，充实临床岗位；选派1名主治医生参加精神科骨干培训，选派28名不同层次的专业技术人员，到北京回龙观医院、安定医院、北区六院等三级医院，学习抑郁症诊疗规范、精神障碍脑刺激、精神残疾人职业康复、精神科护理及心理援助等专业知识；开展全员技术练兵大比武活动，进行专业技能比赛，提高专业技能。继续医学教育合格率为100%；发放《医疗机构从业人员行为规范手册》，结合自身工作特点，以小品、情景剧、礼仪展示等形式展示文明服务学习实践成果。依托职工书屋、医院网站、院内网络共享、“微型党课”大讲堂等载体，加强思想教育，宣传改革形势、政策法规等。深入开展解放思想大讨论，开展“三好一满意”、“一和三同”等活动，将思想统一到提高服务水平、促进医院发展上来。开展院内文明服务十颗星、十佳岗位能手等评选活动，激发职工积极工作，奋发向上的热情。完善《党员谈心谈话制度》及《入党积极分子、发展对象考察办法》等27项党内制度，并汇编成册下发到每名党员和干部，增强党员和干部执行制度的自觉性。开展医院开放日、职能科室开放日、召开“查不足、明方向、强党性”主题民主生活会、社会社会监督员、志愿者座谈等多种形式，找差距、找不足，改进工作作风、提高服务水平。采取领导干部下科室调研、听取工作汇报、互动交流、现场点评、征求合理化建议等形式，了解职工的需求，解决职工困难；扎实开展党支部分类定级工作，建立五类18项整改任务台账，积极整改。开展廉政教育，完善医德医风考评制度，考评结果与岗位聘用、绩效工资等直接挂钩。推进廉政风险防范管理。建立廉洁档案，签订廉洁行医承诺书。对医药购销、财务收支等实行项目化管理。坚持党务（院务）公开制度，自觉接受监督。关心职工生活，解除职工后顾之忧。实现医院门诊摄像监控系统与公安分局联网等措施，加强技防水平。制定暴力冲动、高风险患者自杀、出走伤人、毁物等突发应急意外事件的处置流程和预案制度，确保患者住院和诊疗期间的安全，维护医院的正常诊疗秩序。年内，获得了“全国五一巾帼标兵岗”、“践行北京精神、服务人民健康”卫生系统庆七一、迎十八大主题文艺汇演“优秀组织奖”和“优秀风采奖”、“卫生系统创先争优先进基层党组织”等光荣称号。

单位名称：北京市门头沟区龙泉医院
地　　址：北京市门头沟区门头沟42号
电　　话：69842724
邮　　编：102300

（白春梅　张　娟）

【职工福利】 自2012年1月起，为全体职工交纳生育保险。2月6日，为全院职工提供早餐，每人一元。

（白春梅　张　娟）

【开通数字健康报】 1月4日，开通数字健康报，每日由办公室负责下载，并放至院内共享文件夹，供各科室阅读。

（白春梅　张　娟）

【开展“送温暖”及“慰问”活动】 1月12日，院长、工会主席陪同人事局、卫生局领导慰问退休职工。13日，院领导慰问困难职工及大病困难职工，送去慰问金。1月16日，院领导到建国前老党员家中，三家店油库共建单位慰问。

（白春梅　张　娟）

【召开精防工作总结会】 1月18日，区精保所组织召开2011年精神卫生防治工作总结会。门城、军庄、潭柘寺等社区卫生服务中心先后介绍了开展社区精防工作的先进经验和典型做法。2月6日，区精保所召开精防工作例会。会议明确了2012年全区精防工作将以失访者排查登记、纸质档案归档、686表格管理等为重点。

（白春梅　张　娟）

【实行科主任例会制度】 2月6日，建立科主任例会制度，每周召开一次科主任例会，集中学习医疗卫生行业有关政策法规，进行医疗质量和业务工作分析，同时由各科主任、护士长逐一汇报上周工作情况，做出周内工作计划汇报，集中沟通交流工作中遇到的问题，提出具体的解决方案。

（白春梅　张　娟）

【市局专家检查指导工作】 2月14日，由市卫生局组成的专家组对2011年上半年出院病人调查表上报数据进行了督导检查。6月12日，市继教委分管门头沟地区的工作人员对上半年专业技术人员继续教育工作进行了检查指导。20日，市卫生局组成的专家组对重性精神疾病信息上报工作进行了督导检查。8月29日，区精防所陪同参加市卫生局组织开展的公共卫生工作检查，实地检查妙峰山社区卫生服务中心。12月12日，由市卫生局精神与妇幼卫生处和重性精神疾病督导委员会组成的专家组，对区内重性精神疾病管理治疗工作进行了督导考核。

（白春梅　张　娟）

【床位编制增加】 2月15日，经区卫生局批复病床编制由180张增加至280张。

（白春梅　张　娟）

【培训工作】 2月15日，开展“手消毒—院感知识”专题培训。3月1日，开展精神疾病系列知识讲座。14日，组织全体医务人员开展医疗相关法律法规知识培训。4月18日，组织医护人员，精防医生开展“精神疾病症状学”讲座（第四讲）。同日，对全体医务人员进行肠道传染病相关知识培训，对医疗机构服务协议书进行解读。5月9日，为院感科人员进行空气培养、物体表面细菌培养、手消毒培养的集中培训。22日，聘请回龙观医院教授进行精神科急诊基本知识培训。8月22日，开展“医院感染管理及医疗废物处理”相关知识培训。10月10日、11日，组织全体医师开展卫生知识法理论考核。3月2日，开展以“快乐人生　从心开始”为题的心理健康系列知识讲座。6日，到龙泉雾社区居委会开展以“快乐人生　从心开始——心理压力的自我缓解”为题的健康知识讲座。4月19日，区精保所组织辖区内60位患者家属开展重性精神疾病患者家属护理培训。5月17日，精保所到妙峰山社区卫生服务中心开展重性精神疾病家庭护理讲座。21日，在新桥路中学举办了“学生心理健康大课堂”知识讲座。7月19日，在龙泉雾社区居委会举办《安全意识与意外伤害》健康大课堂知识讲座。13日，到区财政局开展以“职业心理的自我调适”为题的健康知识讲座。19日，区精保所到安康小区联合开展“健康知识进社区”活动。6月6日，区精保所组织对全区各社区中心（站）的主管领导、精防医生进行《重性精神疾病管理治疗工作规范（2012）版》培训。12月12日，召开临床路径实施专题培训及研讨会。

（白春梅　张　娟）

【组织参观、学习、交流】　2月16日，到区医院参观交流临床路径管理工作。5月16日，中层以上干部到区医院、门城地区社区卫生服务中心、军庄社区卫生服务中心进行参观交流。

（白春梅　张　娟）

【局领导检查指导工作】　2月23日，区卫生局、疾控中心对疾控工作进行了督导检查。4月24日，区医保中心对医保工作进行检查。6月12日，区疾控中心进行卫生防病工作半年检查。14日，区安监局、公安局消防支队联合开展安全检查。21日，区药监分局到院检查医疗器械和药品管理工作。8月7日，区财政局、公安局、民政局、卫生局相关领导对强制治疗病人的费用增长情况进行协调。9月25日上午，区公安分局内保处、区卫生局联合开展节前安全检查。11月8日，卫生局财务科及核算中心到院对2011年财务原始凭证进行了审计。26日至12月12日，区精保所组织对参加中央补助地方重性精神疾病管理治疗工作的患者进行业务指导。27日，卫生局疾控科相关人员到院进行精防工作调研指导。12月18日，区药监分局、卫生局到院检查药品不良反应报告和监测工作。

（白春梅　张　娟）

【对口支援】　2月28日，与工人疗养院签订对口支援协议。8月15日至19日，到军庄社区卫生服务中心进行为期5天的育龄妇女体检。

（白春梅　张　娟）

【消防培训、演练、安全检查】　2月29日，开展消防安全综合演练。6月13日，邀请北京市防治火灾培训中心的专家来院进行消防安全知识讲座。11月8日，在老年病区开展消防安全桌面推演。21日，开展职工冬季采暖安全入户排查工作。

（白春梅　张　娟）

【各项文体活动】　3月7日，组织全体女职工开展“庆三八”趣味游艺会。4月23日至5月31日，开展“感动瞬间大家拍”摄影作品有奖征集活动。5月20日，徒步爱好者参加第四届北京旅游山会在门头沟举办的“开山门”活动。9月22日，参加北京市卫生系统首届职工运动会。龙卷风项目比赛获第一名。5月30日，召开以“助健康、促和谐、共扬北京精神”为主题的第八届休养员运动会。10月9日，区电影院数字流动影院到院为休养员放映喜剧电影《亲家过年》。

（白春梅　张　娟）

【召开党建工作会】　3月13日，召开2012年党建工作会。对在读书笔记评比、党建措施“金点子”征集活动中评选出的优秀人员给予了表彰。并确定了党员发展对象3名。

（白春梅　张　娟）

【实施护士分层管理新模式】　3月16日，在精神科女病区实行主班护士、主管护士竞聘上岗，逐步探索实施护士分层管理的新模式。

（白春梅　张　娟）

【各项业务考核、比赛】　3月21日，举办2012年第一季度护士考试，29日，举办第二届师资授课比赛。5月24日，开展2012年医师技能操作定期考核。6月7日，开展医师技能操作考核。8月16日，举办食堂工作人员厨艺大比拼活动，岗位考核工作全面启动。10月17至18日，组织行政职能部门开展岗位技能理论知识考核。10月19日，组织行政后勤人员进行岗位技能考核。12月6日，开展2012年护理岗位操作技能比赛。20日，开展学习《医疗机构从业人员行为规范》成果展示比赛。

（白春梅　张　娟）

【党团活动及志愿服务】　3月28日，院党支部创新党课教育形式，以党小组为单位组织开展“微型党课”大讲堂活动。6月6日，区博爱义工联合会社会志愿者到院进行体验交流。16日，组织专家和医务人员参加了区义工联在向阳社区举办的“志愿门城博爱义工社区公益行”活动。7月13日，党支部组织党员干部观看音乐会、参观圆明园历史古迹。7月18日，举办“学党史、知院史，促廉政、谋发展”知识竞赛。8月22日，以《用良好的医德，促进和谐的医患关系》为题，组织对全体党、团员和入党积极分子进行党课专题教育。9月15至16日，为“京煤杯”第三届国际山地徒步大会服务。9月23日，为老年科的患者们举办中秋慰问演出。10月18日，为龙泉镇敬老院的老年人们进行体检。

（白春梅　张　娟）

【解放思想大讨论活动】　4月12日，组织召开“创造发展新优势，稳中求进促发展”解放思想大讨论活动启动会。18日，开展“创造发展新优势，稳中求进促发展”解放思想大讨论职工思想状况问卷调查活动。发放问卷80份。5

月7日，卫生局相关领导到院进行“解放思想大讨论”活动开展情况调研。5月，院领导干部深入临床一线、职能部门参加各科室组织开展以“求真务实推动医院发展，改革创新打造专科品牌”为主题的解放思想大讨论活动。

（白春梅　张　娟）

【党风廉政建设】 5月7日，院内推进廉政文化建设，实施“廉政文化墙”工程。

（白春梅　张　娟）

【庆祝5.12护士节系列活动】 召开庆祝5.12护士节表彰大会暨“践行北京精神、服务人民健康”演讲比赛。对优秀护士进行了表彰。

（白春梅　张　娟）

【区精保所督导检查】 5月15日至29日，区精保所工作人员到辖区23个社区卫生服务中心（站），对《中央补助地方重性精神疾病管理治疗》工作进行督导检查。

（白春梅　张　娟）

【参与造血干细胞捐献、献血】 5月17日，重新登记录入红十字会员及志愿者。10月24日，参加造血干细胞捐献志愿者血样采集工作。

（白春梅　张　娟）

【职能科室开放日】 5月28日至6月1日，开展职能科室开放日活动，30位临床一线党员、积极分子到10个职能部门体验一天工作。6月29日，大合唱《江山》、《唱支山歌给党听》和配乐诗朗诵—《精神卫生工作者之歌》两个节目参加了卫生系统举行的“践行北京精神　服务人民健康”庆七一、迎十八大文艺汇演，并获得了最佳风采奖。

（白春梅　张　娟）

【迎接十八大安全维稳工作】 6月18日，院长与各科室签订“党的十八大”安全稳定工作责任书。9月3日，组织召开门头沟区精神病人管理工作部署会。7日，召开安全维稳工作专题会。19日至21日，区精保所工作人员到辖区14个社区站点对十八大期间精防重点工作进行督导检查。24日，召开十八大精保特殊人群专项工作推进会。

（白春梅　张　娟）

【召开竞争上岗考核会】 7月3日，召开专业技术职务（岗位）竞争上岗考核会，确定岗位晋升5人，职称晋升4人。

（白春梅　张　娟）

【突发事件应急演练】 7月4日，组织开展精神科门诊突发事件应急演练。

（白春梅　张　娟）

【7.21特大暴雨洪涝灾害灾后工作】 7月26日，举行为区7.21特大暴雨洪涝灾害受灾群众捐款仪式。28日，制作灾后心理自救宣传折页6000张。29日，派出心理救援队进驻东辛房街道办事处北涧沟救助点，为灾区居民群众、基层干部提供灾后心理援助。

（白春梅　张　娟）

【开展领导班子下科室调研活动】

自8月1日起，在行政职能、医技等医疗辅助科室中开展“领导班子下科室调研”活动。采取个人汇报、互动交流、现场点评等形式，全面了解科室运行发展情况，掌握医务人员思想动态。

（白春梅　张　娟）

【为民服务信息平台咨询服务】 8月22日，选派2名专家参与区为民服务信息平台“61696156健康咨询服务”专线值机，现场接听、解答市民关于精神卫生、心理健康等方面的咨询。24日，派出业务骨干2人，与龙泉镇政府等部门在黑山大街公交车站联合开展61696156便民服务平台宣传。

（白春梅　张　娟）

【组织召开职工代表大会】 9月7日，召开第八届四次职工代表大会。会上，院长做了2012年财务收支情况汇报，与会代表讨论并审议通过了《2012年合同工绩效工资实施方案》。12月19日，召开第八届五次职工代表大会。讨论并审议通过了《2012年年终绩效考核奖分配办法》及《2013年月奖励性绩效工资分配方案》。

（白春梅　张　娟）

【开展现场调查工作】 9月18日，区健康教育所联合开展“北京市城乡居民健康素养监测调查问卷”现场调查工作。

（白春梅　张　娟）

【区领导对安全工作进行检查】 9月27日，区主管领导带领安监、消防等部门对院内节日期间的安全工作进行检查指导。

（白春梅　张　娟）

【召开进修成果交流会】 12月26日，在龙泉医院会议室举行2012年进修成果交流会。

（白春梅　张　娟）

体　育

【概况】　年内，在区委、区政府的领导和市体育局的关心指导下，深入学习贯彻党的十八大精神，按照全区经济社会发展的新要求，以科学发展观为统领，发展全民健身事业，群众体育组织和体育设施建设有新发展，全民健身活动和科学健身指导有新实效；优化升级体育产业结构，打造精品赛事活动；弘扬和深入践行“北京精神”，宣传门头沟区城市建设成就和旅游文化资源，不断提高公共体育服务的能力和水平，做到体育事业与经济、社会协调发展。年内，承办北京国际山地徒步大会、联通杯中国乒乓球协会会员联赛门头沟站、第二届环北京职业公路自行车赛三大体育赛事，开展群众体育活动40余项。

单位名称：北京市门头沟区体育局
地　　址：北京市门头沟区新桥大街32号
电　　话：69851020
邮　　编：102300

（刘　强）

【领导调研】　2月10日，区领导调研成立区徒步运动协会和自行车运动协会筹备工作。调研中听取工作汇报和企业代表行如风自行车俱乐部负责人的意见，并提出了明确要求。4月16日，区领导韩子荣调研。体育局有关领导介绍中国乒乓球会员联赛北京门头沟站、第二届环京自行车赛门头沟区赛段、第三届徒步大会筹备情况和成立区户外休闲运动协会的筹备情况。韩子荣对区体育局的工作表示充分肯定，并提出具体部署。

（刘　强）

【举行群众体育基金捐赠仪式】2月19日，区群众体育专项基金捐赠仪式暨乒乓球友谊赛在区体育馆举行。市体育基金会理事长李炳华、区领导韩子荣、王洪钟等出席捐赠仪式。活动中，京煤集团、石龙开发区、国信嘉业、凝华科技、利德衡5家企业先后为市体育基金会的“门头沟区群众体育专项基金”捐款，并签署捐赠协议。仪式结束后，捐赠企业代表和乒协会员开展乒乓球友谊赛。

（刘　强）

【举办女干部趣味运动会】　3月8日，由区委组织部、妇联、体育局联合主办的主题为“践行北京精神　传递女性力量”的庆祝“三八”国际妇女节女干部趣味运动会在区体育局举行。运动会上，全区女干部参加了投篮、跳绳、沙包掷准等趣味运动。

（刘　强）

【全民健身节启动】　3月10日，全民健身体育节启动仪式暨全民健身项目表演赛在区体育馆开幕，表演赛为期2天。10日进行健身操和秧歌两项比赛，共有57支代表队、600余名运动员参赛。区医院、蓝龙家园社区、人保退休职工活动站等代表队获得健身操类前三名；卫生局、城子向阳社区等代表队获得秧歌类前三名。11日进行中小学广播操和特色项目展示表演赛，全区9所小学和11所中学的42支队伍、500余名中小学生参赛。大峪中学、大峪一小等学校分别获得广播操中学组、小学组比赛前六名，中等职业学校、大峪二小等学校分别获得特色项目展示表演中学组、小学组比赛前六名。

（刘　强）

【举办广播操表演赛】　3月17日，第九套广播操表演赛比赛在区体育馆开赛，全区40个机关和企事业单位的代表队参加了比赛。财政局、司法局、住建委等队分获前十六名。

（刘　强）

【举办健身展示赛】　3月24日，门头沟区健身展示赛在永定河文化广场举办。全区27支代表队近200名运动员分别参加了拔河和健身路径两个项目的比赛，城子办事处兴民大街代表队和大峪南路第二社区代表队分别获得了拔河和健身路径比赛的冠军。

（刘　强）

【培训工作】　4月14日、15日，在区体育馆举办健身气功培训班。聘请健身气功一级社会体育指导员讲解八段锦功法的动作技巧和功法内涵，并为健身爱好者进行了答疑解惑，全区各健身气功站点的成员，以及各镇、街道的健身气功爱好者参加了培训。21日、22日，举办篮球裁判员培训班，近40名新老裁判员参加。第一天为新裁判员篮球规则培训，第二天邀请北京市篮球裁委会两位副主任讲解裁判法相关执裁技巧，通过理论考试和体能测试合格的新裁判，将获得国家二级篮球裁判员等级资格。

（刘　强）

【举办乒乓球比赛】　4月21日，由区委组织部、区直机关工委、体育局联合主办的机关杯乒乓球比赛。全区各单位近百余名机关干部报名参赛，比赛分为女子单打、男子单打和团体三个组别。国税分局、公路分局和国资委代表队分别获得了三个组别的冠军。22日，举行第六届“和谐杯”乒乓球决赛，全区各镇、街的13支代表队参加比赛。大峪向阳代表队、建东社区代表队和城子向阳一队分获比赛的前三名。5月18日，中国乒协会员联赛门头沟站召开新闻发布会，20余家新闻媒体记者对此站会员联赛筹备工作和门头沟区发展进行宣传报道。赛前组委会制定服务接待方案、宣传工作方案、医疗保障方案等。6月22日至24日，联通杯中国乒乓球协会会员联通门头沟站比赛在区内举行。来自全国9个省市的512名乒乓球爱好者参加，嘉宾组有49名局级以上领导参加了比赛。在为期3天的比赛中，按照单打比赛，团体和单打比赛，以及嘉宾组单打比赛等。进行了623场比赛，其中，团体比赛178场，单打比赛445场。北京市乒乓球运动协会主席李炳华，原国家体育总局乒羽中心副主任、中国乒乓球女队主教练、世界冠军张燮林，区领导韩子荣以及乒乓球世界冠军林志刚、孙晋、成红霞等出席闭幕式并为获奖选手颁奖。7月13日晚，在永定河文化广场乒乓球长廊举办京西“大众杯”公园乒乓球比赛。

（刘　强）

【举办第十四届“篮协杯”比赛】　5月11日，“贺龙杯”中国业余篮球公开赛（CBO）暨第十四届“篮协杯”篮球比赛在区体育馆开幕。全区各机关、企事业单位的19支代表队近200余名运动员参赛，比赛历时8天，分为小组循环赛和决赛两个阶段，共进行了63场比赛。龙泉镇、区财政局、北星光电代表队分获前三名。

（刘　强）

【举办“京西杯”钓鱼比赛】　5月19日，第三届“京西杯”钓鱼比赛在区信祥生态园举办，经过半天的比赛，30名钓友取得比赛优胜，并获得了相应的奖励。

（刘　强）

【举办第四届“羽协杯”比赛】　5月26日，举行第四届“羽协杯”羽毛球比赛。全区各机关、企事业单位，各镇、街道的200余名羽毛球爱好者参加了比赛。经过了2天的比赛、北京旅游一队获得组别冠军。

（刘　强）

【参加国际空竹艺术节】　5月24日至26日，“三利杯”2012中国·保定国际空竹艺术节在河北省保定市举行。区永定河老年空竹队参加了活动，谷宝来被评为2012中国·保定国际空竹艺术节“空竹达人”。

（刘　强）

【参加首届“京交会”】　5月28日至6月1日，经国务院批准，由商务部主办、北京市人民政府协办和国家体育总局等部委支持承办的首届中国（北京）国际服务贸易交易会（简称“京交会”），在国家会议中心举办。北京国际山地徒步大会作为展会唯一的北京市群众体育项目，参加推介徒步大会和门头沟区的旅游文化资源，寻求战略合作。

（刘　强）

【开展“国民体质监测日”活动】　6月10日，在区体育馆对全区部分群众进行国民体质监测。测试内容包括身高、体重、肺活量、反应时、握力、台阶试验以及问卷调查等内容。通过测试，工作人员根据每个受测者的实际情况进行了体质状况分析，针对一些较为常见的亚健康问题，提供了合理的运动处方。此次活动共为200余人进行体质监测。

（刘　强）

【为民服务工作转接单】　6月18日，区为民服务中心96196热线有群众反应永定河文化公园乒乓球台受到损坏。区体育局派专人实地查看了球台受损情况，并立即与健身器材公司联系。25日，更换了受损的14张乒乓球台。

（刘　强）

【开展全民健身日活动】　8月8日全民健身日，200余名健身气功爱好者在区永定河文化广场展示五禽戏、八段锦、马王堆导引术、和导引养生十二法等4种健身气功功法，中间穿插表演了功夫扇、腰鼓和三十六刀等健身方法。

（刘　强）

【举办首届业余围棋锦标赛】　8月18日、19日，首届业余围棋锦标赛在龙泉会堂举办。比赛开始前，召开了区围棋协会和棋院成立大会。区领导张冰向两名围棋九段颁发了区围棋协会顾问和棋院顾问聘书。全区的49名成年围棋爱好者和56名学生分别参加了成年组和学生组的比赛。

（刘　强）

【北京国际山地徒步大会】 9月8日、9日、15日、16日在门头沟区举行第三届北京国际山地徒步大会。大会在斋堂镇五条路线（100公里极限挑战徒步路线、30公里原生态徒步路线、20公里千年古刹徒步路线外、20公里水库风情徒步路线和10公里红色之旅徒步路线）的基础上，新开辟了20公里永定河绿色水岸和20公里金顶妙峰古香道两条线路。吸引了包括国际徒步联盟、荷兰、比利时、瑞士、英国等5个国家的徒步组织的高级官员以及希腊、尼泊尔和毛里求斯等近40个国家和地区的1.7万余人参加。除9月15日举行了盛大开幕式，其余3天赛事均采用随到随走的国际模式，实现了徒步大会与世界无缝衔接。副市长刘敬民、荷兰皇家徒步协会主席特蒙特、市体育局局长、体育总会主席李颖川、市民交协常务副会长李晓强、区领导韩子荣、王洪钟等领导参加了开幕式。大会比赛现场，有奥运冠军徒步团队，有来自全市“爱心车队”和“雷锋车队”的200余位优秀的士司机组成的“的士之星”团队，有身残志坚的残疾人轮椅团队，有热爱运动的八中少年班团队，还有来自绿野户外网等户外运动团体以及由来自全国各地的报社记者、电台编辑、公司经理、IT精英、村官等组成的“徒步达人”团队。新华社、中央人民广播电台等40余家中央及市属媒体参与报道，累计报道300余篇，其中北京电视台对大会进行了现场直播。大会为选手配备了的专业电子芯片计时，并首次为100公里专业竞技组启用了GPS定位追踪系统。

（刘 强）

【参加全国第七届农民运动会】 9月15日至18日，门头沟区运动员代表北京市参加了在河南省南阳市内乡县举办全国第七届农民运动会自行车载重项目的比赛。成立了由2名教练员和10名队员组成的代表队，共获得银牌2枚、铜牌4枚，该项目团体总分名列全国第一。

（刘 强）

【第二届环京赛门头沟段比赛】 10月10日、11日，第二届环北京职业公路自行车赛第二和第三赛段在门头沟区举行，全程共106.5公里。赛前成立了筹委会，并多次召开环京赛专题会议，研究布置赛会的筹备工作。选调20名助理裁判员并进行专业训练，完成裁判任务。对环京赛赛道沿线进行专项检查，在危险路段安装了钢板护栏和护网；在东方红隧道内设置了照明系统；对可能影响比赛的井盖进行了整修；对赛道沿线及周边无照经营、占道经营、广告灯箱、小广告、门前三包等违法行为和赛道沿线卫生脏乱，乱堆杂物现象进行了集中整治，增加固定保洁人员进行清扫。提前发放“致全区市民的一封信”和“交通管制通告”，告知群众赛事期间管制时间和内容，组织观众、啦啦队、文艺表演队1万余人次。统筹公安、交管、卫生医疗等，成立现场指挥部，2天共组织安保人员7710人次。

（刘 强）

【通过学习型机关考评验收】 11月16日，体育局创建学习型机关工作通过区考评组检查验收。区考评组首先听取了关于“打造机关文化，传承体育精神，不断推进学习型机关创建”的创建学习型机关工作自评报告，其后又对局内创建学习型机关的档案材料进行了查阅。最后，考评组经过合议，对局内创建学习型机关工作给予肯定。

（刘 强）

【举办第六届“足协杯”比赛】 11月20日，第六届“足协杯”室内五人制足球比赛在区体育馆举行。比赛首次采用“室内五人制”的比赛方式，经过5天15场比赛，区直机关工委代表队、斋堂镇代表队和区民政局代表队分别获得比赛前三名。

（刘 强）

【举办三对三篮球赛】 11月25日，首届三对三篮球比赛在区体育馆举行。全区各单位的11支代表队参加了比赛，最终区财政局代表队获得冠军。

（刘 强）

【举办首届家庭健康趣味运动会】 12月15日，首届健康家庭趣味运动会在区体育馆举行，全区各镇街的70个家庭共200余人参加了活动。比赛共设6个组别，12个项目。

（刘 强）

【举办健身项目精品展示赛】 12月21日，群众健身项目精品展示赛在区体育馆举行。全区7个镇、街的28支代表队参加了健身操类和秧歌类别的精品展示。龙泉镇倚山嘉园社区作品《迎着太阳起舞》获操类一等奖，城子街道向阳社区作品《一把酸枣》荣获秧歌类一等奖。

（刘 强）

【举办冬季长跑比赛】 12月22日，在永定河文化广场举办冬季长跑比赛。全区各机关、企事业单位和各中小学的130多名运动员参加比赛。区义工联一队、育园高中、大峪中学分校、大峪第一小学一队分别获得社会、高中、初中、小学四个组别的冠军。

（刘　强）

【体育设施】 年内，对7个镇25处全民健身设施进行更新，在峪园、月季园二区、永新、龙泉务社区建设了200平方米的建设广场。全区晨、晚练站点共有163个，每天参加健身活动人数万余人次，健身项目涉及武术、乒乓球、篮球等多项运动。截至年底，共有全民健身工程237套，体育特色村3个，体育生活化社区11个，社区体育健身俱乐部1个，乒乓球长廊2个，篮球专项场地2个。

（刘　强）

【群众体育】 年内，先后举办乒乓球、篮球、足球、羽毛球、围棋等全民健身比赛活动40余项次；培训社会体育指导员555人，总数达1261人；对全区不同群体的2600人进行体质测试。

（刘　强）

【体育执法】 年内，全区共有体育运动项目经营单位10家，其中游泳及综合健身的4家，台球厅5家，综合性场馆1家。坚持每季度召开辖区内各体育经营单位安全生产工作会议，传达市体育局和区相关部门的文件和会议精神，宣传贯彻179号令，通报事故案例，总结、分析、部署、落实辖区内各体育运动项目经营单位安全生产工作。在重大节日期间，安排专人对体育生产经营单位进行检查，确保各体育经营场所无安全隐患。对体育经营单位检查20次，对4个单位工作进行单项整改。全年无事故发生。

（刘　强）

【竞技体育】 年内，组队参加北京市青少年锦标赛、北京市业余体校比赛等，共获得市级比赛奖牌49枚，其中金牌9枚，银牌17枚，铜牌23枚。

（刘　强）

【体育组织】 年内，完善了以区全民健身工作委员会、39个委办局、4个街道办事处和103个社区形成的城市全民健身组织网络；组建门头沟户外休闲运动协会，对区钓鱼协会进行改选，形成了由25个行业和系统的单项体育运动协会，6个青少年体育俱乐部构成的社会团体全民健身组织网络；以区农民体育运动协会、9个各镇体协和178个行政村构成的农村全民健身组织网络；以163个晨晚练点和1200余名社会体育指导员构成的社区全民健身组织网络。

（刘　强）

【体育场馆】 年内，举办、承办市区级各类赛事30余项。场馆中心坚持公益事业，除免费承办区离退休老干部乒乓球比赛等多项赛事外，还对特定假日的群体免费开放，如身体健康的老年人健身可享受5折优惠；“六一”儿童节，场馆中心对中、小学生免费开放，教师节老师办健身年卡、护士节医务工作者办健身年卡优惠。

（刘　强）

社会 生活

民　政　工　作

【概况】　在区委、区政府的坚强领导下，在市民政局的指导下，全区民政干部认真贯彻党的十八大精神，进一步落实北京市第十二次民政工作会议和区委十一届四次全会、区第十五届人大第三次会议精神，围绕区委、区政府决策部署，突出民政文化引领发展、机制创新推动发展、服务创新保障发展三条主线，深入推进大民政建设，全面保障基本民生，为全区经济社会发展作出了积极贡献。民政在社会建设中的保底作用更加有力。围绕五类特殊人群服务需求，制定出台一系列救助新政策，形成多元化民生保障格局；建立五类特殊人群基础信息数据库和区级社会救助信息平台，实现多部门救助资源共享；建立反家庭暴力救助中心和未成年人救助保护中心，实现流浪乞讨救助社会化；建立全区各相关部门参与的社会救助议事协调机构，形成工作创新合力；建立社会资金参与机制，设立孤残儿童大病医疗救助基金和特殊人员大病医疗救助基金，解决孤残儿童康复手术和特殊人员大病难题；建立民政资金和救灾款物使用管理联查机制，对各街镇民政专项资金和救灾款物使用管理进行监督检查，确保民生保障款物使用安全。民政灾害应急救助能力显著提升，完成7.21特大自然灾害救助工作。组织灾害信息员培训，绘制社区应急避险电子图，创建77个防灾减灾示范社区（其中：国家级3个，市级14个，区级55个），提高社区防灾减灾能力。民政在社会建设中的支撑作用更加全面。投资1.4亿元启动区老年社会福利中心建设项目，投资550万元完成4所镇街级和9个村居级居家养老服务中心建设，投资60万元为20个山区星光老年之家和10个新建社区老年活动站更新设备。举办残疾人就业招聘会，设立“希望之翼”福利企业慈善救助项目，开展10期福彩送真情活动，发放公益金24万元救助64户困难家庭。健全社区服务体系，编制《门头沟区社区服务体系建设规划》，区街两级社区服务中心全部转为全额事业单位，96156社区服务平台与区为民服务平台实现资源整合、联合派单。组织开展96156社区大课堂250场，受益群众1.38万余人次，登记注册社区志愿者24750名，占常住户籍人口的10%。实施“零百千万”工程，完成公益性墓地二期建设工程，建成公益性骨灰安放设施10499套；落实城乡无丧葬补贴政策，为596名无丧葬补助居民发放补贴298万元；新建60平方米婚姻颁证大厅，成立婚姻家庭协会，成功争创国家3A级婚姻登记机关。民政文化引领发展的作用更加明显。制定《关于加强大民政文化建设的实施意见》，完成11个党支部选举工作，实施基层党建工作项目化管理，对基层党组织分类定级；举办民政局干部素质能力培训班，选派9名年轻干部到拆迁一线锻炼，《子衿》成为全市民政系统文学刊物。绘制54张权力运行流程图，编印《民政局行政权力运行流程图册》和《规范化服务手册》，开展爱民月、开放日和大调研活动，聘请10名人大代表和政协委员担任社会监督员。

年内，全国社会组织创先争优优秀指导单位、北京市民政工作先进区县、北京市双拥模范区、北京市应对7.21自然灾害先进单位等5个市级以上先进，5个镇街和40个单位被评为北京市模范街、镇和基层双拥工作示范单位。“兵妈妈”李兆贤被评为全国爱国拥军模范。

单位名称：北京市门头沟区民政局
地　　址：北京市门头沟区龙泉镇西辛房后街44号
电　　话：69842081
邮　　编：102300

（祝迎涛　安治刚）

【社会救助保障金调标】　1月1日起，全区完成城乡低保、农村五保供养标准调整工作，城市低保标准由月人均500元提高到520元，农村低保标准由月人均340元提高到380元；农村五保供养标准为年人均9598元，上调五保供养资金20261.34元。全区6924户、13948名城乡低保对象分类救助金重新核定工作全部完成，共上调低保金258608.65元。

（祝迎涛　安治刚）

【市、区领导慰问】　1月5日，韩子荣、王洪钟等区领导带队，分11组对全区57户9类重点人员进行了走访慰问；各镇党委政府、各街道工委办事处代表区委、区政府，对118户重点优抚社救对象等进行走访慰问；区主管领导带队分口慰问和各部门普遍慰问19518户20类重点特殊人员，发放慰问金、慰问品总价值938万元。1月13日，全国殡葬协会副会长、市殡葬协会会长和市殡葬协会副会长，到区殡仪馆和天山陵园看望一线干部职工。1月21日区领导韩子荣、王洪钟等先后到儿童福利院和光荣院，看望了孤残儿童和休养老人，为他们送去了慰问金、慰问品和节日祝福。8月6日，市民政局领导慰问区内民政干部职工，听取了全区受灾情况和救灾措施，对在应对7.21特大自然灾害人员给予好评，对区民政干部职工第一时间做好查灾、核灾、报灾、救灾以及保障灾民基本生活所付出的辛劳表示慰问。10月22日，市民政局、市卫生局等有关领导慰问了王平镇两户特困老人，为老人送去了慰问金和慰问品。23日，区领导走访慰问了区内百岁老人。

（祝迎涛　安治刚）

【农村民主日活动】　1月6日，召开2012年第一次农村民主日活动部署会。会议对农村民主日活动的时间安排、活动内容、具体要求做部署。

（祝迎涛　安治刚）

【召开迎新春军政座谈会】　1月10日，召开2012年迎新春军政座谈会，首都军（警）民共建工作指导小组副组长戚玉桥、曹卫平，区领导韩子荣，王洪钟等出席座谈会。会上，通报2011年全区双拥工作情况和全区经济社会发展情况。

（祝迎涛　安治刚）

【召开民政工作会议】　1月14日，召开2012年民政工作会。区领导、财政、社工委、住建委等17个部门的主管领导，各镇街主管民政工作的领导、民政科长、社保所长，以及民政局机关副科以上干部和直属单位正副职110余人参加会议。会议作民政工作报告，镇街和局直属单位代表作了表态发言。

（祝迎涛　安治刚）

【启动北京卷门头沟篇编纂工作】　1月23日，召开中华人民共和国政区大典北京卷门头沟篇编纂工作会。全区13个镇街主管领导、民政科长及各相关单位主管领导60余人参加了会议。会上，部署了《中华人民共和国政区大典〈北京卷（门头沟篇）〉编纂工作实施方案》，就编纂体例、要求和规范对参会人员进行了培训。

（祝迎涛　安治刚）

【荣获“全国双拥模范城”二连冠】　2月27日，在全国双拥模范城（县）命名暨双拥模范单位和个人表彰大会上，门头沟区再次被命名为“全国双拥模范城”，实现“二连冠”目标。区拥军模范李兆娴被评为“爱国拥军模范”荣誉称号。区领导韩子荣代表该区参加命名表彰大会，并与其他省市区县代表一同接受胡锦涛等党和国家领导人会见。

（祝迎涛　安治刚）

【召开党建工作会】　3月1日，召开2012年党建整风廉政建设工作会。会议总结了2011年党建工作，研究部署了践行“北京精神”和“民本、务实、平等、奉献”的大民政文化核心理念，深入学习贯彻十八大和市委、区委第十一次党代会精神等一系列工作任务，针对民政系统政风行风建设提出具体要求。区纪委领导，局党委班子成员、直属单位正副职及机关和老龄办全体人员参加会议，并逐级签订党风廉政建设责任书。

（祝迎涛　安治刚）

【清明节扫墓服务接待工作】　3月24日，召开2012年清明节群众扫墓服务工作协调会。区应急办、民政、公安、城管、工商、园林绿化等相关单位，各街道镇主管领导、民政科长及殡葬服务单位领导参加会议。区民政局、公安分局和园林绿化局分别对全区清明节群众扫墓接待、安全保卫和护林防火等工作任务进行了部署。截止4月5日，殡仪馆、天山陵园、万佛陵园3家重点单位共接待祭扫群众30.8万人、车辆4.8万辆，仅清明节三天假期接待祭扫群众13.8万人、车辆2.2万辆。期间，民政、公安、城管、卫生等部门在高峰日每天出动近600人到现场维持秩序，各街镇组织护林防火人员上山巡视严防森林火险，宣传部门积极宣传引导群众错峰祭扫、文明出行，三家殡葬事业单位设立专门接待服务窗口，开展优质服务月活动，宣传文明祭扫、低碳祭扫，免费发放鲜花1.2万余支，黄丝带1.1万余条，寄思卡5600张，交换烧纸等各类祭扫用品万余份。

（祝迎涛　安治刚）

【购买社会组织服务项目工作】 4月19日，举行区政府购买社会组织服务项目发布暨社会组织公益服务行动启动仪式，市社会办副主任，市民政局副局长，区领导王洪钟等参加仪式。启动仪式上同志介绍了门头沟区政府购买社会组织服务基本情况，社会组织项目评审专家代表、市区社会组织代表作了发言。年内，政府购买社会组织服务项目分2批进行，各类社会组织共申报了175个项目，经过审核，首批共安排资金232万元购买30个社会组织服务项目，主要集中在公共文化体育服务、公益慈善社区志愿服务和社区教育服务三个方面。

（祝迎涛　安治刚）

【召开第二届理事会】 4月25日，区慈善协会召开第二届理事会第二次会议，区领导，区慈善协会会长及第二届理事会成员出席会议。会议审议通过了门头沟区慈善协会第二届理事会关于聘请特邀顾问、组织机构调整、增补理事、副会长、监事长等决议，听取了《2011年度慈善工作报告》和《财务工作报告》，发布了2012年度12个慈善救助项目。

（祝迎涛　安治刚）

【行政区划管理】 5月9日，会同涞水县民政局对京冀线“门涞”段界线进行实地勘察，确认界桩并进行清洁和刷新。

（祝迎涛　安治刚）

【市民政局领导调研】 5月11日，市民政局、市老龄协会有关领导到区内调研，实地察看了城子街道和龙泉镇居家养老服务管理中心的建设情况，听取了区民政局局长、区老龄办主任关于全区民政和老龄工作的情况汇报。6月14日，市民政局、市老龄办有关领导对王平镇吕家坡村调研老年协会建设和九养政策落实情况进行了检查，并实地考察了石龙护养院、光荣院。区领导韩子荣、王洪钟等听取了区民政局和石龙护养院的工作汇报。

（祝迎涛　安治刚）

【孤残儿童服务管理】 5月31日，举办儿童福利院“庆六一”活动，区领导，区慈善协会，以及部分委办局领导、驻区部队、宗教团体和社会爱心人士与区内孤儿一同联欢。

（祝迎涛　安治刚）

【民政队伍建设】 6月4日起，举办2012年民政干部素质培训班，委托北京市民政教育管理学院，分两批对全区百余名民政系统干部职工进行了为期5天的集中培训。围绕“大民政文化”专题、“社会管理及服务创新”、“基层干部的执行力”、“应对突发事件与危机管理”，“心理疏导”等内容进行专题辅导，对东城区网格化社会管理创新模式进行考察。

（祝迎涛　安治刚）

【区领导调研】 6月6日，区领导王洪钟到局内调研，听取了民政工作情况的汇报。王洪钟对区民政工作提出要求。会议还研究了老年福利中心建设、教堂选址、民生综合服务中心选址等具体问题。10月17日，区领导王洪钟到局内调研，听取关于全区民政重点工作情况的汇报。王洪钟对区民政工作给予肯定并提出要求。

（祝迎涛　安治刚）

【荣获“北京市双拥模范区”称号】 6月12日，在北京市双拥模范城（县）暨双拥模范单位和个人命名表彰大会上，门头沟区被北京市委市政府、北京卫戍区，市双拥工作领导小组命名为“北京市双拥模范区”。龙泉镇、永定镇、妙峰山镇、军庄镇、大峪街道办事处5个单位被命名为“双拥模范街、乡、镇”。大峪街道桃园社区、永定镇岢罗坨村、门头沟区图书馆、北京门城物美商城有限公司物美新隆分店等40个单位被命名为“基层双拥工作示范单位”。

（祝迎涛　安治刚）

【捐款活动】 7月10日，区委组织部、区委宣传部和区慈善协会在全区范围内启动“共产党员献爱心”捐献活动。截至7月30日区慈善协会累计接收全区149个单位23973名党员、2932名群众捐赠善款1080465.31元，同经增长341014.21元，首次突破100万元，捐赠款项全部用于在全区开展的助老、助学等项目。7月

24日，启动“7.21”暴雨洪灾专项捐款活动。共接收区直机关部分单位捐赠善款35679.1元。8月14日，台湾慈济基金会向区受灾群众捐赠了毛毯、矿泉水、方便面、生活包等价值125万元的救灾物资。仪式结束后，基金会30余名职工到大台街道受灾群众家中进行慰问，逐户发放捐赠物资。

（祝迎涛　安治刚）

【7.21自然灾害救助工作】 7月21日，门头沟区出现强降雨天气，13个镇街不同程度受灾，接到暴雨预警后，局内启动应急预案，一、充分指挥，统一调度。21日中午迅速集合应急队伍，局主要领导召开2次应急调度工作会，对灾民救助和民政系统防汛工作进行部署。二、主动服务，连续作战。21日下午局领导带队分3个组到受灾现场，查看灾民受灾情况，协助做好居民安置工作。22日上午7时，由局领导带队成立5个查灾核灾工作组，分别到13个街镇核查灾情，统计灾民救助需求，及时报送受灾情况。三是紧急调拨，及时救助。根据各街镇受灾情况和受灾群众救助需求，紧急调拨30万元慈善资金用于困难群众基本生活救助。21日晚上向各镇街拨付2000条毛巾被毛毯、130条棉被、2000条褥子、1000张气垫床和1000份食品等救灾物资到临时安置点，保障好灾民的基本生活。截至26日上午10时，已累计向各受灾街镇发放棉被5363条、褥子3980条、毛毯毛巾被4250条、气垫床2064张、折叠床1880张、桌凳180套、帐篷240顶、衣服300套、应急灯480、蜡烛4680支、电磁炉123台、米面油各123份、食品1000份，为东辛房街道灾民临时安置点配备4台电视和1辆轮椅。四是迅速报灾，争取支持。迅速将受灾情况向市民政局做专题汇报，并随时上报灾情动态信息，积极争取市民政局支持。23日凌晨4时，市民政局第一批救灾物资100万元及时运抵区内。截至26日上午10时，门头沟区累计接收市民政局救灾物资共4批，总价值224.69万元，其中棉被6000条、褥子2000条、折叠床2500张、气垫床2000张、帐篷500顶、桌凳1000套、应急灯1600个、蜡烛10000支。

（祝迎涛　安治刚）

【因灾倒损农村住房翻建维修】 9月6日，召开7.21因灾倒损农村住房翻建维修工作会，区民政局、农委、住建委、财政局等单位领导及相关镇民政、农林主管镇长、民政科长参加会议。会上，部署《7.21因灾倒损农村住房翻建维修工作实施方案》，并提出了具体工作要求。

（祝迎涛　安治刚）

【区光荣院建院30周年】 9月7日，举行光荣院建院30周年庆典，市、区领导参加活动。

（祝迎涛　安治刚）

【社会救助】 9月10日，区反家庭暴力救助中心、流浪未成年人保护中心揭牌使用。两个中心总投资34万元，为区政府为民办实事项目，将为因家庭暴力导致无家可归的受害人、流浪未成年人提供符合基本条件的住处、庇护场所以及符合食品卫生要求的食物，并采取政府购买服务的方式，引进专业社工机构或社会组织为受害人提供法律援助、心理疏导、精神慰藉、课业辅导、康复训练等服务，并已引入市心理卫生协会、康馨事务所两家机构参与受害人心理疏导和精神慰藉工作。

（祝迎涛　安治刚）

【推行养老服务机构责任保险】 11月1日，组织召开了养老机构工作培训会，就养老服务机构投保综合责任保险的有关事项进行了讲解。养老服务机构综合责任险保费标准为160元/床/年，市财政对标准保费给予80%的补贴，养老服务机构自付标准保费的20%。主要保障范围包括意外伤残或身故责任、法律费用、第三者责任3项。

（祝迎涛　安治刚）

【社会救助信息平台】 11月12日，区社会救助信息平台上线试运行。主要依托区信息共享平台和市局各相关救助部门业务平台，实现全区社会救助成员单位救助信息、救助数据等多种资源网上共享。

（祝迎涛　安治刚）

【救灾款物检查】 11月20日，市民政局救灾资金管理使用督查组检查2012年度财政救灾资金和救灾捐赠资金情况检查组通过听取汇报、查看账目、查阅资料、实地走访等形式，对区内2012年度财政救灾资金和救灾捐赠资金使用、发放情况进项检查。督查组对检查情况表示满意。

（祝迎涛　安治刚）

【社救对象越冬】 11月26日起，利用一周的时间对各街镇社救对象安全越冬工作进行了指导检查。一是召开了居村委会主任会，宣传布置社救对象安全过冬事宜，调查了解他们的在吃、穿、取暖等方面存在的问题。二是组织人员到村、户检查社救对象过冬安全保障措施，了解过冬准备情况。重点对分散供养五保户逐户走访，分别与村委会签定了五保对象安全过冬协议书，切实解决好他们的实际困难。三是对辖区内使用煤火取暖的低收入家庭进行了取暖设备是否安全及一氧化碳报警器安装使用情况进行了检查，防止煤气中毒事件发生。对旧电路、电线进行更换，防止引发火灾，防止重大事故发生，确保社救对象安全过冬。

（祝迎涛　安治刚）

【流浪乞讨人员救助】 年内，针对流浪乞讨人员进行冬季救助工作。一、成立集中救助领导小组，在区救助站设办公室，负责全面协调工作；二、联合公安、城管等部门成立集中救助联合巡视队。三、救助站对生活无着落的临时遇困人员做好服务管理及返乡工作；对无劳动能力的流浪群体做好主动救助及安置；对职业乞讨人员做好宣传教育工作；对未成年人被胁迫进行乞讨的，配合公安部门进行解救，并做好生活服务和教育工作。四、配合公安、城管等部门，严厉打击拐卖、拐骗、胁迫、诱骗、利用未成年人乞讨或组织未成年人进行违法犯罪行为。五、协调卫生部门对患病流浪乞讨人员开展救治工作，并做好危重病人的收治工作。年内，对流浪乞讨人员进行救助。一是及时协调公安、城管、卫生等相关部门，建立多部门联动响应机制，确保重点时期集中救助工作随时启动和高效运转，切实维护重点时期社会环境秩序。二是坚持对重点地区和主要街道开展定期救助巡视工作，拓展巡视区域，延长巡视时间，增加巡视频率，切实做到发现一起救助一起。三是坚持卫生防疫制度，对滞留人员宿舍及公共场所每天进行消毒，确保生活必须品符合卫生防疫要求，保持站内卫生整洁。四是提升救助管理服务水平，从设施建设、工作制度、业务流程、教育培训等方面进一步规范救助管理工作，深化救助管理服务，从更高层次稳步推进规范化建设工作，切实保障受助人员基本权益。

（祝迎涛　安治刚）

【96156“两节”服务活动】 年内，开展了96156“爱心促和谐服务在社区”两节服务活动，向高龄老年人、残疾人、孤寡老人、孤残儿童、生活困难家庭发放了100张总价值5000元的96156亲情服务卡。组织动员4568名社区志愿者和社区居民参加“互助互敬”、“邻里守望”、“陪伴大年夜”等志愿服务活动，服务空巢老人、孤残人员等社区群众18325人次。

（祝迎涛　安治刚）

【灾害救助】 年内，投入100万元，组织灾害信息员培训，绘制社区应急避险电子图，创建防灾减灾示范社区77个，其中国家级3个，市级14个，区级55个，“7.21”特大暴雨灾害发生后，第一时间启动应急救助预案，第一时间分组赶赴受灾一线查看灾情运送救灾物资，共接受社会捐赠物资价值234.5103万元、捐赠款199.6718万元，下拨棉被、帐篷、折叠床等救灾物资2万多件，下拨米55.875吨、面42.125吨、油5.295吨、矿泉水2.95万箱等食品，下拨救灾资金500余万元，为113户农村家庭翻建维修因灾倒损房屋339间、5085平方米。

（祝迎涛　安治刚）

【社会救助】 年内，建立城乡低保标准动态调整机制，城市低保标准由月人均500元提高到520元；农村低保标准由月人均380元提高到400元，全年共发放救助金6479.68万元，保障了全区12529名低保对象和281名五保对象基本生活。

（祝迎涛　安治刚）

【城乡社区建设】 年内，联合区社会办等部门完成21个市级“六型社区”示范单位创建工作任务，做好社区规模调整、新建居住区居委会组建和农村拆迁安置社区管理体制调研、社区工作者招录等工作。调整门城新城行政区划，新成立龙泉、永定两个地区办事处。深化村务公开民主管理，指导完成两次农村民主日活动。

（祝迎涛　安治刚）

【社会组织培育】 年内，制定《关于加快社会组织培育发展的意见》和《政府购买社会组织服务实施细则》等文件，设立550万元专项资金，建立购买社会组织服务项目库和购买目录，举办政府购买社会组织服务项目发布会暨社会组织公益服务行动启动仪式，重点购买了十个方面60个服务项目，撬动社会资金3000余万元。创新社会组织评估办法，建立第三方评审监督机制，评估社会组织30家。建立社会组织重大事项报告制度，健全社会团体小金库治理长效机制，社会组织服务经济社会发展能力明显提升。

（祝迎涛　安治刚）

【民族宗教服务管理】 年内，落实党的民族宗教侨务政策，对14家清真网点进行食品安全专项检查，完成市民宗局对少数民族村经济发展情况检查验收工作。加强宗教管理三级网络建设，开展“和谐寺观教堂”创建活动。完成曹各庄天主教堂拆迁周转和清真寺门脸房拆除工作，投资2000余万元实施基督教新建教堂绿化、美化、亮化工程。指导潭戒两寺完成升座法会，健全宗教团体和宗教场所管委会内部管理制度，积极稳妥化解内部矛盾，维护了民族宗教领域和谐稳定。

（祝迎涛　安治刚）

【双拥共建】　年内，成功争创全国双拥模范城“二连冠”、北京市双拥模范区“八连冠”，“兵妈妈”李兆贤被评为全国爱国拥军模范，5个镇街和40个单位被评为北京市模范街、镇和基层双拥工作示范单位。八一期间，组织开展法律进军营、走访慰问等15项特色双拥活动，召开争创全国双拥模范城表彰大会，动员全区军民在更高层次推进双拥共建工作，积极争创全国双拥模范城三连冠。

（祝迎涛　安治刚）

【优抚安置】　年内，将义务兵优待金标准提高到2万元，为优抚对象发放各类抚恤金、慰问金960余万元，落实医疗减免266人次，报销医疗费用102.8万余元，为2名优抚对象协调免交住院押金4万元，多渠道解决优抚对象实际困难。将退役士兵纳入全区教育培训和就业政策保障体系，举办免费职业技能培训班，鼓励退役士兵开展学历教育，争取20个区外企业定向安置指标、区内16个全额事业、8个社区工作者安置名额，面向退役士兵定向招考，完成122名复退军人安置工作。落实军休干部各项政策，完成43名军休人员的接收任务。投资700余万元，对光荣院休养楼进行装修改造，开展在乡优抚对象回访调查和城镇优抚对象休养需求调查，拓展优抚对象入住光荣院集中休养渠道。组织光荣院休养老人和军休干部参观门城一湖多园五水联动景观。

（祝迎涛　安治刚）

【殡葬惠民工程】　年内，继续实施“零百千万”工程，完成公益性墓地二期建设工程，建成公益性骨灰安放设施10499套。落实城乡无丧葬补贴政策，为596名无丧葬补助居民发放补贴298万元。

（祝迎涛　安治刚）

【民政社会事务管理】　年内，新建60平方米婚姻颁证大厅，建立婚姻登记历史信息数字化档案，成立婚姻家庭协会，举办幸福情缘大型相亲交友等婚姻家庭文化建设活动，成功争创国家3A级婚姻登记机关。选派41名选手参加北京市职业技能竞赛5个工种比赛，获得“优秀组织奖”，4名同志获得“技能能手”称号。

（祝迎涛　安治刚）

【队伍建设】　年内，加强民政干部队伍建设，民政行政效能和服务能力明显提高。一是解放思想、创新思维。二是夯实基础、凝聚力量。三是强化监督、提高效能。

（祝迎涛　安治刚）

【下属单位情况】

单位名称：北京市门头沟区接受救灾捐赠事务管理中心
地　　址：北京市门头沟区圈外大街73号
电　　话：61895138
邮　　编：102300

单位名称：北京市门头沟区民政局低保事务管理中心
地　　址：北京市门头沟区西辛房后街44号
电　　话：69849146
邮　　编：102300

单位名称：北京市门头沟区双拥事务服务中心
地　　址：北京市门头沟区西辛房后街44号
电　　话：69842174
邮　　编：102300

单位名称：北京市门头沟区征地超转人员管理办公室
地　　址：北京市门头沟区圈外大街73号
电　　话：69822877
邮　　编：102300

单位名称：北京市门头沟区福利生产办公室
地　　址：北京市门头沟区圈外大街73号
电　　话：69843740
邮　　编：102300

单位名称：北京市门头沟区福利彩票发行中心
地　　址：北京市门头沟区圈外大街73号
电　　话：69844605
邮　　编：102300

单位名称：北京市门头沟区光荣院
地　　址：北京市门头沟区永定镇冯村
电　　话：69804781
邮　　编：102300

单位名称：北京市门头沟区军队离退休干部修养所
地　　址：北京市门头沟区峪园

小区1楼1单元101
电　　话：69843318
邮　　编：102300

单位名称：北京市门头沟区婚姻登记中心
地　　址：北京市门头沟区黑山大街15号楼1层
电　　话：61893270
邮　　编：102300

单位名称：北京市门头沟区救助管理工作站
地　　址：北京市门头沟区龙泉雾兴隆街80号
电　　话：61891128
邮　　编：102300

单位名称：北京市门头沟区儿童福利院
地　　址：北京市门头沟区圈外大街73号
电　　话：61893331
邮　　编：102300

单位名称：北京市门头沟区社区服务中心
地　　址：北京市门头沟区圈外大街73号
电　　话：61895733
邮　　编：102300

单位名称：北京市门头沟区殡仪馆
地　　址：北京市门头沟区新桥南大街69号
电　　话：69842901
邮　　编：102300

单位名称：北京市门头沟区天山陵园
地　　址：北京市门头沟区军庄镇西杨坨
电　　话：60812714
邮　　编：102300

单位名称：北京市门头沟区装璜厂
地　　址：北京市门头沟区增产路23号
电　　话：69842159
邮　　编：102300

（祝迎涛　安治刚）

民族宗教侨务

【概况】　年内，在区委、区政府的领导下，在市民委、宗教局领导的关怀指导下，以加大创建民族团结进步与和谐寺观教堂工作成效为主线，认真贯彻落实党的民族宗教政策法规及市民族宗教工作会议精神，围绕“共同团结奋斗、共同繁荣发展”的工作主题，团结和带领全区少数民族、宗教界人士和信教群众，以构建和谐社会、维护社会稳定为目标，不断加强民族宗教事务管理，进一步夯实工作基础，不断创新工作机制，努力把宗教事务管理推向新水平，在构建和谐社会中发挥积极作用，呈现出民族和睦、宗教稳定、社会和谐的良好局面。
单位名称：北京市门头沟区人民政府民族宗教侨务办公室
地　　址：北京市门头沟区龙泉镇西辛房后街44号
电　　话：69847974
邮　　编：102300

（刘　奎　王　洋）

【节日走访慰问】　1月中旬，逐户走访慰问了区内10户少数民族困难家庭，5位归侨、全区12位宗教爱国团体负责人以及宗教教职人员，并赠送慰问金及米、面、油等慰问品。20日，市政府侨办副主任走访慰问区内困难归侨。同日，区领导及相关部门领导对潭柘寺、戒台寺僧人进行了走访慰问，并与僧团进行了座谈。中秋佳节，区民宗侨办带着月饼、鸡蛋等慰问品和节日的祝福，走访了全区华侨侨眷家庭，同时为了方便政府与侨眷家庭的联系，民宗侨办协调有关单位，为每户家庭赠送生活“小帮手”手机一部。

（王　慧　王　洋）

【领导调研】　3月13日，区主管领导到民政局调研宗教工作。民政局负责人汇报了宗教基本情况、所做的主要工作、面临的问题、下一步工作打算。李昕对宗教工作提出了要求。3月4日，市宗教局、市基督教两会主席等领导到区内就基督教堂工程和部分聚会活动场所拆迁工作进行调研并举行座谈，并提出指导性意见要求。9月11日，市宗教局和市伊协领导到门头沟区城子清真寺检查验收财务监督管理办法落实情况，城子清真寺管委会负责人汇报了相关情况，检查组通过现场检查、查看资料等形式进行了验收，检查组对城子清真寺财务监督管理办法落实情况给予肯定，并对做好下一步工作提出了意见建议。

（王　慧　王　洋）

【教育培训】　3月26日，在区基督教堂对全区基督教信徒骨干开展宗教政策法规培训，区基督教三自爱国小组成员、堂务员成员和各镇街中心聚会点负责人共计40人参加培训。在培训课上，区民宗办和公安分局国保支队负责人分别从宗教信仰自由、依法管理宗教事务、爱国爱教和弘扬北京精神等方面进行了认真授课。7月18至20日，门头沟天主教爱国会组织全体委员召开工作会并进行政策法规培训，会议补选新任神父为天区主教爱国会副主席，主持区天主教爱国会全面工作。秘书长总结了上半年工作，安排了下半年工作。会上，民宗办领导还传达了国宗局关于确保宗教领域安全稳定等会议精神，并通报了当前形势。区国保支队副队长结合实际案例讲解了宗教法规政策。会议还组织全体委员展开讨论和座谈。8月8日，区政协民宗侨委和民宗侨办联合组织全区各街镇民政科长召开宗教文化座谈会，就区内宗教文化和设施开发利用问题进行研讨座谈。全区各街镇主管领导和民政科长参加座谈会。座谈会由区政协民宗侨委主任主持并讲解了这次座谈会的目的和意义。民宗侨办介绍了全区宗教基本情况。在场的民政干部，根据各自辖区宗教的情况，提出了工作中存在的实际问题。

（王　慧　王　洋）

【民族工作】　3月，因城子地块升级改造拆迁，两益顺清真餐厅由城子大街迁至大峪路。12月1日，协调广电中心，在门头沟电视台为两益顺清真餐厅重新开业免费广告一周时间。上半年，围绕“共同团结进步、共同繁荣发展”创建主题，组织了民族政策进农村、进校园活动。一是制作12面展板，放置在陇驾庄少数民族村宣传厨窗内，宣传介绍党的民族政策、各民族风情习俗、全民族团结丰硕成果等知识。二是指导大峪二小开展形式多样、内容丰富的民族团结教育，学样各班设立民族常识宣传角，学校还利用小螺号广播开设民族风情宣传专栏，组织学生收看民族团结教育专题片等，形式多样的宣传活动营造了良好的民族教育氛围。5月，大峪二小被推荐为“北京市民族团结教育示范学校”候选名单，10月底市评审组到区进行考核验收。

（王　慧　王　洋）

【依法行政工作】　4月初开始，会同清真寺阿訇对区内所有清真餐饮专柜进行了检查，同时，发放《北京市清真食品经营规范》和《关于生产经营清真食品必须尊重少数民族风俗习惯的若干规定》法规宣传资料，使更多的清真食品经营单位懂法、知法、守法，严格按照清真食品管理有关规定经营。对清真餐饮企业的从业人员、原材料的贮藏、进货渠道等情况进行检查。

（王　慧　王　洋）

【宗教节日】　4月8日是天主教、基督教的传统节日——复活节。全区6000余名信徒分别在区基督教龙门教堂、曹各庄天主教堂、后桑峪天主教堂和基督教各聚会点欢度节日。在复活节期间，信教群众约2000余人次参加区基督教龙门教堂举行的礼拜仪式；天主教曹各庄教堂和后桑峪教堂分别举行了4场弥撒仪式，约有信徒1400余人次参加了庆祝复活节的宗教活动。6月2日，戒台寺监院妙有法师荣膺方丈升座庆典法会，在中国汉传佛教天下第一戒坛的戒台寺举行，这是60年来北京首次举行方丈升座庆典法会。39岁的妙有法师成为北京最年轻的方丈。受邀法师为妙有法师授珠，传印法师为妙有法师送位，数百僧众见证。社会各界约2000人受邀参加升座庆典法会。8月18日，区政协副主席到清真寺看望慰问了穆斯林群众并赠送了慰问金。19日是穆斯林传统节日——开斋节。当天上午，区相关领导到城子清真寺看望慰问穆斯林群众，与他们共度开斋节。12月25日是天主教、基督教的传统节日——圣诞节。圣诞节期间，区各教堂分别进行了准备，神职人员与5000余名信徒一起欢度圣诞节。

（刘　奎　王　洋）

【宗教工作】　4月12日，城子清真寺进行调研。调研期间，听取了寺管会负责人汇报了2012年北京市区县伊协会长、秘书长第二次工作会议精神，针对城子清真寺的具体情况，在做好教务工作的同时，做好防渗和反渗的工作，维护区内穆斯林群众稳定。对北京市清真寺财务监督管理工作评价标准做出了具体安排，对清真寺涉及到拆迁事宜进行磋商，对下一步工作进行安排、部署。6月5日，民政局在区城管大队、拆迁办的协助下，拆除了基督教违章建筑42.14平方米，拆除曹各庄天主教堂旧址250平方米。25日至28日，对清真寺门脸房进行了拆除，拆除建筑面积620.14平方米。7月17日，潭柘寺监院荣膺方丈升座庆典法会在已有1705年历史、北京佛教文化的发祥地、京都皇家寺院——潭柘寺举行，这是60年来北京首次举行方丈升座庆典法会。61岁的常道法师成为北京潭柘寺的方丈。圣泉寺住持上如下愿法师应常道大和尚的邀请，参加了他的升座仪式。中国佛教协会会长传印长老为常道法师送位，近百位大德高僧及数以千计的十方信众为其见证。10月25日，城子清真寺管委会召开全体委员会，传达北京市区县伊协秘书长第四次工作会精神，会上安排布置清真寺第四季度工作和2013年清真寺工作设想。会议通过了年内古尔邦节安全工作的实施方案，并对清真寺的日常管理工作提出了具体要求。

（刘　奎　王　洋）

【民族宗教界参政议政】　5月4日，会同统战部共同邀请区内宗教重点人士20余人开展“爱祖国、爱家乡”主题教育活动，浏览了区内改造建设中的重点工程和一湖十园等项目。区委、区政府部分领导代表人士进行了座谈，韩子荣向党外代表人士通报了第一季度全区经济社会发展情况，特别是产业结构调整、重点工程、民生工程等群众普遍关心的热点问题。座谈会后，代表们实地察看了绿海森林公园、滨河大道、石门营新建中小学现场、采空棚户区改造石门营安置房地块等重点工程。

（王　慧　王　洋）

【侨务工作】　7月中旬，区侨办到人保、财政和归侨所在单位进行协调，将离退休归侨生活补贴标准提高至100元/月，维护了归侨侨眷合法权益。8月，区侨办及时帮助区内侨胞，主动协调区教委，帮助一美籍华人小学生办理来区就读入学手续。

（王　慧　王　洋）

【和谐寺观教堂创建活动】　7月17日，市宗教局会同市天主教爱国会对区内曹各庄、后桑峪两教堂创建和谐教堂和财务管理情况进行综合考评验收。考评验收组根据全市验收考评标准，采取听取汇报和实际项目检查相结合形式进行考评，逐条认真、客观、实事求是地进行考评打分，区天主教两教堂考评结果都达到全市和谐寺观教堂创建要求和标准。市宗教局、市天主教爱国会和区民政局相关领导共同参加了考评验收。门头沟区6处宗教活动场所，已有5处宗教活动场所达到了验收标准，达标率为83.3%。

（王　慧　王　洋）

【公益活动】　7月25日，区佛教协会会长、潭柘寺方丈代表区佛教协会向区慈善协会捐献爱心善款5万协助救灾。30日，区天主教爱国会副主席到区慈善协会，代表全区天主教信众向在7.21暴雨中受灾的群众捐款人民币3930元。同日，区两益顺清真餐馆、三美鲜肉店到慈善协会捐款人民币1000元。8月1日，市基督教“两会”向区内受灾群众献爱心捐款仪式在区民政局举行。市基督教“两会”主席代表基督教信众向区慈善协会捐款人民币10万元，用于救济受灾群众生产生活。9月17日、9月21日，区佛教协会会长带领两寺僧人分别看望慰问了潭柘寺镇敬老院的老人们和区儿童福利院的孤残儿童，送去了米、面、油等慰问品，给福利院的孤残儿童送去了价值5000余元的电脑、学习机等学习用品。20日，区天主教爱国会组织人员看望慰问了王平镇敬老院的老人们，给他们送去了价值3000余元的鸡蛋、油、糕点、牛奶等慰问品。

（王　慧　王　洋）

【安全检查工作】　8月31日，会同统战、公安等部门，召开宗教界十八大安全稳定工作会，全区各宗教团体领导班子成员、宗教场所负责人和教职人员、基督教聚会点负责人参加了会议。会议以做好党的十八大安全稳定工作为主题，结合当前全区经济社会发展情况，分析了宗教工作形势，进行宗教政策法规学习培训。10月28日，区民政局在天主教曹各庄堂组织召开由市天主教爱国会、区天主教会等人员参加的十八大期间场所安全工作会议，会前，民政局副局长带队对曹各庄堂的防火、防盗等安全设施进行了检查。会上，区天主教爱国会负责人围绕场所安全汇报了爱国会和曹各庄堂近期所做的主要工作及下一步工作打算，学习市、区有关文件、会议精神。市天主教爱国会秘书长、民政局副局长分别就十八大期间场所安全工作提出了明确要求。11月3日，召开民族宗教维稳专题会议。提出了明确要求，并成立了民族宗教领域维稳领导小组，建立区、镇（街）、村（居）三级工作责任制，明确任务，分清责任，制定了《门头沟区民族宗教领域十八大期间维稳工作方案》，向各镇（街），向各宗教场所下发《关于做好十八大期间宗教场所安全工作的通知》，督促指导各镇（街）、各宗教场所落实工作责任、明确工作重点，切实维护全区民族宗教领域十八大期间的安全稳定。

（刘　奎　王　洋）

【专项工作】 12月18日、22日在后桑峪天主教堂、龙门基督教堂召开专题会议，会上向天主教和基督教60余名信徒骨干通报了全国、北京市及全区防范和打击“全能神”邪教组织活动情况，学习了相关宗教政策法规。并提出具体要求。区公安分局国保支队、民宗办、相关镇街等部门单位领导及基督教、天主教团体负责人参加了会议。

（刘 奎 王 洋）

人口与计划生育工作

【概况】 年内，全区人口计生工作在市人口计生委的指导下，在区委区政府的领导下，贯彻落实科学发展观，坚持“小人口”不放松、“大人口”抓统筹，围绕全区现代化生态新区发展战略，坚持以人的全面发展为核心，以创建“幸福家庭”深入开展“六大工程”为重点，以加强基础工作为保障，“更加注重宣传倡导、更加注重利益导向、更加注重服务关怀”，立足区情借势发展，不断探索新型区域人口计生事业发展新模式，努力为全区经济社会发展创造良好的人口环境。

单位名称：北京市门头沟区人口和计划生育委员会
地　　址：北京市门头沟区新桥南大街46号
电　　话：69844839
邮　　编：102300

（齐桂平）

【市、区领导慰问】 1月17日，市人口计生委副主任到区内，走访慰问生活困难的龙泉镇中北街社区计生干部和军庄镇楼房社区计生干部。10日开始，以科室包镇街的方式进行走访慰问困难计生家庭和计生专干，共走访慰问困难计划生育家庭10户、村居计生专干24人、从事计生工作15年以上的离岗专干3人，每户发放慰问金1000元，共走访慰问37户。同时走访独生子女发生意外伤残或死亡家庭11人，每户给予1万元的一次性家庭帮助；走访独生子女父母发生意外伤残或死亡家庭44户，每户给予5000元的一次性家庭救助。

（高 旭）

【重要会议】 1月17日，召开五届三次理事会暨计生贴息贷款10年总结会。会上总结2011年计生协工作，通报了2012年计生协工作思路。播放了反映全区扶持计划生育低收入家庭增收致富工作的电视专题片《幸福千万家》，表彰了优秀项目户和优秀项目管理者。区计生协理事、各镇街计生协秘书长、贴息贷款优秀项目户和优秀项目管理者共70余人参加会议。7月27日，北京市“国家免费孕前优生健康检查项目全覆盖”启动仪式在区内举行。国家人口计生委科技司副司长王巧梅、财务司副司长吴士勇，市人口计生委党组书记、主任刘志，市财政局教科文处领导，区领导韩子荣等出席启动仪式。国家免费孕前优生健康检查项目是经国务院批准，由国家人口计生委、财政部共同组织实施的一项重大民生工程。启动仪式上，介绍了全区实施国家免费孕前优生健康检查项目方案。与会领导现场给计划怀孕夫妇代表发放了免费孕前优生健康检查项目服务卡。国家免费孕前优生健康检查项目组专家，各区县人口计生委主任、主管副主任，区人口计生委、卫生局、财政局有关领导，各镇街人口计生干部，以及区部分计划怀孕夫妇代表共120余人参加启动仪式。9月28日，在龙泉宾馆召开第三届京西人口与发展论坛。市人口计生委党组书记、主任发表主旨演讲并提出要求。11月23日，召开“免费孕前优生健康检查项目”总结表彰会。市人口计生委副主任出席表彰会并讲话。会上总结了“免费孕前优生健康检查项目”工作情况，宣读了表彰决定，对先进集体、先进个人进行了表彰。截止到10月底，区内超额完成国家下达的全年指标，目标人群参检率达到86%（下达指标是80%），全区共有630对夫妇参加了免费孕前优生健康检查。区人口计生委、卫生局、财政局、民政局、体检中心领导以及各镇街相关人员参加会议。

（付延路）

【领导视察、调研工作】 3月5日，区领导调研重点工作。听取全员人口基本信息库、葡山人口文化园升级改造、网上综合管理系统建设等重点工作汇报，对各项工作进展情况给予了肯定，并就下一步工作提出了要求。11月1日，区领导王洪钟调研。听取了区人口计生委重点工作情况汇报并提出要求。11月15日，区领导到人口计生委调研。听取了人口和计划生育综合信息管理平台建设情况，实地查看了区人口文化园建设情况。

（高 旭）

【机关创建活动】 3月，多措并举推进“五型”机关创建。一是以提升干部职工道德、文化素养为目的，推进学习型机关创建。二是以规范服务行为、完善服务机制为重点，推进服务型机关创建。三是以探索新的管理模式、服务方式为途径，推进创新型机关创建。四是以树立节约意识、提高机关效能为核心，推进节约型机关创建。五是以搞好内部团结、构建外部和谐为基础，推进和谐型机关创建。

（付延路）

【党建工作】 4月20日，召开党风廉政建设、党建工作会，会上总结2011年党建工作情况，部署机关2012年党建工作任务，层层签订了党风廉政建设责任书，明确了任务分工。

（房圆圆）

【奖励扶助和特别扶助】 4月25日，市人口计生委检查指导区内奖扶特扶工作。市人口计生委检查人员听取了区内奖励扶助、特别扶助工作汇报，查看了相关资料，并到年内新增奖励扶助对象家中核实情况。检查人员对区内奖励扶助、特别扶助工作给予肯定。年内，全区有467人符合奖励扶助政策，有369人符合独生子女家庭特别扶助政策。

（刘 雨）

【举办京西人口文化节】 5月29日，在葡山公园（区人口文化园）举行第七届京西人口文化节开幕式暨“歌华杯”门头沟2012幸福家庭摄影大赛启动仪式。此届京西人口文化节将历时半年，文化节以“幸福家庭·和谐人口”为主题，以创建幸福家庭为目标，以实施“文明倡导、宝贝计划、青春健康、健康生育、生育关怀、心灵家园”六大工程为重点，通过举办“歌华杯”幸福家庭摄影大赛、幸福家庭评选、开展人口文化发展研究、举行“人口文化一日游”、开展免费孕前优生健康检查等一系列具有浓郁特色的人口文化宣传服务活动，展示门头沟人的精神风貌，展示全区人口计生工作的丰硕成果。活动现场设立宣传咨询服务台，咨询服务数百余人，义务为群众量血压、量身高、量体重数百余人，摆放宣传展板16块，发放宣传海报、宣传折页等材料3000余份，发放避孕药具200余盒。11月28日，举行第七届京西人口文化节闭幕式暨区人口文化园升级竣工开园典礼，市人口计生委党组书记、主任刘志，区领导韩子荣，王洪钟等领导出席闭幕式和开园典礼。区人口计生委主任宣读《门头沟区幸福家庭表彰决定》。市、区领导为幸福家庭代表颁奖。幸福家庭代表宣读《共创和谐社会 共建幸福家庭倡议书》。王洪钟在致辞中强调区内打造首都西部综合服务区、大力发展旅游文化休闲产业的工作思路，以及全区城市建设和经济发展情况，总结了第七届京西人口文化节工作。

（李超男）

【流动人口计划生育管理】 6月，区人口计生委四项措施加强流动人口服务管理。一是全力夯实基础工作。二是广泛开展区域协作。三是开展特色宣传服务。四是推进公共服务全覆盖。

（崔燕玲）

【机关学习】 7月13日，召开学习贯彻市第十一次党代会精神暨工作推进会，传达市第十一次党代会精神，总结上半年工作进展情况，部署下半年工作任务。11月8日，组织收看十八大开幕式。并组织全体人员收看中国共产党第十八次全国代表大会电视直播。11月29日，举行人口计生系统学习贯彻十八大精神暨年终总结会，邀请市委党校教授作十八大报告专题辅导讲座，总结年内工作情况，谋划明年工作计划。区人口计生委机关工作人员、离退休干部、各镇街主管领导、计生工作人员参加了会议。

（房圆圆）

【检查与评估】 9月25日，市人口计生委领导检查区内阳光计生行动规范化建设。听取了区人口计生委阳光计生工作汇报，邀请了政风行风建设监督员进行座谈，查阅了相关材料，带队领导对阳光计生工作给予肯定。10月23日，市人口计生委检查区内诚信计生工作。听取了区人口计生委、潭柘寺镇以及镇卫生院诚信工作汇报，查阅了区、镇相关材料，召开育龄群众座谈会，进行诚信计生问卷调查。25日，区人大检查人口计生工作。区人大常委会去年审议了区政府人口计生工作，年内对整改情况进行跟踪检查，听取了大峪街道中门花园社区和妙峰山镇涧沟村人口管理情况，实地查看了北京市全员人口管理信息系统的运行情况，了解人口构成及流动人口、人户分离人员的服务管理情况。区人大对人口计生工作给予充分肯定，对进一步加强和完善全员人口管理信息系统提出建议。12月6日，区直派组检查党风廉政、党务公开工作。听取工作汇报，查阅相关资料。

（陈　涛）

【生殖健康与优质服务】　年内，健康专家到机关单位、镇（街道）、村（社区），采取课上互动交流、课后健康咨询等形式，讲授了优生优育、生殖保健、更年期保健等科学知识。年内，大课堂已举办知识讲座27场，惠及干部群众3000余人。活动中发放优生优育、女性保健、知情选择、更年期保健等宣传材料2万余份。

（马桂荣）

爱　国　卫　生

【概况】　年内，围绕国家卫生区复审和“健康门头沟”建设两项重点任务，落实各项爱国卫生工作措施，改善城乡环境面貌，提高全区人民健康水平。成立了国家卫生区复审工作领导小组，召开国家卫生区复审工作动员会和4次工作协调会，开展复审巡查18批次，整改各类卫生问题188处，通过了国家卫生区复审。启动了健康门头沟建设，开展了健康门头沟主要指标调查摸底，完成健康门头沟工作调研。组织开展“美化首都环境，喜迎两会召开”第二十四个爱国卫生月活动。联合区文明办、环境办每月开展不同主题的城市清洁日活动，清除小广告、乱堆物料等。组织开展“清淤治污、美化家园、喜迎盛会”7.21暴雨灾后环境卫生集中清洁活动。开展病媒生物防制知识培训，为140名村居卫生专干普及蚊蝇鼠蟑等主要病媒生物防治知识。举行“烟草危害图形说”世界无烟日主题宣传活动，全年发放禁止吸烟标识300余块，控烟宣传材料2万余份。创建市级健康社区、健康促进示范村、卫生村共30个。

单位名称：京市门头沟区爱国卫生运动委员会
地　　址：北京市门头沟区城子东街甲40号
电　　话：69843460
邮　　编：102300

（王淑兰）

【健康门头沟建设】　2月6日，区政府印发《健康门头沟“十二五”发展建设规划》，全面启动健康门头沟建设。4月20日，完成健康门头沟主要指标摸底调查。11月26日，完成健康门头沟工作调研。

（史保鑫　于海朋）

【环境卫生整治活动】　2月20日至3月20日，组织开展“美化首都环境，喜迎两会召开”爱国卫生月活动。8月31日，组织开展“清淤治污、美化家园、喜迎盛会”环境卫生清洁日活动，在全区范围内清理7.21暴雨冲刷出来的暴露垃圾，淤泥，整治村居、企事业单位卫生死角。

（史保鑫　于海朋）

【获第三届社区健康风采大赛奖】
2月26日，区内选送的龙泉镇社区居民的作品《阳光生活》荣获北京市第三届社区健康风采大赛字画类一等奖；王平镇村民的麦秆编织作品《松鹤延年》获得手工类三等奖。

（史保鑫　于海朋）

【国家卫生区复审工作】　3月14日，召开国家卫生区复审工作动员会，全面启动国家卫生区复审工作。15日，启动国家卫生区复审巡查和约谈机制。4月17日，召开国家卫生区复审迎检工作第一次协调会。下旬，通过了北京市爱卫会暗访。5月8日，召开国家卫生区复审迎检工作第二次协调会。6月14日，召开国家卫生区复审迎检工作第三次协调会。26日，通过了北京市爱卫会检查组考核。9月7日，召开国家卫生区复审迎检工作第四次协调会。中旬，通过了全国爱卫会专家组复审。12月20日，全国爱卫会再次授予门头沟区国家卫生区标牌。

（史保鑫　于海朋）

【病媒生物防制工作】　4月中旬，组织开展春季统一灭鼠活动，投放鼠药2.3吨。5月18日，举办病媒生物防制知识培训班，为140名村居卫生专干普及蚊蝇鼠蟑等主要病媒生物防治知识。5月至9月开展统一灭蚊蝇活动，投放灭蚊蝇药剂5吨。6月至8月开展“健康北京灭蚁行动”，为1.35万户居民家庭免费灭蚁。7月22日，制发《关于做好暴雨灾后卫生防疫工作的紧急通知》，发放灭蚊蝇药4.5吨，灭鼠药4吨，组织专业消杀人员对北涧沟、新老宿舍、西辛房中学、大台西洼等重灾区和灾民安置点进行病媒生物消杀。

（史保鑫　于海朋）

【卫生创建工作】　4月27日，召开2012年度卫生创建工作动员会。5月17日，会同区健康教育所举办创建工作培训班。7月11日至13日，开展创建工作中期督导检查。11月中旬，30个创建市级卫生村、健康促进示范村和健康社区工作通过市爱卫办检查组考核验收。

（史保鑫　于海朋）

老 龄 工 作

【概况】　门头沟区老龄工作委员会是区内老龄工作的议事机构，下设办公室，负责全区老龄事业工作。年内，坚持“党政主导、社会参与、全民关怀”的工作方针，以实现“六个老有”为目标，从建设为老服务设施入手，认真贯彻落实各项敬老优待政策，不断健全领导体制、创新工作机制、完善服务体系建设，满足老年群体多层次的个性化的服务需求，全面提升老年人服务管理精细化水平。被评为北京市老龄工作先进单位。

单位名称：北京市门头沟区老龄工作委员会
地　　址：北京市门头沟区西辛房后街44号
电　　话：69807952
邮　　编：102308

（刘　文）

【为老年人办实事】　1月5日至12日，区特困老人助养协会到清水镇、斋堂镇、王平镇、潭柘寺镇、妙峰山镇、军庄镇为32名高龄特困老人送去助养款1.88万元。10月22日，到王平镇慰问孤寡和空巢老人，送去2000元慰问金及米面油等物品。10月23日，区委领导、常务副区长陈国才代表区四大部门向全区百岁老人代表送去节日祝福，入户看望亢锡禄等11名百岁老人，送去1.1万元慰问金及鲜花和寿糕等。同日下午，区老龄办慰问光荣院的全体休养员，赠送价值5000元的食品。重阳节期间，与区慈善协会慰问全区470余名90岁以上高龄老人，赠送价值5万元的物品。11月底前完成了列入区政府为民办事工程的为20个山区“星光老年之家”和10个新建社区老年活动站添置更新器材设备工作。“两节”和“九九”重阳节期间，全区各级领导和各单位开展走访慰问“送温暖”活动，共走访慰问各类老人2.5万人次，送慰问款和物品折价650余万元。

（刘　文）

【召开老龄工作会议】　1月11日，召开迎新春老年人代表座谈会。原老龄办的老领导、基层老龄干部代表、敬老模范代表，以及老龄工作部门的退休老同志代表等参加。18日，召开由各街道镇主管领导、科长及居家养老（助残）员参加的迎新春老龄干部座谈会。征求2011年工作报告意见，为做好2012年工作奠定基础。会议作了题为《抢抓机遇　勇于创新　全面推进老龄事业科学发展》的工作报告。区领导对做好全年工作提出具体要求。4月12日，召开13个街道镇参加的万名“孝星”和千家为老服务示范单位命名活动部署会。下发区老龄办、区委宣传部联合起草的《关于组织参加2012年度北京市万名“孝星”和千家为老服务示范单位命名活动的通知》（门老办发〔2012〕7号文），就“孝星”和千家为老服务示范单位的网上评选命名活动申报流程进行讲解，就做好命名活动提出具体要求。20日，在王平镇召开基层老龄工作现场会，部署下半年工作。8月30日，举办居家养老助残员培训班，从如何落实“九养政策”、养老助残员的作用等方面进行讲解。11月23日，召开基层老龄干部参加的2012年居家养老（助残）服务单位奖励申报工作培训会。就奖励范围、奖励原则、申报条件、申报标准进行讲解。

（刘　文）

【市区领导调研视察工作】　3月17日，市老龄协会副会长到城子街道、龙泉镇就养老服务管理中心建设工作调研。5月11日，市民政局副局长、市老龄协会副会长到区内拟建养老服务管理中心单位城子街道、龙泉镇实地考察，听取有关情况介绍，对做好建设工作提出要求。6月7日，市老龄办秘书处和紫光软件有限公司数字政府事业部到区内龙泉镇就有关老年优待证卡、居家养老（助残）券办理审核发放流程中存在的问题进行调研。6月14日，市民政局党委书记一行到区内调研。区领导韩子荣、王洪钟等参加调研。实地查看王平镇吕家坡村老年协会建设和九养政策落实情况，听取老龄工作情况汇报，并就进一步做好老龄工作提出要求。10月30日，全国老龄办宣传部主任等一行到吕家坡村就老年人协会建设情况进行专题调研。观看吕家坡村的工作展板、查阅老年人协会基础档案资料，召开座谈会，听取区、镇、村三级情况汇报。11月7日，区领导就老博会进展情况进行专题调研。

（刘　文）

【宣传活动】　4月13日，在区体育馆参加区委政法委组织的"爱民月"和"开放日"活动，向过往群众发放北京市万名"孝星"和千家为老服务示范单位宣传材料、孝亲敬老宣传画和《北京市老年人权益保障条例》等各类宣传材料2300余份。8月31日，"孝文化"进军营暨门头沟区"孝星"和敬老先进单位事迹报告会在中国人民解放军66446部队举行。9月10日，举行以家庭孝老为主题的"孝文化"进机关为主题的第二场孝星事迹报告会。9月29日，区内两名市级孝星宣讲团成员，参加北京市孝星事迹报告会，现场接收媒体记者的采访。10月26日，参加全国"敬老月"活动的启动仪式。在启动仪式上，推荐150名市级万名孝星候选人和16个候选单位，受到北京市人民政府的命名。同日，在滨河公园举办了"关爱老人，共筑和谐"为主题的老年心理知识展览，近700余名老人到现场观看展览。12月19日至21日，参加由市民政局、市老龄办主办的2012北京国际老龄产业博览会。设立独立展厅，以"绿色家园、宜老圣地"为主题，通过宣传画、触摸屏、专题片等形式，对全区旅游资源、区位优势、养老机构、优惠政策、养老事业亮点进行展示。在此期间，组织区老龄委成员单位、街镇老龄干部和服务商代表近百人到现场参观。

（刘　文）

【组织老年人活动】　4月19日至20日，与区委老干部局、体育局共同举办的第24届春季"健康杯"老年门球赛在区委老干部局门球场举行。23支老年门球队的运动员、教练员、裁判员共240余人参加比赛。老干部局三队夺得第一名。9月25日，与王平镇联合举办第九届老年人才艺表演赛。分为书画、手工制品和文艺、健身三大类，分别设立一、二、三等奖和创新奖。有400余名中老年人参赛。9月26日至27日，与区体育局、区委老干部局在区委老干部局门球场，共同举办区第25届秋季"金秋杯"老年门球赛。全区各单位的23支老年门球队的运动员、教练员和裁判员近300人参加比赛。四处三队夺得第一名。10月22日，组织百名孝星参加在门头沟区举办的"孝满京城"北京市第三届重阳文化节的开幕式，同时组织四世同堂孝星家庭同登定都峰，为老年人祈福祈寿。

（刘　文）

【老年人协会建设】　4月23日，经区民政局社团办批准门头沟区老年人协会成立。17日，经区民政局和社会办聘请第三方评估公司的评定，区老年人协会被评为北京市4A级社会团体组织。

（刘　文）

【培训学习与交流】　5月3日，与王平镇联合组织村居干部和居家养老（助残）员50余人到西城区金融街街道办事处参观学习。听取老龄工作、养老服务管理中心和老年协会建设方面的经验介绍，参观老年餐桌和益寿园居家养老服务中心。16日至20日，组织部分街道镇负责人到上海，参加中国国际养老服务业博览会。21日至31日，全员参加区民政局举办的民政系统科级干部及中青年干部培训班。26日，老龄办党支部与民政局第四党支部联合举办特色党日活动，到房山区平西烈士陵园缅怀革命先烈，在党旗下重温入党誓词。8月15日，到朝阳区麦子店霞光里社区居家养老服务中心、香河园街道居家养老服务管理中心参观学习。9月6日，组织相关人员到顺义区老龄办，就养老服务管理中心建设工作进行交流和学习。26日，在滨河公园举办了"关爱老人，共筑和谐"为主题的老年心理知识展览，近700余名老人到现场观看展览。

（刘　文）

【落实惠老优待政策】　年内，办理老年优待证1514个、为年满65岁以上老人办理优待卡2759张。为504名90周岁及以上老人发放高龄老人长寿补助金50.96万元。为2000名老年人配发"小帮手"电子服务器。为95岁以上老人报销医疗费22万余元，共29人次。为区内户籍年满80岁以上老年人发放养老（助残）券726.44万元。

（刘　文）

【养老管理服务中心建设】 12月26日，市政府绩效考评组采取听取汇报、查看档案资料，实地检查等方式对区内养老管理服务中心建设工作进行验收。被抽查的龙泉镇和大峪街道养老管理服务中心通过验收。月28日，与卫生部北京医院合作在龙泉镇龙泉雾村养老管理服务中心，举办门头沟区老年护理培训基地揭牌启动仪式。签订合作协议，举办第一期专业护理人员讲座，参加护理人员及志愿者100人。截止年底，区内建成养老服务管理中心13所。其中镇（街）级4所，居（村）级9所。市投资金425万元，区投资金200万元，总计625万元。

（刘　文）

街　道

大 峪 街 道

【概况】　年内，完成区政府目标管理任务。完成桃园、新桥、月东里3个社区排水管线1465米，剧东等9个社区绿地整修8300平方米，南路二等7个社区路面硬化20533平方米，绿岛社区创建新品社区地面铺装、绿化美化。协助完成桃园852户天燃气入户工程，峪园等3个老旧社区平改坡、外保温工程。在月季园一区实行准物业管理工作。房屋征收拆迁工作全面推进。完成采空棚户区房屋整体征收签约1365户，签约率达到98.67%；高家园项目、北旅广场西扩202户房屋征收任务，中门寺沟中段治理13处3860平方米和滨河公园300余延米透绿改造任务，拆除违章16处390平方米。环境综合整治力度不断加大。推行社区环境建设一票否决制，滨河西区、德露苑社区被评为“北京市环境优美居住小区”、西苑路为环境优美街巷胡同、德露苑社区为花园式社区。自筹资金50万元，完成14栋楼道粉饰和门窗更换工程，投资104万元，完成“7.21”暴雨造成的8处水毁路面、山体滑坡修复工作。建立十二类人群动态信息库以及万名户籍老人信息数据库，1325人实现再就业，安置就业困难人员829人。发放失业金727万元，发放养老助残券和特困慰问金358万元。积极推进月季园一区等7个“一刻钟社区服务圈”建设任务。社会服务管理不断创新。在中门花园等9个社区实施“六型”社区建设，在南路二等4个社区开展社区网格化社会服务管理试点工作，初步形成了“七个一、四个规范、三个公开”工作体系。完成29个社区换届选举工作，实现书记主任一肩挑比率90%，社区干部平均年龄43岁，具有大学专科以上学历人员105人，比上届提高18.8%。社会秩序持续保持稳定。启动安保工作“十大专项行动”，开展“决战30天，确保十八大绝对安全”竞赛活动，做好全国“两会”、“十八大”等重大节日、敏感期的社会面防控工作，组织3500名治安巡逻员，组建34支市民劝导队，社会矛盾调处中心、连民心恳谈室共接待群众信访件1421批、1949人次，共化解883批，控制越级集体访28批。群众性文化活动蓬勃开展。举办以“唤起包容心、弘扬厚德情、共建好邻里”第五届社区“邻里节”和“喜迎十八大，文化展风采，共建新门城”首届社区文化节，开展夏日文化广场、“颂祖国、赞家乡”等各类演出90场。在10个社区153个楼门推进楼门文化创建工作，申报星级楼门137个。党的组织建设不断强化。在基层党组织开展分类定级和解放思想大讨论活动，在29个社区开展基层民主评议活动，社区党组织、居委会五项满意率均达到95%以上。开展特色党建品牌创建活动，不断推动党建创新。完善特殊党员帮扶机制，开展党员志愿服务活动，完成了十八大代表和市第十一次党代会代表提名推荐工作。

单位名称：北京市门头沟区人民政府大峪街道办事处
地　　址：北京市门头沟区滨河路72号
电　　话：69828295
邮　　编：102300

（曹少斌）

【两节慰问】　1月，开展两节期间百户大慰问活动，走访慰问各类民政对象，发放优抚对象定期补助及春节慰问金448550元，向地退、军退人员发放慰问品合计6900元，对辖区14户烈属、特困残疾人家庭以及低保户家庭进行入户慰问。

（曹少斌）

【人口和计划生育工作】　2月16日，举办“守望幸福、亲情牵手创建幸福家庭启动仪式”。3月9日，举办“孕育健康宝贝、打造和谐家庭”专题知识讲座。23日，为育龄人群举办“让幼儿拥有最良好的开端——早期教育”讲座。6月，为来京三年以上的298名婚嫁育龄妇女免费进行体检。

（曹少斌）

【社区党组织换届选举】　2月至3月，完成29个社区党组织换届选举工作。

（曹少斌）

【举办第五届邻里节】　3月，举办以“唤起包容心、弘扬厚德情、共建好邻里”为主题的第五届“邻里节”活动。期间开展“好邻里故事会”、“北京精神春联征集比赛”、“春节广场公园文化活动展示”等多项文化活动。

（曹少斌）

【社会救助宣传月】　4月，开展社会救助宣传月活动，通过设立宣传站、走访调查，发放材料等形式，提高群众的政策知晓率。

（曹少斌）

【廉租房补贴入户调查】　5月，在辖区内开展廉租住房补贴家庭入户调查核实工作，通过核查，对7户不符合享受住房补贴条件的家庭予以停发。

（曹少斌）

【开展廉政文化宣传教育】　5月，在月季月东里社区绘制以“扬正气、倡勤廉、促和谐”为主题的廉政文化墙，并组织社区干部到现场接受廉政教育。6月，组织机关党员干部观看廉政电影。7月，举办“万人学廉政、千人写廉政、百人答廉政”知识竞赛。8月，举办以“弘扬北京精神、倡导廉洁风尚、建设和谐社区”为主题的廉政文化专场文艺演出。10月，组织开展“加强廉政制度教育，提升制度执行力廉政文化”作品征集活动。

（曹少斌）

【参加全民健身比赛】　6月，组建代表队参加区全民健身体育节的各项比赛，机关干部参加第九套广播操比赛，获二等奖；社区文艺团队参加秧歌、健身操比赛，有15个社区的23支团队获奖；向阳社区获得第六届和谐杯乒乓球比赛第一名。

（曹少斌）

【社区文化节活动】　7月，启动以“喜迎十八大，文化展风采，共建新门城”为主题的首届社区文化节，文化节分为“颂祖国、赞家乡”文化活动展示季、“倡导廉政风尚、建设和谐社区”廉政文化展示季、“幸福家庭、和谐人口”人口计生文化展示季、“真情关爱”助残文化展示季、“夕阳无限好”重阳文化展示季五个部分。

（曹少斌）

【慰问受灾群众】　“7.21”特大暴雨期间，向受灾群众发放棉被343条、毛毯333条、气垫床4个，帮助受灾群众度过困难时期。

（曹少斌）

【创建药品安全示范街论坛】　7月至8月，开展创建药品安全示范街论坛活动，以深化药品安全责任体系建设为契机，以实施药品安全百千万工程为载体，创新药品安全监管的理念、思路、体制和机制，推进辖区药品安全监管的精细化、药品市场秩序的长效化。

（曹少斌）

【巡视工作】　7月至9月，区委巡视一组来街道对领导班子运行情况进行巡视检查。

（曹少斌）

【残联工作】　8月12日，组织19名残疾人参加北京市第六届残疾人职业技能大赛，获插花、刺绣三等奖。23日，举办地区残疾人象棋比赛，100余名残疾朋友参加了比赛。8月底，组织辖区内残疾人参加区残联乒乓球比赛，获得男子肢体组个人冠军、女子肢体组个人第三名、女子听力组个人第一名，及团体第二名。8月，组织残疾人参加“爱的旋律、美的瞬间”摄影比赛，获得2个三等奖、3个优秀奖。

（曹少斌）

【未成年人教育】　8月，开展以“践行北京精神，争当社区文明小使者”为主题的暑期社区实践活动，辖区中小学校的学生参加了情景剧展示、摄影比赛等项活动。

（曹少斌）

【五星级社保所评估验收】　9月7日，门头沟区社保所工作评估小组到街道社保所进行评估验收，被评为全区唯一一家“五星级社保所”。

（曹少斌）

【家庭无障碍设施改造】　9月

底，实施100余户家庭无障碍设施改造，安装门铃60余户。

（曹少斌）

【十八大维稳工作】　10月24日，召开“决战30天，确保十八大绝对安全”誓师大会，区委安保维稳督查组及辖区派出所、门城工商所、城管大峪分队及大峪街道副职以上领导、各社区党组织书记、居委会主任、治保主任、机关联系社区干部等参加了誓师大会。10月至12月，采取自下而上拉网式的排查方式，对辖区内的重点矛盾和重点人进行排查，逐一进行分析研判和风险评估，成立了7个专项督查组和10个专项行动小组，按照各自分工展开各项维稳工作。

（曹少斌）

【工会工作】　10月，开展在非工企业建立工会工作，新建工会18家，辖区内共建会170家，吸纳新会员2726人。

（曹少斌）

【为老服务】　截至11月底，为1868名80岁以上老年人申请、发放养老券215.79万元；办理老年证275人，老年乘车卡646张，为160名老人购买“小帮手”电子服务器，为23名低保老人发放助老慈善医疗救助款1.06万元。

（曹少斌）

城子街道

【概况】　城子街道位于门头沟区政府北侧2公里处，背倚九龙山，面朝永定河，南北以河滩桥和水闸为界，西至东龙门，东与石景山区五里坨接壤。行政辖区面积约6平方公里，总户数15069户，常住人口39310人。辖区内有包括教师进修学校、职高、中学、小学、幼儿园在内的学校6所；有自来水公司、铁三局四处等4家市属单位；有国资委、市政管委等22家区属单位；辖区内有城子大街、滨河路2条主干道，小巷胡同50多条，现有十多条公交线路穿插其间。城子办事处现有职能科室11个，公务员编制32人，工勤人员编制3人。下设17个社区居委会。主要承担辖区城市建设、综合治理、社区建设、社会治安、计划生育、民政及社会保障、文教卫生管理和服务职能等。在办事处设立总部，各社区建立分支机构的组织有连民心恳谈室、青少年法律学校、少年模拟居委会等；另有心语交流室、爱心小屋等群众性专项服务组织多个。各社区在街道统一组织下成立了多支志愿服务队伍，服务内容包括扶残助老、环境保护、法制教育、治安巡逻等多个项目，志愿者总数超过2000人。年内，城子街道工委办事处按照区政府《蓝皮书》工作任务。梳理了涉及办事处的区级重点工程项目，确定了责任科室和责任人，明确了主要任务职责，通过协调配合，完成西七棵树等4个社区1200平方米的绿化美化任务、西宁路等4个社区4300平方米的路面硬化任务、兴民大街等2个社区1775米的排洪沟治理、车站街等3个社区1825米的排污管道治理。以工程为载体，确立办事处工程项目，清理雨污混合排洪沟1987.4米，社区硬化4165.5平方米，社区绿化1175平方米，维修铁三局四处地区22座厕所，更换损坏垃圾桶近300个。蓝龙家园被评为“首都绿化美化花园式社区”。发动居民近6000人次，清理农居混杂交接地区、社区管理外地区垃圾渣土近100吨、生活垃圾近400吨，渣土90余吨，粉刷小广告1500余处，捡拾白色污染90余公斤。联合城管、工商、卫生等部门多次对城子大街、城子西街、七棵树大街等辖区重点地区环境秩序进行集中执法。全年完成注册企业93家，注册资金达10128万元，实现全年财政收入2148万元，完成年初制定的财政计划。完成棚户区拆迁改造工作，完成民生、车站街2个社区2个项目共311户的拆迁工作；完成城子10个社区3928户房屋整体征收工作，签约率达到98.5%。

单位名称：北京市门头沟区城子街道办事处
地　　址：北京市门头沟区城子西街17号
电　　话：69827340
邮　　编：102300

（史　磊）

【召开老干部座谈会】　1月6日，召开老干部座谈会，邀请26名离退休干部到办事处听取机关2011年取得的成绩及2012年的重点工作，并听取老干部意见和建议。

（史　磊）

【慰问活动】　两节期间，区领导王洪钟等先后到城子街道民生社区、华新建社区、城子西街等社区慰问离退休老党员、困难群众，为他们送上慰问金和慰问品。年内，走访慰问活动共慰问困难党员、低保户、残疾人等弱势群体1809人，发放慰问金120.66万元，发放慰问品折合现金12.253万元。

（史　磊）

【培训工作】　1月11日，联合区工商分局召开营造良好食品安全环境培训动员会，办事处主任及区工商分局部分领导参加会议。区工商分局工作人员对全区的食品安全形势和区工商分局2011年食品安全工作进行简要介绍，并从食品安全标识的认知、食品中毒的处理及出现问题的投诉等方面进行培训，对参会群众带来的一些肉类、奶制品、饮料等食品进行现场检测。231名居民参加了培训会，现场发放宣传材料600余份。

（史　磊）

【召开年度工作会】　1月13日，召开2012年工作会，会上办事处主任作题为《抢抓机遇·创新开拓·为实现城子地区各项事业的跨越式发展而努力奋斗》的报告。对2011年街道工作进行回顾，明确2012年的工作思路与奋斗目标。大会还对为社区建设和发展作出积极贡献的12个先进集体和34个先进个人予以表彰奖励。

（史　磊）

【两节文化活动】　1月13日，在龙世源举办“爱北京·唱门城·跨越发展我先行”社区迎新春文艺汇演，机关干部，17个社区工作人员200余人参加。兴民大街社区举办迎新年知识竞赛，挑选80余条灯谜供社区居民竞猜。华新建、西宁路等社区分别举办迎新春文艺演出。市场社区举办了小车会活动。华新建社区举办“元宵喜乐会”。蓝龙家园、兴民大街和城子大街社区举办“猜灯谜、闹元宵”活动，广场社区举办了“元宵民俗”活动。

（史　磊）

【组织青少年假期活动】　1月20日，华新建社区联合三家店铁中团支部举办以“践行北京精神　争做守法少年”为主题的青少年法律大课堂活动。25日，广场社区举办“青少年弘扬北京精神诗歌朗诵会”。以诗歌朗诵的形式，宣传北京精神。27日，七棵树西街社区邀请片警为学生们上法制宣传课，从其最容易触及到的安全隐患和预防方法的角度与学生们展开交流，同时普及法律法规知识。西宁路社区团支部组织40余名中小学生开展共青团、少先队组织知识教育。西宁路居委会组织近50名中小学生，参加安全用药知识竞赛活动，号召社区青少年争做家庭用药小主人。

（史　磊）

【红领巾劝导队成立】　2月7日，街道团工委创建的首个红领巾劝导队向阳社区正式成立，40名少先队员成为首批红领巾劝导队员。

（史　磊）

【就业援助月活动】　2月9日，街道社保所开展以“就业援助进家入户，帮您解决就业困难”为主题的就业援助月活动。活动期间重点帮扶30名就业困难人员，进行职业指导55人次，组织15人次参加各类招聘会。共有7人实现就业，其中3人与用人单位签订劳动合同，4人享受国家优惠政策，辖区零就业家庭动态数字为零。

（史　磊）

【组织理论学习】　2月14日，召开理论中心组及机关、社区全年教育培训部署会。会上制定学习计划，落实领导班子成员为机关、社区每人每月一次的讲课内容，共12讲，同时，机关科室、社区制定全年培训计划共59期。年内，完成政治理论专题讲座12次，培训党员干部6000人次。先后组织开展喜迎十八大等为主题的党的知识宣传活动52次，各类文艺活动24场，各类培训120次，社会实践活动37次，社区教育活动181次，受教育人群超过8000人次。

（史　磊）

【预防煤气中毒工作】　2月22日，开展预防煤气中毒“温暖三号”行动。以新来京或返京的取暖户为重点，逐个炉具张贴橙色安全提示，防止事故反弹。共检查煤炉采暖户7075户，其中常住人口5901户，流动人口1174户。11月6日，综治办联合辖区派出所和各社区，开展预防煤气中毒宣传检查活动。通过悬挂横幅、张贴宣传画、发放宣传材料、发放安全提示贴纸等形式进行宣传，同时对煤火炉取暖的住户进行入户检查，重点检查是否使用合格炉具、是否安装了风斗及烟囱是否正确安装等，并与住户签订《预防煤气中毒责任书》。

（史　磊）

【召开党建、廉政、综治工作会】 2月28日，召开党建、廉政、综治工作大会。区纪委纠风室主任、街道工委班子成员、城子派出所领导、包社区科长以及社区支部书记、居委会主任、组宣干部参加会议。会上，宣读《组织工作要点》和《宣传思想工作要点》，《党风廉政建设工作意见》和《两会维稳工作通知》，部署了“两会”安保工作，街道社会治安综合治理工作。最后工委办事处书记和主任、各主管领导及科长分别就相关工作与社区党支部书记、居委会主任签订责任书。

（史 磊）

【庆三·八节系列活动】 3月3日，七棵树东街社区组织厨艺大比拼活动。5日，街道妇联邀请专业人士为办事处机关和社区百余名妇女干部举办《做一个内外兼修的职业美女》专题讲座。同日，蓝龙家园社区开展妇女维权、健康知识宣传、拔河等系列活动，商场社区举办“共迎三八妇女节，比比技能我最牛”比赛。7日，向阳社区举办巧手装扮幸福家布艺培训。新老宿舍社区邀请医生到社区义诊，并与部分居民签订家庭保健员健康跟踪协议。

（史 磊）

【街道工会信息采集工作】 3月13日，通过书面和电子邮件的形式，向各企业下发通知和工会会员信息采集表，督促各单位做好单位内工会会员的宣传及会员信息采集工作，此次工作共采集会员信息897条。

（史 磊）

【学习门头沟十大好人活动】 3月13日，在街道机关会议室举办“我向十大好人学什么”演讲比赛。10名选手分别代表不同社区参赛。期间街道工委还组织开展“走近十大好人”市民大讨论和百姓好故事征集活动。

（史 磊）

【宣传活动】 3月15日，城子大街社区发放《消费者权益保护法》、《产品质量法》等宣传材料100余份。华新建社区联合城子工商所举办“重视消费安全，促进经济发展”宣传活动，讲解与日常生活息息相关的食品安全知识，并现场为居民进行食品安全检测。12月4日开展以“加强法制宣传教育，服务经济社会发展”为主题的系列法制宣传活动。此次宣传活动，共发放各类法制宣传材料和宣传品10余种，法律图书14种共100本，宣传小图册1400本，图片挂历800份，为百余名群众解答了法律问题。

（史 磊）

【市领导调研】 3月15日，市科协领导到蓝龙家园社区调研。听取了社区科普工作汇报并参观了社区活动室、图书室、科普小屋等设施。10月30日，首绿办领导到蓝龙家园社区检查“首都绿化美化花园式社区”创建情况。12月14日，市司法局副局长、巡视组成员及区司法局副局长等一行到城子街道巡视基层司法所工作情况。15日，市社会办领导到蓝龙家园社区检查指导“社区规范化建设示范点”的创建情况，社会办领导一行在听取社区汇报的同时，对社区办公用房、文化楼门等情况进行实地考察。

（史 磊）

【药品安全工作】 3月20日，城子西街、向阳、车站街、商场等社区联合中洋大药房举办回收过期药品活动。有300余位居民参加，工作人员向居民讲解药品安全知识，发放《药品安全知识手册》，现场回收过期药2800余盒。年内，开展药品安全专题讲座5次，药品安全宣传活动32次，义诊活动9次，药品安全知识答卷活动2次，制作各类药品安全宣传板报34块，发放相关书籍、购物袋等宣传品2600余件，受教育居民达1.5余人次，引导居民清理各类过期药品300余斤，办事处投入10万余元清理违法药品广告宣传。

（史 磊）

【成立“阳光宝贝天地”】 3月20日，在华新建社区成立“0-6岁阳光宝贝天地”。

（史 磊）

【换届选举工作】 3月27日，参与换届选举的7个社区，选举出7名党支部书记，14名党支部委员，实现全部直选的目标，大专以上学历党支部书记达到57%，确保每个支部班子有1名45岁以下的年轻干部。5月25日，各参选社区完成第八届社区居委会换届选举正式投票工作。7个参选社区的选民参选率均在90%以上，其中以户代表形式进行选举的蓝龙家园社区和桥东社区，参选率分别达到95%和98%。此次共选出新一届社区居委会工作人员43人，党组织成员全部进入，实现书记、主任“一肩挑”比率及党组织成员双向进入比率两个100%。

（史 磊）

【领导调研】 3月28日，区领导韩子荣到桥东街社区和蓝龙家园社区调研老旧小区改造、精品社区建设。5月11日，区领导到街道调研实有人口服务管理全覆盖和维稳工作。9月19日，区领导等走访桥东社区，并对社区的老旧小区改造问题进行调研。30日，区领导到城子街道西宁路社区、城子大街社区检查十八大群防群治工作，查看巡逻值班情况。

（史　磊）

【开展践行北京精神系列活动】
4月12日，七棵树东街等社区分别邀请医生为居民进行糖尿病预防和安全用药知识讲座；13日矿桥东街社区举办交通安全知识竞赛活动，以增强居民的法制意识、安全意识和文明意识。16日，蓝龙家园社区合唱队和西宁路社区舞蹈队分别自创歌曲、舞蹈宣传践行北京精神。18日，七棵树西街社区通过开展文化活动，引导居民参与社区建设。同日，城子西街社区开展“党员学习日”活动，组织党员集中学习《2012年北京市建设学习型党组织工作要点》。

（史　磊）

【国际社工日活动】　4月19日，召开大学生社工座谈会。会后就“跨越式发展与社区建设”这一主题为132名社工进行培训。

（史　磊）

【街道文体志愿协会成立】　4月20日，街道文体志愿协会成立仪式在向阳社区举办。（史　磊）

【专项整治工作】　4月26日，发动党员、社区干部、市民劝导队共600余人参加活动，期间悬挂横幅20条，更新板报34块，清除垃圾渣土和堆物堆料15吨，清除小广告107处，捡拾白色垃圾22公斤，整治绿地18块，清除卫生死角16处，并结合国家卫生区复检除四害工作对50处毒饵站进行投药。

（史　磊）

【就业保障工作】　4月27日，举办失业人员就业现场招聘会。全市各区县的40余家用工单位，提供应聘岗位500余个；参加应聘的失业人员达300余人，最终有64人达成就业意向；现场发放宣传材料800余份。区人力资源和社会保障局有关领导到场参加活动并与用工单位及应聘人员交流。

（史　磊）

【弘扬五四精神】　5月4日，兴民大街社区20余名青年参加环境整治主题活动。共清理白色垃圾10余处，清刷小广告50余条，投放鼠药10处。

（史　磊）

【母亲节系列活动】　5月4日，车站街社区邀请社区母亲80余人参观游览黑河沟。6日，商场社区给社区母亲制作带有“心”形图案的T恤。8日，城子西街社区为母亲们组织一场《美丽女人　魅力主妇》心理调试活动。七棵树东街社区召开“母亲节”座谈会。13日，广场社区举办“女性健康宝典”更年期讲座。七棵树西街社区举办母亲节文艺汇演。华新建社区举办“关爱母亲、共创和谐”文艺演出及义诊活动。桥东社区向广大社区居民介绍了“母亲节”的来历，使大家受益匪浅；市场社区开展庆祝“母亲节”趣味活动。

（史　磊）

【助残日文艺汇演】　5月18日，举办庆祝第二十二次全国助残日文艺汇演。此次活动以“加强残疾人文化服务，保障残疾人文化权益”为主题，邀请社区居民和残疾人一起以文艺形式庆祝助残日。

（史　磊）

【房屋整体征收工作】　5月20日，召开房屋整体征收动员会、工作部署会等4个会议。成立工作协调、宣传报道、后勤保障、纠纷调解、业务咨询、档案审核、维稳安保7个工作小组，建立考勤制度、联系制度和工作例会制度，到社区开展入户测量工作。每天17点举行例会对工作进展进行通报，研究和解决出现的问题，并制定后续工作的计划和安排。5月29，区领导韩子荣到城子街道调研，听取了城子街道关于采空棚户区房屋整体征收工作的汇报。5月31日，区领导王洪钟到向阳社区检查拆迁入户登统工作，听取向阳社区入户登统情况汇报，询问了登统工作中存在的问题，并查看了房屋征收登记调查表。6月16日，区王洪钟等区领导到矿桥东街1号入户宣传拆迁政策。18日，到城子自来水厂签约大厅检查督导工作，了解拆迁工作进展情况。30日，完成整体征收工作。此次采空棚户区整体征收，总面积2平方公里，共分为七个标段。涉及10个社区，3100余户。截止6月30日24时，城子采空棚户区整体征收，完成签约率98.55%。

（史　磊）

【召开两委班子成员培训会】　5月30日，召开第八届社区居委会“两委”班子成员培训会。会议就新一届社区居委会如何总结整理选举工作材料、推举产生下属工作委员会、制定三年任期工作规划等近期工作进行说明和业务指导，并对社区工作人员如何开展社区调解工作进行相关培训。

（史　磊）

【庆六一活动】 6月1日，城子西街社区举办弘扬北京精神迎“六·一”诗歌朗诵会；蓝龙家园社区开展以“北京精神”为主题的儿童涂鸦绘画活动；七棵树西街社区向辖区单位工人子弟小学的师生们送去节日的礼物与问候；桥东社区举办了庆祝“六一”儿童节亲子乐园活动。

（史　磊）

【打非治违专项行动检查】 6月7日，综治办有关领导对辖区内3处在建工程进行检查，其中两处为施工工地，一处为老旧小区改造工程。检查组对项目建设单位、施工单位、监理单位的名称和负责人联系方式进行登记，并查验建设工程规划许可证件及其他相关手续证件，查看工程安全管理状况。

（史　磊）

【开展专题讲座】 6月12日，向阳社区邀请区城市文明公开课宣讲团老师以《千金买邻——谈谈楼院公德》为主题，为社区30余名居民讲课。8月16日，区医院耳鼻喉科主任为居民开展“如何涵养和谐心态”主题讲座。10月16日，市场街社区举办“家庭健康中的绝对误区”知识讲座。12月18日，新来宿舍社区请专业医师以“脑卒中及慢性病预防”为主题，为大家讲解发病机理和预防治疗知识。

（史　磊）

【党员义务宣传队成立】 6月12日，矿桥东街社区党员义务宣传队成立，共有队员30人。

（史　磊）

【庆建党91周年活动】 7月1日，城子大街社区组织党员参观平津纪念馆，城子西街社区党员通过讲故事、唱红歌等形式，抒发对党的热爱之情；华新建社区开展以主题为“解放思想大讨论”演讲活动。蓝龙家园社区举办“迎七一、当先锋、争贡献”党员座谈会活动；西宁路社区举办文艺演出、党员慰问、优秀党员表彰、党性知识竞赛、书法展等系列庆祝活动；向阳社区对先进党员进行表彰，并举行新党员入党宣誓活动；新老宿舍社区组织党员开展“走京西、看变化”专题活动。桥东社区邀请教师进修学校老师为社区党员讲述李大钊同志的革命生涯，感怀革命先烈的英雄事迹。

（史　磊）

【防汛工作】 7月21日暴雨，办事处共出动抢险队员300余人，抽水机2台，沙袋3000条，沙子10吨，设安置点1个，转移群众130户，429人，发放救灾物资534套。暴雨后开展卫生防疫工作，共投放消毒液45箱，开展健康讲座26次，确保了大灾之后无大疫；修复公共设施工作，共清理路边渣土600余吨，修复损毁路面及护坡墙3953米，清理排洪沟3处；做好险户安置，对商场等295户危房进行鉴定，安置105户采空棚户区居民完成选房；做好矛盾处理，多次与石景山区沟通，解决三家店地区积水问题。

（史　磊）

【大学生社工招录】 8月1日，21名新招录大学生社工正式入职。

（史　磊）

【召开四评一创工作部署会】 8月3日，召开四平一创工作部署会，街道工委领导、机关包片干部、社区党支部书记和组织委员共计60人参加。会上宣读《城子街道关于开展“四评一创”加强党的建设，创新民主治理机制的实施方案》，并对相关工作进行解释。

（史　磊）

【十八大系列活动】 8月3日，与城子综治办、区消防支队和城子派出所召开了综治工作会。各社区主任和治保主任参加会议。会上宣读《城子街道十八大社会面火灾防控工作方案》和《关于推行消防安全网格化管理的实施意见》，现场与各社区签订《十八大社会面火灾防控工作责任状》，启动“安正杯”家庭消防知识竞赛活动。9月26日，举办“建美丽新家园　做文明社区人”喜迎十八大暨国庆中秋双节群众文化展演。10月22日，邀请区宣讲团成员到城子街道向阳社区，为社区居民作报告。11月20日，领导班子成员，全体机关党员干部及各社区书记、主任70余人共同学习党的十八大报告精神。工委副书记以《夺取中国特色社会主义新胜利的行动纲领》为题，就十八大报告中的新思想、新观点、新部署进行解析。12月17日，举办学习新党章辅导讲座，工委副书记以《十八大党章修改内容》为主题，就新党章进行了讲解，街道办事处领导班子成员、全体党员干部、社区居委会书记、主任共70余人参加学习。

（史　磊）

【党务公开工作检查】 8月13日，区检查组对街道党务公开工作进行检查。检查组了解党务公开的基础工作情况，察访工作现状、服务对象的满意程度，听取党务公开的工作汇报。到华新建社区实地查看社区党务公开开展情况，听取基层单位及群众的反映。

（史　磊）

【消防安全知识讲座和演练】 8月15日，华新建社区市民学校举办“远离火灾——少年儿童安全防火自救常识”讲座，区消防支队警官为社区青少年介绍预防火灾的方法及火灾自救知识，并组织辖区内15户家庭现场开展消防知识竞赛。

（史　磊）

【中小学生暑期活动】 8月16日，蓝龙家园社区组织社区中小学生开展花园式社区“环保小卫士、科普活动日、消防安全培训“等系列活动，倡导低碳、科学、安全的暑期生活。20日，桥东社区借安全知识讲座活动提高社区学生的自我防护能力。22日，西宁路社区举办安全知识讲座和安全用药知识问答活动。23日，向阳社区开展以“大家一起动起来”为主题的折纸比赛活动。

（史　磊）

【召开基层民主评议部署会】 9月3日，召开基层民主评议部署会。街道工委领导、机关包片干部、社区入户调查员共50人参加，会上宣读《中共城子街道工委关于开展基层民主评议活动的实施方案》，对民主评议活动的阶段任务、操作步骤等进行部署。

（史　磊）

【计生工作活动】 9月24日，市场街社区开展“庆《公开信》32周年计生协会健康知识讲座”，讲师针对计划生育政策法规、避孕节育、生殖健康知识等方面内容进行介绍与讲解，并且现场开展咨询服务；蓝龙家园社区计生协会以“真情服务群众，构建和谐计生”为主题，开展纪念“9.25”公开信发表宣传活动，活动中采用计生知识小问答的形式进行宣传；车站街社区组织计划生育协会会员就有关计生政策和知识进行答题活动，宣传计生政策；民生社区开展倡导婚育文明、创建和谐家庭、计划生育知识宣传活动；城子大街社区开展以“关爱女孩健康成长”为主题的座谈会；矿桥东街社区和七棵树东街社区开展计生知识小问答活动；兴民大街社区举行主题为“少生优生幸福一生”的知识竞赛活动。

（史　磊）

【九龙路改造项目入户动员工作】 9月26日，九龙路改造项目入户动员劝迁工作正式启动。办事处对涉及拆迁的240户居民成立了4个入户工作小组，由机关干部、抽调干部、居委会干部以及拆迁公司共36人组成。劝迁工作实行包户到组制度，通过入户劝迁，了解涉拆居民的思想动态、基本要求和存在的困难，进一步深入宣传政策、开展有针对性的劝迁引导。

（史　磊）

【开展安全检查工作】 9月28日，由街道综治办牵头与城子派出所、三家店派出所、城子工商所、区消防支队、城子城管分队等执法部门组成检查组开展辖区的联合安全检查。此次检查对象主要是人员密集场所、危险化学品经营场所、宾馆网吧等生产经营单位，检查组分别对辖区内的雨润发超市、蓝龙小区地下空间、四处液化气站、北斗星酒店、京西华雅网吧进行安全检查。

（史　磊）

【社会保障工作】 9月至10月，城子街道17个社区为446名无保障老人进行健康体检，体检项目包括血常规、尿常规、空腹血糖、心电图、B超等。体检后为所有老人免费建立健康档案。

（史　磊）

【重阳节系列活动】 10月17日，城子大街社区和城子西街社区组织健身徒步走活动。18日，商场社区、七棵树西街社区和民生社区开展“关注老年人健康”保健知识讲座、座谈。19日，西宁路社区举办了一场趣味游艺活动；华新建社区举办以“喜迎十八大，九九重阳节，浓浓敬老情”重阳节主题游艺会；广场社区举办全民健身运动会；桥东社区举办老年文艺演出；兴民大街社区也举办关爱老年人的宣传活动。

（史　磊）

【除雪铲冰工作】 11月4日晨，启动扫雪铲冰应急预案，动员全体机关干部、社区干部、应急抢险队员、党员和普通居民800余人参与扫雪行动。同时街道领导带队，分三个小组分别走访17个社区，体察民情，询问社区孤寡老人、残疾人家庭、住房困难家庭的冷暖安危。

（史　磊）

【开展学雷锋系列活动】 年内，各社区200余名志愿者参加“践行北京精神、雷锋在我身边”主题教育活动。以社区志愿者、社区卫生督导队、环境卫生巡逻队等人员为主体，开展环境整治活动，共清运垃圾20车，清理小广告150处。联合辖区学校共同开展家政服务、健康检查、政策解读等志愿活动，共服务社区居民280人。以社区巾帼志愿者服务队为主体，开展入户送温暖、送服务活动，共为24户孤寡老人和空巢老人送去贴心服务。由红领巾文明劝导队在社区开展文明劝导活动，共劝导、纠正不文明行为20次。

（史　磊）

【文化楼门创建工作】　年内，开展楼门文化创建工作。共投资14.4万余元分别为3个社区建成文化楼门54个。

（史　磊）

【非公党建工作】　年内，组建非公企业党建工作站，由工委副书记担任工作站站长，指导非公企业党建工作。根据非公企业实际情况，制定党组织分类组建方案，制定组建工作日程安排表，责任到人。

（史　磊）

【信息化示范街道】　年内，完成全区第一家信息化示范街道工作，办事处率先在全区建立了区街居三级联动的社会服务管理体系，被评为“北京市社区信息化特色应用街道”。

（史　磊）

【文体协会建设】　年内，完成街道级枢纽型社会组织建设，成立了城子街道文体志愿协会。邀请专业教师和专家，对文体骨干开展各类培训400余次。文体协会自成立以来，共开展各类活动43场，参与活动总人数超过7000人次。

（史　磊）

【六型社区创建工作】　年内，制定《城子街道办事处2012年市级“六型”社区示范单位创建活动实施方案》，编制任务分解表，完成市场、桥东、华新建、蓝龙4个社区的“六型”社区创建工作。

（史　磊）

【劳动就业工作】　年内，城镇登记失业人员就业人数实际完成574人；就业困难人员就业人数实际完成312人；充分就业社区创建9个，全部消除零就业家庭；推荐失业人员就业完成149人；收集空岗信息实际完成969条；职业指导工作实际完成692人；完成失业人员培训工作，共推荐161人参加职业技能培训；完成城乡居民养老保险参保工作，达到了参保率。

（史　磊）

【征兵工作】　年内，制定《关于各社区做好冬季征兵工作的通知》，对辖区56名男性适龄青年进行初审、面试、验证、选拔等工作，经过严格把关，有7名青年符合应征条件，光荣入伍。

（史　磊）

【网上审批监察系统服务工作】　年内，开展网上审批服务工作，建立和完善统一的电子政务平台，利用平台全面、准确、公开政府信息公开事项。定期组织业务培训，做好《门头沟区网上审批监察系统》的维护工作及相关科室信息录入工作。全年共计录入信息2539件，办结2347，办结率92.24%。

（史　磊）

【宣传工作】　年内，区委办信息刊登36条，获区领导韩子荣批示5条，刊登经验交流2条，信息工作考核排名乡镇街道第一名；针对《京西时报》，开展“争头条、保版面，全面提升刊登率”活动，全年，《京西时报》刊载新闻及图片119条。针对电视新闻，开展“每月一出镜”活动；全年，电视新闻共播出80条。

（史　磊）

东辛房街道

【概况】　东辛房街道工委、街道办事处是区委、区政府的派出机构，位于门城地区西部，辖区面积18平方公里，东辛房地区有15个社区居委会，户籍人口12785户、30047人，常住人口8421户、20824人，流动人口4884人；石门营新区有2个社区居委会，入住户1995户，入住人口5507人。年内，东辛房街道在区委、区政府的领导下，解放思想、转变观念、攻坚克难、开拓创新，一手抓好老社区维稳、民生，一手抓好石门营新区各项建设，做到“全力打好两场仗，同时下好两局棋”。两条战线齐头并进，取得了较好的成绩。多项举措并进，加强党建统领，通过创新实行党员“1541”动态管理、开展基层党组织分类定级、深入推进党风廉政建设、开展精神文明建设等方面工作，不断深化党建工作；社会建设重点项目全面完成，地区面貌进一步改善，通过社区绿化、小区自留地治理、地区环境卫生整治等工作，不断优化居住环境，打造美丽社区。攻坚克难、团结奋进，完成地区整体房屋征收签约工作，在征收奖励期内，入户10832户，入户率99.96%，签约10685户，签约率98.61%，完成工作既定目标。锐意进取、开拓创新，优化石门营新区建设。通过创新管理模式，不断提升新区管理；通过开展各项活动，不断增强新区居民归属感；通过完善各类服务，着力解决居民生活难题。年内，完成了区委、区政府交办的各项工作任务。街道办事处荣获北京市爱国卫生先进集体称号、荣获2012年北京市无偿献血先进集体称号。

单位名称：北京市门头沟区东辛房街道办事处
地　　址：北京市门头沟区西辛房大街50号
电　　话：69842026　69842067
邮　　编：102300

（周利军　王晓强）

【走访慰问活动】　1月18日，区计生委有关领导慰问街道13户困难计划生育家庭，送去慰问金共计6.9万元；区社会办向街道91名退离老积极分子发放慰问金2.81万元，为21名社区在职退休和超龄人员发放春节慰问金1.02万元；办事处领导分别看望并慰问了老党员和优抚对象6人，送上了慰问品及慰问金4800元。20日，街道红十字会开展春节前慰问送温暖活动，对辖区内20名困难户进行慰问，共发放慰问金1万元、米面油20份。街道残联为辖区残疾人发放两节慰问款31.92万元。1月，市委社会工委、市社会办有关领导慰问市先进社区居委会主任；计生办组织开展“走千家、交百友、送温暖、办实事”活动，发放家庭历书、年画、台历、春联等计划生育宣传材料6500份，走访育龄群众家庭2300余户，流动人口210户，慰问困难计划生育家庭230户，发放慰问品和慰问金折合人民币8.1万元。2月11日，民政科和区福利院一同走访慰问了地区内的9名孤儿，发放爱心服务卡，对孤儿及其家庭的各项需求进行了调查。2月，街道妇联慰问了单亲困难母亲、纯老年人家庭困难妇女、边远山区贫困家庭妇女、边缘贫困妇女等共计28人，发放慰问金2.1万元。8月，中组部领导到石门营新区慰问抗洪救灾英雄并发放了慰问金。10月，街道残联在“中秋、十一”两节期间与区残联到“7.21”受灾最严重的残疾人家中进行了走访慰问，共计走访慰问10户残疾人家庭，为每户送去了米面油等慰问品和慰问金。

（周利军　王晓强）

【领导调研】　1月21日，办事处领导到北涧沟社区调研劳动与社会保障岗工作，了解了该社区社保所工作平台登录、录入情况及社区失业人员人数、就业及培训需求等情况。4月，市市政市容委领导到矿建街社区富裕家园小区，全程了解和检查该小区垃圾分类工作，并对该小区实行“以奖代促”开展绿色家庭评比活动的创新模式给予了赞扬。5月9日，区610办公室领导检查反邪教工作，对街道内取得的成绩表示肯定。10月，区党风廉政建设责任制专项检查组到街道检查工作，听取了街道工委的党风廉政建设工作汇报。

（周利军　王晓强）

【文化体育活动】　1月22日，开展“践行北京精神，做文明有礼门头沟人”主题系列活动，通过春联征集活动征集到宣传北京精神、歌颂地区棚改拆迁及门头沟发展变化等内容的原创春联作品129副，组织地区内的33名书法爱好者开展春联书写笔会，并将笔会中书写的108副春联、200张“福”字送给地区内的军烈属、残疾人、空巢老人家庭。1月，社保所组织退休人员参加乒乓球比赛。2月6日，举办“弘扬北京精神　传唱爱国歌曲”学生专场卡拉ok比赛，13个社区选送的18名选手参加比赛，80余名社区中小学生及部分家长到场观看。3月7日，举办“拥有礼仪，拥有魅力”女性礼仪知识专题讲座，街道机关妇女干部、各社区妇联专干及妇女代表60余人参加活动。3月，举办茶艺知识专题讲座，机关妇女干部30余人参加。5月，组织辖区内老年人30余人参加区第二十四届春季“健康杯”老年门球赛活动。10月，各社区开展迎国庆、庆中秋联欢活动。

（周利军　王晓强）

【综治维稳工作】　“两节”期间，街道每日安排17支治安巡逻队，近2000人，对地区重点部位开展治安巡逻。加大对重点人的控制力度，社区成立4人的监控帮教小组，随时了解其动向，做好稳控工作。对辖区营业网店加大检查力度，出动30余人对辖区内162个生产营业网店的用电安全、食品卫生安全、消防安全等方面进行检查。3月，启动“一、二级超常防控”机制，确保全国“两会”期间街道社会安全稳定。

9月，街道各社区分别召开十八大维稳工作会议，结合各社区实际，对“十八大”安保工作进行研究，同时，对信访重点人、法轮功重点人、精神病重点人的基本情况再次排查，制定社区维稳工作方案，制定稳控措施，确保“十八大”的顺利召开。10月，街道为做好“十一”期间治安维稳工作，出动治安巡逻员150余人次，专职巡防队500余人次，治安志愿者1200余人次，张贴标语300余条，宣传橱窗30余块，悬挂横幅近80条。

（周利军　王晓强）

【各社区召开居民代表会】 1月，街道15个社区居委会分别召开了居民代表会议，讨论了因拆迁原因是否参加北京市第八届社区居委会选举工作的事项。会议应到居民代表697人，实到居民代表594人，占代表总数的85%。通过了“因采空棚户区拆迁改造原因不参加北京市第八届社区居委会选举工作”的决议。

（周利军　王晓强）

【药监工作】 1月，街道以实施药品安全百千万工程为载体，推进社区药品供应保障的一体化，检查各社区药品药具、对过期药品进行回收，共收集过期药品1307盒；检查辖区药店依法经营和经营范围，累计检查药店79次，出租房屋616户。5月，完成药监宣传调查工作，共发放药监宣传调查问卷533张，收回530张，通过问卷调查汇总得出，宣传活动满意率达到85%。

（周利军　王晓强）

【禽流感免疫工作】 1月，与龙泉镇配合，对辖区内居民饲养的家禽进行高致病性禽流感疫苗免疫工作，共接种鸡74只，注射疫苗37毫升，免疫率达到100%。

（周利军　王晓强）

【春节节日安全】 1月，开展烟花爆竹燃放安全的宣传活动，发放宣传材料3000余份，受教育群众近500人。除夕、初五晚，办事处领导带队，社区730余名巡逻人员到各社区检查安全燃放工作。节日期间，15个社区共组织治安巡逻志愿者1720人上街巡逻，各社区居委会安排专职人员值班，保障了节日燃放安全。

（周利军　王晓强）

【残疾人就业援助工作】 1月，街道残联走访就业困难人员和零就业家庭241户，其中残疾人24户，登记认定未就业困难人员60人，其中残疾就业困难人员7人，帮助就业困难人员实现就业23人，其中残疾就业困难人员1人，纳入年度培训残疾人计划1人。

（周利军　王晓强）

【预防煤气中毒工作】 2月6日，区应急办、公安分局、安监局、监察局联合检查街道内预防煤气中毒工作。2月，做好第三阶段预防煤气中毒工作，共下发检查表8000张、宣传材料1万份、签定责任书1万份，悬挂横幅28条；同时发放风斗3000个，并购置一氧化碳报警器1308个，向辖区内低保户、优抚对象1198户免费发放。11月，街道开展预防煤气中毒工作，共计下发预防煤气中毒责任书、隐患整改通知书、检查记录、风斗等材料物品3.1万份，各社区按照“五个规定动作”、“七个必查”的工作标准，加大检查力度，保障检查效果。

（周利军　王晓强）

【环境整治工作】 2月9日，矿建街、滑石道、河南街等7个社区干部群众，开展环境整治活动，共出动社区干部、保洁员130余人，清理垃圾站64个，清理树挂及拣拾白色垃圾49公斤，清理污水口63个，清理小广告158条，清除堆物堆料89处。2月，开展节后环境整治工作，组织社区保洁员、卫生干部、保洁志愿者共计150余人，清理社区街巷存留的爆竹残屑、裸露垃圾、树挂、白色污染及污水口杂物，共清除爆竹残屑、裸露垃圾、树挂3吨，捡拾白色垃圾12公斤，清理污水口4处，粉刷非法小广告13条。3月31日，开展“做文明有礼门头沟人——‘拒绝不文明、清除小广告’全民行动日”活动，15个社区共组织200余人对社区内各街巷、胡同的非法小广告、残留标语、乱涂乱画等进行统一清理整治，共清除了非法小广告1200余条。3月，通过以步巡和车巡、错时巡查和日常巡查、定点管理与巡查管理相结合的方式，巡查社区环境卫生整治工作，查出15处卫生不合格地点，建立台账，并督促社区居委会及时整改。4月，组织开展第三个城市清洁日活动，15个社区居委会，共计762人开展了清理整治，共计清理非法小广告1021张，乱堆乱放34处，清理白色垃圾67公斤，暴露垃圾4.3吨，清理宠物粪便57处。年内，共开展环境整治活动386次，出动人员9389人次，发放宣传材料5876份；清除消灭卫生死角358处，清理堆物堆料及渣土992.6吨，清理白色垃圾1102.5公斤，清理垃圾712.84吨，清除各种小广告5926处。拆除违法建设11处，违建面积202平方米。

（周利军　王晓强）

【社区志愿服务队建设】 2月9日，召开2012年工作研讨会。会上，15个社区的支部书记汇报了社区内2012年创建品牌工作、成立社区志愿服务队、打造特色文艺团队等方面工作计划。2月，针对区“96156综合服务信息平台”反馈重点事项，指导各社区挖掘社区内部资源，成立包括：环境维护、电工维修、下水道疏通、文明劝导、爱心帮扶等志愿服务队，及时解决事关居民切身利益的急、难、小问题。

（周利军　王晓强）

【党建工作】 2月，为街道17个基层党支部印制了组织工作指导手册，手册涵盖党务工作对外办理事项指南、发展党员工作基本程序和文件格式、党员各类信息台账表格等8项内容。4月15日，完成街道基层党组织分类定级工作，通过召开支部党群会、支委会、工作小组会，结合支委述职、党员代表座谈等方式，全面了解了各支部总体工作情况。工作组按照好、较好、一般和差的类别标准评定各支部的等级。4月，召开基层党组织分类定级工作会，机关领导班子、包片科长和15个社区党支部书记参会，会上部署了《东辛房街道工委关于在社区党组织中开展分类定级工作的实施方案》，明确了工作原则、分类定级标准、时段安排。4月，开展优秀基层党建工作创新项目评比活动，组织街道15个社区党支部书记召开专题会议，学习《关于开展基层党建工作项目化管理的意见》，结合社区实际情况确定党建创新项目，填写申报书。5月10日，召开解放思想大讨论动员部署会，区社会办领导、街道领导班子、科级干部和辖区15个社区党支部书记参加会议。会上部署了街道内解放思想大讨论活动的实施方案，明确了此次大讨论活动“创造发展新优势，锐意进取求卓越”的主题，并对活动重点内容、目标和时段安排提出具体要求。

（周利军　王晓强）

【做好贫困家庭健康管理工作】 2月，组织15个社区30余名慢性病患者参加免费体检，并建立个人健康档案，请专业医师对患者进行3个月健康管理与指导，以达到控制病情，减少药量，逐步恢复健康的目的。

（周利军　王晓强）

【社会保障工作】 2月，为23名企业退休职工办理社会化退休手续，为6名失业人员办理退休，其中特殊工种3人，正常退休2人，病退1人，及时补办社会保障卡28张。4月，开展社会救助政策宣传月活动。对辖区内1321户的低保户家庭进行政策宣传，共计发放宣传材料6605份。5月，社保所举办“工伤保险—职工的安全之选”宣传咨询活动，向职工和用人单位宣传普及工伤保险相关政策法规，并为在场群众发放《工伤保险条例》及宣传材料500余份。年内，办理申请各类临时救助301个家庭，763人次，救助孤儿12人次，发放救助金13.5万元。为80周岁以上老年人发放养老（助残）服务券6602人次，发放服务券66.02万元。为地区享受城市最低生活保障待遇的家庭1286户2844人完成了低保调标。完成地区城镇登记失业人员就业797人，完成就业困难人员就业409人，完成失业人员就业推荐126人，空岗信息采集903条。在“7.21”特大自然灾害发生后，参与建立受灾群众临时安置点，累计运输救灾物资28次，发放救灾物品8000件次。

（周利军　王晓强）

【学习培训】 3月15日，街道认真贯彻落实区党风廉政建设工作会议精神，召开处级领导班子、机关干部和社区支部书记三个层面的会议，要求按照区委讲话的精神，着力抓好加强对各项工作的监督，深化廉政风险防控，监督街道涉及拆迁项目的重点环节等八个方面的工作。29日，联合区社区教育中心，邀请“朝阳社区学院”的老师为80余名社区群众开展“上楼后，如何适应新生活”宣讲活动。3月，计生办召开计生工作培训会，学习传达《关于进一步规范使用外地来京人员生育联系单有关问题的通知》、《门头沟区关于开展在华滞留毗邻国家妇女专项排查工作的通知》等相关文件。是月，邀请区社区教育中心老师为全体机关工作人员开展“公务礼仪接待培训”。是月，为社区妇联专干和妇女群众600余人举办“巾帼维权你我他，法制宣传进万家”的维权知识讲座。4月，纪工委组织全体机关工作人员观看房屋征收廉政警示教育记录片，教育全体机关工作人员要以案为戒，筑牢拒腐防变的思想防线。6月，各社区党支部创新形式学习贯彻市十一次党代会精神，并结合学习党代会精神和社区建设重点工作举办“创新发展新优势，锐意进取求卓越”主题演讲会。10月，开展新社区新居民素质提升工程系列讲座，成立新居民素质提升联合会，由社区志愿者和有专业特长的志愿人员构成。

（周利军　王晓强）

【完成东辛房政区大典】 3月，

编撰完成《中华人民共和国政区大典＜北京卷＞（门头沟篇）》东辛房部分，为社会各界了解本地区政府及职能部门的科学决策提供了重要参考依据。

（周利军　王晓强）

【违法建设整治工作】　3月，会同东辛房城管大队、龙泉镇、区派工作组等有关部门联合采取行动，对滑石道社区2处17平方米侵街占巷的违法建筑进行了帮拆。

（周利军　王晓强）

【开展向“十大好人”学习活动】　3月，各社区组织党员群众300人次观看《门头沟区十大好人》光盘，围绕“我向十大好人学什么”展开了解放思想大讨论，并撰写心得体会31篇。街道组织15个社区宣传干部开展了专题演讲比赛。

（周利军　王晓强）

【社区固定资产统计工作】　3月，居民科对社区固定资产进行了核对。截止年底，东辛房街道各社区居委会共增加固定资产151件，16.4693万元，报废固定资产155件，5.3967万元。

（周利军　王晓强）

【老年人基本情况统计工作】　3月，完成60周岁以上老年人基本情况统计工作，辖区内60周岁以上户籍人口数6150人，其中空巢老人491人，不能自理老人256人。

（周利军　王晓强）

【精神文明建设】　3月，召开街道2012年精神文明建设工作会，对地区内2011年度66户文明家庭、32个和谐楼院进行表彰。会上宣布启动“东辛房街道‘践行北京精神，助力棚改拆迁’系列活动”。区委党校理论讲师团成员进行了“争当文明新市民，共建文明新家园”宣讲。

（周利军　王晓强）

【流动人口工作】　3月，在辖区内联合开展流动人口执法检查活动。重点检查了流动人口的《暂住证》《流动人口婚育证》。身份证以及《出租房屋责任书》的签订等情况。共入户398户，查验《流动人口婚育证》350个，签订出租房屋责任书203份，发放各种宣传材料1000余份。12月24日，召开流动人口和出租房屋百日专项整治工作会，宣读了《东辛房街道流动人口和出租房屋百日专项整治工作方案》。12月，区人口计生委副主任带队，对东辛房街道2012年度人口和计划生育工作进行检查。听取办事处人口和计划生育工作的汇报。检查了西辛房、河南街两个社区的人口和计划生育工作，对街道计生办的各项工作给予肯定。

（周利军　王晓强）

【护林防火工作】　4月2日、3日，为做好清明护林防火工作，全体机关干部停休，共划分6个责任区，每日7：00－11：30进行上山巡视，每个责任区由专职主管领导，包片科室组成，负责清明节期间护林防火工作。清明节期间街道共组织1000余名义务护林员进行巡视，保证地区未出现任何火情。

（周利军　王晓强）

【石门营新区建设】　4月20日，石门营新区工作组召开第一次工作会，街道领导提出具体要求。5月3日，举行石门营新区筹备工作交接仪式，标志着东辛房街道正式接管了石门营新区。5月14日，召开“石门营新区第一次工作联席会”。物业公司、社区居委会筹备组人员分别对社区目前入住人员情况、开展相关工作、社区基础设施建设等方面存在的问题进行说明，与会各方对新区安全防范、垃圾处理、燃气、供暖、消防等居民集中关注的问题进行了商讨和研究。5月，石门营新区六区开展“迎‘五一’贺乔迁共创温馨家园”宣传活动庆祝活动邀请东辛房街道圈门社区、北涧沟社区、河南街社区文艺团队，分别表演了太平鼓、印度舞、腰鼓等文体节目，社区居委会筹备组向新区居民发放了介绍新社区的“一封信”500余份。8月，石门营新区五区召开党支部委员推选会，经街道工委批准，召开了党支部委员推选会，严格按照法定程序投票推选出了两名党支部委员。10月，石门营新区五区社区举行“新家园守望者”志愿者协会成立大会暨第二批文明新家评选大会。10月，石门营新区五区完成“能人信息库建设”，从3月开始建立“社区能人信息库”，到目前已经有138名有唱歌、舞蹈、音乐、书法、理发、家电维修等特长的居民加入其中。

（周利军　王晓强）

【政务事项公开】　4月，编制“政务服务事项内容信息表”、“权力运行流程图”，明确办理岗位的职能、具体人员和承诺期限。12月，完成政务服务事项公开工作，按照《门头沟区关于开展依托电子政务平台加强政务公开和政务服务工作实施方案》要求，共确定政务服务事项48项，其中行政许可事项1项，行政审批项8项，行政确认项8项，便民服务事项20项，其他事项11项。

（周利军　王晓强）

【民兵组织整顿工作】　4月，完成街道2012年民兵组织整顿工作。经过调查摸底、出入转队、政治审查、造册登记等阶段工作，共编基干民兵重点应急营反恐连1个，60人，普通民兵连1个，105人。

（周利军　王晓强）

【防汛工作】　4月，开展防汛隐患排查工作。对老旧房屋、排洪沟道两侧、排洪口、山坡沿线、地势低洼地段及其它可能存在防汛隐患的地段进行拉网式排查。共计排查防汛隐患点11处，建立了隐患台账，并积极协调区水务局、市政管委、市政工程公司、区拆迁办等多家单位，将其中的7处隐患点排除。

（周利军　王晓强）

【政策法规宣传】　5月12日，街道开展信访条例宣传活动，在东辛房后花园启动《信访条例》宣传月活动，200余名社区居民参加活动，仪式上共发放宣传材料500余份，接受咨询20余人次。5月20日，开展“传播红十字精神，普及红十字知识”专题宣传活动，与门矿医院在北涧沟滨河楼小区开展了宣传活动，街道及社区共计80余人参加活动，发放宣传材料共计600余册，共有60余人进行健康咨询。8月20日开始，街道在各社区中开展“门头沟区61696156政府服务热线宣传周”活动，在17个社区张贴海报、发放宣传折页、宣传纪念品千余份。10月，街道开展“全国推广普通话宣传周”活动，在后花园开展以“积极普及民族共同语　增强中华民族凝聚力”为主题的普通话宣传活动，向居民们发放了宣传材料300余份。

（周利军　王晓强）

【人口和计划生育工作】　5月，召开人口和计划生育工作大会，总结了2011年度的人口与计划生育工作，部署了2012年的工作任务，与社区的负责人签订了“2012年度人口计生目标管理责任书”。7月，完成计划生育家庭保险宣传投保工作，为辖区的计划生育家庭投保了意外伤害保险334份，“两癌”保险59份，惠及259个家庭。8月，计生办完成地理信息导航系统药具发放网点填报工作，通过合理化分析，上报了3个能实现保障正常药具领取服务、准确填报了网点的地址信息、经纬度坐标、服务内容等10大项28小项的信息。8月，计生办组织辖区的17名计生专干参加了由区人口计生委举办的村居人口计生干部培训班。10月，街道计生办通过“暖心计划”为辖区23个困难家庭购买涵盖养老、医疗、意外、人寿、女性安康等险种在内的综合性保险。

（周利军　王晓强）

【垃圾分类工作】　7月，联合区市政市容委开展垃圾分类宣传培训活动，开展了2012年垃圾分类宣传培训进社区活动，对社区居民特别是中小学生进行了垃圾分类培训指导，并开展垃圾分类知识竞赛，6个试点小区垃圾分类指导员、社区居民、中小学生等近100人参加了活动。8月，区人口计生委药具管理站到街道对药具发放、随访、服务及避孕药具帐、卡、册的规范化管理等工作进行督查指导。

（周利军　王晓强）

【完成社区工作者招录上岗】　7月，完成2012年招录社区工作者上岗工作，其中：市招3名，区招9名，区招包括复退军人1名。

（周利军　王晓强）

【招商引资工作】　7月，共引进企业43家，注册资金共计3170万元。引进企业103家，注册资金共计7480万元。

（周利军　王晓强）

【石门营新区文艺汇演】　10月，在石门营新区举办“新社区　新居民　新生活　新起点”文艺演出活动，演出以新区居民自编自演、歌颂家乡发展变化的节目为主。

（周利军　王晓强）

【法律知识讲座】　10月，开展“爱老助老法惠夕阳”法律知识讲座，结合整体征收后各个社区发生的继承、析产纠纷，用以案说法的形式，在各个社区开展法律知识讲座，共举办法律知识讲座17场，直接受教育居民近千人。

（周利军　王晓强）

【非公企业党建工作】　12月，街道从组织、建设、程序、培训四方面着手，完成非公企业党建工作。

（周利军　王晓强）

【社会建设重点项目】　年内，完成社区绿化工程500平方米，完成社区排洪沟及污水管道治理工程治理1000米，完成小区自留地治理工程480平方米。

（周利军　王晓强）

【7.21防汛抗灾】　年内，完成7.21防汛抗灾工作，汛期来临前，街道召开防汛工作动员大会，全面部署防汛工作，明确了人员职

责、疏散地点、路线等。对平洞、圈门等社区42户居民动员其提前搬迁，避免重大人员伤亡的出现。在7.21特大暴雨发生时，工委班子带领机关、社区干部、群众及时抢救、转移安置受灾居民共510人。7.21特大暴雨发生后，街道统筹协调，进行灾后重建工作。设立受灾群众临时安置点，配备被褥、食物、饮水、医药；协调民政、残联、红十字会、商委等单位对受灾居民及时救助，运输救灾物资28车次，发放救灾物品8000件次；组织驻军、交通、市政、环卫、卫生、医疗等部门进行通路、清淤、防疫、救治。

（周利军　王晓强）

【地区房屋整体征收】　年内，完成地区房屋整体征收工作，成立整体征收东辛房分指挥部，组建了由机关干部、区派工作组、社区干部、专业公司人员共1000余人组成的102个"战斗"小分队。在征收奖励期内，入户10832户，入户率99.96%，签约10685户，签约率98.61%。

（周利军　王晓强）

大台街道

【概况】　大台街道位于区境西南部，西部与斋堂镇毗邻，北部与雁翅镇接壤，东部与王平镇（包括原北岭范围）为邻，西南部与房山河北、佛子庄、大安山等乡镇交界，辖区面积80.9平方公里，下辖9个社区居民委员会，总人口约1.8万人。其中户籍人口约1万人，流动人口约8000人；现有基层党支部11个，党员614人。年内，在区委、区政府的坚强领导下，围绕加快推进现代化生态新区建设的战略任务，创新和加强社会管理，着力解决群众反映的热点难点问题，提高领导科学发展、促进社会和谐的能力，努力建设和谐文明社区，为带领大台地区加快科学发展做出积极的贡献。

一是不断加强为民办实事工程建设力度；二是连续第三年开展地区环境综合整治"百日行动"；三是成功应对7.21特大自然灾害；四是完成社区两委换届工作；五是全力做好社会保障和民生工作；六是扎实推进地区"大综治"体系建设；七是努力化解社会矛盾与纠纷；八是继续保持对私挖盗采高压态势；九是基层党组织建设取得新成绩。

单位名称：北京市门头沟区人民政府大台街道办事处
地　　址：北京市门头沟区大台街道大台路8号
电　　话：61870460
邮　　编：102303

（麻鹏信）

【召开普法工作会】　1月13日，召开"五五"普法总结暨"六五"普法启动大会，对"五五"普法工作进行总结，对"六五"普法工作进行动员和部署。

（麻鹏信）

【慰问活动】　1月16日，给辖区56名困难职工每人发放两节送温暖慰问金1000元，共计5.6万元。24日，区计生委一行给地区两户困难群众送去新春的祝福和慰问。年内，共慰问困难党员55人次，发放慰问款29480元。其中"七一"慰问30人，慰问款9000元；春节慰问25人，慰问款28080元。

（麻鹏信）

【千军台、庄户幡会】　2月6日、7日，千军台、庄户举行一年一度的幡会活动，吸引了2000余名游客，在北京市庙会、灯会、文化活动评选中获得最佳展演奖。

（麻鹏信）

【召开党风廉政建设工作会】　2月24日，召开2012年度党风廉政建设工作会，会议总结2011年度的党风廉政建设整体工作，明确了2012年度的工作任务和目标，工委书记与各社区党支部书记签订了党风廉政责任书。

（麻鹏信）

【党建工作】　2月24日，在办事处四层会议室召开年度党建工作会，会议总结2011年党建工作，部署2012年地区党建工作要点。6月11日，召开机关党支部大会，讨论推选机关入党积极分子人选2人，18日，召开机关党支部大会，讨论决定一名同志吸收为预备党员。

（麻鹏信）

【知识讲座】　2月25日，在办

事处三层会议室举行新婚姻法知识讲座，大台司法所所长围绕新旧婚姻法主要区别进行讲解。各社区两委班子成员参加。9月29日，桃园社区举办食品安全知识讲座。社区工作人员结合图片和文字说明，为大家展示了历年来食品安全中出现的问题，以避免或减少购买到问题食品的可能。

（麻鹏信）

【召开“春风行动”动员会】 3月7日，召开地区环境整治“春风行动”动员部署会，包括木城涧煤矿在内的地区13家企事业单位主要领导出席大会，此外，社区两委班子、保洁员、居民代表600余人参加了动员会。

（麻鹏信）

【举办招聘会】 3月9日，与门头沟区职介中心，携手西城区职介中心，天桥街道社保所共同举办2012年“手拉手春风行动”专场招聘会。此次招聘会共有5家企业20个种类的150余个岗位需求，吸引了400余人参加。

（麻鹏信）

【召开窗口服务部门总结会】 3月13日，2011年窗口服务部门工作总结会。单位主要领导、机关干部、社区两委70余人参加会议。会议肯定了大台街道窗口服务部门2011年所取得的成绩，表扬了窗口服务工作人员真诚的服务态度和良好的精神面貌，会议全面、客观地总结了2011年街道社保、民政、老龄、残联的工作。

（麻鹏信）

【国际社工日便民服务活动】 4月15日，在桃园社区举行国际社工日便民服务活动，以“讲奉献、促和谐、展风采”为主题。组织社区工作者、志愿者30余人参加活动，现场为社区居民提供修车、修鞋、理发、量血压、量体重、缝补衣被等服务项目，并为群众解答养老医疗保障和民政等方面的问题。

（麻鹏信）

【选举工作】 4月15日，举行选民登记阶段培训会，对选民登记的主要步骤、各项法律法规和其他注意事项进行了讲解，各社区选委会成员和机关包居干部均参加培训。4月，采取多种形式、多角度开展社区换届选举宣传活动，营造换届氛围，一是宣传换届选举工作的重大意义。二是宣传换届选举政策法规及有关文件精神。三是宣传依法进行换届选举工作，四是宣传换届选举工作的经验做法。5月2日，召开代表候选人提名推荐阶段工作培训会，对候选人提名推荐阶段的流程和步骤进行讲解，对提名推荐过程中的注意事项进行培训。到5月6日，大台街道所属9个社区全部完成的候选人提名推荐工作。18日，召开第八届社区居委会换届选举正式投票选举工作培训会，机关包居干部、社区选举工作人员共计50余人参会。年内，完成社区两委换届工作，在社区党支部换届选举中，9个社区全部采取党员直接选举的方式；在社区居委会换届选举中，有7个社区采取居民代表选举方式，2个社区采取户代表选举方式。在9个社区中，有8个社区实现了书记、主任“一肩挑”，比例上升了14.29%；23个支部委员中22个实现了“两委”交叉任职，所占比例为96%。

（麻鹏信）

【信访宣传工作】 5月12日，开展以“包容、有序、和谐”为主题的信访宣传日活动，在大台社区主街设立宣传点。悬挂横幅1条，设宣传展板1套，出墙报2块，张贴宣传标语50余条、张贴为民服务中心宣传挂图5张，向居民下发维护信访人的合法权益、规范信访行为宣传折页300余册，下发公民信访须知500张、61696156宣传折页200余册、法律援助便民手册300册、信访宣传纸袋100个，设置咨询台1处，现场答疑8件，参与群众400余人。

（麻鹏信）

【开展巡视工作】 6月4日，区委巡视组一组进驻大台开展为期一个月的巡视工作。期间，巡视组听取街道工委关于近3年的工作汇报和党建等四个专题汇报，与辖区主要单位和社区主要领导进行谈话。8月21日，召开区委巡视组进驻大台街道开展巡视工作反馈会。会上，宣读巡视报告。

（麻鹏信）

【为民办实事工程三方验收】 6月7日，办事处、施工企业和监理公司对实事工程进行实地考察，召开三方验收现场会。监理公司对工程监理情况进行汇报，施工企业对施工情况进行说明。年内为民办实事工程涉及清千路两侧房屋外墙粉饰、玉皇庙社区休闲小广场建设、登山景观步道、公路护坡等。

（麻鹏信）

【召开“七一”表彰大会】 6月19日，召开2012年度“牢记党的使命、共促地区发展”七一表彰大会。会上，对5个创先争优先进基层党组织，31名创先争优优秀共产党员进行表彰。

（麻鹏信）

【外出考察学习】 7月11日，组织社区两委班子成员40余人到大峪街道考察学习社区党建、社区规范化管理和社区建设等方面的经验和做法。

（麻鹏信）

【应对暴雨自然灾害】 7月21日夜，出动应急抢险力量400余人，转移受灾群众。到22日23时，转移群众148户337人，房屋倒塌13处，挡墙倒塌43处，房屋进水30处，边坡塌方15处，路面塌陷5处。25日23时，搭建帐篷188顶，转移群众全部进入木城涧煤矿和怡然广场两个临时安置点，安置点为群众提供医疗、食品、心理疏导等服务。市区两级有关部门和社会各界为大台地区捐款捐物。

（麻鹏信）

【领导调研】 7月22日，区领导韩子荣等调研7.21暴雨受灾情况，实地查看了桃园社区和大台河沟受灾情况，肯定了大台办事处的工作，就灾后重建工作做出指示。23日，区领导王洪钟到大台指导7.21暴雨灾害救灾工作，实地考察了木城涧社区双道岔等灾情严重地区，现场指导抢险救灾工作。28日，区领导调研危房改造和受灾群众安置情况。实地考察了大台怡然广场临时安置点，仔细询问受灾群众生活情况，并提出要求。8月3日，区领导到王平村煤矿临时安置房建设现场和大台农工总场临时安置房现场视察受灾群众临时安置房建设情况，协调京煤集团召开大台地区安置房建设协调会，京煤集团木城涧煤矿汇报了安置房建设情况，大台街道介绍了受灾群众安置数量和安置方案。11月2日，区领导到大台检查指导十八大安保维稳工作和基层民主评议活动反馈意见落实整改情况。实地查看了玉皇庙规范化社区建设和为民办实事工程情况，走访了黄土台社区，询问了社区十八大安保维稳工作的进展情况。

（麻鹏信）

【接受捐赠工作】 7月27日，市水务局领导一行到大台街道捐赠救灾款，听取大台受灾情况汇报，到大台怡然广场灾民安置点视察受灾群众安置情况，询问群众生活情况。并捐赠救灾款40万元。区领导王洪钟等陪同。30日，区图书馆为大台街道7.21受灾群众送来300本各类图书，内容涉及心理学、少儿读物、期刊杂志、健康养生、名人传记等方面。8月3日，华人的非政府慈善组织台湾佛教慈济基金会到大台慰问受灾群众，听取了大台街道关于受灾情况和救灾工作的ppt演示汇报，实地了解受灾情况，基金会负责人向大台街道介绍了慈济基金会的基本情况和此次7.21暴雨特大自然灾后慈善救助活动的开展情况，表示将根据大台地区的救灾物资需求情况，积极与区政府、大台街道对接，愿意尽其所能，全力以赴支持救灾工作。

（麻鹏信）

【海军总医院专家义诊】 8月2日，中国人民解放军海军总医院一行20余人到大台街道怡然广场灾民临时安置点开展义诊活动，为灾民提供包括儿科、骨科、心内科、消化科、呼吸科、医学心理等方面的医疗服务，诊疗地点就在安置点的帐篷里，治疗范围基本涵盖了灾后常见多发的病症，并提供心电图等大型医疗设备。

（麻鹏信）

【完成基层民主评议活动】 9月3日至10日，按照区委的统一部署和要求，完成9个社区2291户常住户籍群众入户评议活动，群众参与率达到100%。此次民主评议活动共收集各类意见和建议523条，其中涉拆类317条，村居两委班子建设类14条，村居环境建设类112条，社会民生类26类，文化建设类4条，市政建设类36类，其他类14条。

（麻鹏信）

【开展联合整治行动】 9月24日，联合区委政法委、流管办等部门开展地区流动人口清查整治行动，对玉皇庙、木城涧等流动人口密集区域、私挖盗采人员经常出没的部位进行重点清查整顿，发现存在暂住证过期和暂住证丢失未补办的现象，检查人员对此类人员进行了口头教育并逐个进行登记，以备复查。

（麻鹏信）

【迎十八大系列活动】 9月26日，举行“庆十一、享怡然”，喜迎党的十八大文艺汇演，与地区群众一同庆祝祖国63周年华诞，机关干部和社区居民表演了诗朗诵、歌曲、舞蹈等10余个节目，同时邀请到空政文工团青年歌唱家等为现场演出。11月8日，组织机关干部、社区党员群众收看中国共产党第十八次全国代表大会开幕式盛况。

（麻鹏信）

【举行“怡然杯”象棋比赛】 12月17日，举行第二届“怡然杯”象棋比赛。各社区通过前期的选拔赛，选拔出3名选手参加街道决赛阶段的比赛，共有30名选手参加了决赛。决出了一二三等奖。

（麻鹏信）

【预防煤气中毒工作】　年内，辖区内的取暖户4777户、常住居民2159户、流动人口2618户；使用煤火取暖器具2846户；使用炉具的门店22个；使用炉具的出租房流动人口1859户。所有煤火取暖户都安装了风斗，其中1003户安装一氧化碳报警器。在取暖季，综治办共到基层检查240余次，检查9600余户次、2万余人次，发放《防煤气中毒一封信》1.4万余份，受教育群众达1万余人次，2012取暖季未发生一起煤气中毒事故。

（麻鹏信）

【消防防火工作】　年内，召开大台地区消防工作会2次，提出相应时期防火工作要求，同时下发工作预案36份。办事处共到社区巡逻检查160余次，排查隐患120余处。对社区阳台、屋顶、楼梯过道、房前屋后以及道路两侧和山坡等重点部位的木柴堆垛纸箱、杂草等可燃物进行了清理，共清理隐患点10处，可燃物1000余吨，确保了辖区居民区在防火季无问题。

（麻鹏信）

【安全生产工作】　年内，共出动60余车次、250余人次，对地区2处市场、103家小饭馆、小商店等“六小单位”及施工场地进行了反复检查，共检查550余家次，下发责令限期整改指令书90份，下发整改复查意见书90份。每周对天马轴承厂及其他在建工程工地等可能发生群死群伤事故的单位检查一次。每月召开一次安全例会，辖区各单位主要负责人、各社区居委会主任及综治办工作人员参加，布置安全生产工作。召开安全生产培训会9次，受教育群众达1.88万人次。

（麻鹏信）

【流动人口管理】　年内，结合开展的“清理流动人口六十日专项行动”，联合区国土、安监、综治办、打非督查组、流管办、大台派出所及森林公安等相关部门开展流动人口清查8次，出动人员72人次，车辆10辆次。在对辖区流动人口较复杂的千军台、木城涧、灰地、玉皇庙4个社区进行联合突击检查，对20名未办理暂住证的流动人口进行说服教育。对2名涉嫌私挖盗采人员进行训诫，对三孔桥2名私挖盗采人员予以治安拘留处理。

（麻鹏信）

【交通安全】　年内，成立了由办事处主任为组长的道路交通安全领导小组。共召开道路交通安全会议5次，在会议上宣传、布置道路交通安全工作，同辖区各单位、各社区居委会签定《道路交通安全责任书》18份。在“打非治违”专项行动期间，共查获并处罚了制止6起农用车承载民工事件。排查可疑车辆13辆，印刷了500份“致司机朋友的一封信”，通过检查站发放给过往车辆驾驶员，对其进行道路交通安全宣传。

（麻鹏信）

【烟花爆竹管理工作】　年内，地区共有烟花爆竹销售网点3个，禁放单位7个，签订责任书18份。发放宣传材料3200份，受教育4000人，集中宣传2次，9个社区共制作条幅9条、板报15块。春节期间，办事处出动20人次，10车次，检查烟花爆竹销售及燃放情况。辖区共出动控制力量3000人次，干部300人次，治保积极分子300人次。

（麻鹏信）

【铁路护路工作】　年内，在铁路沿线的落坡岭、桃园、灰地、黄土台、玉皇庙五个社区，共组织巡逻小组5个，由巡防队员10名、群防群治力量180余名积极参与铁路护路巡逻，重点对2个铁路道口、2个泉水处、2处桥梁等部位进行看守。设立公路巡防小组5个，由社区干部、志愿者等群防群治力量近210名组成，巡逻队员不定时在铁路各路口巡逻。组织社区干部、巡防队员近180人次对辖区内铁路沿线的采砂、违章建筑和废旧金属收购点以及沿线治安情况进行了摸底检查，未发现影响铁路安全的涉路治安问题。

（麻鹏信）

【动物防疫工作】　年内，对各种畜禽免疫14次，打针170余支，用药40盒，未发生任何动物疫情。

（麻鹏信）

【食品安全工作】　年内，联合王平工商所出动检查8次，出动18余车次、70余人次，共检查超市、市场、饭馆、小卖部、食堂等部门80余个次。对市场、小食杂店无照经营、超范围经营食品以及经销过期变质、有毒有害食品等违法行为进行查处，取缔“三无”食品经营单位。

（麻鹏信）

【药品监管】　年内，出动21次，7车次，42人次对辖区3家药店是否存在过期、假冒伪劣药品进行检查，未发现有出售过期和假冒伪劣药品现象。

（麻鹏信）

【为民办实事工程】 年内，投资450万元完成3座便民桥修建工作；送气下乡灰地液化气站建设通过区级验收投入使用；千军台、黄土台、双红、大台等社区路面硬化9000平方米，改造污水管道400米；灰地、玉皇庙防汛工程挡墙护坡360米；争取资金70余万元，及时启动7.21灾后应急除险工程，清理河道淤泥垃圾300余吨，清理灰地社区路口滑坡隐患山体1500余方并修建安全挡墙60米，清除千军台村口1200余方山体落石，重建了桃园社区冲毁的过河桥，修复大台主街、黄土台社区道路1000平方米。

（麻鹏信）

【改善地区环境面貌】 年内，粉饰清千路沿线建筑外立面1万平方米，拆除违章建设12处，面积683平方米；拆除影响市容环境的破旧建筑8处，面积近300平方米，并对拆除地进行修整、绿化、硬化；建成1500平方米的玉皇庙文化广场，500平方米的桃园社区停车广场；修建清水涧候车凉亭和玉皇庙休闲凉亭；对清水涧大台段进行了整治，绿化河沟、边坡、广场近2000平方米。

（麻鹏信）

【环境整治百日行动】 年内，连续第3年开展环境整治百日行动，围绕社区内部、主要大街、商铺周边、集贸市场等区域开展重点整治，清除卫生死角、整治堆物堆料，对地区60余个垃圾屋进行了集中修缮。

（麻鹏信）

【社区网格化管理工作】 年内，完成社区一级、二级网格划分工作，共划分一级网格43个，二级网格92个，将辖区内的人、地、事、物、组织纳入到各个网格中，实现全面覆盖。

（麻鹏信）

【社会保障工作】 年内，发放低保金209万元，各类救助金35.52万余元，累计救助各类人员491人。为185名失业人员发放失业保险金45.96万元，开展职业指导服务13次。接转退养退休人员档案517人，为725名退休人员进行养老金资格认证。城乡居民基本医疗保险参保1547人，城乡居民养老保险参保481人。

（麻鹏信）

【住房保障工作】 年内，政策房备案558户，廉租房市备案总计123户，其中75户家庭已经享受到配租房屋；限价房市备案110户，74户正在摇号中。

（麻鹏信）

【养老助残工作】 年内，为162名残疾人发放残疾人生活补助34.83万余元，发放居家养老（助残）券面值33万元。

（麻鹏信）

【育龄妇女孕检】 年内，共为地区流动已婚育龄妇女1484人进行了检查，符合免费政策的1167人享受了免费服务。开展宣传服务活动，发放宣传材料和宣传品1500余份，避孕药具600余盒。

（麻鹏信）

【落实计生免费技术服务】 年内，共支付各类计划生育手术费3477.4元。支付流动人口孕检费近1.019万元。已婚育龄妇女享有免费的基本计划生育技术服务落实率达到100%。

（麻鹏信）

【社会矛盾纠纷调处】 年内，共接待群众来访193件242批317人次，主要是清千路修建过程中涉及纠纷问题、市政基础设施及历史遗留等问题；受理群众来信13件，其中区转4件；受理区信访办系统交办件20件。共接到区为民服务中心转办的求助案件100余件，9个社区“连民心恳谈室”受理群众来访408件487批606人次。

（麻鹏信）

【打击私挖盗采工作】 年内，在重点沟域设置监控，完成了私挖盗采信息平台建设，实现了全天候实时监控。开展巡查1200余次（其中夜查600次），联合执法9次，组织炸煤熏口4次13处，填埋煤熏口27处，恢复、平整山地约4600余平方米。抓获盗采人员90余名，拘留47人，收缴各种盗采工具160余件，销毁盗采运输车辆32辆。联合执法清理盗采嫌疑人达450余人，清理盗采人员租住的房屋233间，查封并处罚出租房12户。

（麻鹏信）

【下属单位情况：】

单位名称： 北京市门头沟大台街道办事处社会保障事务所（社区服务中心）

地　　址： 北京市门头沟区大台西洼

电　　话： 61870315

邮　　编： 102303

（麻鹏信）

乡　镇

潭柘寺镇

【概况】 潭柘寺镇位于门头沟区东南部，全镇总面积81平方公里，总人口1.2万人，全镇现有25个党组织（含非公党组织1个），其中农村基层党组织12个，党员911名（含预备党员26人），农村党员827人，入党积极分子57人。全镇共有“五个好”村党组织7个。

镇内矿产资源以叶腊石、煤、石灰石、石英石等为主，特别是叶腊石，品位高，并有较高的知名度，主要分布在赵家台村，叶腊石原料及叶腊石制品销往全国各地。旅游资源丰富，千年古刹潭柘寺和八奇洞位于镇域内的北部。镇域内可开发的旅游资源较多，有桑峪村广慧寺、南辛房村天门山、南村溶洞、鲁家滩村西明朝开国元勋徐达之子徐增寿之墓等。

年内，全镇以科学发展观为统领，以生态保护为基础，以文化传承为依托，以旅游发展为主线，以打造经济繁荣、社会和谐、生态宜居的“高端旅游文化度假小镇”为目标，镇领导班子带领全体党员干部全力加速土地一级开发、定向安置房、市土储、鲁坨路、陕京三线等重点项目进程，开展招商引税、重点项目落地工作，稳中求进、扎实攻坚，各项工作任务进展顺利。推进生态建设和环境建设，加大民生工作力度，切实维护地区安全稳定，促进全镇经济社会发展取得显著成效。农村经济总收入完成6.3亿元，同比增长10%。农民人均劳动所得10937元，同比增长8%。固定资产投资完成28亿元。

单位名称： 中国共产党北京市门头沟区潭柘寺镇委员会
北京市门头沟区潭柘寺镇人民政府
地　　址： 北京市门头沟区潭柘寺镇
电　　话： 60860600
邮　　编： 102308

（李淑鑫）

【民主日活动】 1月14日，镇12个村陆续开展了2012年度第一次民主日活动。活动之前各村召开两委会，研究制定了“民主日”活动的具体方案，并通过村务公开栏、广播、发放《致村民朋友的一封信》等形式宣传。7月18日，镇12个村开展年度第二次民主日活动。各村两委班子成员对到会人员进行了述职，村党支部书记、村委会主任、村财务工作人员向村内党员、村民代表分别作了2012年党务、村务、财务工作报告，广泛接受村民监督。村务监督委员会通报了上半年“两委”班子及其成员任期承诺事项，以及村级重大事项决策等村级事务管理监督情况。

（李淑鑫）

【慰问活动】 1月19日，镇党委主要领导、各联系村干部与各村党支部负责人一起，分别对镇域内1名北京市困难党员救助对象、47名困难党员、2名建国前老党员进行了走访慰问。7月5日，镇党委副书记代表镇党委慰问了基层党组织、老党员和困难党员代表，共走访慰问2个基层党组织、30名老党员和困难党员，为1名困难党员发放市级帮扶款，合计资金约3.5万元。

（李淑鑫）

【领导调研】 2月10日，区领导到潭柘寺镇调研非住宅征收廉政风险防范工作，区纪委、监察局相关人员陪同调研。5月8日，区领导实地调研了赵家台、阳坡元两个旅游村庄建设情况，听取了潭柘寺镇的工作汇报。区委组织部、纪委、农工委、信访办、综治办、旅游委、经管站的领导陪同调研。镇党委书记汇报了潭柘寺镇拆迁信访维稳工作、基层党组织建设情况、三资管理情况、以及赵家台、阳坡元两个村庄整建制规划情况。6月7日，区武装部长到潭柘寺镇就中心区土地一级开发项目（A-E）地块内军缆迁移工作进行调研。听取了潭柘寺镇、京投公司对地块内军缆现状走向的汇报，实地踏勘了军缆铺设现场。

（李淑鑫）

【定都峰景区建设】 2月22日，定都阁主体建设完工，建筑面积约2500平方米。目前，正在对景区环境设施进行设计建设。

（李淑鑫）

【召开综治信访矛盾排查会】 2月22日，召开第一季度综治信访矛盾排查会，重点部署“两会”期间矛盾排查调处、治安、防火等安全防范工作。党委书记主持会议，镇主管信访、综治、环境卫生等领导、派出所所长及各村支部书记20余人参加会议。

（李淑鑫）

【培训工作】 3月1日，镇红十字会与区红十字会联合举办初级救护培训班，全镇80余名低保人员和保洁人员参加了培训。课后对全体学员进行逐个操作考核，合格者颁发了红十字会“初级急救员证”。3月22日，举办了“纪检信访培训”，此次培训通过镇司法所所长宣讲《信访条例》、集中观看《以案说纪》大型防腐倡廉系列电视剧、组织观看“北京市预防工程建设领域职务犯罪巡展”展板等形式，对全镇党员干部集中开展了信访工作学习和反腐倡廉警示教育。全镇12个村的“两委”干部、村务监督委员会成员、机关干部130余人参加了培训。发放信访宣传材料130余份。4月12日，区人保局、旅游委与潭柘寺镇政府共同举办民俗旅游接待户厨师技能培训班。在五天的培训课程中，由区人保局、旅游委聘请的烹调专业技师，对全镇的100个挂牌民俗户进行理论和实操培训。理论培训系统讲解了中式菜品的种类及制作方法，实操培训则采取现场示范烹饪，学员随时提问的方式，讲解了包括热菜、冷拼、面点等30余种菜品的制作方法。4月25日，区人力社保局、劳动监察大队与镇社保所联合举办门头沟区建筑施工企业劳动用工管理培训班，此次培训涉及12家总包单位，800余名农民工。5月11日，潭柘寺镇、赵家台村两级妇联共同组织，为赵家台村村民开展“阳台经济种植培训”，近100名民俗旅游接待户参加培训。培训邀请了由市科委领导推荐的北京京棚环球科技股份有限公司园艺事业部经理为大家讲解阳台菜园的经营理念、阳台的环境特征、适合栽培的蔬菜种类、营养价值以及种植方法等。6月12日，举办了以杜绝违法建设为主要内容的土地执法工作培训，邀请了区国土分局资源执法监察队和一所工作人员就土地违法建设、行政追责等方面进行培训和讲解，镇机关科级以上干部、村两委干部参加了培训。8月17日，举办学习贯彻市十一次党代会精神培训班。区理论讲师团成员以《汲取新动力、实现新跨越》为题专题解读了市第十一次党代会精神。全镇100余名镇村干部参加培训。

（李淑鑫）

【开工奠基】 3月6日，举行阳坡园旅游休闲文化产业基地开工奠基仪式。

（李淑鑫）

【环境整治】 3月27日，镇多个部门联合对108国道、旅游景区和门潭路沿线的堆物堆料、不规范广告牌匾、裸露垃圾以及环境卫生死角进行了清理。此次清理共出动人员近百人，清理各类堆物堆料28处，垃圾20车40吨，清理卫生死角3处，整治不规范牌匾4处。3月31日，开展“整治乱贴乱画行动”。此次活动共悬挂横幅20条，出动流动宣传车1辆，保洁人员及志愿者100余名，清理乱喷、乱画50余处，清理小广告200余张，擦拭车站灯箱10余个，制止不文明乱贴乱画行为3起，受教育群众500余人次。

（李淑鑫）

【发展玉兰花种植产业】 3月，结合潭柘寺“二乔玉兰”的知名度，发展玉兰花种植产业，专门聘请浙江省嵊州市木兰科新品种研究所所长，负责玉兰花的栽植、培育工作。截至月底，已在镇平原村观光园区栽植常春二乔玉兰、多瓣白玉兰、丹馨玉兰和飞黄玉兰等7个品种的玉兰2000余株，栽植面积10余亩。同时，为潭柘寺公园栽植各个品种的玉兰100余株，美化了公园环境。

（李淑鑫）

【植树活动】 4月6日，开展“洒下一点绿色　收获一片绿意”青年植树活动，全区各乡镇的50

名大学生村官与镇合作企业京投银泰股份有限公司的30名团员青年参加活动。

（李淑鑫）

【理财咨询】　4月8日，区总工会邀请金融专家及理财规划师到镇，举行了“理财规划进乡镇进社区、服务职工群众”活动，为镇内100余名村民进行了理财规划咨询。

（李淑鑫）

【知识讲座】　4月17日，镇举办素食文化辅导讲座，来自北京功德林饭店的厨师与50余名素食爱好者以及农家乐经营者进行沟通交流，传授素食经营理念与菜品制作技巧。8月2日，北京大学航天临床医学院的17名师生到鲁家滩村，结合所学专业开展了肺癌防治知识普及、儿童健康保健知识、夏季防暑养生知识三堂讲座。讲座结束后，进行了免费的医疗咨询和义诊活动，100余名村民参与活动。

（李淑鑫）

【授牌仪式】　4月25日，中国楹联学会门头沟区创作基地落户潭柘寺镇赵家台村，并举行了授牌仪式。中国楹联学会、野草书社以及区文联的70余名艺术家参加活动。区领导、中国楹联学会会长、空军原副司令员共同为仪式揭牌。

（李淑鑫）

【技能大赛】　4月28日，2012年第三届“食在门头沟”系列活动——素食主题技能大赛，暨北京市第三届职业技能大赛门头沟赛区竞赛活动在潭柘寺镇举办。区喜乐食府、今天假日、晨光饭店、信翔生态园、花季厨、大鸭梨、龙凤山庄、百年食府、嘉福饭店9个餐饮行业的专业厨师和赵家台村、平原村12户民俗旅游接待户的村民，在镇以素斋闻名的嘉福饭店切磋厨艺、交流心得。

（李淑鑫）

【景区开放】　“五一”期间，定都阁景区正式对外开放。接共待游客1500余人次，门票收入1.9万元。

（李淑鑫）

【宣传活动】　5月4日，潭柘寺派出所联合镇综治办在鲁家滩中心大街，对沿街门面店主、过往群众开展了打击防范电信、银行卡、网络诈骗犯罪宣传活动。11月5日，镇派出所、综治办联合在鲁家滩村中心大街开展以“珍爱生命，预防煤气中毒”为主题的集中宣传活动。活动通过悬挂横幅、发放《致广大煤火取暖居民的一封信》、发放宣传购物袋等形式向广大村民宣传安全使用煤火、预防煤气中毒和危险急救等常识，共发放宣传资料500余份。11月9日，镇综治办、派出所在鲁家滩中心大街开展第二十二届119消防宣传活动，向过往村民群众发放《消防安全常识二十条》100份、《北京市消防条例》手册150本。11月26日，镇综治办对市级民俗旅游村平原村进行预防煤气中毒宣传及检查。镇领导听取了平原村近期预防煤气中毒工作落实情况，以及在宣传、检查等方面采取的具体措施，检查了平原村《预防煤气中毒安全责任书》的签署情况，并到各户进行检查。

（李淑鑫）

【揭牌仪式】　5月11日，潭柘寺镇巡回审判点正式挂牌成立。区法院、潭柘寺镇、相关领导共同为巡回审判点揭牌。揭牌仪式结束后，巡回审判点现场审理了成立之后的第一起民事诉讼案件。8月29日，门头沟区惠农公益法律服务中心潭柘寺镇工作站举行揭牌仪式。北京市法律援助基金会理事长，区司法局领导为工作站揭牌。

（李淑鑫）

【区镇人大代表接待座谈会】　5月28日，举行区镇人大代表接待座谈会，会上区镇两级人大代表就调查问卷收集来的建议、意见进行交流，与选民代表进行了座谈，镇人大主席团成员、区镇两级人大代表，共40人参加了会议。座谈会就当前潭柘寺镇人民普遍关注的全镇大开发、农村医疗、交通出行、生态建设等问题进行讨论。

（李淑鑫）

【项目洽谈】　6月11日，镇政府与合众人寿保险股份有限公司就“健康谷”项目洽谈。合众人寿保险股份有限公司拟投资40亿元在潭柘寺镇开发建设“健康谷”项目，项目面积约300亩至500亩，项目集养生、养老、旅游度假、康复疗养、医疗服务于一体的现代高端服务产业平台。

（李淑鑫）

【拆迁工作动员会】　6月15日，召开北京市土地储备中心建设项目征地拆迁工作动员会，全面启动项目地上物评估及迁坟等工作。该项目位于鲁家滩村村西，占地300余亩。

（李淑鑫）

【受灾情况】　7月21日，潭柘寺镇暴雨降雨量累计达到305.4

毫米。全镇受灾人口11200人，涉及8个村，造成直接经济损失5860万元。

（李淑鑫）

【领导检查】 7月25日，区领导到镇检查指导防汛救灾工作。听取了镇主要领导对21日特大洪灾救助以及灾后恢复重建等工作的汇报，对防汛抢险以及灾后救助等工作给予肯定。11月1日，市司法局领导到镇检查指导工作，了解惠农法律中心、阳光中途之家，以及服务地区经济发展方面的运行情况，并给予了肯定。

（李淑鑫）

【驻镇企业捐款献爱心】 7月27日，北京鸿博集团向7.21特大洪灾受灾区潭柘寺镇捐款10万元，北京神州灵山叶腊石有限公司捐款12万元用于灾后建设。

（李淑鑫）

【潭柘寺驻军代表团座谈会】 8月2日，韩子荣到镇参加潭柘寺驻军代表团座谈会，区领导等7名区人大代表参加。会上，潭柘寺镇党委书记汇报了“7.21”抢险救灾及灾后建设工作，韩子荣传达了北京市半年工作会精神。会后，韩子荣还到受灾最严重的首钢鲁家山矿实地走访慰问，详细了解生物质能工程建设进展和受损情况，并指出，要高度注意近期可能出现的极端天气，加紧做好洪灾过后的生产恢复，确保工地安全度汛。

（李淑鑫）

【演讲比赛】 8月16日，开展以“为国策增光辉 为计生添光彩”为题的岗位练兵演讲比赛活动。全镇基层12个村的计生专干，参加了演讲比赛。

（李淑鑫）

【台球比赛】 8月24日，举办第三届台球比赛。此次比赛以镇企、村企合作为主题，邀请镇村干部、大学生村助理、村民群众和驻镇企业京投、银泰公司员工共57人参与。

（李淑鑫）

【安全检查】 8月24日，镇流管办对鲁家滩村、南辛房村重点区域进行出租房屋安全隐患大检查。共排查出租房屋32户，发现各类安全隐患5起，当场对房主进行批评教育，并提出整改意见，下发出租房屋安全隐患告知通知书。

（李淑鑫）

【消防安全演习】 8月28日，联合潭柘寺消防中队、镇派出所、卫生院、加油站在鲁家滩中心大街加油站内开展消防安全演习活动。演习共出动消防车4辆、警车1辆、救护车1辆，消防官兵、派出所民警、医护人员、加油站员工、村干部、村民群众等70余人次参与演习。

（李淑鑫）

【组织知识竞赛】 8月30日，镇组织各村开展“消防连着你我他 平安幸福进万家”——“安正杯”家庭消防安全知识竞赛活动。此次活动全镇共有9支代表队参赛。

（李淑鑫）

【开展基层民主评议】 8月31日至9月10日，开展基层民主评议活动，对村“两委”班子及成员进行民主测评，收集各类意见和建议694条。其中涉拆问题490条、“两委”班子建设问题119条、村居环境建设问题11条、民生问题34条、市政建设问题19条、村居管理问题9条、经济发展问题6条、其他问题3条。镇党委与村党组织认真对待，深入梳理分析，强化六项机制，切实整改落实，确保基层民主评议活动取得实效。

（李淑鑫）

【举办计生系统运动会】 9月19日，在南辛房村文化休闲广场举办计生系统趣味运动会。全镇12个村的计生专干、计生宣传员共计63人参加。

（李淑鑫）

【举办文化汇演】 9月28日，在南辛房村礼堂举办“喜迎十八大乡村大舞台文化汇演”。演出现场，50余名村民表演了自编自演的节目。

（李淑鑫）

【召开残联代表大会】 10月18日，召开残疾人联合大会第三届代表大会，会议选举产生了镇第三届残疾人联合会主席、副主席、理事会成员，以及出席区残联第六次代表大会的代表名单，推荐了区残联第六届主席团委员人选。

（李淑鑫）

【重阳文化节】 10月22日，“孝满京城”第三届北京重阳文化节在定都峰景区开幕，百名“孝星”与老文艺工作者、老科学家、老新闻工作者、老教师代表、青少年敬老模范登顶定都阁。

（李淑鑫）

【工作检查】 10月24日，中国幸福城市社会管理创新调查活动组委会一行4人对特殊人群服务管理工作进行实地考评。

（李淑鑫）

【十八大安保工作】　10月30日，镇综治办、派出所组织社区民警和群防群治力量开展十八大安保实战勤务演练活动。组织群防群治力量543人，其中会场、住地、行车路线周边120人；参与重点人员管控71人；重点部位定点看控125人；街巷、村落看门护院和值班巡逻150人；内部单位、小门店、集贸市场门前三包60人；其它17人。11月12日，镇开展群防群治工作，发动辖区群防群治力量1240名。其中公安警力11名，巡防员10名，首都治安志愿者347名，市民劝导队125名，安全稳定信息员71名，民兵330名，流动人口管理员7名，生态林管护员339名，占全镇总人口的10%，调动广大群众维护社会安全稳定的积极性，为十八大安保提供人员保障。

（李淑鑫）

【项目开工】　11月1日，文化体育活动中心正式开工建设，该项目计划改造现有建筑1204平方米，主要包括建筑工程修补、室内外装修及修补、给排水工程修补、采暖工程修补等，同时完善室外工程，配套建设道路、场地、篮球场及室外市政管网等，项目总投资332万元，其中工程费用286万元。该工程预计年底前全部完工。

（李淑鑫）

【召开基层民主评议工作会】　11月13日，召开2012年民主评议基层站所工作会，镇机关工作人员，村两委班子成员，村助理参加会议。区督导组一行与会监督指导。会上，就全镇2012年政风行风建设工作情况作工作汇报；镇社保所、司法所、城管分队3个基层站所负责人分别作了述职述廉报告；镇机关工作人员，村两委班子成员，村助理等30人填写了《北京市民主评议基层站所调查问卷》，对基层站所进行现场民主评议。

（李淑鑫）

【村党组织换届】　12月19日，全镇12个村党组织采取公推直选的方式共选出党总支和党支部书记12名、副书记1名，其他委员28名。其中，新任书记5名，连任书记7名，新任委员7名，连任委员21名。本届农村党组织书记平均年龄为47.3岁，委员平均年龄48.6岁。高中（中专）以上文化程度的31名，最高学历为研究生。女性委员5名（含1名村党支部书记）。

（李淑鑫）

永　定　镇

【概况】　永定镇位于北京市门头沟区东南部，是门城新城核心区的重要组成部分。全镇辖区总面积65.5平方公里，共24个行政村（已拆迁17个行政村），有7个社区居委会，镇域常住人口4.3万人。年内，在区委区政府的领导下，永定镇按照全镇“131＋X”发展思路和“稳中求进”的要求，加快城乡一体化建设步伐，完善地区维稳安保工作机制，地区经济平稳发展，社会大局平稳可控，较好的实现了预期指标。农村经济总收入预计完成271492.3万元，因17个村拆迁，集体企业和民营企业数量减少。同比下降了2.4%；农民人均劳动所得达到16147.8元，同比上升了4%；税收实现30500万元，比去年同期9700万元上升206.66%。

单位名称：中国共产党北京市门头沟区永定镇委员会

北京市门头沟区永定镇政府

地　　址：北京市门头沟区永定镇石龙南路11号

电　　话：60803502

邮　　编：102308

（杨瑞连）

【两节慰问活动】　1月10日，镇领导分别到卫生院、工商所等单位走访慰问，并送去了慰问品和慰问金。17日，对建国前老党员、困难党员、困难户等走访慰问，送去了慰问品和慰问金。6月29日，镇主要领导对生活困难党员、建国前老党员和各级优秀党员等对象走访慰问、并送去慰问金。

（杨瑞连）

【民主日工作】　1月10日，召开2012年第一次民主日活动部署会，镇领导部署了民主日工作，村书记、大学生村官等100余人参加了会议。7月13日，召开2012年第二次民主日活动部署会，镇领导部署了民主日工作，村书记、大学生村官等100余人参加了会议。

（杨瑞连）

【安全检查】 1月12日，镇领导带队对北岭地区进行了节前安全检查。2月14日，联合西峰寺森林派出所对辖区内108国道沿线和万佛堂老村等林区进行护林防火安全巡查。18日，联合色树坟派出所、区打非办等部门，出动人员30人、车辆7台，依法对北岭地区两处盗采矿口实施了爆破。3月5日，召开建筑施工企业安全维稳大会。会上主要领导就施工现场的安全生产工作提出要求。5月10日，联合王平森林派出所、专业爆破公司等单位对北岭地区发现的两处盗采矿口实施爆破取缔。现场查获非法盗采人员8人，暂扣挖掘机、运输车等8辆，收缴空压机、发电机等非法盗采工具40余件，先后毁坏新开盗采口4处，没收非法煤炭10余吨。29日，联合区消防支队、派出所等单位举行交通、消防安全宣传活动，共出动宣传人员35人，发放《文明交通守则》、《致“老年代步车”驾驶人的一封信》、《防火自救常识》等宣传材料8种，总计2300余份。30日，召开机关交通安全培训会。为全镇驾驶员开展交通安全教育培训。6月4日，召开防汛工作会，镇领导布署汛期工作并提出具体要求。6日，会同区有关部门组成联合执法检查组对永定地区建筑单位的职工食堂进行拉网式检查，共检查单位14家，下发整改通知书6份，出动车辆7车次，人员50人次。25日，联合公安、药监、等相关部门对冯村、何各庄地区A地块的商户清退工作。8月3日，联合永定派出所、国土分局等单位，对北岭地区检查、打击非法盗采活动。7日，执法人员在北岭地区白道子村养殖场门口，发现一处深度约30米的盗采煤炭井口，当场收缴水泵、发电机各1台、绞车1部、手推车1辆及电缆若干米。8日，在西苑路当场查处三辆违规倾倒渣土的运输车辆，及时制止乱倒垃圾渣土60吨的违法行为，并将非法车辆进行登记保存。23日，联合区打非办、国土所等单位对北岭地区已查封17个矿口进行全面摸排检查。24日，举办打非成果展。区打非办领导、镇主要领导和镇国土所代表参加活动。被查扣的3辆装有盗采叶腊石的农用车，扣留从事盗采活动的重型货车11辆，农用车14辆，小客车1辆，挖掘机2台。缴获卷扬机、柴油机、水泵等盗采工具各1台，电锤5把，电机2部，电缆410米，铁锤、铁镐等工具190件。并将依据相关规定对收缴的车辆和工具予以销毁。

（杨瑞连）

【社区活动】 1月16日，永兴社区少年之家开展第一期假期教育活动，即“学习弘扬北京精神”主题讲座，社区中小学生和家长70余人参加活动。17日，永兴社区“少年之家”组织社区中小学生开展“游览门城新貌——我爱家乡山河美”专题教育活动。社区志愿者老师、居委会干部、中小学生30余人参加了活动。1月，永兴社区举行2012年“迎新春文艺演出”镇领导、社区党员及居民150余人参加演出。2月2日，永兴社区少年之家组织80余人中小学生开展遥控汽车、钓鱼、投准、套圈等游艺活动。3月1日，永兴社区举办“营养与健康”的医学知识讲座。60余名社区妇女参加讲座。8月10居民向永兴社区居委会送上了一面写有“大水无情人有情，情系百姓显真情”的锦旗。

（杨瑞连）

【维稳工作】 2月28日，召开全镇安全维稳工作会。镇领导传达市、区关于做好“两会”期间服务保障工作的指示精神，布署信访工作，就“两会”期间维稳工作提出要求。3月6日，召开“两会”期间维稳工作，会传达市、区关于“两会”期间维稳工作的指导精神，部署“两会”期间永定地区的维稳工作安排，镇领导与重点村、居签订安全责任书。8月25日，召开“十八大”安保维稳工作动员部署会，镇领导部署安保工作，村居、机关干部参加了会议。12月25日，召开永定镇十八大安保维稳工作总结表彰会。主要领导作十八大安保总结，对十八大期间的个人和集体进行表彰。

（杨瑞连）

【领导调研】 3月9日，市领导一行到镇调研打击私挖盗采情况，听取了镇领导的工作汇报后给予肯定。5月26日，区领导到社区指导居委会换届选举工作。6月13日，区领导王洪钟等到永定镇冯村、何各庄地区A地块视察房屋征收工作。在听取房屋征收工作汇报之后，对房屋征收工作做了肯定并提出要求。18日，区领导韩子荣等到何各庄村房屋征收现场调研。听取了冯村、何各庄地区A地块房屋征收工作的进展情况后，代表区委、区政府对在房屋征收一线的所有工作人员表示慰问。22日，区领导王洪钟到冯村、何各庄地区A地块房屋征收现场调研。听取了永定镇征收工作进展情况汇报，慰问了工作人员，并实地视察了新建的签约大厅。24日，区领导到冯村、何各庄地区A地块房屋征收工作，就非宅清理工作作出安排和部署。25日，区领导王洪钟等参加秋坡村房屋征收工作动员会。26日，王洪钟视察冯村、何各庄地区A地块房屋征收工作。并与现场工作人员及群众交谈。28日，区领导到秋坡村视察房屋征收工作。实地考察征收工作的进展情况后提出要求。7月4日，区领导王洪钟带队到到冯村、何各庄地区A地块房屋征收签约大厅现场和秋坡村房屋征收签约大厅现场调研。听取镇负责人的工作汇报，督促房屋征收工作加速推进。9日，区领导到秋坡村视察房屋征收工作。听取了永定镇关于秋坡村房屋征收工作进展汇报后，提出要求。11日，区领导到秋坡村视察房屋征收工作。听取了秋坡村房屋征收工作进展汇报后，对于重点难点问题提出要加大研究力度，关口前移，尽早打开突破口。12日，区领导到秋坡村视察房屋征收工作。听取了镇领导及各专业公司工作进展情况的汇报后提出了要求。13日，区领导到秋坡村视察房屋征收工作。听取了镇政府及各专业公司关于房屋征收工作进展情况的汇报，并提出了具体工作要求。15日，区领导到秋坡村视察房屋征收工作，听取了镇政府及各专业公司关于房屋征收工作进展情况的汇报后提出要求。16日，区领导韩子荣就秋坡村的房屋征收工作进行检查。17日，区领导到秋坡村视察房屋征收工作。听取了房屋征收工作进展情况后提出了要求。12月7日，区领导韩子荣检查党风廉政建设责任制落实情况。听取了镇领导贯彻落实党风廉政建设责任制工作的汇报，对永定镇的工作给予肯定，并提出要求，会后，韩子荣到卧龙岗村视察。

（杨瑞连）

【举办知识竞赛】　3月15日，举办题为“比一比——我向十大好人学什么”的演讲比赛。各村、居大学生“村官”和社区工作者60余人观看了比赛。同日，冯村嘉园社区在居委会举办了“安正杯”消防知识竞赛初赛。社区60余名居民组成的22个家庭代表队参加了比赛。

（杨瑞连）

【春风行动】　4月20日，举办“手拉手春风行动”用工单位现场招聘会，近400名失业下岗人员参加招聘会。

（杨瑞连）

【拆违工作】　4月27日，依法对一处影响滨河景观大道工程的违法建设1097.26平方米实施强制拆除。9月25日，以卫片认定和巡查发现为重点，依法拆除违法建设共计3.64万平方米，通过了国土资源部检查组的专项检查。

（杨瑞连）

【代表工作】　5月21日，镇人大组织12个行政村的镇人大代表，对小园、曹各庄安置地块的回迁房建设情况进行实地视察。

（杨瑞连）

【环境整治】　5月25日，组织全镇各村、居开展了以“做文明有礼门头沟人——清除小广告”为主题的全民行动日活动。出动人员近600人，清除小广告1300余条，悬挂横幅20条。年内，共清理各类小广告4万余条，建筑垃圾及渣土3万余吨。

（杨瑞连）

【换届选举工作】　5月26日，区领导到社区指导居委会换届选举工作，选举产生了新一届居委会成员。对当选的新一届永兴社区居委会班子表示祝贺并进行强调努力建设六型社区。6个社区党组织中应到党员484名、居民代表210名。在民主推荐党组织班子候选人过程中，党员参与率达到91.32%，居民代表参与率达到88.57%。在召开党员大会选举中，共有465名党员参加了投票选举，参选率达到96.7%。6个社区党组织全部通过直选的方式进行换届选举，直选率达到100%，班子成员全部实现连选连任。新一届社区党组织班子中平均年龄51.9岁，女干部8名，占44.44%；大专以上学历的12名，占66.67%。11月26日召开村“两委”换届选举工作动员部署会。宣读了《关于做好村党组织换届选举工作的意见》，镇领导对换届选举工作进行了部署和培训。包村干部、各村党支部书记、大学生村官等人参加会议。12月12日，24个村党组织中23个完成换届选举工作。共选举产生党组织委员85人，女委员16人，连选连任的村党组织书记13人。

（杨瑞连）

【防汛工作】　5月31日，主要领导带队到南区排洪沟、冯村私人幼儿园、栗元庄村外来人口聚集院落、侯庄子废品收购站等地进行防汛工作检查指导。7月21日，镇领导冒雨带领秋坡村干部，挨家挨户进行人员清查。

（杨瑞连）

【培训工作】 6月1日，召开人民调解员暨普法骨干培训班。镇基层两班子、大学生村官等110余人参加培训。7月17日，冯村召开学习贯彻市第十一次党代会精神大会，镇领导、冯村党员、干部、群众60余人参加学习。12月25日，召开十八大精神报告会。书记、主任、支委等107人参加了学习。

（杨瑞连）

【拆迁工作】 6月13日，何各庄村签订房屋征收协议。14日，召开冯村、何各庄地区A地块房屋征收工作例会。机关包组干部、专业公司、何各庄主要干部分别汇报了工作进展情况和存在的问题以及建议。15日，20名区派干部组成的工作组到永定镇配合开展房屋征收工作，并对区派干部进行了岗前培训。同日，召开冯村、何各庄地区A地块房屋征收工作例会。机关包组干部、专业公司、何各庄村主要负责人分别汇报了工作进展情况和存在的问题，并提出了建议。17日，召开冯村、何各庄地区A地块房屋征收工作例会。机关包组干部、专业公司等主要负责人分别汇报了工作进展情况和存在的问题，征收工作负责人进行了现场协调和解答。19日，召开冯村、何各庄地区A地块房屋征收工作例会。专业公司、何各庄村主要负责人分别汇报了工作进展情况和存在的问题，并提出了有关建议。20日，召开冯村、何各庄地区A地块房屋征收工作例会。镇领导强调要继续发挥党员带头作用，积极做好思想动员工作，带动群众踊跃签约。21日，召开冯村、何各庄地区A地块房屋征收工作例会。镇领导就冯村、何各庄地区A地块房屋征收工作和即将启动的秋坡村房屋征收工作中的关键环节、重点问题进行强调说明。22日，新建面积达320平方米的签约大厅正式投入使用。促进了房屋征收工作的顺利开展。6月25日，秋坡村签订房屋征收协议。26日，镇领导到秋坡村召开征收工作沟通会。就秋坡村征收工作中遇到的难点、重点问题作了说明。对下一阶段的工作进行了安排和部署。27日，召开冯村、何各庄地区A地块房屋征收工作会。通报了房屋征收工作进展情况。28日，召开冯村、何各庄地区A地块房屋征收工作会。会上通报了房屋征收工作进展情况，各工作组汇报了其负责区域的重点户。29日，召开冯村、何各庄地区A地块房屋征收工作会。通报了房屋征收工作总体进展情况。同日，镇领导召开秋坡村房屋征收工作会。要求工作组要在入户宣传和实际调查的基础上，尽快做好房屋权属面积公示及人口认定公示工作。7月1日，秋坡村召开全体党员和村民代表大会，会上通报了房屋征收工作进展情况。2日，召开冯村、何各庄地区A地块房屋征收工作会。会上通报了房屋征收进展情况。3日，召开冯村、何各庄地区A地块房屋征收工作会。会上通报了房屋征收进展情况。4日，召开冯村、何各庄地区A地块房屋征收工作会。通报了房屋征收进展情况。5日，召开冯村、何各庄地区A地块房屋征收工作会。会上通报了房屋征收进展情况。6日，召开冯村、何各庄地区A地块房屋征收工作会。通报了房屋征收冲刺阶段进展情况。6日，亨美利嘉集团在秋坡村房屋征收现场举行“亨美利嘉企业支持秋坡村房屋征收工作捐赠仪式”活动。捐赠了高压锅、蒸锅、空调被等130余份物品。7日，秋坡村召开房屋征收工作协调会。通报了秋坡村房屋征收工作进展情况，并对预分方案逐户进行讨论与确认。7日，镇房屋征收工作组向少数未签约户发放了《致冯村、何各庄地区A地块房屋征收项目被征收人的最后一封信》。8日，秋坡村召开房屋征收工作协调会。通报了秋坡村房屋征收工作进展情况。9日，召开冯村、何各庄地区A地块房屋征收工作会。会上，通报了上周末房屋征收进展情况，并针对重点户提出了下一步的征收措施。10日，秋坡村召开全体党员和全体村民代表大会。会上通报了房屋征收工作进展情况。

（杨瑞连）

【土地确权】 8月31日，召开土地登记确权颁证工作会，村书记、主任等参加会议。

（杨瑞连）

【惠民工程】 11月15日至22日，东辛称白庄子村采取“一对一”全程服务的方式，完成1281套安置房交接入住工作。

（杨瑞连）

【扶残助贫】 年内，镇内有803人享受残疾人生活困难补助。30名残疾人享受残疾人机动车轮椅车燃油补贴款。22名残疾人享受《阳光家园计划》补贴款。4名残疾学生享受了助学款。

（杨瑞连）

【老龄工作】 年内，现有400人享受养老补贴，发放和办理老年人医药费补贴5.8万元。办理老年优待证、卡共计490人。发放“小帮手”300余部。

（杨瑞连）

龙　泉　镇

【概况】　龙泉镇位于门头沟区境东部，南与永定镇、潭柘寺镇毗连，西与王平镇接壤，西北紧靠妙峰山镇，北连军庄镇，东与石景山区的五里屯、麻峪村为界，是区政治、经济、文化、贸易的中心，镇域面积49平方公里；辖17个行政村，9个社区居委会，常住人口，30020人，其中居民12624人，农民10078人，为农居混杂区，是门头沟区的窗口镇。年内，龙泉镇在区委、区政府的领导下，围绕“四新”的发展战略，实施“四个功能区”的城市发展思路（即土地开发区、设施农业区、采空棚户区、三家店规划区），继续实施棚户区改造工程，落实水岸经济规划，深化体制改革，优化产业结构调整，转变发展方式，着力改善民生，经济和社会各项事业取得全面进步。实现农村经济总收入20.2亿元，同比增长16.1%；农民人均劳动所得15829元，同比增长9%；完成区公共财政预算收入5381万元（不包含临时纳税），同比增长101.7%；完成固定资产投资8.6亿元。

单位名称：中国共产党北京市门头沟区龙泉镇委员会
北京市门头沟区龙泉镇人民政府
地　　址：北京市门头沟区峪园小区18号楼西侧龙泉镇人民政府
电　　话：69844312
邮　　编：102300

（胡　洁）

【安全检查工作】　1月28日，镇领导带队检查了琉璃渠、三家店等地区预防煤气中毒、烟花炮竹安全燃放、环境卫生治理等方面工作，听取了村（居）委会干部情况汇报，对地区预防煤气中毒工作、烟花炮竹安全燃放、环境卫生治理工作提出了具体要求。11月10日，梨园社区对辖区安全进行检查。镇领导、派出所民警、社区人员和流管办对辖区使用煤炉取暖的居民进行清查和监督。同时，还对辖区内的3所幼儿园和1所旅店进行了检查。

（胡　洁）

【社区党支部换届选举工作】　3月23日，镇9个社区全部完成党支部换届选举工作。其中7个社区实现了直接选举。社区党支部书记全部连选连任，平均年龄48岁，大专以上文化程度的有6人，占总数的66%。社区委员平均年龄48岁，大专以上文化程度有18人，占总数的67%，连选连任的委员有25人，占93%，新当选的委员有2人，其中一名新委员是大学生社工。

（胡　洁）

【护林防火工作】　3月底，会同区相关部门及镇域内9个村召开护林防火联席会，修订完善《龙泉镇护林防火工作考核办法》，明确任务和责任。新增护林防火站点5个，形成区镇村三级护林员联动机制，在区园林局支持下，沿九龙路建设18公里长的隔离铁丝网，华北林场出资在林区建成多个救火工具存放点。

（胡　洁）

【举行信鸽公棚启动仪式】　4月2日，举行北京博雅亨利信鸽公棚启动仪式，全市的50余位信鸽饲养者及信鸽爱好者参加。信鸽公棚，占地4000多平方米，设有40多间公棚，可容纳信鸽1.5余只。

（胡　洁）

【为残疾人摄影】　4月20日，10余名摄影家及摄影爱好者，在大峪温馨家园康复中心，为残疾朋友拍摄。

（胡　洁）

【召开解放思想讨论动员会】　5月8日，召开“创造发展新优势，稳中求进促发展”解放思想大讨论动员会。对全镇组织开展大讨论活动进行安排部署。

（胡　洁）

【社区活动】　5月29日，琉璃渠社区开展纪念“5.29”群众诗歌朗诵活动，社区60余名妇女参加。10月8日，水闸西路社区召开“强组织　增活力”社区治安巡逻总结会暨迎接党的十八大胜利召开动员会，共有社区党员、居民群众近300人参加，其中党员90余人。

（胡　洁）

【成立温馨家园】　7月16日，在大峪村温馨家园成立了区内第一家残疾人法律工作站并举行了揭牌仪式。为全镇残疾人和残疾人家庭提供法律咨询服务和司法调解。

（胡　洁）

【“八一”慰问活动】 在“八一”建军节来临之际，对驻区62351部队、62025部队、91780部队进行了走访慰问。

（胡 洁）

【崇化禅寺复建合作项目签约】 9月25日，在龙泉宾馆组织开展“门头沟区龙泉镇崇化禅寺复建合作签约仪式”，城子村主要干部与崇化禅寺主持师进行了崇化禅寺复建合作协议的签订。

（胡 洁）

【“重阳节”活动】 联合龙泉医院部分专家开展重阳节慰问活动，为镇敬老院50余名老人体检。重阳节当天，还为镇域内50位高龄老人发放米、面、油、奶、鸡蛋等重阳节慰问品。

（胡 洁）

【召开龙泉地区办事处成立大会】 12月5日，区领导韩子荣、王洪钟等参加龙泉地区办事处成立大会。会上，读党政领导任命通知，介绍办事处成立的背景，宣读关于调整行政区划的批复。同时，为龙泉地区工委、地区办事处举行揭牌仪式。

（胡 洁）

【创建评审“药品安全示范镇”】 12月11日，市药监局到镇内开展“药品安全示范镇”创建评审活动。现场听取了镇主要领导及相关副职领导工作情况汇报，检查了相关工作档案，对全镇“药品安全”工作开展情况给予了肯定。

（胡 洁）

【企业发展】 12月12日，镇内北京潭柘紫石砚有限公司召开全体职工第一次会议，标致镇内第一家镇办企业改制成功。会上，北京潭柘紫石砚有限公司领导为新公司班子成员发放了聘书，明确了工作职责，新老员工代表做了表态发言。

（胡 洁）

【组织“学习贯彻十八大精神”讲座】 12月27日，请区理论讲师团讲师组织开展“龙泉镇学习贯彻十八大精神”辅导讲座活动，全镇机关副职领导、机关干部以及各村、社区党员、干部、大学生村官50余人参加讲座，讲师团讲师分别就新党章、十八大报告以及如何高举中国特色社会主义旗帜等方面内容进行解读。

（胡 洁）

【交通新干线】 12月30日，快速公交BRT4线正式开通，原336路的乘客改乘BRT4线后，进城的时间可缩短半个小时。BRT4线是连接门头沟和城区的快速公交线，主线从龙泉西公交场站到阜成门，全长约25.5公里。支线从龙泉西公交场站到地铁五路居站，全长约21.83公里。

（胡 洁）

【农村党组织换届选举】 年内，镇19个农村基层党组织共选举产生党组织委员61名，其中书记19名、副书记3名、委员39名，一名村官进入支委。

（胡 洁）

【维稳工作】 年内，做好19个重点上访人、8起重点矛盾稳控工作，全镇信访矛盾化解率达95%以上。注册治安巡逻志愿者2033人，举办法制宣传教育活动9次。

（胡 洁）

【重点工程】 年内，制定《镇政府2012年目标管理任务书》。任务书中确定10项为责任单位区级目标管理任务和82大项需协办的区级目标管理任务及28项自提目标管理任务。

（胡 洁）

【棚户区改造工程】 年内，完成棚户区改造，12个村的住宅房屋征收签约工作，签约率99.7%，共签约28.39万平方米，2851户。完成东、西龙门村安置房和小白楼异地安置房建设、分房入住工作。

（胡 洁）

【土地开发储备工作】 年内，完成高家园、城子村委会地块的房屋征收工作。启动涉及棚户区改造、土地储备、市政道路及重点工程共26个项目的征地转非工作，共需征地14003.9亩，转非6736人。

（胡 洁）

【基础设施建设】 年内，完成2400亩小流域的开发治理，配合区园林绿化局，完成镇内59.14公顷煤矸石山的治理工程，三家店西老店地区2座污水处理站的工程建设全面完工，总投资为628万元。完成村污水改造500米及路面硬化2000平方米。

（胡 洁）

【环境建设】 年内，完成16宗土地卫片拆除整治工作，拆除违法建设17840.58平方米，日常拆除违章建筑3200平方米，共计21040.58平方米；罚没处理7宗，5082.25平方米；清除渣土、小区绿化美化环境整治1.8万平方米，完成了4000平方米社区绿化，4705平米道路硬化，2座污水处理站建设，4座公厕无障碍设施改造，8500米排洪、污水管道治理。

（胡　洁）

【文化建设】　年内，举办首届龙泉镇非物质文化遗产项目展演系列活动，扶持13支民间文艺团队和5个特色手工艺发展。争取资金兴建琉璃渠村文化活动中心和龙门社区数字图书馆。

（胡　洁）

【生态环境建设】　年内，实施京津风沙源人工造林工程，完成造林总面积700亩，项目投资210万元。京津风沙源爆破造林工程，总投资50万元，造林面积100亩，项目已全面完工，进入管护阶段。荒山造林面积600亩，其中包括龙泉务、天桥浮、门头口、石巷4个村。健康森林项目共完成5600余亩，其中包括龙泉务、琉璃渠两个村，其中龙泉务为门头沟区示范村。植被恢复龙泉务50亩、生态林抚育石巷500亩。对镇内各村的林权证进行换证工作。

（胡　洁）

军　庄　镇

【概况】　军庄镇位于门头沟区政府东北部10公里处，北与海淀区接壤，西与龙泉镇相连，南与石景山毗邻。镇域总面积34平方公里，辖8个行政村、2个社区居委会，总人口11700人，总户数6325户，其中农业人口为3276人，1855户。年内，坚持以邓小平理论和“三个代表”重要思想为指导，深入贯彻党的十八大会议精神，在区委、区政府的领导下，以建设北京市重点小城镇和“十二五”发展规划为契机，以全力推进京白梨特色产业园区、休闲宜居生态园区、文化创意产业园区“三大园区”建设为目标，以顺利完成社区两委换届和村党组织换届选举为抓手，加快推进产业结构调整，加快促进沟域经济发展，率先完成农村两权制度改革，加快促进农民增收。全镇全年农村经济总收入完成40209万元，比去年同期增长8.5%。农民人均劳动所得完成9662.2元，比去年同期增长9%。

单位名称：中国共产党北京市门头沟区军庄镇委员会
　　　　　北京市门头沟区军庄镇人民政府

地　　址：北京市门头沟区军庄镇西杨坨村

电　　话：60810741

邮　　编：102300

（张　楠）

【市、区领导检查】　1月9日，市安委会考核组到镇考核2011年度安全生产工作。3月3日，区政法委督察小组到镇检查“两会”期间的维稳工作会议记录、重点人防控措施、各村（居）制定的安全稳定工作方案、流动人口和出租房屋管理等工作，并抽查了北四社区和新村的综治维稳工作。4月24日，市农村经济研究中心、区综治办、区农委到镇检查社区化管理工作。6月11日，市财政局、农业局到军庄镇检查粮食直补和农资综合补贴工作。7月19日，市政府办公厅、市广电总局等有关领导检查“村村响”广播工程进展情况和数字电影放映工作。同日，区财政局、经信委和会计师事务所有关领导检查惠民型煤工作开展情况。30日，区领导检查防汛工作落实情况。8月6日，区农村基层党组建设巡视组到镇检查、指导农村基层党组织建设情况。10月22日，区农委、纪委、经管站、财政局组成的调研工作组对镇“三资”监管工作进行检查。11月27日，区广电、文委等有关领导检查“村村响”广播工程运行情况，先后到镇广播室、香峪村广播室、灰峪村沿线实地查看了设备安装和使用情况。12月17日，区老干部局有关领导检查退休干部工作并举行座谈。

（张　楠）

【镇领导慰问活动】　1月18日，开展春节走访慰问活动。镇领导对机关退休职工、困难户、优抚户、残疾人、困难党员、驻镇部队官兵1000余人进行慰问，发放慰问品、慰问款累计资金45万余元。2月28日，为30个困难家庭发放了“爱心救助卡”，困难户凭卡领取米、面、油和部分生活用品。8月1日，军庄镇开展八一慰问活动。到驻镇部队慰问，送去慰问品，并和部队领导进行座谈。

（张　楠）

【举办文化演出活动】 1月18日，举办“迎新春　军民共建”文艺汇演。各村、居及驻镇官兵参与独唱、健身操、双簧、快板等18个节目的演出。3月8日，军庄镇组织系列活动庆祝“三八”妇女节。镇妇联组织“庆三八　促和谐　谋发展　话奉献”座谈会、杨坨社区组织社区联欢会，军庄村、东杨坨村等村分别举办了手工艺作品展、第九套广播体操展演以及趣味活动等。9月28日，军庄镇举行“庆七一”文艺汇演。镇机关干部、各村居党员群众共计300余人参加演出。10月15日，举办“古镇梨乡、和谐共创”乡村大舞台文艺展演。演出了包括军庄锣鼓、北京新秧歌在内的军庄镇特色文化节目。10月22日，围绕“敬老、爱老、养老、助老”为主题，举办“弘扬敬老爱老孝道之风、传承养老助老孝道文化”颁奖文艺演出。

（张　楠）

【民主日活动】 1月18日，各村完成2012年第一次民主日活动。镇党委成立领导小组，对各村各项规章制度建立健全和完善进行指导，协调解决民主日活动中出现的问题，各村的村民代表听取了村干部述职2011年承诺事项完成情况、及党务、村务、财务工作汇报，并确定2012年工作思路和承诺事项。7月23日，军庄镇完成2012年第二次民主日活动。活动中，各村的村民代表听取了村内的党务、村务、财务报告，对村干部述职2012年上半年承诺完成事项进行了评议，审议并确定2012年下半年工作思路、工作重点及承诺事项等。

（张　楠）

【市、区领导调研】 2月13日，区领导一行到，就绿化造林工作进行调研。3月3日，区领导就维稳工作进行调研，并听取了军庄镇主要领导对关于“两会”期间重点矛盾、重点人稳控情况的汇报。4月17日，到军庄镇北四地段，实地查看了平原百万亩造林绿化工程进展情况。26日，区领导到军庄镇调研，听取了军庄国际葡萄酒文化产业基地项目进展情况的汇报，并提出要求。5月22日，区领导到军庄镇调研，听取了相关情况的工作汇报，并实地察看了灰峪村险村搬迁安置房及新港水泥厂、赛阳水泥厂原址。6月4日，市水务局、市农业局领导到军庄镇调研，实地观看了香峪村八份沟的治理成果，听取了工作人员对军庄沟小流域治理情况的汇报。7月6日，区领导长王洪钟到军庄镇调研镇域总体开发及产业项目进展情况。8月14日，市区国土资源局领导到军庄镇东山生态园、香峪八份沟等地实地走访查看水毁土地受灾情况。11月27日，市局巡视组、区司法局等有关单位领导到军庄镇调研基层司法工作开展情况，听取了社区矫正、人民调解、法律宣传、“十八大”安全维稳等方面的工作汇报。

（张　楠）

【宣传教育活动】 3月12日，开展“践行北京精神，学雷锋争做时代先锋”活动。联合军庄中学，在学生群体中开展“争做文明有礼北京人”活动。14日，军庄镇启动“宝贝计划”工程，举办“孕育健康宝宝　构建幸福家庭”早期教育讲座，邀请区医院儿科主任医师授课，百余名群众参加。4月25日，中国人民抗日战争纪念馆“牵手计划”大篷车到军庄中小学校，共有300余名师生参加了此次活动。5月4日，军庄镇组织开展“五四红色之旅”活动。该活动组织机关35岁以下青年干部及全体大学生村官到中国人民抗日战争纪念馆参观学习。14日，开展“5.12防灾减灾”公共安全宣传活动。为200余名群众发放了宣传材料2000余份。6月8日，军庄镇在杨坨市场开展以“践行北京精神，弘扬安全文化，推进安全发展城市建设”为主题的安全生产月宣传活动。此次活动共为近200名群众发放宣传材料千余份。7月11日，组织各村居两委干部和大学生村官到区博物馆参观“北京精神”主题图片展。10月11日，镇社会事务管理科通过免费赠阅的方式向全镇6330户居民发放了《军庄镇惠民政策集锦》。11月27日，开展公共安全知识进村居活动。共发放各类手册、通知200余份，张贴宣传画50余幅。12月17日，开展法制宣传日活动。此次法制宣传活动共发放各类宣传册、宣传单共500余份。

（张　楠）

【加华酒业项目】 3月20日，区领导听取了军庄镇及广和集团、加华酒业关于目前整体开发工作的汇报，并提出要求。6月4日，区领导王洪钟等与国家开发银行北京市分行领导实地考察军庄加华酒业项目地块后举行座谈会。

（张　楠）

【环境整治活动】 4月17日，组织开展“做文明有礼门头沟人——拒绝不文明、清除小广告”全民行动日活动，200余名群众及青少年志愿者共清除小广告300余处。21日，开展全民行动日工作，机关干部、各村、居党员群众、企业单位员工、中小学学生共2000余人，清理堆放物170余处，清理垃圾杂物30余吨。5月25日，组织开展第三个全民行动日专项整治活动。200余名群众及青少年志愿者参与活动，清除小广告300余处。6月4日，开展杨坨市场周边环境综合治理专项行动。针对杨坨市场周边的管理难点、垃圾乱扔、白色污染、占路经营等突出问题，镇政府联合派出所、城管、工商等部门进行了执法检查。9月10日，军庄镇开展环境整治专项行动。此次活动共出动铲车2辆，洒水车1辆，清理堆放物150多处，共清理各类垃圾乱堆物料约20吨。

（张　楠）

【拆除违法建设】　5月23日，联合工商、国土、城管等有关单位，开展安全生产"打非治违"专项行动，对辖区内的非煤矿山关闭企业和建筑工地进行安全执法检查。8月9日，军庄镇联合首发集团、中铁三局四处、区水务、公安、城管等单位，开展专项执法行动，对军庄铁路桥范围内影响行洪的违法违章建筑进行依法拆除。

（张　楠）

【惠民体检】　8月15日至19日，在军庄卫生服务中心为全镇范围内的农村长效节育措施育龄妇女进行免费体检，参检人数达470余人。10月22日，在卫生服务中心为适龄妇女开展宫颈癌、乳腺癌免费筛查活动，筛查工作历时10天，全镇约1500人参与了免费筛查活动。

（张　楠）

【共建活动】　8月28日，镇香峪村与石景山区广电中心城乡共建"手拉手"活动基地启动仪式在香峪村八份沟内举行，共建双方签署了《关于进一步开展城乡共建"手拉手"活动的实施意见及（2012年－2014年）三年规划》。同日，军庄镇与西城区展览路街道办事处加强共建联系，共同举办"手拉手，促就业"送岗下乡用工招聘会。

（张　楠）

【残疾人工作】　10月11日，召开残疾人联合会第三次代表大会，全镇共50名残疾人代表参加。大会审议通过了《军庄镇残疾人联合会第三次代表大会工作报告》，选举产生了镇残疾人联合会第三届主席团11名成员和出席区残联代表大会的6位代表，并推举产生了第三届主席团的主席和残疾人联合会执行理事会理事长、理事。11月27日，残联与镇卫生院配合，为全镇60岁以上残疾人和职康站中的服务对象140人进行免费体检。

（张　楠）

【十八大系列活动】　11月5日，举办迎接党的十八大"党在我心中"百姓宣讲报告会，各村居党员干部群众共300余人参加。8日，组织各单位利用电视、广播、网络等媒介，收听、收看十八大开幕式直播。12月17日，举行十八大精神宣讲报告会，全镇党员干部群众共500余人参加。

（张　楠）

【区、镇人大换届选举】　11月26日，区领导调研农村党组织换届工作。28日，组织召开农村党组织换届选举工作动员会暨培训会。镇机关干部、各村书记、支委及大学生村官参加会议。12月6日，军庄镇8个村全部完成初步人选推荐工作，共推荐出40名候选人。9日，军庄镇派出的8个考察组完成了组织考察阶段工作。16日，军庄镇共8个党支部分别召开了换届选举大会，共选举产生农村党支部委员32名，连任19名，占59.4%，其中党支部书记8名，连任7名，占87.5%。全镇农村党支部应到党员482名，实到党员452名，参选率达93.8%。

（张　楠）

妙峰山镇

【概况】 妙峰山镇地处门头沟区浅山区，为市生态涵养与水源保护区的重要乡镇之一，镇域面积112平方公里，占全区总面积的7.7%，全镇现辖17个行政村，总人口10022人，其中农业人口数6583人，占全镇人口的65.7%。全镇耕地面积1245亩，湿地面积150亩，农业收入主要以农业观光、旅游休闲和林果为主，主要林果产品有：玫瑰花、樱桃、核桃、京白梨、大盖柿、杏扁儿、苹果、大枣等，其中“三果一花”即大樱桃、大盖柿、京白梨、玫瑰花，是妙峰山镇的特色农业与名特优产品。年内，在区委、区政府的领导下，认真落实市、区第十一次党代会精神，坚持创新发展、转型发展、跨越式发展，在“加快”上下功夫、在“转变”上动真格、在“发展”上见实效，构建以生态环境为基础，以产业结构调整为重点，以农民致富增收为目标，以高端商务休闲旅游为带动，文化创意产业和都市型现代化农业为补充的生态友好型产业体系。进一步推进“围绕一个中心，带动两条沟域，辐射三大板块”的发展思路，围绕以镇政府所在地周边地区为中心，深入挖掘永定河文化和古道文化，着力打造旅游文化服务和商业文化服务。一方面带动民俗旅游文化沟域，重点发展民俗文化旅游和生态产业。另一方面带动山水旅游沟域，重点打造商务休闲和自然山水旅游、山地服务等产业，在此基础上辐射永定河沿岸、妙峰山和苇甸三大板块。2012年妙峰山镇经济总收入68900万元，同比增长8%；人均劳动所得8989元，同比增长6%；固定资产投资10421万元，同比增长32.7%；区级财政收入完成3200万元。

单位名称： 中国共产党北京市门头沟区妙峰山镇委员会
北京市门头沟区妙峰山镇人民政府
地　　址： 北京市门头沟区妙峰山镇陇驾庄村
电　　话： 61880012
邮　　编： 102300

（王海英）

【领导视察调研工作】 1月5日，中纪委领导到镇水峪嘴村视察党风廉政建设工作，并参观了该村古道风景区。9日，区武装部部长等就基层武装部工作开展情况到镇调研。与镇领导就乡镇武装部工作开展情况进行座谈，镇武装部部长对2011年度妙峰山镇武装部工作进行总结汇报。2月9日，市农委检查组一行就2011年度“三级联创”工作进行检查指导。24日，市水普办领导检查指导水务普查工作。3月5日，区领导就“两会”期间信访维稳工作到镇调研。镇党委书记就全镇重点监护人、重点矛盾排查、重点嫌疑人的监控情况以及具体应对措施和应急预案进行汇报。15日，区果蜂协会会长、区园林绿化局副局长到镇对果园和蜂产品情况进行调研，并到涧沟和樱桃沟村进行实地考察。30日，市政协领导就教科文卫基础设施情况到水峪嘴村进行调研。4月1日，区旅游委主任带领由区旅游委、公安局、消防局和安监局等部门组成的联合检查组到妙峰山景区和涧沟村进行清明期间旅游安全大检查。5月14日，王洪钟等区相关单位领导到镇召开妙峰山镇开发项目专题会。30日，区领导就防汛及造林工作到镇调研。31日，区领导就促进重大项目落成进行调研。7月5日，区领导韩子荣就旅游文化休闲产业发展工作到镇调研。21日，区领导王洪钟到镇，现场指挥抗洪救灾工作。8月12日，市水利设计院专家调研组到镇上苇甸村调研下河水库大坝防洪排涝情况。29日，市、区人大领导指导旅游发展，并召开门头沟区宗教文化保护座谈会。9月21日，区纪委副书记一行就党务公开工作和《农村基层干部廉洁履行职责若干规定》执行情况进行检查。9月，区政协社会法制与民族宗教委员会领导调研民族宗教情况。10月25日，区人大检查人口计生工作。11月5日，区领导带领区信访办、综治办、维稳办、公安分局及督导组等相关单位领导，就信访维稳工作进行检查指导。7日，市领导一行就农村“两委”换届工作筹备情况进行调研。11日，区领导王洪钟带队就镇域规划和重点工作完成情况到镇调研。21日，市农业局到陇驾庄村、下苇甸村检查验收阳光温室工程。22日，区旅游委、公安局、卫生局及环保局组成的评审团对妙峰山镇新申报的2012年市级民俗户进行初审。12月17日，区领导检查指导村党组织换届选举工作。19日，区领导就产业发展情况到镇调研，区发改委、规划局、国土局、水务局、农委、公路管理局等相关单位领导随同。20日，区文化工作联合考核小组检查验收2012年度文化工作。

（王海英）

【举办重大活动】　1月16日，举办"2011年度机关工作先进表彰暨2012年新春联欢会"，对7个先进科室、21名先进个人进行了表彰。3月9日，"巧娘工作室"揭牌暨巾帼志愿者服务队授旗仪式在妙峰山镇涧沟村举行。区镇相关领导共计50余人参加。16日，在水峪嘴村京西古道举行与北京大学历史学系合作共建项目暨田野调查基地签约仪式。基地建成后，双方将立足于经济社会的发展需要和人文科学研究的实际需求，携手打造学术科研、地区建设、交流互动、服务发展的良好平台，区领导参加揭牌仪式。4月17日，举行"五进农村"结对共建启动仪式。6月6日，举行"旅游招商推介大会暨樱桃季开幕式活动"。市区领导和一些文化、企业人士参加。7月15日，举办"旅游振兴发展与生态文明建设"高峰论坛活动，成立"妙峰山镇专家指导委员会"。17位国家各部委专家，为妙峰山镇科学快速发展提出合理化建议和意见。区镇相关领导及各村干部参加论坛。

（王海英）

【历史文化建设工作】　2月，正式出版妙峰山文集。该文集由镇政府和相关学术专家组成的编审团历时近一年撰写完成，由四川美术出版社正式出版。该文集一套共6本书，分别为：《妙峰山镇村落志》、《妙峰山石刻》、《妙峰山学术考察八十周年纪念》、《妙峰山山水由来》、《妙峰山古道》、《妙峰山民俗实录》。文集内容涵盖了妙峰山镇的全部自然、人文旅游资源。3月，水峪嘴村"村史博物馆"建设工程完工并正式对外开放，工程总投资25万元，占地面积100平方米。10月中旬，水峪嘴村完成艺术文化墙建造工程，文化墙全长400米，总面积3000平方米。

（王海英）

【招商引资工作】　3月25日，与投资北京公司召开"妙峰山镇永定河旅游休闲走廊基础设施建设工程项目建议"研讨会。9月22日，召开"产业发展福建企业专场招商推介会"。10月底，与2012年新注册的9家重点企业进行座谈。12月13日，与北京骏洋房地产开发有限公司进行座谈并签约。

（王海英）

【民生工作】　3月28日，"三农保险服务站"在妙峰山镇上苇甸村正式挂牌成立，办公地点设在该村村委会。12月11日，区第二期送气下乡工程在妙峰山镇启动。年内，在全镇17个村、5000余户居民中，全面实施农村居民用水规范化管理。

（王海英）

【重点工程建设】　3月下旬，下苇甸村正式启动桥头沟小流域综合治理工程，工程投资近400万元，施工期限1年。8月15日，担下路正式通车。该工程总投资9600万元，全长3.5公里，自2010年9月正式启动，为区重点工程之一。8月底，水峪嘴村新桥建成并通车，该工程属妙峰山镇"十二五"期间的交通重点工程，工程总投资581万元，自2011年8月28日开工，2012年6月11日竣工，工期198天。10月5日，陕京三线工程妙峰山段正式开工。12月17日，在炭厂村举行"土地整理项目"动工仪式。12月，完成陇驾庄等10个村136户抗震节能改造房工程。年内，妙峰山镇都市农业示范园基础设施建设工程通过区有关部门验收。工程总投资4600万元，自2011年11月启动，2012年12月全部完工，涉及上苇甸、下苇甸、炭厂、陈家庄、水峪嘴5个村。"妙峰奇石"项目一期工程完工，该项目于6月6日，在龙凤岭脚下举行项目奠基仪式，王洪钟等相关单位主要领导和社会各界文化名流参加。完成斜河涧村上水管网改造工程，为担礼村更换1套变频供水设备。

（王海英）

【党建工作】　5月4日，镇党委、区旅游委共同组织镇域内"永定河板块"7个村党支部书记到北京国际汽车露营基地进行参观学习。6月29日，镇党委开展庆"七一"主题党日活动。活动后，镇领导对老党员进行了慰问。7月中旬，镇17个行政村开展2012年民主日活动。12月，全镇15个村党支部全部完成党内换届选举工作。

（王海英）

【生态环境建设工作】　12月，开展"环境整治百日行动"，清理建筑垃圾2.8万余吨，拆除违章建筑9处，共2700平方米。对全镇90个垃圾箱进行粉饰维修，在公交车站设立新式小型垃圾箱40个。年内，实施京津风沙源治理工程，完成造林、育林任务2万余亩，投资325万元完成陈家庄植被恢复650亩。岭角、涧沟被评为北京市最美乡村，担礼村创建北京市卫生村，上苇甸、禅房两村创建北京市生态村。

（王海英）

【完成镇、村规划工作】 12月，已聘请中科院完成产业规划，聘请炎黄设计院完成镇域规划，水峪嘴、担礼等4个村庄规划获批，岭角、涧沟等4个村庄规划启动。

（王海英）

【完成“7.21”灾后重建工作】 年内，修复水毁路面16270平方米，修整果园，恢复粮食和经济作物4000余亩，修复雨洪工程13处，浆砌防护墙3200立方米，重新铺设小水渠2900米、输水管道5600米、节水灌溉1500亩，修复田间路和步道3万余米。

（王海英）

王平镇

【概况】 王平镇位于门头沟区中南部，地域面积46.6平方公里。辖行政村16个、居委会4个，总人口8091人，全部是非农业人口。

年内，镇党委、政府以区委十一届全会精神为指导，深入贯彻落实科学发展观，大力实施“生态立镇、旅游强镇、服务兴镇”三大战略，坚持以旅游文化休闲产业为主导，以都市型现代农业和现代服务业为支撑，依托“一带三区”产业发展空间布局，即：永定河绿色发展带王平段，东部民俗文化旅游区、西部自然山水休闲区、中部现代综合服务区，全力打造商务会议养生小镇。

年内，都市型现代农业不断发展，完成了京白梨大家族建设项目，南涧沟国家水土保持重点工程。启动西马各庄村樱桃风情创意文化旅游基础设施建设项目，组织各类培训14场529人次。全镇累计产出大樱桃、京白梨、薄皮核桃等干鲜果品52.6万斤，纯收入达1000余万元，农户持续增收。面对60年一遇的特大暴雨，提前转移险户，确保了人民群众的生命财产安全，灾后迅速恢复了生产、生活秩序。

全年实现农村经济总收入19879.5万元，比上年同期增加了1890.2万元，同比增长10.5%。农民人均劳动所得10920.5元，比上年同期增加907.7元，同比增长9.1%。完成区级财政收入772万元，完成区新增任务指标685万元，比年初指标任务增加186.8万元，增加31.97%，完成镇级财政收入386万元，完成固定资产投资500万元。

单位名称：中国共产党北京市门头沟区王平镇委员会
北京市门头沟区王平镇人民政府
地　　址：北京市门头沟区王平镇王平大街东路18号
电　　话：61859400
邮　　编：102301

（赵　娜）

【民主日活动】 1月14日，镇13个村分别组织开展了2012年第一次民主日活动，镇各包村干部、各村党员及村民参加活动。活动中，各村书记、主任、财务管理员、村务监督委员会主任、班子成员分别作了党务工作报告、村务工作报告、财务报告、村务监督委员会工作总结、任期承诺完成情况报告。同时村民代表和党员对党支部、村委会、两委班子成员分别进行了民主测评。7月18日，各村统一开展了2012年第二次民主日活动，活动中两委干部分别向与会党员、村民代表进行了述职，宣读了党务、村务报告，村民监督委员会对财务报告进行了审议。

（赵　娜）

【走访慰问工作】 1月16日，镇主要领导带队到老党员、老积极分子、军烈属、残疾人等家中进行走访慰问活动。7月5日，开展“七一”慰问活动，镇领导对全镇的老党员和贫困党员代表进行了走访慰问。

（赵　娜）

【社区换届工作】 3月5日，召开2012年社区党支部换届选举工作动员部署会，镇主要领导、社区“两委”干部共计50余人参加。3月13日，完成2012年社区党支部换届选举初步候选人提名推荐工作，此次提名推荐是以党员推荐和居民代表推荐相结合的方式进行，按照20%差额比例确定初步候选人名单。全镇4个社区共有党员180名和居民代表96名参加提名推荐，共提名推荐4名党支部书记和11名委员。26日，完成社区党支部换届选举工作，此次选举工作采取党员直选的方式，4个社区共有党员360名，其中能够参加选举的党员214名，参加投票的党员195名，参选率91%，选举出书记4名，委员8名，4个支部班子成员均为连选连任。4月18日，召开第八届社区居委会选举工作动员部署会，镇包社区干部、社区“两委”干部等参加会议，会上对选举工作人员进行了培训。5月31日，完成第八届社区居委会选举工作，此次换届选举全部采用户代表选举方式，全镇4个社区共登记管辖选民2614人，划分了56个居民小组，推选产生小组长56名，推选产生居民代表168名，共登记户代表1237户，参加投票户代表1220户，参选率达99%，选举产生新一届社区居委会成员16人，主任及委员全部连选连任。

（赵　娜）

【开展学雷锋活动】 3月5日，镇团委组织团员到镇敬老院组织开展学雷锋活动，为老人们打扫卫生，陪老人聊天，还为他们表演节目。

（赵　娜）

【“阳光工程”走进王平镇】 3月26日，“阳光工程”农村实用技术培训教育启动仪式在镇内举行，区农业局、社区教育中心及镇领导、培训学员参加。

（赵　娜）

【领导调研】 3月30日，市政协领导带领市政协委员30余人到镇韭园村就教育、文化、体育、卫生及公共服务基础设施等情况进行调研。5月10日，区领导就基层组织建设、“三资”管理、矛盾排查化解、旅游文化村规划和建设情况四项内容进行调研。18日，区领导到镇内调研，听取了社区换届工作的汇报后给予肯定。31日，区领导到镇内就韭园古道旅游基础服务设施项目进行调研。7月20日，平谷区金海湖镇领导一行56人到镇内对垃圾分类和新型农业进行参观考察。28日，区领导到镇内就防汛及暴雨后的恢复工作进行调研。8月7日，区领导到镇内就暴雨灾后恢复安置工作进行调研。13日，团区委领导到王平镇就青年团员工作进行调研。

（赵　娜）

【开展全民行动高潮日活动】 3月31日，开展“拒绝不文明、清除小广告”全民行动日活动。对墙上、电线杆上的小广告进行铲除和清理，镇保洁队人员、各村居保洁员、村居民参加活动，共计50余人。4月21日，开展“做文明有礼门头沟人——拒绝不文明、清理乱堆放”全民行动高潮日活动，全镇共出动人员240余人，车辆30余车次，清理建筑垃圾及无人认领的堆物堆料30余吨。

（赵　娜）

【举办“赏桃花，识鬼谷”活动】 4月6日，举办“赏桃花，识鬼谷”生态人类王平行活动，区科委、教委、工商联等单位参加。

（赵　娜）

【举办知识竞赛】 4月19日，组织开展“践行北京精神、促进垃圾分类、建设生态王平”为主题的知识竞赛活动，全镇17支代表队共80余人参加，东王平村获得第一名。

（赵　娜）

【组织各类培训】 4月25日，举办“第二套北京新秧歌群众舞蹈”培训班，区文化馆的三位舞蹈老师对各村居的文艺骨干们进行了讲解培训。5月30日，举办“如何涵养和谐心态”为主题的讲座培训班，邀请门头沟区文明使者宣讲团老师围绕如何建立健康心态，为机关干部、村居干部及大学生村助理进行了讲解。7月12日，举办学习贯彻落实北京市第十一次党代会精神培训班，各村居“两委”干部、机关干部共100余人参加培训。12月20日，组织学习贯彻十八大精神专题讲座，全镇机关干部及村居干部100余人参加学习。

（赵　娜）

【开展宣传活动】 5月8日，红十字会联合卫生院、社区开展了世界红十字日“红十字——人道力量”为主题的宣传、咨询及服务活动。参加活动的群众300余人，为群众发放各类宣传材料800余份，还为100余名群众进行了免费体检等。10月15日，开展防灾减灾主题日宣传活动，此次活动的主题是提高女性防灾减灾能力，活动中发放宣传材料1000余份，摆放展板14块，到场咨询的群众达500余人次。

（赵　娜）

【举办老年运动会】 5月24日，镇东马各庄村举办老年人运动会，运动会设置了拍球、谜语、投篮、认针线等10个适合老人参加的项目，此次运动会共有50余位老人参加。

（赵　娜）

【部署防汛工作】 6月2日，镇召开2012年防汛工作会，全面部署年度内防汛工作，确保汛期安全。机关干部、村居干部及驻镇单位负责人参加会议。

（赵　娜）

【开展“解放思想大讨论”活动】6月7日，组织大学生村助理开展“创造发展新优势，稳中求进促发展”为主题的解放思想大讨论活动。活动中大学生村助理们就自身的工作学习情况进行了交流。

（赵　娜）

【开展旅游安全大检查】　7月6日，开展旅游旺季安全大检查，联合工商所等单位对辖区内的旅游景点、餐馆、民俗旅游接待户、超市等经营单位开展了食品卫生、消防安全的旅游专项检查。

（赵　娜）

【检查指导工作】　7月25日，区领导到王平镇就7·21特大暴雨后恢复工作及下一步防汛工作进行检查指导。8月20日，区领导到王平镇就农村三资管理情况进行检查指导。12月25日，市责任制检查组到王平镇就党风廉政建设责任制落实情况进行检查，听取了王平镇关于贯彻落实党风廉政责任制的工作汇报，查看了工作档案到村里实地进行了走访。

（赵　娜）

【陕京三线工程韭园隧道贯通】8月19日，陕京三线输气管道工程韭园隧道提前贯通，隧道全长859米，纵坡采用“一”字坡设计，直墙采用拱形断面，净断面高度为3.4米，宽度为3.4米。

（赵　娜）

【启动社区用房规范化项目】　8月20日，镇河北社区、色树坟社区两社区用房规范化项目开工建设，河北社区建筑面积466.1平方米，建筑高度8.1米，色树坟社区建筑面积609.5平方米，建筑高度3.9米，两社区用房规范化项目共投资311.92万元。

（赵　娜）

【开展环境百日治理专项行动】8月20日，开展迎接党的十八大环境百日集中治理专项行动。行动中清理小广告40处及彩页60余张，清理4条泄洪沟的积存垃圾，此次行动共出动人员200余人，垃圾车15车次，清理各类垃圾20余吨。

（赵　娜）

【举办演讲比赛】　8月24日，组织各村居开展了“践行北京精神、促进垃圾分类、建设生态王平”为主题的演讲比赛活动，全镇17个村居各派一名选手参加了比赛。

（赵　娜）

【组织学习“落子戏”】　8月30日，组织大学生村助理学习区级非物质文化遗产“落子戏”。“落子戏”源于河北省沧州地区，20世纪50年代流传至王平地区，90年代曾红极一时，受群众喜爱，是一项群众性文化活动。

（赵　娜）

【贯彻学习十八大系列活动】　9月6日，组织基层群众文艺团队开展“喜迎十八大”文艺演出活动，根据全镇人口分布情况开展4场演出，演出队员全部来自基层村居的退休工人、干部、教师等文艺爱好者，平均年龄超过50岁。11月8日，组织全镇党员、群众收看中国共产党第十八次全国代表大会开幕式，听取了胡锦涛总书记的重要讲话。12月18日，北京市学习十八大精神百姓宣讲团走进王平镇，为全镇两百余名机关干部及村居群众进行演讲。

（赵　娜）

【开展消防安全应急演练】　9月13日，组织机关工作人员开展机关消防安全应急演练，演习内容分为三方面：火场人员疏散引导和伤员救护；火灾的扑救、控制及火场协调指挥；灭火器材的基础知识和正确使用。

（赵　娜）

【召开维稳工作专题会】　9月18日，召开维稳工作专题会，部署相关措施确保地区群众理性看待敏感问题，维护地区稳定。

（赵　娜）

【庆祝老年节活动】　9月21日，举办“颂祖国、赞王平、谋发展、促和谐”为主题的第九届老年人才艺表演赛。此次比赛内容分为三类，即书画类、手工制品类和文艺表演类，分别设立了一等奖、二等奖、三等奖和创新奖，共吸引全镇17个村居的400余位老人参赛。10月22日，举办庆祝老年节表彰大会，会上为五对金婚老人颁发金婚证书及纪念相册，对26名“老有所为标兵”、13名“尊老敬老好儿媳”、21名“健康老人”、21名“镇级孝星”、21名“为老服务先进个人”及14个“为老服务先进集体”进行表彰并颁发奖状。

（赵　娜）

【召开残联代表大会】　9月26日，召开残疾人联合会第三次代表大会。53名代表出席大会，大会投票选举产生新一届主席团主席、副主席、委员及理事长，并确定了出席区残联第六次代表大会代表和区残联主席团委员候选人。

（赵　娜）

【启动新型农村社区试点建设】 9月28日，举办了“新农村、新生态、新王平”暨新型农村社区试点项目建设启动仪式，市领导刘福志、区领导王洪钟等出席启动仪式。该项目涉及韭园村、桥耳涧村、东落坡村、西落坡村4个村，284户736人，项目总投资额约为8.41亿元，新型社区规划面积为444.38公顷，其中村庄用地面积50.6公顷。

（赵　娜）

【做好自行车赛安全保障工作】 10月8日，召开2012年第二届环北京职业公路自行车赛（王平赛段）服务保障工作部署会，按照“热烈、积极、参与、有序”的总体目标，制定四项措施做好群众观赛和安全保障工作。

（赵　娜）

【纪念建镇十周年演出】 10月18日，举行纪念建镇十周年文艺演出，此次演出采取镇内自编节目与北京歌舞剧院节目穿插结合的形式进行，共演出16个节目，500余名观众观看演出。

（赵　娜）

【举办失业人员专场招聘会】 10月24日，社保所携手海淀区海淀街道社保所举办失业人员专场招聘会。此次招聘会提供了27家企业156个岗位，发放就业宣传材料1000余份，前来咨询、求职的失业人员达500余人，当场达成就业意向121人。

（赵　娜）

【部署森林防火工作】 10月30日，召开2012－2013年度森林防火部署会。强调从四个方面做好森林防火工作：一是加强领导，健全组织机构；二是广泛宣传，强化防火意识；三是严格执行包保责任制；四是强化管理，依法治火。

（赵　娜）

【扫雪铲冰工作】 11月4日，启动扫雪铲冰应急预案，全镇范围开展扫雪铲冰工作，共出动各类人员240余人，车辆3辆。

（赵　娜）

【签署战略合作协议】 11月6日，镇河北村与国泰集团正式签署王平镇养老康体社区建设项目战略合作框架协议。

（赵　娜）

【部署双向联评工作】 11月13日，召开2012年双向联评工作部署会，传达区委开展镇、街双向联评工作精神，根据镇内实际情况进行部署，明确双向联评工作的工作目标、具体要求及完成时限。

（赵　娜）

【农村党支部换届工作】 11月23日，组织召开农村党组织换届选举工作动员部署会，全镇13个村党支部成员、包村干部及镇主要领导共80余人参会，会上对换届工作进行部署，明确了时间安排、选举方式、选举程序及工作要求等。12月12日，完成农村党支部换届选举工作。全镇13个村党支部全部采取“公推直选”方式进行选举，共选举产生农村党支部委员41名，连选连任34名，占82.9%，其中党支部书记13名，连选连任10名，占76.9%。

（赵　娜）

【开展预防煤气中毒大检查】 11月27日，联合派出所等单位对全镇的平房区域进行预防煤气中毒联合检查，工作人员将《致出租户的一封信》、《预防煤气中毒警示语》、《煤气中毒急救小常识》等宣传材料发到居民手中，并讲解了煤气中毒急救常识等。

（赵　娜）

【举办“国际残疾人日”活动】 12月3日，举办“消除障碍”为主题的关爱残疾人文艺演出活动。此次演出由镇残疾人职业康复站工作人员与残疾人自编自演，表演节目不仅有歌舞类，还有绕口令、三句半、乐器独奏等节目。

（赵　娜）

【召开人代会】 12月4日，组织召开第三届人大代表第四次会议，镇领导及39名代表出席会议。会议听取并审议了《2012年王平镇关于老龄和社会保障工作完成情况的报告》。

（赵　娜）

【征兵工作】 12月10日，王平镇完成征兵工作，按照“早行动、早安排、早落实”的工作原则，经过个人自愿报名、入户动员、医院体检、家庭政审等环节，3名男青年符合条件加入新兵队伍。

（赵　娜）

【村文化活动中心竣工】 12月11日，镇东石古岩村文化活动中心竣工。该村文化活动中心总建筑面积457.18平方米，总投资额99万元，该工程设计层数为一层，包括党员活动室、阅览室、多媒体娱乐室、观众厅、舞台及化妆间。

（赵　娜）

【做好暴雨灾后恢复工作】 年内，在7·21暴雨灾害后，有序的开展各项防汛及灾后恢复工作。全镇共转移险户80户，转移群众129人，出动抢险队伍15支，抢险人员380人，出动车辆32辆。完成了国道复线坍塌的挡土大墙、供水管路和蓄水池保温层修缮，以及街道清淤等工作。

（赵 娜）

【就业和社会保障工作】 年内，338名失业人员实现再就业，处理农民工上访讨薪事件3起累计106万余元，为309人办理城乡居民养老保险，共受理廉租住房租金补贴66户55户通过审核，受理上报经济适用房申请169户162户通过审核，已入住23户，受理两限房51户44户通过审核。

（赵 娜）

【动物防疫工作】 年内，加强动物疫情预防和监控工作，全年共进行免疫工作10次，免疫家禽、家畜2.2万只。

（赵 娜）

【工矿棚改安置房项目】 年内，王平工矿棚户区改造工程共建13栋楼，总建筑面积为147532.01平方米，其中11栋已完成结构封顶。

（赵 娜）

【旅游文化休闲产业】 年内，完成西玄山桃花谷项目，启动了王平站旅游港湾和韭园生态旅游基础设施建设项目，累计创建市级民俗旅游村2个，区级村1家，市级户17家，旅游特色业态户4家，民俗旅游接待户50家。全年接待游客10万人次综合收入达790万元，同比增长7%。

（赵 娜）

雁 翅 镇

【概况】 雁翅镇地处门头沟西北部山区，距区政府45公里。1994年由原青白口、大村、田庄三个乡合并而成，自然形成了河路、田庄、大村三个区域。镇域面积267平方公里，全镇下辖23个行政村，1个社区居委会。年内，在区委、区政府和镇党委的领导下，围绕区域功能定位，大力实施“1235”发展战略，抢抓机遇，创新举措，凝心聚力，完成了年度工作任务。全镇实现农村经济总收入5.16亿元，同比增长5%；实现人均劳动所得8370元，同比增长8%；完成固定资产投资1.07亿元，同比增长64%；完成区级财政收入166万元，镇级财政收入83万元，同比增长10%。

单位名称：中国共产党北京市门头沟区雁翅镇委员会
北京市门头沟区雁翅镇人民政府
地　　址：北京市门头沟区雁翅镇付家台村
电　　话：61839794
邮　　编：102305

（李 岩）

【领导慰问】 1月5日，区领导及民政局领导一行到雁翅镇，对部分优抚对象及困难党员群众走访慰问，为他们送去了慰问金和慰问品。6日，市、区相关领导一行4人到雁翅镇，对太子墓村建国前老党员走访慰问，为他送去了慰问金和慰问品。6月29日，雁翅镇领导到付家台村村民家中慰问并送去了慰问金。

（李 岩）

【领导调研】 1月6日，区领导围绕贯彻落实“三会”精神，推动产业结构转型，促进地区经济发展到雁翅镇调研。听取了雁翅镇党委书记对全镇工作的总体汇报，认为雁翅镇发展思路清楚，前景广阔，在以后的产业发展上要向旅游休闲文化产业靠拢。3月15日，区图书馆一行4人到青白口、太子墓村和机关图书室进行调研，分别就村、乡镇图书室存在主要问题、阅览、借阅现况等情况进行了解。6月14日，区领导一行到河南台村、马套村查看了两村旅游村庄建设、基层党组织建设和农村“三资”管理运行情况。18日，区领导王洪钟到南石洋大峡谷调研旅游项目开发建设情况。王洪钟指出，南石洋大峡谷风景秀美、山水资源丰富，雁翅镇要紧抓机遇，加快旅游项目开发进度，大力发展旅游文化休闲产业。26日，团市委调研分队与雁翅镇团委共同开展主题为“首都农村经济发展现状”的调研活动。7月12日，区领导韩子荣一行到雁翅镇考察。考察组实地察看了河南台村、马套村旅游村庄建设以及南石洋大峡谷、白瀑寺等景区项目建设情况，听取了有关工作的汇报，并就相关事宜与区有关部门进行了座谈。8月30日，区政协领导到雁翅镇田庄村调研，听取了田庄村基本情况介绍及村庄发展思路，并就村庄产业发展、红色旅游、招商引资等工作进行座谈，实地查看了南山峡谷等资源的开发利用情况。9月19日，区领导到雁翅镇苇子水村古村落建设情况调研，并就相关事宜与区相关部门进行座谈。

（李　岩）

【乡村文化活动】　1月9日，社员分红大会暨合作社文化艺术节在北京益农缘生态养殖合作社举行。雁翅镇其他合作社理事长及益农缘合作社社员代表参加该项活动，国办、农业部、市区主管领导及雁翅镇主要领导等出席了当天的活动。3月6日，举办民俗文化手工艺品作品展，全镇24个村（居）妇联主任及各村党支部书记、村委会主任家属参加该作品展参观。展览会上展出剪纸、编织、刺绣、根雕等各类展品共计70余件。5月5日，淤白村文化节开幕，文化节分为室外和室内两个部分。还邀请中国评剧院等专业团队表演了黄梅戏、京剧、二人转、魔术等节目。5月25日，联合团区委在苇子水村举办门头沟区青年民俗旅游文化创就业技能大赛启动仪式暨雁翅镇青年民俗旅游剪纸培训班开班仪式。团区委、区社会工委、人力社保局、雁翅镇领导及70余名团员青年、地区群众参加活动。8月27日，镇卫生院健康知识宣讲团到淤白村对村民进行健康知识宣讲。9月3日，在田庄残疾人职业康复中心举办首届残疾人趣味运动会。全镇70余名残疾人运动员参加了掷飞镖、投沙包、套圈、趣味保龄球、托球竞走等比赛项目。10月19日，区农广校雁翅镇淤白村文艺中专班举行开学典礼，区教委、社区教育中心、雁翅镇主管领导等参加开班仪式。

（李　岩）

【民主日活动日】　1月9日，召开2012年第一次农村民主日活动动员培训会，全镇23个村党支部书记、村委会主任、统计员和包村干部等90余人参加会议，镇领导班子成员出席会议。7月13日，召开2012年第二次农村民主日活动动员培训会，镇主要领导、23个村党支部书记、主任、统计员及包村组长等130余人参加会议。会上，对《雁翅镇2012年第二次农村民主日活动安排意见》进行部署。

（李　岩）

【市领导检查工作】　2月8日，市检查组检查雁翅镇创先争优暨党的建设“三级联创”活动，区委组织部领导陪同检查。检查过程中，雁翅镇党委书记从“三个工程”建设，乡镇党委换届、农村基层组织建设、民主政治建设等五方面进行汇报，检查组通过“听汇报、谈话、查档案、问卷测评”等环节对雁翅镇创先争优暨党的建设“三级联创”进行了综合检查。

（李　岩）

【农村工作】　2月14日，镇经管站召开全镇农村统计工作会，全镇23个村统计、支委等共计25人参加。会议就农村集体资产产权登记、产权制度改革年报、信息化录入等相关工作进行了布置。3月26日，镇纪委书记、工会主席到各村检查指导村务监督工作，检查分为河路、大村、田庄三个地区进行，分别听取了每个村的村务监督委员会主任就工作制度、流程的制定、办公设备的配备等工作开展情况进行汇报。

（李　岩）

【党建工作】　2月17日，开展“六型”（学习型、效率型、创新型、和谐型、节约型、廉洁型）机关创建活动。23日，召开2012年党建工作会。镇领导班子成员出席会议，全镇24个村（居）党支部书记、村委会主任及包村组长参加会议。会上明确了2012年的党建工作要点。4月15日，完成了基层党组织分类定级工作。分类定级工作经过“调查摸底”、“党员群众测评”、“基层党组织自评”、“镇党委评定”、“镇党委公示、上报”、“查找问题、分析对策、整改提高”6个工作阶段。5月23日，组织召开2012年入党积极分子培训班，自全镇24个村（居）80余名入党积极分子参加培训。培训内容以“坚定理想信念　端正入党动机”为主题，从“对共产主义的认识、积极分子自身学习和行动”三方面进行讲解。7月10日，召开学习贯彻市党代会精神暨基层党建工作推进会，镇主要领导出席会议，24个村居党支部书记和组织委员、受表彰的优秀党员及预备党员等参加会议。会上对市十一次党代会报告进行解读。传达了《雁翅镇关于推行“双向联评”工作机制进一步深化农村党的建设三级联创工作的实施意见》和《雁翅镇关于进一步加强基层党组织建设的意见》的文件精神。11月12日，完成双向联评工作。通过召开群众满意度测评工作部署大会，开展入户测评工作，加强对测评活动的督查工作，确保镇党委群众满意度测评工作规范、有序推进。

（李　岩）

【培训工作】 2月22日，邀请镇内“土专家”为果农授课。太子墓村、付家台村、青白口村等河路一带的苹果种植户近百人参加了培训。专家就苹果树肥水管理、树势恢复、果树修剪等内容进行了讲解，并对种植户提出的技术管理问题进行了解答，现场还进行了果树修剪示范。3月5日，妇联与益农缘合作社联合举办果树矮化盆栽技术培训，请北京国营农场管理局老师现场讲解，益农缘合作社的理事、社员及青白口、付家台两村的妇女代表近50人参加技术培训。22日，举办民俗旅游综合技能培训班，全镇60余户民俗接待户参加，邀请区职教中心、区工商分局、王平工商所等单位专业技术人员为学员授课。37日，区农广校“阳光工程”培训在镇内启动。农业局、区社区教育中心等单位领导出席启动仪式，镇主管领导及全镇种养殖户代表参加启动活动。培训主要围绕果树修剪、嫁接、病虫害防治等种植技术和肉鸡养殖综合管理开展。4月12日，请区职教中心专业技术人员在成人学校开办了为期半个月的厨师技能培训班。此次培训采用理论讲述与实际操作并重的授课方式进行。培训结束后，共有37人获得了由区劳动局部门颁发的初级厨师证书。5月10日，区园林绿化局果蜂科请北京丰民同和集团农艺师就苹果树水肥管理、树势恢复等内容进行讲解。太子墓、付家台、饮马鞍等河路一带的苹果种植户近百人参加。3月26日，镇司法所联合信访办在雁翅社区举办《信访条例》培训会，培训对象主要是社区干部、社区信访工作者及社区居民。6月8日，召开2012年党建档案工作培训会，24个村居档案管理员及大学生村官参加培训。党建办工作人员讲解村党支部手册应如何填写、如何做好档案工作、档案的整理与编目等知识，同时，与会人员参观了填写较好的田庄村档案。8月24日，举办学习宣传市第十一次党代会精神培训班，请区理论讲师团成员、以《明确发展目标 尽推动发展之责》为题对市第十一次党代会精神进行解读，全镇共100余名镇村党员干部参加培训。3月2日，由区消防支队人员为全镇机关干部及24个村（居）党支部书记、主任开展了消防知识安全培训，并在室外现场进行模拟“消防演练”活动。

（李　岩）

【知识讲座】 3月5日，请“手拉手”单位北京市工会干部学院专家学者，举办以“快乐工作与生活·做阳光女性”为主题的知识讲座，镇机关全体女同志及24个村（居）妇联主任、女支（村）委近百人参加。

（李　岩）

【区领导检查工作】 3月22日，区委农工委纪委书记带队，由清水镇、斋堂镇、雁翅镇、王平镇社会治安综合治理工作主管领导组成的检查团对镇泗家水村社区化服务管理工作进行检查验收。检查组对社区化服务管理工作的开展和推进情况表示满意。28日，区市政市容委、农委、爱委会、环卫中心、文明办联合对镇内109国道沿线各村的环境卫生整治情况进行检查验收。对镇环境卫生整治工作取得的成绩给予肯定。4月27日，区纪委副书记带队、区纪委研究室、廉政室干部围绕农村党风廉政建设情况对雁翅镇进行专项检查。检查组对全镇党风廉政基本制度执行情况给予肯定。10月24日，区农村集体“三资”监管检查组检查指导农村“三资”管理工作。通过检查，对雁翅镇的农村集体“三资”管理工作给予肯定，同时对下一步工作提出要求。

（李　岩）

【换届工作】 3月23日，雁翅社区居委会党支部完成支部换届工作。此次换届工作选出新任支部成员。11月27日，组织包村领导、包村组长、23个村党支部书记、组织委员、大学生村官共100余人召开农村党支部换届选举工作动员会。会上传达了区关于做好农村党组织换届选举工作会议精神，下发了《雁翅镇农村党组织换届选举工作实施方案》和《雁翅镇村党组织“公推直选”的实施办法》等相关文件，对此次换届选举工作进行了部署，并对镇联系村干部和村工作人员进行培训。12月20日，完成23个农村党组织换届选举工作。此次换届选举全部以“公推直选”方式进行，在对正式候选人考察的基础上，全镇23个村党组织召开党员大会，由党员无记名投票的方式，直接选举产生了新一届村党组织成员和书记。

（李　岩）

【人代会】 3月27日，召开雁翅镇第八届人民代表大会第二次会议。全镇41名人大代表出席，部分村党支部书记列席会议。与会代表听取了《政府工作报告》、《雁翅镇2011年预算执行情况和2012年预算草案的报告》和《2012年重点工程、重点工作安排情况的报告》，并对《政府工作报告》和《财政工作报告》进行分组讨论。6月13日，在河路上、下选区开展了区、镇人大代表接待选民的活动，结合全镇经济发展的问题及村民就医难、取钱难、抗震房改造等民生问题，提出自己的看法和对人大工作的意见和建议。12月28日，召开第八届人民代表大会第三次会议。会议应到代表48名，实到代表46名，部分村党支部书记列席会议。会议听取设计公司就雁翅镇沟域经济规划进行汇报；听取了副镇长做的述职报告；听取了镇长就2012年政府主要工作进行的汇报。

（李　岩）

【防火工作】　3月30日至31日，镇领导带队检查护林防火工作。检查重点包括通往碣石、珍珠湖、大村地区、田庄地区四个主要交通路口宣传检查站设立情况、护林员到岗并携带灭火工具情况、南石洋大峡谷和碣石宫两个景点防火落实情况等。

（李　岩）

【宣传工作】　4月16日，镇法律援助中心与斋堂法庭联合举办以“送法下乡”为主题的法律宣传活动。司法工作人员向辖区内村民宣讲法律知识、公布法律咨询热线等相关法律咨询服务，向过往路人及村民发放法律知识手册50余份及普法刊物《法治季风》20余册，现场解答村民咨询法律问题10余件。6月25日，联合国土三所在雁翅祥云农副产品市场中心集中开展“6.25”土地日宣传活动。围绕“土地日”的主题，工作人员在活动现场通过悬挂宣传横幅，发放环保宣传袋、《中国国土资源报》等宣传材料，设立咨询台接收群众咨询等方式向在场群众积极宣传土地资源国情国策，普及地球科普知识。11月9日，镇安全科联合雁翅派出所、教科文体办、经管站、司法所、社保所在雁翅村三角地开展以人人参与消防，共创平安和谐为主题的宣传活动。发放《消防安全常识手册》、计生、社保、司法等宣传画册和资料300余份。12月4日，雁翅村组织开展“12.4”法制宣传日宣传活动。活动当天向村民解答法律问题，发放法律知识宣传画、台历、挂历等普法宣传品共500余份。

（李　岩）

【沟域经济建设工作】　4月17日，举行“沟域经济”发展座谈会，正式聘请中科院专家开启“田庄国际化沟域”整体规划。在门头沟区农委的支持下，镇领导与昌平区流村镇领导多次磋商，商定对沟域进行高起点、高标准和跨区域规划设计，将田庄沟域发展与昌平区流村镇融为一体，打造国际特色沟域。

（李　岩）

【安全维稳工作】　4月23日，镇安全科联合旅游发展服务中心开展农家乐安全卫生综合检查。检查组先后到河南台、雁翅村等永定河沿岸17家农家乐进行实地检查，检查内容涉及沿河安全警示标牌、食品卫生管理、卫生许可证、营业执照、消防器材等方面。针对个别农家乐存在消防器材过期、配备缺少、厨房杂乱、未悬挂营业执照等问题，检查人员提出整改方案，责令其限期整改。5月21日，开展已关停非煤固体矿山排查工作。经现场实地勘查，镇内3处已关停开采点均已经过废弃矿山修复，被破坏的植被基本恢复，未发现复采行为及盗采国家矿产资源活动。22日，组织综治维稳、司法所、派出所、社保、民政等部门召开社会维稳多部门联动联席会。会议要求各联动部门根据实施方案成立相应领导小组，互通情况，互相协调，共同完成百日维稳工作。6月27日，召开矛盾排查化解工作汇报会。镇主要领导和全镇24个村（居）包村组长参加会议。各包村组长分别就所包各村（居）前期矛盾排查化解情况、采取的措施、下一步的工作重点以及有无新发现矛盾进行了汇报。

（李　岩）

【献爱心、帮扶工作】　4月27日，西城区图书馆与区图书馆到田庄村开展“送书下乡”活动。5月15日，区农业局为结对帮扶村苇子水村送去价值5万余元的3台高山水泵和2400米水管，用于灌溉苇子水村的400余亩红头香椿。6月18日，苇子水村党支部与北京工商大学外国语学院举办了红色1+1共建活动。苇子水村党支部书记带领北京工商大学外国语学院20多位师生参观了苇子水村村容村貌、介绍了苇子水村的历史和村庄发展变化。北京工商大学外国语学院党支部和苇子水党支部围绕组织建设年进行座谈，学院的同学们给村里的妇女上了一堂外语课，村里妇女们给学生表演节。11月18日，台湾慈济慈善基金会到雁翅镇开展“温暖满人间”活动，为全镇495户低保户、五保户等家庭送去价值39.6万元的冬令物质。

（李　岩）

【机构改革】　5月，完成乡镇机构改革工作。机构改革之后镇机关共设立行政科室12个，事业站所6个。

（李　岩）

【防汛工作】　6月27日，召开防汛工作汇报会。镇主要领导和全镇 24 个村（居）包村组长参加。各包村组长分别就所包各村（居）防汛工作安排情况以及结合近期下雨重新排查出的危房、险户进行了汇报。28 日，主管防汛和安全的镇领导入村进行防汛工作检查。镇领导先后到田庄村、大村村和河南台村，实地查看了易垮塌地段、村民险房和永定河农家乐安全管理情况。7 月 27 日，区领导王洪钟带队检查镇内防汛救灾工作，实地查看村等重点区域防汛救灾工作，并听取了有关工作汇报。同日，区领导检查雁翅镇抢险救灾及汛期维稳工作。听取了镇党委书记关于 7.21 强降雨抢险救灾及灾后重建工作汇报。9 月 12 日，门头沟区险村险户搬迁改造工作现场会在雁翅镇召开，区领导出席会议，全区 9 镇主管领导及相关单位负责人参加会议。实地查看了田庄村在 7.21 暴雨后出现的危房险户情况，并就山区险村险户搬迁改造问题进行了座谈。

（李　岩）

【文艺汇演】　8 月 27 日，邀请北京长城之恋艺术团到杨村、跃进、珠窝等 6 个村分别进行文艺演出。

（李　岩）

【人口计生工作】　9 月 3 日，镇教科文体办工作人员代表镇党委、政府为镇内 7 名考上大学的独生子女每人送去 500 元的奖学金。

（李　岩）

【召开中小学校长联席会】　9 月 24 日，与辖区内中小学召开联席座谈会，镇主要领导、中小学负责人等参加座谈。中小学校长分别介绍了校内基本情况、教育教学取得的成绩及学校特色教学特点；镇党委书记介绍镇内近些年的发展变化，说明了雁翅镇“十二五”期间乃至以后的发展思路和发展方向。

（李　岩）

斋　堂　镇

【概况】　堂镇位于门头沟区西部山区，镇域面积 392.4 平方公里，耕地面积 3477.3 亩，辖 30 个村居，26 家驻镇单位。全镇 7683 户，13410 人，镇办企业 5 个，三级汇总企业个数为 2409 个；全镇共有基层党支部 40 个，其中农村党支部 29 个，社区党支部 1 个，党员 1750 人。

年内，在区委、区政府的领导下，在各委办局的支持和指导下，斋堂镇党委深入贯彻落实科学发展观和区第十一次党代会精神，按照全镇“传承历史文脉，建设斋堂古镇”的发展思路，凝心聚力克难求进，加强基层党组织建设，全力做好党的十八大、徒步大会等重要活动安全服务保障工作，加快新农村建设步伐，全力打造古村落文化体验小镇，镇域经济和社会各项事业稳步发展。全镇实现农村经济总收入 53706.3 万元，同比增加 3607.4 万元，增长 7.2%；农民人均劳动所得实现 6684.8 元，同比增加 469.5 元，增长 7.6%；固定资产投资完成 20713 万元，完成全年任务的 53.2%；完成区级财政收入 555 万元，同比增加 20 万元，增长 3.7%，其中第三季度完成 319 万元，全镇经济主要指标保持平稳增长。

单位名称： 中国共产党北京市门头沟区斋堂镇委员会

北京市门头沟区斋堂镇人民政府

地　　址： 北京市门头沟区斋堂大街 45 号

电　　话： 69816653

邮　　编： 102309

（张　森）

【走访慰问活动】　1 月，镇党委和政府组织开展了走访慰问活动，共慰问 1623 户 3124 人，发放慰问金 84 万元。

（张　森）

【召开党建工作大会】　2 月 22 日，召开斋堂镇党建工作大会，并与 30 个村（居）签订了党风廉政建设责任书。

（张　森）

【开展村级干部培训观摩会】　3 月 13 日，开展了村级干部培训观摩会，组织全镇村干部在马栏村召开“基层村级组织建设论坛”，促进村级组织各项工作顺利开展。

（张　森）

【举办旅游文化节】　3 月 24 日，镇旅游科牵头，组织中华旅游沙龙等 70 余家旅行社共 200 余人，举办旅游文化节暨旅游直通车启动仪式，爨柏景区分别与中华旅游沙龙及多家旅行社签定合作协议。

（张　森）

【培训工作】　3月29日至30日，开展了农村党支部书记、村委会主任、科级以上干部培训班，参加人员100余人，从基层组织建设、廉政风险防范、村民自治等内容进行了讲解。4月，开展北京市红十字会急救培训，131名计生宣传员参加并获得急救员培训证。4月11日，在法城村举办“养蜂实用技术培训”，在白虎头村举办“果树栽培与管理培训”。年内，开展保洁员上岗培训班；开展公文写作培训班；对爨柏景区开展企业文化、服务接待礼仪、餐饮服务等系列培训；联合镇旅游科，对全镇民俗旅游户开展餐饮、服务礼仪等培训。

（张　森）

【召开第八届人民代表大会】　3月30日，召开了斋堂镇第八届人民代表大会第二次会议。会议应到代表50名，实到代表46名，列席代表15人。会议听取、审议、讨论、通过了《镇政府工作报告》、《镇财政工作报告》和《镇旅游工作计划报告》。会议补选了镇人大主席1名、镇长1名。会后组织代表视察了爨柏景区的建设和发展情况。12月26日，召开镇第八届人民大会第三次会议。会议应到代表49名，实到代表45名，列席代表15人。会议听取了党委书记、人大主席做《斋堂镇学习贯彻党的十八大精神情况报告》和副镇长做《斋堂镇旅游工作计划落实情况的报告》。会议补选了镇长1名、副镇长1名。会后组织代表视察了主要工程建设情况。

（张　森）

【成立斋堂镇安全生产委员会】3月，新成立斋堂镇安全生产委员会，全面领导全镇安全生产工作。组建村级安全信息员队伍30人。

（张　森）

【“五进农村”帮扶工作】　3月，开展“五进农村”帮扶工作启动仪式，为斋堂镇24个经济发展薄弱村从信息、政策等方面提供了帮助，促进了村集体各项事业的稳步发展。

（张　森）

【农村基层党支部分类定级工作】　3月，开展了农村基层党支部分类定级工作，镇领导到各村展开基层组织建设调研，对各村进行了好、中、差定级分类，并针对各村存在的问题，制定了一村一策，促进各村各项工作稳定发展。

（张　森）

【计划生育奖励扶助工作】　3月，计划生育奖励扶助45人，独生子女家庭死亡特别扶助5人，计划生育家庭意外伤害保险1884户、家庭育龄妇女两癌保险702人。

（张　森）

【孕前优生检查】　3月，为300名低收入育龄妇女免费体检。7月，为40名机关育龄妇女进行体检。

（张　森）

【环境卫生管理制度】　3月，完善村级环境卫生管理和考核制度，加强对保洁员工作的监督考核。与相关驻镇单位协同合作，构建起联合检查、联合执法、联合整治的创新工作机制。

（张　森）

【打击私挖盗采专项行动】　3月，联合区打非督导组、交通局集中开展打击私挖盗采专项行动。此次行动共出动78人次，车辆16辆次。

（张　森）

【农业保险工作】　3月，完成农业保险摸底调查工作，现有22户已上保险，共计260亩果品树木参保。

（张　森）

【社区换届选举】　3月至6月，完成斋堂小城镇社区居委会第八届换届选举工作。

（张　森）

【领导调研】　4月6日，区领导到斋堂镇进行调研农村党风廉政基本制度建设的执行情况和三资管理落实情况。5月23日，韩子荣带队调研基层党建工作。对斋堂镇的党建工作给予了肯定，并提出具体要求。12月20日，区领导带队开展党组织换届选举工作调研，对斋堂镇换届工作提出了具体要求和希望。

（张　森）

【农宅抗震节能改造工程】　4月16日，农宅抗震节能改造工程现场确户进行完毕，开始进行翻建施工。

（张　森）

【环境工程】　4月至9月，在军响、西胡林等9个村，实施了修砌垃圾围挡墙、挖垃圾填埋池、裸露地面整治绿化等11处环境工程，共投资82.5万元。

（张　森）

【首都文明示范村验收】 5月2日，区文明办对柏峪村等5个首都文明示范村的精神文明建设工作进行严格验收。

（张　森）

【召开工作会】 5月10日，召开加强机关作风和行政效能建设工作会，会上镇机关干部学习了区纪委、监察局《北京市门头沟区人民政府批转区监察局关于加强机关作风和行政效能建设若干规定（试行）》和《北京市门头沟区人民政府批转区监察局关于门头沟区损害发展环境行政问责办法（试行）》的通知等文件。

（张　森）

【“信访条例”集中宣传活动】 5月12日，在斋堂镇政府前的文化公园内举办了《信访条例》集中宣传活动，镇党委副书记、镇纪委书记出席了宣传活动，并向在场群众发放了宣传单、手提袋等宣传品。5月12日至6月12日，开展“信访条例宣传月”活动。制定了《斋堂镇“信访宣传月”活动方案》，并先后到马栏村、军响村、沿河口村开展信访条例宣传活动，共发放宣传材料1000份，手提袋500个，摆放展板4块。9月15日至16日，在川底下村开展廉政文化宣传活动，共摆放宣传展板18块。

（张　森）

【组织工作满意度调查】 5月15日，在全镇开展了组织工作满意度调查工作，针对组织中存在的问题研究和制定的整改措施，并取得了一定的成效。

（张　森）

【阳光浴室二期工程】 5月21日，阳光浴室二期工程太阳能设备安装完成并调试合格，投入使用。

（张　森）

【药品安全挂牌】 5月30日，区药监局与斋堂镇政府共同打造的药品安全、宣传、培训基地正式落成挂牌。并通过了市级创建药监示范镇的验收。

（张　森）

【出台“斋堂镇信访工作应急预案”】 5月，为保证斋堂镇在发生重大信访事件时能够及时、高效、有序地开展工作，妥善处理突出社会矛盾、群体性事件，提高信访工作的应急反应能力和应对突发事件的水平，维护镇域和谐稳定大局，制定、出台《斋堂镇信访工作应急预案》。

（张　森）

【开展解放思想大讨论活动】 5月至6月，开展解放思想大讨论活动。多次组织学习党的十七届六中全会及市、区代会精神，并把学习贯穿于大讨论活动始终。各村（居）党支部先后组织了报告会、座谈会、交流会，采取“走出去”与“请进来”相结合的方式进行学习讨论。

（张　森）

【开展“打非治违”专题行动】 5月至10月，开展“打非治违”专项行动，切实消除安全隐患，提高安全应急能力。

（张　森）

【党校建设工作】 6月27日，完成了区委党校对斋堂镇党校建设工作的验收，镇党校建设工作得到了区委党校领导肯定。

（张　森）

【“七一”活动】 6月27日，开展了庆七一暨“爱党、爱国、爱家乡”“七一”表彰等“六个一”文化活动。

（张　森）

【煤熏口排查行动】 6月，由区综治办牵头，国土局、安监局、地煤办、交通局、公安分局和镇政府联合行动，对镇所辖地区马栏村大槽，西斋堂村皇城峪沟、人字洼等地的煤熏口进行了排查。参加人员共计30人次，车辆7辆次。所到之处均未发现盗采情况。

（张　森）

【献爱心捐款活动】 6月，组织开展共产党员献爱心活动，全镇范围内的党员、积极分子等参加了此次献爱心活动，共筹集捐款5万余元。7月，“7.21”特大暴雨洪灾后，组织各村捐款59564.2元。

（张　森）

【区督导组检查】 7月19日，区督导组到镇检查十八大维稳工作及信访矛盾、信访人排查化控情况。

（张　森）

【“7.21”抗洪抢险工作】 7月21日至8月，镇党委带领和组织全镇干部群众开展“7.21”抗洪抢险工作，保证了全镇群众的生命财产安全。

（张　森）

【“7.21”维稳工作】 7月24日，做好“7.21”灾后信访维稳工作。根据区信访办《关于做好救灾善后维稳工作通知》要求，斋堂镇信访办对涉及“7.21”受灾信访情况开展排查。

（张　森）

【巡视工作】　7月至9月，区委巡视组对镇重点村、后进村开展巡视工作，对重点村、后进村的各项工作提出了完善和整改意见。

（张　森）

【连民心恳谈室检查】　8月6日，开展村（居）连民心恳谈室检查。镇信访工作主管领导带队查看各村（居）连民心恳谈室设施及建设情况。

（张　森）

【秋粥节】　8月7日，在灵水村举办了第十二届灵水举人文化节暨保护修缮项目奠基仪式，区领导韩子荣及中坤集团董事长出席，宣传了斋堂镇举人文化并拉开了灵水举人文化景区建设的大幕。

（张　森）

【“第一书记”选派工作】　8月，根据区委的相关部署和要求，开展基层党组织第一书记选派工作。

（张　森）

【基层党组织民主评议工作】　8月，在全镇开展了基层党组织民主评议工作，组织全镇群众对29个村的“两委”班子在村域建设等工作进行了测评。对群众提出的意见和建议进行梳理，并进行了严格整改，促进了村干部工作作风。

（张　森）

【农村干部廉洁检查】　9月20日，区纪委到斋堂镇完成了《农村基层干部廉洁履行职责若干规定（试行）》贯彻落实情况的专项检查。

（张　森）

【诗歌朗诵活动】　9月25日，首届中国诗歌朗诵季·京西中国山地诗歌朗诵节开幕式在中央人民广播电台举行。开幕式结束后，诗人、朗诵名家、媒体代表以及热心观众到中坤山庄，举行“中国诗歌朗诵季”大型系列诗歌朗诵的首场活动。

（张　森）

【重阳节座谈会】　9月30日，组织各村居干部参加重阳节座谈会，居委会秧歌队到敬老院进行慰问表演，各村居赞助敬老院共3.2万元。

（张　森）

【安置房市政工程】　9月，定向安置房完成大、小市政工程，包括：雨水管线、污水管线、供暖管线、小区道路硬化、小区围墙、小区绿化等。

（张　森）

【联合执法】　9月，区综治办、安监局、国土资源局、交通局、公安分局连同斋堂镇综治办及安全科对镇域内可能涉及私挖盗采的流动人口及私挖盗采集中地进行了联合执法检查。对区域内的流动人口1469人、98户出租房进行了信息核实与登记，并对私挖盗采的易发地进行了全面的排查。

（张　森）

【第三届国际徒步大会】　9月，完成第三届国际山地徒步大会组委会分配的赛事前期通讯、场地、赛道、服务、宣传等各项工作任务。

（张　森）

【定向安置房交付使用】　10月8日，斋堂镇定向安置房完工并开始办理入住手续。安置房总户数为460户，共投资12840万元，共安置被拆迁户199户。

（张　森）

【矿业环境治理工程】　10月10日，完成对马栏村矿业环境治理工程的竣工验收，治理区位于清水河南岸马栏沟支沟长峪沟。

（张　森）

【综合改造工程】　10月24日，对川底下景区综合改造工程进行了验收，完成了村内道路整治、景观修缮、景区绿化、古村落文化宣传设施、安全防护设施等。

（张　森）

【台湾慈济协会捐款】　10月，台湾慈济协会向斋堂镇捐献了棉衣、被子等共65套生活用品。

（张　森）

【十八大维稳工作】　10月至11月，斋堂镇扎实做好十八大安保维稳工作，制定全镇维稳预案，全力排查矛盾纠纷，加强对流动人口、出租房屋的监管，防止流动人口群体性矛盾纠纷为重点的大排查。狠抓安全稳定工作，全力维护全镇社会安全稳定，确保了地区社会稳定，完成十八大安保维稳工作任务。

（张　森）

【规范基层站所】　11月20日，按照《北京市2012年民主评议基层站所（服务窗口）综合评议办法》的要求，进一步规范全镇政府部门和公共服务行业基层站所（服务窗口）的监管、执法、服务行为，优化区域发展环境，强化政风行风建设。

（张　森）

【“双向联评”工作】　11月，组

织开展了斋堂镇“双向联评”工作，评出了群众心目中的优秀党员和好村民。

（张　森）

【非公企业党建工作】 11月，开展了非公企业党建工作，新成立了斋堂中坤山庄党支部和天正泽砖厂党支部，推进了党组织在非公企业中的作用。

（张　森）

【村党组织换届】 11月至12月，完成了全镇29个行政村的农村基层党组织换届工作，优化了村“两委”班子结构。并及时对新一届党支部书记进行了培训，推广了马村栏“十要十不要”行为准则。

（张　森）

【党风廉政建设惩防体系检查】 12月7日，完成镇党风廉政建设责任推进惩防体系任务情况的检查，并对镇党政领导班子及成员执行党风廉政建设责任制、推进惩防体系任务完成情况进行检查。

（张　森）

【开展离任党支部书记座谈会】 12月25日，开展了离任党支部书记座谈会，对离任党支部书记在任职期间付出了努力给予了肯定，希望各位离任的党支部书记继续发挥党员的模范作用，协助新任党支部书记开展好各项工作。

（张　森）

【开展新任党支部书记谈话】 12月25日，开展了新任党支部书记任职谈话，并提出了具体的工作要求，为新任党支部书记尽快进入角色，如何更好地开展工作提供了帮助。

（张　森）

【流管工作】 12月31日，全镇共有流动人口719人，比上年减少194人，出租房屋90户，比上年减少29户。

（张　森）

【四级网络建设情况】 年内，四级网络建设情况：23个村居已成功连接计划生育外网；5月开展30名专干电脑基础知识培训班，累计培训4期，其中电脑入门班2期，信息系统班2期。（张　森）

【参加区十大好人评选活动】 年内，完成了区十大好人评比活动，斋堂镇陈来云、韩增会荣获门头沟区十大好人。

（张　森）

【农民学历教育】 年内，开展农民学历教育。开设文艺中专班1至2个，积极推荐有志青年和村两委干部通过农大网院等获得高学历，提高素质和服务农村的本领。

（张　森）

【食品安全工作】 年内，对镇域内学校、饭店、商店及涉及到食品生产销售的店面和各饮水点进行实地走访摸排，与相关单位和30个村（居）签订了食品安全责任书。

（张　森）

【危房改造】 年内，为16户居民低保户危房改造共投入97万余元，共翻建30间，382.58平方米。为18户农村低保户和3户优抚户危房改造共投入91.8万元。

（张　森）

【疫苗接种工作】 年内，完成对30个村居近920名8个月至14岁儿童麻疹流感疫苗的接种登记工作。

（张　森）

【灭鼠灭蟑工作】 年内，按季度定时对镇域内各村居开展灭鼠灭蟑工作，共投放鼠药1293千克，夏秋季灭蚊蝇药240千克、诱蝇笼800个，消灭了病媒生物孳生地537处，更好的控制了四害密度，达到了国家标准。

（张　森）

【小流域治理工程】 年内，完善2010年东西马涧小流域治理工程，治理面积10平方公里，完成梯田整修30平方百米，修建树盘25000个、节水灌溉水源工程5处，村庄美化2000平方米、修建生产道路4370米、步道250米、护地坝1000米，沟道清理整治400米。

（张　森）

【农业综合开发工程】 年内，川底下农业综合开发工程，完成步道2400米，田间路760米，土地平整330亩，扶唇垒堰330亩，节水灌溉2600米，经济林改造150亩，经济林种植330亩，蓄水池2个，栈台20米，田园水景观1处，仿木栏杆1000米，维修小桥2个，新建小桥1个，挡墙200米，并已通过验收。

（张　森）

【八片治理工程】 年内，八片治理工程治理面积10平方公里，完成干砌石4044立方米，浆砌石1365立方米，谷坊5座，节水灌溉1处，生产道路1000米，人行步道480平方米。

（张　森）

【防汛工程】 年内，杨家村为民

办实事防汛工程完成防护墙 847 立方米，涵洞 1 处。

（张　淼）

【雨洪利用工程】　年内，雨洪利用工程完成坑塘 1 处，溢流坝 1 处，排水沟 55.5 立方米，沉淀池 1 座，蓄水池 1 座，瀑布改造 1 处，景观步道 40 平方米，步道 135 平方米，栏杆 120m，停车场 95 平方米，道路 84 平方米，浆砌石防渗墙 30 米。

（张　淼）

【水库移民工程】　年内，水库移民工程西胡林村完成防洪墙 220 米，灌溉水渠 630 米；牛战村完成节水灌溉 16 亩，道路 375 米；高铺村完成 100 立方米蓄水池一座及其配套设施，节水灌溉 75 亩；灵水村防洪墙 281 立方米。

（张　淼）

【节水灌溉工程】　年内，完成节水灌溉工程 990 亩，其中张家村 230 亩，白虎头村 350 亩，川底下村 130 亩，军响村 130 亩，西胡林村 150 亩。

（张　淼）

【国家级农业综合开发工程】　年内，国家级农业综合开发工程完成土地平整 600 亩，扶唇垒堰 600 亩，节水灌溉 1300 米，围栏 600 米，田间路 2500 平方米，完成总工程量的 50%。

（张　淼）

【生态综合治理项目】　年内，东斋堂李家台生态综合治理项目完成土地平整 80 亩，扶唇垒堰 80 亩，田间路 900 平方米，田间步道 240 平方米，挡土墙 120 米，栽植灌木 800 株，护网 2200 米，经济林种植 4320 株，100 立方米蓄水池一座，管灌 80 亩。

（张　淼）

【生态休闲观光建设项目】　年内，黄芩产业园区生态休闲观光建设项目完成浆砌石挡墙 500 米，地面硬化 2000 平方米，生态沟道治理 3000 平方米，标识牌 30 个，仿古文化长廊 180 平方米，田间路 2000 平方米，蓄水池 1 座 120 立方米，水泵房 20 平方米及设备，变压器 1 台及设备 1 套。

（张　淼）

【防疫工作】　年内，完成防疫工作 18 次，动用车辆 320 车次，用人工辅助防疫 144 人次，为禽类免疫注射禽流感 260979 只，其中蛋鸡 79990 只，肉鸡 18.09 万只，鸽子 370 只，鸭子 117 只，鹅 53 只；免疫注射猪蓝耳病 7585 头；免疫注射猪 O 型口蹄疫 7585 头，免疫注射羊口蹄疫 36699 头；免疫注射狂犬病疫苗 3056 只。

（张　淼）

【退耕还林项目】　年内，巩固退耕还林成果专项建设项目完成基本口粮田建设工程 500 亩，其中西胡林村 280 亩，沿河城 220 亩。

（张　淼）

清　水　镇

【概况】　清水镇地处北京市最西部，西、北部分别与河北省涞水县、涿鹿县和怀来县接壤，东、南部分别与本区斋堂镇和房山区相连，距市区 93 公里，距区政府所在地 75 公里。是北京市城市整体规划西部生态带腹地，也是北京市西部最边远的乡镇，素有“京西边陲”之称。永定河支流清水河源于此地，109 国道东西贯穿全境。总面积 339 平方公里，辖 32 个行政村，有 6275 户，其中常住户有 5293 户，1.09 万人口，耕地 2154 亩，有基层党支部 38 个，党员 1453 人。年内，积极培育旅游文化休闲主导产业，深化农旅融合，加强农业和旅游基础设施建设，加快经济转型步伐，切实推进全域景区化建设，各项工作取得明显成效。全镇农村经济总收入完成 2.6 亿元，同比增长 12%；固定资产投资完成 1.17 亿元，同比增长 40%；财政收入完成 300 万元，同比增长 20%；农民人均可支配收入 9409 元，同比增长 14%，全年接待游客 20.7 万人，同比增长 35.6%；旅游收入 2016 万元，同比增长 41%；民俗旅游户 216 户，同比增长 16%。

单位名称：北京市门头沟区清水镇人民政府

地　　址：北京市门头沟区清水镇上清水村

电　　话：60855407

邮　　编：102311

（王　晨）

【梆子戏参加特色文化活动评比】 1月3日，清水镇传统山梆子戏参加了区文化委员会举办的门头沟区镇街特色文化活动评比，取得第一名。“山梆子戏”已列入门头沟区区级非物质文化遗产代表作名录。

（王 晨）

【市领导调研指导工作】 5月10日，市政府参事室有关领导一行就河北省环北京地区快速发展对首都生态环境的影响到清水镇调研。调研组沿着109国道，实地查看清水镇与河北省交界地带，并听取了镇领导对周边环境的汇报。30日，市、区农委领导到八亩堰村检查“北京最美乡村”建设情况。听取村干部的相关汇报，实地查看建设情况后，对八亩堰的建设成果表示肯定，并提出建设性的意见。7月17日，市农委副主任对达摩沟域建设情况进行调研。先后到棚子台险村搬迁地块、洪水峪大杏树洼、白菜套矿山修复地带、西宝惠民型煤加工厂，实地查看了沟域内环境治理、生态修复及产业转型发展情况，听取清水镇关于达摩沟域重点项目工程汇报。

（王 晨）

【区领导调研指导工作】 5月31日，区领导到黄安坨、张家铺、八亩堰等旅游精品村，实地查看了旅游精品村建设、农村“三资”管理、基层组织建设等工作情况。6月13日，区领导韩子荣考察调研产业转型、旅游文化休闲产业发展、旅游村开发建设等情况。韩子荣等区领导先后到达摩庄、黄安坨、八亩堰、塔河和洪水口村，实地查看了旅游村庄建设情况，听取各村的规划设计和镇年内工作重点。

（王 晨）

【宣传工作】 8月10日，在齐家庄村举办“三资”管理宣传日活动。活动以“加强农村‘三资’管理，维护农村集体和农民群众的合法权益，促进农村社会和谐稳定”为主题，通过向过往行人发放宣传册及相关宣传材料，悬挂条幅等多种形式开展宣传、咨询。共发放各种宣传册2000余份，宣传小礼品500份，参加人员400余人。9月26日，开展安全生产宣传活动。此宣传活动，以“坚持科学发展，加强安全监管、迎接十八大召开”为主题，以“食品安全，消防安全、交通安全，生产安全，打击私挖盗采”为重点，共发放各种宣传材料2000余份，悬挂安全生产条幅6条，摆放安全生产展板16块。另外还向各村发放安全生产宣传横幅32幅，主要道路悬挂横幅26幅。

（王 晨）

【镇人大代表开展活动】 12月26日，镇人大组织区人大清水代表团代表开展区十五届人大三次会议的会前活动，共有7名代表参会。活动中代表们讨论并通过了区十五届人大三次会议清水代表团的团长、副团长人选，讨论了大会的议程和日程；大会主席团和秘书长名单（草案）、计划预算审查委员会成员名单（草案）、议案审查委员会成员名单（草案），听取并讨论了政府工作报告等6项报告的征求意见稿。

（王 晨）

【完成镇党支部换届选举工作】 年内，镇32个村党支部通过民主推荐、组织考察、党内选举等环节，全部完成换届选举工作。全镇应参加选举党员1058名，实际参加选举党员计996名，参选率达到94.1%。共选举产生104名党支部委员，其中党支部书记32名，副书记1名，其他委员71名。新产生的104名党支部委员中，连选连任的71名，占总数的68.3%，其中有25名党支部书记连选连任。

（王 晨）

【农业生态环境改善】 年内，投入资金138万元，完成人工种草工程面积2300亩，投入资金480万元，完成荒山造林面积1600亩。投入资金1201.5万元，完成齐家庄村、塔河村、黄塔村国家农业综合开发土地治理项目。投入资金211万元，完成台上村西涧生态综合治理项目，投入资金319万元，完成洪水口双马河沟域生态综合治理项目。完成退耕还林成果建设工程基本口粮田建设工程。

（王 晨）

【公共事业工作】 年内，新申请彩丰缘、下清水葫芦两个扶贫基地；为65岁以上老年人办理乘车证1200人，为80岁以上老人办理老年助残卷322人，老年小帮手65人，为17名90岁以上老人办理老龄医疗补贴；新安置城镇登记失业人员45人就业。

（王 晨）

【举办各类培训班】 年内，举办多次种植、养殖业、数字电影放映、音响调音和图书管理等培训班，镇相关人员积极参加培训和业务考核，并取得成功。

（王 晨）

【惠民实事】 年内，由门头沟区慈善协会和区医院组织实施的老年人复明工程在清水镇启动。清水镇社会事务管理科联络各村，对疑似白内障的老年患者进行逐个登记。经过统计，44名老年人在清水镇接受了区医院眼科医师的检查，检查出的白内障患者进行免费手术治疗；镇文化服务中心通过与区电影公司联系协商，为龙王村安装室内大两匹空调2台，并为新建的活动中心安装遮光窗帘；镇内“2012年北京市畜牧业‘菜篮子’工程建设项目”通过专家组验收。该工程总投资250万元，涉及到5个村的5个肉鸡养殖小区。镇“养鸡场鸡粪处理池和污水处理池工程建设项目”总投资100万元，涉及到2个村的2个肉鸡养殖小区。

（王　晨）

人 物

组织机构负责人名单（截至2012年年底）

中国共产党北京市门头沟区委员会

区委书记　韩子荣
区委副书记　王洪钟　付兆庚
区委常委　韩子荣　王洪钟　付兆庚　陈国才　丁　勇　赵潮英　刘群立　张　永　李庆广　石　军　彭利锋
区纪委书记　赵潮英
区委政法委书记　付兆庚
区委防范和处理邪教问题领导小组办公室主任　张福军
区综治办主任　张伯谦（11月免）　马　星（11月任）
区委办主任　彭利锋
区委组织部部长　丁　勇
区委宣传部部长　石　军
区精神文明办主任　衣丰飞（11月免）　李秋芳（11月任）
区委统战部部长　丁　勇
区委研究室主任　占永谦
区直机关工委书记　彭利锋
区委老干部局局长　吕根群
区委党校校长　付兆庚
区委党校校务委员会主任、常务副校长　李荣超

门头沟区人民代表大会常务委员会

区人大主任　罗　斌
区人大副主任　韩生辉　侯建华　谭　杰　许　彪　李　轶（不驻会）
区人大常委会办公室主任　陈世杰
区人大常委会研究室主任　董建忠
区人大常委会代表联络室主任　贺其明
区人大常委会内务司法工作委员会主任　高帮利
区人大常委会教科文工作委员会主任　李维兴
区人大常委会财政经济工作委员会　高　见
区人大常委会城乡建设环保工作委员会　史宗宪
区人大常委会农村工作委员会主任　杨国强

门头沟区人民政府

区　长　王洪钟
副区长　陈国才　张　永　郑伟革　李　昕　洪家志　张满仓
区政府办公室主任　金秀斌
区发改委党组书记、主任　万　钦
区国资委党委书记、主任　白连富（11月免）　黄　伟（11月任）
区商务委员会党组书记、主任（区粮食局局长）王立宇

区委教工委书记 何　渊
区教委主任 何　渊（3月免）
李永生（3月任）
区科委党组书记 张文波
区科委主任 付军利
区经济和信息化委员会党组书记、主任 李国庆
区监察局局长 贾志国
区民政局党委书记 张翠萍（9月免）
王学东（9月任）
区民政局局长 张翠萍
区司法局党组书记、局长 吕玉宝
区财政局党组书记、局长 李　伟
区人力资源和社会保障局党组书记、局长 杜斌英
区住建委主任 冯　飞
区住建委党组书记 杨晓辉
区市政市容管理委员会党组书记、主任 张乐春
区交通局党组书记、局长 耿新民
区委农工委书记、区农委主任 王九中
区文委党委书记 李秋芳（11月免）
闫洪亮（11月任）
区文委主任 闫洪亮
区卫生局党委书记 野京城（8月免）
王锡东（8月任）
区卫生局局长 野京城
区人口计生委党组书记、主任 王培兰（11月免）
谢春雪（11月任）
区审计局党组书记、局长 苗建军
区环保局党组书记、局长 高　欣
区统计局党组书记、局长 李　伟（3月免）
王培训（3月任）
区农业局党委书记、局长 张旋里
区水务局党组书记、局长 徐邦敬（3月免）
高连发（3月任）
区园林绿化局党委书记、局长 高连发
区旅游委主任 石　军
区体育局党组书记 范根源（11月免）
刘树军（11月任）
区体育局局长 杨少培（9月免）
刘树军（11月任）
区法制办主任 谷志强
区委社会工委书记 王培兰（11月任）
区社会办主任 张慧琦
区委区政府信访办公室主任 贾卫东
区民防局党组书记、局长 曹志远
区档案局史志局党组书记、局长 刘望鸿
区城管大队政委 安焕生
区城管大队队长 马　星（11月免）
张伯谦（11月任）
区安全生产监督管理局党组书记 梁光学
区安全生产监督管理局局长 刘振林

中国人民政治协商会议北京市门头沟区委员会

区政协主席 张　冰
区政协副主席 翟云峰　张乐春
冯　飞　野京城（不驻会）
朱德友（不驻会）
孙善民（不驻会）
区政协秘书长 张爱宗
区政协办公室主任 张　静
区政协研究室主任 安久亮
区政协专委会工作一室主任 刘建生（11月免）
赵　凯（11月任）
区政协专委会工作二室主任 刘增城
区政协专委会工作三室主任 石建山
区政协专委会工作四室主任 杨金波
区政协专委会工作五室主任 张久振
区政协专委会工作六室主任 连春国

政法、军事

区检察院党组书记、检察长 许晓闽
区检察院反贪污贿赂局局长 彭唯良（10月免）
王久海（10月任）
区法院党组书记、院长 靳学军
区公安分局党委书记、局长 刘群立
区武装部部长 李庆广

群众团体

区工商联党组书记 杜晨光
区工商联主席 奚秀月
区总工会党组书记、主席 任继明
团区委党组书记、书记 朱　凯（10月任）
区妇联党组书记、主席 李彩霞

区科协党组书记、主席　杨广义
区残联党组书记、理事长　赵　凯（11月免）
范根源（11月任）
区文联党组书记、常务副主席　王殿玉
区红十字会党组书记、常务副会长　王连勇

乡镇街道

潭柘寺镇党委书记　韩瑞昌
潭柘寺镇镇长　杜春涛
永定镇党委书记　陈　波
永定镇镇长　李文凯
龙泉镇党委书记　索宝柱
龙泉镇镇长　刘军生
军庄镇党委书记　王　涛
军庄镇镇长　曹宝华
妙峰山镇党委书记　卢佳强
妙峰山镇镇长　曹子扬
王平镇党委书记　韩兴无
王平镇镇长　彭天和
雁翅镇党委书记　谢春雪（11月免）
衣丰飞（11月任）
雁翅镇镇长　杜　军
斋堂镇党委书记　刘贵清
斋堂镇镇长　刘　忠（9月免）
杨少培（9月任）
清水镇党委书记　张慧军
清水镇镇长　安　楠
东辛房街道工委书记　穆春林（5月免）
徐家湛（5月任）
东辛房街道办事处主任　徐家湛（5月免）
段铁军（5月任）
大峪街道工委书记　艾德禄
大峪街道办事处主任　张进香
城子街道工委书记　李秋芳（3月免）
黄　伟（3月任、11月免）
城子街道办事处主任　黄　伟（3月免）
张　伟（3月任）
大台街道工委书记　史雅琳
大台街道办事处主任　亓建军

事业单位

区投资促进局党组书记、局长　李世春
区机关后勤服务中心主任　王亚君
区棚改中心主任　冯　飞
区棚改中心党组书记　杜桂斌
区房屋征收事务中心党组书记、主任　石　研
区公共工程服务中心党组书记、主任　冯　飞
区环卫中心党委书记、主任　杨树国
区老龄办主任　张翠萍
区地震局局长　付军利
区广电中心党组书记、主任　宋　奇
区医院党委书记　王俊义
区委石龙工委书记、管委主任、总公司总经理　张丰收
区农村合作经济经营管理站党组书记、站长　舒伯文
北京百花山国家级自然保护区管理处党组书记、主任　刘　东

区管企业单位

北京京门国有资产经营中心党委书记、总经理　连久利
北京京门国有商业资产经营公司党委书记、董事长　宋建筑
北京京门国有商业资产经营公司总经理　孙敬利
区供销社党委书记、主任　朱瑞林

统计 资料

自 然 概 况

项 目	单位	2010 年	2011 年	2012
土地面积				
辖区面积	平方公里	1448.9	1448.84	1448.84
新城规划区面积	平方公里	87	87	87
户籍人口				
户数	户	116838	118113	118837
户籍人口	人	245689	247504	248353
农业人口	人	58738	56886	54998
非农业人口	人	186951	190618	193355
人口自然增长率	‰	-1.41	-1.42	1.62
降水量及气温				
全年降水量	毫米	449.7	581.2	957.6
全年平均气温	℃	11.7	12.4	12.0

注：2010 年户籍人口中包括未落常住户口人员 135 人，2011 年户籍人口中包括未落常住户口人员 81 人。2012 年户籍人口中包括未落常住户口人员 53 人。

资料来源：门头沟区国土资源分局、门头沟区公安分局、门头沟区计生委、门头沟区气象局。

行政区划（2012 年）

项　目	辖区面积（平方公里）	行政村个数（个）	居委会个数（个）	总户数（户）	户籍人口（人）		
					合　计	#非农业人口	#男性人口
合计	1448.84	178	103	118837	248353	193355	127224
大峪办事处	5.16	0	34	21176	53927	53927	27369
城子办事处	2.30	0	17	10917	26630	26630	14283
东辛房办事处	10.88	0	15	12976	30563	30563	15858
大台办事处	80.88	0	9	3786	8733	8733	5243
潭柘寺镇	79.83	12	0	6867	11970	6552	6014
永定镇	65.48	24	11	15763	30694	19883	15137
龙泉镇	30.80	17	9	12130	22707	12806	11034
军庄镇	33.47	8	2	6324	11698	8422	5978
妙峰山镇	112.61	17	0	5769	10052	3518	5045
王平镇	45.92	16	4	3853	8118	8118	4279
雁翅镇	263.89	23	1	5318	8847	3098	4548
斋堂镇	382.34	29	1	7683	13513	8097	6828
清水镇	335.27	32	0	6275	10901	3008	5608

资料来源：门头沟区公安分局、门头沟区国土资源局、门头沟区民政局、门头沟区街道办。

国民经济主要指标(一)

项　目	单位	2012 年	2011 年	增长速度%
人口与就业				
人口				
年末全区常住人口	万人	29.8	29.4	1.4
就　业				
全部法人单位从业人员	人	86125	84144	2.4
个体从业人员	人	17582	19780	-11.1
城镇登记失业率	%	4.05	4.11	-0.1
宏观经济				
国民经济核算				
地区生产总值	万元	1170399	1036553	12.9
第一产业	万元	19479	18287	6.5
第二产业	万元	599390	534549	12.1
第三产业	万元	551530	483717	14.0
固定资产投资				
全社会固定资产投资	万元	1906922	1423255	34.0
#房地产开发投资	万元	733920	490051	49.8
财政				
公共财政预算收入	万元	190740	168665	13.1
公共财政预算支出	万元	601000	549600	9.4

资料来源：门头沟区人力社保局、门头沟区财政局。

国民经济主要指标（二）

项 目	单位	2011 年	2010 年	增长速度%
产业				
农村经济				
农林牧渔业总产值	万元	53219.3	50613.5	5.1
农村经济总收入	万元	813644	765646	6.3
工业				
规模以上工业企业总产值	万元	1045874	897172	16.6
商业				
社会消费品零售额	万元	437062	379877	15.1
旅游				
接待总人次	万人次	282	293	-3.7
旅游收入	万元	168443	146491	15.0
对外经济贸易				
新批“三资”企业	个	8	3	166.7
投资总额	万美元	30846	195	15818.5
实际利用外资	万美元	4485	4204	6.7
金融保险				
金融机构存款余额(人民币)	万元	3921911	3509823	11.7
#城乡居民储蓄存款余额	万元	2138181	1776554	20.4
金融机构贷款余额	万元	922263	670602	37.5
保险业务收入	万元	19758	18620	6.1

资料来源：门头沟区商务委、中国人民保险公司门头沟支公司、中国人寿保险公司门头沟支公司。

国民经济主要指标(三)

项 目	单位	2011年	2010年	增长速度%
教育、文化、科技、卫生				
教育				
中、小学在校生	人	18436	19068	-3.3
中、小学专任教师	人	2096	2161	-3.0
文化				
公共图书馆藏书量	万册	63.8	55.0	16.0
科技				
专业技术人员	人	6819	7081	-3.7
卫生				
卫生机构病床数	张	2705	2653	2.0
卫生机构技术人员数	人	3163	2996	5.6
生活与环境				
生活				
城镇居民人均可支配收入	元	32369	29172	11.0
农民人均纯收入	元	15715	14031	12.0
全部法人单位从业人员平均工资	元	53199	46868	13.5
能源消费				
全社会售电量	万千瓦时	88289	81337	8.5
全社会用电量	万千瓦时	89887	83502	7.6
环境				
城市绿化覆盖率	%	41.07	40.86	
城市污水处理量	万吨	665.4	592.1	12.4
空气质量二级和好于二级天数	天	270	272	-0.7
空气质量二级和好于二级天数完成率	%	74.8	74.5	

地 区 生 产 总 值

单位：万元

	2012 年	2011 年	增长速度%
合　计	**1170399**	**1036553**	**12.9**
第一产业	**19479**	**18287**	**6.5**
第二产业	**599390**	**534549**	**12.1**
工业	523099	478574	9.3
建筑业	76291	55975	36.3
第三产业	**551530**	**483717**	**14.0**
交通运输、仓储和邮政业	17141	17390	-1.4
信息传输、计算机服务和软件业	885	715	23.8
批发和零售业	53871	59815	-9.9
住宿和餐饮业	16211	14551	11.4
金融业	62493	52652	18.7
房地产业	94853	82481	15.0
租赁与商务服务业	24516	21659	13.2
科学研究、技术服务和地质勘察业	44672	25336	76.3
水利、环境和公共设施管理业	7386	6560	12.6
居民服务和其他服务业	22642	21954	3.1
教育	54926	51147	7.4
卫生、社会保障和社会福利业	46026	36361	26.6
文化、体育和娱乐业	9180	8250	11.3
公共管理和社会组织	96728	84846	14.0